GLACIAL ARCTIQUE
U R S S
cercle polaire arctique
SUÈDE
FINLANDE
POLOGNE
ROUMANIE
YOUGOSLAVIE
BULGARIE
GRÈCE
TURQUIE
Chypre
Syrie
Palestine
IRAK
IRAN
AFGHANISTAN
Libye
Égypte
Transjordanie
Koweït
Bahreïn
ARABIE SAOUDITE
Oman
Hadramaout
Aden
Érythrée
Soudan
Djibouti
ÉTHIOPIE
Somalie
Socotra
Afrique équatoriale française
Congo belge
Kenya
Tanganyika
Angola
Rhodésie
Mozambique
Namibie
Bechuanaland
AFRIQUE DU SUD
Comores
Madagascar
Maurice
Réunion
Seychelles
MONGOLIE
Mandchourie
C H I N E
TIBET
NÉPAL
Empire des Indes
Birmanie
Chandernagor
Goa
Mahé
Yanaon
Pondichéry
Karikal
Laquedives
Maldives
Ceylan
THAÏLANDE
Indochine
Macao
Hong Kong
Formose
Corée
JAPON
Sakhaline
Kouriles
Aléoutiennes
Ryu-Kyu
OCÉAN
PACIFIQUE
tropique du Cancer
Wake
Mariannes
Philippines
Carolines
Marshall
Gilbert
équateur
Singapour
Nord-Bornéo
Indes néerlandaises
Timor
Nouvelle-Guinée
Salomon
Wallis-et-Futuna
Nelles-Hébrides
Fidji
Nouvelle-Calédonie
tropique du Capricorne
OCÉAN INDIEN
AUSTRALIE
NOUVELLE-ZÉLANDE
Antipodes
Bounty
Kerguelen
autres puissances coloniales
Afrique du Sud
Australie
Belgique
Danemark
Espagne
Pays-Bas
Portugal
3 000 km
projection de Mercator
échelle à l'équateur

HISTOIRE
Terminales ES-L-S

Sous la direction de
Jean-Michel LAMBIN
Agrégé d'histoire, professeur en Première supérieure au lycée Watteau, Valenciennes

Catherine CASSAGNE
Agrégée d'histoire, professeur au lycée Branly, Nogent-sur-Marne

André KASPI
Agrégé d'histoire, professeur d'Histoire de l'Amérique du Nord à l'université Paris I - Sorbonne

Marie-Anne MATARD-BONUCCI
Agrégée d'histoire, maître de conférences à l'université de Versailles-Saint-Quentin-en-Yvelines

Hélène SADOWSKI
Agrégée d'histoire, professeur au lycée Couffign... Strasbourg

Jean-François SIRINELLI
Agrégé d'histoire, professeur à l'Institut d'étude... de Paris

Marcel SPISSER
Agrégé d'histoire, inspecteur pédagogique régio...

Anne VANNOUQUE
Certifiée d'histoire, professeur au lycée Audiber... ...ibes

Jean VASSORT
Agrégé d'histoire, professeur en Première supér...ieure au lycée ...artes, Tours

Jean-Luc VILLETTE
Agrégé d'histoire, professeur en Première supérieure au lycée Gambetta, Arras

Nicolas WERTH
Agrégé d'histoire, chargé de recherches au CNRS

Ouvrage conforme aux programmes d'histoire des classes de terminales ES / L et S, BOEN hors série n° 7 du 3 octobre 2002.

HACHETTE
Éducation

PROGRAMME de ES/L

Le monde, l'Europe, la France de 1945 à nos jours

I. Le monde de 1945 à nos jours (22 h)

Introduction : Le monde en 1945

1. De la société industrielle à la société de communication

Ce thème invite à une présentation synthétique des grandes transformations du second XXe siècle (cadre économique, mutations sociales, civilisation matérielle, évolution des sciences et des techniques, révolution informatique). Il inclut le fonctionnement du marché mondial des biens culturels et la question de la « mondialisation de la culture ».

2. Les grands modèles idéologiques et la confrontation Est-Ouest jusqu'aux années 1970

On étudie les traits majeurs des modèles soviétique et américain, en se centrant sur les années 1950-1960, et les lignes de force de la politique internationale de 1945 aux années 1970, moment où la détente crée un certain équilibre international.

43 quai de Grenelle 75905 Paris Cedex 15.
www.hachette-education.com
ISBN 2.01.135351-3

SOMMAIRE

SOMMAIRE

Les éléments sur fond couleur ne sont pas au programme des séries ES/L

PROGRAMME de ES/L

3. Le tiers-monde : indépendances, contestation de l'ordre mondial, diversification

On analyse l'émancipation des peuples dominés, les difficultés économiques et sociales auxquelles les États nouvellement indépendants sont confrontés et leurs tentatives d'organisation pour obtenir un poids accru dans les relations internationales. La diversification des États du tiers-monde s'accentue dans les années 1970.

4. À la recherche d'un nouvel ordre mondial depuis les années 1970

Les années 1970 constituent un tournant car l'équilibre international est remis en cause : dérèglement économique, moindre maîtrise du monde par les deux Grands, nouvelles formes d'opposition intérieure dans les sociétés communistes, multiplication des conflits dans le tiers-monde.
Après un regain de la tension Est-Ouest, la disparition de l'Union soviétique met un terme à la guerre froide. Les États-Unis s'imposent, non sans contestations, comme l'unique superpuissance. À partir de la fin des années 1970, l'affirmation de l'islamisme, sous différentes formes, constitue un autre fait majeur. Ces profonds bouleversements façonnent le monde actuel, au sein duquel les organismes internationaux sont à la recherche d'un rôle nouveau, notamment face à la gestion des conflits locaux.

PROGRAMME de ES/L

II. L'Europe de 1945 à nos jours (10 h)

1. L'Europe de l'Ouest en construction jusqu'à la fin des années 1980

La construction européenne procède de plusieurs facteurs : un idéal qui associe rejet des « guerres civiles » européennes et recherche d'un modèle, une réaction à la menace soviétique, une volonté d'utilisation de la puissance de la Communauté au service des politiques nationales. Elle se traduit par la mise en place d'une politique d'intégration et de convergence.

2. Le temps des démocraties populaires (1948-1989)

L'étude de la mise en place de l'ordre stalinien permet de montrer la dépendance de ces pays envers l'URSS. Les révoltes des années 1950 et les stratégies réformistes font apparaître une différenciation marquée entre les pays. L'entrée en jeu progressive des sociétés civiles est mise en valeur pour rendre compte de la disparition des démocraties populaires.

3. Les enjeux européens depuis 1989

L'implosion de la zone d'influence soviétique ouvre la voie à l'élargissement de l'Union européenne à l'est, posant avec acuité la question de l'approfondissement.

Les transferts progressifs de souveraineté invitent les Européens à s'interroger sur le rapport entre les États-nations et l'Union. Les conflits dans les Balkans montrent que le continent européen n'est pas à l'abri du retour de la guerre ; ils soulignent la difficulté de l'Union à mettre en œuvre une politique extérieure commune.

III. La France de 1945 à nos jours (18 h)

1. Bilan et mémoires de la Seconde Guerre mondiale

Après avoir étudié les conséquences du conflit dans l'immédiat après-guerre – sans se limiter aux pertes humaines et aux destructions matérielles –, on présente l'émergence de différentes mémoires de la période de la guerre au sein de la société française.

2. L'évolution politique

On étudie les grandes phases de la vie politique depuis 1945. On analyse les institutions de la Ve République et leur fonctionnement.

SOMMAIRE

II. L'EUROPE DE 1945 À NOS JOURS

III. LA FRANCE DE 1945 À NOS JOURS

SOMMAIRE

PROGRAMME de ES/L

3. Économie, société, culture

On met l'accent sur les bouleversements des structures économiques et sociales. On analyse l'évolution de la population, des modes de vie, des pratiques culturelles et des croyances.

4. La France dans le monde

On présente l'enjeu de la décolonisation et les constantes de la politique étrangère, le rôle de la France dans les institutions internationales et sa place dans les échanges mondiaux, les formes de la présence française dans le monde.

PROGRAMME de S

Le monde contemporain (II)

I. Les relations internationales depuis 1945 (12 h)

1. La guerre froide (1947-1991)

On analyse les caractéristiques majeures de la guerre froide et on réfléchit à sa périodisation. On intègre dans cette étude la présentation des modèles soviétique et américain.

SOMMAIRE

Les éléments sur fond couleur correspondent aux pages traitant le programme de la série S

SOMMAIRE

Les éléments sur fond couleur correspondent aux pages traitant le programme de la série S

PROGRAMME de S

2. Le nouvel ordre mondial

La disparition de l'Union soviétique met un terme à la guerre froide. Les États-Unis s'imposent, non sans contestations, comme l'unique superpuissance. À partir de la fin des années 1970, l'affirmation de l'islamisme, sous différentes formes, constitue un autre fait majeur. Ces profonds bouleversements façonnent le monde actuel.

II. Colonisation et indépendance (8h)

1. La colonisation européenne et le système colonial

Ce thème englobe la période qui va du milieu du XIXe siècle aux années 1960. Il permet d'étudier un phénomène majeur de l'histoire humaine sinon dans sa totalité, du moins sur une durée significative.

2. La décolonisation et ses conséquences

On présente les grands traits des conquêtes coloniales, l'organisation des empires, les modalités de la présence et de l'influence européennes, les modes d'exploitation économique. On analyse l'émancipation des peuples dominés, les difficultés économiques et sociales auxquelles les États nouvellement indépendants sont confrontés et leurs tentatives d'organisation pour obtenir un poids accru dans les relations internationales.

PROGRAMME de S

III. La France de la Ve République (12h)

1. Un nouveau système républicain

La Ve République réaffirme le principe de la souveraineté nationale et instaure un nouvel équilibre entre les pouvoirs ; la constitution s'attache à une séparation entre l'exécutif et le législatif, attribue la primauté au premier et encadre l'activité du second. Après avoir rappelé ces caractéristiques, on montre que le système né en 1958 a évolué du fait des pratiques des acteurs, du contexte d'ensemble (cadre économique, rôle attribué à l'État, ...) et des choix électoraux.

SOMMAIRE

Les éléments sur fond couleur correspondent aux pages traitant le programme de la série S

II. L'EUROPE DE 1945 À NOS JOURS

III. LA FRANCE DE 1945 À NOS JOURS

SOMMAIRE

Les éléments sur fond couleur correspondent aux pages traitant le programme de la série S

PROGRAMME de S

2. Économie, société, culture

On met l'accent sur les mutations des structures économiques et sociales. On analyse l'évolution de la population, des modes de vie, des pratiques culturelles et des croyances.

3. La France dans le monde

On présente les constantes de la politique étrangère, le rôle de la France dans les institutions internationales et sa place dans les échanges mondiaux, les formes de la présence française dans le monde.

LES RESSOURCES DE VOTRE MANUEL, LE PROGRAMME D'HISTOIRE ET LA PRÉPARATION AUX ÉPREUVES DU BACCALAURÉAT

LE PROGRAMME DE TERMINALES

Dans chaque chapitre

- Les pages d'ouverture introduisent le sujet traité dans le chapitre et indiquent la problématique en s'appuyant sur deux grands documents, photos ou cartes.
- Les pages de cours et les dossiers traitent l'ensemble du programme de Terminales. Les pages communes ou spécifiques au programme de S ou de ES/L sont désignées par les logos séries ES-L-S séries ES-L série S.
- Les questions à la fin des pages *Dossier* constituent un premier entraînement aux épreuves d'histoire du baccalauréat.
- Le vocabulaire apparaît en haut de la page de cours ou auprès de l'introduction du dossier.

À la fin de l'ouvrage, un lexique reprend tous les mots difficiles et un **dictionnaire** donne une biographie des principaux acteurs de l'histoire, dans le cadre du programme.

LA PRÉPARATION DES ÉPREUVES DU BACCALAURÉAT

À la fin de chaque chapitre :

Des *Fiches* pour réviser :

- un résumé sous forme de bilan reprend les grandes idées du chapitre ;
- une rubrique *Ne pas confondre* attire votre attention sur des termes voisins ;
- un rappel des dates et des personnages principaux ;
- des rubriques *Lire* et *Voir* vous indiquent des compléments permettant d'approfondir le chapitre.

Ces pages vous aideront également lors de vos révisions en cours d'année, lorsque vous préparerez un devoir surveillé ou un Bac blanc.

Des pages *Prépa bac* destinées à vous familiariser avec les sujets de baccalauréat :

- **10 sujets de composition**

Les sujets sont accompagnés de conseils méthodologiques progressifs et approfondis.
À chaque fois, le sujet est analysé dans le détail ; il est accompagné de conseils pratiques.
Un plan ou un modèle partiel de rédaction est proposé.

- **16 études d'un ensemble documentaire.**
- **16 explications d'un document d'histoire.**

À chaque fois, un exemple complet de sujet est proposé, ainsi que des conseils méthodologiques progressifs pour traiter certaines questions.
C'est alors à vous de passer à la rédaction et de répondre aux autres questions.

1. L'ÉPREUVE D'HISTOIRE AU BACCALAURÉAT

L'épreuve écrite d'histoire-géographie au baccalauréat général est commune aux trois séries, ES, L et S. Elle dure 4 heures.

Coefficients :
5 en ES
4 en L
3 en S

Les candidats de la série S composent sur des sujets spécifiques.

Structure de l'épreuve

Deux possibilités choisies par un tirage au sort dont le résultat n'est connu que le jour de l'épreuve :

1re POSSIBILITÉ — 4 heures		2e POSSIBILITÉ — 4 heures	
Exercices de la 1re partie	Noté sur 12	Exercices de la 1re partie	Noté sur 12
HISTOIRE Trois sujets au choix – composition – composition – étude d'un ensemble documentaire	2 heures 30 à 3 heures	**GÉOGRAPHIE** Trois sujets au choix – composition – composition – étude d'un ensemble documentaire	2 heures 30 à 3 heures
Exercices de la 2e partie	Noté sur 8	Exercices de la 2e partie	Noté sur 8
GÉOGRAPHIE Deux sujets au choix – croquis – croquis	1 heure à 1 heure 30	**HISTOIRE** Deux sujets au choix – explication d'un document – explication d'un document	1 heure à 1 heure 30
Total	Noté sur 20	**Total**	Noté sur 20

L'épreuve d'histoire-géographie permet d'apprécier « la qualité de l'expression écrite du candidat », « la maîtrise de son jugement » et sa capacité à critiquer les documents.

2. LES TYPES DE SUJETS EN HISTOIRE

Il existe trois types de sujets : les deux premiers font partie des « Exercices de la première partie », le troisième fait partie des « Exercices de la deuxième partie ».

A. La composition

Elle porte :
– soit sur une période large, par exemple « *Le Proche-Orient dans les relations internationales de 1947 à 1967* », p. 120 ;
– soit sur un tableau à un moment donné de l'histoire, par exemple « *La démocratie en Europe à la fin des années 1990* », p. 249.

Le sujet porte sur un ou plusieurs thèmes du programme ; il peut s'accompagner de documents destinés à aider le candidat (chronologies, cartes, statistiques).

B. L'étude d'un ensemble documentaire

Elle comprend 5 documents au maximum, de nature diverse (texte, image, carte, statistiques).
Les documents peuvent être accompagnés de notes explicatives ou d'une chronologie. L'ensemble des documents porte sur « un des thèmes définis par le programme ».

L'exercice comprend deux parties :
– première partie : cinq questions au maximum analysant les documents, y compris de manière critique ;
– deuxième partie : en s'appuyant sur les réponses aux questions de la première partie et sur ses connaissances, le candidat rédige une « réponse organisée au sujet ».

C. L'explication d'un document

Si les sujets de la première partie sont des sujets de géographie, en deuxième partie, le candidat doit commenter un document d'histoire.

Le candidat choisit entre deux explications portant chacune sur un seul document (texte, carte, image, statistiques).

Le candidat répond à des questions portant sur la nature du document et son intérêt, sur le contexte, sur l'explication de faits ou d'idées évoqués dans le document.

LA COMPOSITION

1. Conseils généraux

> La composition doit permettre au candidat de faire la preuve de ses connaissances tout en les situant dans un questionnement.
> Extrait du *B.O.* n° 7 du 12 février 2004.

• Soigner l'écriture

Ne jamais écrire au futur ou au futur historique (« le candidat X va gagner les élections »), car l'histoire concerne le passé. Éviter d'utiliser les temps du passé qui alourdiraient la phrase. Écrire au présent.

– Éviter les expressions creuses du genre « cette période est une période de transition » : toute période historique est une transition entre un « avant » et un « après ».

– Faire des phrases courtes ; ne pas oublier la ponctuation ni les majuscules.

• Soigner la présentation

La première impression donnée au correcteur est essentielle, car elle donne une idée générale de la qualité de la composition.

L'introduction doit être soignée, car elle permet de voir immédiatement si le sujet est compris ou non. Il est conseillé de la rédiger entièrement au brouillon – ainsi que la conclusion – avant de la recopier.

La copie doit être aérée : aller à la ligne à la fin de chaque paragraphe ; passer plusieurs fois une ligne entre chaque partie. Une idée = un paragraphe. Un paragraphe comporte plusieurs phrases. On ne revient pas à la ligne à chaque phrase !

• Ne jamais négliger la conclusion :

Elle est indispensable. C'est la dernière impression que laisse la copie au correcteur. Et après l'avoir lue, il met la note !

2. Comment présenter sa copie

L'introduction présente le sujet ; elle compte trois parties :

– la présentation du thème central du sujet dans son cadre chronologique et géographique ;

– la problématique, c'est-à-dire une ou deux questions exposant le thème du devoir ;

– l'annonce du plan.

Le développement du devoir, en deux ou trois parties :

– chaque grande partie est divisée en deux ou trois paragraphes ; chacun est centré sur une idée ou un fait important illustrés d'exemples.

– le début d'une partie annonce le contenu de celle-ci ;

– une partie se termine généralement par une phrase faisant la liaison avec la partie suivante.

La conclusion :

– elle résume le développement ; elle répond à la question posée dans l'introduction ;

– elle élargit le sujet sur une idée nouvelle qui le prolonge.

L'EXPLICATION D'UN DOCUMENT

> Le candidat répond à des questions. Il doit manifester une compréhension générale du document et faire preuve de sa capacité à indentifier des informations et à les éclairer à partir de ses connaissances personnelles. Le thème abordé est d'ampleur suffisante. Il est constitué d'un document (texte, carte, images, statistiques, etc.) clairement, pourvu d'un titre et accompagné d'un nombre restreint de questions. Des notes explicatives éclairent éventuellement le candidat.
> Extrait du *B.O.* n° 7 du 12 février 2004.

Quelques types de textes historiques :

– un traité, texte de nature diplomatique ;
– un texte de loi, de nature juridique ;
– un programme ou un discours politique (observer si l'auteur exerce des fonctions officielles ou s'il est dans l'opposition) ;
– une Constitution (texte politique) ;
– des mémoires, qui présentent le point de vue d'un acteur sur des événements du passé ;
– un article de presse (thème économique, social, culturel, religieux, etc.) ;
– le jugement d'un historien.

Analyse du document

– Examiner le titre et la source : S'agit-il d'un document officiel ? privé ?
– Dans quelle mesure ce document est-il fiable ? En quoi peut-il être critiqué ?

1 Misère et délinquance dans l'Italie libérée — Quoi ? *titre* Quand ? *date de l'événement*

Nous étions propres, bien lavés, bien nourris, Jack et moi, au milieu de la terrible foule napolitaine, lugubre, sale, affamée, vêtue de haillons, que des bandes de soldats des armées libératrices, composées de toutes les races de la terre, bousculaient et injuriaient dans toutes les langues et tous les patois du monde.

Source : Curzio Malaparte, *La Peau*, traduit par René Novello, Denoël, 1949, rééd. Gallimard, coll. « Folio », 1973.

Qui ? *auteur*

Quoi ? *nature du texte : ici un roman*

À qui ? *éditeur et date de publication.*
Ici une première édition en 1949 ; traduit de l'italien, réédition en collection de poche, Folio.

L'ÉTUDE D'UN ENSEMBLE DOCUMENTAIRE

Le sujet fait apparaître une problématique explicite. Il porte [...] sur un des thèmes ou ensembles [...] définis par les programmes et prend appui sur un ensemble de documents (cinq au maximum). [...] Les documents sont de nature diverse (textes, images, cartes, statistiques, etc.).
L'exercice se compose de deux parties :
1. le candidat est invité à analyser, y compris de manière critique, l'ensemble documentaire en répondant à des questions. Ces questions, cinq au maximum, pourront porter sur la recherche, la mise en relation, la contextualisation d'informations, sur l'identification de notions majeures ou de thèmes essentiels des documents et sur l'intérêt et les limites de l'ensemble documentaire par rapport au sujet ;
2. en se fondant sur ce travail préparatoire, sur les informations extraites des documents et sur ses connaissances personnelles, le candidat rédige une réponse organisée au sujet.

Extrait du *B.O.* n° 7 du 12 février 2004.

1. Choix du sujet

Le candidat a le choix entre deux compositions et l'étude d'un ensemble documentaire. Consacrer une quinzaine de minutes à la lecture des trois sujets au choix. Tenir compte, avant de se décider, de ses connaissances mais aussi de son aptitude à maîtriser les différentes méthodes. Une fois le sujet choisi, ne jamais revenir sur son choix.

2. Observation des documents

– Lire plusieurs fois la problématique contenue dans le sujet.
– Repérer les différents auteurs et sources.
– Relever les dates des documents ; sont-ils contemporains des faits ou postérieurs ?
Se demander en quoi ces documents illustrent la question (problématique) contenue dans l'intitulé du sujet.

3. Réponse aux questions de la première partie

– Répondre aux questions dans l'ordre : leur succession correspond à une logique qu'il faut respecter et qui aidera à répondre à la question de la deuxième partie.
– Réfléchir et mobiliser ses connaissances pour éclairer les faits, les allusions, les noms contenus dans les textes.
– Des questions portent sur plusieurs documents à la fois ; relever les informations contenues dans ces différents documents. Identifier ce qui est commun aux différents documents, ce qui les oppose.

• Faire la critique des documents :
Certains documents peuvent être partiaux (documents de propagande), postérieurs aux événements (il est alors plus facile de porter un jugement). D'autres peuvent se contredire (deux idéologies opposées, points de vue de deux adversaires politiques ou de deux pays ennemis) ou être incomplets (c'est l'une des limites des documents historiques). Confronter ce qui est dit à ce que vous savez, par vos connaissances.

4. Deuxième partie

• Ne pas utiliser d'abréviations.
• Il est conseillé de commencer par une courte introduction.
• Ne pas chercher à rédiger une réponse trop longue (pas plus d'une ou deux pages). Présenter de manière concise les informations tirées des documents mais ne pas hésiter à les enrichir de vos connaissances sur le sujet. Attention toutefois au hors-sujet !
• Ne pas hésiter à confronter les documents les uns aux autres ; c'est un aspect essentiel de la démarche de l'historien. Se montrer **critique** à l'égard des documents, c'est opposer les documents les uns aux autres : ils peuvent se contredire. C'est par l'analyse critique que l'historien se rapproche le plus possible de la vérité du passé.
• Terminer par une petite conclusion ne peut qu'améliorer votre note.

Ce qu'il faut faire	À éviter !
• **Présenter les documents** La première question peut se ramener aux interrogations Qui ? Quoi ? Quand ? À qui s'adresse le texte ? (Voir p 27)	• Raconter la vie de l'auteur. • Raconter toute l'histoire de la période.
• **Décrire, expliquer (analyse du document)** **1.** Lire attentivement les documents – repérer les mots importants ; – identifier les personnages ; – préciser les événements auxquels le document fait référence.	• Résumer le texte ; oublier d'évoquer le contexte historique.
2. Utiliser ses connaissances pour préciser les allusions, expliquer la logique des événements. Dans tous les cas, ne pas oublier qu'il faut expliquer les documents. C'est grâce à vos connaissances que vous devez répondre aux questions.	• Le hors-sujet (parler de faits sans rapport avec le document, « réciter » le cours). • La paraphrase (répéter le texte sous une autre forme). • Oublier de répondre à une question.
• **Rédiger une réponse organisée au sujet** (deuxième partie) **ou conclure** (en général la dernière question de l'explication d'un document) **:** – résumer ce que les documents apportent ; quel est leur intérêt historique ? – dégager la portée des documents ; ont-il été suivis d'effets ? – critiquer les documents : mentionner les erreurs et les oublis.	• Oublier de soigner le style, l'écriture, la présentation de la copie, l'orthographe.

CHAPITRE

1

Le monde en 1945

séries

ES-L-S

Lorsque le Japon capitule le 2 septembre 1945, le monde sort de six ans d'une guerre qui fut la plus meurtrière de l'histoire de l'humanité. Les pertes humaines se comptent par dizaines de millions, les ruines sont considérables. Le traumatisme moral est profond après la découverte des camps de concentration et l'utilisation de l'arme nucléaire. Cependant, l'espoir renaît, reposant sur l'union des vainqueurs et sur leur volonté de bâtir un monde meilleur.

Malgré un bilan humain désastreux, pourquoi peut-on parler d'espoirs de renouveau après la fin de la guerre ?

1 1945 : volonté de bâtir un monde meilleur, débarrassé du nazisme…

Procès de Nuremberg (novembre 1945-octobre 1946).

Au premier rang, à partir de la gauche, Goering, Hess, von Ribbentrop, Keitel, Rosenberg, Frank, Frick, Streicher, Funk, Schacht et Kaltenbrunner.
Au deuxième rang, à partir de la gauche, Doenitz (en partie coupé), Raeder, von Schirach, Sauckel, Jodl, von Papen, Seyss-Inquart, Speer, von Neurath et Fritsche.

« Parmi les buts de guerre essentiels des Alliés, figure la punition des responsables de ces crimes, qu'ils les aient ordonnés, commis eux-mêmes ou qu'ils y aient participé. Les gouvernements signataires sont fermement résolus à veiller à ce que : a. les criminels, de n'importe quelle nationalité, soient recherchés, traduits devant un tribunal et jugés ; b. que les jugements soient exécutés. » Décision de la conférence de Londres, 13 janvier 1941.

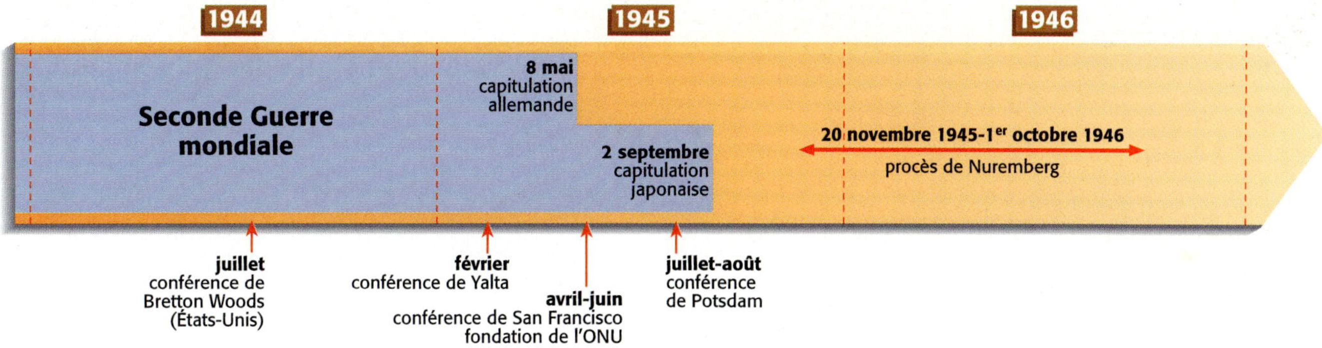

2 ... mais marqué par la peur atomique.

Hiroshima après le bombardement nucléaire du 6 août 1945.

« N'importe quelle ville d'importance moyenne peut être totalement rasée par une bombe de la grosseur d'un ballon de football [...].
La civilisation mécanique vient de parvenir à son dernier degré de sauvagerie [...]. Devant les perspectives terrifiantes qui s'ouvrent à l'humanité, nous apercevons encore mieux que la paix est le seul combat qui vaille d'être mené. Ce n'est plus une prière, mais un ordre qui doit monter des peuples vers les gouvernements, l'ordre de choisir définitivement entre l'enfer et la raison. »
Éditorial du journal *Combat*, par le philosophe français Albert Camus, 8 août 1945.

La victoire des Alliés

Du début de la guerre à 1942, les puissances de l'**Axe** sont victorieuses sur tous les fronts. À partir de 1942-1943, c'est le « renversement de la marée » (Winston Churchill), marqué par les batailles d'El-Alamein en Égypte (octobre 1942) et de Stalingrad en URSS (novembre 1942-janvier 1943). L'Afrique du Nord est reconquise par les Alliés en 1942-1943.
En Europe, à partir de 1943 et 1944, l'Allemagne et ses alliés sont mis en échec par l'avance des Soviétiques à l'Est, puis par celle des Américains, des Britanniques et des Français à l'Ouest. Envahie à partir de février 1945, l'Allemagne capitule le 8 mai 1945.

VOCABULAIRE

Axe : l'alliance de l'Allemagne, de l'Italie et de leurs alliés (notamment le Japon).

En Asie et dans le Pacifique, la progression japonaise est stoppée en 1942-1943 lors des batailles aéronavales de la mer de Corail et de Midway ainsi que par les combats dans l'île de Guadalcanal. À partir de 1943, les Britanniques contre-attaquent en Birmanie, tandis que les Américains reconquièrent les principales îles du Pacifique. La guerre se termine par les bombardements atomiques d'Hiroshima et de Nagasaki en août 1945. Le Japon capitule à son tour le 2 septembre 1945.

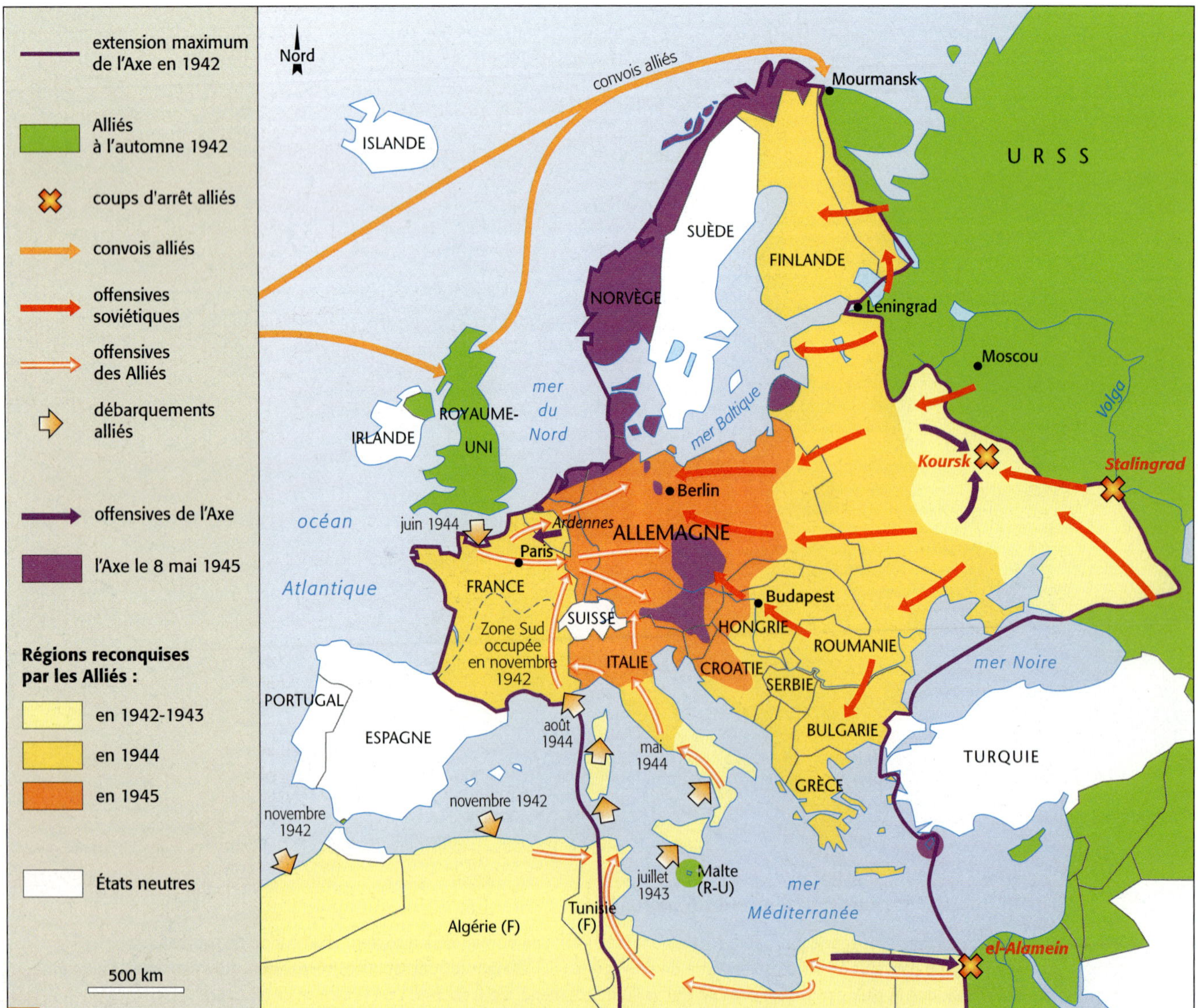

1 **La victoire des Alliés en Afrique du Nord et en Europe (1942-1945).**

QUESTIONS

A. Dégager des informations des cartes

1. Quels sont les pays et les territoires contrôlés par les Allemands et leurs alliés en 1942 ? (carte 1)

2. Quelles batailles arrêtent les Allemands en Europe et en Afrique du Nord ? (carte 1)

3. Où et quand ont lieu les débarquements alliés ? (carte 1)

4. Quelle est la situation militaire de l'Allemagne le 8 mai 1945 ? (carte 1)

5. Jusqu'où s'étend l'avancée japonaise au printemps 1942 ? (carte 2)

6. Quelles batailles constituent des coups d'arrêt à cette avancée ? (carte 2)

7. Quels sont les territoires encore contrôlés par le Japon à la fin de la guerre ? (carte 2)

B. Synthèse

8. Montrer que la guerre se déroule sur terre, sur mer et dans les airs.

9. Quelles différences y a-t-il entre la guerre en Europe et la guerre en Asie ?

10. Comparer la situation de l'Allemagne et du Japon à la fin de la guerre.

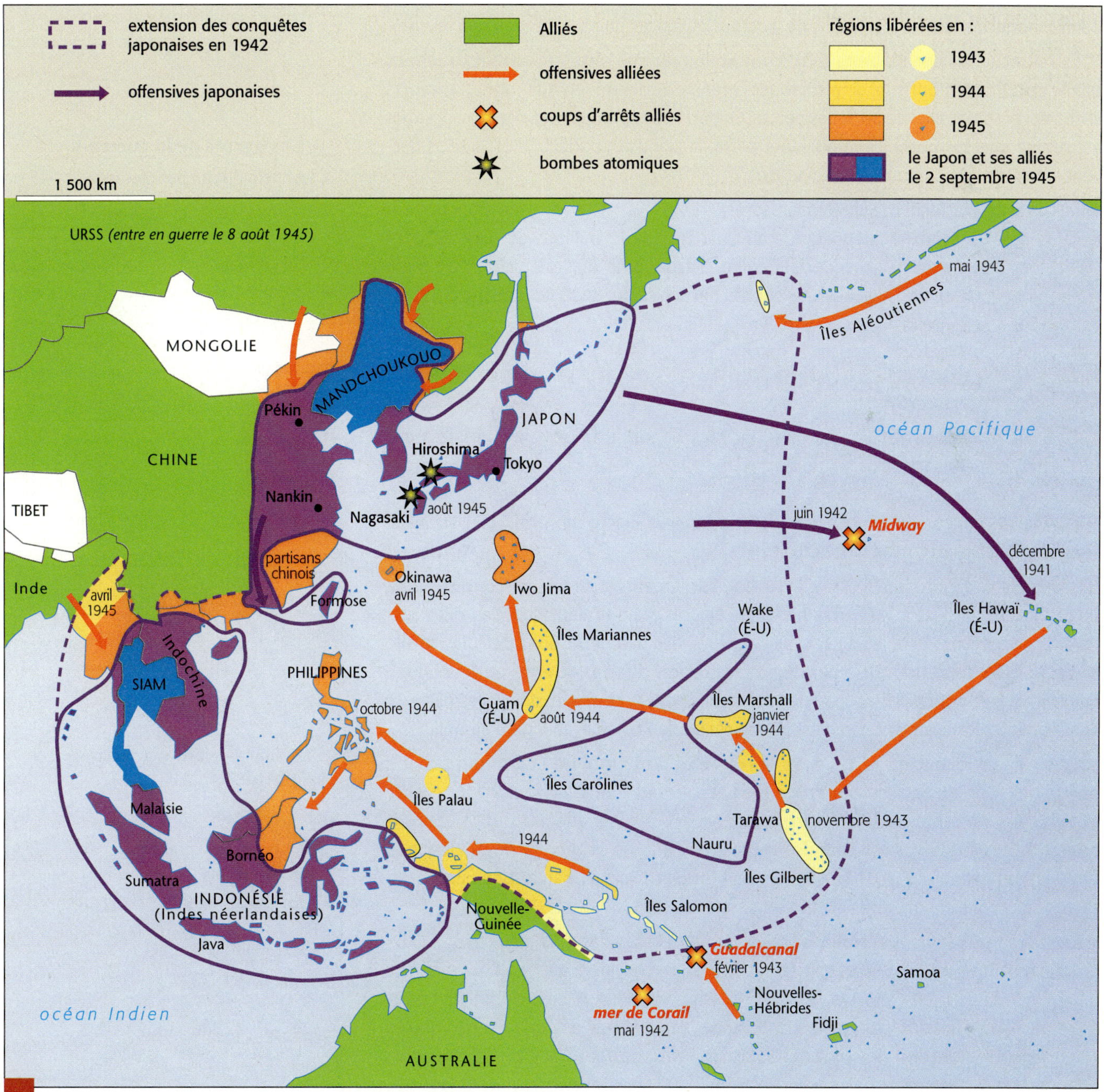

2 **La victoire des Alliés en Asie et dans le Pacifique (1942-1945).**

1 Un monde meurtri et en ruines

A. Près de soixante millions de morts

doc. 1

■ Conflit le plus meurtrier de l'histoire, la Seconde Guerre mondiale a fait au total :
– près de 60 millions de morts, soit **six fois plus de victimes que la guerre de 1914-1918**.
– Sont morts environ 21 millions de Soviétiques, 13,5 millions de Chinois, près de 7 millions d'Allemands.
– La Pologne a perdu 16 % de sa population de 1939 (dont presque tous les juifs), l'URSS 13 %, l'Allemagne 10 %.
– Les pays d'Europe de l'Ouest et les États-Unis sont relativement moins touchés.

■ Trois fois plus de soldats que lors de la Première Guerre mondiale ont participé aux combats, qui se sont déroulés aussi bien sur terre, sur mer que dans les airs. Certains pays ont été moins touchés sur un plan strictement militaire : en France, le second conflit mondial a fait six fois moins de victimes militaires que la Grande Guerre.

■ En revanche, **les populations civiles ont été beaucoup plus largement touchées par le conflit**. Elles ont subi de plein fouet la guerre aérienne ; en Allemagne, les morts civils représentent plus de 50 % des pertes. En outre, le rationnement des pays occupés a entraîné une surmortalité importante parmi la population affaiblie et la recrudescence de maladies comme la tuberculose.

■ Les civils ont également subi les massacres d'otages, l'arrestation et la mort des opposants dans les camps de déportation, au total près de 15 millions de victimes, dont 10 millions en Europe. Dans ce dernier chiffre, il faut compter également entre **5 à 6 millions de juifs et de Tsiganes massacrés par les nazis dans les camps d'extermination**.

B. Des destructions considérables et des économies sinistrées

doc. 2, 3, 4 et 5

■ Le bilan matériel est également très lourd. **La Seconde Guerre mondiale a été une guerre totale** affectant à la fois l'arrière et la zone des combats, mobilisant les industries, les chercheurs, les populations dans un affrontement d'**idéologies** opposées. À la différence des combats lors de la Première Guerre mondiale, ceux-ci ne se sont pas concentrés sur un front étroit.

■ La guerre aérienne a été massive et les bombardements stratégiques considérables, en particulier au-dessus du Royaume-Uni, du Japon et de l'Allemagne. Les villes allemandes sont rasées à 70 % ; en Yougoslavie, 20 % des bâtiments sont détruits. **À elle seule, l'URSS subit la moitié des dégâts matériels dus à la guerre**. La destruction des usines, des ponts, des routes, des lignes de chemin de fer et des gares paralyse l'économie et les échanges dans une bonne partie de l'Europe, en Chine et au Japon.

■ En 1945, **les économies des pays européens, du Japon, de la Chine et d'une partie de l'Asie du Sud-Est sont presque partout en ruines**. La production agricole et industrielle a chuté de 30 à 70 % par rapport à 1939. Presque partout, le **produit national brut** (PNB) s'est effondré : l'Italie (– 39 %), la France (– 46 %), le Japon (– 70 %) et l'Allemagne (– 71 %) sont les pays les plus touchés. Partout en Europe, les restrictions sont importantes et la misère s'étend.

■ La guerre a également englouti les réserves monétaires des pays européens. Ceux-ci connaissent en 1945-1946 une forte hausse des prix : celle-ci est de 38 % en France en 1945 et de 63 % en 1946. De 1939 à 1945, l'endettement public a été multiplié par trois au Royaume-Uni, par quatre en France, par six aux États-Unis, par dix en Allemagne. **La situation des États-Unis est cependant beaucoup plus favorable** : de tous les pays alliés, ce sont les seuls à n'avoir connu aucune destruction sur leur territoire. Dès 1945, les États-Unis dominent l'économie mondiale.

VOCABULAIRE

idéologie : ensemble cohérent d'idées ou de croyances visant à expliquer le monde ou la société et formant une doctrine politique ou religieuse.

produit national brut (PNB) : le produit national brut est la valeur des biens et des services produits par les entreprises d'un pays, que celles-ci se trouvent dans ce pays ou à l'étranger. Le PNB exclut la valeur des biens et des services produits par les entreprises étrangères implantées dans un pays.

1 Les pertes de la guerre

a. Les principaux belligérants

Pays et population en 1939	Pertes	
	Militaires	Civils
	(en millions)	
Allemagne : 67,8	3,25	3,81
Italie : 43,8	0,33	0,09
Japon : 72	1,7	0,36
Pologne : 34,7	0,12	5,3
France : 41,6	0,25	0,36
Royaume-Uni : 47,7	0,1	0,04
URSS : 167,3	13,6	7,7
États-Unis : 131	0,3	0

Source : Général Beaufre, *La Deuxième Guerre mondiale*, Tallandier, 1967-1969.

b. Les chiffres estimés de quatre bombardements

Dresde (8 février 1945) :
800 appareils, 3 000 t de bombes, 135 000 morts.

Tokyo (10 mars 1945) :
297 appareils, 1 700 t de bombes, 83 000 morts.

Hiroshima (6 août 1945) :
1 appareil, 1 bombe, 70 000 morts.

Nagasaki (9 août 1945) :
1 appareil, 1 bombe, 36 000 morts.

Source : *Dictionnaire de la Seconde Guerre mondiale*, Larousse, 1979.

2 Berlin en ruines : ce qui reste du ministère de la Propagande.

3 Les ruines du centre-ville de Caen en 1946.

4 Misère et délinquance dans l'Italie libérée

Nous étions propres, bien lavés, bien nourris, Jack et moi, au milieu de la terrible foule napolitaine, lugubre, sale, affamée, vêtue de haillons, que des bandes de soldats des armées libératrices, composées de toutes les races de la terre, bousculaient et injuriaient dans toutes les langues et tous les patois du monde. L'honneur d'être libéré le premier était échu, parmi tous les peuples d'Europe au peuple napolitain, et pour fêter une récompense si méritée, mes pauvres Napolitains, après trois années de famine, d'épidémie, de féroces bombardements, avaient accepté de bonne grâce, par amour de la patrie, la gloire ardemment désirée et enviée de jouer le rôle d'un peuple vaincu, de chanter, d'applaudir, de sauter de joie parmi les ruines de leurs maisons, d'agiter des drapeaux étrangers, ennemis la veille encore, et de jeter des fleurs sous les pas des vainqueurs. [...]

Le prix des nègres vivants, à Naples était monté depuis quelques jours de deux cents dollars à mille dollars [...]. Le rêve de tous les Napolitains pauvres était de pouvoir s'acheter un *black*, ne fût-ce que pour quelques heures. La chasse aux nègres était le jeu favori des enfants [...]. Quand un *scugnizzo* parvenait à saisir un nègre par la manche de sa veste, et à le traîner derrière lui de bar en bar, de bistrot en bistrot, de bordel en bordel, dans le dédale des ruelles de Toledo et de Forcella, de toutes les fenêtres, de tous les seuils, de tous les coins de rues, cent bouches, cent yeux, cent mains lui criaient : « Vends-moi ton *black* ! Je te donne vingt dollars ! trente dollars ! cinquante dollars ! » Cinquante dollars, c'était le maximum du prix payé pour acheter un nègre à la journée, c'est-à-dire pour quelques heures : le temps nécessaire pour le soûler, le dépouiller de tout ce qu'il avait sur lui, depuis le calot jusqu'aux souliers, et puis, la nuit tombée, l'abandonner tout nu sur le pavé d'une ruelle.

Curzio Malaparte, *La Peau*, traduit par René Novello, Denoël, 1949, rééd. Gallimard, coll. « Folio », 1973.

5 L'étendue des destructions en URSS selon un rapport officiel

Dans les territoires occupés de l'Union soviétique, on comptait, avant la guerre, 88 millions d'habitants, la production industrielle s'élevait à 46 milliards de roubles (sur la base des prix des années 1926-1927) ; il y avait 109 millions de têtes de bétail dont 31 millions de bovins et 12 millions de chevaux ; 71 millions d'hectares de terres étaient cultivés ; 122 000 kilomètres de voies ferrées en exploitation. Les nazis ont dévasté et brûlé, en totalité ou en partie, 1 710 villes et plus de 70 000 bourgades et villages. Plus de 6 millions d'édifices ont été incendiés ou rasés au sol, 25 millions de personnes sont restées sans abri.

L'ennemi a dévasté 31 850 usines où travaillaient environ 4 millions d'ouvriers. Il a détruit 65 000 kilomètres de voies ferrées, 40 000 hôpitaux ou infirmeries, 84 000 écoles ont été saccagés ou rasés au sol, ainsi que 98 000 kolkhozes, 1 876 sovkhozes et 2 890 réserves de machines agricoles. Sept millions de chevaux, 17 millions de bovins ont été réquisitionnés.

Des millions de déclarations envoyées à la Commission extraordinaire d'État confirment ces actes criminels. [...] La Commission extraordinaire d'État a calculé à 679 milliards de roubles (sur la base des prix de 1941), le montant des dommages causés à l'économie nationale et aux citoyens soviétiques. [...]

Au montant de ces pertes, il convient d'ajouter celles entraînées par la baisse du revenu national due à l'interruption ou à la réduction de l'activité des entreprises d'État, des kolkhozes, des citoyens. Tout ceci, sans parler des millions et des millions de citoyens éliminés par les nazis sur les territoires momentanément occupés.

Rapport de la Commission extraordinaire d'État, 12 septembre 1945.

1. **Présenter le document (origine et contexte historique).**
2. **Où se trouvent les régions les plus touchées ?**
3. **Pourquoi peut-on dire que ces destructions témoignent de la brutalisation de la guerre à l'Est ?**
4. **Quelles peuvent être les conséquences pour les survivants ?**

2 Un monde moralement traumatisé

A. La guerre la plus brutale de tous les temps doc. 1 et 4

■ Jamais une guerre n'avait entraîné un tel traumatisme. **Jamais les accords internationaux et les droits de l'homme n'avaient été autant bafoués.** La brutalisation de la guerre a été extrême : les conventions internationales sur les prisonniers n'ont été respectées ni par les Allemands sur le front de l'Est ni par les Japonais. L'avance des armées alliées a débouché sur la découverte de l'horreur des camps de concentration et des camps d'extermination. Peu à peu, le monde découvre la réalité de la **Shoah** (5 à 6 millions de victimes selon les estimations), ainsi que l'horreur de prétendues expériences médicales menées par les médecins SS sur les déportés ou par les médecins japonais sur des prisonniers de guerre en Mandchourie.

■ Dès 1943, les Alliés avaient décidé à la conférence de Moscou de juger après la victoire les responsables de l'Axe. **Six organisations nazies et 22 hauts dignitaires du régime sont jugés à Nuremberg, par un tribunal international, de novembre 1945 à octobre 1946** : ils sont accusés de complot, de crime contre la paix, de crimes de guerre, mais aussi – notion juridique nouvelle – de **crime contre l'humanité**. Un procès identique s'ouvre en 1946 à Tokyo, destiné à juger les responsables japonais.

B. Une interrogation sur les valeurs humaines doc. 2 et 3

■ L'emploi de la bombe atomique contre les villes japonaises d'Hiroshima et de Nagasaki jette également le trouble dans les esprits : en quelques instants, une seule bombe lancée par un seul avion peut provoquer autant de morts et de destruction que des flottes entières de bombardiers. **En 1945, l'homme découvre la peur atomique**, évoquée pour la première fois par le philosophe français Albert Camus, le 8 mai 1945. Intellectuels et artistes, tels le philosophe français Jean-Paul Sartre ou le metteur en scène italien Roberto Rossellini, expriment après 1945 le désarroi moral de leur génération et l'interrogation sur le respect des **valeurs** communes à toute l'humanité.

■ **Cinquante-cinq ans après la victoire, le traumatisme moral reste vif** : impossible oubli des déportés, refoulement du passé nazi et culpabilité en Allemagne, reconnaissance difficile des crimes de guerre commis par les Japonais en Asie, haines tenaces entre Serbes et Croates dans les Balkans. Encore aujourd'hui, et plus que jamais, le devoir de mémoire s'impose à tous.

C. De profondes cassures et l'espoir d'un monde meilleur doc. 5

■ **La guerre a divisé en profondeur les communautés nationales : à qui fallait-il obéir ? Où était le devoir ?** Le rejet du fascisme et du nazisme profite aux forces politiques s'identifiant à la Résistance contre l'Axe. Là où des élections démocratiques sont organisées, dès 1945, **patriotes** et forces politiques de gauche réalisent des scores élevés dans les pays européens touchés par la guerre, en particulier en France, en Italie, en Tchécoslovaquie. Il n'est cependant pas possible de lier droite et collaboration, gauche et Résistance : il y eut des résistants de droite et des collaborateurs de gauche. La Libération s'accompagne d'une **épuration** qui permet de juger les principaux responsables de la collaboration, mais elle laisse aussi des traces : en France, elle touche peu un appareil d'État dont bon nombre de hauts fonctionnaires avaient pourtant prêté serment au régime de Vichy.

■ Partout, on enregistre de fortes **aspirations à bâtir, sur les ruines de la guerre, un monde plus juste et meilleur**. Dès 1941, Britanniques et Américains avaient défini dans la Charte de l'Atlantique leur vision de l'organisation du monde d'après-guerre. Au Royaume-Uni, c'est dès 1942 que le gouvernement de Winston Churchill propose des réformes. En France, elles sont inscrites en 1944 dans le programme du Conseil national de la Résistance.

VOCABULAIRE

Shoah : « désastre » en hébreu. Mot qui s'applique au seul génocide du peuple juif par les nazis : la volonté délibérée de faire disparaître entièrement ce peuple et sa culture de façon à ce qu'il n'en reste aucune trace.

crime contre l'humanité : notion juridique définie au procès de Nuremberg : l'assassinat, l'extermination, la déportation ou tout acte inhumain commis pour des motifs politiques, raciaux ou religieux à l'encontre de toute une population.

valeurs : au sens moral et politique, ce à quoi on attache de l'importance (l'honneur, la fidélité, la vérité, la démocratie, la justice, l'égalité, les droits de l'homme, le respect de la vie…).

patriote : personne qui aime son pays et combat pour le défendre.

épuration : à la Libération, action visant à punir tous ceux qui ont collaboré avec l'occupant. On distingue une épuration « sauvage » (exécutions et règlements de compte : 7 500 à 10 000 morts en France) et une épuration légale (jugements : 120 000 condamnations en France).

1 Les victimes de la Shoah

	Nombre de juifs exterminés	% par rapport à la population juive en 1939
Lituanie	jusqu'à 130 000	90 %
Pologne	jusqu'à 3 000 000	89,5 %
Autriche	plus de 50 000	83 %
Tchécoslovaquie	260 000	82,5 %
Grèce	60 000	81 %
Yougoslavie	60 000	80 %
Lettonie	70 000	74 %
Pays-Bas	plus de 100 000	71 %
Allemagne	plus de 120 000	50 %
Norvège	moins de 1 000	50 %
Hongrie	plus de 180 000	45 %
Estonie	2 000	44 %
Roumanie	270 000	36 %
Luxembourg	moins de 1 000	33 %
France	75 000	28 %
Belgique	24 000	27 %
URSS	plus de 700 000	23 %
Italie	9 000	18 %
Danemark	60	0,9 %
Finlande	7	0,35 %

R. Hilberg, *La Destruction des Juifs d'Europe*, Fayard 1988, rééd. Gallimard, coll. « Folio », 1992.

2 **La découverte des camps.**

3 La mort atomique

En même temps que leur ville, soixante mille habitants ont été volatilisés au moment de l'explosion de la bombe. Dans les semaines qui ont suivi, soixante mille autres sont morts, soit de leurs blessures, soit par l'effet de radiations atomiques. Une seule bombe et 120 000 humains sont rayés du nombre des vivants. [...] Ce qui fut le centre d'Hiroshima, ce n'est plus aujourd'hui que le tracé d'une ville, un plan à l'échelle zéro, où les rues et les jardins sont indiqués par une autre couleur que les maisons. [...] Il semble que les maisons aient été aspirées vers les entrailles de la terre. Tout ce qui est friable, la brique, la tuile, le bois, voire le béton, a été réduit en poussière. [...] Tout est pire que détruit : tout est éteint ; et pourtant, sur ce sol dont la sève semble s'être retirée, quelques humains s'obstinent à vivre. Ici un peu de fumée s'échappe d'une cabane en planches, là du linge sèche sur une corde.

Nagasaki offre le même spectacle qu'Hiroshima, avec cette différence que la bombe est allée tomber en bordure de la ville et n'a détruit en totalité qu'un faubourg extérieur. Aussi le nombre des morts est-il beaucoup moins élevé. On en compte seulement quarante mille. [...] On ne peut tirer des témoins qu'une phrase, toujours la même : « On aurait dit comme un soleil aveuglant. »

Le Figaro, 11 décembre 1945.

1. Présenter le document.
2. Qu'est-ce qui frappe le plus dans cette description ?

4 Le procès de Nuremberg

a. La définition des quatre chefs d'accusation

Le Tribunal créé [...] aura qualité pour juger et châtier des personnes qui, [...] soit à titre individuel, soit à titre de membres d'organisations, ont commis l'un des crimes suivants :

1. Conjuration : visant à la conquête du pouvoir absolu. [...]

2. Crimes contre la Paix : notamment avoir ourdi, préparé, engagé ou conduit une guerre d'agression. [...]

3. Crimes de Guerre : notamment toute violation des lois et coutumes de la guerre : [...] le meurtre, le mauvais traitement ou la déportation, [...] de prisonniers de guerre, le meurtre d'otages, le pillage, la destruction volontaire et sans utilité de villes ou villages [...].

4. Crimes contre l'Humanité : notamment le meurtre, l'extermination, l'asservissement, la déportation et autres actes inhumains commis aux dépens de toute population civile avant ou pendant la guerre ; les persécutions pour des motifs politiques, raciaux ou religieux.

Constitution du Tribunal militaire international, octobre 1945.

b. Les peines prononcées

Sont condamnés à mort : Goering (second d'Hitler, chef de la Luftwaffe, se suicide avant l'exécution), von Ribbentrop (ministre des Affaires étrangères), Kaltenbrunner (chef des services secrets) ; Rosenberg (ministre des Territoires de l'Est), Frank (gouverneur général de Pologne), Frick (ministre de l'Intérieur), Sauckel (chef du travail forcé), Seyss-Inquart (commissaire du Reich pour les Pays-Bas), Streicher (directeur de l'hebdomadaire antisémite *Der Stürmer*), Keitel (chef d'état-major), Jodl (chef des opérations) ; Bormann (chef de la Chancellerie), en fuite, est condamné par contumace.
À la prison : prison à vie pour Hess (chef de la Chancellerie jusqu'en 1941, meurt en prison en 1987), et six autres dirigeants nazis (20 à 10 ans de prison).
Sont acquittés : Schacht (ministre de l'Économie), von Papen (dernier chancelier avant Hitler).

5 ***Allemagne, année zéro*, film de Roberto Rossellini (1948).**

3 Un monde reconstruit par les vainqueurs

A. Une nouvelle organisation économique doc. 1

■ Quarante-quatre États se réunissent en **juillet 1944 à Bretton Woods (États-Unis) pour créer un nouveau système monétaire international**. Celui-ci repose sur trois éléments : les monnaies seront gagées sur l'or ou sur des monnaies convertibles en or ; chaque monnaie aura une **parité fixe** ; les **banques centrales** devront intervenir pour limiter les variations de valeur entre les monnaies. Un Fonds monétaire international (FMI) est créé pour stabiliser les monnaies. Une Banque internationale pour la reconstruction et le développement (BIRD) est fondée pour financer la reconstruction des États membres.

■ À l'époque, les États-Unis possèdent 75 % de l'or mondial ; le nouveau système repose donc sur le dollar qui devient tout naturellement une monnaie de réserve « aussi bonne que l'or » (*as good as gold*). Les États-Unis étant également l'État qui cotise le plus au FMI et à la BIRD, le système de Bretton Woods leur assure une prééminence monétaire incontestable dans le monde occidental.

B. Le sort des vaincus doc. 2, 3 et 4

■ **En février 1945, Staline reçoit, à Yalta, Winston Churchill, Premier ministre anglais et Franklin Roosevelt, président des États-Unis.** La conférence règle la fin de la guerre : Roosevelt obtient que l'URSS déclare la guerre au Japon ; Churchill, qui redoute une forte emprise soviétique en Europe, obtient que la France participe à l'occupation de l'Allemagne et de l'Autriche. Staline, dont les armées se sont déjà largement avancées en Europe, est le grand bénéficiaire de la conférence : il reste évasif sur les frontières polonaises et sur les élections à organiser dans les pays libérés par ses armées. Contrairement à une idée répandue, **les dirigeants alliés ne se sont pas « partagé l'Europe », et encore moins le monde, à Yalta** : les discussions ont porté sur l'achèvement de la guerre et le sort de l'Allemagne après la guerre.

■ Après la défaite de l'Allemagne, les trois Grands se retrouvent de nouveau à la **conférence de Potsdam, en juillet-août 1945**. L'atmosphère y est moins cordiale : Staline se plaint de l'arrêt de l'aide américaine et les Occidentaux reprochent aux Soviétiques de ne pouvoir contrôler les élections organisées dans les pays libérés par l'Armée rouge. **La conférence règle cependant le sort de l'Allemagne** : elle devra payer des réparations, être désarmée, subir une dénazification et voir ses dirigeants jugés par le tribunal de Nuremberg. Les annexions soviétiques et les nouvelles frontières polonaises sont acceptées provisoirement, en attendant les futurs traités de paix.

■ En Asie, le Japon subit également la loi des Alliés. L'URSS annexe le sud de Sakhaline et les îles Kouriles, occupe la Mandchourie et le nord de la Corée. Le Japon et le sud de la Corée sont occupés par les Américains. La Chine retrouve son intégrité territoriale, c'est ainsi que l'île de Formose (aujourd'hui Taïwan) redevient chinoise.

C. De nouveaux principes internationaux doc. 5

■ Dès 1941, Roosevelt et Churchill avaient proposé de créer une nouvelle organisation internationale, pour remplacer la Société des nations (SDN) qui s'était avérée incapable d'empêcher la guerre en 1939. Cette nouvelle organisation, **l'Organisation des Nations unies** est créée lors de la conférence de San Francisco en avril-juin 1945. L'ONU comprend une Assemblée générale, un secrétariat et des organismes spécialisés dont le plus important est le Conseil de sécurité ; les cinq vainqueurs de la guerre (États-Unis, URSS, Royaume-Uni, France et Chine) en sont membres permanents.

■ Une Commission des **droits de l'homme** est chargée de préparer une déclaration solennelle. La Déclaration universelle des droits de l'homme est adoptée en décembre 1948 à Paris ; elle réaffirme les droits de l'homme, mais aussi des droits nouveaux : droit à l'éducation, à la sécurité sociale, au travail, à la santé et à la culture.

VOCABULAIRE

parité fixe : principe monétaire selon lequel la valeur d'une monnaie doit rester constante par rapport à une autre.

banque centrale : banque chargée d'émettre la monnaie de son pays (ex. la Banque de France).

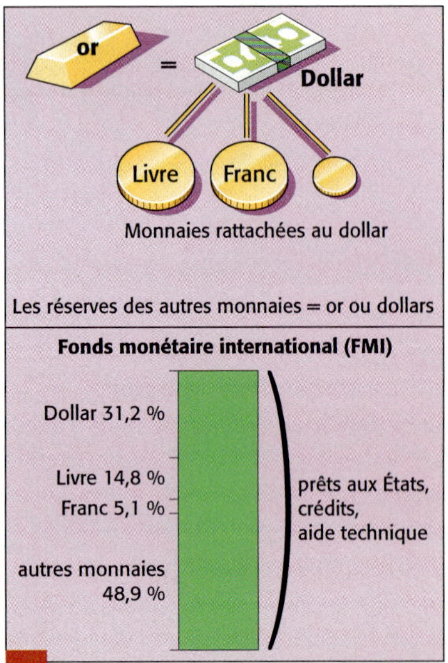

1 Le système de Bretton Woods.

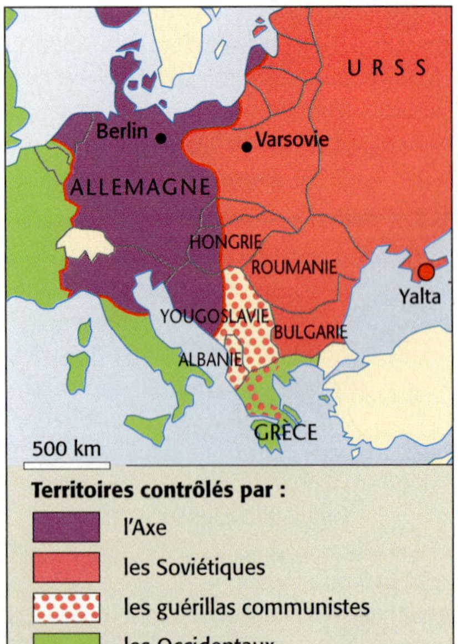

2 L'Europe lors de la conférence de Yalta.

3 La conférence de Yalta.

De gauche à droite, W. Churchill, F. D. Roosevelt et J. Staline.

Chacune des trois puissances occupera une zone séparée en Allemagne. Il a été en outre convenu que la France serait invitée par les trois puissances, si elle le désire, à occuper une zone et à faire partie de la commission de contrôle comme quatrième membre. Notre dessein inflexible est de détruire le militarisme allemand et le nazisme. Nous sommes décidés [...] à traduire en justice tous les criminels de guerre et à les châtier rapidement [...].

Nous sommes résolus à créer avec nos alliés aussitôt que possible une organisation internationale générale pour la sauvegarde de la paix et de la sécurité. Nous avons convenu de convoquer le 25 avril 1945, à San Francisco, une conférence des Nations unies qui établira [...] la charte de l'organisation. Nous avons rédigé et signé une déclaration commune sur l'Europe libérée : *« [...] Le rétablissement de l'ordre en Europe devra être réalisé par des méthodes qui permettront aux peuples libérés d'effacer les derniers vestiges du nazisme et du fascisme et de se donner les institutions démocratiques de leur propre choix. »*

Nous réaffirmons notre désir commun de voir s'édifier une Pologne forte, libre, indépendante et démocratique. [...] La frontière orientale de la Pologne devra suivre la ligne Curzon[1].

[...] Deux ou trois mois après la cessation des hostilités en Europe, l'URSS entrera en guerre contre le Japon aux côtés des Alliés.

Churchill, Roosevelt, Staline, extraits du communiqué de Yalta, février 1945.

1. Ligne séparant les Polonais des Biélorusses et des Ukrainiens, définie en 1919 par lord Curzon, ministre britannique des Affaires étrangères.

1. **Montrer que chacun des signataires peut être satisfait de l'accord.**
2. **Montrer que Yalta n'est pas un partage du monde.**

4 Le sort de l'Allemagne à la conférence de Potsdam (banlieue de Berlin) : les « trois D »

Démilitarisation. Désarmement total et démilitarisation de l'Allemagne, suppression ou surveillance de l'ensemble de l'industrie de guerre. Dans ce but seront dissous complètement et définitivement, de façon à éviter pour toujours la renaissance ou la reconstruction du militarisme allemand et du nazisme : toutes les forces armées de terre, de mer et des airs, les SS, SA, SD et la Gestapo avec toutes leurs organisations [...].

Dénazification. Le parti national-socialiste avec ses filiales doit être détruit ; tous les services nationaux-socialistes doivent être dissous ; il convient de prendre des mesures de sécurité, de façon qu'ils ne puissent renaître sous aucune forme ; il conviendra d'empêcher n'importe quelle activité ou propagande nazies.

– Abrogation de la législation nationale-socialiste.
– Condamnation des criminels de guerre ; arrestation et internement des chefs nazis. [...]
– Décartellisation.
– Interdiction de la production de guerre, contrôle des industries, désarmement dans l'industrie.
– Décentralisation de la vie économique, décartellisation.

C. R. Attlee, H. Truman, J. Staline, extraits du communiqué final de la conférence de Potsdam, 2 août 1945.

1. **Qui sont les participants à la conférence ?**
2. **Quelles différences (lieu, contexte, participants) y a-t-il avec la conférence de Yalta ?**
3. **Quelle est l'Allemagne appelée à naître de l'application des « trois D » définis à Potsdam ?**

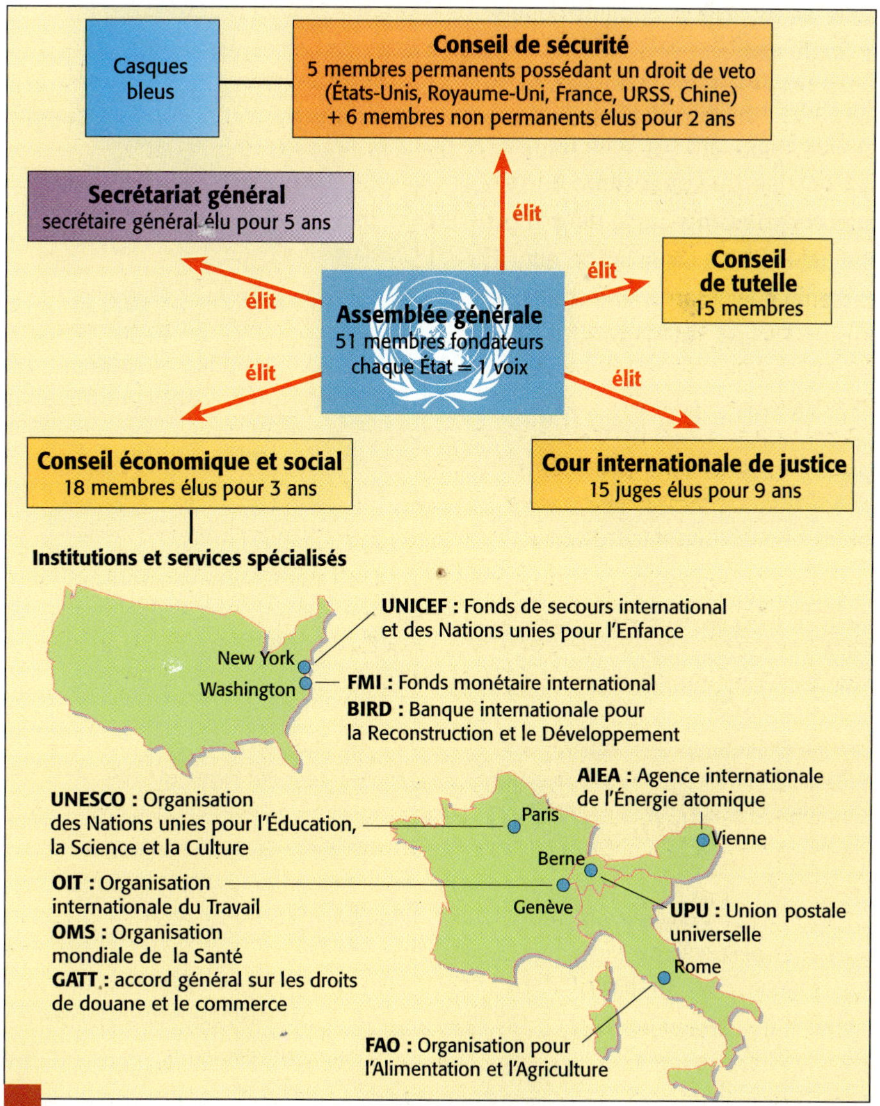

5 L'organisation de l'ONU dans les années 1950.

Trois régions clés en 1945

En Europe, la moitié du continent est occupée par les Soviétiques ; l'Allemagne et l'Autriche sont divisées en quatre zones d'occupation. Staline compte bien imposer à ses alliés le déplacement des frontières polonaises vers l'Ouest, sur la **ligne Oder-Neisse** et conserver les territoires conquis à l'est de la Pologne en 1939-1940. Ces bouleversements s'accompagnent de gigantesques mouvements de population.

En Extrême-Orient, le Japon a perdu tous les territoires conquis depuis la fin du XIXe s.

Au Moyen-Orient, le problème le plus important est celui de la Palestine, où l'opposition entre juifs et Arabes n'a cessé de grandir depuis 1936. La Ligue arabe qui rassemble les États arabes du Moyen-Orient, est créée en 1945.

VOCABULAIRE

ligne Oder-Neisse : ligne formée par l'Oder et son affluent la Neisse occidentale. C'est la frontière ouest de la Pologne depuis 1945.

QUESTIONS

A. Dégager des informations des cartes

1. Quels territoires l'Allemagne a-t-elle perdus en 1945 par rapport à 1937 ? Au profit de qui ? (carte 1)
2. Quels sont les territoires perdus par le Japon en 1945 ? (carte 2)
3. Quels pays occupent d'anciens territoires japonais ? (carte 2)
4. Quel est l'État le plus influent au Moyen-Orient en 1945 ? (carte 3)

B. Synthèse

5. Quel est le grand vainqueur de la guerre sur le plan territorial ? Justifier la réponse.

1 L'Europe en 1945.

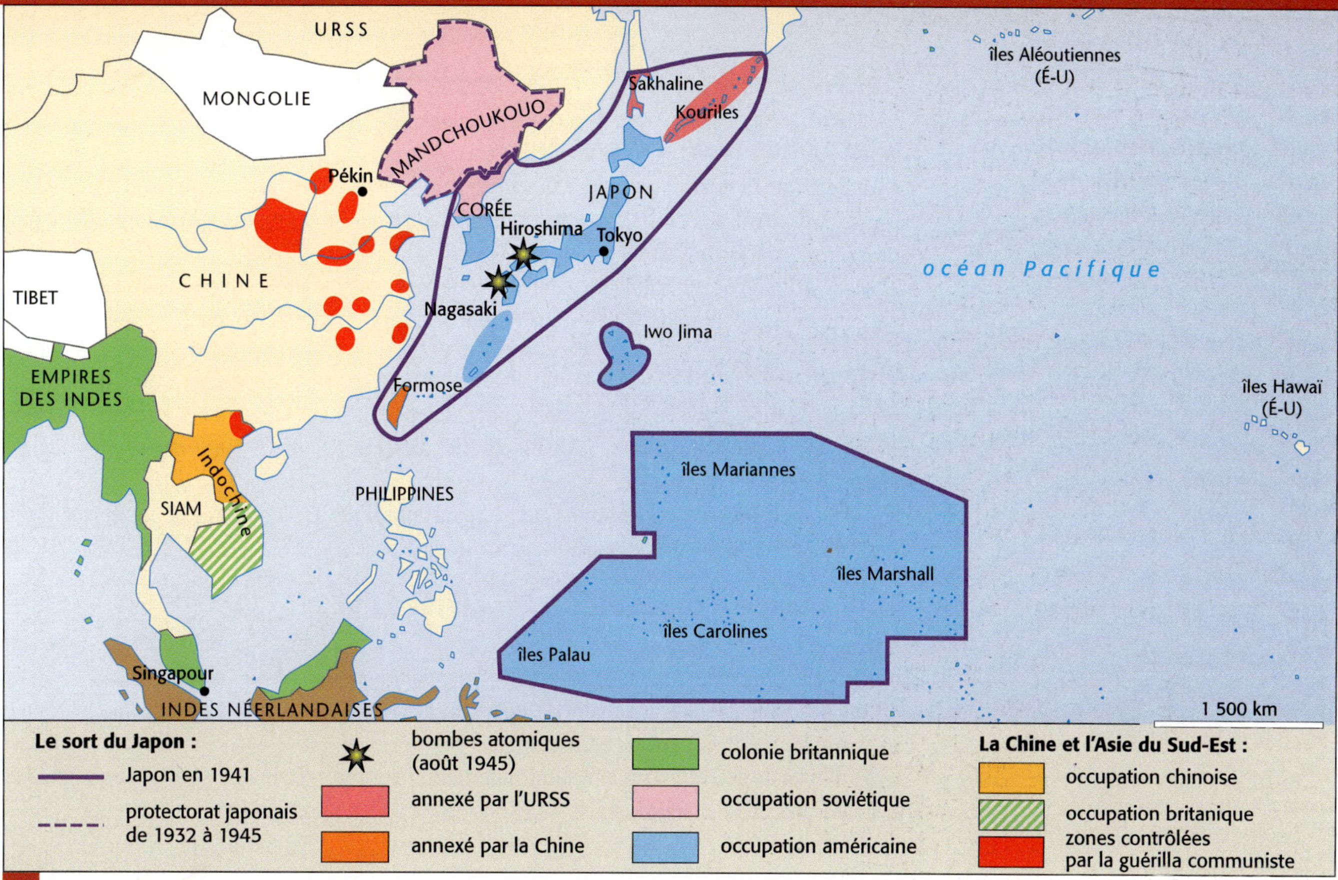

2 **L'Extrême-Orient en 1945.**

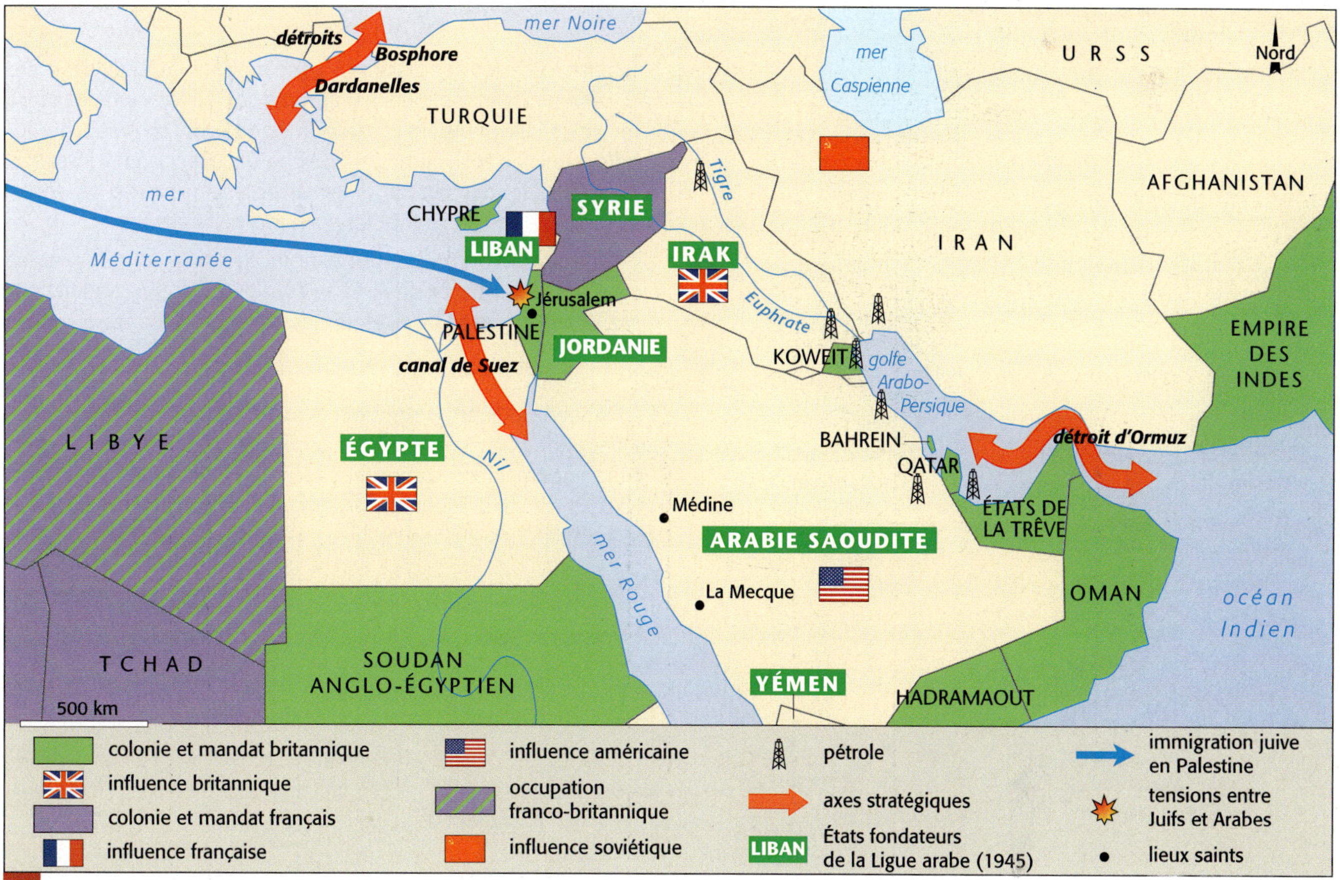

3 **Le Moyen-Orient en 1945.**

FICHE DE RÉVISION

DATES À RETENIR

- **1944 :** conférence de Bretton Woods
- **février 1945 :** conférence de Yalta
- **1945 :** création de l'ONU
- **8 mai 1945 :** capitulation de l'Allemagne
- **juillet-août 1945 :** conférence de Potsdam
- **6 et 9 août 1945 :** bombardements atomiques sur Hiroshima et Nagasaki
- **2 sept. 1945 :** capitulation du Japon
- **1945-1946 :** procès de Nuremberg

LIRE

• P. LEVI, *Si c'est un homme*, R. Laffont, 1947, rééd. Pocket, 1988.
• C. MALAPARTE, *La Peau*, Denoël, 1949, rééd. Gallimard, coll. « Folio », 1973.

VOIR

• C. REED, *Le Troisième Homme*, 1948 (les trafics dans Vienne occupée par les Alliés).
• R. ROSSELLINI, *Allemagne, année zéro*, 1948 (le désarroi d'un adolescent, ancien membre des Jeunesses hitlériennes).

BILAN DU CHAPITRE

I. Un monde meurtri et en ruines :

➤ la Seconde Guerre mondiale a fait plus de 60 millions de morts. Guerre totale, elle a largement touché les civils : maladies dues aux restrictions, mais aussi bombardements, massacres, arrestations et déportations ;
➤ les destructions sont immenses, surtout en Allemagne et dans l'est de l'Europe.
Conséquences : de nombreuses pénuries, une économie partout effondrée.

II. Un monde traumatisé :

➤ par la découverte des camps de concentration et de la **Shoah**. Face à ces crimes, les Alliés créent une notion juridique nouvelle, celle de **crime contre l'humanité** (procès de Nuremberg) ;
➤ par l'emploi de la bombe atomique : la peur atomique fait entrevoir la possibilité de la destruction de l'humanité.

III. Un monde reconstruit par les vainqueurs :

➤ lors de la conférence de Bretton Woods qui met en place un système monétaire reposant sur le dollar ; création du FMI ; **parité fixe** des monnaies ;
➤ lors des conférences de Yalta et de Potsdam qui règlent le sort de l'Allemagne, partagée en quatre zones d'occupation et dénazifiée ;
➤ au moyen de nouvelles organisations internationales (ex. : l'ONU en 1945) et de nouveaux principes (ex. la Déclaration universelle des droits de l'homme en 1948).

NE PAS CONFONDRE

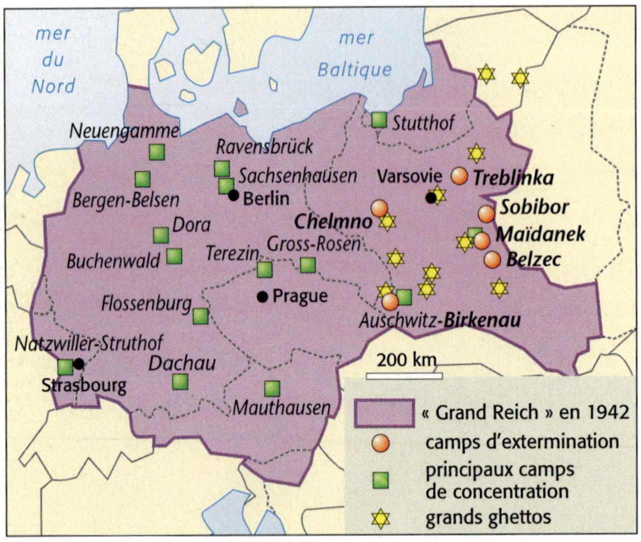

Camps de concentration et camps d'extermination

• Les **camps de concentration** sont ouverts en Allemagne dès 1933. Les opposants politiques (antinazis, socialistes, communistes), les individus jugés nuisibles (condamnés de droit commun, homosexuels...) et les résistants de l'Europe occupée y sont internés. L'exploitation des détenus par le travail forcé, le manque d'hygiène et les mauvais traitements entraînent une mortalité élevée.

• Les **camps d'extermination**, au nombre de six, sont ouverts en Pologne occupée à partir de 1942. Ils sont destinés à exterminer par les gaz, dès leur arrivée ou presque, les juifs et les Tsiganes.

Conseil de sécurité de l'ONU et Assemblée générale

• Le **Conseil de sécurité** regroupe cinq membres permanents (les vainqueurs de la guerre : États-Unis, URSS, Royaume-Uni, France et Chine) et des membres temporaires élus pour deux ans (6 membres en 1945). Il vote des résolutions et peut décider de l'envoi d'une force multinationale (les « Casques bleus ») pour maintenir la paix et la sécurité.

• L'**Assemblée générale** regroupe les représentants de tous les États membres de l'ONU. Chaque État y dispose d'une voix.

BIOGRAPHIES

Sir Winston Churchill (1874-1965), Premier ministre britannique de 1940 à 1945.
(Voir biographie complète p. 393)

Franklin D. Roosevelt (1882-1945), président des États-Unis de 1933 à 1945.
(Voir biographie complète p. 398)

Harry S. Truman (1884-1972), président des États-Unis de 1945 à 1952.
(Voir biographie complète p. 399)

Joseph Staline (1879-1953), principal dirigeant de l'URSS de 1928 à 1953.
(Voir biographie complète p. 399)

Explication d'un document (1/16)

Sujet : La Déclaration universelle des droits de l'homme (décembre 1948)

Considérant que la reconnaissance de la dignité inhérente à tous les membres de la famille humaine et de leurs droits égaux et inaliénables constitue le fondement de la liberté, de la justice et de la paix dans le monde, […]

Considérant qu'il est essentiel que les droits de l'homme soient protégés par un régime de droit pour que l'homme ne soit pas contraint, à la révolte contre la tyrannie et l'oppression,

Considérant que dans la Charte les peuples des Nations unies ont proclamé à nouveau leur foi dans les droits fondamentaux de l'homme, dans la dignité et la valeur de la personne humaine, dans l'égalité des droits des hommes et des femmes […]

L'ASSEMBLÉE GÉNÉRALE PROCLAME la présente déclaration universelle des droits de l'homme comme l'idéal commun à atteindre par tous les peuples et toutes les nations. […]

Article 1er – Tous les êtres humains naissent libres et égaux en dignité et en droits. Ils sont doués de raison et de conscience et doivent agir les uns envers les autres dans un esprit de fraternité.

Art. 4 – Nul ne sera tenu en esclavage ni en servitude ; l'esclavage et la traite des esclaves sont interdits.

Art. 5 – Nul ne sera soumis à la torture, ni à des peines ou traitements cruels, inhumains ou dégradants. […]

Art. 7 – Tous sont égaux devant la loi et ont droit sans distinction à une égale protection de la loi. […]

Art. 9 – Nul ne peut être arbitrairement arrêté, détenu ou exilé.

Art. 13 – Toute personne a le droit de circuler librement.

Art. 14 – Devant la persécution, toute personne a le droit de chercher asile et de bénéficier de l'asile en d'autres pays. […]

Art. 16 – […] La famille est l'élément naturel et fondamental de la société et a droit à la protection de la société et de l'État.

Art. 17 – […] Nul ne peut être arbitrairement privé de sa propriété.

Art. 18 – Toute personne a droit à la liberté de pensée, de conscience et de religion. […]

Art. 21 – […] La volonté du peuple doit s'exprimer par des élections honnêtes qui doivent avoir lieu périodiquement, au suffrage universel égal et au vote secret.

Art. 22 – Toute personne a droit à la sécurité sociale.

Art. 24 – Toute personne a droit au repos et aux loisirs. […]

Art. 26 – Toute personne a droit à l'éducation. L'éducation doit être gratuite au moins en ce qui concerne l'enseignement élémentaire. L'enseignement élémentaire est obligatoire. […]

Organisation des Nations unies, texte préparé par la Commission des droits de l'homme, 10 décembre 1948.

Questions

1. Présenter le document (auteur, contexte historique, nature du document).
2. Quels sont les grands principes indiqués dans les quatre premiers paragraphes ?
3. Classer les articles suivant deux rubriques : droits civils et libertés fondamentales, droits politiques.
4. Quels progrès cette déclaration apporte-t-elle ? À quelle condition ?

Méthode

➤ 1. Aide générale

A. Identifier titre, source et nature du document

• Lire le titre du document. Il est rédigé par l'auteur du sujet de bac ou il s'agit du titre officiel du document (comme c'est ici le cas).

• Lire la source en bas du document : elle donne des indications précieuses sur la date, l'auteur et la nature du document. Dans le cas présent, il s'agit d'un document officiel, élaboré par la Commission des droits de l'homme créée par l'ONU.

Ce signe […] indique une coupe dans le texte, afin de l'alléger.

B. Lire attentivement le texte

• Il faut comprendre le texte avant de répondre aux questions.

• Relever les mots, les noms, les dates et les expressions dont on ne comprend pas immédiatement le sens et chercher leur définition. Par exemple, « arbitrairement » signifie sans respecter les lois.

➤ 2. Comment répondre aux questions

Question 1

• Elle vise à identifier le texte. Il s'agit de répondre aux questions Qui ?, Quand ?, Quoi ?, À qui s'adresse le texte ?

– QUI ? : la réponse est dans le titre ou la source ; s'il s'agit d'un personnage important, rappeler des éléments de sa biographie.

– QUAND ? : la réponse est aussi dans la source. Ne pas se contenter de la date. Préciser le contexte historique. Ex. *Nous sommes ici dans l'immédiat après-guerre ; l'ONU réaffirme solennellement des droits qui ont été bafoués durant la guerre.*

– QUOI ? : quelle est la nature du texte ? Voir la source.

– À QUI s'adresse le texte ? : La réponse, variable, peut aller d'une personne (lettre) au monde (déclaration universelle).

• Les questions intermédiaires se rapportent à des thèmes précis.

• Face à un document, la tâche de l'historien consiste principalement à le questionner. Pour répondre, il faut :

1. partir de la question ;
2. s'appuyer sur le texte proposé ;
3. recourir à ses connaissances.

Écueils à éviter : la paraphrase (répéter le texte sous une autre forme) ; le hors sujet ; réciter une partie du cours.

Question 2

Elle concerne les raisons pour lesquelles le texte a été adopté, des idées universelles, des valeurs reconnues par tous.

Question 3

Elle suppose de bien définir le sens de chacun des termes avant de classer les articles.

Question 4

La dernière question sert souvent de conclusion.

PRÉPA BAC

Étude d'un ensemble documentaire (1/16)

Sujet : Quel monde à la fin de la Seconde Guerre mondiale ?

Questions

Première partie

1. Présenter les auteurs des documents 1 et 5.
2. Quel a été l'impact de la Seconde Guerre mondiale sur les populations ?
3. Quelles conséquences économiques du conflit apparaissent dans les documents 2 et 5 ?
4. Sur quelles bases politiques se reconstruit l'Europe après la guerre d'après les documents 1, 3, 4 et 5 ?
5. Quels changements territoriaux surviennent en Europe ?

Deuxième partie : Rédiger une réponse organisée à la problématique posée par le sujet en s'appuyant sur les réponses précédentes et sur ses connaissances personnelles.

DOCUMENT 1 **Témoignage d'une déportée**

Dans le cercle des survivants, ou bien on rivalisait de récits de souffrance et d'horreur, ou bien on voulait au contraire laisser « tout ça » derrière soi pour se concentrer sur l'avenir. [...] Je lisais aussi régulièrement que possible les nouvelles des procès de Nuremberg que nos voisins allemands considéraient avec dégoût, comme si les coupables étaient les enquêteurs et les rapporteurs, et les purs, ceux qui ne voulaient rien en savoir. On n'analysait pas des crimes dont les preuves et les témoignages étaient pour la première fois exposés en public, on les écartait avec cynisme. Le procès passait pour une entreprise d'humiliation de l'Allemagne et rien d'autre. La guerre c'était la guerre. On commença seulement à considérer les crimes avec le procès d'Auschwitz qui se déroula ultérieurement, à Francfort, où des Allemands comparurent au tribunal devant des Allemands et non pas devant des étrangers.

Je commençais lentement à réaliser que mon frère et mon père faisaient partie des six millions de juifs assassinés. « Six millions d'hommes », disait-on de préférence, puisqu'on n'était plus antisémite, on était désormais prêt à admettre que les juifs étaient aussi des hommes. [..]

Ruth Klüger, déportée autrichienne d'origine juive, *Refus de témoigner*, V. Hamy, 1992, réédition 2003.

DOCUMENT 2 **Bilan humain et matériel de la guerre.**

Pays	Pertes militaires (en millions)	Pertes civiles (en millions)	Dont juifs (en millions)
URSS	13,6	7,7	1
Royaume-Uni	0,1	0,04	0
France	0,25	0,36	0,083
États-Unis	0,116	0	0
Allemagne	3,25	3,81	0,16
Japon	1,7	0,36	–

Quelques exemples de destructions	URSS	Allemagne	Royaume-Uni	France
Habitat	villes : 1 710 villages : 70 000	Berlin : 75 % Dresde : 95 % Hambourg : 90 %	Londres : des quartiers entiers Coventry : 95 %	Caen : 70 % Le Havre : 80 % Saint-Lô : 80 %
Économie	Usines : 70 % Véhicules : 60 % Voies ferrées : 65 000 km	Ponts de chemin de fer : 3 000	Flotte de commerce : 50 %	Pont et tunnels : 1 900 Voies ferrées : 55 % Locomotives : 83 %

Sources : Général Beauffre, *La Deuxième Guerre mondiale*, Tallandier, 1967-1969.
M. Gilbert, *Die Endlösung, die Vertreibung und Vernichtung der Juden, Ein Atlas*, Rohwalt, 1982.

DOCUMENT 3 **L'avenue *Unter der Linden* à Berlin, juillet 1945.**

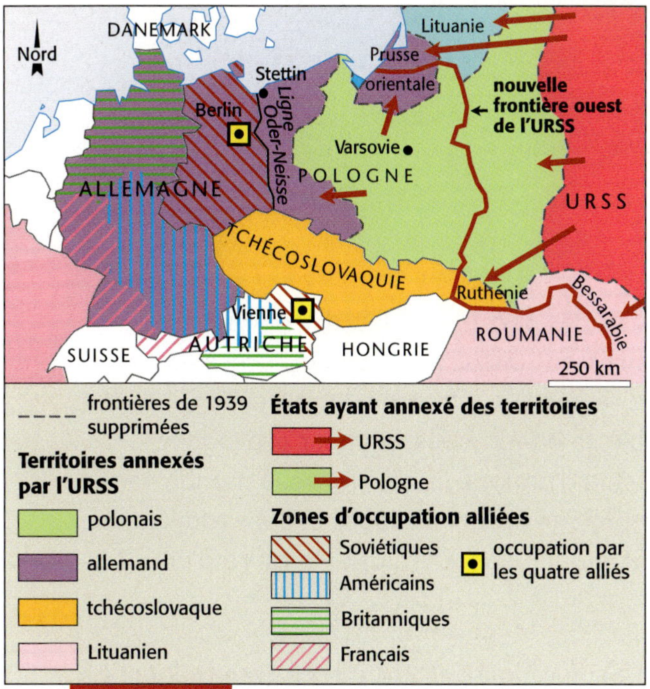

DOCUMENT 4 L'Europe centrale à la fin de l'année 1945.

DOCUMENT 5 **Entretiens entre le général de Gaulle et le Président Truman : 22, 23 et 25 août 1945**

Le nouveau Président avait [...] admis que la rivalité du monde libre et du monde soviétique dominait tout, désormais. L'essentiel consistait donc à éviter les querelles entre États et les secousses révolutionnaires afin que tout ce qui n'était pas communiste ne fut pas conduit à le devenir [...]. Devant la menace, le monde libre n'avait rien de mieux à faire [...] que d'adopter le « leadership » de Washington.
Le Président Truman était, en effet, convaincu que la mission de servir de guide revenait au peuple américain, exempt des entraves extérieures et des contradictions internes dont étaient encombrés les autres.
D'ailleurs, à quelle puissance, à quelle richesse pouvaient se comparer les siennes ? Je dois dire en cette fin de l'été 1945, on était, dès le premier contact avec les États-Unis, saisi par l'impression qu'une activité dévorante et un intense optimisme emportaient toutes les catégories. Parmi les belligérants, ce pays était le seul intact. Son économie, bâtie sur des ressources en apparence illimitées, se hâtait de sortir du régime du temps de guerre pour produire des quantités énormes de biens de consommation. L'avidité de la clientèle, et, au-dehors, les besoins de l'univers ravagé garantissaient aux entreprises les plus vastes débouchés, aux travailleurs le plein emploi. Ainsi, les États-Unis se sentaient assurés d'être longtemps les plus prospères. Et puis, ils étaient les plus forts ? Quelques jours avant ma visite à Washington, les bombes atomiques avaient réduit le Japon à la capitulation.

Charles de Gaulle, *Mémoires de guerre, Le Salut*, Plon, 1959.

Méthode

1. Aide générale

• Il convient de rappeler le contexte, la nature, l'auteur et le sujet des documents. Ici, il faut insister sur la diversité et la qualité des auteurs qui font l'intérêt de cet ensemble documentaire.
• Les auteurs des textes proposés peuvent être :
– des contemporains des faits décrits. Ils offrent l'avantage d'être des témoins voire même des acteurs directs des événements. Mais, à ce titre, ils peuvent manquer d'objectivité ou de recul.
– des historiens spécialistes de la question qui offrent le plus souvent une garantie d'impartialité.
• Les textes peuvent être contradictoires ;
• Les documents doivent être analysés de manière critique :
– leurs auteurs sont-ils des acteurs de l'histoire ?
– s'agit-il d'images de propagande ?
– les chiffres sont-ils fiables ?
– d'après les dates, les documents sont-ils contemporains des événements ou postérieurs ? Dans ce dernier cas, l'auteur a pu tenir compte de faits qu'on ignore à la date des événements ?
– si les documents sont contradictoires : sur quels points s'opposent-ils ? Quels sont les arguments des uns et des autres ?

2. Comment répondre aux questions

A. Question 1

• D'une manière générale, il est nécessaire de présenter les documents en répondant aux questions : qui ? ; quoi ? ; quand ? ; à qui s'adresse le document ? (voir aide à la question 1 page précédente).
• Remarque concernant la date du doc. 5 : il s'agit de « mémoires » écrits par le général de Gaulle et portant sur 1945. Mais le texte est publié en 1959 ; de Gaulle sait ce qui a suivi : le début de la guerre froide et la fin de la Grande alliance. De même le doc. 1 est un témoignage sur 1945, mais publié pour la première fois en 1992. Il s'agit ici de textes écrits par des témoins de l'histoire mais avec un décalage chronologique. La critique du texte porte ici sur la date.
• La nature des documents : il existe une différence entre des éléments objectifs (chiffres du doc. 2, tracé de frontières de la carte 5) et les jugements des auteurs des deux textes. Les uns et les autres sont des documents historiques, mais de nature différente.
• Les auteurs : ici l'un des auteurs est un personnage historique de premier plan ; il ne faut pas hésiter à dire quelques mots de son rôle historique à la date du sujet (1945), à la fois dans la présentation des documents et dans la deuxième partie.

B. Question 2

• Sélectionner dans chaque document toutes les informations qui concernent les populations et les classer :
– conséquences démographiques (qui a été touché ?) ;
– conséquences morales (voir doc. 1 : « souffrances... ») ;
– déplacements de populations. Critiquer le fait qu'aucun document ne fait apparaître ces déplacements et donc compléter avec ses connaissances en donnant l'exemple des déplacements massifs d'Allemands, d'Europe centrale vers le territoire allemand.

C. Question 4

• Rapprocher le doc. 3 (portrait de Staline) de ce qui est dit de Gaulle (doc. 5) : « secousses révolutionnaires », « tout ce qui n'était pas communiste... » : points communs (on évoque le communisme) et différences (quelle est l'opinion de Charles de Gaulle ?).

D. Question de la deuxième partie

• Rédiger une phrase introductive rappelant la problématique du sujet. Réorganiser ensuite les réponses par thèmes :
– impact de la guerre sur les populations et l'économie ;
– sur quelles bases (territoriales et politiques) se reconstruit le nouveau monde ?
• Faire appel à ses connaissances pour compléter tel ou tel point évoqué dans les documents.

CHAPITRE

2

De la croissance à la mondialisation

séries

ES-L

Au lendemain de la Seconde Guerre mondiale, les pays industriels d'économie capitaliste, entraînés par les États-Unis, connaissent une croissance sans précédent. De 1945 au début des années 1970, c'est le temps des « Trente Glorieuses ». Mais, au cours des années 1970, l'élan semble se briser. Apparemment provoquée par les chocs pétroliers, une longue dépression d'un type inédit plonge le monde dans une phase d'instabilité et de désordre économique dont il n'est pas encore totalement sorti. Parallèlement, la mondialisation de l'économie s'accélère dans le cadre d'un système capitaliste libéral.

Quelles sont les caractéristiques des trois décennies de croissance exceptionnelle ? La mondialisation de l'économie dans un contexte libéral est-elle une solution aux problèmes économiques du début du XXIe s. ?

1 Des « Trente Glorieuses » et de la foi dans la croissance...

L'usine Simca de Nanterre, mars 1949.

« Nous avons vu proliférer les automobiles, s'installer la télévision, naître le Club Med' et les hypermarchés, se diffuser la pilule, s'envoler le Concorde. Nous sommes nés à l'âge du poêle à charbon et, aujourd'hui, nous nous éclairons à l'énergie nucléaire. Aucune génération avant nous, peut-être aucune après nous, n'aura vu autant de bouleversements, enregistré autant d'innovations. [...] À nous, et à nous seuls, ce siècle terrible laissera un bon souvenir. » Jean Boissonnat, *Rendez-vous avec l'histoire,* Calmann-Lévy, 1995.

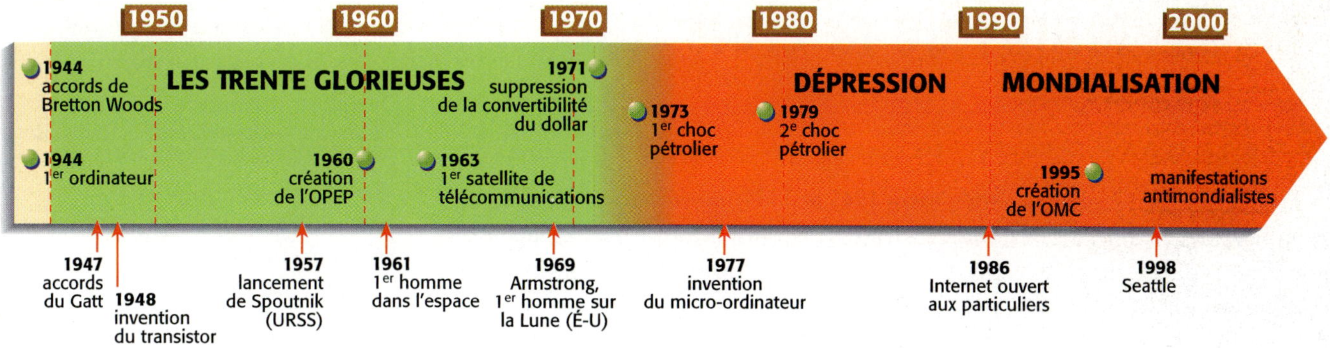

2 …à la mondialisation.

Cybercafé, Times square, New York. 800 ordinateurs connectés sur Internet, 24 heures sur 24 et 365 jours par an.

« Il avait fallu une quarantaine d'années pour que la radio fasse partie du quotidien, une quinzaine d'années seulement pour que le micro-ordinateur s'intègre au paysage familier de chacun ; il aura suffi de quatre ans pour que les internautes, en nombre croissant chaque jour, aient véritablement assimilé la Toile. La nouvelle économie constitue une révolution technologique, industrielle, culturelle profonde qui, à la différence des précédentes innovations de nature comparable (l'électricité, l'automobile, le chemin de fer), se sera diffusée en un temps record à l'ensemble de la planète. »
Serge Marti, « Dossiers et Documents » du *Monde*, n° 295, février 2001.

1 Le temps de la croissance

A. La croissance des « Trente Glorieuses » doc. 1, 2, 4 et 6

■ Après la guerre, le monde connaît, entre 1945 et 1975, une formidable époque de **croissance** qu'on appelle les « Trente Glorieuses », expression forgée par l'économiste Jean Fourastié. Pendant cette période, **la croissance économique des pays industrialisés atteint un taux sans précédent** sur une aussi longue durée, **environ 5 % par an**. Le plein-emploi est assuré, le pouvoir d'achat augmente régulièrement, les ménages s'équipent en réfrigérateurs, en automobiles, en téléviseurs, etc. Le niveau de vie est en progression constante. C'est la société d'abondance, dite « société de consommation ». Personne n'imagine que le monde pourrait à nouveau traverser une **crise** comme celle de 1929.

■ **Cette croissance exceptionnelle s'explique à la fois par l'augmentation de la demande et par l'accroissement de l'offre.** L'explosion démographique de l'après-guerre, la reconstruction, la hausse du pouvoir d'achat, le développement du crédit, la publicité, les nouvelles formes de distribution (les supermarchés nés aux États-Unis conquièrent l'Europe à partir des années 1960), stimulent la demande. L'offre progresse parallèlement grâce aux gains de **productivité** qui sont la conséquence de l'extension du taylorisme dans des secteurs comme le textile ou le bâtiment, grâce aux innovations techniques et aux faibles coûts de l'énergie et des matières premières en provenance du tiers-monde.

B. De profondes mutations économiques… doc. 3

■ **Le pétrole joue un rôle croissant dans l'économie.** Il remplace de plus en plus le charbon comme source d'énergie et devient une matière première indispensable pour les textiles synthétiques et les matières plastiques. Il entraîne une révolution dans les transports avec le développement des avions à réaction et l'essor de l'automobile.

■ L'agriculture se modernise, augmente ses rendements et sa productivité. **Bon nombre de secteurs industriels connaissent un dynamisme exceptionnel** : l'électronique, la biochimie, les transports. Le lancement du premier satellite artificiel, Spoutnik en 1957 et les premiers pas de l'homme sur la Lune en 1969 témoignent des succès de la conquête de l'espace. Dans ce contexte, le commerce international s'accroît, facilité par la libération des échanges entre pays industrialisés à économie de marché, dans le cadre du **GATT**. Ainsi le capitalisme, que beaucoup pensaient condamné pendant les années 1930, retrouve un second souffle après 1945.

C. …qui atteignent leurs limites doc. 5

■ Certains pays (les États-Unis, l'Europe, l'URSS et, plus tardivement, le Japon) ont davantage bénéficié de la croissance des « Trente Glorieuses » que d'autres. En 1973, les six principaux pays industrialisés consomment 68 % de l'électricité mondiale et possèdent 82 % des automobiles, alors qu'ils ne représentent que 19 % de la population du globe. On ne peut toutefois pas affirmer que **les pays du tiers-monde** n'ont pas profité du développement économique ; ils en ont bénéficié, mais à un degré moindre. Certains, notamment dans le Sud-Est asiatique, ont réussi leur décollage économique à cette époque. Tous ont vu l'espérance de vie croître en deux décennies, autant que les pays européens en deux siècles. À l'intérieur même des pays riches, **la croissance réduit la grande pauvreté mais ne supprime pas les inégalités sociales**. En France, c'est en 1954 que l'abbé Pierre commence sa campagne en faveur des sans-logis et des déshérités.

■ À la fin des années 1960, des économistes et des scientifiques s'interrogent sur les effets d'une croissance forte qui, en se prolongeant, risque d'épuiser la planète. En 1968, certains d'entre eux réclament une « croissance zéro ». Mais qui pourrait les prendre au sérieux avant le choc de 1973 ?

VOCABULAIRE

croissance : augmentation de la production d'une année sur l'autre ; elle se mesure à partir de la variation du produit national brut (PNB) ou du produit intérieur brut (PIB).

crise : voir *Ne pas confondre*, p. 42.

productivité : rapport entre la quantité de biens ou de services produits et la quantité de travail nécessaire pour réaliser cette production. C'est donc la quantité de biens ou de services produits par un travailleur.

GATT (*General agreement on Tariffs and Trade*) **:** accord général sur les droits de douane et les échanges internationaux signé en 1947 par 80 États pour favoriser le libre-échange en abaissant les tarifs douaniers.

1 Une période optimiste

a. Il existe encore des fluctuations économiques ; mais ces fluctuations n'ont plus ni la régularité ni l'ampleur qu'elles avaient autrefois. Aussi bien estime-t-on généralement qu'une crise majeure du type de celle de 1929 est aujourd'hui impensable… Les pouvoirs publics, grâce aux progrès réalisés par l'analyse économique, ont les moyens de s'y opposer efficacement.

J. Lecaillon, économiste, *Les Mécanismes de l'économie*, Paris, Cujas, 1967.

b. Les « Trente Glorieuses » furent du point de vue économique, une période extrêmement brillante […] une révolution qui a profondément changé le pays […]. Non seulement la production est plus importante, mais elle est de surcroît obtenue avec moins d'heures de travail. Auparavant, on obtenait une production faible avec un grand nombre d'heures de travailleurs. Pourquoi ? Parce que les techniques de production étaient alors moins efficaces qu'elles ne le sont aujourd'hui […].

Jean Fourastié, *Histoire Magazine* en 1980.

c. De 1946 à 1976, en une génération, le pouvoir d'achat moyen de chaque Européen a été multiplié par quatre. Aujourd'hui, nous sommes mathématiquement quatre fois plus riches que nos parents. Le plus étrange est qu'un tel événement ait pu passer à peu près inaperçu. Lancés dans une course effrénée à la consommation, nous en venons spontanément à considérer chaque nouvel avantage acquis, chaque « confort » supplémentaire comme naturel. Chauffage, voiture, électroménager, nourriture, habillement, etc. Nous sommes devenus riches sans nous en rendre compte.

D'après « Vive la crise », *Libération*, février 1984.

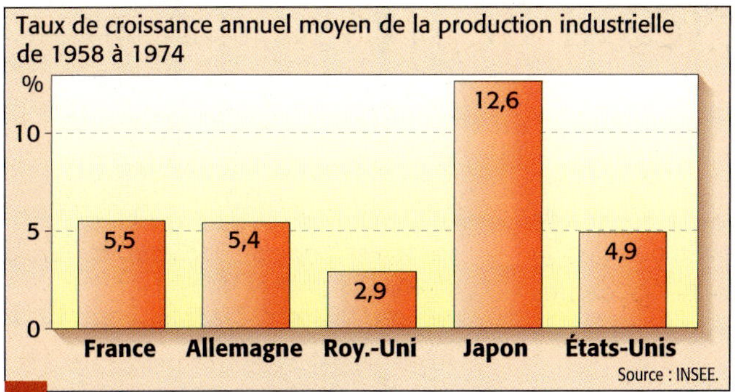

2 Des années de croissance.

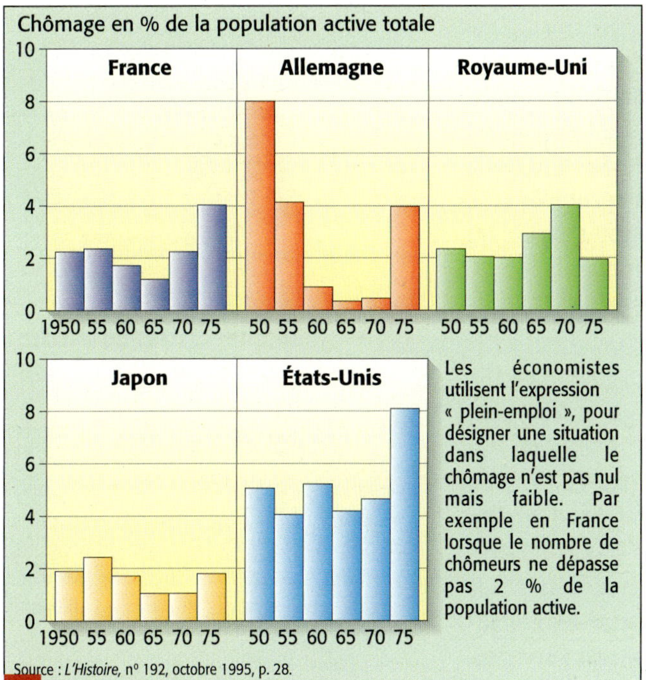

4 Des années sans chômage.

1. Où et quand s'approche-t-on le plus du plein-emploi ?
2. Quelle relation peut-on établir entre ces diagrammes et l'évolution de la croissance ? (doc. 2 et 4)

5 Une consommation abusive

C'est la société où nous vivons, c'est-à-dire une société de privilégiés, qui exploite l'ensemble des ressources naturelles du monde ; les pays développés prélèvent sur les ressources rares de la planète une proportion excessive et développent un type de consommation qui est absolument abusif. Prenons l'exemple des États-Unis : avec 6 % de la population mondiale, ils consomment 33 % des ressources globales d'énergie, 24 à 40 % des principales matières minérales. Le pendant de cette société de consommation, c'est la « société de sous-consommation », celle des pays sous-développés, que je préférerais appeler des « pays dominés ». La situation devient si grave que la famine s'y développe jour après jour… Il ne s'agit pas de condamner l'industrialisation, il s'agit de condamner les abus de l'industrialisation… Il faut regarder quelles sont les choses qui sont nécessaires à notre existence et ne plus développer abusivement les autres.

René Dumont, *La société de consommation*, Laffont, 1975.

3 Neil Armstrong sur la Lune (1969).

6 Super Cocotte SEB, affiche de Falcucci, à partir de 1954.

1. Quel progrès apporte cet objet ?
2. Quelle image de la femme cette publicité donne-t-elle ?

2 La fin du XXe siècle : crise ou dépression ?

A. Une crise imprévue et brutale — doc. 3

■ En 1973, éclate, brutale et imprévue, la crise du pétrole. Beaucoup d'observateurs attribuent le ralentissement de l'activité économique à la hausse du prix du pétrole. On utilise alors l'expression « crise du pétrole ». À l'occasion de la guerre du Kippour, **les pays arabes producteurs de pétrole quadruplent le prix du baril qui passe de 2,47 à 11,25 dollars. C'est le premier choc pétrolier.**

■ Les médias parlent de crise mais ils la qualifient, pour la plupart, de « crise de l'énergie » et désignent comme responsables les pays de l'**OPEP**. Rapidement, cette hausse du prix de l'énergie se répercute sur l'ensemble des coûts de production de l'industrie.

B. De la crise à la dépression — doc. 2, 4 et 7

■ À partir de 1974, la « crise de l'énergie » entraîne une **hausse des prix** des carburants, de l'électricité et de tous les biens dont la production nécessite de l'énergie. Ceci engendre un recul de la production. **Les entreprises sont amenées à ralentir leur activité ; le nombre de chômeurs augmente.** De ce fait, les certitudes sont contredites. Depuis la crise de 1929, on croyait que chômage et **inflation** s'excluaient l'un l'autre ; on découvre maintenant que les deux peuvent aller de pair et un mot nouveau est inventé pour désigner cette situation inédite : la **stagflation**. Mais la croissance se poursuit, à un rythme plus faible cependant.

■ **La crise s'étend à la planète entière.** Les pays de l'Est sont atteints à leur tour. Certains pays du tiers-monde, qui doivent acheter à la fois leur énergie et leurs produits manufacturés, s'appauvrissent. Le commerce international se dégrade. La **dépression** qui s'installe alors connaît plusieurs rebondissements. Après 1975, on constate une légère reprise. Mais elle ne résiste pas, en 1979, au second choc pétrolier, dû à la guerre entre l'Iran et l'Irak, qui triple le prix du baril et relance inflation et chômage. Nouveau retournement en 1982 : le prix du pétrole commence à baisser. À la faveur de ce contre-choc pétrolier, les gouvernements des pays industrialisés réussissent à maîtriser l'inflation mais échouent dans leur lutte contre le chômage. Peu à peu, **il paraît évident que la dépression a d'autres causes que les chocs pétroliers.**

C. Des causes multiples et controversées — doc. 1, 5 et 6

■ La facture pétrolière n'est pas seule en cause.

– Début 1973, donc bien avant le premier choc pétrolier, **les prix des matières premières** ont connu une forte hausse (en un an, + 88 % sur le cuivre). Ce phénomène est le résultat de l'expansion simultanée des grands pays, expansion qui provoque une demande accrue de matières premières. Le mouvement est amplifié par la concurrence de pays qui commencent à s'industrialiser comme l'Inde ou le Brésil.

– À cela s'ajoute une crise monétaire. Après la décision, prise par les États-Unis en 1971, d'abandonner le système de Bretton Woods et ne plus convertir le dollar en or, **les parités fixes entre monnaies sont abandonnées.** Désormais, les États peuvent créer plus facilement de la monnaie. Mais cette politique qui sacrifie la monnaie pour éviter le chômage mène à l'inflation et à la baisse des investissements.

– L'évolution démographique accentue la dépression. Avec **la fin du baby-boom**, dans les années 1960, la demande diminue. Cette baisse est aggravée par la saturation du marché intérieur, une fois les ménages équipés en réfrigérateurs, automobiles, etc.

– Enfin on assiste, après les années 1970, à un **ralentissement des innovations techniques** qui étaient créatrices d'emplois. Les gains de productivité, moteur des « Trente Glorieuses », s'atténuent. Pour faire face à l'alourdissement des coûts salariaux, les entreprises robotisent leurs usines et **délocalisent** leur production, ce qui aggrave le chômage dans les pays industrialisés. Pour une partie de l'opinion, cette « mondialisation de l'économie » est perçue comme la cause principale de la dépression.

VOCABULAIRE

OPEP (Organisation des pays exportateurs de pétrole) **:** créée en 1960 à Bagdad, elle compte 13 pays en 1973.

inflation : voir *Ne pas confondre*, p. 42.

stagflation : situation économique caractérisée à la fois par l'inflation et par la stagnation, voire le ralentissement, de la croissance économique, d'où le chômage. Mais cette notion est contestée aujourd'hui par certains historiens de l'économie.

dépression : voir *Ne pas confondre*, p. 42.

délocaliser : transférer une production dans un autre pays afin d'en abaisser le coût de revient, par exemple en raison d'une main-d'œuvre meilleur marché.

1 Les multiples causes de la crise

L'incidence réelle de la hausse du prix du pétrole sur la conjoncture a été double : d'une part en accentuant la tendance inflationniste générale (par la hausse des coûts), [...] elle a précipité le moment où l'inflation a eu un effet pervers sur la conjoncture et où les gouvernements ont été obligés de prendre des mesures pour la freiner. Par ailleurs, en pesant sur le taux moyen de profit du capital industriel, elle a accentué le mouvement de baisse de celui-ci, qui est la cause fondamentale de la récession. Mais dans les deux cas, il s'agit de l'amplification d'un mouvement déjà en cours. La récession généralisée était déjà inscrite dans le cycle qui commence avec la récession encore partielle de 1970-1971 [...].

Les capacités de production de plus en plus excédentaires et l'inflation qui s'emballe, précèdent le quadruplement du prix du pétrole par les pays de l'OPEP au moment de la guerre du Kippour. Cette hausse du prix du pétrole n'est donc ni la cause ni même le détonateur immédiat de la récession. Elle est tout au plus un facteur additionnel qui amplifie la gravité de la crise.

Ernest Mandel, *La Crise 1974-1978*, coll. « Champs », Flammarion, 1978.

1. **Quelles sont les causes de la crise qui sont antérieures au choc pétrolier ?**
2. **Quel rôle joue la hausse du prix du pétrole dans le déclenchement de la crise ?**

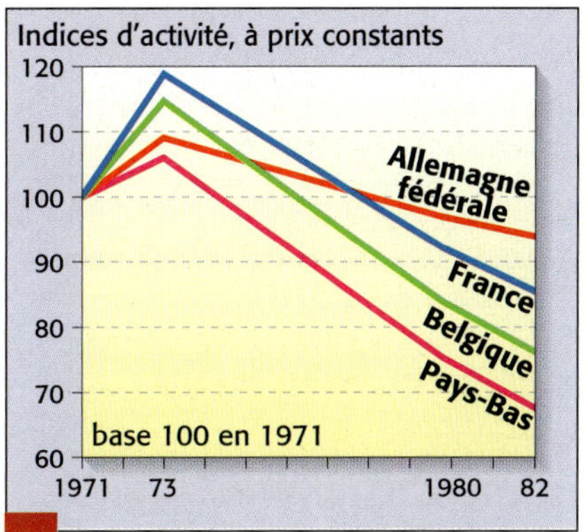

2 La dépression dans le secteur du bâtiment et des travaux publics.

Les chocs pétroliers. 3

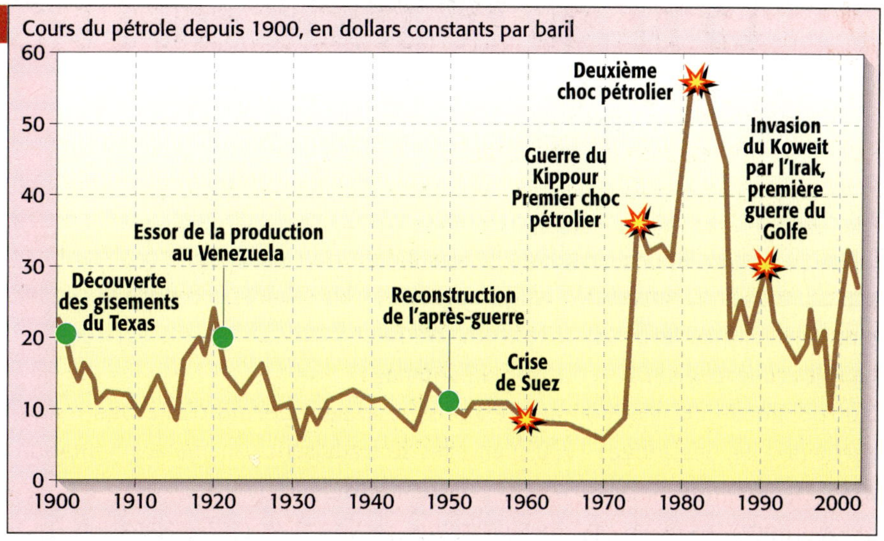

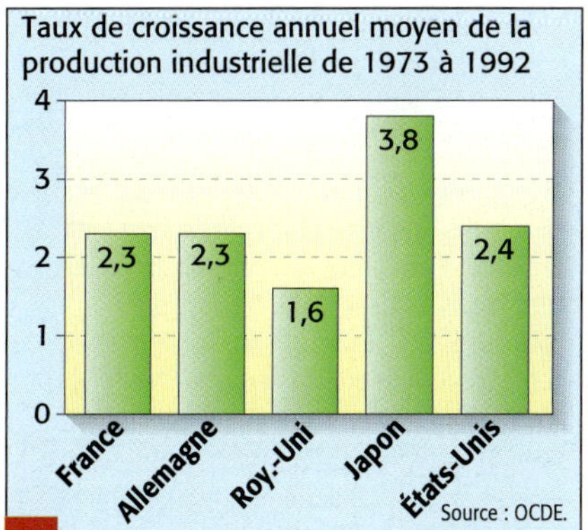

4 La croissance de 1973 à 1992.

1. **Comparer ce graphique avec le doc. 2 p. 33 : quelles différences peut-on constater ?**
2. **Quels points communs apparaissent néanmoins ?**

5 Une onde de choc dès 1972 ?

La récession mondiale fut d'abord annoncée pour l'été 1970. Elle ne vint pas. On la prédit alors pour le printemps 1971, puis pour l'automne 1971. Nous sommes au seuil de l'automne. La récession n'est toujours pas là. Serait-elle un serpent de mer ? Non, disent les conjoncturistes : attendez 1972. [...] Des trois principales puissances industrielles capitalistes – les États-Unis, le Japon et l'Allemagne –, c'est à qui réussira à exporter le chômage chez les autres.

Ce souci d'exporter le chômage ressortait clairement du récent discours du président Nixon : « Chaque fois que vous achèterez 100 000 voitures américaines de plus, dit-il, il y aura 20 000 emplois supplémentaires. »

Lorsqu'ils ne pourront plus vendre autant que par le passé aux États-Unis, les constructeurs allemands et japonais se battront avec acharnement pour conquérir de nouveaux débouchés. En France ? Non, pas nécessairement : mais en Belgique, en Hollande, en Suisse, en Amérique latine, en Allemagne même, bref dans les pays où l'industrie française de l'automobile exporte environ la moitié de sa production.

Que se passera-t-il ? De deux choses l'une : ou bien ils réussiront à développer leurs ventes au détriment des ventes françaises, et il y aura ralentissement de la production en France, ou bien l'exportation française parviendra à maintenir ses positions. Mais, dans ce dernier cas, c'est l'activité industrielle allemande qui se trouvera freinée. Or, l'Allemagne est le principal client de la France [...]. Qu'elle réussisse ou qu'elle échoue à imposer ses produits au détriment des exportations françaises, dans les deux cas « les affaires » deviendront plus difficiles en France.

Alain Bosquet, *Le Nouvel Observateur*, 6 septembre 1971.

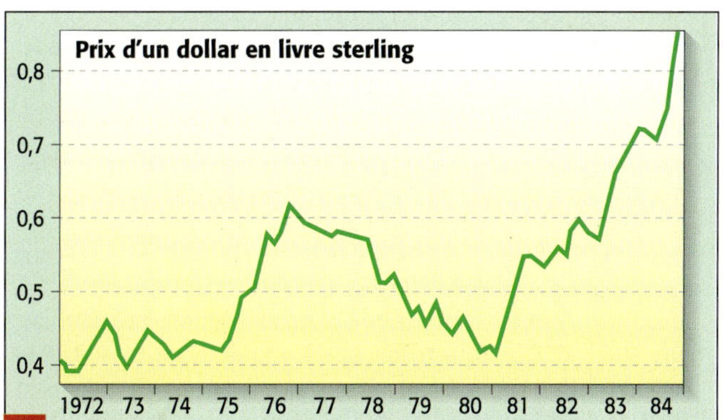

6 Fluctuations du dollar par rapport à la livre sterling.

1. **Depuis quand de telles fluctuations du dollar sont-elles possibles ?**
2. **Pourquoi un dollar faible provoque-t-il une panique ?**

7 La hausse des impôts. Caricature de Plantu, 1983.

« Il arrive un moment où le taux de prélèvement obligatoire est insupportable », François Mitterrand ;

« Trop d'impôts tue l'impôt », Jacques Chirac.

Quels remèdes à la crise ?

Au cours des années 1970, pour combattre la crise, les dirigeants des pays industriels ont d'abord recours à des politiques de relance qui consistent à accroître les dépenses de l'État, à augmenter les salaires, à rendre le crédit plus facile afin de favoriser la consommation et l'activité des entreprises. Le but recherché est la réduction du chômage.

Ces politiques, inspirées du **keynésianisme** avaient permis de résoudre en partie la crise des années 1930. Mais elles se traduisent par une augmentation des **prélèvements obligatoires**, montrant ainsi leurs limites.

Les économistes et les hommes politiques rivalisent alors d'imagination pour trouver d'autres solutions : le retour au libéralisme pur et dur rebaptisé par certains « **néolibéralisme** » ? le **monétarisme** ? les réductions d'impôts ? Autant de mesures qui, sans être totalement efficaces, amènent cependant une certaine reprise économique à la fin du siècle.

VOCABULAIRE

keynésianisme : théorie économique forgée par l'économiste John Maynard Keynes, selon laquelle la consommation des ménages constitue le moteur de la machine économique. L'État doit donc adopter une politique de relance et soutenir l'économie en créant des emplois de fonctionnaires, en aidant financièrement les entreprises en difficulté et en pratiquant le déficit budgétaire.

prélèvements obligatoires : ensemble des impôts et des cotisations sociales (versées aux organismes de protection sociale).

néolibéralisme : des économistes libéraux tels Friedrich von Hayek et l'École de Vienne contestent la priorité donnée à la consommation et préconisent un retour au libéralisme économique des XVIIIe et XIXe s. L'État doit intervenir le moins possible, laisser jouer le mécanisme des prix et privatiser le plus possible. Certains, avec Arthur Laffer, pensent réduire le déficit budgétaire en diminuant les impôts.

monétarisme : doctrine préconisée par l'École de Chicago et plus particulièrement par Milton Friedman pour qui l'inflation est la cause essentielle de la dépression. Pour juguler l'inflation, il faut freiner la création de monnaie et limiter les crédits en pratiquant des taux d'intérêt élevés.

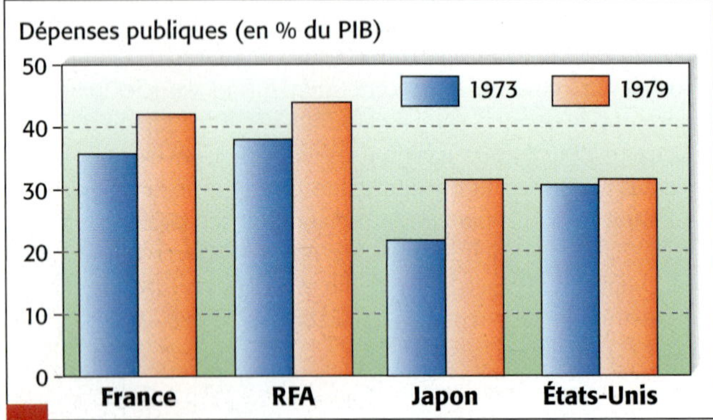

1 **Un aspect des politiques keynésiennes de relance dans les années 1970.**

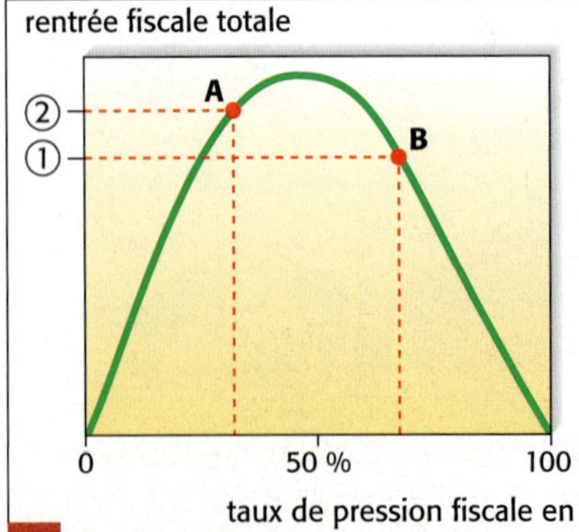

En B, la pression fiscale est plus forte (plus de 50 %) qu'en A (moins de 50 %) mais le rendement (1) est plus faible qu'en A (2).

2 **La courbe de l'économiste américain Laffer.**

3 Quelques mesures prises par Margaret Thatcher (Premier ministre du Royaume-Uni de 1979 à 1990)

Les dénationalisations nous offrent une chance exceptionnelle d'avancée sociale capable de détacher pour de bon le libéralisme de son image conservatrice. La Grande-Bretagne nous en donne un bon exemple [...].

La dénationalisation est l'occasion inespérée de réconcilier la démocratie et l'efficacité économique. [...] La privatisation des services publics sera une pédagogie de la liberté en faisant apparaître que peu de services sont publics par nature ; ils ne le sont que par volonté politique. Aux États-Unis, on rencontre des services d'incendie ou de prison gérés par le privé.

Guy Sorman, *La Solution libérale*, Fayard, 1984.

La pièce maîtresse de la politique de Madame Thatcher concerne les retraités. Le minimum vieillesse était jusqu'ici calculé de façon à garantir aux intéressés l'équivalent de 25 % du revenu qu'ils avaient perçu pendant les vingt années de leur existence où ils avaient été le mieux payés. Cette proportion est ramenée à 20 % de la moyenne de ce qu'ils ont gagné pendant toute leur vie. [...] Pour éviter que l'aide de l'État ne soit plus avantageuse que la recherche d'un travail, le revenu minimum garanti aux chômeurs de moins de vingt-cinq ans passe ainsi de 1 300 francs (198,18 €) à un peu plus de 1 000 (152,45 €) par mois. Les effets de ces mesures se combinent avec la création d'un impôt local prélevé sur chaque citoyen et égal pour tous, riches ou pauvres.

D'après Dominique Dhombres, *Le Monde*, 15 avril 1988.

4 Manifestation des ouvriers sidérurgiques allemands dans la Ruhr en 1987.
Sur le cercueil en bas à droite : « *Deutsche Stahlindustrie* » (industrie sidérurgique allemande) ; sur les banderoles : « *wir wollen Arbeit* » (Nous voulons du travail) et « *35 Stundenwoche* » (la semaine de 35 heures).

5 Un keynésien repenti : Jimmy Carter (président des États-Unis de 1977 à 1981)

Quand il s'est installé à la Maison Blanche, Carter était un keynésien entre tous [...]. Avec pour objectif premier la défense de l'emploi. En matière d'emploi, d'ailleurs, les résultats obtenus pendant son mandat ont été considérables : 2,5 millions de chômeurs en moins et 10 millions d'emplois nouveaux créés (dont un tiers à temps partiel). Comment cela ? On augmente le budget de 20 % en une seule année, on abaisse le taux d'intérêt au-dessous de celui de l'inflation, on fait ainsi remonter la croissance à 4 ou 5 % l'an. Mais on s'aperçoit deux ans plus tard que la productivité baisse avec le chômage alors que l'inflation bat tous ses records (11,3 % en 1978-1979). Le monde entier se méfie alors du dollar qui baisse.
C'est également sous Carter qu'on multiplie les procédures bureaucratiques, aussi bien pour contrôler les prix que l'environnement, pour augmenter les taxes et les dépenses sociales de toute nature [...]. Commence alors une réaction populaire [...] face à la la taxation des propriétés, des bénéfices des sociétés et des revenus personnels. En 1978, Carter, fait un tête-à-queue : il promet de réduire de moitié le déficit budgétaire et laisse l'institut d'émission resserrer les rênes de la monnaie. Il avait ainsi, dès le milieu de son mandat, reconnu son propre échec et laissé le champ libre pour la réaction ultra-droitière de Reagan.

Michel Albert, économiste, *Le Pari français*, Le Seuil, 1982.

QUESTIONS

A. Présenter les documents (nature, date, auteur)

B. Dégager des informations des documents

1. Qu'est-ce qu'une politique keynésienne ? Quelles sont ses conséquences sur les dépenses publiques ? (doc. 1)
2. À l'aide de la courbe de Laffer, expliquer l'expression « trop d'impôts tue l'impôt ». (doc. 2 et doc. 7 p. 35)
3. Comment caractériser les mesures prises par Margaret Thatcher ? Lequel des deux textes semble favorable aux mesures prises ? (doc. 3)
4. Quel problème social ce document met-il en évidence ? (doc. 4)
5. À l'aide du texte, expliquer le sens du titre. (doc. 5)

C. Mettre en relation les documents

6. Construire un tableau en trois colonnes récapitulant les principales mesures économiques prises par J. Carter durant la première partie de son mandat puis à la fin de son mandat, ainsi que celles prises par Margaret Thatcher. Préciser quelles mesures s'inspirent de J. M. Keynes, de F. von Hayek, de M. Friedman ou de A. Laffer.

D. Synthèse

7. En utilisant les documents de ce dossier, rédiger une synthèse montrant les principaux remèdes utilisés pour limiter les effets de la dépression de la fin du XXe s.

3 Mondialisation de l'économie

A. Une mondialisation irrésistible
doc. 2, 3 et 5

■ Forgé dans les années 1950, le mot « mondialisation » s'est imposé dans le langage courant à partir des années 1990. En réalité, les échanges entre les nations existent depuis toujours. Ce qui est nouveau, c'est la proportion prise par ces échanges et surtout le contexte dans lequel ils s'effectuent. **Depuis la disparition du communisme soviétique** – le seul grand système qui pouvait concurrencer le capitalisme libéral à l'échelle mondiale – **le modèle de développement qui subsiste, repose sur le libre-échange et la concurrence.** Il obéit au double critère du coût de production et de l'efficacité : par exemple produire un maximum de biens en un minimum de temps, au coût le plus bas possible. Ainsi le terme « mondialisation » a pris un sens nouveau désignant l'état actuel du capitalisme mondial.

■ La mondialisation n'est pas uniquement économique et technologique ; elle est aussi culturelle, politique et même juridique. Dans le domaine économique, elle est en grande partie l'œuvre des entreprises multinationales qui ont su tirer profit de la libéralisation des échanges et des progrès de la télématique.
Le terme « mondialisation » recouvre trois aspects :
– **l'internationalisation,** liée à l'essor des échanges entre les pays du monde entier. Actuellement, un quart de la richesse produite dans le monde est exporté ;
– **la délocalisation** : les multinationales qui investissent partout dans le monde, délocalisent leurs productions afin de bénéficier des coûts de fabrication les plus faibles ;
– **la globalisation,** qui réside dans la mise en place de réseaux mondiaux de production et d'information. La révolution de la communication (Internet) est un moteur essentiel de la mondialisation ; elle explique le succès du **Nasdaq** et permet la fusion d'innovations et de techniques, émanant de nombreux territoires, en un même savoir.

B. Un bilan mitigé
doc. 4 et 5

■ Beaucoup de consommateurs des pays industriels apprécient les avantages de l'ouverture des marchés qui leur permet d'acheter des vêtements à bas prix, de voyager davantage, de choisir entre de multiples chaînes de télévision. Mais **les effets négatifs de la mondialisation** (chômage, précarité de l'emploi, remise en cause de la protection sociale) alimentent la crainte des salariés qui bénéficient par ailleurs de la mondialisation en tant que consommateurs. L'ouverture des économies nationales à la concurrence mondiale a pour conséquences l'alignement des prix et la fermeture d'usines.

■ **D'anciens pays sous-développés bénéficient parfois de cette ouverture économique.** Ainsi les petits États asiatiques (Singapour, Taiwan, etc.), le Chili, le Mexique, la Turquie et l'île Maurice, pays exportateurs, ont réussi une intégration économique rapide au système mondial, s'accompagnant d'un accroissement de la richesse nationale et de la croissance. Le faible coût de la main-d'œuvre et l'absence de lois sociales expliquent en partie cette réussite. **Mais d'autres pays s'enfoncent dans la misère.** Ils reprochent aux pays riches de leur imposer le libre-échange tout en protégeant, par des aides de l'État, des pans entiers de leur économie comme l'agriculture ou l'industrie textile, secteurs qui constituent les points forts des pays en développement.

C. Une contestation parfois violente
doc. 1 et 6

■ La mondialisation suscite de nombreuses craintes. Partout où l'**OMC** se réunit, ses adversaires viennent manifester, parfois violemment. En décembre 1999, la manifestation de Seattle regroupe 50 000 **antimondialistes** venus de la planète entière. Cette **nouvelle forme de contestation du capitalisme** qui se répète d'année en année (Gênes en 2001, Cancún en 2003) montre que désormais le débat entre défenseurs de la mondialisation, telle qu'elle se dessine actuellement, et partisans d'une mondialisation plus équitable, appelés aussi altermondialistes, ne fait que commencer.

VOCABULAIRE

Nasdaq (*National Association of Securities Dealers Automated Quotation*) : marché d'actions entièrement automatisé et sans réelle localisation géographique.

OMC : créée en 1995, l'Organisation mondiale du commerce regroupe 146 pays dans le but de mieux organiser les échanges économiques mondiaux.

antimondialistes : dans les années 1990, personnes opposées à la mondialisation capitaliste ; au début du XXIe s., ils se font progressivement appeler « altermondialistes » (du latin *alter* : autre) et réclament une autre mondialisation que celle imposée par le capitalisme libéral.

1 ***Les autres sont liiiibres !***
Dessin de Missiouk, 9 novembre 2000.

2 La mondialisation, est-ce plus de prospérité ?

Bien des Français voient surtout la « concurrence déloyale » des pays pauvres où les entreprises occidentales délocalisent leurs usines pour profiter des bas coûts salariaux et des lois sociales peu contraignantes.
Deux remarques cependant. Un : les faibles coûts du travail ont permis à des pays comme la Corée du Sud ou le Mexique d'exporter et de décoller peu ou prou. Deux : ces pays à forte croissance ont commencé, à leur tour, à consommer, y compris des produits occidentaux ! Et également à investir à l'étranger, comme Toyota à Valenciennes.
Le paradoxe est que nombre des pays qui ont le plus profité de cette mondialisation sont peu ouverts (Chine ou Japon) !

G. Biassette et P. Boyer, *La Croix*, 24 janvier 1999.

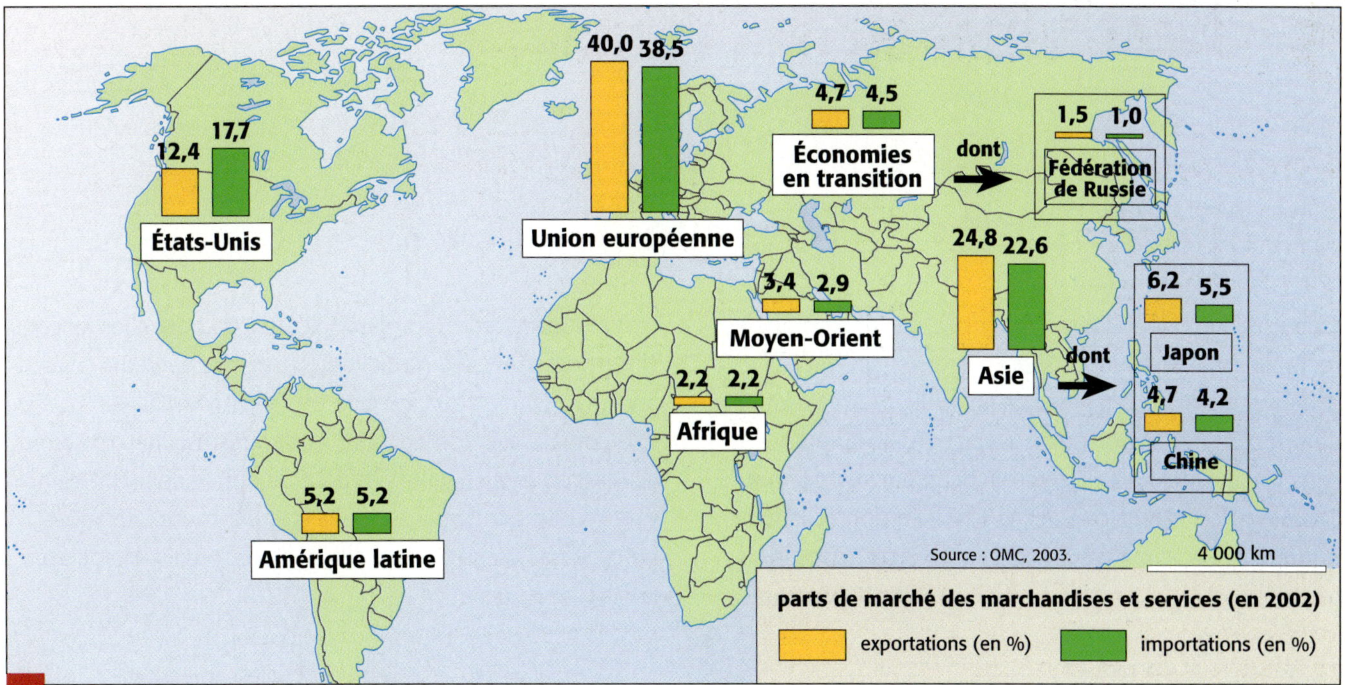

3 Le commerce mondial en 2002.

1. **Quels sont les grands pôles économiques de la planète ?**
2. **Expliquer l'expression « économie en transition ». Quels sont les pays concernés ?**

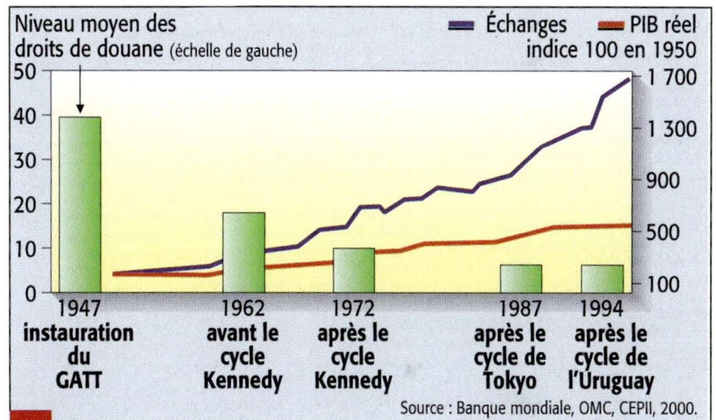

5 Quand les droits de douane baissent…

1. **Durant quelle période les droits de douane ont-ils le plus fortement baissé ? Pourquoi ?**
2. **La diminution des droits de douane explique-t-elle, à elle seule la progression des échanges ?**

4 Le « requin chinois »

La Chine est devenue le plus inquiétant des « requins » de Cancún : vingt mois après son entrée à l'OMC, elle a la mondialisation massive, dévorante et sans scrupule. […]

La démarche est ancienne, c'est la vitesse qui déjoue les pronostics et qui donne le vertige aux théoriciens les plus avancés du libre-échange. Sous l'estampille OMC, […] le pays a retrouvé cet été une pente de croissance de plus de 8 %. En moyenne, cela veut dire un doublement du revenu et de la richesse d'un milliard trois cents millions de Chinois tous les neuf ans.

Le gonflement des échanges est encore plus fort. En 2002, sur fond de reprise mondiale incertaine, le dynamisme chinois a nourri un quart de l'expansion du commerce international. […] Cela ne s'arrêtera pas là, sous l'effet d'un autre multiplicateur : la République populaire est devenue l'an dernier la destination numéro deux de l'investissement direct international, juste derrière les États-Unis, avec un stock de 881 milliards de dollars (Hong Kong compris).

Elle reçoit ainsi cinq fois plus d'investissements étrangers directs que toute l'Europe de l'Est. Pour les entreprises du grand large, la Chine est une chance, pas une menace.

La poursuite d'une industrialisation galopante, largement financée par le capital occidental et asiatique, était des plus prévisibles, il y a deux ans, lorsque la République populaire a fait son entrée dans l'OMC. Après avoir taillé des croupières à Taiwan, à la Corée du Sud ou à Hong Kong sur les créneaux du jouet ou de l'habillement de sport, elle s'attaque aujourd'hui à un marché autrement plus disputé : celui du matériel informatique, où elle a laissé sur place l'Inde, autre géant de l'Asie naguère jugé aussi prometteur.

J.-J. Mevel, *Le Figaro-Économie*, 9 septembre 2003.

1. **Expliquer l'expression « requin de Cancún ».**
2. **Que signifie « club des grands du libre-échange » ?**
3. **Comment se manifeste le dynamisme de l'économie chinoise ?**

6 Manifestation de syndicalistes antimondialistes à Seattle (États-Unis). WTO : World Trade Organisation : Organisation mondiale du commerce. Sur les pancartes : « Fair Trade not Free trade » (Oui au commerce équitable, non au libre-échange).

La troisième révolution industrielle, accélérateur de la mondialisation ?

Depuis la Seconde Guerre mondiale, les innovations techniques se sont succédé à un rythme accéléré : ordinateur en 1944, transistor en 1948, premier satellite de télécommunications dans les années 1960 puis, dans les années 1970, le microprocesseur qui permet l'accélération du traitement de l'information et la fibre optique qui en simplifie le transport. Cette révolution technologique très rapide crée de nouveaux produits (micro-ordinateurs, compact disc) et de nouvelles liaisons (Internet). Mais elle bouleverse aussi des secteurs plus anciens comme l'automobile ou l'électroménager.
Elle constitue, selon certains économistes, une troisième révolution industrielle. On peut se demander si cette « **nouvelle économie** » qui s'étend à toute la planète ne crée pas une nouvelle différenciation dans la société, la **fracture numérique**.

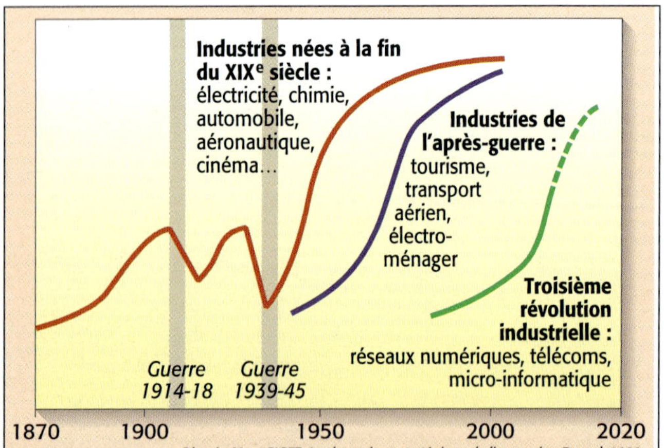

D'après Marc GIGET, *La dynamique stratégique de l'entreprise*, Dunod, 1998.

1 Trois cycles d'innovation depuis le début du XXe s.

2 Un des premiers satellites artificiels (1960).
Un technicien met au point le satellite artificiel américain Courrier 1B à Cap Canaveral (Floride, États-Unis).

VOCABULAIRE

nouvelle économie : économie dominée par les nouvelles technologies de l'information comme Internet.

fracture numérique : cassure qui sépare ceux qui disposent et maîtrisent les technologies de l'information (dont Internet) et ceux qui n'y ont pas accès.

3 Une troisième révolution industrielle ?

Au XIXe siècle, c'est l'apogée de la machine à vapeur, dont la mise au point remonte à la fin du XVIIIe siècle. Toutes les usines en sont équipées, les transports aussi [...]. Mais le combustible n'est plus le charbon [...]. Le moteur à essence commence à prendre une très lente relève [...].
Mais la forme appelée au plus grand avenir, et qui caractérise en partie ce qu'on appelle la deuxième révolution industrielle, c'est le moteur électrique [...]. Il se répand très vite aux États-Unis : dès 1914, près d'un tiers des machines y fonctionnent à l'électricité ; en 1929, les deux tiers. Les autres pays suivront plus ou moins vite le mouvement. [...]
Les caractères des machines évoluent au cours du siècle. Elles deviennent de plus en plus puissantes [...].
La troisième révolution industrielle reposerait sur la prise en relais de la pensée de l'homme par la machine et sur une organisation complexe dont la machine – encore – assurerait le bon fonctionnement. Cette machine, c'est l'ordinateur.
À la base de cette révolution industrielle, on trouve l'informatique, les techniques de gestion intégrées, les méthodes de gestion prévisionnelle... Sur cette base, se greffent quelques éléments caractéristiques : une industrie électronique souveraine, une puissante industrie chimique, une industrie nucléaire, des machines-outils perfectionnées avec automatisation, une miniaturisation systématique.

Yves Trotignon, *Le Monde du XXe siècle*, Fayard, 1978.

4 La révolution informatique

Toute révolution technique a, dans le passé, provoqué une intense réorganisation de l'économie et de la société. Elle peut être à la fois l'occasion d'une crise et le moyen d'en sortir. Ce fut le cas lors de l'avènement de la machine à vapeur, des chemins de fer, de l'électricité.

La révolution informatique aura des conséquences plus larges. Elle n'est pas la seule innovation technique de ces dernières années, mais elle constitue le facteur commun qui permet et accélère toutes les autres. Surtout, dans la mesure où elle bouleverse le traitement et la conservation de l'information, elle va modifier le système nerveux des organisations et de la société tout entière.

Jusqu'à une période récente, l'informatique était chère, peu performante, ésotérique et, de ce fait, cantonnée à un nombre restreint d'entreprises et de fonctions : élitiste, elle demeurait l'apanage des grands et des puissants. C'est une informatique de masse qui va désormais s'imposer, irriguant la société, comme le fait l'électricité. Deux progrès sont à l'origine de cette transformation. Il n'y avait autrefois que de grands ordinateurs. Il existe désormais une multitude de petites machines puissantes et peu coûteuses. Elles ne sont plus isolées, mais reliées les unes aux autres dans des réseaux. Cette imbrication croissante des ordinateurs et des télécommunications – que nous appellerons la « télématique » – ouvre un horizon radicalement neuf. Ce n'est certes pas d'hier que les moyens de communication structurent les communautés : routes, chemins de fer, électricité, autant d'étapes d'une organisation familiale, locale, nationale, multinationale.

Simon Nora et Alain Minc, *L'Informatisation de la société*, La Documentation française, 1978.

5 Une parabole au Sénégal.

6 Internet et fracture numérique

Le XXIe siècle, prédisent les experts, sera dominé par l'information. À les en croire, pour tirer leur épingle du jeu, les pays et les sociétés doivent prendre en marche le train des technologies de l'information. Leur raisonnement est que le monde s'est réduit à un « village mondial » et que, en cette ère d'interdépendance, un pays ne peut rester compétitif que s'il maîtrise l'information. Tout État ou société à la traîne dans ce domaine sera condamné face à la concurrence, à moins que sa main-d'œuvre ne soit capable d'acquérir, d'échanger et de traiter les informations.

Mais cette question ne se pose pas encore sérieusement dans la société bhoutanaise. Nos ressources limitées sont consacrées principalement (à ce stade et à juste titre) à la satisfaction des besoins fondamentaux de la population [...]. L'expression « technologies de l'information » ne veut rien dire pour les 85 % de la population bhoutanaise qui vivent d'une économie de subsistance dans les zones rurales. Il n'y est par conséquent pas question d'Internet, et la plupart des villages n'ont pas les moyens d'avoir la télévision, pas plus que des antennes paraboliques.

D'après *Kuensel*, journal de Thimbu, capitale du Bhoutan, cité dans *Courrier international*, 9 au 27 novembre 2000.

7 De l'invention à son exploitation industrielle : un temps toujours plus court.

Invention	Temps séparant l'invention de son exploitation industrielle
Photographie	112 ans (1727-1839)
Téléphone	56 ans (1820-1876)
Radio	35 ans (1867-1902)
Télévision	12 ans (1922-1934)
Bombe atomique	6 ans (1939-1945)
Transistor	5 ans (1948-1953)
Circuit intégré	3 ans (1958-1961)

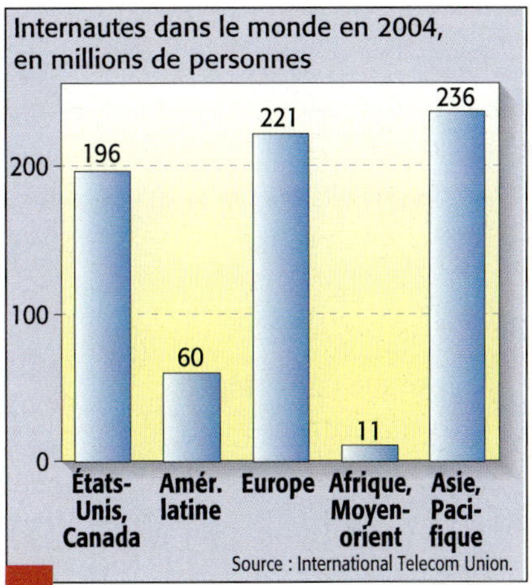

8 Les internautes dans le monde en 2000.

QUESTIONS

A. Présenter les documents (nature, date, auteur)

B. Dégager des informations des documents

1. Qu'est-ce qui fait l'originalité de la troisième révolution industrielle ? (doc. 1, 2 et 3)
2. Quelles sont les conséquences de la révolution informatique ? (doc. 4)
3. Quelles peuvent être les conséquences de l'installation de paraboles dans les pays du tiers-monde ? (doc. 5)
4. En quoi consiste la fracture numérique selon ce texte ? (doc. 6)
5. Quel phénomène caractéristique de l'évolution technologique du XXe s. est mis en évidence par ce tableau ? (doc. 7)

C. Mettre en relation les documents

6. Le texte 4 date de 1978. Depuis cette date, comment la révolution informatique s'est-elle développée ? (doc. 6 et 8)

D. Synthèse

7. En utilisant les documents de ce dossier, montrer comment la révolution technologique accélère le processus de mondialisation et entraîne une fracture numérique.

FICHE DE RÉVISION

DATES À RETENIR

- **1944 :** accords de Bretton Woods
- **1971 :** suppression de la convertibilité du dollar
- **1973 :** premier choc pétrolier
- **1979 :** deuxième choc pétrolier
- **1995 :** naissance de l'Organisation mondiale du Commerce (OMC) qui remplace le GATT
- **1996 :** Internet est ouvert aux particuliers
- **1999 :** premières manifestations antimondialistes

BILAN DU CHAPITRE

I. Les « Trente Glorieuses »

➤ Après 1945, l'économie mondiale connaît pendant trente ans une **croissance** sans précédent : les « Trente Glorieuses ».

➤ Les raisons de cette croissance : augmentation de la demande (baby boom) et de l'offre ; énergie bon marché (pétrole) ; gains de **productivité**.

II. Crise ou dépression à la fin du XXe s. ?

➤ En apparence : **crise économique** provoquée en 1973 par le premier choc pétrolier.
- Elle se transforme progressivement en une longue **dépression** marquée par la **stagflation** ;
- mais la croissance continue.

➤ Les causes de cette dégradation : augmentation du prix du pétrole et des matières premières ; mais aussi désordre monétaire international à partir de 1971 (abandon de la libre convertibilité du dollar) ; moins de gains de productivité ; fin du baby-boom dans les pays industrialisés.

➤ Les remèdes keynésiens se révèlent peu efficaces.
D'autres solutions sont mises en avant : « **néolibéralisme** » ; **monétarisme**.

III. La mondialisation de l'économie

➤ Dans ce contexte économique, la mondialisation de l'économie s'accélère (effets notamment des réseaux numériques, de l'extension des échanges internationaux).

➤ Bilan mitigé de la mondialisation et contestation du capitalisme libéral.

NE PAS CONFONDRE

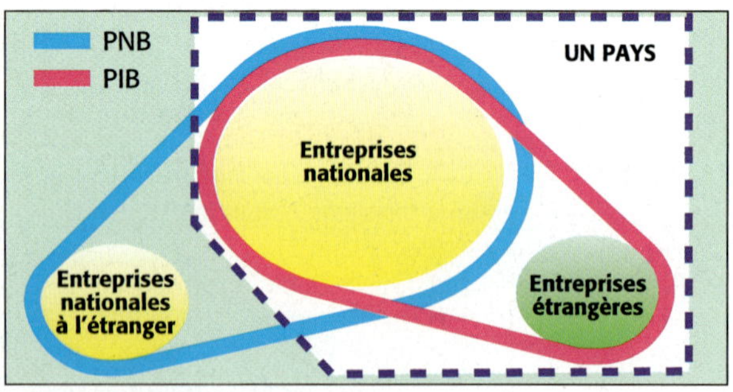

PIB et PNB

• **Le produit intérieur brut (PIB)** d'un pays est la valeur des biens et des services produits sur le territoire d'un pays, qu'ils le soient par des entreprises nationales et par des entreprises étrangères y disposant d'unités de production (voir schéma ci-contre de l'évolution du PIB depuis 1950).

• **Le produit national brut (PNB)** d'un pays est la valeur des biens et des services produits par les entreprises de ce pays, que celles-ci se trouvent sur le territoire national ou à l'étranger. Il exclut la valeur des biens et des services produits par les entreprises étrangères implantées dans ce pays.

La croissance du PIB par habitant depuis 1950.

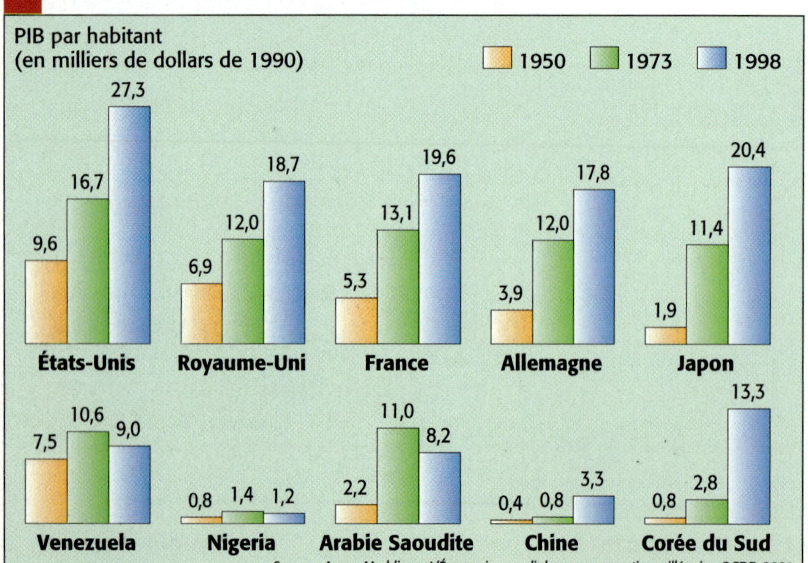

Source : Angus Maddison, *L'Économie mondiale, une perspective millénaire*, OCDE, 2001.

Inflation et hausse des prix

• **L'inflation** est l'augmentation rapide de la masse monétaire par rapport à la quantité de biens disponibles, ce qui entraîne l'affaiblissement de la valeur d'une monnaie.

• **La hausse des prix** est la conséquence de l'affaiblissement de la valeur de la monnaie. Mais dans le langage courant, le mot inflation désigne souvent la hausse des prix.

Crise économique et dépression

• **Une crise économique** est une dégradation brutale et courte (quelques mois à deux ou trois années) de la situation économique ; elle se manifeste par le chômage, des faillites, une baisse de la croissance.

• **La dépression** est une période longue pouvant aller jusqu'à plusieurs dizaines d'années de difficultés économiques et sociales ; elle est caractérisée par une croissance ralentie ou négative.

Composition (1/10)

Sujet : De 1945 à 1974, la croissance économique est-elle un facteur de progrès ?

Document d'accompagnement

La croissance mondiale (moyenne annuelle).

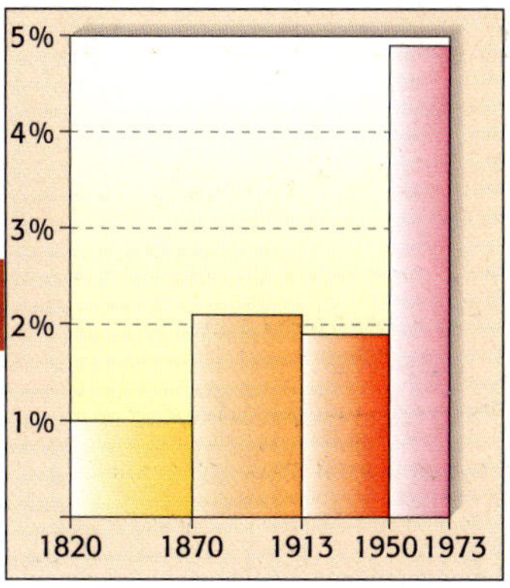

Méthode

➤ 1. Aide générale

A. Lire le sujet

• Définir avec précision les mots clés du sujet. Ne pas confondre des termes voisins, par exemple Europe et Occident (qui inclut les États-Unis et le Japon), bilan (à un moment donné) et conséquences.

• Définir les limites du sujet.

– La durée : un sujet de composition en histoire se rapporte à une date ou à une période, qui n'est pas toujours nettement indiquée. Ici, la période 1945-1974/1975 renvoie aux « Trente Glorieuses ».

– Les limites géographiques : même s'il n'est pas précisé dans le sujet, l'espace auquel se rapporte le sujet doit être délimité : pays, continent, bloc de l'Ouest, monde, etc. Dans le cas présent, le monde entier est concerné.

– Le ou les thèmes : qu'est-ce que la croissance ? Quels sont les différents aspects du progrès ?

• Analyser le sens des mots de liaison (et, ou, dans) et se montrer attentif à la ponctuation. Ici il s'agit d'une question (point d'interrogation).

B. Analyser le sujet

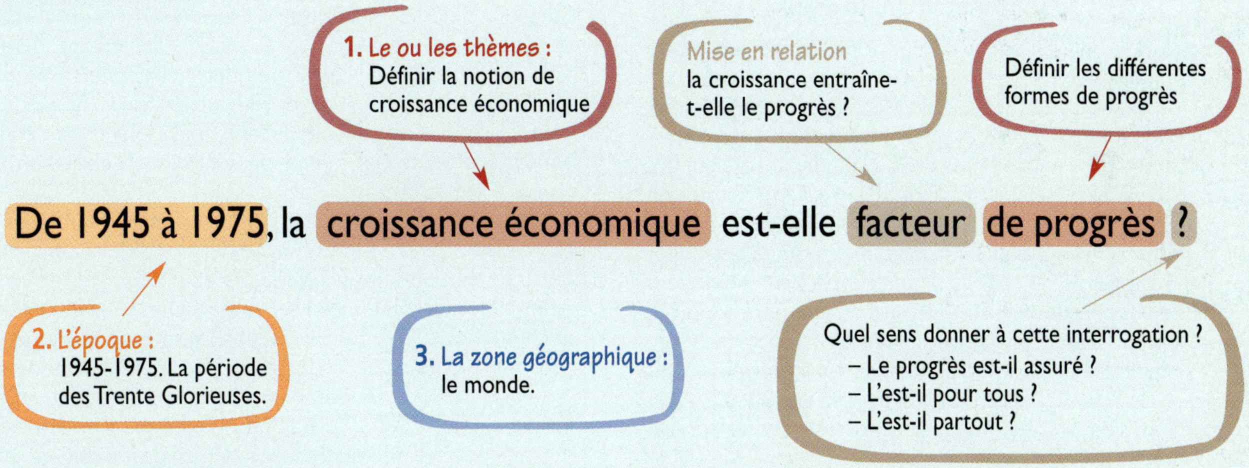

C. Présenter clairement la copie

• Organiser clairement la copie : séparer nettement l'introduction, les différentes parties, la conclusion. Passer une ou deux lignes entre les différentes parties du devoir.

• Bien équilibrer la copie : introduction et conclusion de longueur comparable (une demi page environ) ; des parties équilibrées (une page ou deux par partie).

➤ 2. Dégager une problématique

La problématique doit reprendre tous les éléments du sujet et ne pas englober des thèmes qui seraient hors sujet (comme les conséquences de la crise du pétrole). Formuler des questions qui permettent de répondre au sujet.

Exemple. La croissance économique des « Trente Glorieuses » n'a-t-elle que des aspects positifs ? Quelles sont les conséquences de la croissance ?

➤ 3. Construire la composition

• Organiser les idées.

Écrire les idées au brouillon au fur et à mesure qu'elles viennent à l'esprit, afin de dégager un plan en deux ou trois parties.

Classer les idées correspondant à chaque partie.

Ne rédiger au brouillon que l'introduction et la conclusion.

Trouver un plan répondant aux questions de la problématique.

• **Exemple de plan :**

1. Les formes de la croissance.
2. La croissance possède des aspects positifs…
3. …mais ces progrès ne concernent ni tous les pays ni toutes les catégories sociales.

Étude d'un ensemble documentaire (2/16)

Sujet : Quelles sont les caractéristiques et les limites de la société de consommation au temps des « Trente Glorieuses » ?

Questions

Première partie

1. Présenter les documents (dates, nature des sources, auteurs) de manière critique.
2. Caractériser la société de consommation.
3. Quels facteurs ont permis son essor ? (doc. 1, 2 et 4)
4. La société de consommation profite-t-elle à tous et de la même manière ? (doc. 2 et 3)
5. Montrer que certains auteurs ont une vision très ironique de cette société ? (doc. 1 et 4)

Deuxième partie : Rédiger, à l'aide des réponses précédentes et de vos connaissances, une réponse organisée répondant à la problématique posée par le sujet.

DOCUMENT 1 La consommation de masse

Les caddies s'entrechoquent dans la foule dense. On piaffe dans la monotonie des enfilades des paquets de nouilles, de boîtes de lessive, de fromages, de bas, de bouteilles à perte de vue. Peu à peu le charme opère. L'individu le plus réfractaire, la mère de famille la plus préoccupée, le travailleur solitaire le plus aliéné se muent irrésistiblement en consommateur certain, selon le schéma prévu. On ne se sent plus là pour acheter tel ou tel produit, mais pour acheter simplement. Une espèce nouvelle d'individu est née : l'individu-caddie, poussant devant lui un chariot comme un énorme ventre supplémentaire et avide qu'il remplit avec application. On cherchait des ciseaux, tout bêtement. Il n'y en a plus. Tant pis. Par contre, les égouttoirs à vaisselle sont en réclame. C'est le moment d'en profiter. Va pour l'égouttoir. On est docile désormais.

Ch. Peyré, « L'hypermarché ou la fête obligatoire », *Le Monde*, 14 janvier 1970.

DOCUMENT 2 Consommation et loisirs ouvriers chez Renault à la fin des années 1960

Berçons-nous de cette vision idyllique : grâce au crédit, grâce aux hauts salaires, grâce à la sécurité de l'emploi, les ouvriers de chez Renault roulent tous en voiture ; leurs femmes – débarrassées de la corvée de lessive par la machine à laver – entassent chaque semaine dans le freezer les kilos de victuailles achetées au *supermarket*. Nous voici, par un coup de baguette magique, transportés en Amérique.
N'oublions tout de même pas un petit détail statistique qu'il faut sans cesse rappeler aux rêveurs : 39 % des ouvriers de la Régie, 28 % de l'ensemble du personnel sont des immigrés. Pour ceux-là, pas de « société de consommation » quand ils ont envoyé chaque mois le mandat rituel à leur famille, il leur reste entre 500 francs et 750 francs pour vivre et se loger. N'oublions pas non plus un deuxième petit détail : beaucoup de travailleurs français vivent encore dans une seule pièce, ou dans un semi-taudis. Pour ceux-là, l'équipement ménager reste un rêve inaccessible. « On ne peut pas avoir de machines à laver, parce qu'on n'a pas assez de place. Avec le recul, je me suis aperçu que les étudiants et nous on avait une longueur d'onde de différence. Nous, on ne conteste pas la société de consommation ». (J., marié, sans enfant, dessinateur E1). Et pourtant celui-là, un mensuel, gagne 1 550 francs sans les primes, à quoi s'ajoutent les 1 250 francs de sa femme comptable. Il s'agit de privilégiées, pas de sous-prolétaires. Mais toutes leurs économies passent dans l'achat d'un trois pièces à Versailles [...].
J'ai rencontré un seul ouvrier, un mensuel à 1 700 francs par mois, qui se vante – sur un ton de dérision – de son niveau de vie. « Je vis comme un bourgeois embourgeoisé qui a son petit confort et qui en profite : une machine à laver, un réfrigérateur, une télé... J'ai des meubles à mon goût. Ce ne sont pas des meubles de style, mais des meubles modernes. Attention, c'est du moderne classique, le truc que tu vois au Printemps, le stratifié. Je suis un ouvrier qui a trois ronds et qui va s'acheter quelque chose » (G., 26 ans, marié, trois enfants, agent technique au bureau central).

J. Frémontier, *Renault la forteresse ouvrière*, Fayard, 1971.

DOCUMENT 3 Structure de la consommation en Europe (1950-1968).

en % du total		PNB/tête en dollars	Alimentation	Habillement	Crédit	Biens durables	Autres biens et services
France	1950-1954	1 147	37,2	14,1	3,6	6,0	39,1
	1965-1968	2 037	28,5	10,9	9,1	9,5	42
Italie	1950-1954	575	41,6	12,3	7,7	7,3	31,1
	1965-1968	1 110	37,8	9,3	9,9	8,4	34,6
Royaume-Uni	1950-1954	1 228	29,7	12	8,8	6,9	42,6
	1965-1968	1 739	24,5	10	11,9	8,9	44,7

Source : A. Deaton, « La structure de la demande en Europe, 1920-1970 », dans P. Barrière, M. de Ferrière le Vayer, *Industrialisation et sociétés en Europe occidentale (1880-1970)*, Ellipses, 1998.

DOCUMENT 4

La société de consommation vue par un dessinateur de bande dessinée belge au début des années 1960.

Grâce à la « Zorglonde », le « méchant » Zorglub incite les habitants d'un pays d'Amérique latine à se précipiter vers les supermarchés pour y acheter en quantités énormes les savons et dentifrices « Zugol » qu'il fabrique, ce qui lui permettra de s'enrichir… et de dominer le monde.

Franquin, *Les aventures de Spirou et Fantasio, L'ombre du Z*, Dupuis, 1962.

Méthode

➤ 1. Comment répondre aux questions

A. Question 1

• Nous disposons de documents « classiques » – un tableau statistique, un article de journal, un extrait d'un ouvrage économique – mais aussi d'un document plus inhabituel. L'un des documents (doc. 1) est un article de journal, un extrait d'une bande dessinée. Peut-on mettre sur le même plan les informations tirées de ces différents types de documents ?

• Un journal présente toujours les faits de manière subjective : il répond aux attentes de ses lecteurs en même temps qu'il forme leur opinion.

• Faire la critique d'un document :

– c'est se demander non pas si le document est « vrai » ou « faux », mais dans quelle mesure le texte est objectif (par exemple, une loi, une Constitution) ou subjectif (le point de vue d'un homme politique, d'un acteur de l'histoire) ;

– lorsque le sujet concerne un affrontement (guerre, crise politique, etc.), il faut préciser si les documents proviennent d'un des camps en présence et lequel.

B. Question 3

• Relever dans les différents documents, les nouvelles méthodes de vente (par exemple le supermarché), mais aussi la hausse du niveau de vie, le crédit plus facile ainsi que l'augmentation des congés payés. Utiliser ses connaissances en décrivant la forte croissance industrielle des Trente Glorieuses et la diversification de l'offre des biens.

C. Question 4

• Organiser les informations contenues d'après les documents et ses connaissances :

– par pays,

– à l'intérieur d'un pays, par catégories professionnelles.

➤ 2. Exemple de réponse rédigée

Phrase introductive de la synthèse

Du lendemain de la Seconde Guerre mondiale au début des années 1970, les pays développés à économie de marché tels que les États-Unis, le Japon et les pays d'Europe de l'Ouest, connaissent une croissance sans précédent qui bouleverse profondément la société. Qu'est-ce qui caractérise la société de consommation dans cette période des Trente Glorieuses, de 1945 à 1975 environ ?

PRÉPA BAC

CHAPITRE 3

Société et culture de 1945 à nos jours

séries ES-L

Depuis 1945, les sociétés, ainsi que les cultures qu'elles véhiculent, ont connu de très profondes mutations. Ces transformations, conditionnées par la croissance économique des Trente Glorieuses puis par la dépression qui a débuté au milieu des années 1970, ont suscité de nouveaux modes de vie qui aujourd'hui s'étendent à toute la planète.

Quels facteurs essentiels ont amené ces transformations sociales et culturelles ?
En quoi consistent les nouvelles pratiques culturelles ?
Quelles réactions suscitent-elles ?

1 500 écrans pour un seul…

500 écrans de télévision avec 500 programmes différents.

« On peut téléentendre, cela s'appelle la radio ou le téléphone ; on peut télévoir, cela s'appelle la télévision ou la vidéosurveillance ; le télétact permet de toucher, de manier quelque chose à distance ; on peut donc télésentir. La seule chose qu'on ne puisse pas faire c'est télégoûter : on ne peut pas téléboire un Château Yquem ! Le goût est le dernier sens qui résiste à la télé. […] On identifie son corps au monde ; on devient l'homme-planète. L'homme d'Internet, l'homme de la compression temporelle, c'est un homme qui serait en puissance d'être téléprésent. »
Paul Virilio, *La vitesse de libération*, édition Galilée, 1995.

1950 – 1960 – 1970 – 1980 – 1990 – 2000

- 1948 déclaration universelle des droits de l'homme
- 1953 lancement du livre de poche
- 1953 1re retransmission en direct par la télévision : le couronnement de la reine d'Angleterre, Elizabeth
- Années 1960 le temps de la contestation
- 1961 1er homme dans l'espace
- 1962-1965 concile Vatican II modernisation de l'Église catholique
- 1969 1er homme sur la Lune
- 1969 350 millions de téléspectateurs regardent en direct le lancement d'Apollo XI vers la lune
- 1977 1er disque compact
- 1981 720 millions de téléspectateurs regardent en direct le mariage de Lady Di
- 1990 liberté religieuse rétablie en URSS
- 1992 ouverture au monde d'Internet
- 1997 2 milliards de téléspectateurs regardent en direct les obsèque de Lady Di
- essor des émissions de « télé réalité »

2 … un écran pour tous.

Télévision collective en Côte-d'Ivoire dans les années 1990.

« Abandonnés à leur sort, les oubliés des réseaux, exclus aussi de l'économie réelle, marginalisés, loin du monde scintillant des images, des satellites et de la vidéo ».

D'après Jacques Attali, *Dictionnaire du XXIe siècle*, Paris, Fayard, 1988.

1 Quels sont les facteurs des mutations sociales et culturelles ?

A. La révolution de l'audiovisuel doc. 1 et 4

■ Dès 1945, les progrès technologiques touchent les moyens de communication de masse. La radio se généralise et les postes de télévision se multiplient dans les années 1950 en Amérique du Nord, puis en Europe occidentale. À partir des années 1970, ces **médias** bénéficient de l'essor des **télécommunications par satellites** qui permettent d'émettre par-delà les frontières. Mis au point à la fin de la guerre, les ordinateurs se miniaturisent et entrent dans les bureaux et les foyers au début des années 1980.

■ Dans les années 1980-1990, on assiste à une autre révolution de la communication, l'**avènement du multimédia**, qualifié par Bill Gates, le patron de Microsoft, de « nouveau papyrus ». Grâce au passage au **numérique** et à la possibilité de stocker toutes les données sur des **CD-Rom**, le **multimédia** mêle les textes, les images et les sons traités jusqu'alors séparément. Le système de communication Internet, reliant entre eux les ordinateurs et ouvert au grand public à partir de 1992, permet à cette révolution de prendre toute son ampleur. Il bouleverse l'univers des communications et devient un puissant instrument de la mondialisation.

B. Un plus grand accès au savoir et à l'information doc. 2 et 3

■ « Toute personne a droit à l'éducation ». Ce principe, énoncé par la Déclaration universelle des droits de l'homme, est adoptée par l'ONU en 1948. L'accès à l'éducation s'impose dans la plupart des pays. La seconde moitié du XXe s. est marquée essentiellement par l'**essor des enseignements secondaire et supérieur**. Passée par l'université et davantage ouverte sur le monde, une jeunesse mieux formée et plus revendicative se retrouve à la pointe des luttes pour la liberté, notamment dans les pays communistes, à Prague en 1968, à Tien An Men en Chine en 1989.

■ **La presse écrite**, autre grand vecteur de connaissances, voit se multiplier le nombre de ses titres. Certains tirages peuvent, tels au Japon le quotidien *Yomiuri Shimbun*, dépasser les 14 millions de lecteurs. Mais c'est la presse magazine qui connaît la progression la plus importante. En se diversifiant (sport, mode, voyages, musique, etc.), elle touche des publics de plus en plus spécialisés. Le mensuel américain, *Reader's Digest* est présent dans 56 pays et se vend à plus de 26 millions d'exemplaires par mois.

■ En 50 ans, la télévision a envahi les foyers d'une grande partie de l'humanité. Ainsi, en 1969, 350 millions de téléspectateurs ont suivi les premiers pas de l'homme sur la Lune. L'existence de chaînes câblées ou diffusées par satellites permet l'accès à des programmes de plus en plus nombreux. En ce domaine, la suprématie américaine est écrasante : 80 % des émissions télévisées diffusées dans le monde viennent des États-Unis.

C. Temps libre et revenus en hausse doc. 5

■ Le plein emploi des « Trente Glorieuses » et le rôle de l'État providence permettent de disposer d'un revenu, généralement en progression. On ne travaille plus seulement pour « gagner son pain » mais pour profiter de la vie. **La consommation va en augmentant**, même si les écarts restent importants entre pauvres et riches.

■ Le temps consacré aux loisirs ne cesse d'augmenter, notamment en raison de la réduction du temps de travail. En France par exemple, la durée annuelle effective du travail des salariés (1950 heures par an de 1945 à 1965) a diminué de 1965 à 1982 pour atteindre 1550 heures-année, soit 39 heures par semaine. Depuis les lois de réduction du temps de travail votées en 1999, une partie des salariés est passée à 35 heures par semaine. Même si l'évolution est moins forte dans la plupart des autres pays développés, **la tendance à la diminution du temps de travail** est générale en Occident, accentuant l'impression de vivre dans une civilisation des loisirs.

VOCABULAIRE

média : tout support de diffusion massive de l'information (presse, radio, télévision, cinéma, publicité, etc.)

numérique : représentation de données d'informations au moyen de caractères, généralement des chiffres.

CD-Rom (***Compact disc Read Only Memory***, Rom est la mémoire morte fixée une fois pour toutes) **:** le CD-Rom permet de stocker en grande quantité des textes, des images, des sons combinés dans un hypertexte et lisibles par ordinateur.

multimédia : combinaison, autour d'un ordinateur, de plusieurs systèmes d'information (logiciels et banques de données informatisées sur CD-Rom, vidéodisques ou reliées par câble ou satellites).

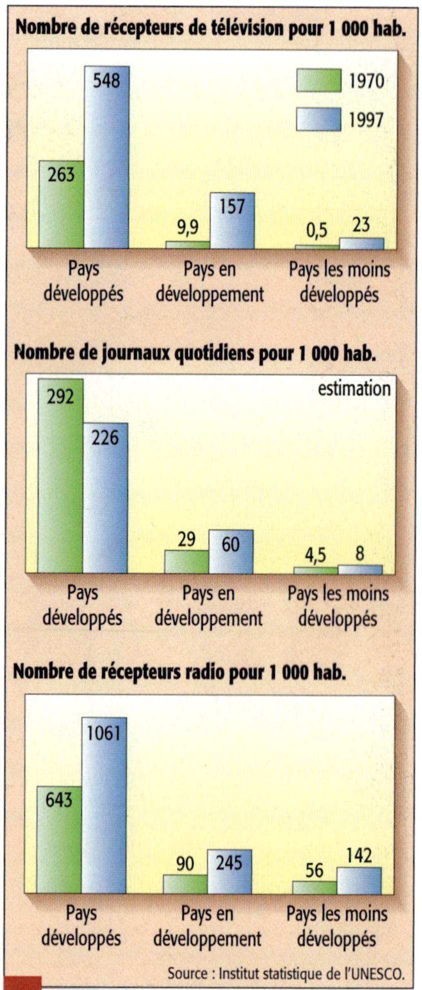

1 L'essor des médias entre 1970 et 1997 dans le monde.

2 **Internet en Côte d'Ivoire.**

4 1989, année de la télévision

Il n'est pas de mur qui résiste aux ondes hertziennes. Les Allemands de l'Est regardaient tous les soirs les journaux télévisés de l'Ouest, et les Hongrois vivent au rythme de la télévision autrichienne.

Tous les peuples de l'Est captent les puissantes radios occidentales. La technologie des satellites jouait gagnant à tous les coups. D'une certaine manière, 1989 aura été l'année de la télévision : après l'émission en continu de CNN en direct de la place Tienanmen, les Roumains ont repris la leçon à leur compte : le premier acte de leur insurrection aura consisté à prendre les studios de la télévision de Bucarest pour une révolution en direct. Et le direct aura sauvé la révolution roumaine. 1989, ce fut 1848, la télé en plus [...].

La télévision, grâce au direct et aux satellites, donne le cours des valeurs libérales en continu, comme le système boursier. Il n'est pas un régime qui résiste à cette cotation. Il est pénétré de toutes parts par l'affichage en son et lumière des styles de vie dominants.

Serge July, *Libération*, 2 janvier 1990.

1. Quel rôle la technologie a-t-elle joué dans les événements politiques de ces dernières années ?
2. De quel mur s'agit-il dans la première phrase du texte ?

3 Écoliers et étudiants par niveau et par continent, (en millions).

Primaire	1970	1980	1990	1997
Afrique	33	62	81	100
Amérique du Nord	26	23	25	27
Amérique latine et Caraïbes	44	65	76	85
Asie et Océanie	253	339	367	410
Europe	55	52	49	46
Total mondial	**411**	**542**	**597**	**668**
Secondaire				
Afrique	5	14	24	34
Amérique du Nord	22	24	22	25
Amérique latine et Caraïbes	11	17	22	29
Asie et Océanie	84	146	184	241
Europe	47	63	63	70
Total mondial	**169**	**264**	**315**	**398**
Supérieur				
Afrique	0,5	1,5	2,9	4,8
Amérique du Nord	9,5	13,5	15,6	16,0
Amérique latine et Caraïbes	1,6	4,9	7,3	9,4
Asie et Océanie	7,4	14,6	23,9	36,1
Europe	9,0	16,4	18,9	21,8
Total mondial	**28,1**	**51,0**	**68,6**	**88,2**

Source : Unesco, rapport mondial sur l'éducation, 2000.

1. Pour chacun des trois niveaux, indiquer quelle partie du monde a connu la progression la plus forte de 1970 à 1997 ?
2. Quelles disparités demeurent en 1997?

5 L'élévation du niveau de vie de toute l'humanité

Les dernières cinquante années ont produit pour la plupart des gens, dans la plupart des régions du monde, la croissance la plus rapide jamais vue dans l'histoire de notre espèce. L'espérance de vie a grimpé dans des proportions inespérées. La mortalité infantile a chuté avec autant d'ampleur. L'alphabétisation a dépassé des seuils jamais atteints [...].

Certes, les inégalités sont parfois plus grandes ; mais à partir d'une base beaucoup plus élevée. Vous bénéficiez tous d'un style de vie i-ni-ma-gi-na-ble-ment luxueux pour vos arrière-grands-parents. Vous pouvez entrer dans un magasin et y trouver des produits ou des services dont un empereur romain ou chinois n'aurait pu rêver. Et les jeunes enfants ont accès à des littératures, des œuvres d'art, des idées qui étaient tout bonnement interdites il y a seulement quelques générations.

La presse a arraché à l'Église le monopole de l'information. La révolution Internet est un événement profond qui offre des bases nouvelles à la liberté. Et les enfants l'utilisent !

Et si vous observez les coûts des choses relativement au revenus, eh bien c'est incroyable. Il y a cent ans, un simple journal coûtait la paye quotidienne d'un ouvrier, aujourd'hui, vous êtes furieux parce que votre boîte à lettre en déborde ! La même paye pouvait vous permettre de transmettre deux mots par télégraphe jusqu'à Londres, aujourd'hui vous envoyez cent pages tout autour de la planète pour quasiment rien.

Mike Moore, directeur général de l'Organisation mondiale du commerce, *in Donner une âme à la mondialisation,* Albin Michel, juin 2003.

1. Quelle vision Mike Moore a-t-il de la société actuelle ?
2. Cette vision vous semble-t-elle exacte ?

2 Populations et modes de vie

A. Plus urbains, plus mobiles et plus vieux

doc. 1 et 3

■ Alors que la population mondiale comptait 28 % d'urbains en 1950, ils sont 50 % en 2000. Plus de trois milliards de personnes vivent dans les villes, foyers de modernité. Cette forte progression est liée à l'exode rural mais surtout à l'accroissement naturel. Autour des villes, on assiste au développement de banlieues dont certaines connaissent, en particulier dans le tiers-monde, de graves difficultés en matière de circulation, de pollution et d'insécurité.

■ Les migrations concernaient 70 millions de personnes par an en 1960 ; au début du XXIe s., ce chiffre a doublé. C'est **entre les pays du Sud** que s'effectue l'essentiel des migrations mais les États-Unis restent le premier pays d'accueil. Après avoir attiré les populations de ses anciennes colonies, l'Europe voit arriver aujourd'hui des immigrés provenant de l'ensemble de la planète, attirés par le haut niveau de vie des Européens.

■ L'augmentation du mieux-être, de l'éducation et de la contraception a provoqué partout **un recul de la natalité.** Dans la plupart des pays du Sud, la fécondité moyenne est passée de 6 enfants par femme en 1950 à 3 enfants en 2000. Partout, la mort recule, grâce aux progrès sanitaires. Les personnes âgées de plus de 60 ans qui étaient plus de 200 millions en 1950, 600 millions en 2002, seront 2 milliards en 2050.

B. L'uniformisation des modes de vie

doc. 2 et 5

■ La croissance a favorisé une amélioration et une uniformisation des modes de vie. **Le tourisme** est devenu un des secteurs les plus importants de l'économie mondiale (10 % du PIB mondial). C'est maintenant **une pratique de masse** : de 10 millions de touristes partant pour l'étranger en 1950, on est passé à 700 millions en 2000. Les pays du Sud attirent de plus en plus les visiteurs. Ainsi le tourisme est la première activité économique de l'Égypte, permettant à des millions de familles de vivre.

■ **La voiture**, symbole de cette consommation de masse, se répand sur toute la planète. Elle modifie les habitudes de consommation (centres commerciaux à la périphérie des villes). L'uniformisation du cadre de vie se réalise selon les modèles diffusés par la production en série. Les individus standardisés, classés en groupes types (jeunes, femmes, retraités, « 35-45 ans », etc.), font l'objet de campagnes de publicité spécifiques.

C. Liberté, égalité, spiritualité

doc. 4

■ Les années 1960 ont connu une véritable **révolution des mœurs.** Le mouvement **hippie** qui voit le jour aux États-Unis, se propage ensuite en Europe. Certains jeunes remettent en cause le conformisme et le matérialisme de la société de consommation. Ils revendiquent des libertés et la « révolution sexuelle ». Unions libres et naissances hors mariage (40 % en France en 2000 contre 5,4 % en 1945) ne font plus scandale.

■ Dans les années 1960, on assiste à l'émergence d'une **prise de conscience des femmes** qui revendiquent l'égalité des sexes. Dans les pays occidentaux, l'accès à la scolarité des filles est aujourd'hui un fait acquis. Dans le domaine économique et politique, l'égalité est proclamée mais la réalité est encore peu satisfaisante (42,7 % de femmes élues au Parlement en Suède ; 12,9 % aux États-Unis). Dans de nombreux pays, la femme n'a toujours pas les mêmes droits que les hommes, notamment dans la plupart des pays musulmans où règne parfois une stricte séparation entre les sexes. C'est ainsi qu'en Arabie Saoudite il est interdit aux femmes de conduire une voiture.

■ Le monde occidental connaît, dans les années 1960, une désaffection des **pratiques religieuses** traditionnelles, mais il n'en va pas de même partout. La religion reste un ferment d'identité dans le monde islamique et on assiste à la renaissance du christianisme orthodoxe en Europe de l'Est après la chute du communisme. L'intégrisme et les sectes attirent de plus en plus d'esprits à la recherche de certitudes et d'espoir.

VOCABULAIRE

hippie : personne qui refuse les valeurs sociales et culturelles de la société de consommation.

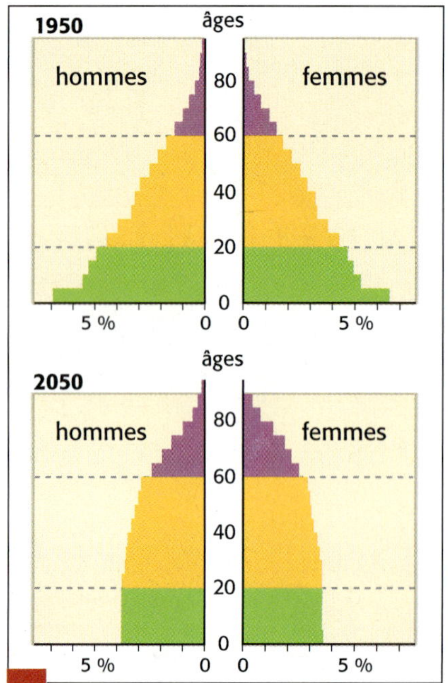

1 La population mondiale.

2 L'uniformisation des modes de vie, vue par Konk en 1972.

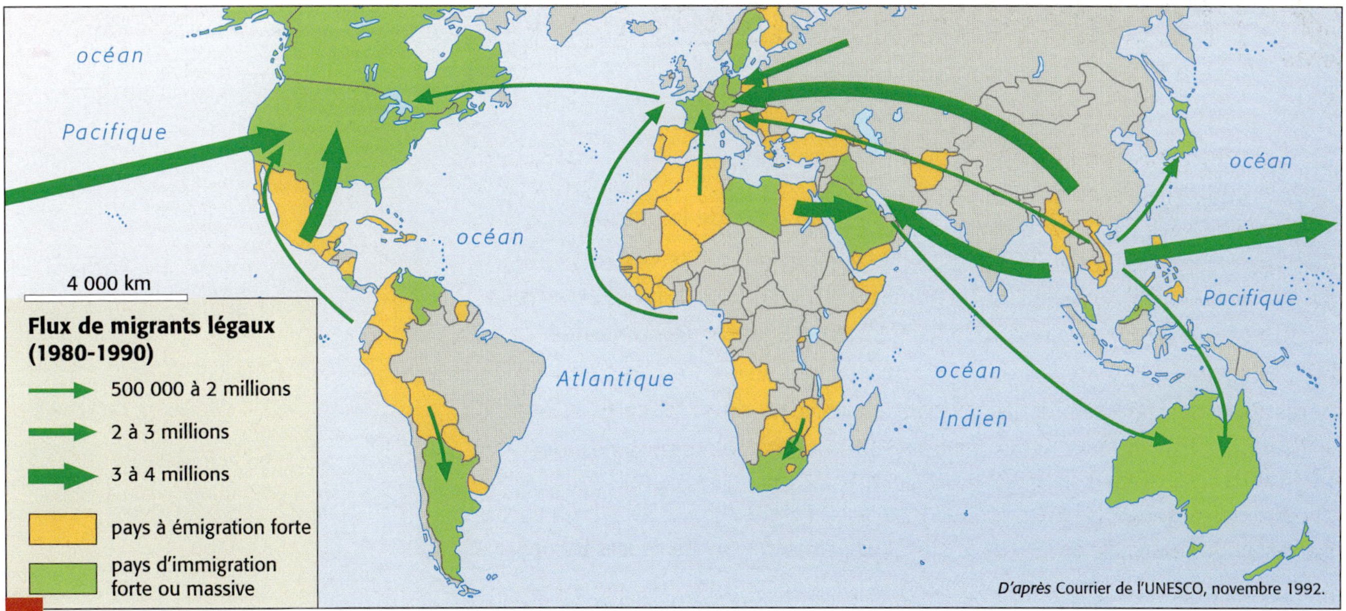

3 **La mondialisation du phénomène migratoire.**

4 **Une du magazine *Elle*, 30 avril 2001.**

1. **Que dénonce la couverture du magazine *Elle* ?**
2. **Que savez-vous des personnalités qui se mobilisent pour cette cause ?**
3. **Quel impact peut avoir une telle prise de position ?**

5 **Un tourisme de masse.**

1. **Présenter le site visité.**
2. **Qu'est-ce qui attire les touristes en ce lieu ?**

Le réveil religieux

Si, dans les dernières décennies, on a assisté à un recul de la pratique religieuse, on constate aujourd'hui que le spirituel est à nouveau au centre des préoccupations de beaucoup d'hommes dans le monde. En effet, face à la modernité, à l'accélération du changement, à l'instabilité du monde, à la disparition ou au mépris de valeurs séculaires, au vide du discours médiatique, de nombreux individus sont en proie au désarroi et recherchent dans le divin ou le spirituel une réponse à leurs inquiétudes.

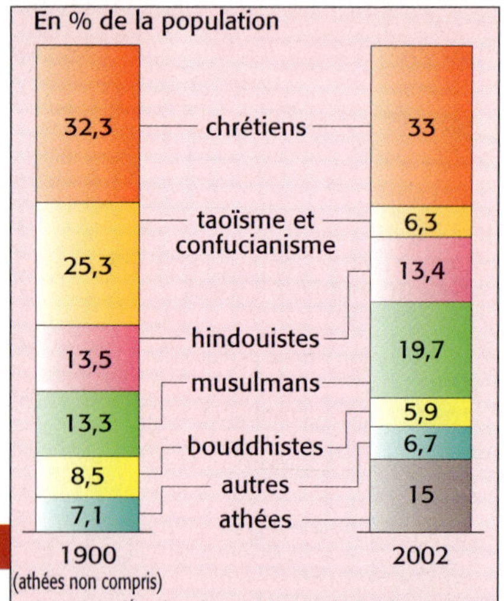

1 Les grandes croyances mondiales.

Source : *L'État des religions*, Britannica Book of the Year 2002.

2 Un jugement sur le retour du religieux

Dans les années 50 et 60, on a pu avoir l'intuition d'un recul de Dieu à l'échelle mondiale. Après la décolonisation, le communisme et les régimes socialistes gagnaient du terrain. [...] Chacun est alors prêt à croire que le progrès va transformer le monde. Pour les Européens, ces années sont celles de l'aboutissement des « Trente Glorieuses », une période de croissance sans précédent, de nature à concentrer l'attention sur les préoccupations terrestres, sur l'ici-bas, au détriment de la quête du salut dans un au-delà. La religion est soit disqualifiée, soit réinterprétée au profit de l'épanouissement en ce monde. [...]

Dès le début des années 80, le climat va changer. La modernité n'a pas tenu ses promesses de prospérité et de bien-être [...]. Souvent assimilée à la mondialisation économique, elle a fabriqué de la création de richesses, mais aussi beaucoup d'inégalités, de peurs et de frustrations. [...]

Le mouvement fondamentaliste hindou et, dans le monde musulman, la révolution iranienne, constitueront les premiers signes d'une crispation identitaire. Mais le mouvement gagne aussi du terrain en Asie et en Amérique latine et même en Occident. Non seulement la technique n'est pas près de tuer le « feu sacré » dans les consciences collectives, mais l'individu ne se reconnaît pas dans cette « culture mondiale ». [...]

Le religieux aujourd'hui ne traduit pas uniquement la permanence de la quête de salut. Il est aussi ce qui soude dans la conviction un groupe d'une même culture et d'une même histoire [...].

Il arrive toutefois que cette quête vire à l'orthodoxie ou pire encore, forme extrême de l'anti-modernisme, dérape dans un fondamentalisme radical voire violent. C'est vrai notamment dans les pays arabes, où la religion est devenue la principale idéologie mobilisatrice de sociétés malmenées par la nouvelle marche du monde. En Islam, on assiste à la métamorphose d'une tradition en idéologie. La religion devient le repère et le critère d'une revendication identitaire, d'une volonté de protester contre le fameux échange inégal. La question islamique est surdéterminée par le rapport Nord-Sud, c'est incontestable. Finalement, l'islam se transforme en idéologie de combat.

Marie-Paule Virard, *in Enjeux-Les Échos*, numéro spécial « Dieu, la valeur qui monte », juillet-août 2003.

3 Le pape Jean-Paul II à Séoul (Corée du Sud), 6 mai 1984.

Le Pape a effectué plus de 100 voyages apostoliques dans le monde en 25 ans de pontificat. Le pays le plus visité reste son pays natal, La Pologne (8 fois), suivi par les États-Unis (7 fois), la France (6 fois), le Mexique et l'Espagne (5 fois), le Brésil et le Portugal (4 fois), l'Autriche, l'Allemagne, la Suisse, la République tchèque, le Guatemala, la République dominicaine, le Canada, la Côte-d'Ivoire, le Kenya (3 fois).

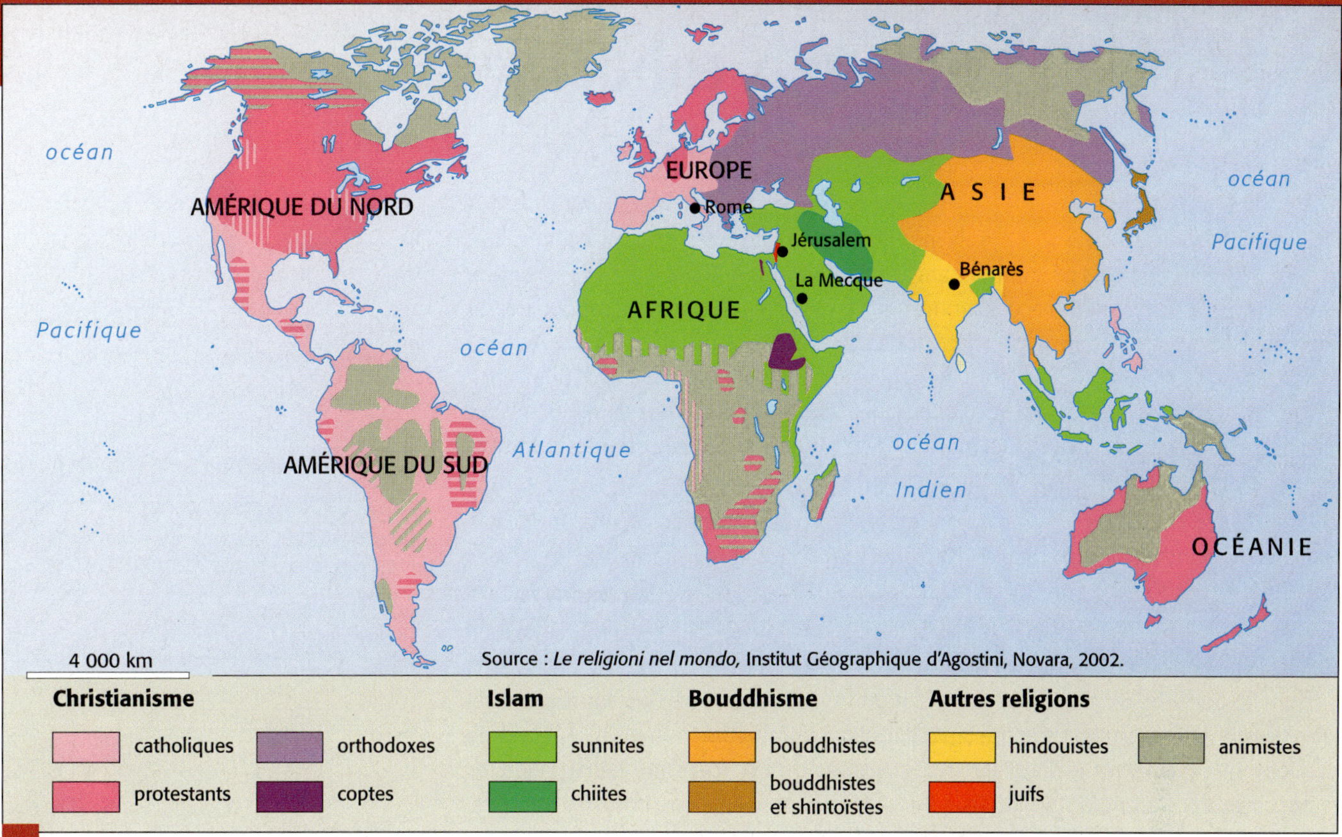

4 Les religions dans le monde, par pays.

5 Dans une école coranique de Kaboul, en 2001.

6 Le phénomène des sectes

Certains groupes – Moon, Krishna, Les Enfants de Dieu – représentent un danger pour des jeunes désorientés et vulnérables, à cause de leur méthode de recrutement – racolage sur la voie publique, mensonge sur la véritable identité de l'organisation – et de leur endoctrinement à haute dose.
Mais comment reconnaître les sectes dangereuses des autres ? En voici quelques critères : un *leader mégalomane et charismatique* ; le pouvoir souvent absolu exercé par les gourous sur leurs disciples est redoutable, et peut être d'ordre économique, disciplinaire, affectif, voire sexuel.
Des *buts politico-religieux ambigus* : bien des secteurs font de la politique sous *une couverture* religieuse, Sun Myung Moon est violemment anticommuniste ; et combien de sectes millénaristes et utopistes promettent le paradis sur terre à leurs adeptes.
Le recrutement : les sectes vont au devant des jeunes, dans les villes, sur les campus universitaires, etc., et utilisent les dernières techniques de marketing pour vendre leur « produit ».
L'endoctrinement : privation de sommeil et de nourriture, isolement et rupture de toutes relations, bourrage de crâne.
Pourquoi le succès des sectes ? D'abord, le climat de crise dans lequel se trouve la civilisation occidentale – contestation de toutes les institutions : famille, école, armée, Églises – leur fournit un terrain propice. Ensuite, les sectes répondent à un certain nombre de besoins comme celui d'apporter des solutions à des questions métaphysiques, de sécurité face aux menaces apocalyptiques d'une guerre nucléaire, d'absolu à une époque où tout est relativisé, et surtout de chaleur et d'amitié dans une société égoïste, impersonnelle et froide.

Alain Woodrow, *L'État des religions*, La Découverte, 1987.

QUESTIONS

A. Présenter les documents (nature, date, auteur)

B. Dégager des informations des documents

1. Comment ont évolué les grandes croyances mondiales au XXe siècle ? (doc. 1)
2. Quelles sont les causes du retour du sacré ? Quels aspects prend-il ? (doc. 2)
3. Quelle signification peut-on donner aux nombreux voyages du pape Jean-Paul II ? (doc. 3)
4. Localiser les grandes aires religieuses dans le monde. (doc. 4)
5. Quel danger représentent les sectes ? (doc. 6)

C. Mettre en relation les documents

6. Quelle est la situation de la religion catholique dans le monde aujourd'hui ? (3 et 4)

D. Synthèse

7. Quels sont les facteurs et les aspects du réveil religieux ?

3 Quelles évolutions culturelles ?

A. Des pratiques de masse : musique, sport, cinéma doc. 1 et 2

■ Dans la deuxième moitié du XXe s., la musique est, de toutes les pratiques culturelles, la plus répandue. Le poids de la culture anglo-saxonne y est dominant. En 1954, **la naissance du rock and roll** est vécue comme une véritable révolution de la musique et du style de vie. Forme de contestation des mœurs, le rock attire massivement les jeunes ; Elvis Presley vend plus de 600 millions de disques. Dans les années 1970 et 1980, le rock devient plus commercial. De nouveaux courants, s'inspirant du jazz et du blues, mêlant davantage le chant et la danse (soul music, reggae, disco, rap, techno, etc.) sont diffusés par le disque, les concerts puis les compact disc et Internet.

■ Durant ces cinquante dernières années, **les grandes manifestations sportives** (coupes du monde de football, Jeux olympiques) sont devenues de véritables spectacles qui drainent des foules et des moyens financiers énormes. Les sportifs professionnels arborent sur leurs tenues les logos des marques internationales et font l'objet de transferts coûteux entre clubs.

■ Dans le domaine du cinéma, le marché mondial est dominé par **les superproductions hollywoodiennes**. Les résistances à cette domination viennent d'abord de l'Europe et du **cinéma « d'auteur »**, c'est le cas du néo-réalisme italien dans les années 1950, et de la « Nouvelle Vague » française dans les années 1960. En parallèle, émergent des œuvres de **cinéastes de pays du tiers monde** – brésilien, turc, iranien – de l'Europe communiste (cinémas tchèque, polonais, hongrois) ainsi qu'un jeune et prometteur cinéma japonais. Grand producteur de films, l'Inde alimente les marchés asiatiques en grandes romances populaires. Mais partout la fréquentation des salles de cinéma est concurrencée par la télévision.

B. Art et littérature doc. 3, 4 et 6

■ Après 1945, **l'art contemporain se diversifie de plus en plus** : expressionnisme abstrait avec Jackson Pollock, *pop art* avec Andy Warhol, *land art* avec Christo. Il interroge et dérange. L'art contemporain s'est aussi diversifié. À l'architecture, la peinture, la sculpture, viennent s'ajouter la photographie puis la vidéo. Les artistes cherchent à renouveler les manières de faire voir (**installations** par exemple).

■ La littérature se caractérise par un désenchantement face à l'absurde et à la destruction ainsi que par son engagement politique, souvent synonyme d'adhésion au marxisme. Ces thèmes sont présents dans les œuvres de Jean-Paul Sartre. Grâce à la révolution du « livre de poche », **le livre devient un produit culturel de masse**, bon marché et largement répandu. Si la littérature est de plus en plus concurrencée par les médias audiovisuels, on ne saurait pour autant parler de « défaite de la pensée » puisqu'on écrit et on publie de plus en plus dans le monde.

C. Une culture mondiale doc. 5

■ Grâce à l'essor des télécommunications et à la curiosité des individus, **toutes les pratiques culturelles s'ouvrent et se métissent**. Les festivals cinématographiques dont les premiers sont nés en Europe occidentale (Biennale de Venise créée en 1932, festival de Cannes, créé en 1946) se sont multipliés. C'est ainsi qu'à Ouagadougou (Burkina Faso) se tient, tous les deux ans, un festival qui rassemble des cinéastes du monde entier et qui a fait émerger des réalisateurs africains.

■ Au début des années 1960, cette imbrication des cultures amène le sociologue canadien Mac Luhan à parler de « **village planétaire** », village nettement dominé par le modèle américain. Il transmet une langue, des séries télévisées du monde entier ainsi que des musiques, des codes vestimentaires (jeans) et alimentaires (Mac Donald et Coca-Cola). L'imbrication des cultures véhicule aussi des valeurs, comme le désir d'une société plus juste, mais qui se révèle en fait très individualiste et matérialiste.

VOCABULAIRE

installation : œuvre de l'art contemporain formée d'éléments disparates qui entretiennent un rapport esthétique avec le lieu où ils sont exposés (objets posés à même le sol, accrochés aux murs, etc.).

1 Les footballeurs les mieux payés.

DAVID BECKHAM,
ANGLAIS, 27 ANS
15,2 MILLIONS D'EUROS
- Salaire annuel : 6,6 M€
- Prime 200 000 €
- Autres revenus : 8,4 M€ en contrats publicitaires (Adidas, Pepsi-Cola, Marks & Spencer, Castrol, Rage et divers).

ZINEDINE ZIDANE,
FRANÇAIS, 30 ANS
14 MILLIONS D'EUROS
- Salaire annuel : 6,4 M€
- Prime 200 000 €
- Autres revenus : 7,4 M€ en contrats publicitaires (Orange, Adidas, Ford, CanalSatellite, Lego et divers).

RONALDO,
BRÉSILIEN, 26 ANS
11,7 MILLIONS D'EUROS
- Salaire annuel : 6,4 M€
- Prime 300 000 €
- Autres revenus : 5 M€ en contrats publicitaires (Nike, Brahma, Parmalat et divers).

Source : *France Football*, n° 2978, mai 2003.

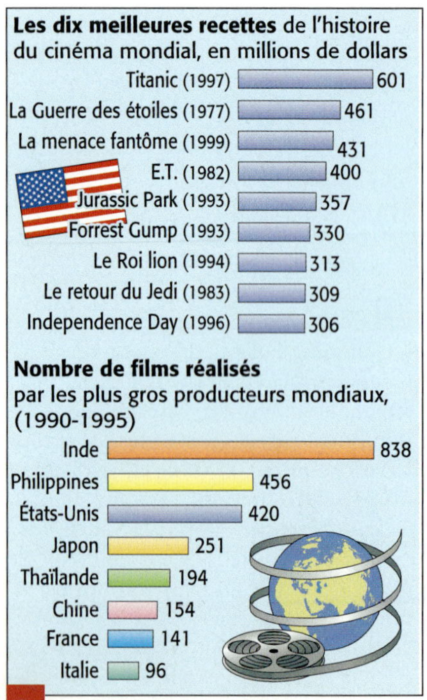

2 Le cinéma en 2000.

3 ***King of the Zulus* (1984) de Jean-Michel Basquiat,** musée Cantini, Marseille.

Noir new-yorkais venu des quartiers pauvres, il signe d'abord des graffiti rageurs dans le métro et sur les murs de sa ville puis des toiles où mots et images s'entrechoquent. Il meurt à 28 ans d'une overdose.

4 ***Quatre Marilyn* (1962), Andy Warhol, peinture acrylique et sérigraphie,** A. Warhol foundation for the visual Arts, New York.

5 Une série culte : *Friends*

Peu de « sitcoms »[1] américains ont pénétré la culture mondiale avec autant de force et d'humour que *Friends*. La longue série de NBC met en relation, dans un New York aseptisé, six célibataires d'une vingtaine d'années (30 aujourd'hui) aux relations mouvementées ; elle est diffusée dans près de 60 pays et regardée chaque semaine par 40 millions de personnes. Les téléspectateurs du Mexique, de Malaisie, d'Espagne, du Sri Lanka, de Bosnie, de Belgique, etc., connaissent les exploits clownesques de ces personnages déjantés – Ross et Rachel, Monica et Chandler, Joey et Phoebe, « Smelly cat ». Dès la première diffusion, il y a neuf ans, le succès du feuilleton fut total. Depuis, il a toujours fait partie du « Top Ten » des « sitcoms » et sa popularité n'a jamais cessé de croître. Preuve en est la multiplication des versions doublées, des vidéos, des livres dérivés, des fans-clubs. Il y a vraiment peu de personnages qui ont séduit autant de foyers et de cœurs dans l'histoire de la télévision.

Newsweek, 13 octobre 2003.

1. Sitcom : feuilleton télévisé.

6 La culture en crise ?

C'est ainsi que se répète encore et encore, à différents seuils historiques, ce phénomène dangereux et anticulturel : le rejet et le mépris de toute tradition antérieure, l'hostilité à tout ce qui est reconnu comme principe directeur. Naguère, cela avait fait irruption au son des trompettes et sous les étendards bigarrés du « futurisme » ; aujourd'hui, on utilise le terme de « post-modernisme » […]. Même si au XXᵉ s., c'est à la partie du monde soumise au communisme qu'est échu le sort le plus amer et le plus décourageant, le phénomène est pourtant plus large : c'est notre siècle entier qui est malade moralement. Le désarroi « postmoderniste » dû à d'autres causes, mais de nature semblable, a surgi également en Occident.

Hélas, l'Occident aussi, alors que s'y accroissaient de façon inouïe les bienfaits de la civilisation et que la vie physique y poursuivait un cours de plus en plus favorable, a vu s'éroder et s'obscurcir les hauts symboles de son éthique. […]

Oui, la culture mondiale est en crise aujourd'hui, et profonde. Voilà déjà quelques décennies qu'en littérature, en musique, en peinture, en sculpture se manifeste une tendance acharnée, non pas ascendante mais déclinante, non pas aux réalisations les plus élevées de l'esprit et de l'art de l'homme, mais à leur décomposition dans une « innovation » frénétique et insidieuse. Pour orner les lieux publics, on expose des sculptures qui esthétisent de véritables monstruosités, et cela ne nous étonne déjà plus. Et s'il arrivait aux habitants d'une autre planète de capter sur les ondes notre musique contemporaine, comment pourraient-ils se douter que les Terriens avaient eu autrefois un Bach, un Beethoven, un Schubert, mais qu'ils les ont laissés tomber pour cause de désuétude.

Si nous, créateurs de l'art, nous nous abandonnons docilement à cette pente, si nous cessons d'attacher du prix à la grande tradition des siècles passés et aux fondements spirituels sur lesquels elle a grandi, nous favoriserons un déclin extrêmement dangereux de l'esprit humain sur la Terre, la dégénérescence de l'humanité en une sorte d'état inférieur, plus proche de l'animalité.

A. Soljenitsyne, *Le Figaro*, le 5 avril 1993.

Art et technologie

Dans les dernières décennies du XXe siècle, les technologies de l'image ont connu de tels progrès qu'elles ont modifié considérablement notre environnement et notre mode de vie. Elles ont mis à la disposition de tous, et en particulier des artistes, de nouveaux matériaux, de nouveaux supports et des techniques offrant d'immenses possibilités de création.

1 Les nouvelles technologies au service des artistes

Art et technique ont toujours été inséparables, les artistes ayant eu systématiquement recours, tout au long des âges, à des instruments et savoir-faire dont la complexité et la nouveauté stimulaient leur imagination. Les techniques ne sont pas des instruments neutres.

Les relations de l'art et de la technique ne constituent donc pas une question neuve. Mais, face à l'accélération des nouvelles technologies, à l'envahissement par les machines et à la prolifération de ces outils qui s'interposent de plus en plus entre l'homme et le monde, [...] on peut s'interroger : l'art subit-il actuellement une mutation, les technologies pénétrant de plus en plus profondément les procédures artistiques ? [...]

Une autre révolution a récemment commencé, qui risque de modifier encore plus notre traditionnel rapport au monde : celle des mondes virtuels, l'image dite de synthèse, l'interactivité, la participation du spectateur, la mise en place d'un monde de sensations synthétiques, tout cela concourant à la création d'univers artificiels dont on se dit qu'ils pourraient bien à l'avenir concurrencer, voire « remplacer », nos anciens modes de perception ? [...]

Florence de Mèredieu, maître de conférences à l'université de Paris I, *Arts et nouvelles technologies*, mars 2003, Larousse-VUEF, 2003.

2 ***High tech allergy, L'enfant high tech*** **de Nam June Paik, installation vidéo, 1993,** (201x106x25 cm), galerie Beaubourg- galerie Éric Franck.

3 ***La prière de la jeune femme shaman*****, 1996, de Mariko Mori.**
Dans ce film, Mariko Mori se met en scène dans le rôle d'un « alien », caressant ici une boule de cristal.

4 The *Board Room* (1987), Antonio Muntadas, installation vidéo. Vue générale et détail d'une salle de réunion. Au mur, une galerie de portraits d'hommes politiques. Leur bouche est recouverte d'un moniteur vidéo qui diffuse discours et images d'actualité.

5 *La ville lisible* (1989-1991) de Jeffrey Shaw.
Face à l'écran, le spectateur pédale sur un vélo relié à un ordinateur. Il se retrouve ainsi dans un paysage urbain composé de lettres et de mots qui défilent en temps réel.

6 Propos d'artistes

« La technologie constitue une des clés de toute activité artistique. C'est à la fois un moyen et un obstacle à l'expression de nos idées. Cette tension est tout à fait vitale pour toute œuvre d'art ».

Bill Viola, vidéaste américain.

« Avec l'image numérique, le rapport image-réalité est cassé pour toujours. Nous approchons une époque où personne ne pourra dire si une image est vraie ou fausse ».

Wim Wenders, cinéaste allemand.

« Qu'en est-il exactement du « service de l'ordinateur » à l'artiste ? L'ordinateur est, du point de vue de l'intellect, un amplificateur d'idées, du point de vue mécanique, un dessinateur sans égal. L'apport de l'ordinateur à l'art est donc parfaitement clair. Il oblige l'artiste à la rigueur : il élève la précision à la dignité artistique ».

Manfred Mohr, artiste allemand qui se consacre à la création numérique visuelle.

QUESTIONS

A. Présenter les documents (nature, date, auteur)

B. Dégager des informations des documents

1. Quelles relations entretiennent art et nouvelles technologies ? (doc. 1)
2. En quoi l'œuvre de Paik se rapproche-t-elle de la sculpture ? En quoi s'en différencie-t-elle ? (doc. 2)
3. À quel univers fait prioritairement référence cette œuvre ? Où a-t-on l'habitude de voir des personnages ressemblant à ceux que présente l'image ? (doc. 3)
4. Quel message l'artiste veut-il transmettre ? Peut-on parler d'une œuvre engagée ? (doc. 4)
5. Quel rôle est donné ici au spectateur ? Dans quel but ? (doc. 5)
6. Comment les artistes jugent-ils ces nouveaux outils ? (doc. 6)

C. Mettre en relation les documents

7. Quels sont les supports utilisés par ces artistes ? (doc. 2 à 6)

D. Synthèse

8. À l'aide des informations tirées des différents documents, rédiger une synthèse répondant à la question suivante : les nouvelles technologies ont-elles transformé l'art ?

4 Limites apportées aux mutations socio-culturelles

A. Exclusions doc. 3

■ Certaines populations ne profitent pas de cette mondialisation mais la subissent. L'**acculturation** a été accentuée dans les trente dernières années du XXe s. par l'intensification des échanges, l'essor des télécommunications et l'accélération de l'urbanisation. La population est attirée par les loisirs et la télévision. Le mode de vie occidental et **les cultures singulières disparaissent** au profit d'une culture plus métissée.

■ Autre facteur d'exclusion, **la pauvreté** : si elle est minoritaire dans les pays développés jusqu'en 1973, cette pauvreté est devenue plus visible avec la dépression économique. Elle concerne environ 4 % de la population dans les sociétés européennes où existe une forte protection sociale et 8 % aux États-Unis. La pauvreté frappe des masses plus considérables encore dans les pays en voie de développement. Elle engendre partout des phénomènes d'exclusion, un niveau d'éducation insuffisant. En 1990, l'analphabétisme touche 900 millions de personnes de plus de 15 ans, surtout parmi les femmes. Si **l'analphabétisme** est marginal dans les pays développés, **l'illettrisme** y est plus répandu : aux États-Unis dans les années 1980, il affecte 13 % des personnes de plus de 17 ans et en France, selon l'Insee 10 % des jeunes adultes en 1996. La scolarisation, manquée ou inachevée, en est en partie responsable.

B. Résistances doc. 1 et 2

■ Face à la mondialisation s'élèvent des résistances diverses. Certains États, comme ceux de **l'Union Européenne**, refusent que la culture soit considérée comme un produit commercial ordinaire : ils ont fait valoir, en 1996, le principe de l'exception culturelle qui leur permet par le biais d'aides et de quotas de protéger leurs cultures spécifiques.

■ Dans le monde musulman s'expriment chez certains de **vives hostilités à la culture et aux modes de vie occidentaux**. Ce rejet se manifeste, dès 1979, lors de la révolution iranienne qui dénonce le modèle culturel américain dominant. Il prend parfois la forme d'attaques terroristes comme celles ayant touché les États-Unis, le 11 septembre 2001.

■ **Par-delà les frontières se regroupent des individus opposés à l'idée d'un marché mondial uniformisé**, que ce soit dans le domaine des biens ou de la culture. Ces antimondialistes s'expriment de façon massive, parfois en marge des sommets des grands pays industrialisés, en proposant des solutions alternatives qui respecteraient toutes les diversités et donneraient leur chance aux pays les plus pauvres.

C. Un avenir incertain doc. 4 et 5

■ **« Mondialisation » ou « globalisation »** sont les termes employés aujourd'hui pour caractériser le fait que la planète forme un système dont tous les éléments communiqueraient entre eux. Ce phénomène ne fait qu'accélérer un mouvement entamé au XIXe s. et freiné par les deux guerres mondiales et la guerre froide.

■ La mondialisation est caractérisée par la **domination de quelques grands groupes** multinationaux qui « formatent » non seulement les économies mais aussi les sociétés et les cultures au nom de la rentabilité. Ces groupes, du fait de leur situation de monopole, ont la possibilité de censurer l'accès aux savoirs ou aux informations, comme lors de la guerre du Golfe en 1991 où la chaîne CNN était seule à pouvoir diffuser des images du conflit. Cette mondialisation, décriée par certains comme une menace pour les spécificités de chaque espace, puisqu'elle impose un modèle unique, pourrait cependant constituer **une chance de mettre en relation les hommes et les idées** et de provoquer le développement de nouvelles cultures.

VOCABULAIRE

acculturation : processus par lequel un groupe humain assimile tout ou partie des valeurs culturelles d'un autre groupe humain.

1 « L'Occident n'a pas le monopole de l'art »

– *Vous rendrez-vous à la Biennale de Venise[1] ?*

– Je m'y rendrai peut-être par curiosité et pour vérifier une fois de plus mon analyse : ce genre de manifestation donne l'impression que le monde de l'art est ouvert à tous les pays, qu'il n'a pas de préjugés ethniques ni racistes. En réalité, les artistes des pays périphériques du marché de l'art occidental sont utilisés un peu comme la sauce tomate et le persil, pour pimenter le plat principal.

– *Pourtant, l'art moderne et contemporain occidental a été fait par des artistes venus de tous les pays.*

– Oui, mais toujours pour faire fructifier l'histoire de l'art occidental ! Quand, à la fin du XIXe et au début du XXe s., l'Occident a finalement décidé de regarder d'autres cultures, c'était parce qu'il cherchait un nouveau souffle. Picasso, Matisse, Gauguin et d'autres sont allés puiser en Afrique, en Océanie en Amérique du Sud, chez les Esquimaux, etc. On les a applaudis, saluant le départ de l'art moderne et contemporain. Mais quand un Africain ou un Asiatique fait quelque chose qui s'approche de l'art abstrait ou du surréalisme on dit : « Ah ! Oui, il a copié l'art occidental ! » Alors que l'artiste occidental, lui, s'approprie sans états d'âme le « copyright» d'une autre culture.

– *Un avatar du colonialisme ?*

– Oui... J'accuse les responsables des musées d'art moderne de ne connaître que l'art allemand, italien ou américain. Si je leur demande ce qu'ils pensent de l'art turc ou argentin depuis 10 ans, ils perdent leurs références. Ils portent un regard supérieur et suffisant sur « l'autre ». Les échanges professionnels se font entre New York, Paris et Berlin, par exemple. Jamais entre Istanbul, Le Caire et Prague.

Bedri Baykam, artiste turc, interviewé par Élisabeth Couturier, *in Paris Match*, juillet 2003.

1. Biennale de Venise : manifestation mondiale d'art contemporain qui a lieu tous les deux ans à Venise.

1. **Quel domaine artistique est abordé dans ce texte ?**

2. **Quelles critiques l'auteur fait-il du milieu artistique occidental ?**

2 Les paradoxes de la mondialisation

Le Japon est devenu plus soucieux de sa culture et de ses traditions ces dernières années, alors que sa population est plus que jamais avide de profiter des biens de Mc World[1]. En 1992, le premier restaurant pour le nombre de clients servis était Mc Donald's, immédiatement suivi par Kentucky Fried Chiken. En France, le gouvernement s'en est pris à l'usage du « franglais » au moment même où il finançait l'installation d'Eurodisney à proximité de Paris[2]. Sa défense de l'industrie française du cinéma contre le déferlement des films américains ne l'empêche pas de nommer Sylvester Stallone chevalier de l'ordre des Arts et des Lettres[3]. Cette ambivalence se retrouve en Inde. Juste à l'extérieur de Bombay, à proximité de villages encore immergés dans la pauvreté où, de notoriété publique, on pratique l'infanticide quand les nouveaux-nés ont le malheur d'être des filles non désirées, on trouve une ville nouvelle dénommée SCEEPZ (sigle pour zone de construction électronique de Santa Cruz pour l'export), où des programmateurs parlant hindi, tamoul et mahratti écrivent des programmes pour Swissair, ATT et autres multinationales souhaitant comprimer leurs coûts de personnel.

B.R. Barber, *Djihad versus Mc World*, édition Desclée de Brouwer, 1996.

1. Mc World : mot forgé par l'auteur, à partir du nom de la firme « Mac Donald's » et du mot « World » (monde).
2. Créé en 1993.
3. Décoré par le ministre de la Culture Jack Lang en 1990.

1. **Dans quels domaines la mondialisation est-elle un fait acquis ?**
2. **Comment réagissent les États face ce phénomène ?**

3 L'acculturation de l'Afrique.

1. **Quels éléments d'acculturation sont visibles ?**
2. **Quelles en sont les conséquences pour la population africaine ?**

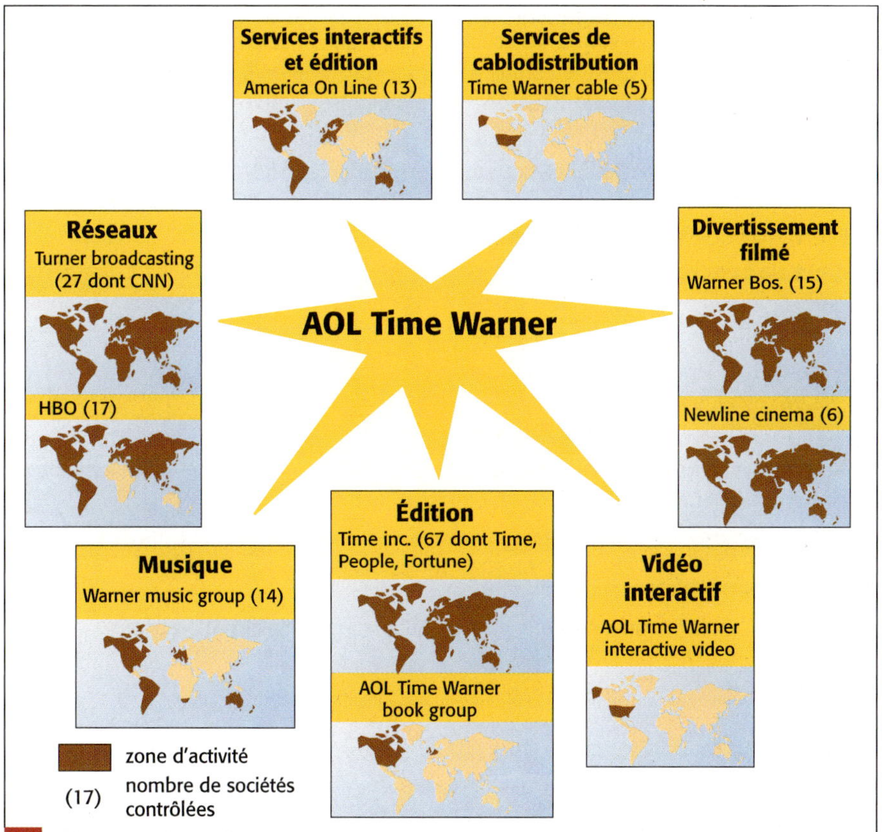

4 L'empire AOL-Time Warner.

1. **Quels sont les domaines d'activité du groupe AOL-Time Warner ?**
2. **Qu'est-ce qui permet de parler d'« empire » à propos de ce groupe ?**

5 Les limites de la culture de masse

Une observation superficielle pourrait faire croire que de nouveaux moyens de communication donnent aux artistes et aux intellectuels la possibilité de toucher un public plus large que celui dont ils ont jamais pu rêver. Or, au contraire, les nouveaux médias se bornent à universaliser les effets du marché, en réduisant les idées au statut de marchandises. [...]
Leur appétit insatiable pour la « nouveauté » (c'est-à-dire pour de vieilles formules présentées sous de nouveaux oripeaux), [...] font désormais de la « visibilité » le seul critère du mérite intellectuel. Le premier jugement qui est porté sur un ouvrage ou une idée devient, du coup, le dernier ; un livre s'arrache ou est reçu dans l'indifférence ; et le livre en question, dans tous les cas, est d'une importance tout à fait secondaire au regard des articles et entretiens dont il est le prétexte. Ici comme ailleurs, le journalisme ne rapporte plus les événements, mais il les crée. Il se réfère de moins en moins à des événements réels, et de plus en plus à un processus d'auto-promotion circulaire qui est à lui-même sa propre justification. Il ne présuppose plus un monde capable d'exister indépendamment des images qu'on en donne.

Christopher Lasch, *Culture de masse ou culture populaire ?*, trad. par F. Joly, Climats, 2001.

FICHE DE RÉVISION

LIRE

- A. MATTELART, *La mondialisation de la communication,* Paris, 1998.
- D. WOLTON, *L'autre mondialisation*, Flammarion, 2003.
- *Multimédia, Le guide complet*, Gallimard, 1996.
- F. de MÈREDIEU, *Arts et nouvelles technologies*, Larousse, 2003.
- J.-P WARNIER, *La mondialisation de la culture*, La Découverte, 2003.
- *L'état des religions dans le monde*, La Découverte, 1987.
- G. KEPEL, *La revanche de Dieu, Chrétiens, Juifs, Musulmans à la reconquête du monde*, Seuil, 1991.
- J.-P. FITOUSSI et P. ROSANVALLON, *Le nouvel âge des inégalités*, Paris, 1998.

VOIR

- *2001, L'Odyssée de l'espace*, S. KUBRICK 1968.
- *Network*, S. LUMET, 1976.
- *Le visiteur*, J. GOLD, 1973.
- *Little Buddha*, B. BERTOLUCCI, 1993.
- *Denise au téléphone*, H. SALWEN, 1994.

VISITER

- Le centre Beaubourg à Paris.
- La FIAC (Foire internationale d'art contemporain à Paris).
- Le Musée d'art moderne de Villeneuve d'Asq (Nord).
- Le musée des nouvelles technologies (ZKM) à Karlsruhe (Allemagne).

BILAN DU CHAPITRE

I. Divers facteurs entraînent des mutations sociales et culturelles...

➤ La révolution technologique dans le domaine des **médias**, du **numérique**.
➤ Un plus grand accès au savoir et aux informations.
➤ Davantage de temps libre, des revenus en hausse.

II. ... qui modifient les pratiques sociales et culturelles...

➤ Essor du monde urbain, de la mobilité et du vieillissement des populations.
➤ Des modes de vie qui s'uniformisent, des mentalités qui changent.
➤ Généralisation des pratiques de masse comme la musique, le sport, le cinéma.
➤ Revendications de plus de liberté, d'égalité ainsi que d'un renouveau spirituel. Les différentes modifications favorisent une mondialisation de la culture.
➤ Renouveau artistique et littéraire.

III. ... et posent des questions

➤ De nombreuses population restent exclues. Accentuation de l'**acculturation**.
➤ Émergence d'une résistance à l'uniformisation des cultures.

NE PAS CONFONDRE

Les principaux courants artistiques depuis 1945

- **Expressionnisme abstrait** : mouvement pictural américain (représenté notamment par Jackson Pollock) qui apparaît dans les années 1940. Les œuvres se caractérisent par l'importance des gestes de l'artiste et des traces des instruments utilisés pour peindre.
- **Pop art** (abréviation du terme anglais *Popular art*) : mouvement né en Angleterre au début des années 1950 et qui trouve un large écho aux États-Unis. Il se caractérise par l'utilisation d'images photographiques. C'est le retour à la figuration, celle de la publicité et des bandes dessinées. La reproduction mécanique et multiple est très employée, comme chez Andy Warhol ou Roy Lichtenstein.
- **Art conceptuel** : les artistes de ce courant artistique né en 1967 s'intéressent avant tout à l'idée, à la démarche artistique, au concept, quitte à ne plus produire d'œuvres d'art. Yves Klein a ainsi réalisé une exposition du vide.
- **Land art** : le paysage devient le support de l'expression artistique et l'artiste y intervient de manière à donner à ce paysage un intérêt nouveau. En mai 1993, l'artiste bulgare Christo installe 550 000 m^2 de tissu rose flottant autour de onze petites îles en Floride.
- **Hyperréalisme** : courant américain des années 1980 où les artistes cherchent à obtenir des effets de ressemblance photographique.
- **Bad painting** (« mauvaise peinture ») : apparu en 1978, il critique le bon goût, l'intellectualisme de l'art conceptuel. Jean-Michel Basquiat, par exemple, utilise des graffitis disproportionnés, maladroits et chargés d'une violence gestuelle.

Analphabétisme et illettrisme

- **Analphabétisme** : c'est le fait de ne savoir ni lire, ni écrire.
- **Illettrisme** : c'est le fait de n'être que partiellement capable de lire et d'écrire.

BIOGRAPHIES

Andy Warhol (1928-1987), peintre américain.

(Voir biographie complète p. 399)

Roy Lichtenstein (1923-1997), peintre américain.

(Voir biographie complète p. 396)

Cristo, Cristo Javatcheff dit, (né en 1935), artiste.

(Voir biographie complète p. 393)

Explication d'un document (2/16)

Sujet : Les femmes dans la société actuelle

Questions

1. Présenter le document.
2. Quelle est la place des femmes dans les domaines politique, économique et social ?
3. Comment expliquer la diversité des situations présentées ?
4. À partir du document et de vos connaissances, peut-on parler d'égalité homme-femme aujourd'hui ?

	Date du droit de vote	Femmes salariées (% des femmes actives)	L'école (% de filles inscrites à l'école primaire 1999-2000)	L'université (% de femmes inscrites à l'université)	Alphabétisation 2000 (% de femmes illettrées)	La politique (% de femmes à des postes élus 2002)
États-Unis	1920	58 %	100 %	56 %	1 %	14 %
Japon	1945	51 %	100 %	44 %	1 %	7 %
France	1944	48 %	100 %	55 %	1 %	11 %
Suède	1919	63 %	100 %	56 %	1 %	43 %
Chine	1949	73 %	100 %	36 %	23 %	22 %
Russie	1917	59 %	100 %	53 %	1 %	8 %
Brésil	1932	44 %	100 %	53 %	15 %	7 %
Arabie Saoudite	Pas de droit de vote	21 %	75 %	47 %	33 %	0 %
Iran	1963	28 %	95 %	35 %	30 %	3 %
Algérie	1962	29 %	100 %	44 %	49 %	3 %
Chili	1948	37 %	100 %	46 %	5 %	13 %
Inde	1950	42 %	90 %	36 %	58 %	9 %
Émirats Arabes Unis	Pas de droit de vote	32 %	87 %	72 %	21 %	0 %

Source : *Atlas des femmes dans le monde*, Collection Autrement, 2003.

DOCUMENT D'ACCOMPAGNEMENT

L'Iranienne Chirine Ebadi, prix Nobel de la paix 2003.

Le prix Nobel de la paix 2003 a été attribué à Chirine Ebadi, Iranienne se battant pour la cause des femmes, des enfants et des prisonniers politiques. « La paix dans le monde passe par la démocratisation de la société musulmane et cette démocratisation passe par les femmes ». (Chirine Ebadi, 2003)

Méthode

➤ 1. Comment présenter le document

- Déterminer la nature du document : c'est ici un tableau de statistiques qui permet une comparaison entre différents pays ;
- Quels types d'informations nous donnent-ils ? Le niveau d'instruction, la place de la femme dans la vie politique et économique.
- Préciser le contexte historique ; de nos jours mais avec un retour en arrière (droit de vote).
- Cadre géographique : le monde.
- Analyser la source du document : un ouvrage spécialisé.

➤ 2. Exemple de réponse rédigée

Question 1

Le document proposé est un tableau statistique, extrait d'un ouvrage spécialisé très récent consacré aux femmes dans le monde. Il met en évidence le niveau d'instruction des femmes et leur place dans la vie économique et politique dans plusieurs pays aujourd'hui. Ces pays représentent des continents, des niveaux de développement et des cultures différentes. Ce document est intéressant car il permet une comparaison entre ces différents pays.

PRÉPA BAC

Étude d'un ensemble documentaire (3/16)

Sujet : Les années 1960, temps de la contestation ?

Questions

Première partie

1. À partir des documents, faire apparaître la diversité des pays concernés par la contestation.
2. Qui sont les contestataires d'après le doc. 1 ?
3. Quelles sont leurs revendications ?
4. Quels sont leurs moyens d'action ?

Deuxième partie : Rédiger, à l'aide des réponses aux questions précédentes et des connaissances acquises, une réponse organisée à la problématique posée par le sujet.

DOCUMENT 2 Défilé du 1er mai 1968 à Prague.

DOCUMENT 1 **« Le maelström[1] étudiant »**

Le maelström étudiant a des origines à la fois gigantesques et minuscules. Du côté gigantesque, c'est la grande rébellion étudiante qui déferle, depuis le début de 1968, dans des pays aussi différents que Pologne, Tchécoslovaquie, Allemagne, Italie, Espagne, Angleterre, États-Unis, et qui, si distinctes qu'en soient les ramifications, répond à une certaine internationalité. Du côté minuscule, ce sont de petits noyaux révolutionnaires, dans l'étrange campus de Nanterre-La Folie, déclenchant un mouvement qui se développant en chaîne, va s'épanouir du 6 au 13 mai dans une prodigieuse commune étudiante.

Deux types d'interprétations s'efforcent de comprendre la crise actuelle. L'une, en faveur dans les cercles officiels de l'administration et de l'Université, veut chercher la cause du malaise étudiant dans l'archaïsme semi-féodal de la société professorale, la vétusté et les retards de l'Université par rapport aux besoins, l'inadéquation des enseignements par rapport aux débouchés et aux utilités. Le mal de l'Université serait dans son inadaptation à la vie, et au monde moderne, et le remède en serait l'adaptation, c'est-à-dire une réforme modernisatrice liquidant les archaïsmes, amplifiant les moyens en enseignants, locaux, matériel, renouvelant les méthodes, offrant aux étudiants des campus ouverts, libéraux (pour correspondre à l'évolution des mœurs), sains et des débouchés assurés.

Une autre interprétation, au contraire, insiste non sur la volonté des étudiants d'adapter l'Université à la vie moderne, mais sur leur refus de la vie bourgeoise considérée comme mesquine, médiocre, réprimée, oppressive ; non pas sur la recherche des carrières, mais sur le mépris des carrières de cadres-techniciens qui les attendent. Cette interprétation fait valoir que de grandes universités très « fonctionnelles » et adaptées à la modernité, comme Berkeley et Columbia, ont été le siège de révoltes virulentes.

Edgar Morin, « La commune étudiante », in E. Morin, C. Lefort, J.-M. Coudray, *Mai 1968 : la brèche. Premières réflexions sur les événements*, Fayard, 1968.

1. Maelström : tourbillon

DOCUMENT 3 **Profession de foi d'un révolutionnaire**

Je vais vous dire pourquoi je suis révolutionnaire.
Je veux vivre dans un monde où je n'aurais pas besoin de rester debout quand mon patron ou le commissaire du peuple est assis, où je pourrais parler à un Noir d'égal à égal, où je ne serais par asphyxié par les vapeurs d'essence, où je ne me tuerais pas dans une voiture de camelote [...].

Comment diable allons-nous faire cette révolution « humanisante » ? En la vivant [...]. Vous voulez tout laisser tomber ? Laissez tomber ! Excitez-vous en écoutant les MC5 chanter la chanson de John Lee Hooker, *La Ville des moteurs brûle* (« Toutes les cités sont en feu... c'est vous qui les relèverez de leurs cendres ») [...] ? Vivez en commun. Soyez fidèle à vos valeurs, non à celles de vos parents. Rappelez-vous *Les temps, ils sont en train de changer*, de Bob Dylan : « Vos fils et vos filles échappent à votre autorité ; votre route se fait vieille. ») N'ayez pas peur d'être heureux. Comme l'écrivait Abbie Hoffman : « Écoutez, vous voulez vous amuser plus : vous voulez qu'on fasse l'amour plus que ça, vous voulez avoir du bon temps avec vos amis, vous voulez donner libre cours à votre créativité ; alors quittez l'école ; quittez votre métier. Venez aider à bâtir la société que vous voulez. Commencez à vivre votre vision. »

John Gerassi, journaliste américain, in *Vive la révolution*, traduit par F. Olivier, *Les Temps modernes*, juin 1969.

DOCUMENT 4 Le point de vue d'un militant d'extrême gauche allemand

Dons une société bourrée de gâteaux au beurre et de poulet rôtis, les lycéens allemands, sous-alimentés en choses de l'amour, répètent la révolution. Mais les garçons et les filles qui se sont associés au combat contre la pudibonderie du système scolaire et contre l'hypocrisie de la société découvriront peut-être la trace d'autres anomalies et commenceront à réfléchir à d'autres questions. [...] Voici maintenant plusieurs années que se répand dans toute l'Allemagne la rumeur affirmant que le sexe et la politique, la pilule, les manifestations contre la guerre du Viêt-Nam, l'amour et la lutte politique [...] ne s'excluent pas mutuellement mais s'accordent au contraire fort bien [...]. Des formes nouvelles, totalement nouvelles, de résistances politiques sont en train de naître. La gauche, trop longtemps impuissante et sans imagination, a grand besoin de sang neuf.

Rainer Röhl, revue *Konkret*, 1968.

DOCUMENT 5 Manifestation contre la guerre du Viêt-nam à Washington, le 21 octobre 1967. « Ce n'était pas une provocation, dit-elle, je voulais simplement parler d'amour ». Jane Rose, 17 ans.

Méthode

➤ 1. Comment répondre aux questions

A. Question 1

• Sont évoqués ici des démocraties libérales d'Europe occidentale, les États-Unis et un pays communiste d'Europe de l'Est.

• Peut-on analyser de la même manière un mouvement de contestation dans des pays développés à économie de marché et dans des pays communistes ? Les enjeux sont-ils les mêmes ?

B. Question 2

• Remarquer que ces contestataires sont essentiellement des étudiants, des intellectuels c'est-à-dire des bénéficiaires des progrès de l'époque des Trente glorieuses et que ces documents n'évoquent pas les ouvriers.

C. Question 3

• Classer les différentes revendications :
– revendications spécifiques à la condition étudiante ;
– revendications spécifiques à la société de consommation ;
– rejet de l'ordre établi, revendications pour plus de liberté ;
– rejet de la guerre du Viêt-nam.

• Noter le rapprochement entre Est et Ouest en ce qui concerne certaines revendications.

➤ 2. Aide à la réponse à la question de la deuxième partie

• On se doit de faire appel aux informations tirées des documents et à ses propres connaissances. Pour cette dernière raison, ce serait une erreur de choisir cette épreuve en se disant qu'on aura toujours quelque chose à dire en s'inspirant des documents. Car répéter le contenu des documents sous une forme légèrement différente, c'est de la paraphrase.

• Commencer par rappeler la problématique indiquée dans le sujet : dans quelle mesure les années 1960 sont-elles le temps de la contestation ? Ce rappel de la problématique peut servir d'introduction à la synthèse.

Rédiger la synthèse en plusieurs paragraphes qui reprennent les différents thèmes mis en évidence dans les questions de la première partie. Reprendre les informations en les réorganisant de manière logique, par exemple :
– Qui sont les manifestants ?
– Quelles sont leurs revendications ?
– Quels sont leur moyens d'action ?

• Avant de rédiger, confronter les informations et examiner si les documents ne se contredisent pas. En ce cas, présenter les différentes versions ou opinions. Cela s'appelle « faire la critique des documents ou de sources » et c'est un aspect essentiel du travail de l'historien.

– À la fin de la réponse, on peut résumer les principaux éléments de réponse à la problématique rappelée au début :

Oui, les années soixante sont bien une période de contestation. La contestation concerne à la fois l'Europe occidentale et les États-Unis, mais aussi d'autres pays, comme les États d'Europe de l'Est ou le Japon. Les revendications, mises en avant par la jeunesse étudiante vont au-delà d'une simple remise en cause de l'université. Elles vont parfois jusqu'à la volonté de réaliser une révolution des comportements.

CHAPITRE

4 Le modèle américain

séries

ES-L-S

En 1776, les 13 colonies anglaises d'Amérique du Nord proclamaient leur indépendance. Moins de deux siècles plus tard, au lendemain de la Seconde Guerre mondiale et face à l'Union soviétique, les États-Unis sont les leaders du monde libre, les défenseurs de l'entreprise capitaliste et de la société des classes moyennes, les porte-parole de la culture populaire.

Comment expliquer ce destin exceptionnel ?
Quel modèle les États-Unis offrent-ils à la fin des années 1960 ?

1 La démocratie...

La flamme de la statue de la Liberté à l'entrée du port de New York dans les années 1980.

« Laissez-venir à moi vos pauvres et lasses /Masses entassées, aspirant à respirer librement, / Misérable rebut de vos rivages surpeuplés. Envoyez-moi ces sans-abri, ballottés par la tempête, / Je lève ma lampe près de la porte dorée ! »
Emma Lazarus, *Le Nouveau Colosse*, 1883.

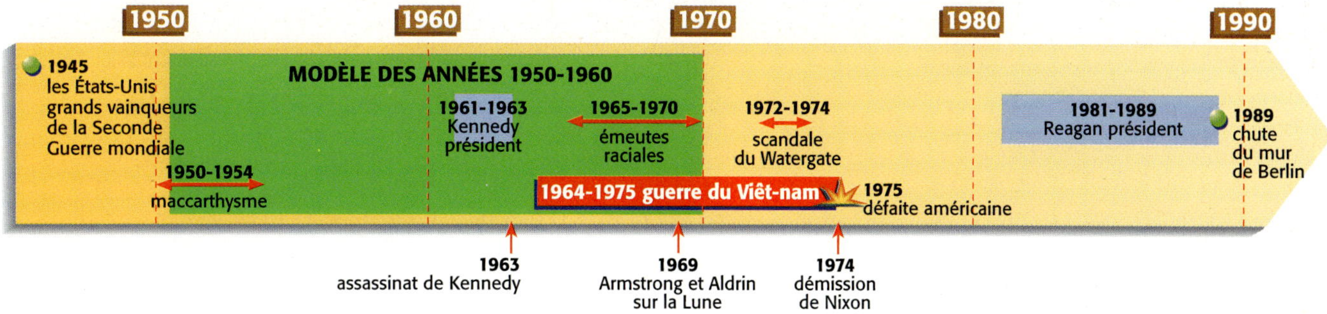

2 … la plus puissante de la planète.

Les États-Unis dans le monde dans les années 1960.

« États-Unis 1969 : 80 traités avec quelque 42 nations, 302 bases militaires importantes au-dehors, 2 000 bases secondaires […] ; 3 millions et demi d'hommes sous les armes dont un tiers sert à l'étranger ; un budget militaire de quelque 75 milliards de dollars. La VIe flotte assure en Méditerranée la sécurité d'Israël, peut-être aussi celle de l'Europe et de son ravitaillement en pétrole […].

Sur le 38e parallèle au milieu de la Corée, à la Potsdamer Platz au centre de Berlin, les troupes américaines montent la garde. En Europe occidentale, 300 000 soldats américains, avec 7 000 ogives nucléaires, continuent de tenir garnison afin d'équilibrer la puissance nucléaire et les forces classiques des États du pacte de Varsovie. »

R. Aron, philosophe français, *République impériale*, Calmann-Lévy, 1973.

Les institutions américaines

La démocratie américaine, « le gouvernement du peuple, par le peuple, pour le peuple », repose sur la **Déclaration d'indépendance (1776), la Constitution fédérale (1787) et ses amendements**. Les États-Unis sont une fédération de 50 États ; chacun de ces 50 États est gouverné, dans la limite de ses compétences, par sa propre Constitution.
Au niveau fédéral (district fédéral de Washington), les citoyens élisent le président et le vice-président pour quatre ans ; les 100 sénateurs (à raison de deux sénateurs par État) pour six ans ; les 435 représentants sont répartis entre les États, proportionnellement à leur population, et élus pour deux ans. Les neuf juges de la Cour suprême sont nommés par le président des États-Unis. Les gouverneurs, les législateurs et la plupart des juges des États sont élus eux aussi.

VOCABULAIRE

amendement : ajout à une Constitution, à un texte de loi.

Le drapeau des 13 colonies réunies en 1776 :

Le drapeau des États-Unis, aujourd'hui :

1 Le drapeau américain, résumé de l'histoire des États-Unis.

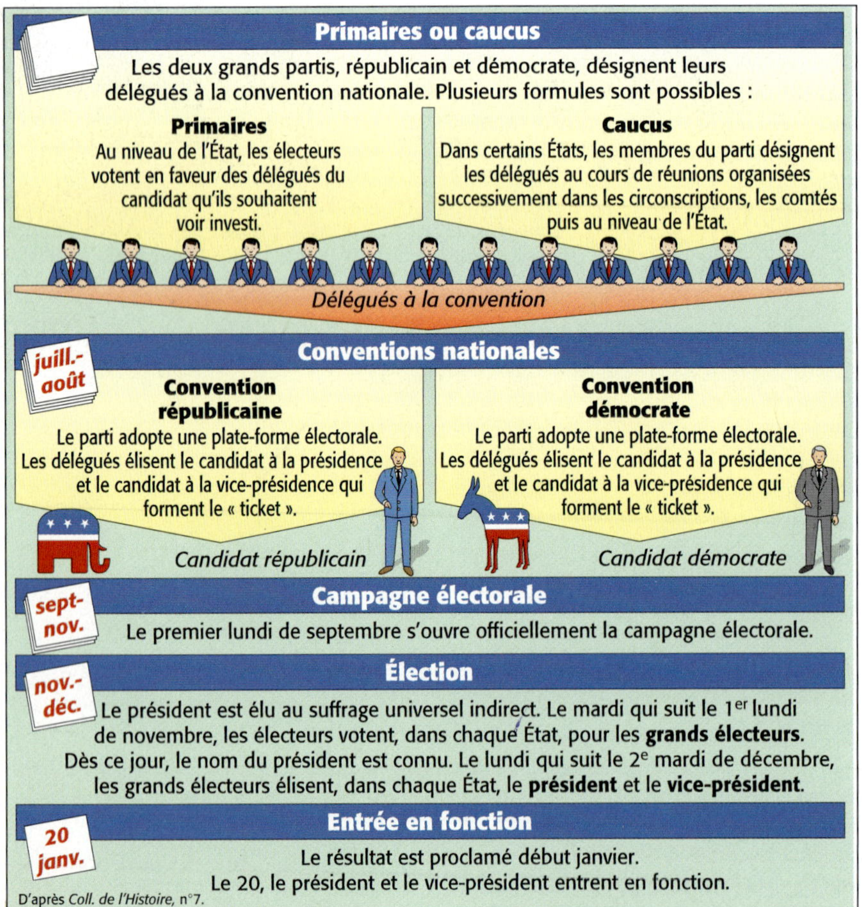

D'après *Coll. de l'Histoire*, n°7.

2 Le mécanisme des élections.

3 Quelques amendements à la Constitution

Amendement I – Le Congrès ne fera aucune loi qui touche l'établissement ou interdise le libre exercice d'une religion, ni qui restreigne la liberté de la parole ou de la presse, ou le droit qu'a la peuple de s'assembler paisiblement et d'adresser des pétitions au gouvernement pour le redressement de ses griefs.
Amendement X – Les pouvoirs qui ne sont pas délégués aux États-Unis par la Constitution, ni refusés par elle aux États, sont réservés aux États respectivement, ou au peuple.
Amendement XIII (1865) – Ni esclavage ni servitude involontaire, si ce n'est en punition de crime dont le coupable aura été dûment convaincu, n'existeront aux États-Unis.
Amendement XIX (1920) – Le droit de vote des citoyens des États-Unis ne pourra être dénié ou restreint pour cause de sexe par les États-Unis ni l'un quelconque des États.
Amendement XXII (1951) – Nul ne pourra être élu à la présidence des États-Unis plus de deux fois.
Amendement XXVI (1971) – Le droit de vote des citoyens des États-Unis âgés de dix-huit ans ou plus ne pourra être dénié ou restreint pour raison d'âge ni par les États-Unis ni par l'un quelconque des États.

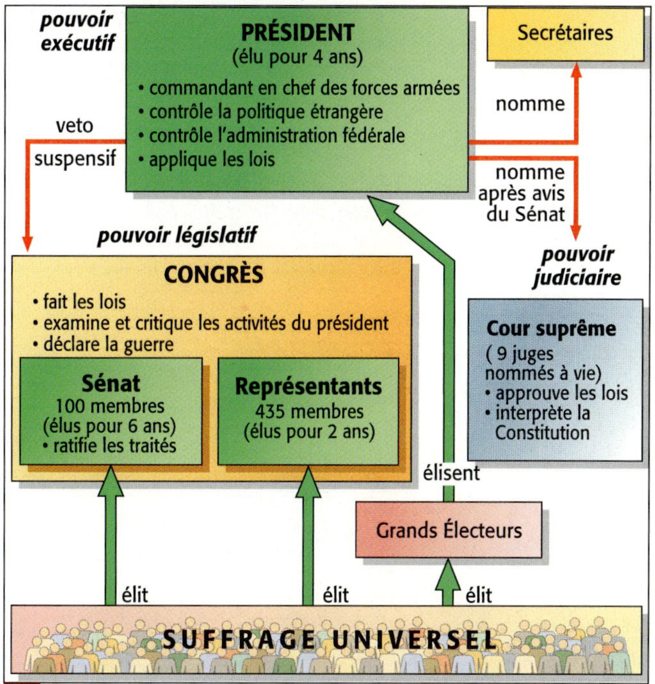

4 **La Constitution américaine.**

5 **Campagne électorale de 1968.** Des membres du Conseil pour l'exportation de l'habillement soutiennent Nixon, candidat républicain, face à Humphrey, candidat démocrate.

6 **Cérémonie de naturalisation.** Des immigrants originaires de 55 pays obtiennent la nationalité américaine en 1969 à Chicago. Les immigrés doivent attendre cinq ans et suivre des cours d'instruction civique avant d'obtenir la nationalité américaine.

QUESTIONS

A. Présenter les documents (nature, date, auteur)

B. Dégager des informations des documents

1. Que représentent les bandes rouges et blanches ? Que représentent les étoiles ? (doc. 1)
2. Quel est le rôle des Conventions ? (doc. 2)
3. Quels amendements protègent les individus ? (doc. 3)
4. Quels amendements apportent davantage de droits ? de libertés ? (doc. 3)
5. Quels sont les pouvoirs du président ? (doc. 4)
6. Montrer que les immigrés doivent accepter les valeurs des États-Unis ? (doc. 6)

C. Mettre en relation les documents

7. Justifier l'expression désignant le drapeau américain « stars and stripes » (étoiles et bandes). (doc. 1 et 6)
8. Sur quelles valeurs reposent les institutions américaines ? (doc. 3, 4 et 5)

D. Synthèse

9. Montrer que les États-Unis ont un régime politique démocratique et qu'ils pratiquent la séparation des pouvoirs.

1 Les années 1950 et 1960

A. Les fondements de la puissance américaine

doc. 4 et 5

■ La société américaine repose sur l'égalité des chances, c'est-à-dire sur la liberté d'initiative et la compétition entre les individus. La population des États-Unis passe de 154 millions d'habitants en 1950 à 183 millions en 1960, puis à 208 millions en 1970. **Le baby-boom de l'après-guerre se prolonge**. L'immigration tient une place secondaire dans la croissance démographique, mais les États-Unis attirent des chercheurs européens de haut niveau ; c'est le *brain drain*, le « drainage des cerveaux ».

■ La Seconde Guerre mondiale a favorisé la croissance économique. Les entreprises industrielles, comme la General Motors ou la Standard Oil sont gigantesques ; la concurrence est réduite par la concentration. Le modernisme et l'innovation scientifique bouleversent tous les secteurs d'activité, y compris l'agriculture. **En 1945, les États-Unis possèdent les trois quarts des réserves mondiales d'or**. Le dollar est à la fois monnaie d'échange et monnaie de réserve pour beaucoup de pays.

B. Une Amérique riche

doc. 1 et 2

■ **En 1955, les États-Unis produisent 50 % des biens mondiaux** pour seulement 6 % de la population de la planète. De 1953 à 1963, le PNB par tête a augmenté de 25 %. Les **multinationales**, presque toujours américaines, investissent à l'étranger. L'abondance, le confort et le gaspillage marquent la vie quotidienne aux États-Unis. La publicité stimule les achats à crédit, donc les affaires. Confiants dans l'avenir, les Américains, impatients de profiter des biens matériels, n'hésitent pas à s'endetter.

■ Les sociologues distinguent les « cols blancs » (avocats, médecins, enseignants, fonctionnaires, employés et vendeurs) des « cols bleus » (ouvriers). Mais **personne ne croit à la lutte des classes**. C'est que chaque Américain est persuadé que s'il travaille d'arrache-pied, s'il suit une formation professionnelle, si la chance lui sourit, il gagnera plus d'argent et deviendra peut-être un nouveau Rockefeller. **Les riches offrent le modèle de la réussite sociale**, surtout lorsqu'ils créent des fondations pour aider les étudiants, les jeunes patrons, les artistes, les Églises. Les dirigeants des grosses entreprises (les « managers ») prennent progressivement la place des patrons.

■ Les banlieues symbolisent la domination des classes moyennes. Ce sont des havres de paix, des refuges au terme de la journée de travail, le symbole de l'aisance. Les écoles, les innombrables églises, les temples et les synagogues flambant neuf, témoignent de la diversité et du dynamisme de la civilisation suburbaine.

C. La face cachée de la société d'abondance

doc. 3, 6, 7 et 8

■ Le rêve américain a de quoi séduire. Mais il comporte aussi une face cachée. Dans le Sud, **la ségrégation raciale** exerce ses ravages. Jusqu'au milieu des années soixante, elle y est légale ; puis, elle se maintient, avec une force inégale, dans les coutumes. Du berceau au cercueil, dans les hôpitaux, les écoles, les bâtiments publics, les transports, Noirs et Blancs vivent séparés, jamais égaux. Les mariages mixtes sont interdits ou très mal admis. Dans les États du Nord et de l'Ouest, c'est une ségrégation de fait qui tarde à disparaître. Et pourtant, la Cour suprême a déclaré en 1954 que séparer les races dans les écoles, c'est instituer l'inégalité entre les enfants, indirectement entre les adultes. Dans les années 1950, le pasteur Martin Luther King, avec à ses côtés des **libéraux** blancs, mène campagne pour que les Noirs soient des citoyens égaux aux autres.

■ En dépit de l'abondance, **la pauvreté frappe de 30 à 40 millions d'Américains**. Le gouvernement fédéral tâche d'y remédier en faisant voter au début des années 1960 l'aide médicale gratuite pour les pauvres (*Medicaid*) et pour les plus de 65 ans (*Medicare*). D'autres lois sur le logement, sur les subventions aux écoles et sur l'assistance sociale vont suivre. Le ***Welfare State*** sort renforcé de la guerre contre la pauvreté, sans toutefois faire disparaître les inégalités.

VOCABULAIRE

multinationales : entreprises qui possèdent des filiales dans plusieurs pays.

libéral : aux États-Unis, signifie être favorable à une extension des libertés et des droits des personnes. Les libéraux sont politiquement situés à gauche.

***Welfare State* :** système apparu aux États-Unis dans les années 1930, qui donne un rôle social important à l'État : il garantit à la population une protection contre la maladie, la vieillesse ou le chômage. Cette protection est financée par des cotisations sociales.

1 Investissements américains dans le monde.

(en milliards de dollars)	1950	1960	1970	1980
Total tous secteurs	11,8	32,7	78	222
Dont secteur manufacturier	3,8	11,2	32	89
– vers Europe	0,9	3,8	14	45
– vers Canada	1,9	4,8	10	19
– vers Amérique Latine	0,8	1,6	5	15
– autres	0,2	0,1	0,3	10

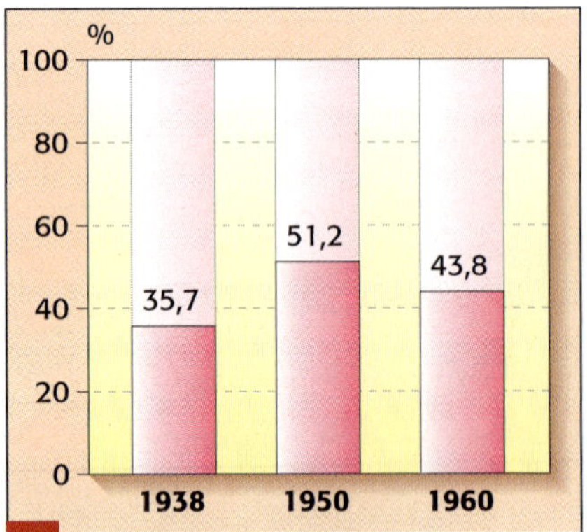

2 Part des États-Unis dans la production mondiale d'articles manufacturés.

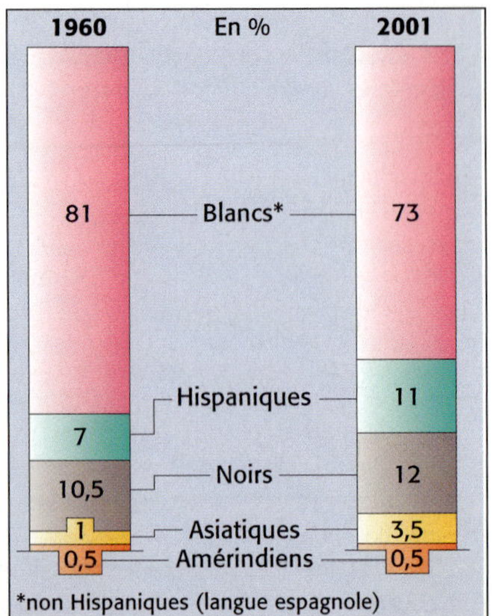

3 La population des États-Unis.

4 Une civilisation de l'automobile.
Drive-in en 1964 à Los Angeles.

5 La General Motors

La General Motors est [...] considérée comme l'œuvre suprême de Dieu et de l'homme. C'est d'autant plus curieux que G. M. et ses homologues sont connus pour déplaire à beaucoup de gens. Leurs produits, c'est bien connu, sont loin de recevoir l'approbation universelle. On les croit insensibles aux besoins et aux exigences du public. On a vu que légalement, par l'intermédiaire de leurs directeurs, ou illégalement, par diverses combines, de nombreuses firmes avaient généreusement investi dans la dernière administration républicaine des États-Unis et, un peu moins sans doute, chez les démocrates. [...] La grosse firme, pour fixer ses prix, assurer ses approvisionnements, lancer ses campagnes de publicité, répartir ses revenus, fonctionne comme une force de plus en plus indépendante. [...] Ce pouvoir est indépendant de l'État moderne, il lui est peut-être même supérieur. »

John Kenneth Galbraith, *Chroniques d'un libéral impénitent*, traduction François Billard et Daniel Blanchard, Gallimard, 1981.

1. **Quels sont les liens tissés entre une grande société comme la General Motors et les grands partis politiques américains ?**
2. **Quelle autre critique de la General Motors apparaît dans ce texte ?**

6 « L'autre Amérique »

Dans les années 1950, cette Amérique se posait des questions sur elle-même et ses angoisses elles-mêmes étaient le fruit de l'abondance. Le style de Madison Avenue et la longueur des vestons faisaient problème : on discutait de la souffrance psychologique qu'on éprouve dans les banlieues aisées. Pendant qu'on discutait ainsi, il y avait une autre Amérique où vivaient 40 à 50 millions de citoyens. Ils étaient pauvres, ils le sont toujours. Si les gens ne sont pas affamés, ils ont faim, et sont parfois gras de mauvaise graisse, car c'est l'effet des nourritures de pauvres. Ils sont mal logés, mal éduqués et mal soignés. [...] L'autre Amérique, l'Amérique de la pauvreté, est cachée aujourd'hui plus qu'elle ne le fut jamais. Ses millions d'habitants sont socialement invisibles pour le reste du pays. [...] Leurs vêtements rendent les pauvres invisibles ; l'Amérique a la pauvreté la mieux vêtue du monde. [...] Aux États-Unis, il est beaucoup plus facile d'être décemment vêtu que décemment logé, nourri ou soigné. Même des gens terriblement pauvres peuvent avoir l'air prospère.

Ensuite bien des pauvres sont à l'âge invisible. Plus de 8 millions d'entre eux ont 65 ans ou plus et un encore plus grand nombre a moins de 18 ans.

Enfin, les pauvres sont politiquement invisibles. C'est une des plus cruelles ironies de la vie sociale des pays développés : les déshérités qui sont dans les bas-fonds de la société ne peuvent faire entendre leur voix.

Michael Harrington, *L'Autre Amérique*, 1962.

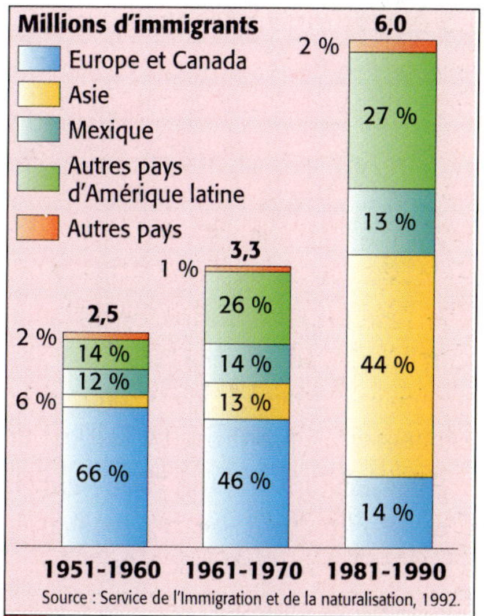

7 Origine des immigrants.

8 Arrêt de la Cour suprême

Est-ce que la ségrégation des enfants dans des écoles publiques sur la seule base de la race prive les enfants du groupe minoritaire de possibilités d'éducation égales ? Notre réponse est oui. [...] Nous concluons que dans le domaine de l'éducation publique, la doctrine « séparés, mais égaux » n'a pas sa place. Des moyens d'éducation séparés sont intrinsèquement inégaux.

Affaire Brown contre le bureau d'éducation de Topeka, 17 mai 1954.

1. **Expliquer la première phrase.**
2. **Montrer que cet arrêt met fin à la ségrégation raciale à l'école.**

2 Les États-Unis, leaders du monde libre

A. Priorité à la défense de l'Europe de l'Ouest doc. 1, 4 et 6

■ Les États-Unis ont renoncé à l'**isolationnisme** après Pearl Harbor (7 décembre 1941). Ils ont tenu un rôle primordial dans la Seconde Guerre mondiale. Depuis 1945, ils sont plongés dans la guerre froide. Leaders du monde libre, ils font face à l'Union soviétique. La reconstruction de l'Europe occidentale est pour les Américains la priorité. C'est que l'URSS a étendu son empire jusqu'à l'Elbe. La menace pèse sur l'Allemagne fédérale, la France, l'Italie, affaiblis par la guerre. **En juin 1947, les États-Unis proposent le plan Marshall.** Ils défendent ainsi la liberté des échanges, la libre circulation des idées, des marchandises et des capitaux. Dans le même état d'esprit, ils soutiennent les débuts de la construction européenne.

■ Lorsque les Soviétiques, en violation des accords internationaux, imposent en 1948 le blocus de Berlin, les Américains organisent un pont aérien qui apporte aux Berlinois nourriture, essence et charbon dont ils ont besoin. Ils vont encore plus loin. Contrairement à une tradition qui remonte à George Washington, **ils signent le 4 avril 1949 le traité de l'Atlantique Nord**, qui les engage à défendre leurs alliés européens. En juillet 1949, l'URSS fait exploser sa première bombe atomique. Les Américains perdent le monopole qu'ils détenaient depuis 1945 ; la course aux armements reprend. Aux États-Unis, la chasse aux espions est ouverte durant la période du **maccarthisme**. Julius et Ethel Rosenberg, accusés d'avoir transmis à l'URSS le secret de la bombe, sont condamnés à mort et exécutés en juin 1953.

■ Tout au long des années 1950 et 1960, les États-Unis assurent, par leur présence militaire, par leur arsenal nucléaire – bombe H depuis 1953 –, par leur aide économique, la liberté des Berlinois de l'Ouest et l'indépendance de l'Europe occidentale.

B. Menaces sur l'Asie doc. 5

■ En Asie, **la démocratisation du Japon** constitue le plus grand succès des États-Unis. Sous l'autorité du général MacArthur, les Japonais construisent un véritable régime parlementaire, restaurent leur économie et créent une société « à l'occidentale ». Ils deviennent ainsi les principaux alliés des États-Unis dans cette région du monde.

■ En septembre 1949, **la Chine continentale** tombe aux mains des communistes. C'est là un profond revers pour Washington qui continue de soutenir le général nationaliste Tchang Kaï-chek, réfugié dans l'île de Taïwan (ex-Formose). Jusqu'en 1972, les États-Unis ne reconnaissent pas le régime que dirige Mao Zedong. Le 25 juin 1950, **la Corée du Nord, communiste, envahit la Corée du Sud**. Les Américains, sous le drapeau des Nations unies, viennent au secours des Sud-Coréens. La guerre dure trois ans sans qu'aucun des deux camps ne soit victorieux. Mais les Américains ont montré qu'ils n'entendaient pas céder aux agressions du camp communiste et qu'ils défendraient de la même manière, si c'était nécessaire, leurs alliés européens.

C. La guerre du Viêt-nam doc. 2 et 3

■ Après l'échec de la France en Indochine en 1954, les États-Unis deviennent les **protecteurs du Viêt-nam du Sud**, face au Viêt-nam du Nord communiste et à la reprise de la guérilla communiste au Sud. À partir de 1962, leur soutien est militaire. En 1965, 184 000 soldats américains sont présents au Viêt-nam. En 1968 ils dépassent le demi-million. Malgré leur supériorité militaire, ils ne parviennent pas à remporter la victoire. Faute d'avoir défini des objectifs suffisamment clairs ? En raison du découragement de l'opinion publique aux États-Unis, effrayée par les reportages des journalistes ? À cause de l'incompétence et de la corruption des dirigeants sud-viêt-namiens ? Des pourparlers de paix, engagés dès 1968, aboutissent aux accords de Paris (janvier 1973). La guerre du Viêt-nam, **première guerre perdue par les États-Unis** reste un traumatisme dans la mémoire collective américaine.

VOCABULAIRE

isolationnisme : politique étrangère des États-Unis caractérisée par la volonté de ne pas intervenir dans les tensions et conflits en Europe.

maccarthisme : mouvement politique développé aux États-Unis au début des années 1950 par le sénateur McCarthy : tous ceux qui sont soupçonnés d'être favorables aux idées communistes ou simplement progressistes, sont soumis à des enquêtes policières et font l'objet de mesures de discriminations (la « chasse aux sorcières »). En 1954, le maccarthysme est condamné par le Sénat.

1 Le coût des guerres américaines.

Coût direct total	Milliards de $ 2002	Coût par tête ($ 2002)
Révolution américaine (1775-1783)	2,2	447
Guerre de 1812-1815	1,1	120
Guerre mexicaine (1846-1848)	1,6	68
Guerre civile (1861-1865)		
– *Nordistes*	*38,1*	*1 357*
– *Sudistes*	*23,8*	*2 749*
Guerre hispano-américaine	9,6	110
Première Guerre mondiale (1917-1918)	190,6	2 489
Seconde Guerre mondiale (1941-1945)	2 896,3	20 388
Corée (1950-1953)	335,9	2 266
Vietnam (1964-1972)	494,3	2 204
Guerre du Golfe (1990-1991)	76,1	306

2 Le coût en hommes de la guerre du Viêt-nam.

	Effectifs envoyés	Morts
1960	900	
1961	3 200	13
1962	11 300	52
1963	16 300	114
1964	23 300	195
1965	184 300	1 428
1966	385 300	6 053
1967	485 000	11 057
1968	536 000	16 508
1969	475 000	11 527
1970	334 000	6 065
1971	156 800	2 349
1972	24 200	551

Source : Congressional Quartely, *Congress and the Nation*, vol. 4, p. 909.

4 La libération de la France en 1944.

3 Le président Nixon au milieu de soldats américains, sur la base de Di An (nord de Saïgon) au Viêt-nam, en juillet 1969.

5 Affiche du Bureau d'Information de l'Armée américaine.

« Une loyauté à l'Américaine plus forte que la trahison communiste ».

1. Présenter le document.
2. Sur quel point insiste ici la propagande américaine ?

6 Discours du président John F. Kennedy

Qu'on fasse savoir, ici et maintenant, aux amis aussi bien qu'aux adversaires, que le flambeau a été passé à une nouvelle génération d'Américains [...] se refusant à permettre ou à observer la lente désagrégation de ces droits humains au respect desquels cette nation a toujours été consacrée.
Que chaque nation, qu'elle nous veuille du bien ou du mal, sache que nous payerons n'importe quel prix, nous ferons n'importe quel sacrifice, nous supporterons n'importe quelle épreuve, nous appuierons n'importe quel ami et nous nous opposerons à n'importe quel adversaire pour assurer la survivance et la victoire de la liberté.
C'est à cela que nous nous engageons – et à plus encore. Aux plus anciens de nos alliés, avec lesquels nous avons des origines culturelles et spirituelles communes, nous promettons la loyauté d'amis fidèles [...].
À ces nouveaux États que nous accueillons maintenant parmi les nations libres, nous donnons maintenant notre parole qu'une forme de contrôle colonial n'aura pas disparu pour être remplacée par une tyrannie beaucoup plus féroce.
À ceux qui dans les huttes et dans les villages de la moitié du globe luttent pour briser les fers de la misère des masses, nous promettons d'employer tous nos efforts à les aider à s'aider eux-mêmes, le temps qu'il faudra – non pas parce que les communistes le font, non pas parce que nous recherchons leurs faveurs, mais parce que c'est juste [...].
Finalement, aux nations qui pourraient devenir nos adversaires, nous offrons non pas une promesse, mais une requête : que les deux camps reprennent la recherche de la paix avant que les sombres forces de la destruction libérées par la science n'entraînent l'humanité à sa perte [...].

John F. Kennedy, 20 janvier 1961.

1. À quels pays le Président Kennedy s'adresse-t-il ?
2. Quels principes inspirent sa politique étrangère ?
3. Expliquer le dernier paragraphe.

3 L'Amérique des « Sixties »

VOCABULAIRE

melting pot : creuset dans lequel tous les immigrants arrivés aux États-Unis se fondent, quelle que soit leur origine, pour former le peuple américain.

A. La condition des minorités

doc. 1, 3, 4 et 5

■ Au cours des années 1960, la société américaine connaît un grand bouleversement. **Les minorités ethniques et raciales revendiquent l'égalité des droits.** La minorité noire réclame la fin de **la ségrégation raciale.** Elle peut compter sur le concours des Blancs libéraux qui jugent insupportable qu'une société démocratique soit aussi une société inégalitaire et raciste. Dans un premier temps, c'est la non violence qui prévaut. Le pasteur Martin Luther King et le « Mouvement pour les droits civiques » prônent le recours au boycottage et aux manifestations pacifiques dans les rues. Le rôle de l'État providence augmente. Des lois fédérales, la loi sur les droits civils de 1964, la loi sur les droits de vote de 1965, interdisent toute forme de ségrégation ; encore faut-il qu'elles soient appliquées. Puis, le mouvement se radicalise. Des leaders noirs parlent de **« Black Power »** (Pouvoir noir), une expression qui signale la volonté des Noirs d'occuper des postes de responsabilité.

■ **D'autres communautés ethniques** revendiquent également leur intégration et leur droit à la différence. C'est le cas des Américains d'origine hispanique qui ne renoncent ni à leur langue ni à leur culture. À leur tour, les Indiens qui, depuis 1924, bénéficient de la citoyenneté américaine, créent l'American Indian Movement, exigent que leurs terres leur soient rendues, leurs droits reconnus, leurs conditions de vie améliorées. Le ***melting pot*** n'est plus un modèle.

■ Les femmes des classes moyennes protestent contre le sexisme dont elles estiment être les victimes. Elles réclament l'égalité des droits, pleine et entière, avec les hommes. Certaines d'entre elles militent de manière spectaculaire, pour que triomphe le Women's Lib, **le mouvement de libération des femmes.**

B. Les émeutes urbaines

■ De 1965 à 1968, **les ghettos noirs s'enflamment.** D'une ville à l'autre, le scénario est identique. Les émeutiers, en général plutôt des hommes jeunes, saccagent les boutiques et les immeubles officiels de leurs quartiers. La police réagit avec violence. À Los Angeles, dans le faubourg de Watts, l'émeute de 1965 dure 5 jours. Le bilan est impressionnant : 34 morts, 1 032 blessés, 977 bâtiments détruits ou endommagés, 4 000 personnes interpellées.

■ Watts fait école. En 1966 et 1967, 207 émeutes éclatent. L'assassinat de Martin Luther King, le 4 avril 1968, déclenche des manifestations et des bagarres dans une centaine de villes. Au terme de trois ans de violences raciales, 225 Américains ont été tués, 4 000 blessés, et les dégâts matériels s'élèvent à 112 millions de dollars. **L'Amérique profonde, qui suit les événements à la télévision, est abasourdie.**

C. L'opposition à la guerre du Viêt-nam

doc. 2 et 6

■ Dès 1967, la « guerre à la guerre » s'amplifie. Sur les campus des universités, **les étudiants protestent contre une politique étrangère qu'ils désapprouvent**, tentent d'échapper à la conscription, dénoncent « l'impérialisme » de leur gouvernement. Des chanteurs de rock, de folk, de musique country, comme Joan Baez et Bob Dylan, condamnent, à leur manière, une société d'abondance qui n'hésite pas à opprimer le peuple viêt-namien. Des libéraux, des contestataires, des politiques rejoignent le mouvement.

■ Le grand chambardement tient à l'entrée en politique des *babys boomers*. Nés après 1945, élevés dans l'aisance matérielle, ils jettent un regard critique sur une civilisation qu'ils jugent exagérément matérialiste, conformiste, insensible au tiers monde. Remettre en cause la politique étrangère du pays, c'est aussi contester ceux qui l'élaborent, qui l'exécutent et qui l'approuvent. Le tissu social se déchire et **l'image des États-Unis dans le monde en souffre.**

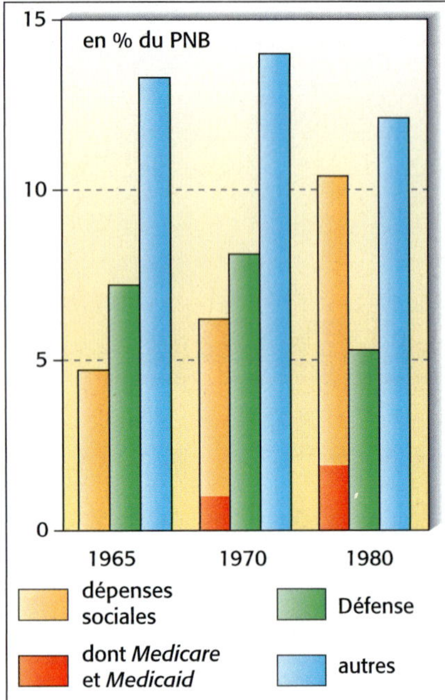

Source : *Congressional Budget Office*, février 1983.

1 Le rôle de l'État providence.

2 « J'ai tué un homme avant-hier »

Juin 1966. J'ai tué un homme avant-hier. [...] En soi, l'acte est banal, aussi banal que de bousculer quelqu'un au portillon du métro Lexington-59ᵉ Rue. Je l'ai descendu d'un arbre, à trente mètres. J'ai visé et tiré sept fois, comme un malade, pour être sûr qu'il ne respire plus, qu'il cesse d'exister. [...]
Nous étions cette semaine-là dans la jungle du côté de Pleiku, le secteur de la 25ᵉ d'infanterie [...]. Nous avions encerclé et massacré cinq cents Viêt-cong par une manœuvre en tenaille. [...]
Bien des années plus tard, je serai à New York en train de m'échiner dans un bureau et il y aura toujours dans un coin d'Asie la petite tombe sans nom et dessous le corps de l'homme que j'ai tué. Il ne m'a vu qu'une seconde, un éclair de danger avant que la nuit lui ferme les paupières. Je suis coupable, mais surtout je m'étonne. Si je lui avais parlé, si j'avais vu son visage, entendu sa voix, effleuré un seul atome de son humanité, je n'aurais jamais pu le tuer sans remords. [...]
Ah, une noble pensée pour ressusciter le petit homme que j'ai tué !

Oliver Stone, *Rêveur-né*, trad. Léon Marcadet, © Éditions Jean-Claude Lattès, 1999.

3 La « Grande Société »

Je veux vous parler aujourd'hui des trois endroits où nous allons commencer à bâtir la Grande Société : dans nos villes, dans notre campagne et dans nos écoles. [...]
Le catalogue des maux de nos cités est interminable : déclin des centres-villes, et dévastation des banlieues. Nous n'avons pas assez de maisons pour notre peuple, ni assez de moyens de transport pour notre circulation. La campagne disparaît et les vieux monuments sont abîmés [...]
Le deuxième lieu où bâtir la Grande Société est notre campagne. Nous avons toujours été fiers d'appartenir non seulement à la forte Amérique, à la libre Amérique mais aussi, à la belle Amérique. Aujourd'hui cette beauté est en danger. L'eau que nous buvons, la nourriture que nous mangeons, l'air même que nous respirons sont menacés de pollution.
Le troisième lieu où bâtir la Grande Société, c'est l'école. C'est à l'école que la vie de nos enfants est façonnée. [...] Beaucoup de nos professeurs qualifiés sont sous-payés et beaucoup de nos professeurs payés sont sous-qualifiés. Nous devons offrir à chaque enfant une table et une chaise pour travailler et un professeur pour apprendre. La pauvreté ne doit pas priver de la connaissance, et la connaissance doit offrir une issue à la pauvreté.

Discours de L. B. Johnson (président des États-Unis de 1963 à 1969), 22 mai 1964.

1. **À quelles difficultés de la société américaine le texte fait-il allusion ?**
2. **Quels moyens ont été mis en œuvre pour remédier à tous ces problèmes ?**

4 Jeux Olympiques de Mexico, 1968.
Les athlètes américains James Evans, Larry James, Ronald Freeman, 1er, 2e et 3e à la finale du 400 m, le poing levé (symbole de lutte du Black Power) sur le podium et détournant ostensiblement les yeux du drapeau américain.

5 Le point de vue d'un Sioux

ACTUEL : *La colonisation des États-Unis aurait-elle pu se faire sans porter préjudice aux Indiens ?*
V. DELORIA : Nous croyons que Dieu a donné des terres à certains peuples, la France aux Français, l'Angleterre aux Anglais. Il nous a donné l'Amérique. Vos pays ont envoyé leurs criminels chez nous. Ils n'appartiennent pas à cette terre, ils n'avaient pas à venir ici. Une fois le pied sur notre terre, ils ne pouvaient pas faire autrement que de créer des réserves, puisque les tribus étaient nomades et se déplaçaient sur tout le territoire. Les Blancs ont essayé de liquider le peuple indien. Depuis que nous vivons dans les réserves, ils n'ont pas arrêté d'intervenir dans nos affaires et de rompre les traités qu'ils avaient signés avec nous.
ACTUEL : *Vous comparez souvent les Indiens aux Hébreux, souhaiteriez-vous un État indien indépendant, comme Israël, à l'intérieur des États-Unis ?*
V. DELORIA : Ce serait une bonne chose, mais ce ne pourrait être qu'une étape. Nous voulons retrouver toute notre terre. Nous sommes persuadés que les États-Unis vont se détruire par eux-mêmes. La plupart de Américains blancs vivent dans des villes sur la côte. Ils ont créé de tels déséquilibres entre la nature et l'homme qu'une catastrophe les engloutira dans un délai plus ou moins proche. Les réserves des Indiens, qui sont à l'intérieur du pays, seront seules sauvées. C'est ce que dit la religion Hopi[1], et de plus en plus, les Indiens abandonnent le christianisme pour elle.

Vine Deloria, ancien président du Congrès National de l'American Indian Movement, interview dans *Actuel*, mars 1972.

1. Hopi : peuple indien sédentaire comptant environ 6 000 personnes et vivant en Arizona.

6 Un vétéran du Viêt-nam.
« Quand je mourrai, j'irai au paradis car j'ai été soldat en enfer. »

4 Culture et contre-culture (années 1950 et 1960)

Les États-Unis ont-ils une véritable culture ? Une nation jeune, hétérogène, à la recherche du mieux-être, peut-elle rivaliser avec de vieilles nations comme la France, l'Angleterre ou l'Allemagne ? Que signifie le mouvement de la contre-culture qui prend son essor dans les années 1960 ?

A. L'essor culturel après 1945 doc. 2 et 4

■ Les Américains ont longtemps subi l'influence du puritanisme des colons protestants du XVIIe s. Dans cette perspective, le travail est la valeur suprême ; la culture, une distraction coupable, sinon un péché. Le long de la **Frontière**, ils ont domestiqué la nature, le fusil dans une main, la Bible dans l'autre. Quant aux immigrants, ils aspirent surtout au confort et à l'aisance, quitte à réserver à leurs enfants le luxe de l'éducation. Et pourtant, la culture américaine a suscité l'inspiration des peintres au XVIIIe comme au XIX^{e}s., celle d'écrivains comme **Fenimore Cooper**, **Edgar Poe** ou **Mark Twain**, de musiciens comme **George Gershwin**. Après 1945, les noms célèbres et les grandes œuvres se multiplient. **Ernest Hemingway** en 1954, **John Steinbeck** en 1962 reçoivent le prix Nobel de littérature. **Jackson Pollock** illustre l'expressionnisme abstrait ; **Andy Warhol** et **Roy Lichtenstein**, le *Pop Art*. Les Noirs du Sud révolutionnent la musique avec les sermons rythmés et chantés (*gospels*) et le *blues*, source du *jazz*, puis du *rock'n roll*.

■ Les apports européens enrichissent les États-Unis. **Walter Gropius**, chassé d'Allemagne par les nazis, bouleverse l'architecture. Des savants, tels **Einstein**, eux aussi victimes du nazisme et du fascisme, dynamisent la recherche scientifique.

■ Après 1945, **l'idée prévaut que la culture n'est pas réservée à une élite**. De grands musées, la National Gallery à Washington, le Metropolitan Museum à New York, exposent des collections privées et publiques. Les écoles donnent un enseignement artistique ; les œuvres littéraires paraissent en livres de poche.

B. Les *mass media*, modèle culturel. doc. 3

■ Les *mass media* prennent une place importante aux États-Unis. **Les studios de cinéma** de Hollywood continuent d'imposer leurs productions, grâce au technicolor et au **star-system**. La télévision fait ses premiers pas à la fin des années 1940 et ne cesse d'accroître son influence avec ses journaux d'informations, ses jeux, ses feuilletons et ses émissions de variétés. La civilisation des loisirs donne naissance à l'industrie des produits culturels. **Les grands parcs d'attractions** (Disneyland en Californie, créé en 1955, Disneyworld en Floride) puisent leurs thèmes dans les dessins animés ou le folklore européen. Les Européens suivent l'exemple.

C. La contre-culture. doc. 1 et 5

■ La contre-culture a toujours existé aux États-Unis, mais, dans les années 1960, elle occupe le devant de la scène. **Elle repose sur un mode de vie**. Elle rejette toutes les contraintes. Seule compte la liberté individuelle. Chacun a le droit de satisfaire « ses besoins instinctifs ». L'Amérique d'abord, le reste du monde ensuite, découvrent avec étonnement, d'abord les **beatniks**, puis les hippies, qui se laissent pousser les cheveux, portent des vêtements de style oriental, rejettent la société d'abondance, recourent aux paradis artificiels de la drogue, combattent la guerre et la violence, chantent les mérites de l'agriculture biologique. Des journaux, des chansons, des œuvres d'art reflètent la contre-culture.

■ Les barrières du puritanisme se sont effondrées. Les valeurs traditionnelles cèdent du terrain. Les businessmen récupèrent ce qu'ils peuvent du mouvement pour stimuler leurs productions et leurs ventes. **Le changement brutal inquiète bon nombre d'Américains.**

VOCABULAIRE

Frontière : dans l'histoire des États-Unis, le mot *frontier* (« frontière ») désigne le front pionnier qui, au XIXe s., a traversé le pays d'est en ouest, jusqu'à l'occupation et la mise en valeur de l'ensemble du territoire.

star-system : politique de producteurs de films consistant à réaliser des films en mettant en évidence la participation d'acteurs renommés – les stars – dont la vie privée est largement dévoilée par les medias

beatnik : de l'américain *beat* = battement, par extension : musique rythmée (*rock and roll*) ; nom donné aux jeunes qui aiment la musique rythmée et qui manifestent, par leurs comportements et leurs vêtements, une volonté de rupture avec la société, de vie en marge.

1 La « beat génération » dans les années 1950

Le tourbillon des événements démentiels qui se préparaient s'est déchaîné à ce moment-là ; il allait emporter tous mes amis et tout ce qui me restait de famille dans un grand nuage de poussière au-dessus de la Nuit Américaine. […] Côté à côte, ils s'élançaient dans les rues, savourant toute chose dans le style qui était alors celui de leur première amitié et qui, plus tard, devint tellement plus désolé, objectif, morne. Mais alors ils s'en allaient, dansant dans les rues comme des clochedingues, et je traînais derrière eux comme je l'ai fait toute ma vie derrière les gens qui m'intéressent, parce que les seuls gens qui existent pour moi sont les déments, ceux qui ont la démence de vivre, la démence de discourir, la démence d'être sauvés, qui veulent jouir de tout dans un seul instant, ceux qui ne savent pas bâiller ni sortir un lieu commun, mais qui brûlent, qui brûlent, pareils aux fabuleux feux jaunes des chandelles romaines explosant comme des poêles à frire à travers les étoiles et, au milieu, on voit éclater le bleu du pétard central et chacun fait : « Aaah ! »

Jack Kerouac, *Sur la route*, traduction Jacques Houbart, Gallimard, 1960.

1. **Chercher qui est l'écrivain Jack Kerouac.**
2. **Quel courant culturel américain ce texte annonce-t-il ?**

2 ***Whaam !*** **Tableau de Roy Lichtenstein (1923-1997), 1963.** Acrylique sur toile, 172 cm x 406, Tate Gallery, Londres.

3 Marilyn Monroe (1926 -1962), (dans *la Rivière sans retour*, Otto Preminger, 1954), une vedette du star-system hollywoodien.

4 La reconquête de l'Ouest : les romanciers de l'école du Montana

Avec Faulkner, le vieux Sud avait « réveillé » son histoire, et la littérature avait été un tremplin pour se débarrasser d'une mythologie à la fois simpliste et encombrante. À son tour, l'Ouest se fraye un nouveau passage, vers son histoire et par la littérature.

De ces immensités « sauvages » sont nés des récits épiques, des légendes, liés à une conquête qui brassait le fantasme pionnier et l'aventure « vraie ». Les femmes étaient exclues de ces histoires de « cow-boys ». Les Indiens étaient stylisés à l'extrême, en bons sauvages, ou en dangereux ennemis. La littérature western parlait d'hommes solitaires qui « venaient » d'ailleurs pour remettre de l'ordre dans une ville sans foi ni loi. [...]

À un moment où l'Ouest voit affluer une nouvelle immigration citadine, [...] les intellectuels et écrivains de souche, qu'ils aient grandi dans les Rocheuses ou dans les prairies, éprouvent le besoin de porter la voix de leurs concitoyens, las d'une mythologie falsificatrice. C'est ainsi qu'on trouve dans le Montana plus d'écrivains au kilomètre carré que n'importe où aux États-Unis [...] C'est cet espace de liberté, de création qu'ont investi des auteurs comme James Crumley, William Kittredge, James Welch et bien d'autres. Celui qui ouvre la route est le grand poète Richard Hugo – mort en 1982 – qui fait de la ville de Missoula (aujourd'hui 60 000 habitants) une capitale littéraire. Avec son arrivée à la tête de l'atelier d'écriture de l'université en 1964, une littérature nouvelle va émerger. [...]

Avec Hugo, l'Ouest se reconnaît dans une identité « working class » ; les gens se réapproprient un droit à la parole et la littérature trouve un nouveau souffle de résistance, par rapport à un Est riche et puissant.

Cédric Fabre, « La reconquête de l'Ouest », *Magazine littéraire*, octobre 1999.

5 Mutation d'un contestataire : Jerry Rubbin en 1968... Jerry Rubbin déclare en 1968 dans « Do it » (Fais-le) : « Les politiciens ne remarquent les pauvres que lorsque les ghettos brûlent. Le premier livret militaire qui a brûlé a fait trembler la terre du Pentagone. Brûle le drapeau, brûle les églises. Brûle ! Brûle ! Brûle ! »

... et en 1980. Jerry Rubbin déclare en juillet 1980 : « Politique et révolution ont marqué les années 1960. L'argent et les finances passionneront les années 1980. Si je veux avoir un impact quelconque sur la société où je vis [...] il me faut le type de pouvoir que seul l'argent procure. Salut Wall Street, me voilà ! »

L'assassinat de Kennedy, l'affaire du Wartergate,
deux événements marquants dans l'histoire des États-Unis

Le 22 novembre 1963, le président Kennedy est assassiné à Dallas (Texas). Deux jours plus tard, l'assassin présumé Lee Harvey Oswald, est à son tour abattu, dans les locaux de la police. L'enquête officielle, les travaux postérieurs des historiens, rejettent la thèse du complot et attribuent au seul Oswald la responsabilité de l'assassinat. Mais une majorité d'Américains n'ont pas été convaincus par cette interprétation et ne le sont toujours pas.

L'affaire du Watergate commence le 17 juin 1972 à Washington. Le quartier général du parti démocrate à Washington (dans l'immeuble du Watergate) est « visité » par des agents de la Maison Blanche, à la recherche de documents. Les journalistes enquêtent, les tribunaux sont saisis. La vérité éclate : l'entourage du président Nixon a créé une véritable police politique qui surveille les opposants et travaille à sa réélection, par tous les moyens. Le scandale prend une telle ampleur que, menacé de destitution, Nixon préfère démissionner le 9 août 1974. C'est la première fois, dans l'histoire des États-Unis, qu'un président renonce volontairement à ses fonctions.

1 John Fitzgerald Kennedy et son épouse.

2 L'assassinat de John Fitzgerald Kennedy à Dallas (Texas), le 22 novembre 1963.

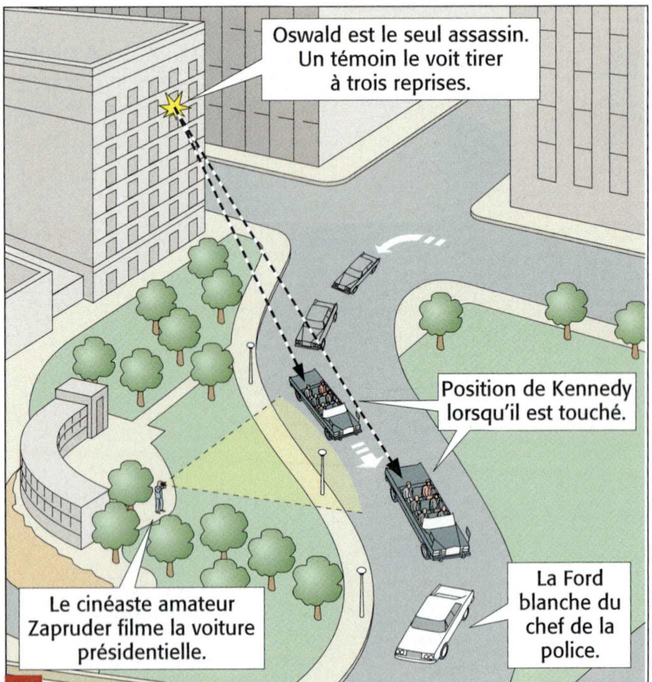

3 Schéma de l'attentat contre Kennedy.

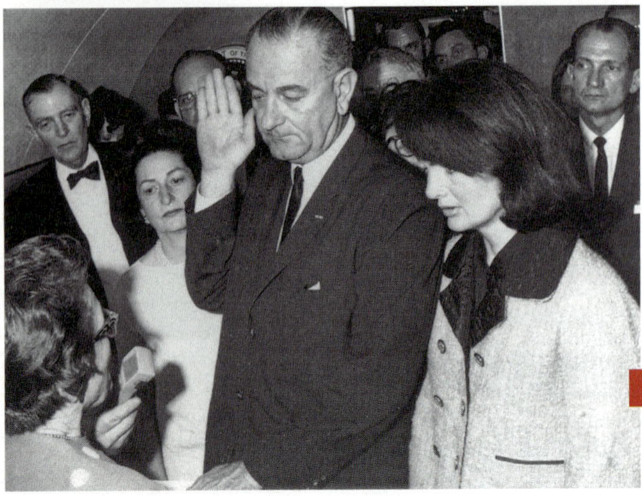

4 Dans l'avion *Air Force One*, le vice-président Lyndon Johnson prête serment à la Constitution.

Il succède à J.F. Kennedy, moins de deux heures après son assassinat à Dallas ; à sa gauche, Jackie Kennedy.

5 Le scandale du Watergate

Tout commence par l'arrestation, dans la nuit du 17 juin 1972, de cinq cambrioleurs qui ont pénétré dans l'immeuble du Watergate, à Washington, où se trouve le quartier général du parti démocrate. Les policiers découvrent que les cambrioleurs ont des liens avec la Maison Blanche, notamment avec le comité pour la réélection du président Nixon. Ce n'est qu'« une tentative de cambriolage de troisième ordre », déclare le porte-parole de la présidence. [...]
La campagne pour les élections présidentielles ne s'en déroule pas moins sans à-coups. [...] Tous les États de l'Union, y compris ceux du Sud, donnent la majorité de leurs voix au président sortant, sauf deux. [...]
Au lendemain du scrutin, l'enquête sur l'affaire du Watergate reprend. Les tribunaux s'en mêlent et procèdent à des inculpations. Des proches de Nixon sont impliqués.
Les Américains [...] ne peuvent en croire ni leurs yeux ni leurs oreilles. Ils apprennent que leur président a menti. Oui, dès que la cambriolage a été connu, Nixon s'est tenu informé et n'a pas cessé depuis lors d'étouffer l'affaire ou de multiplier les obstacles au fonctionnement de la justice. Dissimuler des micros ici et là, placer des lignes téléphoniques sur tables d'écoute, recourir grâce à des fonds secrets à des opérations de basse police, rien n'était plus courant, car la Maison Blanche, obsédée par l'opposition à la guerre du Viêt-nam, vit « dans la mentalité du bunker », comme si elle était assiégée par des ennemis puissants et omniprésents. [...]
La Chambre des représentants lance la procédure d'*impeachment*, qui devrait aboutir au procès du président devant le Sénat transformé en haute cour. [...] En juillet 1974, la Cour suprême exige que le président livre toutes les bandes magnétiques qui lui sont réclamées pour les besoins de l'enquête.
Dès lors, le président comprend qu'il y aura une majorité à la Chambre pour voter sa mise en accusation et une majorité au Sénat pour voter sa condamnation politique. Le combat est perdu d'avance. Le 9 août, Richard Nixon cède la place au vice-président Ford. C'est la première fois aux États-Unis qu'un président renonce volontairement à terminer son mandat.

André Kaspi, *Les Américains*, Le Seuil, 1986.

6 Richard Nixon et son épouse.

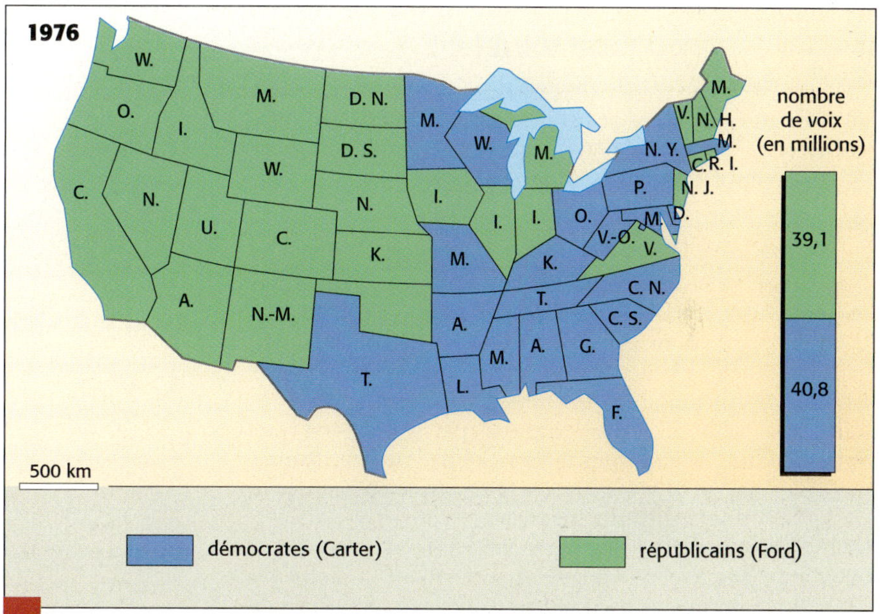

7 Élections présidentielles de novembre 1976.
Après la démission de Nixon, c'est Gérald Ford (élu du Michigan, vice-président nommé par Nixon le 10 octobre 1973) qui lui succède de 1974 jusqu'aux élections de novembre 1976. Spiro Agnew, vice-président élu avec Nixon en 1972, avait dû, lui aussi, démissionner pour cause de trafic d'influence et corruption.

QUESTIONS

A. Présenter les documents (nature, date, auteur)

B. Dégager des informations des documents

1. Quelles protections n'apparaissant pas sur ce document, sont aujourd'hui prises lors du déplacement de personnages importants ? (doc. 2)
2. De quel avantage bénéficiait le tireur, Oswald ? (doc. 3)
3. À quel titre Johnson succède-t-il à Kennedy ? (doc. 4)
4. Que reproche-t-on à Richard Nixon ? (doc. 5)
5. Décrire par grandes régions (Nord-Est, Sud, Middle West, Californie) le vote des Américains. (doc. 7)

C. Mettre en relation les documents

6. Montrer que l'affaire du Watergate est un scandale sans précédent dans l'histoire des États-Unis.

D. Synthèse

7. Rédiger un paragraphe montrant que l'Amérique a été traumatisée, à des titres divers, par ces deux événements.

L'Amérique reaganienne

Ronald Reagan devient président des États-Unis le 20 janvier 1981. Républicain, « grand communicateur » en raison de son passé d'acteur de cinéma, il redonne confiance à ses compatriotes qui ont traversé les bouleversements des années 1970. Il promet le retour de la prospérité, une résistance active à l'influence soviétique, la victoire finale des États-Unis sur « l'empire du Mal ».
Vertus politiques et vertus morales vont de pair. La **droite évangélique** marque de son empreinte la société. Les adversaires de l'avortement et de la liberté des mœurs, les partisans du caractère sacré de la famille et de la prière à l'école font entendre leurs voix. C'est le retour du conservatisme.

VOCABULAIRE

droite évangélique : conservateurs américains attachés aux valeurs familiales, patriotiques et religieuses et en partie influencés par une conception traditionnelle du protestantisme.

1 **Reagan annonce les réductions des dépenses de l'État à la télévision.**

2 *« America is back »*

Des industries inactives ont jeté des travailleurs au chômage, dans la misère et dans un statut personnel indigne. [...]
Pendant des décennies, nous avons accumulé déficit sur déficit. [...] Les maux économiques dont nous souffrons nous ont affligés depuis plusieurs décennies. Ils ne partiront pas en quelques mois, mais ils partiront parce que, en tant qu'Américains, nous avons la capacité maintenant, comme nous l'avons eue dans le passé, de faire tout ce qu'il faut pour préserver ce dernier bastion de la liberté.
Dans la crise actuelle, le gouvernement n'est pas la solution de nos problèmes : c'est le gouvernement qui est le problème. [...] C'est mon intention de réduire la taille et l'influence du gouvernement fédéral [...].
Nous ne sommes pas, comme certains voudraient nous le faire croire, condamnés à un déclin inévitable. Je ne crois pas en un destin qui nous frappera, quoi que nous fassions. Je crois en un destin qui nous frappera si nous ne faisons rien. [...]
Après s'être tourné vers les pentes du cimetière d'Arlingon, Reagan conclut :
Chacune de ces tombes est un monument au type de héros dont je viens de parler. Leurs vies se sont achevées dans des lieux qui ont pour noms Bois Belleau, l'Argonne, Omaha Beach, Salerne, et de l'autre côté du monde, Guadalcanal, Tarawa, [...] et dans une centaine de rizières et de jungles d'un lieu nommé Viêt-nam. [...] Ensemble, avec l'aide de Dieu, nous pouvons résoudre et nous résoudrons les problèmes face auxquels nous nous trouvons aujourd'hui.
Et après tout, pourquoi ne devrions-nous pas le croire ? Nous sommes des Américains. Dieu nous bénisse.

Discours inaugural du président Reagan, le 20 janvier 1981.

3 La politique extérieure de Reagan

Avec les voisins et les alliés qui partagent notre idéal de liberté, nous renforcerons nos liens historiques et nous les assurerons de notre soutien et de notre ferme engagement. Nous répondrons à la loyauté par la loyauté. Aux ennemis de la liberté, à ceux qui sont nos adversaires potentiels, nous rappellerons que la paix est la plus haute aspiration du peuple américain. Nous négocierons pour elle, nous nous sacrifierons pour elle mais nous n'abdiquerons jamais pour elle, maintenant ni jamais. Notre patience ne devra jamais être mal comprise. Notre répugnance pour les conflits ne devra pas être interprétée comme un manque de volonté. Lorsqu'une action sera nécessaire pour préserver notre sécurité nationale, nous agirons. Nous maintiendrons une force suffisante pour l'emporter si nécessaire.

Discours inaugural du président Reagan, le 20 janvier 1981.

4 Le programme économique de Reagan

Je m'engage à réduire les dépenses et les recettes fédérales par rapport au produit national brut. Ceci signifie que je m'engage à réduire progressivement la taille du déficit fédéral. Ceci implique une réforme importante de la réglementation fédérale, l'éliminant là où c'est possible, et la simplifiant, là où c'est approprié. [...]
Les initiatives qui suivent trouvent leur source dans le simple bon sens, dans le but de rendre le gouvernement plus efficace et plus attentif aux désirs des citoyens :
– il faut laisser à l'initiative privée toutes les fonctions que des individus peuvent remplir à titre privé ;
– il faut recourir au niveau d'administration le plus proche de la communauté concernée dans toutes les fonctions publiques qu'il peut exercer. Ce principe inclut qu'on encourage les accords entre gouvernements, qu'il s'agisse des États ou des communautés locales ;
– il faut réserver l'action du gouvernement fédéral aux fonctions nécessaires que seul le gouvernement national peut assumer.

Economic Report of the President, février 1982, rapport rédigé par le Conseil des conseillers économiques, présidé par un économiste libéral.

5 **Billy Graham en 1966 : « Le Christ est vivant, croyez en lui. »**

Dès la fin des années 1960, le prédicateur évangéliste américain Billy Graham parcourt l'Amérique dans le but de renforcer le poids et l'influence de la religion protestante dans le pays.

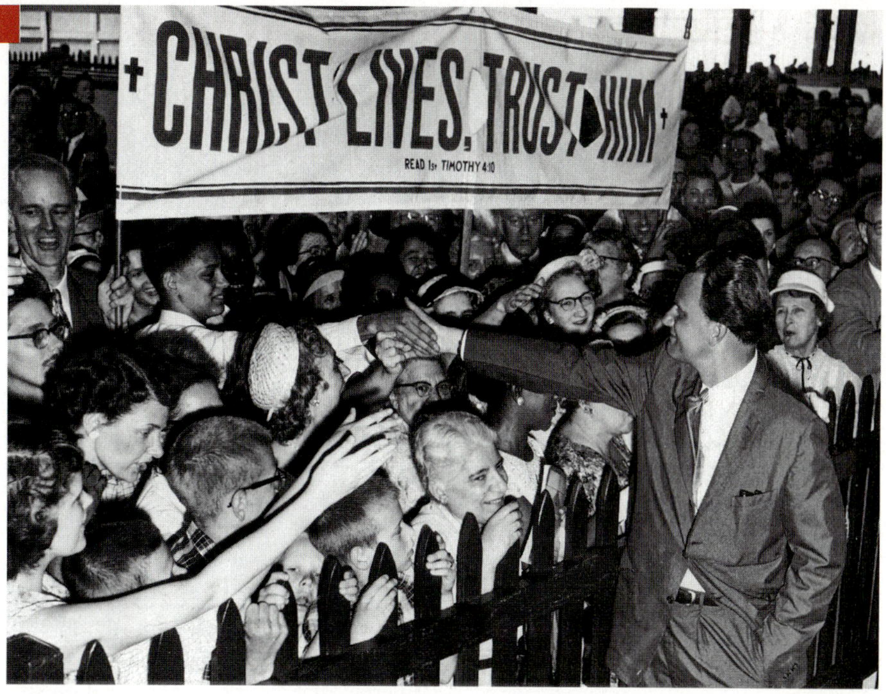

6 **Bilan du reaganisme.**

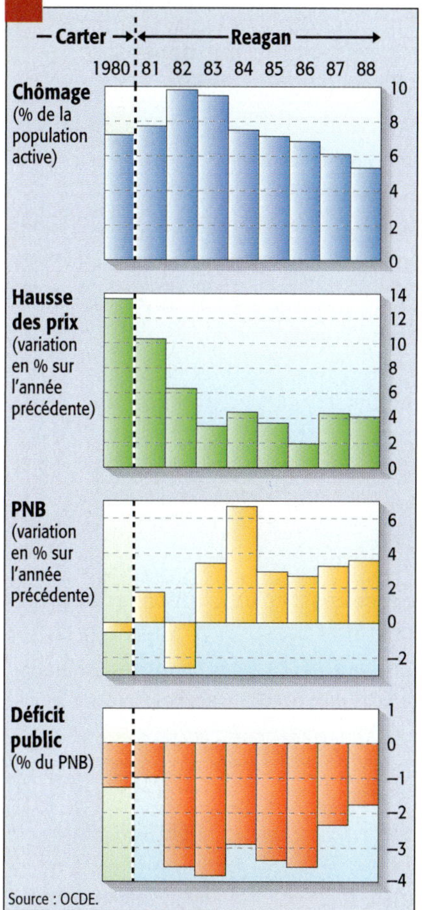

Source : OCDE.

7 **« Nous avons du travail devant nous »**

Il y a ici un homme qui a mérité une place durable dans nos cœurs et dans notre histoire. Président Reagan, au nom de notre nation, je vous remercie pour toutes les choses merveilleuses que vous avez faites pour l'Amérique. [...]

Nous vivons à une époque de paix et de prospérité, mais nous pouvons la rendre meilleure. Une nouvelle brise souffle et un monde rafraîchi par la liberté est né. [...]

Mes amis, nous avons du travail devant nous. Il y a les sans-abri, perdus et errants. Il y a des enfants qui n'ont rien, ni amour ni vie normale. Il y a ceux qui ne peuvent pas s'arracher à un esclavage – la drogue, l'assistance publique, le désespoir des quartiers pauvres. Il y a le crime à vaincre. Il y a des jeunes femmes à aider, qui vont devenir mères d'enfants dont elles ne peuvent s'occuper et qu'elles pourraient ne pas aimer. Elles ont besoin de notre aide, de nos conseils et d'éducation. Mais nous les bénissons pour avoir choisi de donner la vie. [...]

Nos finances sont mal en point. Nous avons un déficit à réduire. Notre volonté est plus grande que notre portefeuille, mais c'est de volonté que nous avons besoin. [...]

Au monde, nous offrons un nouvel engagement et une promesse renouvelée : nous resterons forts pour protéger la paix. La main tendue peut se transformer, à regret, en poing fermé, et ce poing peut être utilisé avec une grande efficacité.

Discours de George Bush, le 20 janvier 1989, après son élection à la présidence.

QUESTIONS

A. Présenter les documents (nature, date, auteur)

B. Dégager des informations des documents

1. Justifier l'expression utilisée à l'égard de Reagan : « grand communicateur ». (doc. 1)
2. Que critique le président Reagan ? Quels remèdes propose-t-il ? (doc. 2)
3. Qui sont les « ennemis de la liberté » ? Quel avertissement Reagan leur lance-t-il ? (doc. 3)
4. Quels sont les résultats positifs et les résultats négatifs de la politique de Reagan ? (doc. 6)
5. Selon ce discours, quels problèmes Reagan n'a-t-il pas résolus ? (doc. 7)

C. Mettre en relation les documents

6. Sur quelles valeurs s'appuie Reagan ? (doc. 2, 3 et 4)
7. Quels sont les résultats de la politique de Reagan sur le plan social (doc. 6 et 7) ?

D. Synthèse

8. Montrer que la politique de Reagan a été libérale sur le plan économique, conservatrice et marquée par la fermeté vis-à-vis de l'URSS.

FICHE DE RÉVISION

DATES À RETENIR

- **1950 :** début du maccarthysme.
- **1961-1963 :** présidence de Kennedy, début de l'engagement américain au Viêt-nam.
- **1964 :** premières lois sur les droits civiques.
- **1969 :** premier homme sur la Lune.
- **1972-1974 :** scandale du Watergate.
- **1980 :** élection de Reagan.

LIRE

- *L'Histoire* n° 197, mars 1996 : dossier « la question noire » aux États-Unis.
- *Collections de l'Histoire* n° fév. 2000 : « L'empire américain ».
- *J.-F. Kennedy*, éd. Chroniques de l'histoire, 1996.
- A. Kaspi, *Kennedy*, Colin, 1993.

VOIR

Le cinéma hollywoodien :
- Gene KELLEY et Stanley DONEN, *Singin'in the Rain* (Chantons sous la pluie), 1952.
- Billy WILDER, *Sunset Boulevard,* 1950.

L'envers de la société d'abondance :
- J. SCHLESSINGER, *Macadam Cow boy*, 1969

La guerre du Viêt-nam :
- M. CIMINO, *Voyage au bout de l'enfer*, 1978.
- F. F. COPPOLA, *Apocalypse Now*, 1979.
- B. LEVINSON, *Good Morning Vietnam*, 1987.
- S. KUBRICK, *Full Metal Jacket*, 1987.
- O. STONE, *Platoon*, 1986, *Né un 4 juillet*, 1989.

Enquête sur le Watergate :
- A. J. PAKULA, *Les hommes du président*, 1976.

Les milieux boursiers à l'époque de Reagan :
- O. STONE, *Wall Street*, 1988.

BILAN DU CHAPITRE

I. La société américaine dans les années 1950 et 1960

➤ Fondements : démocratie, égalité des chances, liberté d'entreprendre. Mais :
– la ségrégation raciale est légale dans le Sud jusqu'au milieu des années 1960 ;
– 30 à 40 millions d'Américains sont pauvres ; **Welfare** state.

➤ Richesse culturelle américaine : Hemingway et Steinbeck, prix Nobel de littérature ; peintres : Andy Warhol et Roy Lichtenstein (*Pop Art*) ; jazz ; apogée du cinéma hollywoodien.

II. Les États-Unis leaders du monde libre

➤ Dans le contexte de la guerre froide :
– plan Marshall (1947), traité de l'Atlantique Nord (1949), présence militaire en Europe ;
– succès et revers en Asie : le Japon démocratie et allié des États-Unis mais succès communiste en Chine (1949). Guerre de Corée. Au Viêt-nam : défaite des États-Unis en 1975.

III. De l'Amérique des « Sixties » à l'Amérique reaganienne

➤ Les minorités ethniques revendiquent l'égalité des droits. Le ***melting pot*** n'est plus un modèle ; émeutes urbaines ; contestation de la guerre du Viêt-nam.

➤ Développement d'une culture des mass media et d'une contre-culture.

➤ Déjà traumatisée par les assassinats de Kennedy (1963) et de Martin Luther King (1968), l'Amérique des années 1970 doute d'elle-même (scandale du Watergate).

➤ Au début des années 1980, Reagan rend à l'Amérique confiance en elle-même (« America is back ») et relance la course aux armements contre le bloc soviétique (« empire du Mal »).

NE PAS CONFONDRE

Démocrates et Républicains

• Les **républicains** revendiquent l'héritage de Lincoln, défendent plutôt le monde des affaires (le « big business ») et sont mieux implantés dans les milieux aisés.

• Les **démocrates** sont les héritiers de Roosevelt : ils s'appuient sur les minorités ethniques. Bien implantés dans le Sud, ils ont longtemps soutenu la ségrégation raciale. Aujourd'hui, ils sont assez proches des libéraux américains.

Les présidents des États-Unis depuis 1945

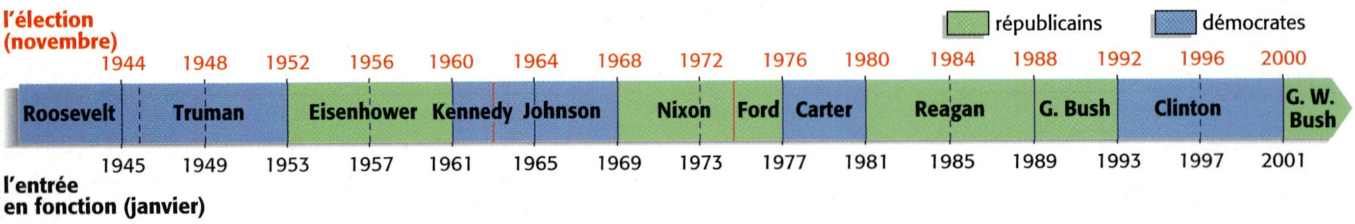

BIOGRAPHIES

Martin Luther King (1929-1968), dirigeant du Mouvement pour les droits civiques. *(Voir biographie complète p. 395)*

John Kennedy (1917-1963), président des États-Unis de 1961 à 1963. *(Voir biographie complète p. 395)*

Richard Nixon (1913-1994), président des États-Unis de 1969 à 1972. *(Voir biographie complète p. 397)*

Ronald Reagan (né en 1911), président des États-Unis de 1981 à 1989. *(Voir biographie complète p. 398)*

Explication d'un document (3/16)

Sujet : Discours de John Kennedy, La « Nouvelle frontière », 15 juillet 1960

Ici chez nous, le fait marquant des prochaines années sera aussi une révolution. Le *New Deal*[1] et le *Fair Deal*[2] étaient audacieux pour leur temps – mais nous sommes une nouvelle génération.

Une révolution technologique dans l'agriculture a conduit à une explosion de la production – mais nous n'avons pas su maîtriser utilement cette explosion bien qu'on ait tenté de protéger les revenus de nos agriculteurs. Une révolution urbaine a surchargé nos écoles, désorganisé nos banlieues, aggravé l'insalubrité de nos taudis. Une révolution pacifique pour les droits de l'homme – exigeant la fin de la discrimination raciale dans tous les domaines de la vie – a été freinée par un pouvoir exécutif trop timoré. Une révolution médicale a allongé la vie de nos aînés, sans leur fournir sécurité et dignité pour leurs vieux jours. Et une révolution de l'automation remplace les hommes dans les mines et les usines d'Amérique, sans leur donner en contrepartie revenu, formation, et le moyen d'assurer à leur famille alimentation, logement et soins médicaux.

Il y a eu aussi un changement, un dérapage de notre force morale et intellectuelle. Trop d'Américains se sont égarés, ont perdu le dynamisme, le sens de notre destin historique. Aujourd'hui, certains disent que les combats de pionniers sont terminés, que tous les horizons sont atteints, que toutes les batailles sont gagnées – qu'il n'y a plus de « frontières » en Amérique.

Moi, je vous dis que la « Nouvelle frontière » est là, que nous le voulions ou non. Au delà de cette frontière, sont les domaines inexplorés de la science et de l'espace, les problèmes non résolus de la paix et de la guerre, des poches d'ignorance et de préjugés non encore réduites, la contradiction entre la pauvreté et la surproduction.

J. F. Kennedy, discours d'acceptation de l'investiture à la Convention[3] du parti démocrate, Los Angeles, 15 juillet 1960.

1. *New Deal* (« nouvelle donne ») : politique de relance économique menée par le président démocrate Roosevelt à partir de 1933.
2. *Fair Deal* (« juste donne ») : politique de relance économique menée par le président démocrate Truman après la Seconde Guerre mondiale.
3. Convention : réunion organisée pendant plusieurs jours par chacun des grands partis américains. Le candidat de chaque parti est choisi (ou investi) à cette occasion.

Document d'accompagnement

J. F. Kennedy en campagne présidentielle en 1960.

Questions

1. Présenter le document.
2. Expliquer ce que signifie pour les Américains le terme de « frontière ».
3. Quelle analyse l'auteur fait-il de la situation intérieure américaine ?
4. Pour Kennedy, quels sont les combats qui composent son programme de « Nouvelle Frontière » ? A-t-il réussi à les mener à bien ?

Méthode

1. Aide générale

- L'auteur est supposé connu ; on attend du candidat au baccalauréat qu'il connaisse les grandes lignes de sa biographie.

2. Comment répondre aux questions

Question 1

- QUI ? : voir ci-dessus.
- QUOI ? : voir source.
- QUAND ? : la désignation d'un président américain se déroule en plusieurs étapes (voir schéma dans le dossier « Les institutions américaines »). À la date du texte, Kennedy vient d'être désigné par les délégués des différents États à la Convention démocrate (15 juillet 1960) ;
- À QUI s'adresse le texte ? voir source.

Question 2

- La frontière joue un rôle considérable dans l'imaginaire collectif américain. L'idéal du pionnier s'avançant toujours plus loin vers l'Ouest souligne l'élan et l'optimisme américain. Face à un milieu difficile, hostile (montagnes, canyons profonds, déserts, Indiens hostiles), les plus aptes à réussir sont ceux qui sont les plus travailleurs, et qui savent prendre des risques. L'achèvement de la transformation de tout le territoire en États (Arizona en 1912) marque la fin de la frontière. Kennedy souhaite, dans ce discours, faire revivre l'esprit de la frontière.

Question 4

- Différents aspects de la question :
– adapter l'esprit pionnier à la résolution de problèmes politiques et sociaux internes ;
– proposer d'atteindre une nouvelle frontière : l'espace ;
– les combats se situent aussi dans le domaine des relations internationales. Ils ne seront menés que partiellement à bien (assassinat de John Kennedy en 1963).

PRÉPA BAC

Étude d'un ensemble documentaire (4/16)

Sujet : Qu'est-ce que la question noire aux États-Unis dans les années 1960 ?

Questions

Première partie

1. Replacer les documents dans l'ordre chronologique. Les textes sont-ils tous de même nature ?
2. Quelle est la situation des Noirs américains au début des années 1960 ?
3. Comment a été mené le combat contre la ségrégation ? Dans quel domaine les autorités ont-elles agi ?
4. Dans quels domaines la situation des Noirs s'est-elle améliorée ?

Deuxième partie : Rédiger, à l'aide des réponses précédentes et de vos connaissances, une réponse organisée répondant à la question posée par le sujet.

CHRONOLOGIE

- **1954 :** arrêt de la Cour suprême « Brown contre Bureau d'éducation de Topeka » qui interdit la ségrégation raciale à l'école.
- **1962 :** intervention des troupes fédérales pour imposer l'intégration d'un étudiant noir dans le Mississippi.
- **1963 :** 4 morts par attentat raciste dans une église de Birmingham (Alabama). Manifestations et marche sur Washington organisées par Martin Luther King.
- **1964 :** Loi sur les droits civiques qui abolit la ségrégation raciale dans les lieux publics et la discrimination à l'embauche.
- **1965 :** Loi sur les droits de vote qui garantit l'inscription des Noirs sur les listes électorales ;
  – Émeutes raciales de Watts (Los Angeles) : 34 morts ;
  – « *Affirmative Action* » (discrimination positive) qui recommande des quotas d'embauche en faveur des Noirs ;
  – Assassinat de Malcolm X, leader des Blacks Muslims.
- **1966 :** Fondation du Black Panther Party.
- **1966-1967 :** plus de 200 émeutes raciales.
- **1968 :** Jeux Olympiques de Mexico ;
  – Abolition des discriminations raciales en matière de logement ;
  – Assassinat de Martin Luther King.

DOCUMENT 1 *« I have a dream... »*

Je fais un rêve.
Il y a un siècle de cela, un grand Américain qui nous couvre aujourd'hui de son ombre symbolique signait notre acte d'émancipation. Mais cent ans ont passé et le Noir n'est pas encore libre. Cent ans ont passé et l'existence du Noir est toujours tristement entravée par les liens de la ségrégation [...]. Cent ans ont passé et le Noir vit encore sur un îlot de pauvreté au milieu d'un vaste océan de prospérité [...].
Il n'y aura ni repos ni tranquillité en Amérique, tant que le Noir n'aura pas obtenu ses droits de citoyen. Les tourbillons de la révolte continueront de secouer les fondations de notre nation jusqu'au lever lumineux du jour de la justice [...].
Je rêve qu'un jour, sur les collines rouges de Géorgie, les fils d'anciens esclaves et les fils d'anciens propriétaires d'esclaves s'attableront ensemble à la table de la fraternité. Je rêve qu'un jour, mes quatre jeunes enfants vivront dans une nation où ils ne seront pas jugés d'après la couleur de leur peau, mais d'après leur caractère.

Discours de Martin Luther King (pasteur baptiste noir, assassiné en 1968), 28 août 1963, Washington.

DOCUMENT 2 Les émeutes de Watts en 1965

Bien que les grands programmes de logements sociaux fussent les héritiers du *New Deal*[1], les populations qui en bénéficiaient s'étaient beaucoup modifiées en une trentaine d'années. Dans les années trente, les logements sociaux étaient occupés par une population hétérogène qui était un reflet assez fidèle du reste de la société américaine. Au milieu des années soixante, près de 50 % des habitants des logements sociaux étaient des Noirs. [...] L'année 1965 vit déferler sur la Californie une profusion de programmes sociaux, novateurs et ambitieux. Bien que cette Guerre contre la pauvreté entendît s'attaquer à toute forme de pauvreté, ses concepteurs désignaient comme objectifs principaux, les populations noires démunies et les jeunes. [...]
Sar Levitan, un universitaire spécialiste des questions sociales, explique le phénomène [des émeutes raciales] [...] par le mouvement pour les droits civiques, qui avait fourni aux habitants noirs des cités américaines une capacité d'organisation et de revendication faisant défaut à d'autres segments de la population économiquement faible. [...]
En cette année 1965, la « foi réformiste » triomphait chez les libéraux[2], et s'étendait au-delà du simple domaine des relations raciales. [...]
Quelques jours après la signature [de la loi sur les droits de vote] des émeutes raciales mettaient pourtant Los Angeles à feu et à sang. Le bilan officiel de ces journées de feu et de sang s'élevait à 34 morts , 1032 blessés, 40 millions de dollars de dégâts [...].

Antoine Coppolani, « Politique sociale et émeutes raciales : Watts, 1965 », *Revue XXe siècle*, janvier 2003.

1. New Deal : dans les années 1930, politique du président Roosevelt.
2. libéraux : aux États-Unis, les libéraux se situent à gauche.

DOCUMENT 3 Kennedy et la question noire

Le bébé noir qui naît aujourd'hui en Amérique [...] a environ la moitié des chances de terminer ses études secondaires dont bénéficie un bébé blanc né au même endroit, le même jour ; le tiers de ses chances de terminer ses études universitaires ; deux fois plus de chances de se trouver au chômage. Son espérance de vie est plus courte de sept ans et il doit envisager de gagner deux fois moins [...]. Dirons nous au monde [...] que nous n'avons pas de citoyens de seconde classe à l'exception des Noirs ? Que nous n'avons pas de système de castes, que nous n'avons pas de ghetto, pas de races supérieures, excepté en ce qui concerne les Noirs ?

J. F. Kennedy, discours télévisé prononcé à la Maison-Blanche, juin 1963.

DOCUMENT 4 **Manifestation conduite par Martin Luther King en 1963.** « Du travail pour tous », « Les droits de vote tout de suite », « Fin de la ségrégation dans les écoles »…

DOCUMENT 5

Black Panther Party et jeux Olympiques de Mexico.

Bobby Seale (à gauche), président du Black Panther Party, favorable au *Black Power*, en 1966.

Aux Jeux Olympiques de Mexico, le 16 octobre 1968, Tommie Smith, médaille d'or du 200 m et John Carlos, médaille de bronze, brandissent le poing à la manière du *Black Power*. Tommie Smith déclare ensuite : « Nous ne reconnaissons pas le drapeau américain. C'est le drapeau d'un pays qui laisse subsister racisme et injustice. Nous autres nègres, nous ne sommes bons qu'à rapporter des médailles. C'est tout. Nous ne sommes pas des bêtes pour jeux de cirque. Cela changera. » La carrière de Smith et de Carlos ne survit pas à ce coup d'éclat.

Méthode

➤ Comment répondre aux questions

A. Question 1

- Trois des auteurs sont des acteurs de la question noire. L'un est Martin Luther King, pasteur protestant, un des principaux leaders du mouvement pacifiste noir des droits civiques. L'autre est John Kennedy, président démocrate en exercice à la date du texte. Le dernier, Tommie Smith, est un athlète noir américain que les Jeux Olympiques de Mexico ont rendu célèbre plus par son geste politique que par sa médaille d'or…
- Ce sont des acteurs de l'histoire ; il faut se poser la question de leur impartialité.
- Le document 2 est un article écrit par un historien dans une revue récente. Ce n'est pas un acteur de l'histoire ; en tant qu'historien, il se doit d'être le plus impartial possible.

B. Question 3

- Rappeler que Martin Luther King a été assassiné par un extrémiste blanc en 1968. Le classement des documents dans l'ordre chronologique (question 1) et l'utilisation de la chronologie mettent en évidence qu'avant les émeutes de Watts (doc. 2), des réformes ont été faites par le gouvernement fédéral : programmes sociaux, loi sur les droits de vote.

C. Question de la deuxième partie

- Une phrase introductive est nécessaire : elle rappelle la problématique du sujet et la replace dans le temps et dans l'espace. Ici, par exemple, on peut insister sur le fait que le problème noir aux États-Unis est bien antérieur aux années 1960.

CHAPITRE

5 Le modèle soviétique

séries

ES-L-S

En 1945, l'URSS s'affirme comme la seconde superpuissance du monde, après les États-Unis. Elle confirme ce statut tout au long des années 1950-1970, avec le développement d'un formidable arsenal militaire et une emprise sur la moitié de l'Europe. Néanmoins, sur le plan intérieur, le modèle soviétique mis en place par Staline dans les années 1930 entre en crise. Centralisation excessive, planification directive, organisation bureaucratique de l'économie, refus de toute initiative individuelle, surveillance policière, ces contraintes pèsent de plus en plus lourd sur une société soviétique qui évolue.

Quelles sont les caractéristiques du modèle soviétique dans les années 1950 et 1960 ?
Comment ce modèle évolue-t-il ensuite et pourquoi disparaît-il en 1991 ?

1 De la superpuissance...

Défilé de fusées sur la place Rouge le 7 novembre 1977, pour le 60e anniversaire de la révolution d'Octobre.

« Nous sommes persuadés qu'en définitive, l'idée de communisme triomphera dans le monde entier [...]. Notre certitude se base sur la connaissance des lois du développement de la société. »
Nikita Khrouchtchev, *Ce que je pense de la coexistence pacifique*, 1960.

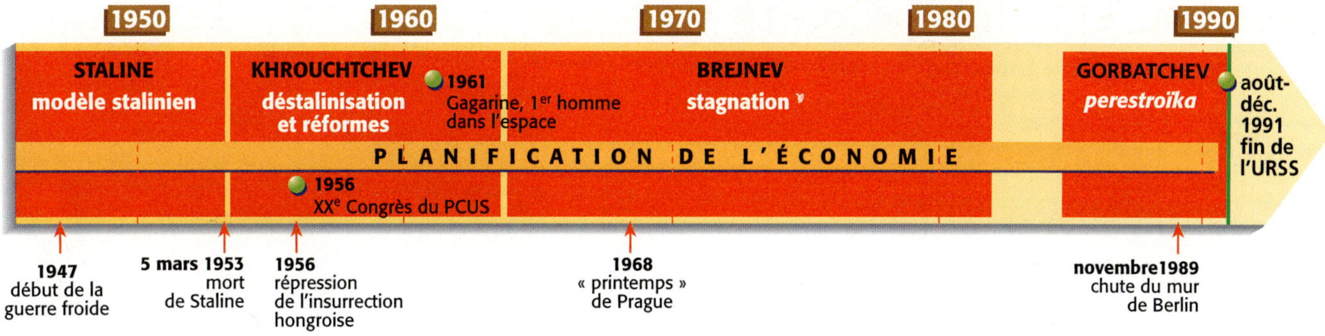

2 …à l'effondrement du système soviétique.

Le président de l'URSS, Mikhaïl Gorbatchev, descend de l'avion qui le ramène de Crimée, le 22 août 1991, après l'échec du putsch.

« Le putsch d'août 1991 a poussé la crise générale jusqu'à ses limites extrêmes. Le pire dans cette crise est l'effondrement de l'État. Je suis inquiet de la perte pour nos compatriotes de la citoyenneté d'un grand pays, un fait dont les conséquences peuvent se révéler très graves pour tous. »
Mikhaïl Gorbatchev, 25 décembre 1991.

Joseph Staline,
secrétaire général du parti communiste d'Union soviétique

Au début des années 1950, l'URSS de Staline semble figée dans un modèle rigide et pesant, dont les traits les plus caractéristiques sont la personnalisation du pouvoir, l'omniprésence du contrôle policier par les agents du ministère de l'Intérieur soviétique (MVD, précurseur du **KGB**) mais aussi la dureté de la vie quotidienne, la misère des campagnes, la coupure avec le monde extérieur. Cumulant les fonctions de secrétaire général du Parti, de président du Conseil des ministres et de maréchal de l'Armée soviétique, Staline exerce une dictature personnelle. Retranché dans un isolement soupçonneux, Staline vieillissant gouverne avec quelques collaborateurs dévoués (Beria, Malenkov, Khrouchtchev) en s'appuyant sur une police politique omniprésente.

1 **« Vive le guide du peuple soviétique, le grand Staline ! ».** Affiche de B. Moukhine, 1946.

VOCABULAIRE

KGB (*Komitet Gosudarstvennoi Bezopastnosti*, Comité soviétique de la sûreté de l'État) organisme de surveillance politique, de répression policière, d'espionnage et de contre-espionnage instauré en 1954. Il reprend les fonctions du MGB, fondé en 1946, successeur de la Tcheka, créée le 7 décembre 1917, du Guépéou (1922) et du NKVD (1934). Le KGB est dissous en 1991.

2 **Pouvoir apparent et pouvoir réel.**

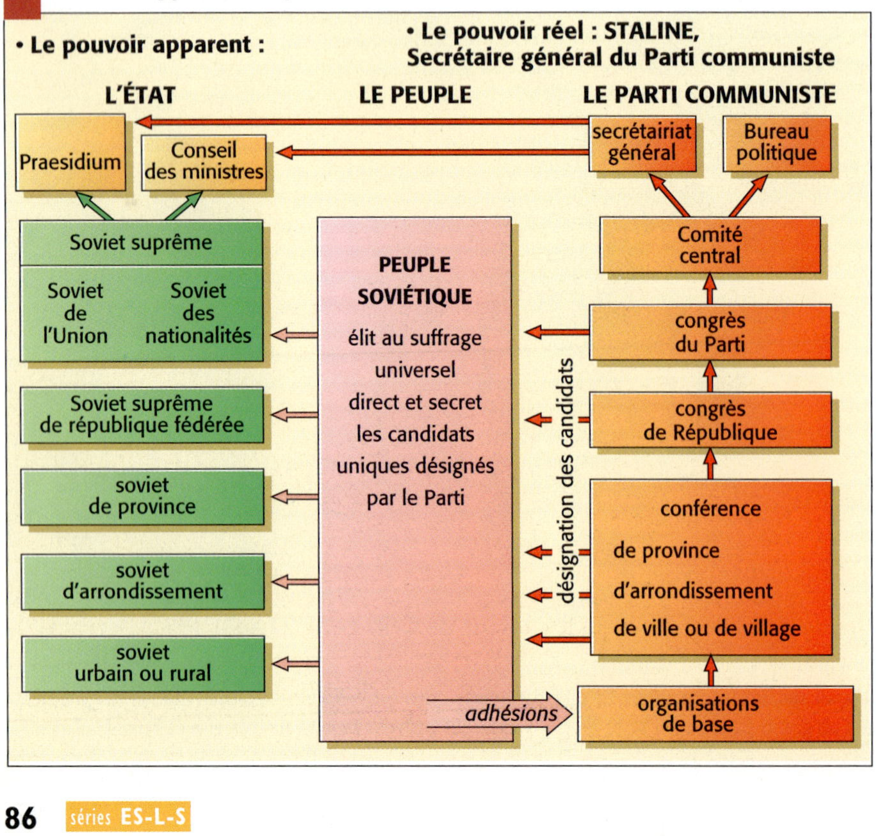

3 **Les déplacements du camarade Staline**

Cinq grosses automobiles noires surgissent du Kremlin [...], elles débouchent en ville à 100 à l'heure. Staline se rend à sa maison de campagne. Il est invisible derrière le rideau, protégé par la carrosserie blindée. Nul ne peut distinguer sa voiture de celle de l'escorte : elles sont identiques, dépourvues de plaques d'immatriculation à l'avant, et les chauffeurs ne cessent de se doubler. En un quart de siècle de pouvoir absolu, nul n'a entendu parler d'un coup de feu tiré contre Staline. Trois mille agents de la Sécurité d'État veillent sur le trajet qui va du Kremlin à sa datcha. Tous ceux qui résident le long de cet itinéraire sont l'objet d'une vigilance particulière.

Le monde entier croit que Staline vit au Kremlin. Il y a plus de vingt ans que ce n'est plus vrai. Son domicile est sa datcha au sud-ouest de Moscou. [...] Cette nuit, comme chaque nuit, une fenêtre restera allumée jusqu'à l'aube dans le grand bâtiment gouvernemental du Kremlin, visible de la place Rouge. Les passants attardés regarderont avec respect cette tache de clarté et ils penseront : « Il vit, pense et travaille pour nous ».

Georges Bortoli, *Mort de Staline*, Laffont, 1973.

4 « Vive le grand étendard invincible de Marx-Engels-Lénine-Staline ». Affiche de A. Kossov, 1953.

5 « Le tyran est mort »

Fils de l'ambassadeur de France en URSS, Pierre Joxe est à Moscou le 5 mars 1953, jour où est annoncée la mort de Staline.

Je bénéficiais d'un passeport diplomatique, avec un cachet russe. On a ainsi pu traverser tous les barrages. Il y avait des militaires partout. Et une queue déjà assez longue. Staline était allongé là, les gens faisaient la queue pour voir sa dépouille. [...] Le cadavre de Staline était exposé dans une salle, dans une conque de fleurs rouges. Derrière, en rang d'oignons, se tenaient les dignitaires, Beria, Malenkov, Vorochilov, Souslov... Les gens avançaient très doucement, mais sans s'arrêter. Certains, pas tous, pleuraient comme des veaux.

À la sortie, dans une ruelle, un groupe de jeunes dansaient une farandole en chantant « Le tyran est mort ! Le tyran est mort ! » Quelques vieilles femmes les invectivaient : « C'est une honte ! ». Pour moi, à 18 ans, Staline, c'était Stalingrad, la victoire sur le nazisme ; je ne pensais pas un instant au Goulag. Cette scène était si ahurissante, dans une ville figée par le froid et sur laquelle avait été jeté un filet militaire. [...] Encore maintenant, si je n'avais pas tout écrit, je me demanderais si cette scène est bien réelle. Mais je vous assure qu'elle l'était.

Pierre Joxe, *Le Monde*, le 26 février 2003.

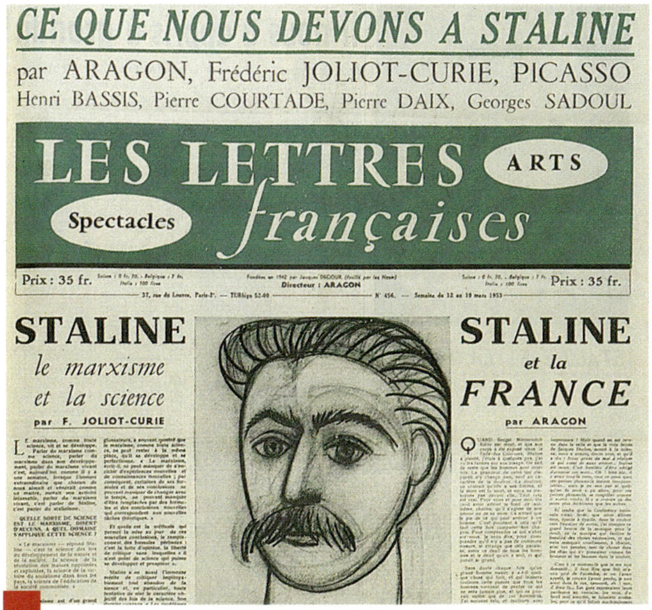
CE QUE NOUS DEVONS A STALINE
par ARAGON, Frédéric JOLIOT-CURIE, PICASSO
Henri BASSIS, Pierre COURTADE, Pierre DAIX, Georges SADOUL

LES LETTRES françaises — ARTS — Spectacles

Prix : 35 fr. — Directeur : ARAGON — Prix : 35 fr.

STALINE le marxisme et la science par F. JOLIOT-CURIE

STALINE et la FRANCE par ARAGON

6 ***Les Lettres françaises*, hebdomadaire culturel du parti communiste français, le 12 mars 1953.**

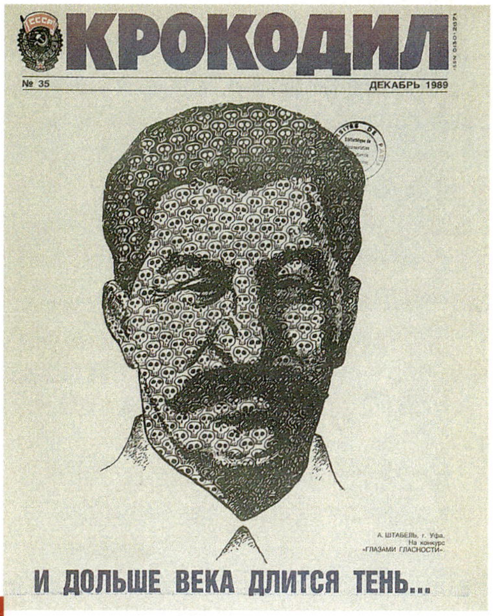

7 « Son ombre dure plus d'un siècle ».
Couverture du journal satirique russe, *Krokodil*, décembre 1989.

QUESTIONS

A. Présenter les documents (nature, date, auteur)

B. Dégager des informations des documents

1. Qu'évoque l'expression « guide du peuple » ? (doc. 1)
2. Comment le système soviétique donne-t-il l'illusion d'un pouvoir démocratique ? (doc. 2)
3. Qui sont les personnages représentés à gauche de Staline ? Quel rôle leurs écrits et leurs actions ont-ils joué dans la création de l'URSS ? (doc. 4)
4. Quels sentiments s'expriment à la mort de Staline, le 5 mars 1953 ? (doc. 5)
5. Pour quels Français Staline constitue-t-il un modèle ? (doc. 6)
6. Qu'a voulu évoquer le dessinateur ? (doc. 7)

C. Mettre en relation les documents

7. Quel rapport existe-t-il entre les doc. 1 et 2 ?
8. D'après les documents de cette page, par quels moyens Staline exerce-t-il son pouvoir ?

D. Synthèse

9. Rédiger un paragraphe décrivant les différents aspects du « modèle » que constituait Staline, en URSS et en France.

1 Le modèle stalinien au début des années 1950

A. L'URSS, un régime totalitaire — doc. 1, 3, 4, 5 et 6

Comme tout **régime totalitaire**, le régime stalinien repose sur une répression policière à grande échelle, s'appuyant sur le KGB et sur un contrôle idéologique des esprits. Le système concentrationnaire du **Goulag** est à son apogée : plus de deux millions et demi de détenus sont exploités sur de grands chantiers (canal Staline entre Don et Volga, barrages hydroélectriques) et dans les mines (charbon, or) dans les régions les plus inhospitalières du pays (Grand Nord, Sibérie, Kazakhstan).

À partir de 1947, dans un monde coupé en deux blocs antagonistes, le contrôle sur les esprits s'intensifie. Une vaste offensive idéologique est lancée contre toute création dénotant de prétendues influences de la « décadence occidentale ». Le régime impose une littérature officielle, un art de propagande. La critique du « cosmopolitisme » débouche sur l'antisémitisme, qui culmine, au début de 1953, avec la répression du « complot des blouses blanches » : des médecins juifs du Kremlin, accusés d'avoir voulu assassiner Staline, sont arrêtés. Seule la mort du dictateur (5 mars 1953) épargne au pays une nouvelle grande vague de terreur.

B. Le modèle économique : plans quinquennaux et industrialisation — doc. 7

Depuis le début des années 1930, une économie planifiée a remplacé l'économie de marché. **Des plans quinquennaux** (1928-1932, 1933-1937, 1938-1942) ont mis l'accent sur le **développement de l'industrie lourde**, considérée comme vitale pour l'indépendance économique et la puissance militaire du pays, aux dépens des industries de biens de consommation. Cette orientation, qui pénalise la population soviétique, s'est trouvée justifiée par le contexte de la Seconde Guerre mondiale : elle a sauvé l'URSS qui a su reconvertir sa base industrielle pour l'effort de guerre.

La guerre a coûté à l'URSS 26 millions de vies humaines. Le IVe Plan (1946-1950) a pour objectif la reconstruction du pays dévasté. Il reprend les mêmes orientations que les premiers plans quinquennaux. **Des investissements très lourds**, une priorité absolue donnée à l'industrie lourde et aux infrastructures épuisent une population dont la vie quotidienne ne s'améliore guère. D'immenses complexes métallurgiques, des centrales hydroélectriques géantes font de l'URSS, à l'ère de la guerre froide, la seconde puissance militaire et industrielle du monde.

C. La société soviétique au début des années 1950 — doc. 2

Depuis 1949, l'URSS s'est dotée de la bombe atomique, mais elle se révèle **incapable de résoudre les problèmes de logement et de ravitaillement** de la population. Les files d'attente devant les magasins, l'entassement dans des logements sordides et surpeuplés, l'interdiction de changer de lieu de travail, de longues journées de labeur de 10 à 12 heures – tel est le lot des Soviétiques vivant en ville.

C'est toutefois **dans les campagnes que la situation reste la plus difficile**. La collectivisation forcée des terres, lancée en 1929, a durablement désorganisé l'agriculture soviétique, dont la production de céréales ne retrouve son niveau de 1913 qu'en 1939. Certes, du point de vue des autorités, l'objectif principal est atteint : dans le cadre du **kolkhoze**, les paysans sont contraints de livrer leur récolte à des prix très bas, fixés par l'État qui peut ainsi, à peu de frais, nourrir la main-d'œuvre industrielle et citadine. Mais ce prélèvement sur la production agricole compromet tout progrès : le lien entre le paysan et sa terre ayant été rompu, le kolkhozien travaille avec négligence dans les champs « collectifs » et consacre toute son énergie au petit lopin individuel toléré par les autorités. En 1947, une grave disette frappe l'ouest de la Russie.

VOCABULAIRE

régime totalitaire : système politique reposant sur la terreur, le culte du chef, la puissance absolue du parti unique et de l'État et la volonté de transformer l'homme et la société.

Goulag (*Glavnoïe Oupravlenie Laguereï* « Direction principale des camps ») **:** l'ensemble des camps administrés depuis le début des années 1930 et jusqu'à la fin des années 1950 par le ministère soviétique de l'Intérieur. Entre 1934 et 1953, de quinze à vingt millions de personnes – détenus de droit commun et politiques – sont incarcérés dans les camps du Goulag.

kolkhoze (« exploitation collective » en russe) : coopérative agricole en URSS.

1 Carte du Parti de Staline n° 2. Le n° 1 était attribué à Lénine.

2 La famine de 1947 dans la région de Voronej

La censure a enregistré 537 lettres [...] dans lesquelles il était fait mention de départs de paysans de leurs kolkhozes :
23 mars 1947. « Chez nous, c'est la famine. Pas de pain, les patates à 100 roubles. Les gens s'enfuient où ils peuvent. Personne ne veut rester au kolkhoze, on ne reçoit rien pour nos journées de travail. »
31 mars 1947. « [...] On n'a pas reçu un gramme de pain ou de pommes de terre du kolkhoze, on a vendu toutes nos bêtes pour acheter du pain. La vie est très dure. Beaucoup ont quitté le village. »

Rapport du ministre de la Sécurité d'État, 8 mai 1947.

1. **Quelle image de la situation en URSS ces lettres donnent-elles ?**
3. **Pourquoi sont-elles censurées ?**

3 Le « complot des médecins »

Strictement confidentiel.
Le communiqué, lu à la radio et imprimé dans les journaux, annonçant la découverte d'un groupe de médecins du Kremlin impliqué dans les actes de terrorisme et d'espionnage a soulevé un énorme intérêt au sein de la population de Sverdlovsk. [...]
On remarque des tentatives faites par les éléments hostiles et certains personnels médicaux pour faire douter de la véracité des informations publiées [...].
On note une montée de l'hostilité envers les individus de nationalité juive. Ainsi, par exemple, Jeliabine, membre du Parti, chef d'atelier à l'usine n° 217, a dit : « Vous avez entendu ce que les Juifs ont fait [...]. Ils ont essayé d'empoisonner nos généraux et tout ça sur l'ordre des États-Unis et de la Grande-Bretagne. Moi, je ne les fusillerais pas, je les pendrais sur la place publique. »

Note d'information de la direction régionale de l'Oural de la Sécurité d'État sur l'état d'esprit de la population à l'annonce du « complot des médecins » (14 janvier 1953). Le chef de la Direction du MGB pour la région de Sverdlovsk. Cité dans N. Werth, G. Moullec, *Rapports secrets soviétiques, 1921-1991*, Gallimard, 1994.

4 Le Goulag en Sibérie, construction d'une voie ferrée qui ne mène nulle part, la « voie morte » (1947-1953).

5 La tribune du XIXe Congrès du Parti (octobre 1952). Staline et les membres du Comité central.

7 « Deux mondes, deux bilans » au début des années 1950. Bilan de la production industrielle dans les États du camp socialiste et dans les pays du capital.

1. **D'après cette affiche, quels aspects de l'URSS sont ici mis en valeur ?**
2. **Cela correspond-il aux résultats ?**
3. **Montrer qu'il s'agit d'une affiche de propagande.**

6 Éloges de Staline

Et mille et mille frères ont porté Karl Marx
Et mille et mille frères ont porté Lénine
Et Staline pour nous est présent pour demain
Et Staline dissipe aujourd'hui le malheur
La confiance est le fruit de son cerveau d'amour
La grappe raisonnable tant elle est parfaite.
Grâce à lui nous vivons sans connaître d'automne
L'horizon de Staline est toujours renaissant [...].

Paul Éluard, décembre 1949.

Staline construisait. De ses mains sont nés les céréales, les enseignements [...]. Sa simplicité et sa sagesse, sa structure de bon pain et d'acier inflexible nous aident chaque jour à être des hommes [...]. Staline est le midi, la maturité de l'homme et des peuples [...]. Il était plus savant que tous les hommes ensemble.

Naftali Ricardo, alias Pablo Neruda, prix Nobel de littérature en 1971, ancien ambassadeur du Chili en France, *Hommage à Staline*, 1954.

2 Déstalinisation et réformes (1953-1964)

A. Khrouchtchev, la déstalinisation et ses limites doc. 1, 3, 4 et 6

■ La mort de Staline, le 5 mars 1953, marque la fin d'une époque, mais non la fin du modèle soviétique. En quelques années, l'URSS passe d'un système totalitaire à un système autoritaire. Les successeurs de Staline ont des préoccupations communes : éviter l'émergence d'un nouveau dictateur, mettre fin aux répressions de masse, libérer un grand nombre de détenus du Goulag devenu de plus en plus improductif. **Khrouchtchev, le Premier secrétaire du parti communiste**, devient le nouvel homme fort du Kremlin après l'exécution, fin 1953, de Beria, puissant chef de la police politique sous Staline et la mise à l'écart de Malenkov, successeur de Staline à la tête du gouvernement.

■ Lors du XXe Congrès du **PCUS** (février 1956), Khrouchtchev marque clairement la rupture avec le stalinisme. Il dénonce dans un rapport secret le « culte de la personnalité » organisé par Staline. Khrouchtchev entend sauver les principes du communisme « authentiquement léniniste » et éviter de poser la question de la responsabilité du Parti. En matière de relations avec le bloc de l'Ouest, il propose de substituer à la guerre froide une « coexistence pacifique ». Au sein du camp socialiste, il admet la pluralité des voies menant au socialisme et se réconcilie avec le dirigeant yougoslave Tito. **Le modèle soviétique n'est plus monolithique**.

■ Ces changements rencontrent un écho considérable en Pologne et en Hongrie. En octobre 1956, un vaste mouvement populaire contraint les dirigeants communistes staliniens à quitter le pouvoir en Hongrie. Une insurrection populaire tente de renverser le régime communiste lui-même. Pour l'URSS, c'est inacceptable. **L'écrasement dans le sang de l'insurrection de Budapest par les chars soviétiques en novembre 1956** montre que le modèle soviétique ne peut être impunément remis en cause dans les pays satellites.

B. « Rattraper et dépasser les États-Unis » doc. 2 et 5

■ Pour Khrouchtchev, la déstalinisation est aussi l'occasion de réformer un système économique peu efficace. « Rattraper et dépasser les États-Unis », tel est le slogan lancé en mai 1957. Le communisme ne l'emportera que s'il assure l'abondance. Un nouveau Plan, lancé en 1959, met l'accent sur le développement des industries de consommation, du logement et de l'agriculture, secteurs jusque-là négligés. **On améliore les conditions de vie de la population** : l'âge de la retraite est abaissé (60 ans pour les hommes, 55 ans pour les femmes), la durée hebdomadaire du travail passe de 48 à 42 heures, des logements nouveaux sont construits, les kolkhoziens voient leur sort s'améliorer. Pour des dizaines de millions de Soviétiques, les années Khrouchtchev sont celles d'un progrès notable des conditions de vie quotidienne.

■ **Pour accroître la production agricole, Khrouchtchev lance des grands projets**, tels que la mise en valeur des **« terres vierges »** du Kazakhstan et le développement systématique de la culture du maïs. Ne tenant compte ni des rigueurs du climat, ni des pesanteurs bureaucratiques, ces initiatives irréalistes échouent. En revanche, les Soviétiques obtiennent des **succès spectaculaires dans la conquête de l'espace** : en 1957, ils lancent le premier satellite artificiel, Spoutnik ; en 1961, Iouri Gagarine est le premier homme envoyé dans l'espace.

■ Pourtant, ce succès ne préserve pas Khrouchtchev de l'hostilité de la puissante **nomenklatura**, dont les privilèges sont remis en cause par des réformes qui visent à décentraliser le système politique et à casser les réseaux bureaucratiques. **En octobre 1964**, affaibli par la crise de Cuba, **Khrouchtchev est évincé** de toutes ses fonctions par les autres membres de la direction du Parti. Au sein de la direction collégiale qui remplace Khrouchtchev, **Leonid Brejnev s'impose**, dans la seconde moitié des années 1960, comme le principal représentant de la nomenklatura communiste.

VOCABULAIRE

PCUS : parti communiste de l'Union soviétique.

« terres vierges » : terres du Kazakhstan (steppe), que Khrouchtchev a tenté, sans grand succès, de mettre en valeur.

nomenklatura : liste des fonctions administratives les plus importantes en URSS (Comité central, comités régionaux du Parti, etc.). Par extension, les privilégiés du régime figurant sur ces listes.

1 Khrouchtchev face à l'OTAN.
Ce dessin de 1960 fait allusion au passé de mineur de Khrouchtchev.

1. **Quelle image de Khrouchtchev cette caricature veut-elle transmettre ?**
2. **Est-elle conforme à la politique extérieure de Khrouchtchev à l'égard du bloc de l'Ouest ?**

2 Khrouchtchev en visite aux États-Unis (1959).

3 **Les successeurs de Staline portant le cercueil de Staline, le 9 mars 1953.**

4 **Staline vu par Khrouchtchev**

Les faits prouvent que nombre d'abus ont été commis sur les ordres de Staline sans tenir compte des règles du Parti et de la légalité socialiste. Staline était un homme très méfiant, maladivement soupçonneux. Il était capable de regarder quelqu'un et de lui dire : « Pourquoi vos regards sont-ils si fuyants aujourd'hui ? » ou « Pourquoi vous détournez-vous autant aujourd'hui et évitez-vous de me regarder droit dans les yeux ? » Cette suspicion maladive créait chez lui une méfiance généralisée, même à l'égard des travailleurs éminents du Parti qu'il connaissait depuis des années. Partout et en toute chose, il voyait des « ennemis », des « gens à double face » et des « espions ». Possédant un pouvoir illimité, il se livrait à l'arbitraire et annihilait les gens moralement et physiquement. Quand Staline disait que tel ou tel devait être arrêté, il fallait admettre comme un fait qu'il s'agissait d'un « ennemi du peuple ».

Extraits du discours secret de Khrouchtchev au XXe Congrès du PCUS (24 février 1956).

1. **Présenter le document et son auteur.**
2. **Quels défauts de Staline sont ici mis en évidence ?**
3. **Le parti communiste est-il mis en cause ? Justifier la réponse.**
4. **Peut-on précisément définir ce qu'est un « ennemi du peuple » ?**

5 **Affiche à la gloire de la conquête spatiale (1960).**
« Gloire au parti communiste d'Union soviétique ».

6 **L'insurrection de Budapest (octobre 1956).**
Autodafé des portraits de Staline.

3 L'URSS de Brejnev (1964-1982)

A. Conservatisme politique et stagnation doc. 3

■ Brejnev n'a rien d'un dictateur tout-puissant à la manière de Staline. Par son intermédiaire, c'est la bureaucratie du Parti qui exerce le pouvoir. L'immobilisme et le vieillissement du personnel politique caractérisent la stagnation de la période brejnévienne : **le modèle soviétique semble incapable de se réformer**.

■ Seul parti autorisé, le parti communiste reste le rouage central de la vie politique, à côté des différentes organisations qu'il contrôle (Jeunesses communistes, syndicats, groupements professionnels). De 1965 à 1980, le nombre des membres du Parti ne cesse d'augmenter (17 millions au début des années 1980). **La carte du Parti constitue, de plus en plus, un « complément » utile au diplôme**, facilitant une carrière, mais n'impliquant qu'un engagement minimal : respecter les « règles du jeu ».

B. L'impossible réforme économique doc. 5 et 6

■ Soucieux d'améliorer la faible rentabilité de l'économie soviétique, la nouvelle équipe au pouvoir adopte, en 1965, une réforme des entreprises : introduire dans leur gestion des critères de profit, d'intéressement des travailleurs et d'autonomie. Rapidement, cette **tentative de réforme s'enlise en raison de la passivité des travailleurs** peu intéressés par des primes, alors que les magasins sont vides.

■ Dans le contexte du choc pétrolier de 1973, les plans quinquennaux donnent la priorité à l'exploitation extensive des immenses richesses de Sibérie (gaz, pétrole, or). Ce choix oblige l'URSS à exporter des matières premières pour maintenir le niveau de vie des Soviétiques, mais ne s'attaque pas aux **difficultés qui apparaissent au milieu des années 1970** : baisse des taux de croissance, chute des gains de productivité. De nombreuses contraintes handicapent l'économie soviétique : le vieillissement des équipements, l'accroissement démesuré des dépenses militaires, lié à la course aux armements avec les États-Unis, la diminution de l'espérance de vie.

C. Les mutations sociales des années Brejnev doc. 1, 2 et 4

■ Derrière l'immobilisme politique qui caractérise l'ère brejnévienne, la société connaît des mutations profondes. La première est le ralentissement de la croissance démographique. Le taux de natalité a nettement diminué mais l'évolution est inégale selon les régions. La croissance des populations musulmanes des républiques d'Asie centrale (11 % de la population soviétique en 1959, 16 % en 1979) est plus rapide que la moyenne. Les comportements démographiques très contrastés témoignent de **l'importance du fait national à l'intérieur de l'URSS**, de la coexistence de sociétés très différentes malgré des décennies d'enseignement du marxisme-léninisme.

■ La seconde mutation est l'urbanisation : en vingt ans, la population urbaine est passée de 48 à 66 % de la population. Troisième mutation, la société est de plus en plus éduquée. Désormais, 40 % des citadins sont des « spécialistes » ayant achevé des études secondaires ou supérieures. L'élévation du niveau d'instruction favorise le développement d'**une véritable société civile**, avec sa culture parallèle, bien différente de l'idéologie officielle. Cette société civile, étroitement surveillée par le KGB, est souvent attirée par la culture occidentale, la société de consommation, la musique rock, l'écologie, voire la religion.

■ À l'heure où s'affirme une séparation croissante entre ceux qui ont le pouvoir et le « petit peuple », la participation de la société à la vie politique est de plus en plus formelle. Une des formes les plus répandues de réponse sociale au discours officiel est **l'adhésion de façade à un régime qui assure la sécurité de l'emploi et un confort minimum**. Mais cette adhésion masque souvent un formidable laisser-aller dans le travail, au sein d'un système qui pénalise toujours l'initiative individuelle.

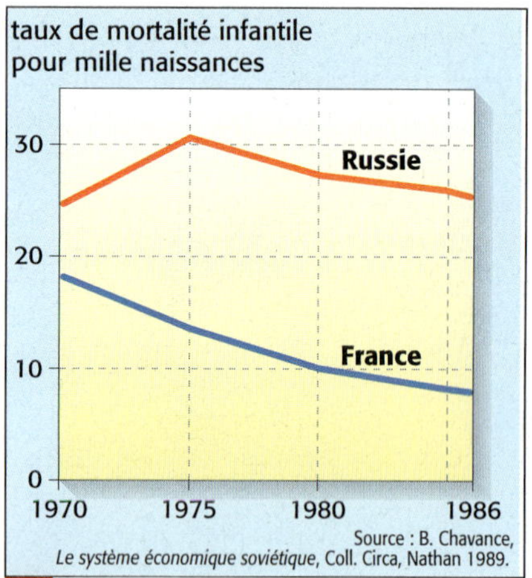

Source : B. Chavance, *Le système économique soviétique*, Coll. Circa, Nathan 1989.

1 La mortalité infantile sous Brejnev.

1. **Comment évoluent les deux courbes ?**
2. **Quelle conclusion peut-on en tirer à propos du système de santé des deux pays ?**

2 Mesures prises à l'occasion des Jeux olympiques de Moscou :

Strictement confidentiel.
Au Comité central,
Le KGB prépare et réalise un ensemble de mesures visant au renforcement de la sécurité et au maintien de l'ordre durant les jeux de la XXIIe Olympiade.
Nous avons tenu compte, tant de la situation politique mondiale, des actions des services spéciaux et des centres de diversion de l'ennemi, que des éléments hostiles et criminels à l'intérieur du pays […].
Nous avons pris les mesures suivantes :
– interdire l'entrée sur le territoire aux étrangers proches d'organisations terroristes, extrémistes ou hostiles ;
– procéder à une fouille à 100 % des étrangers entrant en URSS durant la période des Jeux ;
– détacher des fonctionnaires du KGB pour assurer les tâches de nettoyage et d'entretien dans le village olympique. Ces personnels pourront être utilisés en cas d'événements graves ;
– mettre en place des postes de contrôle sur les voies d'accès à Moscou, dans le but d'en interdire l'entrée aux individus indésirables et aux véhicules ne possédant pas une autorisation spéciale ;
– prendre des mesures visant au renforcement de l'ordre dans Moscou et sa région en améliorant la lutte contre les éléments antisociaux.

Rapport du KGB sur les mesures prises pour assurer la sécurité des XXIIe J. O., 20 mai 1980. Cité dans N. Werth, G. Moullec, *Rapports secrets soviétiques, 1921-1991*, Gallimard, 1994.

3 La gérontocratie[1] au pouvoir.
Les membres du Politburo au Kremlin au début des années 1980.
La moyenne d'âge des membres du Politburo dépasse les 70 ans.

1. Régime politique dirigé par des vieillards.

4 Brejnev au camp des pionniers Artek, été 1979.

5 Le modèle économique soviétique

Dans des pays comme la Chine, le Viêt-nam du Nord, la Corée du Nord ou l'Albanie, l'influence des résultats obtenus par l'Union soviétique est particulièrement grande, car ces pays voient triompher des partis communistes qui se réclament, comme l'URSS, du marxisme-léninisme.

Cependant, cette influence se manifeste aussi dans des pays dont les gouvernements rejettent le marxisme-léninisme et dans lesquels le capital privé est très loin d'être éliminé. Tel est le cas, entre autres, de l'Inde de Nehru et d'Indira Gandhi et, jusqu'à un certain point, de l'Égypte de Nasser. Dans ces pays, l'expérience soviétique sert un peu de « modèle économique ». On en retient essentiellement les traits suivants : la nationalisation d'une partie plus ou moins importante de l'industrie, la planification, la concentration des efforts d'investissement sur certains secteurs économiques considérés comme des « secteurs clés », le choix d'une technologie très « moderne », la réalisation des investissements principalement par l'intermédiaire du budget d'État du commerce extérieur.

Les résultats obtenus par les pays ayant pris l'expérience économique soviétique comme un simple « modèle » ne répondant pas à ce qui en a été attendu, aucun de ces pays n'a réalisé une véritable industrialisation. Cependant, le « modèle soviétique » continue à jouer encore aujourd'hui un rôle certain dans le tiers-monde, même dans des pays dont les gouvernements rejettent le marxisme-léninisme.

Charles Bettelheim, économiste, *Le Monde* du 8 novembre 1977.

1. **Dans quels types de pays l'URSS est-elle utilisée comme modèle ?**
2. **Quels aspects de l'économie soviétique ont surtout été copiés ?**
3. **Avec quels résultats, d'après ce texte ?**

6 « Comment se construire une datcha avec l'argent des prolétaires ». Caricature de *Krokodil*, 1985.

La vie quotidienne dans l'URSS des années Brejnev

Seconde puissance mondiale, accordant depuis les années 1930 la priorité au développement industriel lourd et à l'équipement militaire, l'URSS n'a guère favorisé l'essor d'une société de consommation. Malgré des progrès notables dans des domaines tels que l'éducation, malgré quelques tentatives de réformes économiques, le quotidien des Soviétiques dans les années 1960-1980 est fait de pénuries et de problèmes de logement. Tandis que l'exode rural s'accélère, une nouvelle société urbaine, plus éduquée, mieux formée, se met en place. Une société qui supporte de plus en plus difficilement la surveillance qui pèse sur elle.

1 Réforme à l'usine de Kosino (près de Moscou)

Notre usine est d'une dimension moyenne : elle emploie 1 700 personnes. Notre spécialité, ce sont les tricots pour hommes, femmes et enfants – environ quatre millions d'articles par an.
Depuis janvier 1966, nous avons commencé à travailler selon la méthode nouvelle. Comme auparavant, nous continuons à travailler sur la base d'un plan d'État établi pour un an. Le plan continue d'être pour nous la loi. Mais c'est un plan d'une nature très différente. Seul un petit nombre d'indices nous est transmis par l'organisme supérieur (le ministère de l'Industrie légère de la Fédération de Russie). Ces indices comprennent le volume des articles vendus, les modèles de produits, le fonds des salaires, le total des bénéfices et des rendements, les paiements à régler par l'usine au budget de l'État. C'est tout. C'est l'usine elle-même, sa direction et le collectif ouvrier qui décident de tout le reste.
La vente des produits, et non leur seule fabrication, est le critère fondamental de l'efficacité d'une usine. La demande des articles oblige l'usine à les faire de haute qualité et à s'assurer que ses rapports avec le consommateur sont sains.
Auparavant, le bénéfice ne pouvait servir de stimulant du rendement. Excepté la petite part versée au « fonds de l'entreprise », la totalité du bénéfice allait au Trésor public. Aujourd'hui, nos paiements au Trésor public n'absorbent pas tous nos bénéfices. Une large part reste entièrement à la disposition de notre usine. Cette part du bénéfice, qui demeure entre les mains de l'usine, est répartie en trois fonds. Ce sont : le fonds des stimulants personnels, le fonds social-culturel et du logement, et le fonds de développement de l'usine.

Iosif Ioffe, « Réforme à l'usine de Kosino », *The Economist*, 11 juin 1966.

3 La population de l'URSS de 1950 à 1990.

Années	Population totale (millions)	Population urbaine (millions)	Population urbaine %
1950	178,5	69,4	38,9
1960	212,4	103,6	48,8
1970	241,7	136	56,3
1980	264,5	166,2	62,8
1990	288,6	190,6	66

Source : *Annuaire démographique de l'URSS*, Moscou, 1990.

2 Rapport d'inspection de Andreï Gromyko, président du Soviet suprême, sur la situation du commerce de la ville de Moscou (janvier 1986)

Confidentiel. Au Comité central.

Magasin n° 1 de l'arrondissement de Kountsevo.
On note un fort manque de bonnes chaussures d'hiver. Durant les grands froids, on ne pouvait trouver que des sandalettes d'été. Ce magasin offre un exemple typique du manque chronique de tissus à la mode. Les tons des étoffes proposées sont pâles, sombres, et même « repoussants » comme l'a remarqué une acheteuse. Devant nous, les acheteurs critiquèrent ceux qui produisent de tels produits et nous demandèrent s'il n'était pas possible de contraindre le producteur à tenir compte des goûts du client. Le personnel du magasin attira notre attention sur le manque de régularité des livraisons. Le plus souvent, il arrive que rien ne soit vendu durant les dix ou vingt premiers jours du mois, puis c'est un véritable branle-bas de combat durant la dernière semaine. Les produits ne partent pas à temps des entrepôts soit à cause de la mauvaise organisation, soit par manque de transport.

Archives d'État de Russie en histoire contemporaine, cité dans N. Werth, G. Moullec, *Rapports secrets soviétiques, 1921-1991*, Gallimard, 1994.

4 Rapport du KGB sur les défauts dans la construction de la centrale nucléaire de Tchernobyl

21 février 1979. Confidentiel. Au Comité central.
Selon les informations dont dispose le KGB, divers chantiers de construction réalisant le bloc n° 2 de la centrale atomique de Tchernobyl mènent leurs travaux sans aucun respect des normes, des technologies de montage et de construction définies dans le cahier des charges. Le tout peut conduire à des incidents techniques ayant des conséquences mortelles. Les piliers de la carcasse de la salle des machines sont montés avec des écarts de 100 mm ; dans certains cas, les liaisons horizontales entre les piliers sont absentes. Les plaques préfabriquées sont montées avec des écarts de 150 mm [...]. L'endommagement de l'isolation hydraulique rend possible une inondation du territoire de la centrale à la suite de la montée des eaux souterraines et peut conduire ainsi à des dégagements radioactifs dans l'environnement [...].
Cent soixante-dix personnes ont été victimes d'accidents du travail à la suite du non-respect des normes de sécurité pour les trois premiers trimestres de 1978. Ceci représente une perte de 3 666 journées-travail.

Communiqué à seule fin d'information, Le président du KGB, I. V. Andropov.

5 La crise des « villages sans avenir »

« Villages sans avenir » est l'expression officielle désignant les villages dont la population, en raison de l'exode rural, est jugée trop faible pour justifier le maintien de services essentiels, tels que les commerces, l'école, le dispensaire…

Notre village n'est ni très grand, ni très petit : cent foyers environ, mais il a été classé « sans avenir » et on a cessé de s'y intéresser. Prenons la route par exemple : essayez de vous rendre quelque part à la période du dégel ! Mon mari et moi, nous sommes tous deux éleveurs, nous travaillons à la traite. Et bien, imaginez ce que c'est de se frayer un chemin jusqu'à l'étable, tôt le matin, surtout quand il pleut. Même dans la rue, on ne peut marcher qu'avec des bottes en caoutchouc […].
Il n'y a pas d'école primaire à Parousnoie et les femmes ont le cœur serré quand, le matin, leurs rejetons partent à pied sur une telle route pour se rendre à l'école du chef-lieu. La route n'est malheureusement pas notre seul tourment. Voyez où sont casés les services. Si, à côté d'une jolie maison, vous apercevez une méchante petit baraque, n'en doutez pas, ils sont ici. C'est dans une de ces constructions vétustes qu'on a « installé » le magasin. Les murs et les plafonds sont lézardés, tout est entassé pêle-mêle et il n'y a guère de choix. Et pourtant notre pouvoir d'achat augmente d'année en année. L'argent est arrivé dans les campagnes, mais les marchandises, elles, se sont perdues en route.
Les jeunes ne se contentent plus de cela. Leur niveau d'instruction, le haut niveau culturel atteint aujourd'hui dans la production exigent un niveau semblable dans la vie quotidienne […]. Les jeunes quittent la campagne. Et ce petit village, si agréable autrefois, s'est comme éteint.

A. Chatalova, éleveuse au sovkhoze Hmelnitskii, province de Lipetsk, lettre envoyée le 6 janvier 1979 au « Courrier des lecteurs » de la *Pravda*.

7 Rapport du Comité du parti de la région de Krasnoiarsk (Sibérie) sur la sélection des citoyens soviétiques partant en voyage à l'étranger.

26 janvier 1980. Confidentiel. Au Comité central.
En 1979, la commission des voyages à l'étranger a tenu 24 sessions durant lesquelles 11 250 dossiers ont été étudiés. On note, pour 1979, une légère amélioration qualitative de la composition des groupes touristiques et de travailleurs envoyés à l'étranger. Ainsi, 46,7 % étaient des ingénieurs ou des techniciens, 39,1 % des ouvriers et, au total, 48 % étaient des communistes ou des membres des Jeunesses communistes […].
Une attention particulière a été portée au choix des citoyens devant se rendre dans un pays capitaliste. Leurs qualités professionnelles, politiques et morales ont donné lieu à une étude approfondie. Leur candidature a reçu l'agrément des comités syndicaux, du præsidium du Comité régional des syndicats ; le compte rendu de leurs états de service a été discuté durant les réunions des cellules du Parti, des Jeunesses communistes et des ouvriers […]. Les chefs des groupes touristiques ont été sélectionnés parmi les responsables du Parti, des soviets, des syndicats, des Jeunesses communistes […].
L'analyse des résultats pour 1979 indique que la majorité des touristes soviétiques et des spécialistes ont fait montre de vigilance politique, de hautes qualités morales, d'un grand sens de l'organisation et de la discipline […].

Cité dans N. Werth, G. Moullec, *Rapports secrets soviétiques, 1921-1991*, Gallimard, 1994.

6 Paysannes à Souzdal, 1972.

8 Humour russe… pour vaincre la grisaille

La *Pravda* organise un grand concours d'histoires satiriques sur l'action du gouvernement. Premier prix : vingt ans de travaux forcés en Sibérie.

« Il est certain qu'Adam et Ève étaient soviétiques », affirme-t-on à Moscou, avec l'explication suivante : « Ils n'avaient rien à se mettre, ils n'avaient qu'une pomme pour deux et ils se croyaient au paradis ! »

– Sait-tu que l'URSS est le pays le plus riche du monde ? demande un Soviétique à un autre.
– Comment ça ?
– Eh bien, ça fait soixante ans que tout le monde vole l'État, et il reste toujours quelque chose à voler !

QUESTIONS

A. Présenter les documents (nature, date, auteur)

B. Dégager des informations des documents

1. Quelle « nouveauté » introduit la réforme ? (doc. 1)
2. Que constate le rapport ? Quelles explications sont avancées ? (doc. 2)
3. Comment évolue la population urbaine par rapport à la population totale ? (doc. 3)
4. Qu'est-il arrivé par la suite à cette centrale ? Avec le recul, quel est l'intérêt de ce texte ? (doc. 4)
5. Comment expliquer l'exode rural ? (doc. 5)
6. Pourquoi un tel contrôle est-il effectué ? (doc. 7)

C. Mettre en relation les documents

7. La réforme a-t-elle été efficace ? (doc. 1 et 2)

D. Synthèse

8. Montrer que la vie quotidienne est marquée par la pénurie.

Les dissidents

Le mouvement dissident apparaît en URSS dans la seconde moitié des années 1960. Les dissidents réclament le respect des droits de l'homme et des droits garantis en théorie par la Constitution soviétique et par les accords internationaux signés par l'URSS, mais le plus souvent violés. Non violents, les dissidents agissent dans la transparence, invoquent la légalité et dénoncent les mensonges des autorités. Intellectuels russes, juifs demandant le droit d'émigrer en Israël, prêtres ou laïcs réclamant la liberté de culte, tous paient leur action d'années d'internement dans des camps ou dans des hôpitaux psychiatriques, au mieux, d'exil. Très minoritaire – on ne compte que quelques centaines de dissidents – ce mouvement devient célèbre dans le monde entier grâce à quelques personnalités d'exception comme Andreï Sakharov ou Alexandre Soljenitsyne.

1 Le KGB et les dissidents

Voilà pourquoi la propagande occidentale fait tant de bruit sur les « droits de l'homme » et sur les soi-disant « dissidents ». Les citoyens ont le droit de critiquer et de faire des propositions. Ce droit est garanti par l'article 49 de la Constitution qui interdit de condamner quiconque pour exercice de la critique. Mais il n'en est pas de même lorsque des individus transforment la critique en une activité antisoviétique, violent la loi, fournissent une fausse information aux centres de propagande occidentaux, répandent de fausses rumeurs, essayent d'organiser des actions anti-sociales. Ces renégats n'ont pas le soutien du peuple soviétique. [...] L'existence de dissidents en Union soviétique n'est possible que par les campagnes publicitaires orchestrées par la presse étrangère et le soutien que leur accordent des services diplomatiques, secrets et autres, en payant généreusement les « dissidents » en monnaie étrangère ou par tout autre moyen [...].

Il y a malheureusement quelques individus de ce genre dans notre société, tout comme il existe des voleurs, des spéculateurs, des individus corrompus et autres criminels de droit commun. Ces deux catégories nuisent à notre société et nous les traitons en conséquence. Ils doivent être punis selon la rigueur de la loi soviétique. Mais il convient de dire que le nombre de gens condamnés pour activité antisoviétique est bien moindre qu'à d'autres moments de l'histoire de ce pays. Ils sont très peu [...]. Telle est la réalité de ce qu'on appelle la dissidence.

Discours de I. Andropov, chef du KGB, le 16 septembre 1977, dans Jaurès Medvedev, *Andropov au pouvoir*, Flammarion, 1983

2 Alexandre Soljenitsyne.
La une de *Paris-Match*, le 5 avril 1975.

3 Lettre de Soljenitsyne au Congrès des écrivains soviétiques (16 mai 1967)

Une censure que l'on ne nomme jamais en public, que la Constitution n'a pas prévue et qui est de ce fait illégale, pèse sur notre littérature et soumet les écrivains à l'arbitraire de véritables analphabètes sur le plan littéraire [...].

On ne reconnaît pas à nos écrivains le droit d'émettre sur la vie morale des hommes et de la société des jugements qui soient en avance sur leur temps, d'expliquer à leur façon les problèmes sociaux, ou l'expérience historique que notre pays a acquise au prix de telles souffrances. Les œuvres qui pourraient exprimer une pensée mûrie au sein de la nation, exercer à temps une action salutaire dans le domaine spirituel ou sur le développement de l'opinion publique, ces œuvres sont interdites ou mutilées par la censure en vertu de considérations mesquines, égoïstes et à courte vue [...]. Combien de membres de l'Union des écrivains savent comment ils ont cédé eux-mêmes à la pression de la censure, modifiant la structure et le dessein de leurs livres, changeant des chapitres, des pages, des paragraphes, des phrases, édulcorant leurs titres, prêts à tout faire pour les voir imprimés, et les mutilant ainsi de façon irrémédiable. [...] C'est précisément la meilleure partie de notre littérature qui voit le jour défigurée.

Cité dans G. Nivat et M. Aucouturier, *Soljenitsyne*, L'Herne, 1971.

4 Manifeste d'Andreï Sakharov (1973)

Nous proposons à titre d'exemple le programme suivant, composé de mesures que l'on pourrait mettre en œuvre dans les quatre ou cinq années à venir :

– une déclaration des organes supérieurs du Parti et du gouvernement affirmant la nécessité d'approfondir la démocratisation et définissant les rythmes et les méthodes de sa mise en pratique […] ;

– la cessation du brouillage des émissions des radios étrangères. La vente libre des livres et des périodiques étrangers. L'adhésion de notre pays au système international de protection des droits d'auteurs et des droits d'éditeurs. L'élargissement progressif […] du tourisme international dans les deux sens, la levée des contraintes limitant la correspondance internationale, ainsi que toutes autres mesures destinées à élargir les contacts internationaux ;

– l'amnistie des prisonniers politiques. La promulgation d'un décret rendant obligatoire la publication in extenso des procès-verbaux sténographiques des procès à caractère politique. Un contrôle social des lieux de détention et des établissements psychiatriques […] ;

– l'adoption d'une loi sur la presse et sur l'information garantissant aux associations et à tout groupe de citoyens la possibilité de créer de nouveaux organes de presse. La suppression de la censure préalable sous toutes ses formes […] ;

– la mise en place progressive de la pratique des candidatures multiples à un même siège lors des élections aux organes du Parti et des Soviets à tous les niveaux ;

– le rétablissement de tous les droits des nations déportées de force sous Staline. Le rétablissement de l'autonomie nationale des peuples déportés à qui possibilité devra être fournie de revenir sur leur terre natale.

Manifeste adressé au Comité central du PCUS, publié à Paris dans A. Sakharov, *Sakharov parle*, coll. « Combats », Le Seuil, 1974.

Andreï Sakharov et sa femme, Helena Bonner.

5 Soljenitsyne et l'agence officielle de presse soviétique

22 février 1974. Confidentiel. Au Comité central.

Suite aux ordres reçus, l'agence de presse Novosti a organisé, par les canaux dont elle dispose, une campagne d'information et de propagande relative aux activités antisoviétiques de Soljenitsyne […].

Une attention particulière sera portée sur la déconsidération morale de Soljenitsyne. L'agence de presse Novosti prépare l'édition des notes de Rechetovskaïa, l'ex-épouse de Soljenitsyne, qui soulignent le caractère amoral de son comportement. Une interview de l'ex-épouse de Soljenitsyne a été publiée dans le plus grand journal de la presse bourgeoise française, *Le Figaro* […]. Le travail de déconsidération de Soljenitsyne est mené en coopération avec le KGB. À la demande de nos amis, l'agence Novosti a préparé un recueil de textes sur Soljenitsyne intitulé *Sur le chemin de la trahison*. Ce recueil sera imprimé tant dans les imprimeries italiennes, japonaises, françaises ou canadiennes qu'à Moscou, dans la langue de ces pays.

Mesures de propagande prises par l'agence officielle de presse soviétique Novosti pour discréditer A. Soljenitsyne, après l'expulsion de celui-ci à l'étranger.

6 « Brejnev, laisse partir la famille de Mama Agapof ! »

QUESTIONS

A. Présenter les documents (nature, date, auteur)

B. Dégager des informations des documents

1. Que reproche Andropov aux dissidents ? (doc. 1)
2. À quoi les dissidents sont-ils assimilés et comparés ? (doc. 1)
3. Que reproche Soljenitsyne aux dirigeants soviétiques ? (doc. 3)
4. Quelles en sont les conséquences pour les œuvres des écrivains ? (doc. 3)
5. Quelles revendications se rapportent à un rétablissement des libertés individuelles ? (doc. 4)
6. Comment faut-il comprendre les expressions « activités antisoviétiques » et « caractère amoral de son comportement » ? (doc. 5)

C. Mettre en relation les documents

7. Que veulent les dissidents (doc. 3 et 4) ?
8. De quels moyens dispose l'URSS pour tenter de faire taire les dissidents ?

D. Synthèse

9. Montrer en quelques lignes ce qui a fait, malgré leur petit nombre, la force des dissidents soviétiques.

4 De la perestroïka à la chute du système soviétique

A. La perestroïka doc. 1 et 3

■ Secrétaire général du Parti à partir de mars 1985, Mikhaïl Gorbatchev entreprend une vaste politique de réformes, la **perestroïka**. À la différence des tentatives réformistes de Khrouchtchev, le projet de Gorbatchev se veut global et radical : **la perestroïka ne se limite pas à l'économie, elle concerne aussi le système politique, la société, les relations internationales.** Associer la population à la vie politique, instiller une dose de démocratie, stimuler l'initiative individuelle, rendre l'économie plus performante, tel est l'ambitieux pari de Mikhaïl Gorbatchev. Un projet qui ne prétend pas remettre en cause le système communiste et le modèle soviétique, mais qui souhaite en corriger les dysfonctionnements.

■ En quelques années, des réformes de fond bouleversent un pays qui paraissait figé. La volonté de réforme venue d'« en haut » rencontre un vaste écho dans la société. La censure est levée, la **glasnost** (« transparence ») favorise le libre accès à l'information. Une vaste réforme politique est engagée. Pour asseoir son pouvoir sur une base constitutionnelle, Gorbatchev crée la fonction de président de l'URSS, élu par un nouveau Parlement élargi, le Congrès des députés du peuple, issu d'élections en partie libres. L'élection, en mars 1989, de ces députés au scrutin secret, avec des candidatures multiples, marque **une étape décisive dans l'évolution de la vie politique soviétique vers la démocratie**.

B. L'échec de la perestroïka : une société réticente doc. 2 et 4

■ D'importantes réformes économiques sont engagées : un secteur privé apparaît dans le commerce et les services en 1988. Ces réformes suscitent à la fois le scepticisme et l'opposition. Le désarroi de la population grandit : au fil des années, entre le Soviétique moyen et l'État, un accord implicite s'était établi, accord résumé dans la formule : « **Je fais semblant de travailler, l'État fait semblant de me payer.** »

■ Or, la perestroïka, entreprise de modernisation, est synonyme de suppression des postes de travail inutiles, de rentabilité, de risque de chômage et d'inflation. Les salaires ne suivent pas la hausse des prix, les grèves se multiplient, la production s'effondre. Dès 1987, l'effervescence gagne **les populations baltes, l'Ukraine, les républiques du Caucase, où des mouvements nationaux se développent**. Contenues jusque-là par le régime soviétique, les tensions explosent : les républiques baltes, rattachées en 1940 par la force des armes à l'URSS, sont les premières à proclamer unilatéralement leur indépendance (début 1990).

C. La fin de l'URSS (1990-1991) doc. 5 et 6

■ Tandis que la crise économique et politique s'aggrave, **Mikhaïl Gorbatchev est de plus en plus isolé**. Il est critiqué à la fois par la population, dont le niveau de vie s'effondre, par la nomenklatura, qui l'accuse de conduire le pays à l'anarchie, et par les réformateurs qui, les uns après les autres, l'abandonnent pour soutenir Boris Eltsine.

■ Élu au suffrage universel président de la Fédération de Russie, le 12 juin 1991, Eltsine devient très vite populaire, notamment en prenant la tête de la résistance à une tentative de putsch du 19 au 21 août 1991, organisé par un groupe de dirigeants communistes conservateurs. Leur échec suscite une grande vague d'anticommunisme et accélère la décomposition du pouvoir central. Eltsine interdit le PCUS en Russie ; le KGB est démantelé. À l'automne 1991, 8 des 15 Républiques formant l'URSS proclament leur indépendance. Dans cette situation, Gorbatchev est contraint de mettre fin, le **25 décembre 1991**, à ses fonctions de président d'une URSS qui a cessé d'exister et qui laisse la place à 15 États souverains. **Il n'y a plus de modèle soviétique.**

VOCABULAIRE

perestroïka : restructuration ; réforme politique visant à réconcilier communisme et démocratie, à réorganiser l'économie afin d'accorder plus de liberté et un meilleur niveau de vie.

glasnost : transparence ; tentative menée par Mikhaïl Gorbatchev pour promouvoir la liberté d'expression et favoriser l'accès à l'information.

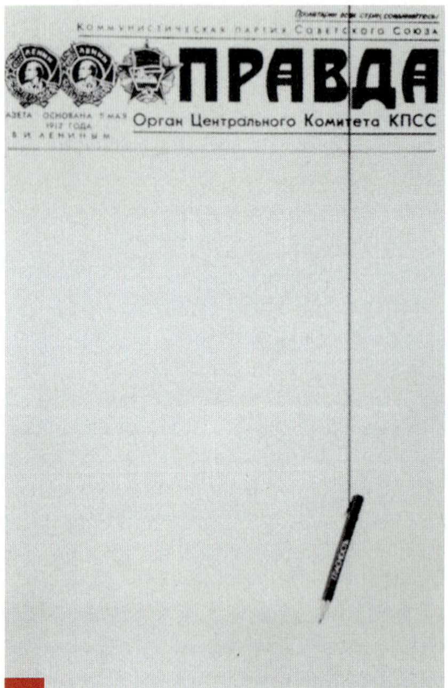

1 Affiche de Beloziorov : *Glasnost*.

2 Salaires, prix, cours du rouble.

Salaires mensuels d'un ouvrier qualifié		
	1985	250 R
	début 1990	5 000 R
	fin 1994	150 000 R
Prix du pain et de la viande		
pain noir (1 kg)	1985	0,10 R
	début 1990	25 R
	fin 1994	900 R
viande de bœuf (1 kg)	1985	5 R
	début 1990	300 R
	fin 1994	15 000 R
Le cours du rouble en dollars		
1985	1 $ =	4 R
1987	1 $ =	10 R
1989	1 $ =	20 R
1990 décembre	1 $ =	100 R
1992 décembre	1 $ =	500 R
1994 novembre	1 $ =	3 300 R
1997 décembre	1 $ =	5 950 R
1998 janvier	1 nouveau rouble = 1 000 anciens roubles (soit 1 FF, soit 1 $= 6,2 nouveaux roubles)	

1. Comment évolue le niveau de vie ?
2. Montrer que la Russie connaît une inflation très rapide.

3 Mikhaïl Gorbatchev définit la perestroïka

Perestroïka, cela signifie surmonter le processus de stagnation, rompre le mécanisme de freinage, créer des systèmes fiables et efficaces pour accélérer le progrès social et économique et lui donner un plus grand dynamisme.
Perestroïka signifie aussi initiative de masse. C'est le développement complet de la démocratie, l'autonomie socialiste, l'encouragement de l'initiative et des attitudes créatives, c'est aussi davantage d'ordre et de discipline, davantage de transparence, la critique et l'autocritique dans tous les domaines de notre société. C'est le respect le plus absolu pour l'individu et la prise en considération de la dignité de la personne.
Perestroïka, c'est l'intensification systématique de l'économie soviétique, le renoncement à une gestion fondée sur l'injonction et les méthodes administratives, l'encouragement sans réserve de l'innovation et de l'esprit d'entreprise socialiste. [...]
Perestroïka, cela signifie le développement prioritaire du domaine social, avec pour objectif de mieux satisfaire les aspirations du peuple soviétique à de meilleures conditions d'existence et de travail, à de meilleurs loisirs, à une meilleure éducation et de meilleurs soins médicaux.

M. Gorbatchev, *Perestroïka*, Flammarion, trad. Desmond/Bonnefoy, 1987.

1. Présenter le document (auteur, contexte historique...).
2. Les réformes envisagées répondent-elles directement aux attentes des dissidents ?

4 Lettre adressée par les dirigeants de l'usine automobile ZIL au Comité central, sur la situation critique de l'entreprise, le 8 février 1991

L'instabilité générale de la situation politique et économique du pays, l'effondrement des liens industriels ont conduit à la baisse du niveau de vie de la classe ouvrière et de l'intelligentsia laborieuse, développé l'incertitude du lendemain, menacé les acquis sociaux. Tous ces processus ont affecté le collectif de ZIL [...]. Les postes de travail sont occupés dans l'usine à moins de 80 % alors que la ville de Moscou est, aux heures de travail, remplie d'une foule se promenant le nez en l'air. En 1989-1990, plus de 4 000 ouvriers hautement qualifiés et spécialistes nous ont quittés pour aller travailler dans des coopératives et des sociétés mixtes, pour la plupart n'évoluant pas dans le secteur productif, là où les salaires représentent plusieurs fois ceux habituellement pratiqués dans notre usine et où l'intensité du travail est beaucoup moins importante. Dans ces conditions, la seule solution au manque aigu de personnel permanent est une augmentation substantielle des salaires [...].
La rupture des liens horizontaux et verticaux entre les entreprises industrielles a rendu encore plus aigus les problèmes d'approvisionnement en matières premières. L'irrégularité des livraisons, l'incertitude du lendemain conduit à une planification chaotique et à un arrêt inévitable et de longue durée de toute la chaîne de production [...].
L'ensemble des problèmes énoncés met en péril le leader de la construction automobile soviétique, dont la production représente 25 % du parc automobile en circulation.

Cité in N. Werth, G. Moullec, *Rapports secrets soviétiques, 1921-1991*, dans *La société russe dans les documents confidentiels*, Gallimard, 1995.

1. Montrer que la situation de l'entreprise est critique.
2. Quels défauts de la société soviétique sont mis en relief, directement ou indirectement, par ce texte ?

5 Mikhaïl Gorbatchev annonce sa démission à la télévision soviétique, le 25 décembre 1991.

6 Trois effets de l'effondrement du communisme en 1992.

a. Affiche placardée à Moscou en 1992.
b. Un prêtre orthodoxe bénit la foule à Koursk, en 1992.
c. Manifestation de communistes nostalgiques, en 1995 à Moscou.

a

b

c

FICHE DE RÉVISION

DATES À RETENIR

- **1953 :** mort de Staline
- **1956 :** XXe Congrès du PCUS. Déstalinisation
- **1964 :** Khrouchtchev démis de ses fonctions
- **1991 :** fin de l'URSS

LIRE

- A. SOLJENITSYNE, *Une journée d'Ivan Denissovitch*, Le Livre de poche, Paris (une journée « ordinaire » d'un détenu du Goulag).
- B. LAZITCH, *Le Rapport Khrouchtchev et son histoire*, Le Seuil, Paris, 1976.
- H. CARRÈRE D'ENCAUSSE, *L'Empire éclaté*, Flammarion, Paris, 1983 (un livre qui fit date).
- N. et J. KEHAYAN, *Rue du prolétaire rouge*, Le Seuil, Paris, 1978 (la vie quotidienne en URSS vue par deux communistes français).
- S. COURTOIS, N. WERTH et alii, *Le Livre noir du communisme*, Laffont 1987.
- J. ROSSI, *Qu'elle était belle cette utopie, chroniques du Goulag*, Cherche-midi, 2000 (un français au goulag).

BIOGRAPHIES

Joseph Djougachvili, dit **Staline (1879-1953)**, secrétaire général du PCUS de 1922 à 1953.
(Voir biographie complète p. 399)

Nikita Sergueïevitch Khrouchtchev (1894-1971), premier secrétaire du PCUS de 1953 à 1964.
(Voir biographie complète p. 395)

Mikhaïl Gorbatchev (né en 1931), premier secrétaire du PCUS de 1985 à 1991.
(Voir biographie complète p. 394)

Alexandre Soljenitsyne (né en 1918), écrivain russe dissident.
(Voir biographie complète p. 399)

Andreï Sakharov (1921-1989), physicien russe dissident, prix Nobel de la paix en 1975.
(Voir biographie complète p. 398)

BILAN DU CHAPITRE

I. Le modèle stalinien au début des années 1950

➤ Le régime stalinien mis en place dans les années 1930 sort consolidé de la Seconde Guerre mondiale, au cours de laquelle l'URSS a largement contribué à la défaite du nazisme.

- Staline exerce une dictature personnelle, qui renforce encore le caractère **totalitaire** du régime : répression massive, contrôle idéologique des esprits.

II. La déstalinisation et les années Brejnev

➤ Khrouchtchev rompt avec le modèle stalinien lors du XXe Congrès du **PCUS** (1956).
En quelques années, l'URSS passe d'un régime totalitaire à un régime autoritaire et policier :

- l'idéologie communiste joue toujours un rôle fondamental ;
- mais l'accent est mis sur la nécessité d'améliorer le quotidien des Soviétiques.

➤ Au temps de Brejnev (1964-1982), immobilisme et vieillissement du personnel politique caractérisent la période de « stagnation » brejnévienne. L'économie soviétique est de moins en moins performante.

➤ La société soviétique supporte difficilement les contraintes d'un modèle qui n'évolue guère.

III. L'échec d'une réforme globale et fin du modèle soviétique

➤ À partir de 1985-1986, M. Gorbatchev, nouveau Secrétaire général du PCUS, lance une réforme globale (**perestroïka**) ; elle est destinée à sauver le système soviétique.
Le système est non réformable, le modèle soviétique implose. C'est la fin de l'URSS.

NE PAS CONFONDRE

Goulag et koulak

- Le **Goulag** (*Glavnoïe Oupravlenie Laguereï* : Direction principale des camps) est une abréviation qui désigne la direction des camps de concentration soviétiques et, par extension, tous les camps soviétiques. Le Goulag n'est pas UN camp en particulier, c'est le mot désignant l'ensemble du système concentrationnaire soviétique.
- Un **koulak**, en Russie, est un paysan aisé qui tient les autres paysans plus pauvres sous sa dépendance, littéralement « sous son poing ».

URSS et Russie

- L'**URSS** comptait 15 Républiques socialistes soviétiques fédérées, correspondant aux quinze nationalités les plus importantes de l'Union. La plus étendue et la plus importante de ces 15 républiques était la RSFSR (République socialiste fédérative soviétique de Russie).

En 1991, l'URSS implose et donne naissance à 15 États indépendants, dont le plus important est la **Russie**, dans les frontières de l'ancienne République soviétique de Russie.

Explication d'un document (4/16)

Sujet : Le Goulag dans les années 1950

DOCUMENT
Le Goulag dans les années 1950.

Questions

1. Présenter le document.
2. Rappeler ce qu'est le Goulag. Où se trouvent les principaux camps du Goulag ?
3. Pour quelles raisons y eut-il des déportations au Goulag ?
4. Quels sont les travaux effectués par les détenus du Goulag ?
5. Quel rôle politique le Goulag joue-t-il dans le système soviétique au temps de Staline ?

Méthode

➤ 1. Aide générale

• Examiner attentivement la carte et sa légende. Regrouper les informations par type (les camps, les tâches effectuées, les villes construites, etc.).

➤ 2. Comment répondre aux questions

Question 1

• Penser au titre et au type de document. S'agit-il d'un document d'époque ou d'un document réalisé par un historien ?

Question 2

• Utiliser la légende pour faire la différence entre les groupes de camps et les camps isolés.
• Observer la taille des carrés, proportionnelle au nombre des camps de la région. Dans quelles régions de l'URSS se trouvent les camps ? Quel est le climat de ces régions ? leur emplacement par rapport à la partie européenne de l'URSS ? par rapport aux grandes voies de communication ?

Question 3

• Les dates qui sont données au-dessus des flèches indiquent les déportations.
• Pour trouver les raisons de ces déportations, étudier les dates (à quel moment de l'histoire cela correspond-il ?).
• D'où viennent les peuples déportés ?
• Quels liens peut-on établir avec les dates ?

Question 5

• Se rappeler comment fonctionne le système soviétique :
– régime totalitaire,
– surveillance et arrestations par le KGB,
– rôle de la terreur,
– notion d'« ennemi du peuple ».

Composition (2/10)

Sujet : Comment expliquer la chute du système soviétique ?

CHRONOLOGIE

- **1965-1982 :** l'ère Brejnev.
- **1980 :** grèves aux chantiers navals de Gdansk (Pologne) ; création du syndicat libre Solidarnosc qui compte rapidement plusieurs millions d'adhérents.
- **1981 :** interdiction de Solidarnosc en Pologne.
- **1985 :** Gorbatchev, secrétaire général du parti communiste d'Union soviétique ; début de la perestroïka.
- **novembre 1989 :** chute du mur de Berlin.
- **1989 :** disparition des régimes communistes en Hongrie, Pologne, Tchécoslovaquie, RDA, Bulgarie, Roumanie
- **juin 1991 :** Eltsine élu au suffrage universel président de la République de Russie.
- **août 1991 :** échec du putsch communiste conservateur à Moscou.
- **décembre 1991 :** fin de l'URSS, remplacée par 15 États indépendants.

DOCUMENT D'ACCOMPAGNEMENT

Ailes de la liberté.

Méthode

➤ 1. Aide générale

A. Lire le sujet

• Lire attentivement le sujet. Définir avec précision les mots clés du sujet.

• Attention aux termes voisins : le système soviétique, ce n'est pas l'URSS ; le sujet est plus large.

Définir les limites du sujet :

– la durée : aucune date précise n'est indiquée. Il faut donc déterminer soi-même les limites chronologiques du sujet, ne pas commencer trop loin avant la chute du communisme et la disparition de l'URSS en 1991. Se demander à partir de quand (quel secrétaire général du PCUS ?) les difficultés du système soviétique deviennent insurmontables.

– les limites géographiques : le « système soviétique » ne concerne pas que l'URSS. Songer aux autres pays qui appliquent également ce système (Europe de l'Est en particulier).

– le thème : la disparition du système soviétique. Pourquoi ?

B. Analyser le sujet

1. Le thème :
Chute = effondrement

Comment **expliquer la chute** du **système soviétique** ?

2. La zone géographique :
elle correspond au système soviétique :
– l'URSS ;
– élargir à d'autres pays ; lesquels ?

3. L'époque :
du début des années 1980 jusqu'en 1991.

DOCUMENT D'ACCOMPAGNEMENT

Boris Eltsine, président de la République de Russie, s'oppose à Mikhaïl Gorbatchev, président de l'Union soviétique, à la tribune du Parlement de Russie, le 23 août 1991.

➤ 2. Dégager une problématique

• La problématique doit reprendre les éléments du sujet et le délimiter nettement (pas de hors sujet). Elle ne répète pas nécessairement mot à mot l'intitulé du sujet. Il faut donc trouver une autre question qui permette de répondre au sujet.
Quelques exemples de problématiques possibles :
– la chute du système soviétique en 1989-1991 s'explique-t-elle seulement par les difficultés intérieures de l'URSS ?
– la disparition du système soviétique est-elle uniquement la conséquence de ses faiblesses et de son incapacité à les surmonter ?
– quelles sont les raisons de l'effondrement du système soviétique dans les « démocraties populaires » et en URSS, en 1989-1991 ?

➤ 3. Construire la composition

A. Organiser les idées

• Écrire les idées, les faits, au brouillon, en vrac. Certains faits ne seront pas retenus, certaines idées seront peu développées ; d'autres seront peut-être à l'origine d'une des grandes parties du devoir rédigé.
• Classer les idées et les faits dans les différentes parties de ce qui constituera une ébauche de plan.
• Ne rédiger entièrement au brouillon que l'introduction et la conclusion. Vérifier que l'introduction présente bien le sujet et que la conclusion répond bien aux questions posées dans l'introduction.
• Le sujet porte sur les raisons de la chute du système soviétique. On peut utiliser, au choix, un plan thématique ou un plan chronologique. Exemple de plan chronologique :

I. Le système soviétique en crise :
– L'URSS des années 1980, de la stagnation du temps de Brejnev…
– … à la perestroïka de Gorbatchev.
– La contestation dans les démocraties populaires : l'exemple de Solidarnosc.

II. La fin des démocraties populaires : l'année 1989.

III. La disparition de l'URSS : 1991.

➤ 4. Proposition de plan thématique détaillé

En 1985, le système soviétique semble solidement installé en URSS et dans un bon nombre d'autres pays (Europe de l'Est, Cuba, Viêt-nam). L'arrivée au pouvoir d'un dirigeant plus jeune, Mikhaïl Gorbatchev, animé de la volonté de réformer ce qui ne fonctionne pas dans le système soviétique, semble la solution aux difficultés intérieures de l'URSS. Pourtant, en 1991, le bloc de l'Est et l'URSS ont disparu, marquant ainsi l'effondrement du système soviétique.
La chute du système soviétique est-elle la conséquence de ses faiblesses et de l'incapacité à les surmonter ?
Les difficultés se sont d'abord manifestées par l'opposition de la « société civile ». On étudiera ensuite les échecs économiques avant de passer, dans une troisième partie, à la manifestation ultime de la crise et de l'effondrement du système, la crise politique.

I. Les raisons sociales de l'effondrement

1. La montée de l'opposition d'une société civile en URSS…
2. … et dans les « démocraties populaires ».
3. Le succès de Solidarnosc.

II. Le poids de l'économie

1. Une faible productivité ; la stagnation de l'époque Brejnev.
2. La nécessité de réaliser des réformes économiques et de poursuivre la course aux armements avec les États-Unis.
3. Mais des réformes qui échouent les unes après les autres ; la dernière : la perestroïka.

III. Les raisons politiques

1. Les tentatives de Gorbatchev, l'échec en Afghanistan ;
2. Les nationalismes ;
3. Le poids du marxisme-léninisme et l'échec final du putsch.

Conclusion

Les faiblesses du système se révèlent, avec le temps, de plus en plus difficiles à surmonter.
Mais les facteurs extérieurs ont joué un rôle non négligeable :
– montée de l'opposition à la domination soviétique dans les « démocraties populaires » ;
– rivalité internationale avec les États-Unis ;
– échec militaire en Afghanistan.

CHAPITRE 6

Les relations internationales de 1945 aux années 1970

séries **ES-L-S**

L'alliance conclue entre les démocraties occidentales et l'URSS en vue de lutter contre les forces de l'Axe ne résiste pas à la fin de la guerre. La méfiance qui se manifeste dès 1945 se transforme en hostilité ouverte à partir de 1947. Progressivement, deux blocs se forment et s'affrontent dans une compétition à la fois politique, idéologique, militaire, économique et scientifique. Seule la crainte d'une guerre atomique empêche un affrontement direct.

→ L'opposition entre États-Unis et URSS est-elle la seule explication des différents aspects des relations internationales entre 1945 et les années 1970 ?

1 Guerre de propagande dans un camp…

***Liberté américaine*, affiche soviétique de 1949 :** en haut à gauche : « liberté de la presse », en dessous : « liberté d'opinion » ; à droite, sous le gratte-ciel au sommet duquel brille le nom « Wall Street » : « liberté individuelle » et « liberté de réunion et de manifestation ». Collections du musée royal de L'Armée, Bruxelles.

« Le but que se pose le nouveau cours expansionniste des États-Unis est l'établissement de la domination mondiale de l'impérialisme américain en comptant sur un large programme dont l'application établirait, dans tous les pays visés par les États-Unis, la domination politique et économique de ces derniers. » Rapport Jdanov, septembre 1947.

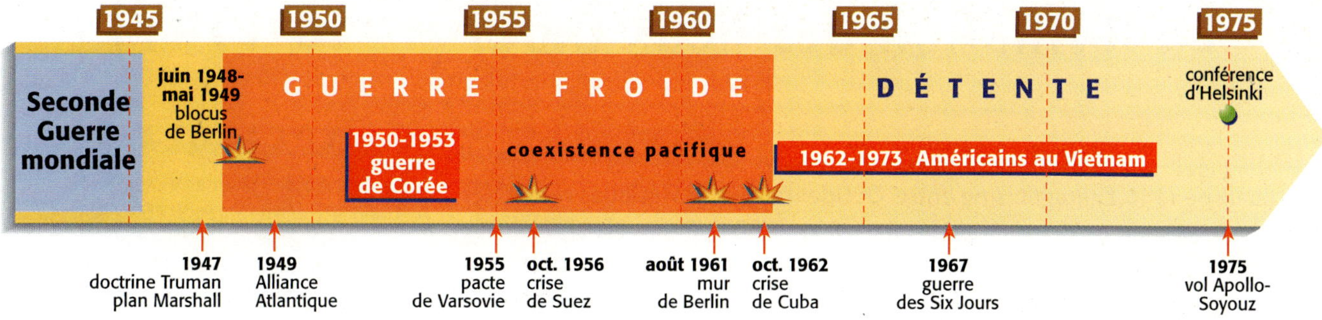

2 … comme dans l'autre.

Affiche du mouvement anticommuniste « Paix et Liberté », France, début des années 1950. A. D. Somme.

« Chaque nation se trouve désormais en face d'un choix à faire entre deux modes de vie opposés […]. L'autre repose sur la volonté d'une minorité imposée par la force à la majorité. Il s'appuie sur la terreur et l'oppression, une presse et une radio contrôlées, des élections truquées et la suppression des libertés personnelles. » Doctrine Truman, mars 1947.

1 La formation des deux blocs (1946-1949)

A. La fin de la Grande Alliance — doc. 1

■ **À partir de 1946, l'antagonisme entre Occidentaux et Soviétiques renaît** : les premiers n'acceptent pas la domination communiste en Europe centrale et orientale. De leur côté, les Soviétiques se méfient des États-Unis qui sont à cette époque la seule puissance possédant l'arme atomique. Ils reprochent aux Occidentaux de préparer le relèvement économique des zones qu'ils occupent en Allemagne et de vouloir intervenir dans la vie politique des pays d'Europe centrale et balkanique, en y réclamant des élections libres, pourtant prévues par les accords de Yalta. En mars 1946, Winston **Churchill dénonce dans son célèbre « discours de Fulton » le « rideau de fer »** qui s'est abattu sur l'Europe et la coupe désormais en deux.

■ Dans ces conditions, **les anciens alliés ne peuvent s'entendre sur le sort de l'Allemagne et de l'Autriche**. La dernière manifestation de la Grande Alliance est la signature de traités de paix avec les alliés de l'Allemagne en 1947. On revient aux frontières de 1937, mais l'URSS conserve les conquêtes territoriales effectuées depuis la signature du pacte germano-soviétique en août 1939.

B. 1947, une année décisive — doc. 2, 3, 4 et 5

■ Début 1947, les Occidentaux s'inquiètent du prolongement de la guérilla communiste en Grèce et de la participation des communistes dans de nombreux gouvernements en Europe centrale (Tchécoslovaquie, Hongrie, Roumanie) et occidentale (Belgique, France, Italie). Pour répondre à une opinion qui lui reproche sa passivité face au danger communiste, le président américain Truman propose deux mesures :

– **aider militairement les peuples libres d'Europe à lutter contre le communisme** (mars 1947, « doctrine Truman »). C'est le *containment* (« endiguement ») ; la tension augmente et les communistes sont chassés du gouvernement en France et en Italie ;

– **aider l'Europe à redresser son économie par crainte de la contagion communiste**. Cette aide financière prend la forme du « plan Marshall », lancé en juin 1947.

■ Si la plupart des pays d'Europe occidentale acceptent cette aide, l'**URSS rejette le plan Marshall** et impose aux pays d'Europe centrale où l'Armée rouge est présente d'agir de même. Pour contrer la politique américaine, les délégués de neuf partis communistes (URSS, Europe de l'Est, France, Italie) approuvent en septembre 1947 le rapport du Soviétique Jdanov, affirmant que le monde est divisé en deux camps opposés, un camp « impérialiste », dirigé par les États-Unis, et un camp « démocratique et anti-impérialiste », dirigé par l'URSS. Cette rupture marque le début de la **guerre froide**.

C. L'organisation des deux blocs : 1947-1949

■ **À partir de juillet 1947, le camp occidental s'organise.** Sur le plan économique, seize pays d'Europe de l'Ouest acceptent l'aide du plan Marshall, et créent l'**Organisation européenne de coopération économique (OECE)**, chargée de répartir l'aide américaine entre ses adhérents. En 1948, vingt-trois pays, qui contrôlent 80 % du commerce mondial, signent les accords du GATT. Sur le plan militaire, Américains et Occidentaux signent des alliances défensives aboutissant à la création d'une alliance politique, l'**Alliance atlantique** et d'une alliance militaire, l'Organisation du traité de l'Atlantique Nord (**OTAN**) en avril 1949.

■ **Dans le même temps se forme un bloc socialiste** : Staline impose le modèle soviétique aux pays d'Europe centrale entre 1946 et 1949. Un organisme politique, résurgence de la IIIe Internationale, le Kominform, est créé pour coordonner l'action des partis communistes. Grâce en particulier à l'efficacité de ses réseaux d'espionnage aux États-Unis, l'URSS réussit à se doter de l'arme nucléaire en 1949. Avec la **victoire des guérillas communistes dirigées par Mao Zedong en Chine** en 1949, le camp communiste s'étend largement en Asie, à la grande surprise des Américains.

VOCABULAIRE

guerre froide : tension internationale prolongée entre l'Ouest et l'Est. Elle ne va pas jusqu'au conflit armé en raison de la crainte d'une guerre nucléaire. Le terme s'applique surtout à la période 1947-1962, mais elle dure en fait jusque 1991.

Alliance atlantique : alliance défensive signée en 1949 entre les États-Unis, le Canada et les pays d'Europe occidentale, pour contenir l'expansion communiste.

OTAN : Organisation du traité de l'Atlantique Nord (1949). L'OTAN rassemble les différents commandements militaires de l'Alliance atlantique.

1 Le discours de Fulton

De Stettin, sur la Baltique, à Trieste, dans l'Adriatique, un rideau de fer est descendu à travers le continent. Derrière cette ligne se trouvent les capitales de tous les pays de l'Europe orientale : Varsovie, Prague, Berlin, Vienne, Budapest, Belgrade, Bucarest et Sofia. Toutes ces villes célèbres, toutes ces nations se trouvent dans la sphère soviétique, et toutes sont soumises, sous une forme ou sous une autre, au contrôle très étendu et constamment croissant de Moscou. Athènes seule, avec sa gloire immortelle, est libre de décider de son avenir par les élections. […]
Les communistes, qui étaient très faibles dans tous ces États de l'Est européen, ont été investis de pouvoirs qui dépassent de beaucoup leur importance, et ils cherchent partout à exercer un contrôle totalitaire. Des gouvernements policiers s'installent à peu près partout. […]
Dans un grand nombre de pays éloignés des frontières russes, et à travers le monde entier, les cinquièmes colonnes communistes s'installent et travaillent avec une obéissance absolue aux directives du centre communiste. […]
Je ne crois pas que la Russie désire la guerre. Ce qu'elle désire, ce sont les fruits de la guerre et une expansion illimitée de sa puissance et de sa doctrine. Mais ce que nous devons examiner ici aujourd'hui, c'est le moyen d'empêcher la guerre de façon permanente, et d'établir dans tous les pays les prémices de la liberté et de la démocratie. […]

Winston Churchill, ancien Premier ministre britannique, 5 mars 1946.

1. **Quel est le contexte politique du texte ?**
2. **Quelle est l'évolution dénoncée ici ?**

2 L'Europe en 1947.

3 Le plan Marshall

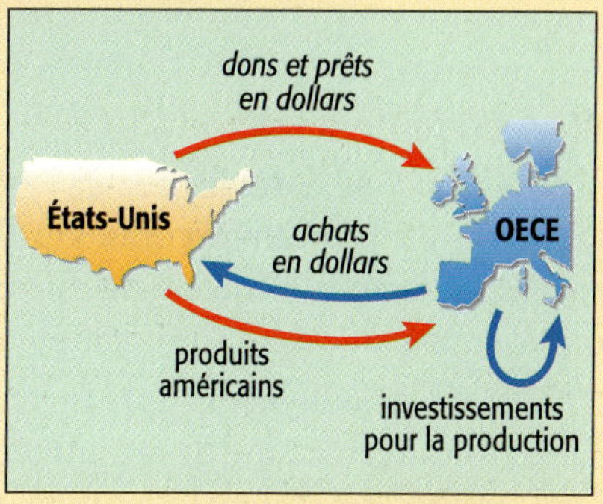

Les besoins de l'Europe pendant les trois ou quatre prochaines années en vivres et en autres produits essentiels importés de l'étranger – notamment d'Amérique – sont tellement plus grands que sa capacité actuelle de paiement qu'elle devra recevoir une aide supplémentaire très importante ou s'exposer à une dislocation économique, sociale et politique très grave. […]
Les conséquences sur l'économie américaine seront claires pour tous. Il est logique que les États-Unis fassent tout ce qu'ils peuvent pour aider à rétablir la santé économique du monde, sans laquelle la stabilité politique et une paix sûre sont impossibles. Notre politique n'est dirigée contre aucun pays ni doctrine, mais contre la faim, la pauvreté, le désespoir et le chaos. Son but doit être la renaissance d'une économie active dans le monde

Discours de G. Marshall (secrétaire d'État américain) à Harvard le 5 juin 1947.

4 La doctrine Truman, mars 1947

Les États-Unis doivent soutenir les peuples libres qui résistent à des tentatives d'asservissement par des minorités armées, ou des pressions venues de l'extérieur. […] Notre aide doit consister essentiellement en un soutien économique et financier […]. Chaque nation se trouve désormais en face d'un choix à faire entre deux modes de vie opposés. L'un d'eux repose sur la volonté de la majorité et il est caractérisé par des institutions libres, un gouvernement représentatif, des élections libres, des garanties assurant la liberté individuelle, la liberté de parole et de religion et l'absence de toute oppression politique. Quant à l'autre, il repose sur la volonté d'une minorité imposée par la force à la majorité. Il s'appuie sur la terreur et l'oppression, une presse et une radio contrôlées, des élections truquées et la suppression des libertés personnelles.
Les semences des régimes totalitaires sont nourries par la misère et le dénuement. Elles croissent et se multiplient dans le sol aride de la pauvreté et du désordre. Elles atteignent leur développement maximum lorsque l'espoir d'un peuple en une vie meilleure est mort. Cet espoir, il faut que nous le maintenions en vie. Les peuples libres du monde attendent de nous que nous les aidions à sauvegarder leurs libertés.

H. S. Truman, *Mémoires*, 1955.

5 Le rapport Jdanov, septembre 1947

Le but que se pose le nouveau cours expansionniste des États-Unis est l'établissement de la domination mondiale de l'impérialisme américain. Ce nouveau cours vise à la consolidation de la situation de monopole des États-Unis […] établi par suite de la disparition de leurs deux concurrents les plus grands – l'Allemagne et le Japon – et par l'affaiblissement des partenaires capitalistes des États-Unis : l'Angleterre et la France.
Ce nouveau cours compte sur un large programme de mesures d'ordre militaire, économique et politique, dont l'application établirait dans tous les pays visés par l'expansionnisme des États-Unis, la domination politique et économique de ces derniers, réduirait ces pays à l'état de satellites des États-Unis. […]
C'est aux partis communistes qu'incombe le rôle historique particulier de se mettre à la tête de la résistance au plan américain d'asservissement de l'Europe. […] Les communistes doivent être la force dirigeante qui entraîne tous les éléments antifascistes épris de liberté à la lutte contre les nouveaux plans expansionnistes américains d'asservissement de l'Europe.

A. Jdanov, représentant l'URSS à la conférence des Partis Communistes européens.

1. Quels sont les objectifs des États-Unis selon Jdanov ?
2. Montrez que son rapport est une réponse à la doctrine Truman.

2 La guerre froide (1948-1962)

A. La crise de Berlin — doc. 1

■ En février 1948, après le coup de Prague, tous les pays à l'Est du rideau de fer sont gouvernés par des communistes. **Les Occidentaux décident alors d'accélérer la reconstruction de l'Allemagne** afin de ramener la prospérité et de faire barrage au communisme ; ils créent une nouvelle monnaie, le Deutsche Mark.

■ Cette décision déclenche la première crise de la guerre froide, la crise de Berlin : par hostilité à la tentative de reconstitution d'une Allemagne sous contrôle occidental et en violation des accords internationaux, **Staline décide le blocus de Berlin-Ouest en juin 1948** : il fait couper toutes les routes et voies ferrées reliant les zones d'occupation alliées en Allemagne à Berlin. Pour éviter que la ville ne soit asphyxiée, les Américains organisent un gigantesque pont aérien. N'ayant pu faire reculer les Occidentaux, **Staline lève le blocus en mai 1949**. Cette crise précipite la coupure de l'Allemagne en deux. En mai 1949, naît à l'Ouest la République fédérale d'Allemagne (RFA) à partir des zones occidentales ; en octobre 1949, la zone soviétique devient la République démocratique allemande (RDA). L'Allemagne divisée devient le symbole visible de la guerre froide en Europe et de l'opposition des deux blocs.

B. La guerre de Corée — doc. 3

■ Une deuxième crise éclate en Corée l'année suivante. Ce pays, ancienne possession japonaise, est divisé depuis 1945 en deux zones d'occupation qui ont donné naissance, à partir de 1948, à une Corée du Sud pro-américaine et une Corée du Nord communiste. **En juin 1950, la Corée du Nord envahit la Corée du Sud**. L'ONU condamne l'agression ; une force internationale, principalement américaine, mais sous le drapeau de l'ONU, est envoyée en Corée du Sud ; elle repousse l'agresseur et envahit la Corée du Nord. Ceci provoque l'intervention de la Chine communiste, le recul des forces de l'ONU, avant que le front ne soit stabilisé à hauteur du 38e parallèle.

■ Si aucun des deux camps ne réussit à remporter la victoire, **le conflit durcit les positions dans les camps**, à l'Est par des purges et aux États-Unis par la « chasse aux sorcières », c'est-à-dire la dénonciation des Américains communistes, réels ou supposés. Après avoir fait 3 millions de morts, la guerre de Corée s'achève par un armistice, en juillet 1953. Comme l'Allemagne, la Corée reste divisée en deux États.

C. Les dernières crises — doc. 2, 4, 5 et 6

■ Après la mort de Staline en 1953, ses successeurs acceptent l'idée d'une **« coexistence pacifique » entre communisme et capitalisme**. Aux États-Unis, le président Eisenhower, partisan du refoulement du communisme (*rollback*), veut aussi la paix. La tension diminue, c'est le « dégel ». La compétition entre les blocs gagne d'autres domaines : course aux armements, conquête spatiale, lutte d'influence dans le tiers-monde.

■ Trois crises majeures menacent encore la paix du monde jusqu'en 1962 :

– **en 1956**, la crise de Suez naît de la volonté du dirigeant égyptien Nasser de nationaliser le canal de Suez. À l'automne, les Hongrois se révoltent contre la présence soviétique. L'URSS réprime violemment l'insurrection ; les Occidentaux laissent faire ;

– le problème de Berlin resurgit à partir de 1958. Les Soviétiques désireraient rattacher Berlin-Ouest à la RDA ou en faire une ville libre sous le contrôle de l'ONU. Depuis 1945, 3 millions d'Allemands de l'Est ont quitté la zone soviétique pour l'Ouest. Pour stopper cette fuite, la RDA édifie, avec l'accord de l'URSS, à partir du **13 août 1961, le mur de Berlin qui cerne complètement Berlin-Ouest**.

– la crise la plus grave éclate à Cuba. Fidel Castro, qui a renversé en 1959 le dictateur Batista soutenu par les Américains, se tourne vers l'URSS, puis accepte l'installation de fusées soviétiques sur l'île. Lorsque les Américains le découvrent, une épreuve de force s'engage en octobre 1962, avant que l'URSS ne décide le retrait des fusées.

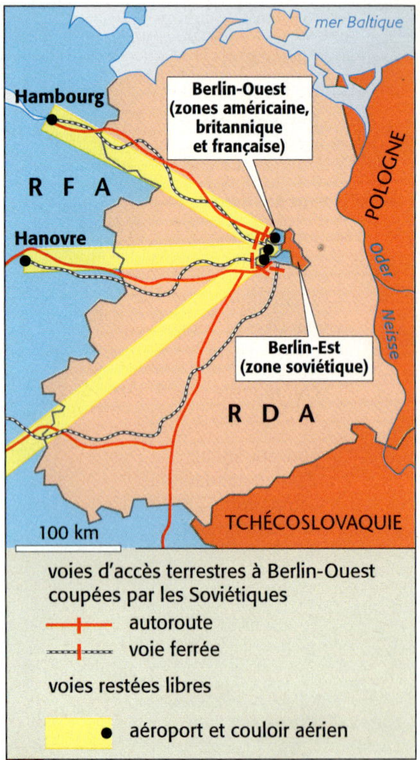

1 Le blocus de Berlin.

2 La crise de Suez (1956).

Le 26 juillet 1956, Nasser annonce la nationalisation du canal de Suez, touchant ainsi les intérêts économiques franco-anglais. En novembre, la France, le Royaume-Uni et Israël interviennent militairement dans la zone du canal. Militairement, c'est un succès, mais sous la pression conjointe des Américains et des Soviétiques, Français et Anglais doivent évacuer la zone du canal. Malgré la déroute de son armée, Nasser apparaît comme le grand vainqueur. Français et Anglais ne pourront plus intervenir militairement dans le monde sans l'accord des États-Unis.

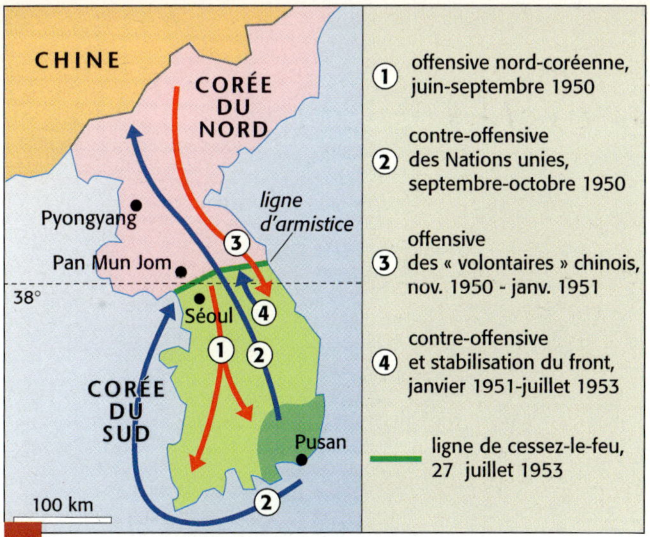

3 La guerre de Corée (1950-1953).

5 La construction du mur de Berlin.
À partir du 18 août 1961, les barbelés sont remplacés par un mur de béton long de 113 kilomètres qui entoure complètement Berlin-Ouest. Les 83 points de passage antérieurs sont réduits à 13, sévèrement contrôlés. Le « mur » est ensuite complété par des fossés, des miradors et 256 postes de garde.

4 La coexistence pacifique…

a. …annoncée lors du XXe Congrès du PCUS (1956)…

L'établissement de relations d'amitié durables entre les deux plus grandes puissances du monde, l'Union soviétique et les États-Unis d'Amérique, aurait une importance majeure pour le renforcement de la paix dans le monde entier. Si l'on faisait reposer les relations entre l'URSS et les États-Unis sur les cinq principes majeurs de la coexistence pacifique : respect mutuel de l'intégrité territoriale et de la souveraineté, non-agression, non-ingérence dans les affaires intérieures, égalité et avantage réciproque, coexistence pacifique et coopération économique, cela aurait une portée vraiment exceptionnelle pour toute l'humanité. Le principe léniniste de la coexistence pacifique des États aux régimes sociaux différents a été et demeure la ligne générale de la politique extérieure de notre pays. […]
Tant qu'existe l'impérialisme, existe une base économique pour le déclenchement de la guerre. […] Mais les guerres ne sont pas inévitables, ne sont pas fatales. Il y a à présent des forces sociales et politiques puissantes qui disposent de moyens sérieux pour empêcher les impérialistes de déclencher la guerre et, au cas où ces derniers l'oseraient, pour infliger une riposte foudroyante aux agresseurs.

Rapport de Khrouchtchev au XXe Congrès, février 1956.

b. …et précisée en 1959

Votre voisin peut vous plaire ou ne pas vous plaire. Vous n'êtes pas obligé de vous lier d'amitié avec lui ni d'aller en visite chez lui. Mais vous vivez côte à côte, et que faire si ni vous ni lui ne voulez quitter le lieu auquel vous vous êtes habitués pour vous rendre dans une autre ville ? À plus forte raison, il en est ainsi dans les relations entre les États…
Il n'y a que deux issues : ou bien la guerre – et il faut bien dire que la guerre, au siècle des missiles et de la bombe à hydrogène, est grosse des conséquences les plus graves pour tous les peuples –, ou bien la coexistence pacifique. Que ton voisin te plaise ou non, il n'y a rien d'autre à faire qu'à trouver un terrain d'entente avec lui, car nous n'avons qu'une seule planète.

Discours de Khrouchtchev, 6 juillet 1959.

1. **Quels sont les principes de la « coexistence pacifique » ?**
2. **Quelles en sont les raisons ?**
3. **En quoi marquent-ils un changement dans les relations internationales ?**

Navire américain interceptant un cargo soviétique lors de la crise de Cuba. **6**
La présence de missiles soviétiques à Cuba est repérée par l'aviation américaine le 14 octobre 1962.
Le président américain J. F. Kennedy ordonne à la marine américaine de bloquer tout accès à Cuba le 22 octobre. Les navires soviétiques font demi-tour deux jours plus tard. Un accord est trouvé le 27 octobre (retrait des missiles soviétiques, non-intervention des Américains à Cuba), complété par un accord secret (retrait des missiles américains de Turquie). Les missiles soviétiques commencent à être démantelés le 28 octobre et le blocus de Cuba est levé le 21 novembre 1962.

Aux origines du problème du Moyen-Orient

Berceau des trois grandes religions monothéistes, le Proche-Orient est sous domination turque du XVIe s. à 1918. Dans les années 1890, des **sionistes** ont proposé la création d'un État juif en Palestine, territoire où vivaient les Juifs dans l'Antiquité, avant d'être contraints à l'exil. Pendant la Grande Guerre, les Britanniques soutiennent à la fois les Arabes, à qui ils ont promis en 1915 la formation d'un royaume arabe indépendant, et les sionistes à qui la déclaration Balfour promet en 1917 la création d'un « foyer national juif » en Palestine. En 1918, la Palestine, l'Irak et la Transjordanie deviennent des **mandats** britanniques, la Syrie et le Liban des mandats français.
La coexistence de populations arabes et juives est de plus en plus difficile. En 1936, à la suite d'une révolte arabe contre l'essor de l'immigration juive, le Royaume-Uni propose un plan de partage de la Palestine qui est refusé par les deux communautés. En 1939, la situation est devenue explosive.

1 Jérusalem, ville sainte de trois religions. Au premier plan, le Mur des lamentations, seul vestige du Temple (religion juive), surplombé par l'esplanade des Mosquées et le Dôme du Rocher (religion musulmane). Au fond, le mont des Oliviers, où Jésus a prié avant d'être arrêté et de subir la Passion (religion chrétienne).

VOCABULAIRE

sioniste : de Sion, colline qui domine Jérusalem. Partisan du sionisme, mouvement fondé à Vienne à la fin du XIXe s par Theodor Herzl pour la création d'un État juif en Palestine.

mandat : voir *Ne pas confondre* p. 142.

2 Les promesses britanniques

a. Promesses faites aux Arabes

En ce qui concerne les régions qui se trouvent à l'intérieur des frontières proposées (*c'est-à-dire les territoires arabes de l'Empire ottoman, sauf l'actuel Liban*), je suis autorisé à vous donner les assurances suivantes [...] :
1. [...] la Grande-Bretagne est prête à reconnaître l'indépendance des Arabes et à la soutenir, dans toutes les régions situées sur le territoire réclamé par le chérif de La Mecque.
2. La Grande-Bretagne apportera sa garantie aux Lieux saints contre toute agression extérieure. [...]
3. [Elle] offrira aux Arabes ses conseils et les aidera à installer les gouvernements appropriés.

Lettre de H. Mac-Mahon, haut-commissaire anglais en Égypte, au chérif de La Mecque, 24 octobre 1915.

b. Promesses faites aux Juifs

Le gouvernement de Sa Majesté envisage favorablement l'établissement en Palestine d'un foyer national *(national home)* pour le peuple juif, et emploiera tous ses efforts pour la réalisation de cet objectif, étant clairement entendu que rien ne serait fait qui puisse porter atteinte ni aux droits civils et religieux des collectivités non juives existant en Palestine, ni aux droits et au statut politique dont les Juifs jouissent dans tout autre pays.

Lettre du ministre des Affaires étrangères Balfour à lord Rothschild, représentant la Fédération sioniste, 7 novembre 1917.

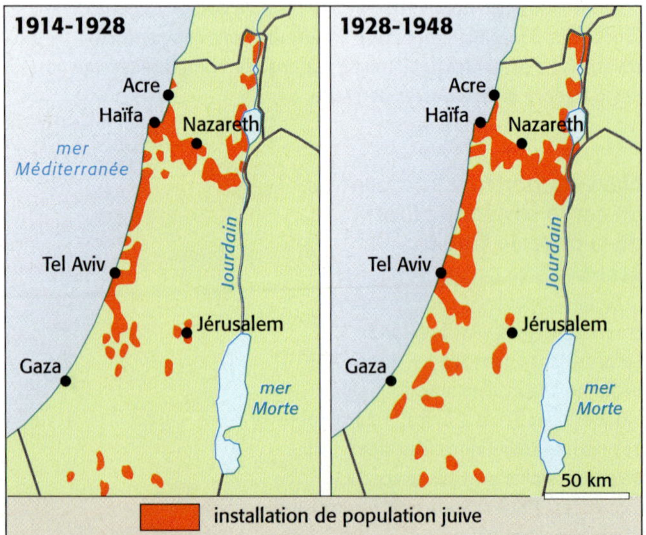

	Juifs	Arabes
1922	24 000	660 000
1931	175 000	780 000
1946	600 000	1 250 000

3 Juifs et Arabes en Palestine.

4 Un kibboutz en 1938.
Les immigrés juifs bâtissent des coopératives agricoles (les kibboutz) destinées à mettre le pays en valeur sur des terres achetées à cet effet par l'Agence juive qui organise l'immigration en Palestine.

5 Les Arabes et la Palestine en 1944

Le Comité considère que la Palestine représente une part importante du monde arabe et qu'il ne peut pas être porté atteinte aux droits des Arabes de Palestine sans préjudice à la paix et à la stabilité du monde arabe.
Le Comité considère également que les engagements du gouvernement britannique prévoyant l'arrêt de l'immigration juive, la conservation des terres arabes, et la réalisation de l'indépendance de la Palestine sont des droits arabes permanents dont l'application rapide instituerait une étape vers l'objectif désiré et vers la stabilisation de la paix et de la sécurité.
Le Comité proclame son soutien à la cause des Arabes de Palestine et sa volonté d'œuvrer à la réalisation de leur objectif légitime et à la sauvegarde de leurs justes droits. Le Comité déclare également qu'il ne regrette pas moins que quiconque les malheurs qui ont été infligés aux Juifs d'Europe par les États dictatoriaux européens. Mais la question de ces Juifs ne devrait pas être confondue avec le sionisme, car il ne peut pas y avoir de plus grande injustice et agression que de régler le problème des Juifs d'Europe par une autre injustice, c'est-à-dire en commettant une injustice à l'égard des Arabes de Palestine de diverses religions et confessions.

Comité de la Ligue arabe, résolution sur la Palestine lors de la conférence d'Alexandrie, 7 octobre 1944.

6 L'*Exodus*. Transportant 4 500 Juifs européens rescapés des camps d'extermination, le cargo *Exodus* est refoulé au large de la Palestine par les Britanniques en juillet 1947. Ses passagers sont ramenés en Allemagne et débarqués de force. Deux ans après la découverte des camps d'extermination, cette affaire suscite une émotion considérable.

QUESTIONS

A. Présenter les documents
(nature, date, auteur)

B. Dégager des informations des documents

1. Montrer l'importance religieuse de Jérusalem. (doc. 1)
2. Quelles sont les promesses faites aux Arabes et aux Juifs ? Sont-elles compatibles entre elles ? (doc. 2)
3. Où s'installent les Juifs en Palestine ? Quelle est la communauté qui augmente le plus rapidement entre 1922 et 1946 ? (doc. 3)
4. Quelle est la position des Arabes face à la Palestine ? (doc. 5)
5. À quel épisode de l'histoire biblique correspond le nom du cargo ? Pourquoi cette affaire soulève-t-elle une grande émotion internationale ? (doc. 6)

C. Mettre en relation les documents

6. À partir des documents, expliquer les raisons de l'émigration juive en Palestine.
7. À partir des documents expliquer la position des Arabes.

D. Synthèse

8. Montrer les raisons de l'antagonisme entre Juifs et Arabes en Palestine avant 1948.

3 Le Proche-Orient de 1948 à 1973

A. La naissance d'Israël doc. 1 et 2

■ En 1945, la découverte des réalités des camps d'extermination nazis rend l'opinion internationale sensible à la revendication des sionistes, créer un État juif en Palestine. Incapable de régler le problème de la tension entre Juifs et Arabes, le Royaume-Uni soumet le problème à l'ONU. Celle-ci vote en 1947 **un plan de partage de la Palestine** entre Juifs et Arabes, plan refusé par les Arabes.

■ **Le 14 mai 1948, le dirigeant juif David Ben Gourion proclame la création de l'État d'Israël.** Les États-Unis, l'URSS, la France approuvent la création de l'État d'Israël. Dès le 15 mai, Israël est attaqué par les États arabes voisins (Égypte, Jordanie et Syrie). Les Israéliens repoussent les Arabes. Ce qui reste de l'État arabe prévu est administré par la Jordanie et l'Égypte; Jérusalem étant partagée de fait entre Israéliens et Jordaniens.

B. Israël et les premières guerres israélo-arabes doc. 3

■ Aucun traité de paix n'est signé après l'arrêt des combats en 1949. La création d'Israël entraîne des déplacements massifs de population ; 600 000 **Palestiniens** quittent le nouvel État, gagnent les territoires arabes voisins et s'installent dans des camps de réfugiés. De son côté, Israël accueille des vagues successives d'immigrants juifs : rescapés des camps, Juifs d'Europe de l'Est, du Moyen-Orient ou d'Afrique du Nord. **La Loi du retour, votée en 1950**, autorise tout Juif qui en fait la demande à rejoindre Israël. Un nouvel État-nation se forme, s'appuyant sur une société originale, du fait de la diversité culturelle des habitants et de la permanence d'un esprit pionnier. **Israël devient rapidement une démocratie** fonctionnant sur le modèle occidental, la seule véritable démocratie du Proche-Orient.

■ Cependant, la question dominante reste celle des relations avec des pays arabes voisins qui lui sont hostiles. Les Israéliens participent **en 1956 à l'expédition de Suez** aux côtés des Britanniques et des Français. En 1967, Israël déclenche une guerre préventive contre ses voisins arabes de plus en plus menaçants. Du 5 au 11 juin, l'armée israélienne réussit à vaincre les armées égyptienne et syrienne et s'empare du Sinaï, de la Cisjordanie, du plateau du Golan ; c'est la **« guerre des Six jours »**.

C. Palestiniens et États arabes face à Israël doc. 4 et 5

■ Les pays voisins d'Israël sont caractérisés dans les années 1960 par l'**essor du nationalisme arabe**, en Égypte mais aussi en Syrie et en Irak où les chefs du **parti Baas** arrivent au pouvoir. L'URSS soutient ces régimes. Dès le milieu des années 1950, le dirigeant égyptien Nasser était devenu le champion du **panarabisme**. En 1958, l'union de l'Égypte et de la Syrie permet de créer une République arabe unie, qui incarne **le rêve d'unité de la nation arabe.** Mais l'Égypte est à nouveau vaincue par Israël en 1967, et l'influence de Nasser diminue au profit de celle de l'Arabie Saoudite, monarchie ultra conservatrice dominée par la dynastie saoudienne et par un courant islamiste puissant, le **wahhabisme**.

■ En 1964, plusieurs organisations palestiniennes se regroupent pour former l'OLP (Organisation de libération de la Palestine), qui refuse le partage de 1947 et l'existence d'Israël. Les incidents se multiplient (attaques palestiniennes, représailles israéliennes). Après 1967, **l'OLP prône la lutte armée comme seul moyen de libérer la Palestine**, ce qui inquiète les pays arabes modérés. En 1970, le roi Hussein de Jordanie décide d'anéantir les organisations palestiniennes présentes dans son pays. Les opérations militaires font plusieurs milliers de morts. Les Palestiniens utilisent alors le terrorisme – détournements d'avions, attentats – comme support de leurs revendications. Mais ces actions spectaculaires les isolent sur la scène internationale.

VOCABULAIRE

Palestiniens : habitants de la Palestine ; après 1948, le terme désigne les réfugiés musulmans ou chrétiens, qui ont quitté Israël pour s'installer dans les pays arabes voisins.

parti Baas : mouvement nationaliste arabe (*Ba'th* signifie résurrection) né dans les années 1940 et influencé par les idées socialistes.

panarabisme : du grec *pan*, « tout » volonté d'unifier tous les Arabes en un seul État.

wahhabisme : mouvement politico-religieux né en Arabie au milieu du XVIIIe s., de la prédication de Ibn Abd El-Wahhab. Il prône le retour à l'islam primitif. Il interdit le culte des saints, le tabac, la musique, la proximité publique entre hommes et femmes, impose le port de la barbe « islamique » et proclame la guerre sainte contre les musulmans « tièdes » ou hérétiques (les chiites).

1 Ben Gourion proclame la création d'Israël, le 14 mai 1948.

« La terre d'Israël est le lieu où naquit le peuple juif. [...] En 1897, le premier congrès sioniste, inspiré par la vision de l'État juif de Théodore Herzl, a proclamé le droit du peuple juif au renouveau national dans son propre pays. Ce droit a été reconnu par la déclaration Balfour. [...] Le récent holocauste, qui a anéanti des millions de Juifs en Europe, a de nouveau montré le besoin de résoudre le problème par le rétablissement de l'État juif en Palestine. [...] Le 29 novembre 1947, l'Assemblée générale des Nations unies a adopté une résolution recommandant la création d'un État juif en Palestine. [...]
En conséquence, nous, membres du Conseil national, représentant la communauté juive de Palestine et le mouvement sioniste mondial, [...] proclamons la création de l'État juif en Palestine, qui portera le nom d'État d'Israël.
L'État d'Israël sera ouvert à l'immigration des Juifs de tous les pays où ils sont dispersés.

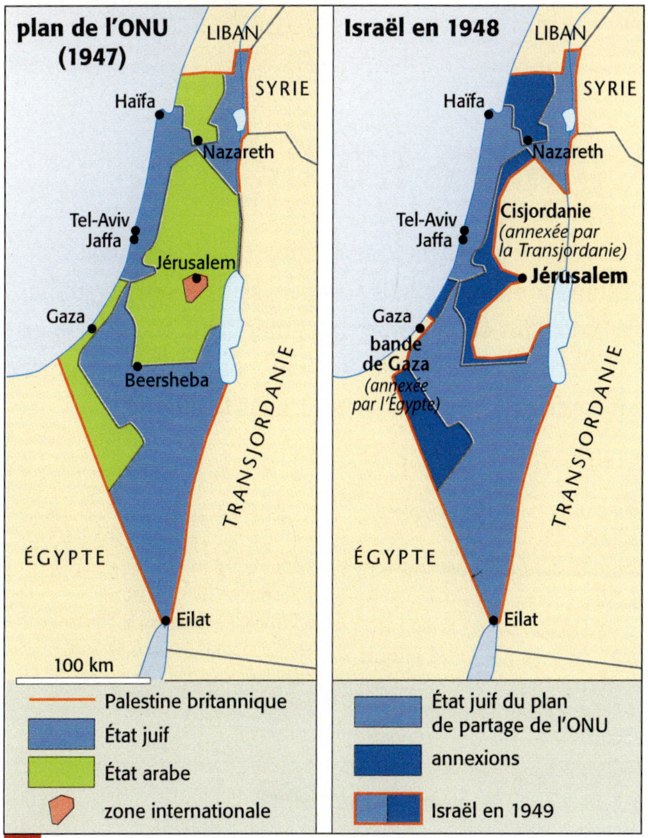

2 De la Palestine à l'État d'Israël (1947-1948).

3 Israël après la guerre des Six jours (1967).

4 Les chartes palestiniennes de 1964 et 1968

a. La charte de 1964

1. La Palestine est une terre arabe. [...]
2. La Palestine, avec ses frontières de l'époque du mandat britannique, constitue une unité régionale indivisible.
3. Le peuple arabe de Palestine a [droit] à sa patrie. [...]
6. Les Palestiniens sont les citoyens arabes qui ont normalement vécu en Palestine jusqu'en 1947, qu'ils y soient demeurés ou qu'ils en aient été expulsés. [...]
7. Les Juifs d'origine palestinienne sont considérés comme des Palestiniens, pourvu qu'ils veuillent vivre pacifiquement et loyalement en Palestine. [...]
17. Le partage de la Palestine en 1947 et la création d'Israël sont des décisions illégales et artificielles [...] parce qu'elles ont été contraires à la volonté du peuple de Palestine. [...]

b. La seconde charte palestinienne, 1968

1. La Palestine est la patrie du peuple arabe palestinien. [...]
7. Les Juifs qui résidaient habituellement en Palestine jusqu'au commencement de l'invasion sioniste sont Palestiniens. [...]
9. La lutte armée est la seule voie pour la libération de la Palestine. [...] Le peuple arabe palestinien affirme son droit à mener une vie normale en Palestine et à y exercer [...] sa souveraineté.
10. L'action des commandos constitue le noyau de la guerre populaire palestinienne de libération. [...]

1. **Présenter les documents. Quel événement important s'est produit au Proche-Orient entre ces deux dates ?**
2. **Que veut l'OLP ? À quoi s'oppose-t-elle ?**
3. **Relever les différences entre la charte de 1964 et celle de 1968.**
4. **Montrer que la charte de 1968 correspond à un durcissement des Palestiniens.**

5 Les Palestiniens, peuple sans terre

Pour les Juifs, les Palestiniens sont des « exilés volontaires » qui ont abandonné leurs foyers sur ordre de leurs dirigeants. Pour les Arabes, l'exode palestinien a été provoqué, voire imposé, par les atrocités juives[1]. Où est la vérité ? Selon le dogme israélien, les Arabes auraient abandonné la Palestine à la suite d'appels du Haut Comité Arabe et de la Ligue Arabe leur enjoignant par radio d'évacuer le terrain pour ne pas gêner l'action des armées arabes. Quelle trace reste-t-il de ces fameux appels ? Aucune , semble-t-il. [...]
En 1967, les paysans palestinien, une fois de plus, s'enfuient [...]. Pourquoi ? Pour les mêmes raisons, au fond qu'en 1948 : parce que tel est le réflexe normal d'une population lorsqu'elle est plongée dans la guerre. [...]
Depuis 1948, un million de réfugiés palestiniens, dépossédés de leur terre, empêchent tout règlement sur le fond du conflit israélo-arabe. [...]. Le monde les ignore, Israël les nie, les armées arabes les refoulent [...]. Mais l'apparition des commandos, leurs actions, et même leurs excès ont fini par poser un problème qui s'énonce clairement : les réfugiés palestiniens sont désormais, au Proche-Orient, ce « peuple sans terre » qu'était le peuple juif avant la création de l'État d'Israël. Aujourd'hui, la situation est aussi claire qu'insoluble. Les États arabes refusent toute solution du problème des réfugiés, sauf une : le retour. Les Israéliens acceptent toutes les solutions, sauf celle-là. [...]
Si après 2000 ans les Juifs ont gardé le désir obsédant de retrouver la Palestine, comment s'étonner que les réfugiés, eux aussi, commencent dans leur camp à rêver de leur Palestine perdue ?

Pierre Raon, *Le Nouvel Observateur*, 2 août 1971

1. 9 avril 1948, massacre de la population civile du village palestinien de Deir Yassin par des troupes irrégulières juives.

Les blocs et les crises de la guerre froide

À partir de 1947, les États-Unis et l'URSS construisent un réseau d'alliances qui divise le monde en deux blocs antagonistes.
Face à l'OTAN, l'URSS crée en 1955, le **pacte de Varsovie**. Par une course aux armements, chacun des deux Grands possède un arsenal nucléaire (**bombes A**, puis **bombes H**), capable de détruire entièrement l'autre camp : c'est l'équilibre de la terreur.
La guerre froide est aussi un conflit entre deux systèmes politiques et deux visions du monde. Américains et Occidentaux s'inquiètent de l'expansion du communisme dans le monde, expansion ressentie comme une menace contre le « monde libre », en particulier avec l'installation d'un régime prosoviétique à Cuba. Les Soviétiques s'estiment encerclés, à la fois par les différents systèmes d'alliance mis en place par les Américains entre 1948 et 1955 – tel l'**OTASE** créé en 1954 – et par le déploiement des forces américaines partout dans le monde.

VOCABULAIRE

bombe A : voir *Ne pas confondre*, p. 118.
bombe H : voir *Ne pas confondre*, p. 118.
pacte de Varsovie : alliance militaire rassemblant l'URSS et tous les États communistes d'Europe, à l'exception de la Yougoslavie.
OTASE (Organisation du traité de l'Asie du Sud-Est) **:** alliance militaire regroupant les États-Unis, le Royaume-Uni, l'Australie, la Nouvelle-Zélande, la Thaïlande, les Philippines, le Laos, le Sud Viêt-nam, ces deux derniers jusqu'en 1975.

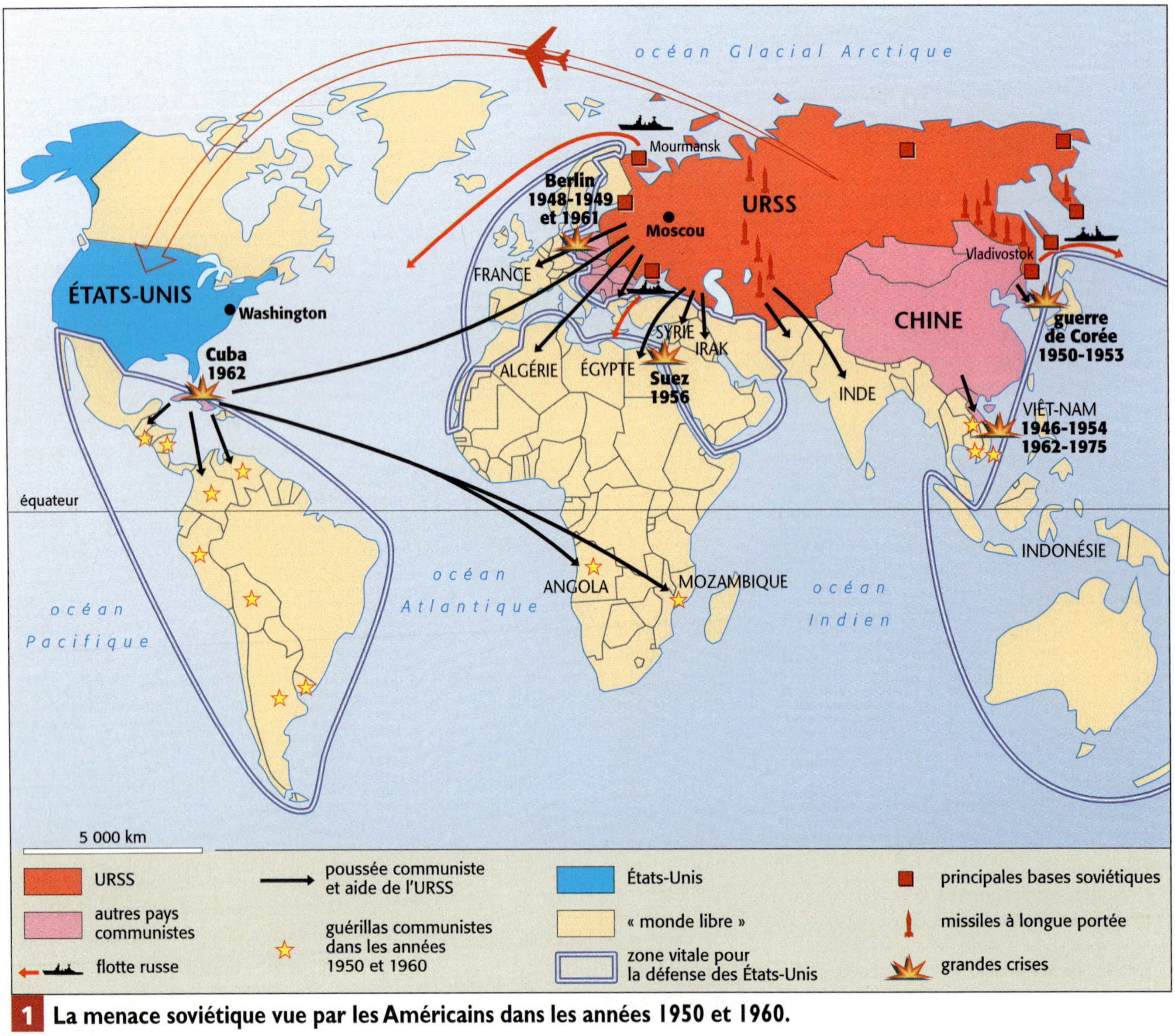

1 **La menace soviétique vue par les Américains dans les années 1950 et 1960.**

2 L'organisation des deux blocs dans les années 1950 et 1960.

	OUEST	EST
Alliance militaire et politique	• Alliance atlantique (avril 1949) : États-Unis, Canada, Belgique, Norvège, France, Islande, Italie, Royaume-Uni + Grèce et Turquie (1952) + RFA (1954). • Organisation du traité de l'Atlantique Nord (1950). • Organisation du traité de l'Asie du Sud-Est (1954).	• Le Kominform créé en septembre 1947. • Contrôle soviétique, puis • Pacte de Varsovie (mai 1955) : URSS, Pologne, Tchécoslovaquie, RDA, Roumanie, Bulgarie, Albanie, Hongrie.
Pression interne	Maccarthysme (1950-1953). « Chasse aux sorcières ».	Procès dans les démocraties populaires (1948-1951).
Sanction	Pression morale, perte d'emploi, émigration.	Peines de mort et de prison.
Organisation économique	Organisation européenne de coopération économique (avril 1948), devenue en 1960 l'Organisation de coopération, et de développement économique (OCDE).	Conseil de l'Aide économique mutuelle, 1949 (CAEM ou COMECON).

QUESTIONS

A. Dégager des informations des documents

1. Quelles sont les crises déclenchées par l'URSS ou d'autres pays communistes ? (doc. 1)

2. Quelles sont les zones vitales pour la défense des États-Unis ? (doc. 1)

3. Quelles sont les différentes alliances mises en place par les États-Unis contre l'URSS ? (doc. 2)

4. Pourquoi les Soviétiques se sentent-ils encerclés ? (doc. 3)

B. Synthèse

5. Quel État peut-on qualifier de « puissance continentale » ? Pourquoi ? Quel État peut-on qualifier de « puissance maritime » ? Pourquoi ?

6. Montrer que chaque camp peut se sentir menacé par l'autre.

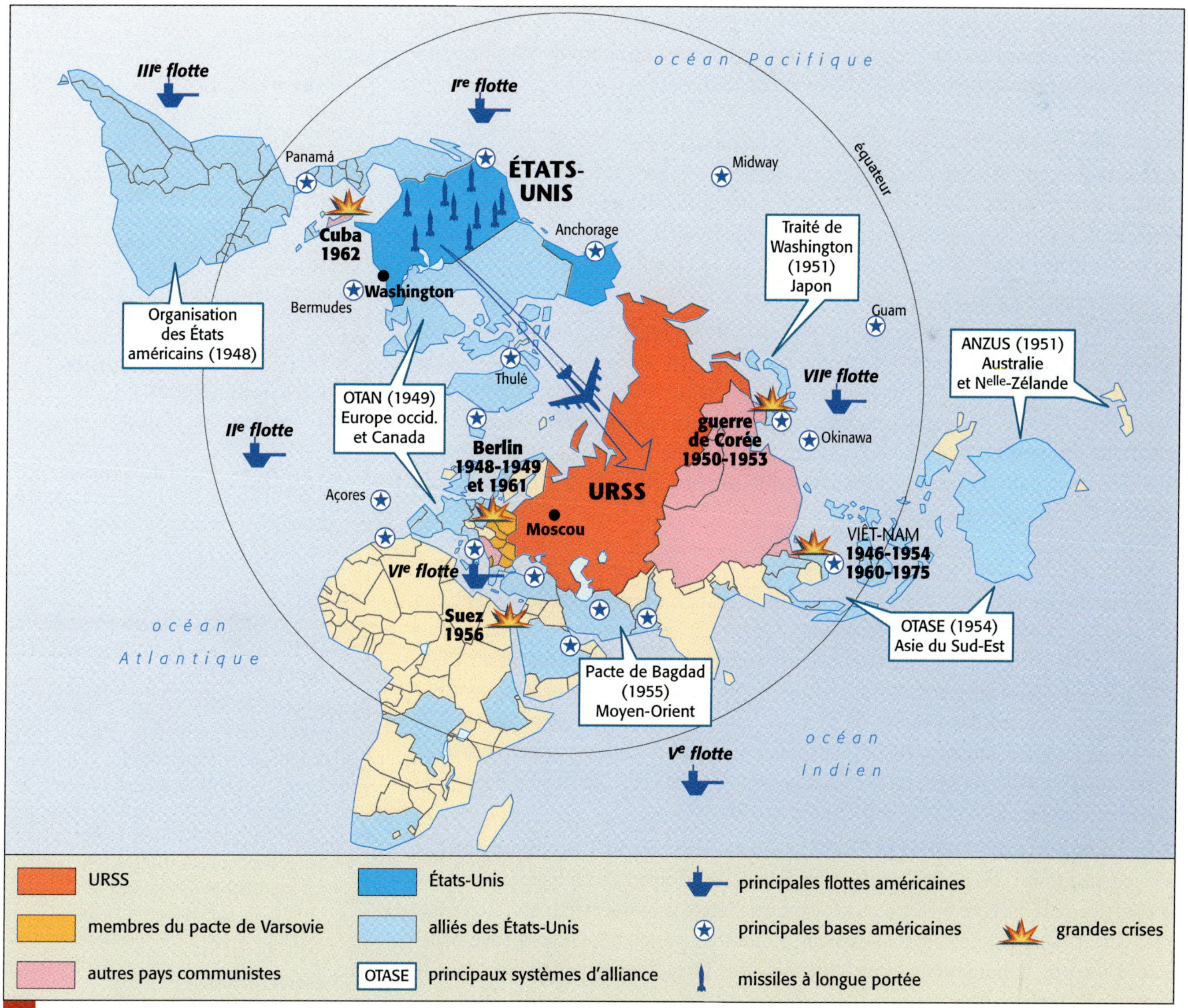

3 La menace américaine vue par les Soviétiques dans les années 1950 et 1960.

4 La détente à partir de 1963

A. L'entente entre les deux Grands

doc. 1, 2 et 3

■ Après l'affaire de Cuba qui faillit entraîner le monde vers une Troisième Guerre mondiale, **les deux Grands décident de s'entendre pour éviter une nouvelle crise grave**. Une ligne directe – le « téléphone rouge » – est installée entre Moscou et Washington. Les Américains abandonnent la doctrine des « représailles massives » pour adopter celle de la riposte graduée : en cas d'attaque nucléaire, ils répondront avec une intensité comparable, au lieu d'utiliser tout leur arsenal nucléaire. Des traités tentent de limiter l'armement nucléaire (par exemple le traité de non-prolifération, 1968). Les deux Grands ne réussiront jamais à faire appliquer ce dernier traité mais engagent des conversations sur la limitation de leur armement (**accords SALT**).

■ **Plusieurs raisons expliquent cette modération** : les États-Unis éprouvent de la difficulté à financer la course aux armements et connaissent des difficultés au Viêt-nam. L'URSS, dont la production agricole stagne, a besoin d'une aide économique extérieure et le modèle soviétique est contesté par la Chine. Pour faire pression sur l'URSS, contre toute attente, les États-Unis se rapprochent de la Chine communiste en 1972. Plusieurs rencontres entre Nixon, président des États-Unis et Brejnev, Premier secrétaire du parti communiste d'URSS, en 1972, 1973, 1974, aboutissent au **condominium** : chacun des deux Grands s'engage à ne pas intervenir dans la sphère d'influence de l'autre. **Des accords de coopération sont signés** se traduisant par la fourniture de blé américain à l'URSS ou la coopération spatiale (vol Apollo-Soyouz, 1975).

B. Tensions en Amérique latine et en Asie

doc. 5

■ La détente touche assez peu les pays du tiers-monde. En 1966, un compagnon de Fidel Castro, Ernesto Che Guevara, organise des **guérillas révolutionnaires en Amérique latine**. Le régime communiste cubain soutient ces mouvements révolutionnaires, mais ce sont **des échecs**.

■ La détente s'accompagne de conflits qui ne remettent pas en cause l'entente entre les deux Grands, comme par exemple au Viêt-nam, où les États-Unis soutiennent économiquement et militairement le régime pro-américain au Sud tandis que l'URSS apporte son aide au régime communiste du Nord. Les États-Unis s'engagent militairement à partir de 1962, mais sont très critiqués à la fois par l'opinion internationale et par une partie de l'opinion américaine. Ils doivent se retirer en 1973. La guerre se termine en **1975 par la victoire des communistes, non seulement au Sud Viêt-nam mais aussi au Cambodge et au Laos.**

C. Détente en Europe

doc. 4 et 6

■ En Europe, la détente se marque par une contestation des hégémonies américaine et soviétique dans chacun des blocs. À l'Ouest, le général de Gaulle prend ses distances avec les États-Unis. Le modèle soviétique est contesté en Tchécoslovaquie en 1968, mais l'expérience d'un « socialisme à visage humain » est stoppée brutalement par l'invasion du pays par les troupes du pacte de Varsovie. Surtout, à partir de 1969, le chancelier ouest-allemand Willy Brandt mène une **politique de rapprochement entre les deux Allemagne**, c'est l'« Ostpolitik » : les deux pays échangent des représentants diplomatiques et entrent à l'ONU en 1973.

■ **La conférence d'Helsinki (1973-1975)** aboutit à des accords signés par 33 États européens (dont l'URSS), le Canada et les États-Unis. Considérée à l'époque comme le sommet de la détente en Europe, elle doit permettre la coopération entre les États et la libre circulation des personnes. L'URSS en est la grande bénéficiaire : elle bénéficie d'accords commerciaux, sans contreparties tangibles, en particulier dans le domaine du respect des droits de l'homme.

VOCABULAIRE

accords SALT (*Strategic Armements Limitation Talks* : « Négociations sur la limitation des armements stratégiques ») : accords signés en 1972 par l'URSS et les États-Unis, visant à limiter la quantité des armements nucléaires. Ils sont suivis en 1979 par les accords SALT 2.

condominium (du latin *cum*, « avec », et *dominare*, « dominer ») : accord entre deux partenaires pour dominer ensemble et exclure des décisions importantes les autres puissances.

	États-Unis	URSS
• Bombe atomique (bombe A).	1945	1949
• Bombardiers intercontinentaux.	1948	1955
• Bombe à hydrogène (bombe H).	1951	1953
• Sous-marin à propulsion nucléaire.	1954	1958
• Fusées à moyenne portée (IRBM, portée 800-2 400 km)	1957	1957
• Fusées lancées à partir de sous-marins (SLBM).	1960	1957
• Fusées intercontinentales (ICBM, portée 6 000 km).	1962	1968
• Fusées à têtes nucléaires multiples (MIRV).	1970	1974

1 La course aux armements entre les deux Grands.

En 1972, les États-Unis possèdent 1 710 fusées, 5 746 charges nucléaires et 321 bombardiers intercontinentaux ; l'URSS 2 210 fusées, 2 492 charges nucléaires et 140 bombardiers intercontinentaux.

2 Les relations entre les États-Unis et l'URSS selon le dirigeant de l'URSS, Léonid Brejnev

Nous savons qu'en ce qui concerne la puissance et l'influence, il n'y a que deux nations au monde qui comptent réellement, l'Union soviétique et les États-Unis. Quoi que nous décidions entre nous, les autres nations du monde auront à s'y conformer, même si elles ne sont pas d'accord.

L. Brejnev à R. Nixon, lors du sommet de Washington, juin 1973.

1. **Présenter l'auteur du texte.**
2. **Quelle est sa conception des relations internationales ?**

3 Les relations entre les États-Unis et l'URSS selon le secrétaire d'État de Richard Nixon, Henry Kissinger

Si nous voulions que les rencontres au sommet aient quelque utilité, elles devaient être bien préparées et tenir compte des progrès obtenus par la voie diplomatique, lors des précédentes négociations. [...] Nous ne nous imaginions pas que les bonnes relations personnelles ou les bons sentiments mettraient fin aux tensions de l'après-guerre, mais nous étions prêts à explorer les domaines dans lesquels nous avions des intérêts communs et à conclure des accords précis fondés sur des conditions de stricte réciprocité. [...]

Nous étions résolus à contrecarrer les entreprises hasardeuses des Soviétiques, nous étions prêts aussi à négocier les conditions d'un véritable apaisement des tensions [par] une détente fondée sur une politique de retenue réciproque. [...]

Nous partions du principe que la classification des problèmes dans des catégories bien précises inciterait les dirigeants soviétiques à croire qu'ils pouvaient bénéficier de la coopération dans un certain domaine tout en continuant à rechercher des avantages unilatéraux dans un autre.

Nous jugions cela inacceptable et Nixon le fit savoir, lors de sa toute première conférence de presse, le 27 janvier 1969. Selon lui, les discussions sur la limitation des armements stratégiques seraient plus productives, si elles étaient engagées d'une manière et à un moment susceptibles de nous aider à trouver des solutions à nos problèmes politiques prédominants.

H. Kissinger, *À la Maison Blanche, 1968-1973*, t. I, Paris, Fayard, 1979.

1. **Expliquer « nous avions des intérêts communs ».**
2. **À quoi Kissinger et Nixon sont-ils opposés ?**
3. **Quels buts recherchent-ils ?**

4 L'Ostpolitik : Willy Brandt en Pologne (1970).
Le chancelier allemand s'agenouille devant le monument élevé à la mémoire des juifs polonais du ghetto de Varsovie massacrés par les nazis pendant la Seconde Guerre mondiale.

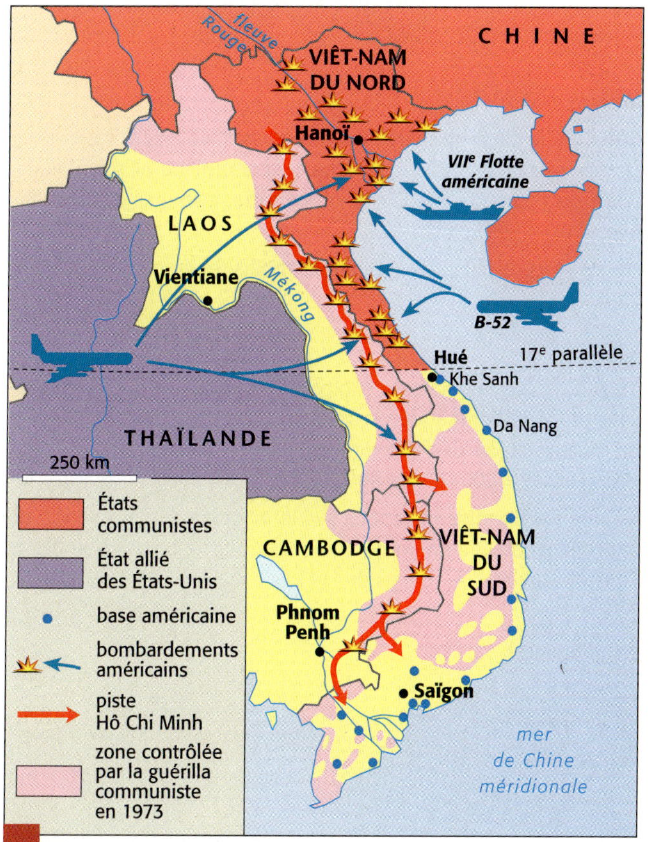

5 La guerre du Viêt-nam.

6 L'acte final de la conférence d'Helsinki

1. Les États participants respectent mutuellement leur égalité souveraine, ainsi que tous les droits inhérents à la souveraineté, y compris le droit de chaque État à l'intégrité territoriale, à la liberté et à l'indépendance politique. Ils respectent le droit de chacun d'entre eux de choisir et de développer librement son système politique, social, économique et culturel.
2. Non-recours à la menace ou à l'emploi de la force.
3. Les États participants tiennent mutuellement pour inviolables toutes les frontières.
4. Les États participants s'abstiennent de faire du territoire de l'un d'entre eux l'objet d'une occupation militaire ou d'autres mesures comportant le recours direct ou indirect à la force.
5. Les États participants règlent leurs différends entre eux par des moyens pacifiques, de manière à ne pas mettre en danger la paix, la sécurité internationale et la justice.
6. Les États participants s'abstiennent de toute intervention directe, indirecte, individuelle ou collective, dans les affaires intérieures ou extérieures relevant de la compétence nationale d'un autre État participant, quelles que soient leurs relations mutuelles. Ils s'abstiennent d'aider directement ou indirectement des activités terroristes ou subversives visant au renversement violent du régime d'un État participant.
7. Les États participants respectent les droits de l'homme et les libertés fondamentales, y compris la liberté de pensée, de conscience, de religion ou de conviction pour tous, sans distinction de race, de sexe, de langue ou de religion. Ils favorisent et encouragent l'exercice effectif des libertés et des droits civiques, politiques, économiques, sociaux, culturels et autres qui découlent tous de la dignité inhérente à la personne humaine.

1. **De quand datent les frontières déclarées « inviolables » dans l'article 3 ? En quoi les trois premiers articles satisfont-ils l'URSS ?**
2. **L'article 4 peut-il être compris de la même façon par les Soviétiques et par les Occidentaux ?**
3. **À quel espoir de la part des Occidentaux se rattache l'article 7 ? Quel article les Soviétiques peuvent-ils lui opposer ?**
4. **Pourquoi peut-on dire que la conférence d'Helsinki est le sommet de la détente en Europe ?**
5. **Montrer que les textes d'Helsinki peuvent être interprétés différemment par l'un ou l'autre camp.**

FICHE DE RÉVISION

DATES À RETENIR

- **mars 1946 :** discours de Churchill à Fulton : « rideau de fer »
- **1947 :** début de la guerre froide ; doctrine Truman, plan Marshall, doctrine Jdanov
- **1948-1949 :** blocus de Berlin
- **1948 :** naissance d'Israël
- **1950-1953 :** guerre de Corée
- **1956 :** crise de Suez
- **1961 :** construction du « mur » de Berlin
- **1962 :** crise de Cuba
- **1962-1973 :** les Américains au Viêt-nam
- **1975 :** conférence d'Helsinki

LIRE

- L. Uris, *Exodus*, 1957.
- « Le temps de la guerre froide », *L'Histoire* n° 151, janvier 1992.

VOIR

- C. Reed, *Le Troisième Homme*, 1948 (les trafics dans Vienne occupée par les Alliés).
- O. Preminger, *Exodus*, 1960 (l'histoire des passagers de l'*Exodus*, de la traversée jusqu'à la guerre de 1948-1949).
- W. Wellman, *Le Rideau de fer*, 1948 (un Soviétique passe à l'Ouest).
- R. Altman, *Mash*, 1970 (de joyeux chirurgiens plongés dans la guerre de Corée).
- S. Kubrik, *Docteur Folamour*, 1964 (un général américain frappé de folie tente de déclencher une guerre atomique entre les deux Grands).
- A. Hitchcock, *Le Rideau déchiré*, 1966 (espionnage atomique à Berlin-Est).

Sur la guerre du Viêt-nam :

- M. Cimino, *Voyage au bout de l'enfer*, 1978.
- F. F. Coppola, *Apocalypse Now*, 1979.
- S. Kubrik, *Full Metal Jacket*, 1987.
- O. Stone, *Platoon*, 1986.
- B. Levinson, *Good Morning Vietnam*, 1988.

BILAN DU CHAPITRE

I. La formation des deux blocs et la guerre froide (1947-1962)

➤ La Grande Alliance disparaît après la guerre ; l'Europe est coupée en deux par un « rideau de fer ».

➤ Rupture effective en 1947 : à l'Ouest, les Américains veulent endiguer le communisme (doctrine Truman, **OTAN**) et aider l'Europe à se reconstruire (plan Marshall). À l'Est, les Soviétiques ripostent : doctrine Jdanov, création du Kominform.

➤ États-Unis et URSS s'opposent sans se combattre directement : c'est la **guerre froide**.

➤ Grandes crises de la guerre froide : crise de Berlin (1948-1949), guerre de Corée (1950-1953), nouvelle crise de Berlin en 1961 (construction du mur de Berlin), crise de Cuba (1962).

II. Le Proche-Orient

Deux peuples, Juifs et Arabes de Palestine, revendiquent une même terre ; les premiers veulent créer un État juif en Palestine (**sionisme**), les seconds refusent le partage de la Palestine.

➤ 1948 : création d'un État juif, l'État d'Israël ; opposition des États arabes.

➤ Guerres israélo-arabes : 1948-1949, 1956 (Suez), 1967 (guerre des Six jours).

➤ Regroupement des **Palestiniens** dans l'OLP, terrorisme palestinien à partir de 1970.

III. La détente de 1962 à 1973

➤ Ralentissement de la course aux armements, accord entre les deux Grands.

➤ La lutte d'influence entre États-Unis et URSS continue dans le tiers-monde (guérillas en Amérique latine,guerre du Viêt-nam) ; échec des guérillas mais victoire communiste au Viêt-nam en 1975. Néanmoins, ces conflits ne provoquent pas de crises majeures entre les deux Grands qui exercent un véritable **condominium**.

➤ Détente en Europe : rapprochement entre les deux Allemagne (« Ostpolitik » de Willy Brandt), accords d'Helsinki (1975).

NE PAS CONFONDRE

« coexistence pacifique » et détente

• **La « coexistence pacifique »** est la doctrine soviétique de coexistence avec le capitalisme qui n'empêche pas de le combattre sur les plans idéologique, économique et scientifique. L'objectif final reste la victoire du communisme sur le capitalisme, mais par des moyens autres que les moyens militaires.

• **Le mot « détente »** correspond à une période de relations moins tendues entre les deux Grands à partir de 1963.

Bombe A et Bombe H

• La première **bombe atomique** – expérimentale – a explosé le 16 juillet 1945 au Nouveau-Mexique (États-Unis). Le principe de la bombe atomique ou « bombe A » repose sur une réaction en chaîne par fission de noyaux lourds d'uranium 239. La bombe de Hiroshima avait une puissance de 14 kilotonnes (1 kt = 1 000 tonnes de TNT).

• **La bombe thermonucléaire ou bombe H** repose sur le principe d'une réaction de fusion de noyaux légers d'hydrogène, de lithium ou de tritium. La puissance des bombes H s'exprime en mégatonnes (1 mt = 1 million de tonnes de TNT).

BIOGRAPHIES

Harry S. Truman (1884-1972), président des États-Unis de 1945 à 1952.
(Voir biographie complète p. 399)

Andréï A. Jdanov (1896-1948), dirigeant soviétique, responsable de la propagande du PCUS à partir de 1938.
(Voir biographie complète p. 395)

Willy Brandt (1913-1992), chancelier de la RFA de 1969 à 1974.
(Voir biographie complète p. 392)

Fidel Castro (né en 1927), chef de l'État cubain.
(Voir biographie complète p. 393)

Explication d'un document (5/16)

Sujet : Une affiche américaine de propagande dans les années 1960

Document

« Rouge… ou mort ! Le maître plan de la terreur communiste, qui a mis la moitié du monde à genoux ! »

Affiche américaine de la société de production de films Columbia, une des société « majors » de Hollywood.

Khrouchtchev proclame : « Nous vous enterrerons ! » En dessous, on lit : « Des scènes choquantes non censurées provenant d'archives cinématographiques secrètes » ; et à droite : « Voyez le rassemblement le plus infâme de personnages jamais réunis dans un film ! »

Questions

1. Présenter le personnage principal. Quelle est son attitude ?
2. Que représentent les scènes à gauche et en bas de l'affiche ?
3. Présenter les personnages représentés à droite. Quel est leur point commun ?
4. Montrer que l'affiche est construite comme une affiche de cinéma.
5. Montrer qu'il s'agit d'une affiche de propagande.

Composition (3/10)

Sujet : Le Proche-Orient dans les relations internationales de 1947 à 1967

Méthode

➤ 1. Aide générale

A. Lire et analyser le sujet

Apparemment le sujet, bien circonscrit et dont le thème est simple, ne pose pas de difficultés. Mais il nécessitera une réflexion approfondie sur la zone géographique et les dates.

1. Le thème :
Les relations internationales de 1947 à 1967 sont essentiellement marquées par l'affrontement Est-Ouest. Dans ce vaste ensemble, le Proche-Orient joue un rôle parfois capital.

Le Proche-Orient | **dans les relations internationales** | **de 1947 à 1967.**

2. La zone géographique :
Quelles limites ?
Sont exclus :
– l'Iran (Moyen-Orient) ;
– la Turquie : on peut considérer qu'elle ne fait plus partie du Proche-Orient depuis la fin de la Première Guerre mondiale ;
– les États situés au sud de l'Égypte.

3. L'époque :
Les dates limites ne sont pas données au hasard :
– 1947 : début de la guerre froide dans les relations internationales. Cette date est a priori moins importante pour le Proche-Orient que 1948.
– 1967 pose moins de problème : c'est une crise à la fois internationale et proche-orientale : la guerre des Six jours, la victoire d'Israël.

• Le sujet est axé sur les relations internationales. Il s'agit de montrer quel est le poids de la région dans les relations internationales durant la période envisagée.
Il convient d'expliquer pourquoi le Proche-Orient est une zone importante pour les relations internationales et d'en examiner tous les aspects politiques, mais aussi économiques, géopolitiques, ethniques et religieux.

B. Approfondir la réflexion sur les dates et la zone géographique

• Les dates :
Se demander à quoi elles correspondent.
– La période couverte par le sujet commence en 1947, date importante pour les relations internationales : début de la guerre froide.
– La date charnière pour le Proche-Orient est plutôt 1948 : déclaration d'indépendance d'Israël (14 mai 1948 et première guerre israélo-arabe).
– Le choix de 1947 montre que les auteurs du sujet privilégient les relations internationales. Ce qui implique qu'il ne faudra pas négliger les crises internationales affectant le Proche-Orient, comme la crise de Suez en 1956.

• Définir le Proche-Orient pose un réel problème géographique car :
– le terme ne recouvre pas la même zone géographique pour les Anglais et pour les Français ;
– la zone géographique considérée varie dans le temps : au XIXe s., on considérait que la Grèce faisait partie du Proche-Orient et pour Metternich (durant la première moitié du XIXe s.) « l'Orient commence aux portes de Vienne ».
– On peut se demander si le sujet inclut l'Irak (l'ancienne Mésopotamie) ; on peut considérer que le sujet ne concerne pas l'Iran.
– Surtout ne pas se contenter de traiter Israël et la Palestine ! Le sujet inclut au minimum tous les pays voisins d'Israël.

DOCUMENT D'ACCOMPAGNEMENT

Camp palestinien en Jordanie, aux environs d'Amman, 1972.

➤ 2. Dégager une problématique

• En partant du thème, une fois définie la zone géographique et une fois la durée bien circonscrite, se demander :
– quelle place les problèmes du Proche-Orient occupent dans les relations internationales ;
– si la question majeure des rapports Est-Ouest est le seul facteur expliquant les problèmes du Proche-Orient ;
– quelles sont les grandes articulations chronologiques dans cette période de vingt ans.

➤ 3. Bâtir un plan

• Le plan doit montrer une évolution. Dans ce genre de sujet, aux limites chronologiques précises et sur une durée assez longue, le plan chronologique est le plus indiqué.
• Commencer par présenter la région au début de la période (immédiat après-guerre) dans un tableau général. Ne pas raconter toutes les guerres. Ne pas oublier de présenter l'attitude des grandes puissances : France, Royaume-Uni, États-Unis et URSS.

Proposition de plan

I. Le Proche-Orient en 1947-1948

1. Présentation de la région et des grandes puissances présentes, influentes en 1947-1948 ;
2. La création de l'État d'Israël ;
3. Les conséquences : guerre avec les États arabes voisins, une partie des Palestiniens fuit le territoire d'Israël.

II. 1948-1956 : des tensions régionales

1. L'affirmation de l'Égypte de Nasser ;
2. La crise de Suez ;
3. Le déclin de l'influence franco-anglaise.

III. 1956-1967 : le Proche-Orient, un enjeu entre les deux Grands

1. L'influence croissante de l'URSS et des États Unis ;
2. Le désir d'unité du monde arabe ;
3. La guerre des Six Jours et ses conséquences.

Exemple d'introduction rédigée

Présentation du sujet

En 1947, le monde entre dans la guerre froide, caractérisé par l'affrontement entre l'Ouest libéral et capitaliste, et l'Est communiste. Toutes les régions de la planète sont concernées par cet affrontement. La zone du Proche-Orient, de l'Égypte à l'Irak et de la Syrie à l'Arabie saoudite (zone géographique) n'échappe pas à cet affrontement qui aboutit en 1967 à la guerre des Six jours (période). Mais cette partie du monde est confrontée à d'autres tensions et difficultés.

Problématique

Dans la période qui s'étend du début de la guerre froide, en 1947 à la guerre des Six jours, quelle place la zone géographique du Proche-Orient occupe-t-elle dans les relations internationales (thème). Les rapports Est-Ouest sont-ils la seule cause de tension au Proche-Orient ?

Annonce du plan

On présentera dans une première partie le Proche-Orient de 1947 à 1948 (première coupure chronologique : création d'Israël) ; on évoquera ensuite la période 1948-1956 (deuxième coupure chronologique : crise de Suez et deuxième guerre israélo-arabe) puis la période 1956-1967.

Étude d'un ensemble documentaire (5/16)

Sujet : La crise de Cuba, sommet de la guerre froide

Questions

Première partie

1. Présenter les documents de manière critique.
2. En quoi consiste la menace soviétique ? (doc. 1, 2, 3 et 4)
3. Présenter les différents aspects et les étapes de la crise ? (doc. 2, 3 et 5)
4. Comment la crise a-t-elle finalement été évitée ?
5. Pourquoi les historiens répondent-ils de manière nuancée à la question « Qui sortit victorieux de la crise de Cuba ? » ? (doc. 5)

Deuxième partie : Rédiger à l'aide de ses connaissances et des informations tirées des documents une réponse organisée au sujet.

DOCUMENT 1 Base de missiles balistiques.
Une des photos montrées par Kennedy, le 22 octobre 1962.

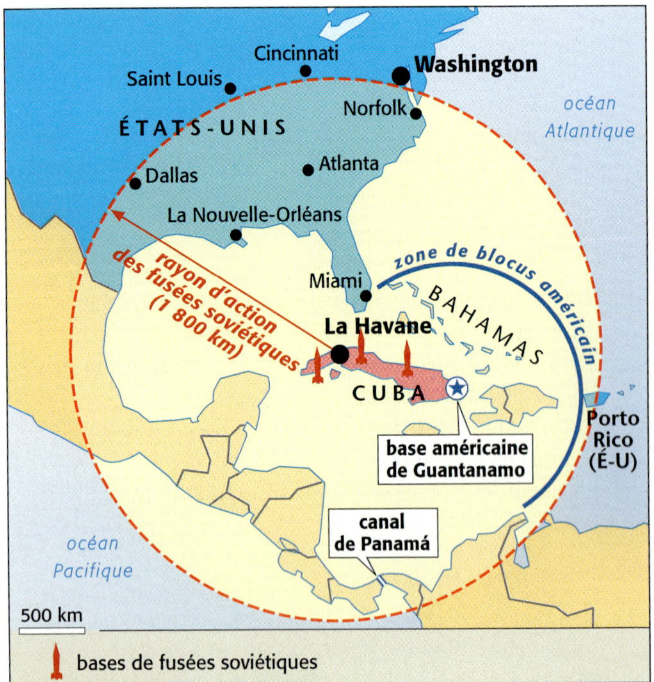

DOCUMENT 2 La crise de Cuba.

DOCUMENT 3 Discours télévisé de Kennedy à la nation américaine, 22 octobre 1962

Au cours de la semaine dernière, des preuves indubitables ont établi qu'une série de bases de lancement de missiles offensifs étaient en préparation dans cette île captive. Chacun de ces missiles peut frapper Washington, le canal de Panama, le Cap Canaveral, Mexico ou toute autre ville située dans le sud-est des États-Unis, ou dans la région des Antilles [...].
Les années 1930 nous ont enseigné une leçon évidente : une conduite agressive, dans la mesure où l'on ne fait rien pour l'empêcher, mène en fin de compte à la guerre. [...]
J'ai donné des ordres pour que soient prises immédiatement les premières mesures suivantes :
Premièrement : un embargo[1] [...] sur tout équipement militaire offensif acheminé vers Cuba. Tous les bateaux se dirigeant vers Cuba venant de n'importe quel pays devront rebrousser chemin s'il est établi qu'ils contiennent des cargaisons d'armes offensives.
Deuxièmement : J'ai ordonné de continuer et de renforcer l'étroite surveillance de Cuba et de l'édification de son potentiel militaire. [...]
Troisièmement : la politique de notre pays sera de considérer tout lancement de missile nucléaire depuis Cuba contre toute nation de l'hémisphère occidental comme une attaque de l'Union soviétique contre les États-Unis, appelant en représailles une riposte complète contre l'Union soviétique. [...]
Je fais appel à Monsieur Khrouchtchev afin qu'il mette fin à cette menace. [...]
Je lui demande d'abandonner cette politique de domination mondiale et de participer à un effort historique en vue de mettre fin à une périlleuse course aux armements et de transformer l'histoire de l'homme.

1. Un embargo : mesure tendant à empêcher la circulation de navires, d'objets, de produits.

DOCUMENT 4 **Khrouchtchev et la crise**

Cher camarade Fidel Castro

Le 27 octobre, vous nous avez proposés d'être les premiers à asséner le coup nucléaire contre le territoire de l'ennemi. Bien sûr, vous comprenez où cela nous entraînerait. Ce serait le commencement de la guerre mondiale thermonucléaire.

Je trouve votre proposition incorrecte bien que j'en comprenne les raisons. Nous avons vécu un moment extrêmement grave, la guerre thermonucléaire mondiale aurait pu être déclenchée. [...] Nous avons dit dans notre message au président des États-Unis daté du 28 octobre que « nous souhaitons en même temps que le peuple cubain ait l'assurance que nous sommes à ses côtés et que nous n'abandonnons pas notre responsabilité d'aider le peuple cubain ». Il est clair pour tout le monde que c'est, de notre part, un avertissement sérieux adressé à l'ennemi.

Lettre de Nikita Khrouchtchev à Fidel Castro, 30 octobre 1962.

Amener des fusées et des bombardiers à Cuba comportait un risque évident. [...]. Je tenais à ce que mes camarades de la direction collégiale soutiennent la décision d'amener des fusées et des bombardiers à Cuba, sans rien ignorer de ses conséquences possibles – la guerre avec les États-Unis.

À peine avions-nous rendu publique notre décision d'évacuer les fusées de Cuba que les Américains commencèrent à se montrer arrogants, insistant pour envoyer sur l'île une commission de contrôle. [...]. Puis la presse chinoise et la presse américaine se mirent à proclamer que Khrouchtchev, pris de peur, avait reculé. Je ne nierai pas que nous fûmes obligés de faire d'importantes concessions dans l'intérêt de la paix. Nous consentîmes même à un contrôle de nos vaisseaux – mais par air seulement. Nous ne laissâmes jamais les Américains mettre un pied à bord, mais nous les laissâmes constater que nous étions bien en train d'évacuer les fusées, et s'en féliciter.

Une fois l'évacuation commencée, nous nous demandâmes un instant si les Américains allaient dégager à leur tour les unités navales qui encerclaient l'île. Et s'ils n'attendaient que notre départ pour lancer une offensive ? C'est le bon sens, heureusement, qui l'emporta. Leurs bâtiments quittèrent les eaux territoriales cubaines.

Nikita Khrouchtchev, *Souvenirs*, R. Laffont, 1971.

DOCUMENT 5 **L'opinion des historiens**

C'est cette combinaison d'intransigeance et de retenue, de volonté, de force nerveuse et de sagesse, si brillamment contrôlée, si incomparablement dosée, qui a ébloui le monde. [...]

Ces treize jours ont donné au monde – et même à l'URSS – le sens de la détermination américaine, de notre conscience de nos responsabilités dans l'usage de la force qui, à condition de correspondre à un effort soutenu, pourrait bien en effet marquer un tournant dans l'histoire des relations Est-Ouest.

A. M. Schlesinger, ancien conseiller de Kennedy, *Les 1 000 Jours de Kennedy*, Denoël, 1966.

Les deux « K » ont alors réagi en fonction des armes qu'ils possédaient, mais aussi en fonction de l'idée qu'ils se faisaient l'un de l'autre. Nikita Khrouchtchev savait que John Kennedy ne reculerait pas, celui-ci savait que Nikita Khrouchtchev n'irait pas jusqu'à l'irréparable. Les Chinois l'accusèrent d'avoir péché « par aventurisme d'abord, par capitularisme ensuite », ce qui aggrava le différend sino-soviétique. Khrouchtchev perdit son coup de poker : il est vraisemblable que son échec à Cuba joua un rôle dans son élimination le 14 octobre 1964.

C. Delmas, *Crises à Cuba*, Complexe, 1983.

Pour obtenir le retrait des missiles soviétiques, Kennedy a accepté deux concessions. La première touche aux fusées américaines de Turquie. L'accord secret ne sera révélé [...] qu'en 1964 [...]. La deuxième concession porte sur Cuba. Les États-Unis ont pris l'engagement public de ne pas envahir l'île [...]. Le même résultat aurait pu être obtenu avant la crise d'octobre, si les États-Unis n'avaient pas entrepris d'intenses préparatifs qui avaient de quoi inquiéter à la fois les Cubains et les Soviétiques. Inversement, si les Américains disposaient d'une incontestable supériorité stratégique, pourquoi ont-ils garanti la survie du régime de Castro, quitte à reprendre bien vite des opérations clandestines pour abattre le leader révolutionnaire et renverser son régime ? Kennedy n'a pas réglé le problème cubain qui, en 1993, continue de préoccuper Washington. Il a déclenché une crise qu'il aurait pu éviter. Il a voulu la traiter de la manière la plus dramatique.

A. Kaspi, Kennedy, *Les 1 000 jours d'un président*, A. Colin, 1993.

Méthode

A. Question 1

• Les documents se rapportent tous à la crise de Cuba en 1962. Mais ils sont de natures très différentes :

– certains datent de 1962 ; d'autres sont nettement postérieurs ;

– certains textes sont des témoignages d'acteurs de la crise ; un autre est composé de témoignages d'historiens à des dates différentes ;

– la source précise que l'un de ces témoignages est rédigé par un ancien conseiller de Kennedy. On peut se demander si son opinion, seulement 4 ans après la crise, n'est pas influencée par le rôle qu'il a pu lui-même jouer dans la crise.

• Noter que lorsque des hommes politiques écrivent des mémoires, ils le font souvent pour justifier leur politique. Ils apportent des informations précieuses – inconnues au moment des faits – mais leur jugement peut être critiqué.

B. Question 4

• Les documents permettent d'analyser la réaction de Khrouchtchev. Observer que Kennedy ne se contente pas de prendre des mesures contre Cuba, il fait appel également au bon sens de Khrouchtchev, lui laissant ainsi une porte de sortie. La comparaison des doc. 4 et 5 montre que les choses sont moins simples qu'il n'y paraît : les fusées soviétiques sont retirées de Cuba mais un accord secret concerne les fusées américaines installées en Turquie.

C. Question de la deuxième partie

• Rédiger une introduction de quelques lignes présentant la crise de Cuba dans le contexte de la guerre froide (risque de guerre entre les États-Unis et l'URSS). Puis reprendre la problématique présente dans le sujet. La succession des questions donne le plan à suivre. La réponse à la question 5 peut servir à bâtir une conclusion.

CHAPITRE 7

De l'impérialisme colonial européen à la décolonisation

séries **ES-L-S**

La colonisation européenne connaît à partir du milieu du XIXe s. une nette accélération : les Empires britannique et français s'agrandissent, de nouvelles puissances entreprennent des conquêtes coloniales et de vastes territoires, sans être colonisés, sont placés sous le contrôle économique de l'Europe. Cette situation, inchangée jusqu'en 1939, donne le sentiment que l'Europe domine le monde.
Mais la domination européenne est l'objet d'une contestation grandissante qui s'amplifie après 1945 et entraîne l'effondrement des empires.

Comment s'exerce la domination de l'Europe sur le monde ?
Comment s'explique la rapide disparition du système colonial ?

1 De l'exaltation des empires...

La France et les cinq continents. Fresque réalisée en 1929-1930 par Pierre-Henri Ducos de la Haille et Étienne Hauville dans la salle des fêtes du musée des Arts africains et océaniens de Paris, en vue de l'Exposition coloniale de 1931.

« Devant les troupes de chez nous en bleu-horizon, devant les Congolais en manteau rouge, devant les Annamites aux yeux de feu, la visite du président Doumergue et du maréchal Lyautey revêtit, dans le cadre unique qui portait partout la marque de l'artisan, du sculpteur et du pionnier, l'aspect d'une apothéose. » *Le Figaro*, 7 mai 1931, article relatant l'inauguration de l'Exposition coloniale.

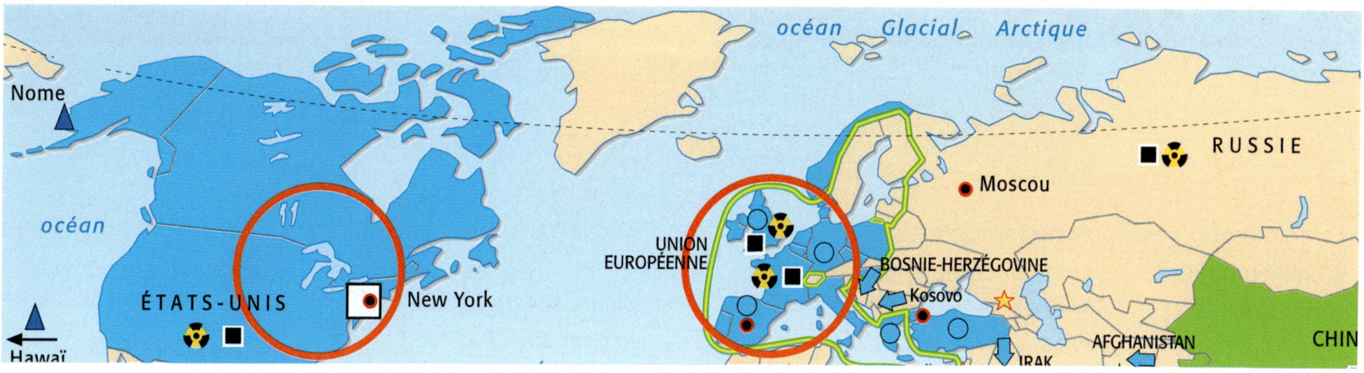

2 … à leur effondrement.

Soldats français faits prisonniers à la chute du camp retranché de Diên Biên Phu, mai 1954.

« La victoire de Diên Biên Phu et les accords de Genève de 1954 ont marqué un pas victorieux des forces révolutionnaires en Indochine et [ont] en même temps constitué une contribution importante amorçant la désagrégation du système colonial de l'impérialisme français et annonçant l'effondrement inévitable du colonialisme et de l'impérialisme mondial. »

Hô Chi Minh, *Des hommes, un peuple*, éd. Thê Gioi, Hanoï, 1997.

Les empires coloniaux de 1860 à 1939

La colonisation européenne remonte au XVIe s. Mais au milieu du XIXe s., elle ne concerne encore que des territoires limités : d'importantes possessions, autrefois contrôlées par les Européens en Amérique, se sont en effet libérées à la fin du XVIIIe s. et au début du XIXe s., formant les États-Unis d'Amérique et les différents États d'Amérique latine, du Mexique au Chili.

Cependant, à partir de 1870-1880, et jusqu'en 1914, la colonisation européenne connaît une spectaculaire expansion en Asie et en Afrique. Ces conquêtes sont réalisées aussi bien par d'anciennes puissances coloniales (Royaume-Uni et France), que par de nouvelles, comme l'Allemagne, l'Italie et la Belgique.

En 1939, les empires coloniaux sont à leur apogée : ils couvrent 40 % des terres émergées et leur population représente un tiers de la population mondiale.

Le Royaume-Uni et la France possèdent les deux plus grands empires coloniaux. Le Japon et les États-Unis contrôlent des territoires au-delà des mers, tandis que l'URSS, succédant à l'Empire russe, domine l'Asie centrale.

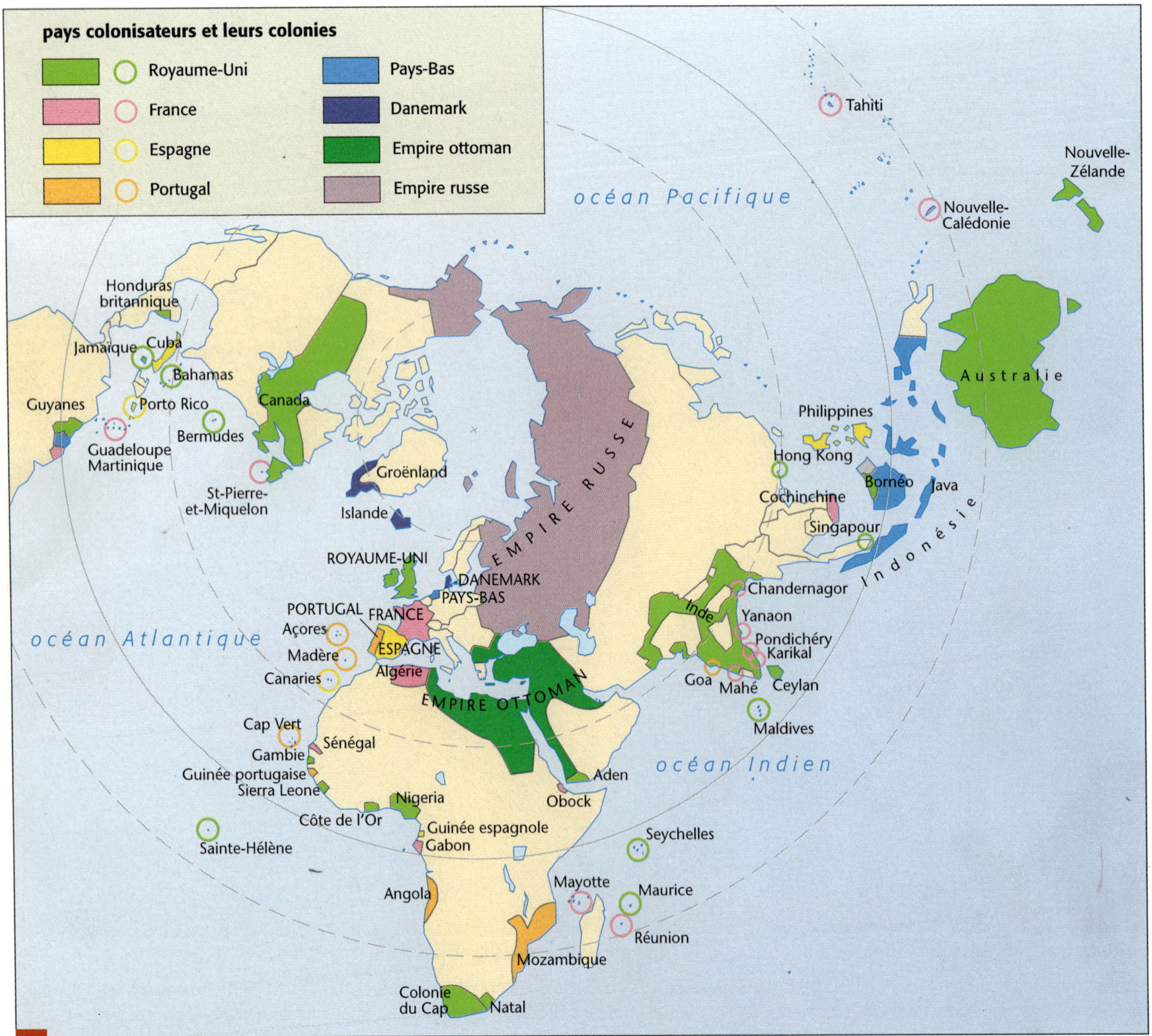

1 **Les empires coloniaux vers 1860.**

	Surface de la métropole (milliers de km²)	Surface de l'empire (milliers de km²)	Population de la métropole (millions d'hab.)	Population de l'empire (millions d'hab.)
Royaume-Uni	244	33 612	47,5	496,8
France	551	12 106	42	70,6
Pays-Bas	33	2 072	8,7	68,4
Belgique	30	2 402	7,6	14,3
Italie	301	3 425	35,2	12,9
Portugal	92	2 110	7,5	10,6
Espagne	505	334	25,6	1,1

2 Extension des empires coloniaux en 1939.

QUESTIONS

1. Quel est le principal empire colonial ? (doc. 1 et 3)
2. Quels nouveaux empires coloniaux sont apparus entre 1860 et 1939 ? (doc. 1 et 3)
3. Où l'expansion coloniale est-elle la plus spectaculaire ?
4. Quels sont les empires coloniaux les plus étendus ? les plus peuplés ? (doc. 2)
5. Montrer que 1939 marque l'apogée des empires coloniaux.

3 Les empires coloniaux en 1939.

1 Un siècle de colonisation

A. Des empires coloniaux longtemps modestes doc. 1

■ Vers 1850, l'Empire britannique comprend notamment le Canada, l'Australie, la Nouvelle-Zélande ainsi que des îles et des **comptoirs** qui constituent autant d'escales sur la « route des Indes ». Les **colonies** de la France, des Pays-Bas, de l'Espagne et du Portugal sont moins étendues. L'Afrique demeure en grande partie inconnue des Européens. **Beaucoup d'Européens estiment alors la colonisation inutile**. Les libéraux admettent qu'on crée des colonies de peuplement dans des territoires encore à peu près vides, comme l'Australie. Mais ils jugent trop coûteux de conquérir et de contrôler des territoires fortement peuplés pour en faire des **colonies d'exploitation**. Ils préfèrent y entretenir de simples relations commerciales, par le biais de comptoirs.

B. La grande expansion coloniale de la fin du XIXe s. doc. 2, 3 et 6

■ **Après 1870, la colonisation européenne se développe rapidement**. Les terres lointaines sont mieux connues, grâce aux explorateurs. Mais l'essor colonial tient surtout aux difficultés économiques de la « Grande Dépression » qui touche l'Europe de 1873 à 1896 et qui pousse les États à s'assurer des marchés outre-mer : pour Jules Ferry, « une colonie, c'est d'abord un débouché ». L'essor colonial est aussi lié à **l'impérialisme** qui conduit certains États à se doter de zones d'influence. Une telle politique concerne non seulement la France, le Royaume-Uni, la Russie mais aussi de jeunes États tels que l'Allemagne, la Belgique et l'Italie.

■ **En Asie**, le Royaume-Uni renforce sa domination en Inde, où l'autorité du gouvernement se substitue en 1858, au lendemain de la grave révolte des Cipayes, à celle de l'East India Company, tandis que la France conquiert l'Indochine, entre 1859 et 1895, et que les Pays-Bas poursuivent la conquête du gigantesque archipel indonésien. Mais c'est **en Afrique** que les conquêtes européennes sont les plus imposantes : les puissances coloniales ont fixé **les règles du partage colonial à la conférence de Berlin en 1884-1885**. Malgré des tensions et des crises internationales, comme celle de Fachoda en 1898, entre Paris et Londres à propos du Soudan, pratiquement tout le continent africain est passé sous contrôle européen en 1914.

■ L'esprit libéral ne disparaît pas pour autant. Dans des États restés indépendants et déjà organisés, les Européens développent un **impérialisme économique**, par exemple en Chine, en Perse et dans l'Empire ottoman.

C. Les empires entre les deux guerres mondiales doc. 4 et 5

■ En 1919 et 1920, la SDN confie aux vainqueurs (Royaume-Uni, France, etc.), à titre de **mandat**, les colonies allemandes et turques. Ailleurs, la géographie coloniale n'est guère modifiée. Seuls le Japon, en Mandchourie en 1932, et l'Italie, en Éthiopie en 1936, réalisent de nouvelles conquêtes ; toutefois, ces initiatives sont dénoncées par la communauté internationale : **l'âge de l'expansion coloniale est révolu**.

■ Les pays européens se réservent le marché de leur empire, selon le principe de la préférence impériale : les échanges commerciaux des colonies doivent se réaliser principalement avec le pays colonisateur. Mais **la domination coloniale européenne est de plus en plus critiquée**. Face à cette politique de préférence impériale, qui leur ferme les marchés coloniaux, les États-Unis défendent le principe de la porte ouverte.

■ **Des mouvements nationalistes indigènes** apparaissent au début du XXe s., en Inde avec Gandhi qui utilise la non-violence pour contester la domination anglaise, en Indochine où le nationalisme est fortement influencé par le communisme, notamment avec Hô Chi Minh, et dans le monde arabe. Des révoltes éclatent au Maroc dans les années 1920 (guerre du Rif) et en Indochine en 1930. En Europe, des marxistes, des chrétiens, des intellectuels (Albert Einstein, Louis-Ferdinand Céline, André Malraux, Romain Rolland), commencent à dénoncer la colonisation.

VOCABULAIRE

colonie : voir *Ne pas confondre*, p. 142.

comptoir : établissement commercial éloigné dans un territoire étranger.

colonie d'exploitation : colonie destinée à fournir à la métropole des produits tropicaux.

impérialisme : voir *Ne pas confondre*, p. 142.

mandat : voir *Ne pas confondre*, p. 142.

1 Pour ou contre la colonisation

Je veux que l'Angleterre renonce à toute suprématie politique sur ses colonies, et qu'elle s'en tienne uniquement aux liens naturels qu'une origine commune, des lois communes, une religion et une littérature communes ont donnés à tous les membres de la race anglo-saxonne disséminés sur la surface du globe.

Richard Cobden, industriel et économiste britannique, adepte du libre échange, 1850.

L'Angleterre a une double mission à remplir en Inde : l'une destructrice, l'autre régénératrice – l'annihilation de la vieille société asiatique et la pose des fondements matériels de la société occidentale en Asie.
Arabes, Turcs, Tartars, Mogols, qui envahirent successivement l'Inde, furent bientôt « hindouisés », les conquérants barbares étant, par une loi éternelle de l'histoire, conquis eux-mêmes par la civilisation supérieure de leurs sujets. Les Britanniques étaient les premiers conquérants supérieurs et par conséquent inaccessibles à la civilisation hindoue. Ils la détruisirent en détruisant les communautés indigènes, en extirpant l'industrie indigène, et en nivelant tout ce qui était grand et élevé dans la société indigène. L'histoire de leur domination en Inde ne rapporte guère autre chose outre cette destruction. L'œuvre de régénération perce à peine au travers d'un monceau de ruines. Elle a néanmoins commencé. [...]
Les natifs de l'Inde, éduqués, encore qu'avec mauvaise grâce et parcimonie, à Calcutta, sous la tutelle anglaise, sont en train de former une classe nouvelle, douée des aptitudes requises au gouvernement et imbue de science européenne.

Karl Marx, « Les résultats éventuels de la domination britannique en Inde », *New York Daily Tribune*, 8 août 1853.

1. **Quelle est l'attitude des deux auteurs face à la colonisation ?**
2. **Qui est hostile à la colonisation ? Pour quelles raisons ?**

2 La gare Victoria à Bombay (fin XIXᵉ s.). Ainsi dénommée en l'honneur de la reine Victoria, impératrice des Indes.

4 Les colonies au service des métropoles en difficulté

Pour réparer les ruines et les ravages [de la guerre], la patrie peut puiser [dans les colonies] des moyens en quelque sorte illimités, des forces industrielles et commerciales. Il faut mettre les colonies à même de fournir au redressement de la patrie les ressources considérables de tous ordres dont elles peuvent disposer. Chaque jour plus nombreux, les financiers, les industriels, les commerçants se sont tournés avec intérêt après l'armistice vers ces champs nouveaux, longtemps ignorés d'eux, qui s'offraient à leur activité, au moment précis où d'autres se fermaient sur les ruines partielles de notre épargne.

Albert Sarraut, ministre français des Colonies, *La Mise en valeur des colonies françaises*, 1923.

1. **Quelles difficultés de la France Albert Sarraut évoque-t-il ici ?**
2. **Comment les colonies peuvent-elles aider à les résoudre ?**

5 La colonisation contestée en Indochine et en Inde

Lentement, les Blancs nous écorchent et nous avalent à petites bouchées au moyen d'impôts de toutes sortes [...]. Tu es entre les mains de l'étranger. Les titres réservés aux indigènes sont ceux de domestiques, de coolies[1], d'interprètes, de troupiers perpétuels. Cependant, les impôts augmentent tous les jours. Ô, pays d'Annam, que tu es à plaindre ! [...] Quant aux autres études, telles l'électricité, les sciences naturelles, la chimie, les sciences politiques, militaires, etc., elles ne sont pas enseignées aux Viêt-namiens pour les maintenir dans une ignorance complète. Ils ne laissent jamais entrer les Viêt-namiens dans les écoles où s'enseigne le français par peur de leur révéler le secret de leur savoir.

Cahiers annamites, 1906-1913.

1. Travailleurs manuels, dockers, terrassiers...

L'accroissement du progrès matériel ne conduit d'aucune façon au progrès moral. Le salut de l'Inde consiste à désapprendre ce qu'elle a appris au cours de ces cinquante dernières années. Le chemin de fer, les télégraphes, les hôpitaux, les hommes de loi, les médecins et tout ce qui s'ensuit devront disparaître et les soi-disant classes supérieures devront mener la vie simple des paysans, sachant que c'est là l'existence qui donne le vrai bonheur [...]. Là est le salut.

Gandhi, *Profession de foi*, 1909.

3 Les décisions de la conférence de Berlin

Art. 1 – Tous les pavillons, sans distinction de nationalité, auront libre accès à tout le littoral des territoires énumérés ci-dessus, aux rivières qui s'y déversent dans la mer, à toutes les eaux du Congo et de ses affluents, y compris les lacs, à tous les ports situés au bord de ces eaux. [...]

Art. 6 – Toutes les puissances exerçant des droits de souveraineté ou une influence dans lesdits territoires s'engagent à veiller à la conservation des populations indigènes et à l'amélioration de leurs conditions morales et matérielles d'existence et à concourir à la suppression de l'esclavage et surtout la traite des noirs ; elles protégeront et favoriseront [...] toutes les institutions et entreprises religieuses, scientifiques ou charitables, créées et organisées à ces fins, ou tendant à instruire les indigènes et à leur faire comprendre et apprécier les avantages de la civilisation. [...]

Art. 13 – La navigation du Congo est et demeurera entièrement libre pour les navires marchands [...] de toutes les nations. [...]

Art. 34 – La puissance qui prendra possession d'un territoire sur les côtes du continent africain [...] avertira les autres puissances signataires, afin de les mettre à même de faire valoir, s'il y a lieu, leurs réclamations.

Art. 35 – Les puissances signataires [...] reconnaissent l'obligation d'assurer, dans les territoires occupés par elles, [...] l'existence d'une autorité suffisante pour faire respecter les droits acquis et, le cas échéant, la liberté du commerce et du transit.

1. **Quels sont les objectifs de la colonisation, selon ce texte ?**
2. **À quelles conditions un État européen peut-il revendiquer une colonie ?**
3. **Quelles sont les garanties apportées aux populations indigènes ?**

6 La conquête italienne de la Tripolitaine vue par *Le Petit Journal* du 15 octobre 1911.

1. **Comment ce dessin présente-t-il les Italiens ? les indigènes de Tripolitaine ?**
2. **Comment la colonisation de la Tripolitaine est-elle ici justifiée ?**

2 Le système colonial

A. Administration directe et indirecte doc. 2

■ Les Européens organisent de deux façons leurs colonies :
– lorsqu'ils recourent à **l'administration indirecte, ils se contentent d'encadrer les pouvoirs locaux qu'ils laissent en place**. C'est le cas des colonies hollandaises et allemandes, de la plupart des colonies britanniques et des **protectorats** français, Tunisie, Annam, Maroc, où les souverains locaux restent en place, comme le sultan du Maroc ou l'empereur d'Annam qui continue de résider dans sa capitale, Hué ;
– dans le cas d'une administration directe, **les colonies sont administrées par la métropole**, représentée sur place par des fonctionnaires européens, souvent tout-puissants, les gouverneurs dans les colonies françaises. Dans le cas de l'Algérie, l'administration du territoire est calquée sur celle des départements français.

B. L'organisation des empires doc. 1

■ L'organisation administrative se fait par regroupement de territoires, effectués souvent sans se préoccuper des populations indigènes (par exemple, les Touareg du Sahara sont répartis entre l'Algérie, la Mauritanie et le Tchad).

■ La **métropole** crée parfois **de vastes regroupements : l'empire des Indes** réunit l'Inde proprement dite, elle-même divisée entre Inde anglaise et États princiers gouvernés par les rajahs, Ceylan et la Birmanie. La France regroupe également des possessions de statuts divers, mais géographiquement proches : **l'Union indochinoise** comprend une colonie, la Cochinchine, dont les habitants sont réputés français, les protectorats d'Annam, du Cambodge et du Laos, le Tonkin, protectorat d'un type particulier, sous administration française directe. Les colonies françaises d'Afrique forment pour l'essentiel l'Afrique occidentale française (AOF), créée en 1904 et l'Afrique équatoriale française (AEF), créée en 1910. Les formes de la domination coloniale évoluent : entre 1867 et 1910, le Canada, l'Australie, la Nouvelle-Zélande et l'Afrique du Sud deviennent des **dominions** et bénéficient d'un gouvernement autonome, mais le pouvoir reste aux mains des colons d'origine blanche.

■ **L'administration des empires coloniaux n'est pas unifiée**. En France, l'Algérie dépend du ministère de l'Intérieur, les colonies du ministère des Colonies et les protectorats du ministère des Affaires étrangères. Au Royaume-Uni, les « colonies de la couronne » sont administrées par le Colonial Office, à l'exception de l'Inde qui dépend de l'Indian Office, tandis que les dominions relèvent du Foreign Office.

C. Les modes d'exploitation et la présence européenne doc. 3, 4 et 5

■ La domination des États européens revêt diverses formes :
– **une forme économique et financière** : les colonies doivent fournir des matières premières à la métropole (sucre, café, coton etc.), permettre le placement des capitaux et fournir des débouchés. Des capitaux sont également placés dans des États indépendants comme l'Empire ottoman et les États-Unis, avant 1914. L'impérialisme européen s'exerce donc à la fois dans les colonies et dans des États indépendants ;
– **une forme religieuse et culturelle** : les Églises chrétiennes évangélisent les peuples colonisés. Convaincus que leur civilisation est supérieure et qu'ils ont le devoir d'éduquer les peuples des autres continents, les Européens imposent aux peuples colonisés leurs langues et leurs modes de vie. Par ailleurs, ils apportent le progrès et la modernisation en développant les écoles, en construisant des hôpitaux, et en combattant la **traite** ;
– **une forme démographique** : entre 1840 et 1914, près de 40 millions d'Européens quittent l'Europe pour s'établir dans des colonies de peuplement (Canada, Australie, pour le Royaume-Uni ; Algérie pour la France) et dans des États indépendants (États-Unis, Brésil). Dans les sociétés coloniales qui se créent, les indigènes gardent une position inférieure, et l'**assimilation** souvent évoquée reste théorique.

VOCABULAIRE

protectorat : voir *Ne pas confondre*, p. 142.
métropole : État européen possédant des colonies.
dominion : voir *Ne pas confondre*, p. 142.
traite : commerce des esclaves.
assimilation : le fait pour une population d'adopter le mode de vie d'une autre population. Dans les colonies c'est adopter le mode de vie européen.

1 Deux manières d'envisager la domination coloniale

a. La voie française : l'assimilation

La France est presque la seule nation qui se soit approchée de la solution du problème de l'administration des races étrangères, elle ne les détruit pas comme ont trop souvent fait les autres peuples ; elle sait mieux que personne se les assimiler. Elle seule, jusqu'à présent, a osé concevoir la métropole et les colonies comme formant une seule patrie, et un seul État. Français de France ou d'Afrique, des Antilles, de l'Indochine, […] tous ont les mêmes devoirs et les mêmes droits.

Alfred Rambaud, historien, collaborateur de Jules Ferry, *La France coloniale*, 1893.

b. La voie britannique : les dominions

Toute communauté dépendante faisant partie de l'Empire se trouve sur le chemin qui conduit à l'autonomie. Chacune d'elles, que la majorité de la population y soit constituée de Blancs ou de gens d'autres couleurs, poursuit son ascension graduelle qui s'accomplit parallèlement à son développement en puissance et en capacité. Sortie de la phase de subordination complète à la domination de Londres, elle se dirige vers une autre étape, au cours de laquelle le degré de contrôle ira sans cesse en diminuant, jusqu'à ce qu'elle arrive à l'état où elle ne sera plus contrôlée d'aucune manière. Les dominions d'aujourd'hui sont les anciennes colonies de la Couronne. Les colonies de la Couronne d'aujourd'hui seront un jour des dominions.

Cecil Hurst, *The British Empire as political unit under international Law*, 1918.

1. Quelles sont les formes de la domination des Européens dans les colonies françaises et britanniques ?
2. Quelle est la place réservée aux indigènes ?
3. Quelle différence relève-t-on entre les empires français et britannique ?

2 **Lyautey, Résident général au Maroc et le sultan du Maroc Moulay Youssef, en 1925.**

3 **Une mission civilisatrice : religieuse enseignant la couture à des enfants au Congo en 1905.**

4 **Pourquoi exploiter des colonies ?**

La concurrence, la loi de l'offre et de la demande, la liberté des échanges, l'influence des spéculations, tout cela rayonne dans un cercle qui s'étend jusqu'aux extrémités du monde. C'est là un problème extrêmement grave. [...] Il faut chercher des débouchés...

Il y a un second point que je dois aborder [...] : c'est le côté humanitaire et civilisateur de la question... Les races supérieures ont un droit vis-à-vis des races inférieures. Je dis qu'il y a pour elles un droit parce qu'il y a un devoir pour elles. Elles ont le devoir de civiliser les races inférieures. [...]

Il n'y a pas de compensation [...] pour les désastres que nous avons subis [mais] est-ce que le recueillement qui s'impose aux nations éprouvées par de grands malheurs doit se résoudre en abdication ? Est-ce qu'ils [les Français] laisseront d'autres que nous s'établir en Tunisie, d'autres que nous faire la police à l'embouchure du fleuve Rouge. [...] Est-ce qu'ils laisseront d'autres se disputer les régions de l'Afrique équatoriale ? [...]

Je dis que la politique coloniale de la France, celle qui nous a fait aller, sous l'Empire, à Saigon, en Cochinchine, celle qui nous a conduits en Tunisie, celle qui nous a amenés à Madagascar, je dis que cette politique d'expansion coloniale s'est inspirée d'une vérité sur laquelle il faut pourtant appeler un instant votre attention : à savoir qu'une marine comme la nôtre ne peut pas se passer, sur la surface des mers, d'abris solides, de défenses, de centres de ravitaillement. [...] Rayonner sans agir, sans se mêler aux affaires du monde, [...] c'est abdiquer, et, dans un temps plus court que vous ne pouvez le croire, c'est descendre du premier rang au troisième et au quatrième...

J. Ferry, *discours à la Chambre des Députés*, 28 juillet 1885.

1. Quelles sont les différentes raisons de la colonisation ?
2. Montrer que la colonisation sert la puissance de la France.

5 **Manifestation non violente contre la présence anglaise en Inde.** Gravure de *La Domenica del Corriere*, 1930.

L'Exposition coloniale internationale de Paris (1931)

Les États européens célèbrent avec éclat leur puissance coloniale. Le Royaume-Uni, qui l'avait fait à la fin du XIXe s., à l'occasion du jubilé de la reine Victoria, renouvelle l'expérience en 1924 à Wembley avec la *British Empire Exhibition*. En France, plusieurs expositions coloniales sont organisées à Marseille au début du XXe s. Mais c'est l'Exposition coloniale internationale de Paris qui constitue dans ce pays l'événement le plus spectaculaire. Organisée de mai à novembre 1931 dans le bois de Vincennes sur plus de 100 hectares, cette manifestation, qui attire en six mois 33 millions de visiteurs, a pour ambition de mettre sous les yeux des Français la réalité de leur Empire, de vanter la « Plus Grande France ». Elle exalte l'idée impériale, qui connaît alors son apogée au sein de l'opinion alors que des critiques se sont déjà élevées contre le système colonial.

1 Inauguration de l'Exposition coloniale de Paris. Le président de la République Gaston Doumergue et le maréchal Lyautey inaugurent l'Exposition coloniale le 6 mai 1931 ; au fond, la reconstitution du temple cambodgien d'Angkor Vat.

2 Ce que doit enseigner l'Exposition coloniale

À vous, les jeunes, l'Exposition présente un objet grandiose. Comment, en effet, vous désintéresser de la vie de nos colonies, vous qui trouvez le monde et ses richesses tout juste assez grands pour vos ambitions ?
Mais les avantages matériels, bien que nécessaires à l'homme, ne sont pas tout. Notre protection, sachez-le bien, a délivré du cauchemar de l'esclavage et de la mort des millions d'hommes, de femmes et d'enfants. N'oubliez pas qu'avant nous, sur le territoire africain, le plus fort dominait le plus faible, la femme n'était qu'un bétail et l'enfant peu de chose. Là même où nous avons trouvé les restes d'une antique civilisation aux principes usés, les formes surannées d'un État, que de transformations n'avons-nous pas opérées ! La justice était vénale, l'état de guerre endémique, les populations décimées par la famine et la maladie, le commerce limité à d'insignifiants échanges, l'administration xénophobe et routinière, le sort des petits lamentable. Aujourd'hui la manière de vivre de ces peuples se rapproche [...] de la vôtre [...]. Ce sont justement les phases de l'existence de ces peuples que vous allez suivre, les échelons de leur montée vers le mieux-être que vous allez gravir.

Guide de l'Exposition coloniale, 1931.

3 **Affiche de 1931.**

4 **Tract des surréalistes dénonçant l'Exposition coloniale**

On s'est servi de l'argent qu'on avait en trop pour envoyer en Afrique, en Asie, des navires, des pelles, des pioches, grâce auxquels il y a enfin, là-bas, de quoi travailler pour un salaire et, cet argent, on le représente volontiers comme un don fait aux indigènes. Il est donc naturel, prétend-on, que le travail de ces millions de nouveaux esclaves nous ait donné les monceaux d'or qui sont en réserve dans les caves de la Banque de France. Mais [...] que des hommes qu'il est permis de tenir pour moins pervertis que nous [...] aient été tenus de se faire crever la peau pour un très bas monument funéraire collectif – voilà qui nous permet d'inaugurer, nous aussi, à notre manière, l'Exposition coloniale et de tenir tous les zélateurs de cette entreprise pour des rapaces [...].

La présence sur l'estrade inaugurale de l'Exposition coloniale du président de la République, de l'empereur d'Annam, du Cardinal Archevêque de Paris et de plusieurs gouverneurs et soudards, en face du pavillon des missionnaires, de ceux de Citroën et Renault, exprime clairement la complicité de la bourgeoisie tout entière dans la naissance du concept nouveau et particulièrement intolérable : la « Grande France » [...].

Tous ceux qui se refusent à être jamais les défenseurs des patries bourgeoises sauront opposer à leur goût des fêtes et de l'exploitation l'attitude de Lénine qui, le premier au début de ce siècle, a reconnu dans les peuples coloniaux les alliés du prolétariat mondial. Aux discours et aux exécutions capitales, répondez en exigeant l'évacuation immédiate des colonies [...].

Texte exposé dans le hall du musée des Arts africains et océaniens de Paris, signé notamment par André Breton, Paul Éluard, Benjamin Péret, Georges Sadoul, Louis Aragon, René Char, Yves Tanguy.

5 **La colonisation française, selon Paul Reynaud**

Le Français a la vocation coloniale. Cette vérité était obscurcie. Les échecs passagers du XVIIIe siècle avaient fait oublier deux siècles d'entreprise et de réussite. En vain, depuis cent ans, nous avions retrouvé la tradition, remporté des succès magnifiques et ininterrompus : Algérie, Indochine, Tunisie, Madagascar, Afrique occidentale, Congo, Maroc. Malgré tout, le préjugé subsistait : le Français, répétait-on, n'est pas colonial. Il a fallu l'exposition actuelle et son triomphe inouï pour dissiper les nuées. [...] Des millions de Français ont visité les splendeurs de Vincennes [...]. Chacun d'eux se sent citoyen de la grande France, celle des cinq parties du monde. [...]

Si le nombre est restreint de ceux qui doivent travailler de leurs mains à l'œuvre coloniale, tous en France en profiteront. Déjà la France extérieure est le plus gros client de la France d'Europe et le premier de ses fournisseurs. Que de chômeurs si ce débouché se fermait brusquement ! Et ce n'est qu'un début : maintenant que nous avons pris une conscience impériale, nous avons le droit d'espérer d'immenses résultats de la politique que cette conscience va nous imposer [...]. La mise en valeur de la France extérieure fournira pour longtemps à notre ambition collective un idéal sans cesse renouvelé.

Là, ne s'arrête pas l'élan imprimé à notre pensée et à notre activité par nos colonies. Elles ne nous donnent pas seulement une leçon de solidarité impériale, elles élargissent encore nos vues. Elles nous montrent toutes les puissances occidentales associées dans cette œuvre magnifique qui est la colonisation.

Paul Reynaud, ministre des Colonies, préface au *Livre d'or de l'Exposition coloniale*, 1931.

QUESTIONS

A. Présenter les documents (nature, date, auteur)

B. Dégager des informations des documents

1. Quel bilan de la colonisation ce *Guide de l'Exposition coloniale* établit-il ? (doc. 2)
2. Quels sont les peuples de l'empire représentés ? (doc. 3)
3. Que reproche ce tract à la colonisation ? Qui dénonce-t-il particulièrement ? Que réclame-t-il ? (doc. 4)
4. Quel est, selon Paul Reynaud, l'intérêt de l'empire colonial pour la France ? (doc. 5)

C. Mettre en relation les documents

5. Quelle vision l'Exposition coloniale entend-elle donner de l'empire colonial français ? (doc. 1, 2, 3 et 5)
6. Quelles visions des indigènes apparaissent à l'occasion de l'Exposition coloniale ? (doc. 3 et 4)

D. Synthèse

7. Rédiger un paragraphe présentant, à partir des documents de ce dossier, les différents regards portés en France sur la colonisation au début des années 1930.

3 L'ébranlement des empires

A. Le choc de la Seconde Guerre mondiale doc. 1, 3, 4 et 6

■ **La Seconde Guerre mondiale modifie profondément les relations entre les colonies et leur métropole.** Menée par les Alliés contre le totalitarisme nazi, souvent en mobilisant les populations de l'Empire, elle favorise l'idée de liberté. Celle-ci est exprimée dès 1941 dans la Charte de l'Atlantique et, à nouveau en 1948, dans la Déclaration universelle des droits de l'homme. Les valeurs qu'elle défend, constamment soutenues par l'ONU, constitueront un précieux appui pour les peuples colonisés.

■ Les peuples colonisés mesurent aussi combien **la guerre a affaibli les métropoles**. La France, la Belgique et les Pays-Bas ont été vaincus en quelques semaines, certains de leurs territoires occupés par les forces de l'Axe (Tunisie, Malaisie, Indonésie, Indochine, etc.). En Asie, les Japonais diffusent une propagande anti-européenne dans les colonies qu'ils occupent et, lorsqu'ils s'en retirent, ils en proclament l'indépendance. **Cela rend difficile le retour des anciens maîtres après 1945**.

■ Les deux Grands soutiennent les peuples colonisés. **L'URSS** le fait parce que la colonisation n'est à ses yeux qu'une forme particulière de l'impérialisme et du capitalisme. **Les États-Unis** défendent l'idée d'indépendance parce qu'ils sont nés eux-mêmes de la lutte victorieuse contre la métropole britannique en 1776, et parce que le maintien des empires coloniaux entrave l'essor du libre-échange. Par ailleurs, ils redoutent que les forces politiques luttant dans les colonies contre les métropoles ne se tournent vers l'URSS. Les États-Unis appuient donc leurs revendications, même aux dépens des puissances coloniales qui sont en principe leurs alliées.

B. Des aspirations croissantes à l'indépendance doc. 5

■ Si elles sont renforcées par la guerre, les aspirations à l'indépendance des peuples colonisés continuent d'obéir à des motivations variées. Certains de leurs combattants **rejettent, au nom de leur culture traditionnelle, les idées politiques et les modes de vie venus d'Europe**. Des membres des élites, formés par le colonisateur, comme le Sénégalais Senghor, retournent contre la métropole **les idées de liberté et d'égalité** proclamées par les principes de 1789. D'autres, comme le Viêt-namien Hô Chi Minh, empruntent aux Européens **le marxisme**, souvent mêlé de nationalisme, pour en tirer un message révolutionnaire. Cette diversité pourrait diviser les mouvements combattant pour l'indépendance, mais la présence d'un adversaire commun – la puissance coloniale – maintient leur cohésion dans la lutte.

■ **L'indépendance est parfois obtenue pacifiquement** : c'est souvent le cas dans les possessions britanniques, où existent depuis longtemps des mouvements nationalistes. Lorsque les métropoles refusent cette évolution, les dirigeants indigènes opposés à la colonisation organisent une **lutte armée** et recourent à la guérilla. Il arrive qu'ils reçoivent des soutiens extérieurs : les Vietnamiens sont aidés par la Chine et l'URSS, les Algériens par la Tunisie, le Maroc et l'Égypte.

C. Des métropoles indécises et partagées doc. 2 et 7

■ Dans un premier temps, **les métropoles sont en général opposées à l'indépendance** de leurs colonies, à la fois source de richesses et symbole de leur grandeur passée. Les colons installés sur place, par exemple en Algérie, sont eux aussi hostiles à toute évolution. Seule une minorité d'Européens est ouverte aux aspirations des peuples colonisés : c'est le cas d'intellectuels, des partis communistes et de plus en plus des Églises, davantage soucieuses, désormais, d'émancipation que d'évangélisation.

■ **Mais l'opinion des métropoles évolue rapidement.** En effet, le maintien de la domination coloniale coûte cher en hommes et en argent. C'est ainsi qu'à la fin des années 1950 un nombre croissant de Français en vient à souhaiter qu'on fasse passer « la Corrèze avant le Zambèze », en renonçant aux colonies.

1 Affiche du secrétariat aux Colonies du régime de Vichy, vers 1942.

2 Affiche de recrutement pour le corps expéditionnaire français en Indochine en 1945-1946.

1. Pourquoi faut-il envoyer des troupes en Indochine ?
2. Expliquer le slogan en haut de l'affiche.

3 Roosevelt et Staline à la conférence de Téhéran (1943)

Le maréchal Staline dit qu'il ne proposait pas que les Alliés versent leur sang pour que l'Indochine, par exemple, retrouve son ancien statut de colonie française. Il dit que les récents événements au Liban justifiaient le premier pas vers l'indépendance de gens qui jadis avaient été soumis à la domination coloniale. Il dit que dans la guerre contre le Japon, selon lui, outre les missions militaires, il était nécessaire de lutter aussi contre les Japonais dans le domaine politique, eu égard au fait que les Japonais avaient donné, au moins nominalement, leur indépendance à certaines contrées coloniales. Il répéta que la France ne devrait pas recouvrer l'Indochine et que les Français devaient payer le prix de leur collaboration criminelle avec l'Allemagne.
Le Président [Roosevelt] dit qu'il était à 100 % d'accord avec le maréchal Staline et fit la remarque qu'après un siècle de domination française en Indochine, le sort des habitants était pire que celui qu'ils avaient connu auparavant.

Conférence de Téhéran, 28 novembre 1943.

1. **Quelle est la situation politique et militaire à la date du texte ?**
2. **Sur quels points Roosevelt et Staline sont-ils d'accord ?**

6 L'ONU et la question coloniale

Les États membres de l'Organisation doivent reconnaître et favoriser la réalisation, en ce qui concerne les populations des territoires sous tutelle placés sous leur administration, du droit des peuples à disposer d'eux-mêmes et doivent faciliter l'exercice de ce droit aux peuples de ces territoires, compte tenu des principes et de l'esprit de la charte des Nations unies en ce qui concerne chaque territoire et de la volonté librement exprimée des populations intéressées, la volonté de la population étant déterminée par voie de plébiscite ou par d'autres moyens démocratiques reconnus, de préférence sous l'égide des Nations unies.

Résolution adoptée par l'ONU le 16 décembre 1952.

1. **Comment cette résolution de l'ONU justifie-t-elle la décolonisation ?**
2. **Quelle méthode prévoit-elle pour faire accéder les peuples à l'indépendance ?**

4 **Propagande anti-britannique des Japonais en Inde, 1944.**

5 Les voies de la décolonisation

Il faut que toutes les colonies soient libérées de la domination impérialiste étrangère, que celle-ci soit politique ou économique.
Les peuples des colonies doivent avoir le droit d'élire leurs propres gouvernements sans restrictions venant des puissances étrangères. Nous disons aux peuples des colonies qu'ils doivent lutter pour atteindre ces buts par tous les moyens dont ils disposent.
L'objectif des puissances impérialistes est d'exploiter. En accordant aux peuples coloniaux le droit de se gouverner, cet objectif est manqué. Par conséquent, la lutte pour le pouvoir politique engagée par les peuples coloniaux et assujettis est le premier pas [...] qui mène à une pleine émancipation sociale, politique et économique. Le congrès panafricain invite donc les travailleurs des colonies à s'organiser effectivement et à se mettre à l'avant-garde de la lutte contre l'impérialisme. Leurs armes (grèves et boycottages) sont invincibles.
Nous invitons également les intellectuels et les autres catégories professionnelles des colonies à prendre conscience de leurs responsabilités. En luttant pour les droits syndicaux, pour la liberté de la presse, de réunion, de manifestation, de grève, vous ferez usage des seuls moyens par lesquels seront acquises et conservées ces libertés.
Peuples coloniaux et assujettis du monde, unissez-vous !

N'Krumah, dirigeant indépendantiste ghanéen (colonie britannique d'Afrique de l'Ouest), Déclaration aux peuples coloniaux, Ve Congrès panafricain, Manchester, 1945.

1. **Quelles méthodes de lutte N'Krumah recommande-t-il aux peuples colonisés ?**
2. **Par quels exemples ces méthodes lui sont-elles inspirées ?**

7 Le cartiérisme : renoncer aux colonies

Le pays le plus riche et le plus stable d'Europe, la Suisse, n'a jamais eu un mètre carré d'outre-mer. [...] Le cas de la Hollande est plus frappant encore. Il était admis que son existence était basée sur les Indes orientales, bouquet de trésors, pétrole, caoutchouc, riz, thé, café, étain, coprah, épices, quinine. Or, la Hollande a perdu ses colonies dans les pires conditions, au moment où elle était dévastée, noyée [...] et il a suffi de quelques années pour qu'elle connaisse plus d'activité et de bien-être qu'autrefois. Elle ne serait peut-être pas dans la même situation si, au lieu d'assécher son Zuydersee et de moderniser ses usines, elle avait dû construire des chemins de fer à Java, couvrir Sumatra de barrages, subventionner les clous de girofle des Moluques et payer des allocations familiales aux polygames de Bornéo. Le colonialisme a toujours été une charge en même temps qu'un profit, souvent une charge plus qu'un profit. Dans les conditions et sous les servitudes politiques actuelles, c'est plus vrai que jamais.

Raymond Cartier, *Paris-Match*, 18 août 1956.

1. **Pourquoi Raymond Cartier condamne-t-il la colonisation ?**
2. **Expliquer les deux dernières phrases du texte.**

4 L'émancipation de l'Asie

A. Les premières indépendances

doc. 1 et 2

■ **Au Moyen-Orient**, avant 1939, Londres a émancipé l'Égypte (1922) et l'Irak (1932). La France, plus réticente à abandonner ses mandats sur le Liban et la Syrie, n'y consent qu'entre 1943 et 1946. Durant cette même année 1946, les Britanniques accordent l'indépendance à la Transjordanie. Enfin, en 1948, ils se retirent de Palestine, mais laissent Israéliens et Palestiniens face à face.

■ **En Inde**, Londres refuse pendant longtemps de tenir compte des revendications du parti du Congrès de Gandhi et Nehru et, pendant la guerre, répond par la répression aux revendications nationalistes. Mais les travaillistes qui accèdent au pouvoir au Royaume-Uni en 1945 sont favorables à l'indépendance de l'Inde. Ne réussissant pas à obtenir un accord entre hindous et musulmans, ils se résignent à une **partition** de l'Inde. **Ce sont donc deux États qui naissent en août 1947 sur une base religieuse**, une Union indienne à majorité hindouiste et un Pakistan à majorité musulmane, composé de deux territoires distants de 1 700 km. Cette partition provoque d'importants transferts de population et s'accompagne de massacres ethnico-religieux qui font au moins un million de morts. D'autres possessions britanniques d'Asie obtiennent leur indépendance : Ceylan et la Birmanie en 1948, la Malaisie en 1957.

■ Aux Indes néerlandaises, le nationaliste Sukarno, qui a organisé la résistance contre les Japonais, proclame en 1945 l'indépendance de la République indonésienne. Les Néerlandais lui concèdent en 1946 la souveraineté sur Java et Sumatra, au sein d'une fédération indonésienne associée aux Pays-Bas. Ils interviennent militairement en 1947 et 1948 pour rétablir leur domination, mais, soumis à la pression des États-Unis, ils doivent reconnaître **en 1949 la pleine indépendance de l'Indonésie**.

B. La guerre d'Indochine

doc. 3 et 4

■ Durant leur présence en Indochine, de 1940 à 1945, les Japonais ont encouragé les sentiments antifrançais. Mais ils sont combattus par le **Viêt-minh**, dirigé par le communiste **Hô Chi Minh, qui proclame en 1945 l'indépendance du Viêt-nam**. La France envoie alors des troupes, qui reprennent le contrôle de la Cochinchine ; elle reconnaît en 1946 l'indépendance du Viêt-nam, tout en le maintenant dans l'**Union française**. C'est alors que le haut-commissaire français Thierry d'Argenlieu proclame une République de Cochinchine. Face à l'agitation qu'entraîne ce durcissement, les Français bombardent Haïphong en novembre 1946, faisant des centaines de morts. Le mois suivant, en représailles, des Européens sont massacrés à Hanoï par le Viêt-minh : c'est le début de la guerre d'Indochine.

■ Cette guerre est difficile pour la France, face à **une guérilla efficace, armée par l'URSS**, dans l'indifférence d'une métropole où les communistes dénoncent la « sale guerre », et sans le soutien des États-Unis, qui y voient un combat colonial d'arrière-garde. Cependant, quand, en 1949-1950, la victoire de la révolution chinoise et la guerre de Corée font craindre un déferlement du communisme en Asie, **Washington révise sa position et décide d'aider financièrement Paris**.

■ Cela ne suffit cependant pas à vaincre la guérilla. Pourtant, lorsque des négociations sont sur le point de s'ouvrir à Genève en 1954, les Français veulent remporter une victoire décisive sur le Viêt-minh. Ils concentrent donc leurs meilleures troupes dans **le camp retranché de Diên Biên Phu**, afin d'y attirer l'armée viêt-namienne pour l'écraser sous leur artillerie et leur aviation. Mais le piège se referme sur leurs soldats, qui doivent se rendre le 7 mai 1954, après 54 jours de combat courageux. En juillet 1954, la France reconnaît à Genève l'indépendance du Viêt-nam, qui est divisé en deux, ainsi que celles du Laos et du Cambodge. La bataille de Diên Biên Phu a un écho considérable. Elle marque la fin de la décolonisation de l'Asie, que célébrera au printemps 1955 la conférence de Bandoung, point de départ de nouvelles émancipations.

VOCABULAIRE

partition : division de l'Inde anglaise en 1947 en deux États sur une base religieuse, un État majoritairement hindouiste, l'Union indienne et un État majoritairement musulman, le Pakistan, composé d'un Pakistan occidental, l'actuel Pakistan et d'un Pakistan oriental, l'actuel Bangladesh.

Viêt-minh : abréviation de *Viêt-nam Dôc Lâp Dông Minh Hôi*, Ligue pour l'indépendance du Viêt-nam, fondée par Hô Chi Minh en 1941, regroupant des communistes (en grande majorité) et des nationalistes.

Union française : nom donné en 1946 à l'ensemble formé de la République française, de ses anciennes colonies, appelées « territoires associés » et de ses anciens protectorats, appelés États associés. L'Union française disparaît en 1958.

1 Ali Jinnah, leader de la Ligue musulmane, rejette l'idée d'un État indien unique

La solution du parti du Congrès peut être résumée ainsi : le gouvernement britannique doit d'abord accorder l'indépendance et transmettre l'appareil civil et militaire de l'État aux hommes du « Congrès ». [...] Ils convoqueront une Assemblée constituante [...] qui décidera finalement du destin des quatre cents millions d'habitants de ce vaste sous-continent. Puis, d'après le Pandit Nehru, les différentes communautés devront se soumettre ou choisir le combat ; la réalité alors surgira. Au contraire, la Ligue musulmane se fonde sur la réalité. J'ai expliqué en détail les différences fondamentales entre hindous et musulmans. Il n'y a jamais eu, pendant tous ces siècles, d'unité sociale ou politique entre ces deux principales nations. L'unité indienne dont on parle aujourd'hui ne relève que de l'Administration britannique qui n'a maintenu la paix, la loi et l'ordre dans ce pays que par le recours ultime à la police et à l'armée. La revendication du « Congrès » est fondée sur une nationalité qui n'existe pas, sauf dans l'esprit de doux rêveurs. Notre solution se fonde sur la partition du territoire de ce sous-continent en deux États souverains : l'Hindoustan et le Pakistan.

Discours à la Convention législative de la Ligue musulmane, Delhi, 7 avril 1946.

1. **Quelles critiques Ali Jinnah formule-t-il à l'encontre du parti du Congrès ?**
2. **Au nom de quels arguments justifie-t-il sa revendication d'un État séparé ?**

2 **La révolution indonésienne de 1945, peinture murale à Jakarta, point de départ de la décolonisation de l'Indonésie.**

3 « On ne peut pas tuer la guérilla » : la R.C.4

Sur presque toute la surface de l'Indochine, les Viêts[1] se servent de la « guerre populaire ». C'est elle qui est faite au sein du peuple. C'est celle où chaque être humain, du bébé au vieillard, est obligatoirement un combattant. Le rôle de la masse « organisée », c'est d'engluer presque tout le Corps expéditionnaire français dans une lutte infinie, prenant tous les aspects, à l'exception de la grande bataille.

C'est en effet un siège, mais d'une espèce spéciale. Les assiégés ne voient pas leurs assiégeants. Ceux-ci, les Viet-minh sont pourtant agglutinés autour d'eux, collés à eux, se confondant avec la jungle, à la fois leurs voisins intimes, leurs ennemis implacables, leurs parasites mortels. La tactique des Viêt-minh, c'est l'asphyxie.

Ne pouvant « tenir » la nature, les Français se concentrent sur un dispositif artificiel. À cette époque, dans ce cas, c'est une route, la R.C.4 (route coloniale 4) ; ils vivent sur elle, autour d'elle, dans sa proximité immédiate, dans des postes, dans des garnisons comme Langson et Caobang. Les Viêts sont quelques mètres plus loin. Les Français dépendent entièrement de la route. Les Viêts, eux, en sont indépendants. Des coolies viennent sur les pistes leur apporter du riz et des munitions. Alors, leur tactique c'est de couper la R.C. 4. Pour cela, ils ont des régiments entiers ; ensuite, ils auront des divisions. L'embuscade devient une bataille en règle, livrée dans des conditions épouvantables par les Français.

Le problème, pour le Corps expéditionnaire, c'est de passer. Il faut savoir que les convois passent pour que la R.C.4 vive. Chaque semaine, c'est plus sanglant et difficile. Un problème terrible, insoluble.

Lucien Bodard, *La Guerre d'Indochine, l'enlisement*, coll. L'air du temps, Gallimard, 1963.

1. Viêts : nom donné, par les soldats français, aux combattants du Viêt-minh pendant la guerre d'Indochine.

1. **En quoi consiste la tactique des soldats Viêt-minh ?**
2. **Quelles difficultés rencontrent les Français (« le Corps expéditionnaire ») ?**
3. **La victoire du Viêt-minh s'explique-t-elle uniquement par le recours à cette tactique ?**

4 La déclaration d'indépendance de la République démocratique du Viêt-nam

« Tous les hommes ont été créés égaux. [...] Le Créateur leur a conféré certains droits inaliénables. Parmi ceux-ci, il y a la vie, la liberté et la recherche du bonheur. » Ces paroles immortelles sont tirées de la Déclaration d'indépendance des États-Unis d'Amérique en 1776. [...]

La Déclaration des droits de l'homme et du citoyen de la Révolution française (1791) a également proclamé : « Les hommes sont nés et demeurent libres et égaux en droits. » Il y a là d'indéniables vérités.

Cependant, pendant plus de 80 ans, les impérialistes français, reniant leurs principes « liberté, égalité, fraternité » ont violé la Terre de nos ancêtres et opprimé nos compatriotes. Leurs actions sont contraires à l'idéal d'humanité et de justice [...]

La vérité est que nous avons saisi notre indépendance des mains des Japonais et non des mains des Français. Avec la fuite des Français, la capitulation des Japonais et l'abdication de l'empereur Bao Dai, notre peuple a brisé les chaînes qui avaient pesé sur nous pendant près de cent ans et fait de notre Viêt-nam un pays indépendant. [...]

Pour ces raisons, nous, membres du Gouvernement provisoire, représentant la population entière du Viêt-nam, déclarons que nous n'aurons désormais aucune relation avec la France impérialiste, que nous abolirons tous les traités signés avec la France au sujet du Viêt-nam [...]. Tout le peuple du Viêt-nam, inspiré par la même volonté, est déterminé à combattre jusqu'au bout contre toute tentative d'agression de la part des impérialistes français.

Nous sommes convaincus que les Alliés, qui ont reconnu le principe de l'égalité entre les peuples aux conférences de Téhéran et de San Francisco, ne peuvent que reconnaître l'indépendance du Viêt-nam.

Hanoi, le 2 septembre 1945.

1. **Quel est le processus qui a conduit à la proclamation de l'indépendance ?**
2. **Comment les Occidentaux ont-ils contribué à l'éveil du sentiment nationaliste viêt-namien ?**
3. **Montrer la détermination des auteurs de la déclaration.**

La décolonisation

En Asie, l'Inde et le Pakistan accèdent à l'indépendance en 1947, l'Indonésie en 1949 et l'Indochine en 1954. La décolonisation de l'Afrique débute en 1956 (Maroc et Tunisie) et 1957 (Ghana). Au début des années 1960, pratiquement toutes les possessions britanniques, françaises et belges ont accédé à l'indépendance, parfois dans des conditions dramatiques (au Congo belge en 1960, en Algérie en 1962). La décolonisation portugaise (Mozambique et Angola) ne s'achève qu'en 1975, après une très longue lutte. À partir des années 1970, les archipels d'Océanie obtiennent leur indépendance.

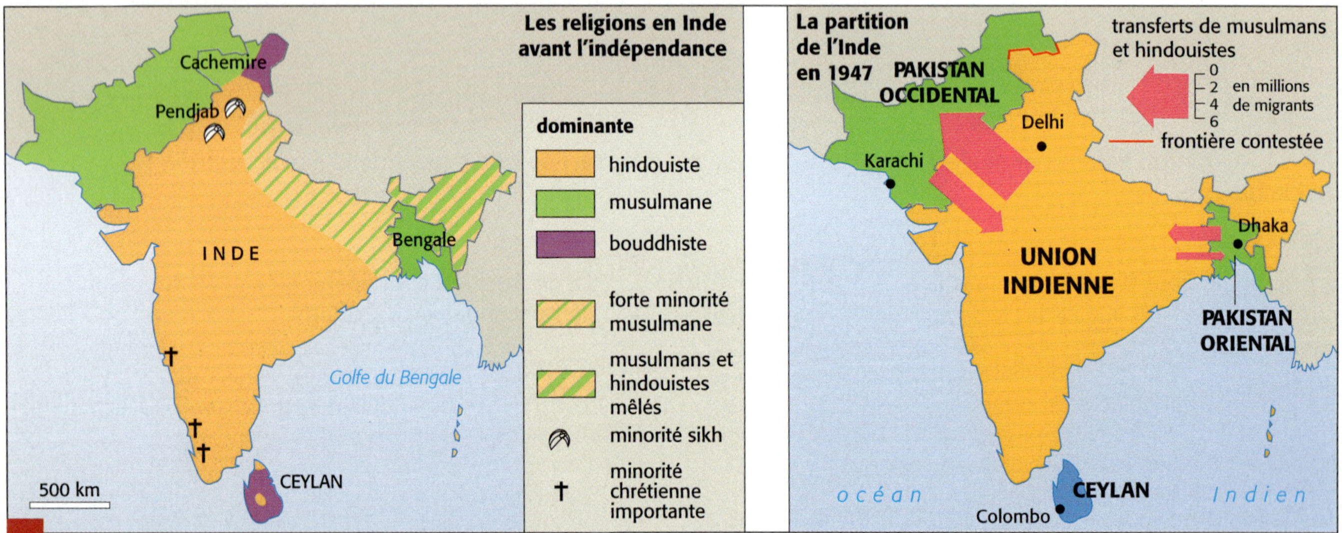

1 L'Inde à l'heure de l'indépendance. L'indépendance de l'Inde le 15 août 1947 fait disparaître des centaines d'États princiers dont la colonisation britannique avait maintenu l'existence. La partition du sous-continent indien sur une base religieuse pose de redoutables problèmes : en faisant apparaître l'existence de minorités (hindouistes au Pakistan, musulmans dans l'Union indienne, sikhs minoritaires en Inde mais majoritaires dans la région du Pendjab), elle provoque des transferts de population et des massacres massifs.

2 Musulmans fuyant New Delhi pour rejoindre le Pakistan, au lendemain de la partition (été 1947).

3 La fin de la décolonisation en Afrique : la décolonisation portugaise. En Angola, en 1975, des enfants posent sur la statue renversée de Norton de Matos, gouverneur du territoire au début du XXe s. ; au centre, un soldat de l'UNITA, un des mouvements indépendantistes angolais.

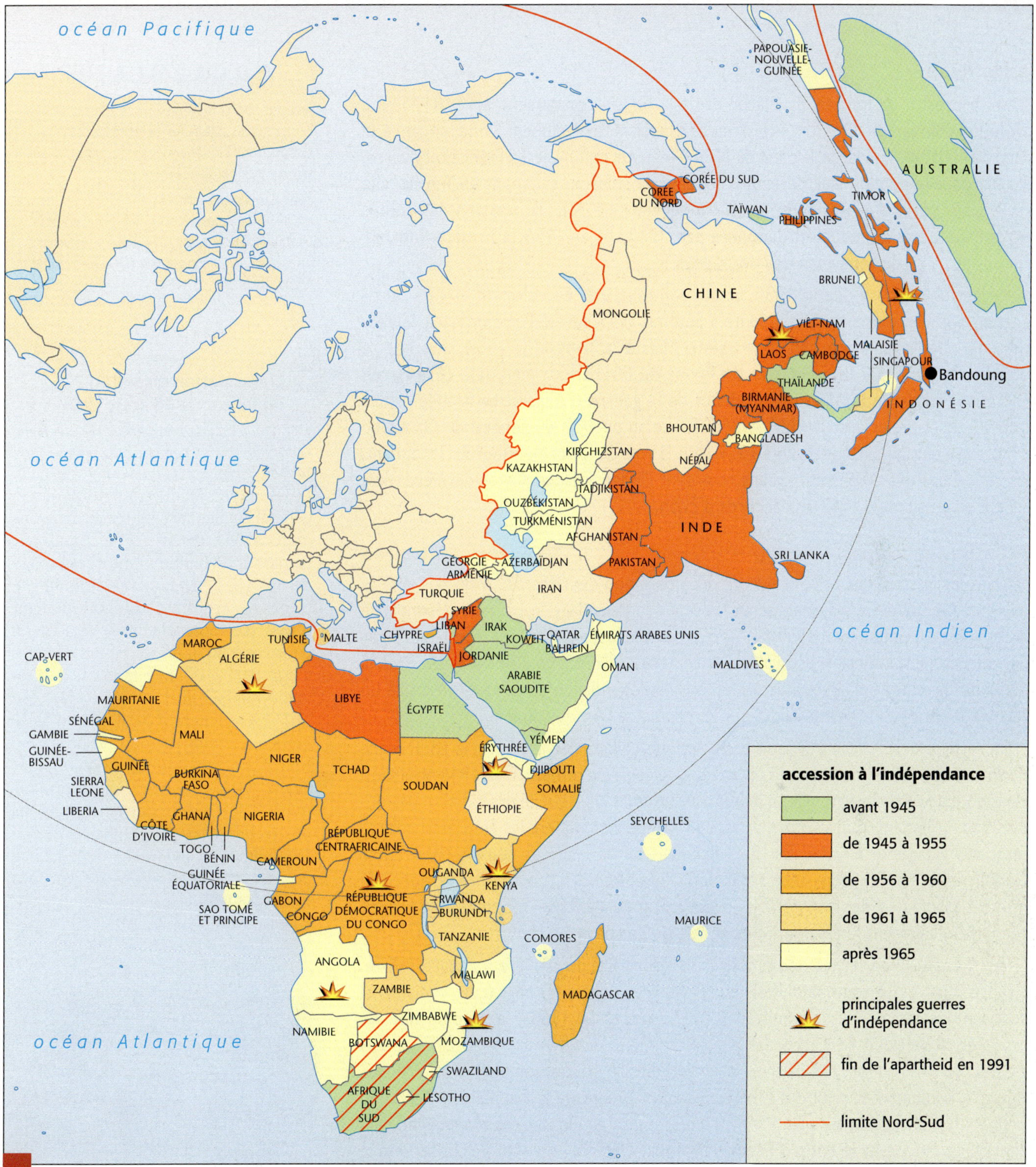

4 **Les étapes de la décolonisation en Afrique et en Asie.**

QUESTIONS

1. Dans quelle partie du monde le mouvement de décolonisation s'amorce-t-il ? Pourquoi ?
2. Pourquoi l'accession de l'Union indienne et du Pakistan à l'indépendance est-elle dramatique ? (doc. 1 et 3)
3. Quelles sont les zones décolonisées ? (carte 4).
4. En 1955, quelles sont les zones qui restent sous domination coloniale ? (carte 4)
5. Quelle partie de l'Afrique est encore en partie colonisée en 1965 ? De quel empire s'agit-il (carte 4) ?

5 L'émancipation de l'Afrique et de l'Océanie

A. Le Maghreb — doc. 1, 3 et 4

■ Les protectorats français du Maroc et de la Tunisie connaissent, après 1945, une évolution comparable. Des forces politiques indigènes revendiquent l'indépendance, le parti de l'**Istiqlal**, au Maroc, le parti du **Néo-Destour** en Tunisie. La France tergiverse. Au Maroc, elle s'appuie sur de grands féodaux hostiles au sultan, et en Tunisie, elle revient sur ses promesses antérieures d'indépendance, sous la pression des colons européens. Cette politique est dénoncée par l'ONU et, en **1956, la France finit par reconnaître l'indépendance des deux pays**.

■ L'Algérie, française depuis 1830, et qui compte 10 % de colons d'origine européenne, a connu une première émeute à Sétif en 1945, suivie d'une violente répression, qui a, en apparence, rétabli le calme. Mais **à la Toussaint 1954, une vague d'attentats marque la naissance du Front de libération nationale (FLN), qui réclame l'indépendance**. C'est le début de la guerre d'Algérie. La France refuse d'abord de négocier avec le FLN. Avec l'arrivée au pouvoir du général de Gaulle en 1958, elle s'engage, à partir de l'été 1959, dans la voie de la décolonisation. Cependant, les réticences des colons européens retardent l'indépendance. Cette dernière n'est reconnue qu'en mars 1962, aux accords d'Évian.

B. L'Afrique noire — doc. 5 et 6

■ Dans les possessions britanniques, la décolonisation démarre dès la fin des années 1950. **Le Ghana** devient autonome en 1951, puis indépendant en 1957. L'indépendance du **Nigeria** est obtenue en 1960. En Afrique de l'Est, la décolonisation, compliquée par des affrontements raciaux, est acquise entre 1961 et 1963. En **Rhodésie du Sud**, la minorité blanche proclame unilatéralement l'indépendance en 1965 et instaure un régime de ségrégation raciale calqué sur le modèle de l'Afrique du Sud.

■ En Afrique occidentale française et en Afrique équatoriale française, la conférence de Brazzaville (1944) avait écarté toute idée de *self-government*. Dès 1946 pourtant, Paris concède à ces territoires un début d'autonomie, ainsi que le droit d'élire des députés au Parlement français. Mais la France réprime violemment les émeutes nationalistes de Madagascar en 1947. En 1958, de Gaulle offre à l'Afrique noire le choix entre l'indépendance et l'appartenance à la Communauté française, c'est-à-dire l'autonomie interne associée à des liens étroits avec la France (défense, monnaie). La France reconnaît finalement **l'indépendance totale de ces pays en 1960**.

■ **Au Congo belge**, la métropole, qui gère ce territoire de manière très paternaliste, a longtemps refusé toute évolution. Les riches ressources du pays (cuivre, diamant) suscitent les convoitises de grandes sociétés minières. En 1960, à la suite de violents troubles, la Belgique doit accorder précipitamment l'indépendance au Congo. Des massacres d'Européens, les rivalités entre ethnies, le soutien de l'URSS au Premier ministre Lumumba et celui des Américains au président de la République Kasavubu provoquent **une guerre civile**. Malgré l'intervention de l'ONU, ces troubles ne cessent qu'en 1965, avec **le coup d'État de Mobutu, chef de l'armée**, qui conservera le pouvoir jusqu'à sa mort en 1997. Le Rwanda et le Burundi, autres colonies belges, deviennent indépendants en 1962.

C. Les dernières indépendances — doc. 2

■ **Dans ses colonies d'Afrique, le Portugal s'épuise en vain, durant des années**, dans un longue lutte contre des guérillas soutenues par la Chine et l'URSS. Ces guerres provoquent la lassitude de l'armée portugaise qui renverse la dictature en métropole en 1974. La Guinée-Bissau, le Mozambique, l'Angola et le Cap-Vert deviennent indépendants. À la même époque commence l'émancipation des archipels océaniens, Papouasie en 1970, îles Salomon en 1978, Nouvelles-Hébrides en 1980.

VOCABULAIRE

Istiqlal : parti rassemblant au Maroc, sous l'autorité du sultan, les principales forces luttant pour l'indépendance du pays (*Istiqlal* signifie indépendance).

Néo-Destour : mouvement fondé en Tunisie en 1934 par Habib Bourguiba pour obtenir l'indépendance du pays et pour y instaurer un régime laïc et moderne (*Destour* signifie Constitution).

1 L'arrestation du sultan du Maroc, le 20 août 1953

La France est encore opposée, à cette date, à l'indépendance qu'elle accordera pourtant en 1956.

Dans l'après-midi d'aujourd'hui, le général Guillaume s'est rendu au palais impérial de Rabat accompagné par l'armée et les blindés français et a exigé de Sa Majesté le Roi d'abandonner le trône. Sa Majesté a catégoriquement refusé. Le représentant de la France, dans l'exécution de ses basses œuvres, a constitué prisonnier le Roi [...] et un avion militaire [l'a] emmené en Corse [...]. En touchant à Mohammed V, la France a atteint au fond de lui-même tout Marocain, tout musulman, tout Arabe dans le monde. Nous affirmons que le Maroc sera ce que nous en ferons en accord avec le peuple et le roi Mohammed V, une fois l'indépendance acquise et l'évacuation des troupes françaises réalisées.

Déclaration d'Allal al-Fasi, fondateur de l'Istiqlal.

2 Maquisards victorieux au Mozambique en 1975.

3 L'Algérie pendant la guerre.

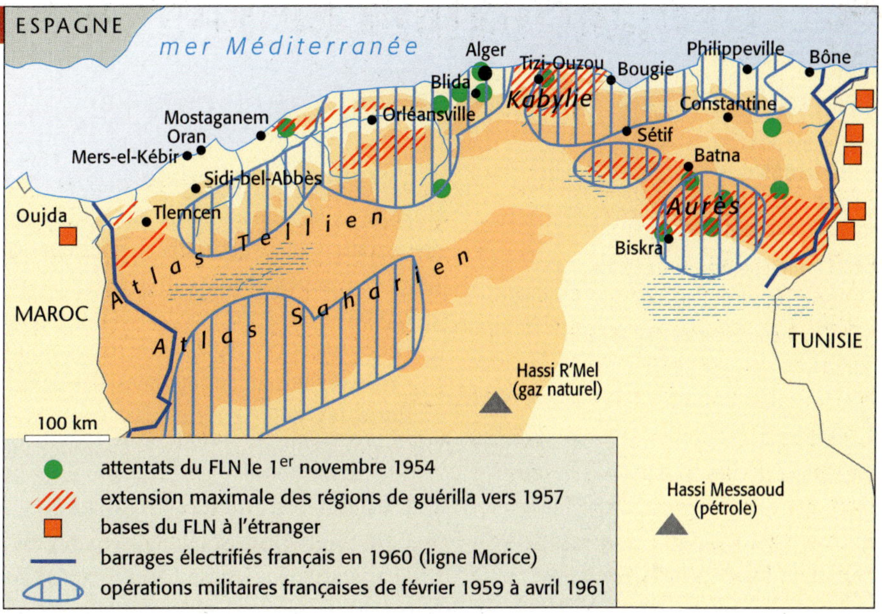

4 Le programme du FLN (20 août 1956).

La révolution algérienne a la mission historique de détruire de façon définitive et sans retour le régime colonial odieux, décadent, obstacle au progrès et à la paix.

1. Les buts de la guerre

Les buts de la guerre, c'est le point final de la guerre à partir duquel se réalisent les buts de paix […]. Il ressort que, vu notre situation, nos buts de guerre sont politico-militaires. Ce sont :

1. l'affaiblissement fatal de l'armée française, pour lui rendre impossible une victoire par les armes ;
2. la détérioration sur une grande échelle de l'économie colonialiste par le sabotage pour rendre impossible l'administration normale du pays ;
3. la perturbation au maximum de la situation en France sur le plan économique et social, pour rendre impossible la continuation de la guerre ;
4. l'isolement politique de la France en Algérie et dans le monde ;
5. donner à l'insurrection un développement tel qu'il la rende conforme au droit international […] ;
6. soutenir constamment le peuple devant les efforts d'extermination des Français.

2. Cessez-le-feu : conditions politiques

1. Reconnaissance de la nation algérienne indivisible. Cette clause est destinée à faire disparaître la fiction colonialiste de « l'Algérie française » ;
2. reconnaissance de l'indépendance de l'Algérie et de sa souveraineté dans tous les domaines ;
3. libération de tous les Algériens et Algériennes emprisonnés ou exilés en raison de leur activité patriotique ;
4. reconnaissance du FLN comme seule organisation représentant le peuple algérien et seule habilitée en vue de toute négociation.

1. Quels sont les buts du FLN ?
2. Comment compte-t-il les atteindre ?

5 L'indépendance du Ghana, 1957

J'ai confiance d'exprimer les vœux et les sentiments des chefs coutumiers et du peuple de ce pays, en exprimant l'espoir que la passation des pouvoirs entre les mains de nos ministres élus pourrait s'accomplir dans un esprit amical et fraternel, afin qu'ayant réalisé notre liberté en paix, les peuples de Grande-Bretagne et de la Côte-de-l'Or[1] puissent faire naître de nouveaux rapports fondés sur le respect mutuel, la confiance réciproque et l'amitié […]. Les vieux concepts d'empire qui se traduisaient par l'idée de conquête, de domination et d'exploitation disparaissent rapidement dans un monde qui s'éveille. Parmi les peuples coloniaux, il y a une immense réserve non encore entamée de paix et de bonne volonté envers la Grande-Bretagne pour peu que celle-ci veuille se défaire de l'appareil périmé et vermoulu d'il y a deux siècles, et qu'elle se présente aux peuples coloniaux vêtue d'une nouvelle robe éclatante, l'olivier de paix et d'amitié à la main, et nous tendant les bras pour nous aider à déterminer nos destins.

Adresse de N'Krumah au gouverneur britannique du Ghana, 1957.

1. Nom de la colonie britannique. En 1957, l'ancienne colonie prend le nom de « Ghana », un royaume africain du VIIIe s. de la vallée du haut Niger, 500 km au nord de la Côte-de-l'Or.

6 Civils belges fuyant le Congo au moment de l'indépendance.

1. Pourquoi les Belges quittent-ils alors en nombre le Congo ?
2. Quel autre territoire africain colonisé a connu un tel départ massif d'Européens au moment de l'indépendance ?

FICHE DE RÉVISION

DATES À RETENIR

- **1884-1885 :** conférence de Berlin
- **1936 :** conquête de l'Éthiopie, dernière conquête coloniale
- **1947 :** indépendance de l'Inde
- **1954 :** défaite française à Diên Biên Phu
- **1962 :** Indépendance de l'Algérie

LIRE

- A. HUGON, *L'Afrique des explorateurs. Vers les sources du Nil*, Gallimard, « Découvertes », n° 117.
- C. CLÉMENT, *Gandhi, athlète de la liberté*, Gallimard, « Découvertes », n° 50.
- D. HEMERY, *Hô Chi Minh, de l'Indochine au Vietnam*, Gallimard, « Découvertes », n° 97.
- « Le temps de l'Algérie française. De la prise d'Alger à l'indépendance », n° spécial de *L'Histoire*, n° 140, janvier 1991.
- « L'Indochine au temps des Français », dossier de *L'Histoire*, n° 203, octobre 1993.
- « Le temps des colonies », Les collections de *l'Histoire*, n° 11, 2001.
- L.-F. CÉLINE, *Voyage au bout de la nuit*, Gallimard Folio, n° 28.
- A. CAMUS, *L'Étranger*, Gallimard Folio, n° 2.
- G. SIMENON, *Le Coup de lune*, Le Livre de Poche.

VOIR

- J.-J. ANNAUD, *La Victoire en chantant*, 1976.
- P. SCHOENDOERFFER, *La 317e section*, 1964.
- P. SCHOENDOERFFER, *Diên Biên Phu*, 1992.
- R. VAUTHIER, *Avoir vingt ans dans les Aurès*, 1972.
- B. TAVERNIER, *La Guerre sans nom*, 1992.
- R. ATTENBOROUGH, *Gandhi*, 1983.

BIOGRAPHIES

Mohandas Gandhi (1869-1948)
dirigeant politique indien.
(Voir biographie complète p. 394)

Hô Chi Minh (1890-1969)
dirigeant politique vietnamien.
(Voir biographie complète p. 395)

Kwane N'Krumah (1909-1972)
dirigeant politique ghanéen.
(Voir biographie complète p. 397)

BILAN DU CHAPITRE

I. L'expansion coloniale

➤ Forte expansion coloniale entre 1880 et 1914, pour des raisons économiques (recherche de ressources et de débouchés), politiques (rivalités internationales) et stratégiques.
Essor de l'**impérialisme** européen

➤ Les puissances européennes étendent leurs possessions en Asie, Afrique, Océanie ;
- elles fixent des règles entre pays colonisés (conférence de Berlin, 1884-1885) ;
- elles organisent des colonies, des **protectorats**.

➤ Entre les deux guerres, les empires sont célébrés comme symbole de puissance (Exposition coloniale de 1931), mais début de contestation.

II. L'ébranlement des empires

➤ La Seconde Guerre mondiale affaiblit les métropoles et développe dans les **colonies** l'idée de liberté, soutenue par les deux Grands et relayée par l'ONU.

➤ Mouvements nationalistes d'inspiration variée (traditionaliste, moderniste, marxiste) dans les colonies ; l'indépendance résulte soit de négociations, soit d'une guerre.

III. L'émancipation de l'Asie, de l'Afrique et de l'Océanie

➤ Au Moyen-Orient en 1946-1948 (Syrie, Transjordanie, Israël).

➤ Dans le monde indien, dès 1947, mais avec **partition** Inde-Pakistan.

➤ En Indonésie (1949) et surtout en Indochine (1954) : guerres d'indépendance.

➤ Au Maghreb, indépendance du Maroc et de la Tunisie en 1956, mais l'Algérie ne devient indépendante qu'en 1962, après une longue guerre.

➤ En Afrique noire, émancipation assez paisible dans les possessions françaises et britanniques (1957-1963), mais suivie en 1960 d'une guerre civile au Congo belge.
Après 1970, indépendances des colonies portugaises et des archipels océaniens.

NE PAS CONFONDRE

Colonie, protectorat, mandat et dominion

- Une **colonie** est un territoire entièrement placé sous la souveraineté d'un autre État.
- Un **protectorat** est un territoire ou un État qui dépend d'une métropole, mais qui conserve son gouvernement, ce qui lui assure une certaine autonomie interne.
- Un **mandat** est, après 1919, un territoire confié par la SDN à des États qui l'administrent en son nom et doivent normalement le conduire à l'indépendance.
- Un **dominion** est une ancienne colonie britannique à laquelle la métropole concède l'autonomie interne, et ensuite l'indépendance. Ce statut est concédé d'abord à des colonies de peuplement blanc : Canada (1867), Australie (1900), Nouvelle-Zélande (1907), Afrique du Sud (1910).

Impérialisme et colonisation

- L'**impérialisme** est la domination d'un État sur d'autres États. L'impérialisme peut être économique, financier ou culturel. Il ne remet pas nécessairement en cause l'indépendance politique des pays dominés ; ces derniers peuvent conserver leur gouvernement.
- La **colonisation** est une forme d'impérialisme dans laquelle la puissance colonisatrice, la métropole, s'assure le contrôle politique de la colonie. Dans ce cas, c'est le gouvernement de la métropole qui dirige la colonie dans tous les domaines.

Autonomie et indépendance

- Un territoire **autonome** possède ses propres institutions internes, mais dépend d'un État, notamment pour sa politique étrangère.
- Un pays **indépendant** dispose d'une souveraineté totale (diplomatie, politique monétaire, usage de son armée).

Explication d'un document (6/16)

Sujet : L'exploitation des paysans du Tonkin dans les années 1930

Andrée Viollis, journaliste féministe et grand reporter, accompagne en 1932 en Indochine le ministre des colonies Paul Reynaud. Elle publie son témoignage après son retour en France.

Vous pouvez me croire, dit-il. J'ai vécu, moi, comme employé des plantations.

A Kratié, là-bas, au Cambodge, à Thudaumot, à Phu-Quoc, j'ai vu ces malheureux paysans du Tonkin, si sobres, si vaillants, arriver joyeux sous la conduite de leurs bandits de *cais* [chefs], avec l'espoir de manger à leur faim, de rapporter quelques sous dans leurs villages. Au bout de trois ou quatre ans, ce ne sont plus que des loques : la malaria, le béribéri !

Ils essaient de marcher sur leurs jambes enflées d'œdèmes, rongées, traversées par une espèce de sale insecte, le san-quang ; leur rendement diminue-t-il avec leurs forces ou protestent-ils contre trop de misère ? Les *cais* les attachent à des troncs d'arbres, des piloris, où ils restent tout le jour à jeun, après avoir fait connaissance des rotins, des fouets, qui font saigner la peau flasque de leurs pauvres carcasses.

Le matin, à l'aube, quand la fatigue les tient collés à leur bat-flanc, où ils ont essayé de dormir malgré les moustiques qui tuent, on vient les chasser des tanières où ils sont entassés, comme on ne chasse pas des troupeaux de l'étable.

À midi comme au soir, quand on leur distribue leur ration de riz, ils doivent d'abord préparer le repas des *cais* et, la dernière bouchée avalée, se remettre à la corvée, même couverts de plaies à mouches, même grelottants de fièvre. Tout cela pour 1 franc 20 à 2 francs par jour qu'ils ne touchent jamais entièrement à cause des retenues, des amendes, des achats. [...] Leur correspondance est lue, traduite et souvent supprimée. Peu de nouvelles de leurs familles. La plupart ne la revoient jamais ou, s'ils regagnent leur village, ce sont de véritables épaves, sans argent et sans forces, qui reviennent pour mourir ; mais auparavant, ils sèment autour d'eux des germes de maladie, de révolte, de haine... C'est comme ça qu'on prépare les révolutions.

Andrée Viollis journaliste au *Petit-Parisien*, *Indo-Chine SOS*, Gallimard, 1935.

DOCUMENT D'ACCOMPAGNEMENT

Colon français en Indochine.

Questions

1. Présenter le document et son auteur.
2. Pourquoi les paysans veulent-ils être employés dans les plantations ?
3. Quelles sont les difficultés dues aux conditions naturelles ?
4. Montrer que les paysans sont exploités. Par qui et comment ?
5. Pourquoi peut-on dire que ce texte est une dénonciation des méthodes de la colonisation en Indochine ?

Méthode

1. Comment répondre aux questions

Question 1

• Prêter une attention particulière :
– au titre (il contient parfois une date) ;
– à la source (indications fournies à la fin du texte) ;

• Dans le cas présent, la première ligne du texte est précieuse : l'auteur a travaillé dans la plantation qu'il décrit ; son témoignage est digne de foi, même s'il prend partie (« leurs bandits de cais »).

Question 3

• Se rappeler que l'Indochine se trouve dans une région tropicale (chaleur, humidité).

• Repérer les parties du texte qui mentionnent les contraintes dues au climat de cette région.

Question 4

• Se poser les questions suivantes : les indigènes employés dans les plantations y viennent-ils d'eux-mêmes ? Quel rôle jouent les personnages appelés « *cais* » ? Quelles sont les conditions de vie et de travail des ouvriers des plantations ?

2. Exemple de réponse rédigée

Question 4

Les paysans sont d'abord exploités par les cais (chefs de village) qui les font venir travailler dans les plantations. Les cais les maltraitent s'ils protestent contre leurs conditions de travail et les obligent à les servir. Ils sont exploités aussi par les patrons de la plantation, qui les paient mal, leur infligent des amendes, les font vivre et travailler dans de très mauvaises conditions (travail harassant, mauvaise hygiène, mauvais traitements, surveillance ou suppression de la correspondance avec les familles).

PRÉPA BAC

Étude d'un ensemble documentaire (6/16)

Sujet : Comment l'Afrique a-t-elle été partagée et conquise entre 1870 et 1914 ?

Questions

Première partie

1. Quelle est la nature des différents documents ?
2. Quelles sont les raisons de la colonisation de l'Afrique (doc. 1, 3 et 4) ? Expliquer « Prenez-la, non par le canon, mais par la charrue » et « changez vos prolétaires en propriétaires » (doc. 4).
3. Qui colonise l'Afrique ?
4. Quels moyens sont employés par les Européens pour coloniser l'Afrique ?
5. Quelles sont les conséquences de la colonisation de l'Afrique ?

Deuxième partie : Rédiger une réponse organisée permettant de répondre à la question posée par le sujet.

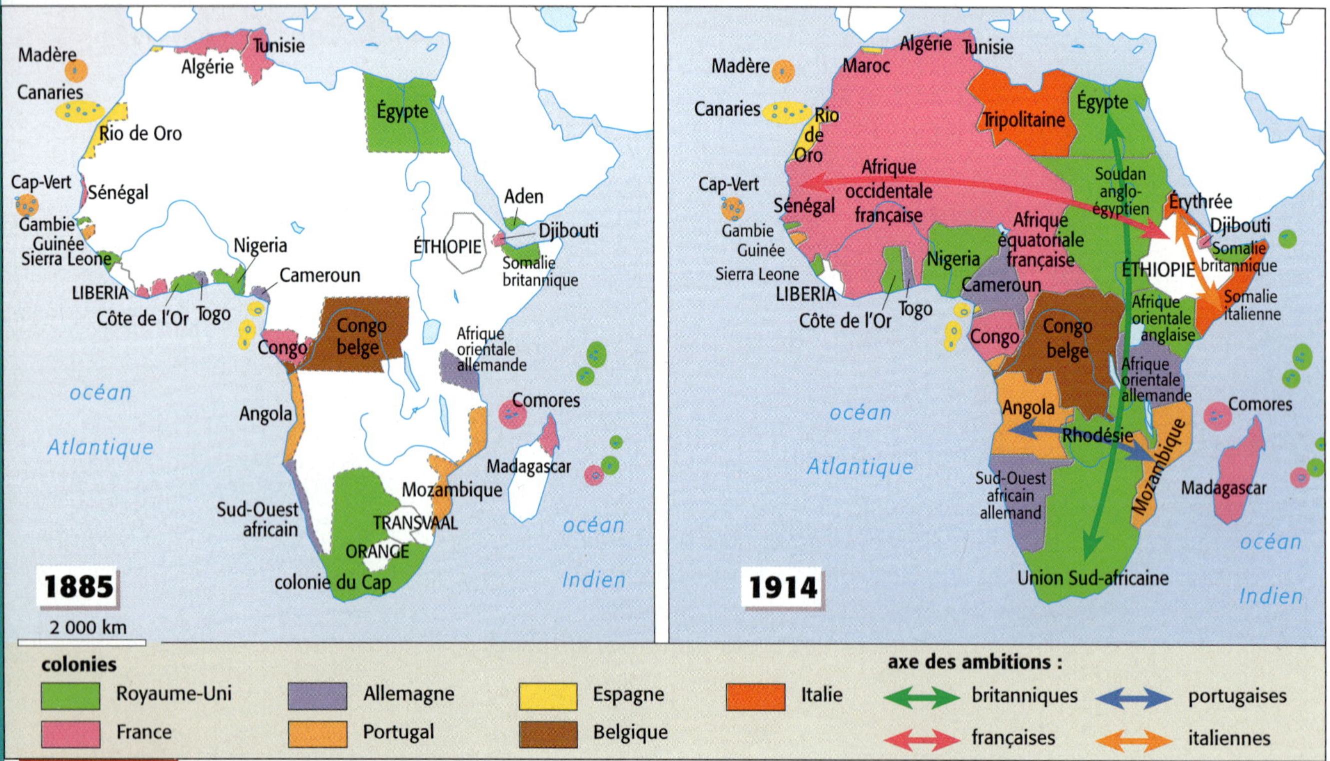

DOCUMENT 1 La conquête de l'Afrique.

DOCUMENT 2 **La conquête du Sud-Ouest africain par les Allemands.** Troupes coloniales allemandes affrontant des Herreros, 9 avril 1904.

DOCUMENT 3 **Quelques décisions de la conférence de Berlin (1885)**

Art. 6 : Toutes les puissances exerçant des droits de souveraineté ou une influence dans lesdits territoires s'engagent à veiller à la conservation des populations indigènes et à l'amélioration de leurs conditions morales et matérielles d'existence et à concourir à la suppression de l'esclavage et surtout de la traite des noirs ; elles protégeront et favoriseront [...] toutes les institutions et entreprises religieuses, scientifiques ou charitables, créées et organisées à ces fins, ou tendant à instruire les indigènes et à leur faire comprendre et apprécier les avantages de la civilisation. [...]

Art. 26 : La navigation du Niger, sans exception d'aucun des embranchements ni issues de ce fleuve, est et demeurera entièrement libre pour les navires marchands [...] de toutes les nations, tant pour les marchandises que pour les voyageurs. [...]

Art. 34 : La puissance qui prendra possession d'un territoire sur les côtes du continent africain situé en dehors de ses possessions actuelles [...] ou qui viendrait à en acquérir avertira les autres puissances signataires.

Art. 35 : Les puissances signataires du présent Acte reconnaissent l'obligation d'assurer, dans les territoires occupés par elles sur les côtes du continent africain, l'existence d'une autorité suffisante pour faire respecter les droits acquis et [...] la liberté du commerce.

Extraits de l'Acte final de la conférence de Berlin, 26 février 1885.

DOCUMENT 5 **Soumission de chefs indigènes aux Français en Côte-d'Ivoire.** *Petit journal*, 1893.

DOCUMENT 4 **« Dieu offre l'Afrique à l'Europe »**

Le moment est venu de faire remarquer à l'Europe qu'elle a à côté d'elle l'Afrique.

La Méditerranée est un lac de civilisation ; ce n'est certes pas pour rien que la Méditerranée a sur l'un de ses bords le vieil univers et sur l'autre l'univers ignoré, c'est-à-dire d'un côté toute la civilisation et de l'autre toute la barbarie. Le moment est venu de dire à ce groupe illustre de nations : unissez-vous ! Allez au Sud. Il est là devant vous, ce bloc de sable et de cendre, ce monceau inerte et passif qui, depuis six mille ans, fait obstacle à la marche universelle.

Dieu offre l'Afrique à l'Europe. Prenez-la. Prenez-la, non pour le canon, mais pour la charrue ; non pour le sabre, mais pour le commerce ; non pour la bataille mais pour la fraternité. Versez votre trop-plein dans cette Afrique, et du même coup, résolvez vos questions sociales, changez vos prolétaires en propriétaires. Allez, faites ! Faites des routes, faites des ports, faites des villes, croissez, cultivez, colonisez, multipliez.

Victor Hugo, discours prononcé lors d'un banquet commémorant l'abolition de l'esclavage, le 18 mai 1879.

Méthode

➤ 1. Comment répondre aux questions de la première partie

A. Question 1

• Classer les documents dans l'ordre chronologique peut aider à les présenter.

B. Question 2

• Qu'évoque la charrue ? Pourquoi Victor Hugo évoque-t-il les « questions sociales » ?
Classer les différentes raisons apparaissant dans les documents. Ces raisons sont-elles toutes économiques ?

C. Question 3

• Une conquête met aux prises des conquérants et des peuples conquis. Sur quels documents les premiers apparaissent-ils ? De quelle façon sont-ils représentés ?

• Se servir de la carte 1 : tous les États européens ont-ils participé à la conquête ? Y a-t-il des rivalités entre États ? Quelle évolution constate-t-on entre 1885 et 1914 ?

D. Question 4

• Étudier les documents et classer les différents moyens employés par les Européens.

• Faire la critique des documents : a-t-on le point de vue des colonisés ?

• Évoquer d'autres accords entre deux États européens, entre la France et l'Allemagne, par exemple.

➤ 2. Aide à la réponse à la question de la deuxième partie

• La synthèse peut s'organiser autour de trois thèmes : les raisons (pourquoi la conquête de l'Afrique ?), les acteurs et les moyens (comment ?) et les conséquences (quelle est l'évolution de l'Afrique à la suite des conquêtes ? Quelles sont les conséquences en Afrique et dans les relations entre pays européens ?).

Étude d'un ensemble documentaire (7/16)

Sujet : Comment l'Inde a-t-elle été décolonisée ?

Questions

Première partie

1. Préciser la relation des différents documents avec la décolonisation de l'Inde.
2. Comment la domination de l'Inde est-elle présentée ?
3. D'après les doc. 1, 3 et 4, que souhaitent les Indiens ?
4. Pourquoi l'indépendance de l'Inde peut-elle être qualifiée de dramatique ? (doc. 3 et 5)

Deuxième partie : Rédiger une réponse organisée au sujet proposé.

Document 1 La décolonisation de l'Inde selon Attlee

Depuis longtemps, la politique des gouvernements britanniques successifs a été de travailler à la réalisation du self-government dans l'Inde. En fonction de cette politique, une responsabilité croissante a été dévolue aux Indiens, et, aujourd'hui, l'administration civile et les forces armées indiennes sont dans une large mesure aux mains de fonctionnaires et d'officiers indiens. [...] En 1940, le gouvernement britannique reconnut que les Indiens devaient reconstruire eux-mêmes une nouvelle Constitution pour une Inde pleinement autonome, et par l'offre de 1942, ils l'invitèrent à établir une assemblée constituante dans ce but aussitôt que la guerre serait terminée.
Le gouvernement de Sa Majesté croit que cette politique a été juste et en accord avec les principes démocratiques [...].
Le gouvernement de Sa Majesté désire transmettre ses responsabilités à des autorités établies par une Constitution approuvée par toutes les parties de l'Inde. [...] Malheureusement, il n'existe pas actuellement de perspective nette qu'une telle constitution et de telles autorités puissent apparaître. Le présent état d'incertitude est plein de dangers et ne peut indéfiniment se prolonger. Le gouvernement de S. M. souhaite faire savoir clairement qu'il est dans son intention définitive d'effectuer le transfert de pouvoir entre des mains responsables au plus tard en juin 1948.

Déclaration de Clement Attlee, Premier ministre britannique travailliste à la Chambre des Communes, le 20 février 1947.

Document 2 Article de l'envoyé spécial du *Times* au Pendjab, août 1947

Les sikhs[1] massacrent quotidiennement des centaines de musulmans, en font fuir des milliers vers l'ouest, brûlent les villages et les fermes. Cette violence est organisée systématiquement, district après district. Un gigantesque problème de réfugiés se développe, bien au-delà des capacités de contrôle des autorités [...]. Les sikhs vous diront que ceci n'est que représailles après les horreurs de Rawalpindi, en mars, lesquelles répondaient aux meurtres de musulmans au Bihar, qui étaient justifiés par les tragiques événements de Calcutta.

1. sikhs : adeptes d'une religion née en Inde vers 1500 affirmant l'existence d'un dieu unique, créateur, que l'on peut approcher par la méditation sous la direction d'un maître ou gourou. Les sikhs sont majoritaires dans la région indienne du Pendjab.

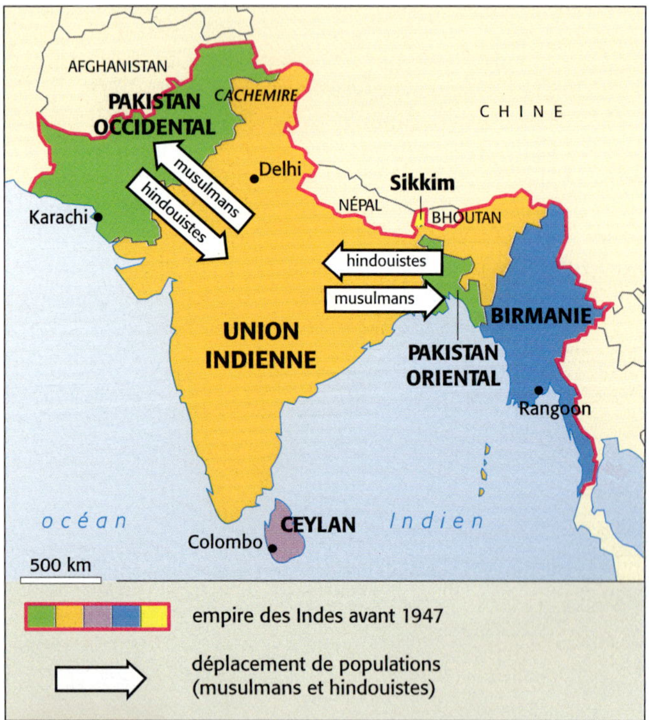

Document 3 L'ancien empire britannique des Indes après l'indépendance et la partition le 15 août 1947.

Document 4 La résolution *Quit India*

Le Comité du Congrès pense que de récents événements viennent de démontrer clairement que la domination anglaise en Inde doit cesser aussi vite que possible [...]. La puissance de cette domination est avilissante, affaiblit l'Inde et la rend de moins en moins capable de se défendre d'abord, et de défendre la cause de la liberté.
Au lieu de reposer sur la liberté, les méthodes des Alliés se fondent sur la domination des pays coloniaux assujettis et sur le maintien des techniques et des traditions impérialistes [...]. La fin de la domination britannique sur ce pays est donc une question vitale et primordiale ; de son dénouement proche dépendront l'avenir de la guerre et le triomphe de la liberté et de la démocratie. Une Inde libre sera le meilleur gage de ce triomphe [...]. Dès la déclaration de l'indépendance de l'Inde, un gouvernement provisoire sera formé et l'Inde libre deviendra l'alliée des Nations unies, partageant avec elles ses entreprises et ses épreuves dons le combat commun pour la liberté.

Résolution *Quit India*, août 1942.

DOCUMENT 5
Gandhi s'adresse à des musulmans prêts à rejoindre le Pakistan, septembre 1947.

Méthode

➤ 1. Comment répondre aux questions

A. Question 1

• Présenter les personnages principaux, auteurs de texte ou acteurs en Inde, en précisant quel point de vue ils expriment (Indien, Britannique, observateur neutre).
Replacer les documents dans l'ordre chronologique.

B. Question 2

• Montrer comment la domination de l'Inde est évoquée à la fois dans le doc. 2 et dans le doc. 4, et comment dans chaque cas il est envisagé d'y mettre fin.
• Le regard porté par les deux textes sur cette domination est très différent : le doc. 4 parle de « domination… avilissante », le doc. 1 évoque une « politique.. juste et en accord avec les principes démocratiques ». Expliquer ces différences.
• Ces approches différentes doivent être reliées à l'esprit d'émancipation développé dans les colonies durant la Seconde Guerre mondiale, pour le doc. 4 (cf. les allusions à la cause de la liberté, aux Alliés, aux Nations unies), et à l'idéal de self-government que le Royaume-Uni met en avant dans la gestion de ses colonies, pour le doc. 1.

C. Question 3

• Distinguer ce que souhaitent les Indiens par rapport au Royaume-Uni (fin de la domination, cf. doc. 4), et ce qu'ils souhaitent pour leur avenir. Sur ce dernier point, tous ne partagent pas la même vision, comme le relève Attlee (doc. 1) : il n'y a pas en février 1947 de « Constitution approuvée par toutes les parties de l'Inde ». C'est l'opposition entre la vision des hindouistes du parti du Congrès de Gandhi et celle des musulmans de la Ligue musulmane d'Ali Jinnah qui est évoquée ici.
Préciser, en s'appuyant sur le doc. 3, comment cette contradiction sera tranchée.

D. Question 4

• Pour répondre à cette question, partir des éléments concrets présentés dans les doc. 2 et 5.
• Le caractère dramatique de l'indépendance indienne est bien illustré par le destin de Gandhi (doc. 5). Impuissant à éviter la partition de l'Inde, Gandhi est assassiné pour cette raison en janvier 1948 par un fanatique hindou. Après avoir plaidé toute sa vie pour les méthodes non-violentes, il finit donc victime de la violence.

➤ 2. Aide à la réponse de la question de la deuxième partie

• Prévoir un paragraphe par grand thème.

Exemple de réponse rédigée (partiellement) sur le thème de l'attitude anglaise vue par les Indiens.

Durant la Seconde Guerre mondiale, les Indiens continuent à subir la domination des Britanniques, qu'ils considèrent comme des impérialistes. À leurs yeux, cette domination est avilissante et contraire à la liberté et à la démocratie. À la fin du conflit, l'attitude du Royaume-Uni évolue. Son Premier ministre, Clement Attlee, accepte l'idée d'émanciper l'Inde. Mais selon lui, Londres a depuis longtemps préparé cette émancipation en développant le self-government dans la colonie, si bien qu'il s'est montré respectueux de la démocratie : les Britanniques n'ont donc pas la même vision que les Indiens de leur domination.

PRÉPA BAC

CHAPITRE

8 Le tiers-monde, de Bandoung aux années 1970

séries

ES-L-S

Présentés dès 1952 comme constituant un « tiers-monde » hors des deux blocs Est et Ouest, les pays d'Asie, d'Afrique et d'Amérique latine devenus indépendants se heurtent à de nouveaux problèmes.
Il faut créer un État, s'affirmer dans le monde et assurer le développement économique. Au cours de grandes conférences, à Bandoung en 1955, à Belgrade en 1961 et à Alger en 1973, les États du tiers-monde condamnent le colonialisme et proclament leur refus des blocs. Ils revendiquent une économie mondiale organisée sur des bases qui leur soient plus favorables.

→ Les objectifs ont-ils été atteints dans les années 1970 ? Existe-t-il vraiment un tiers-monde organisé au milieu des années 1970 ?

1 De l'affirmation de l'indépendance…

L'Égyptien Nasser, un des principaux leaders du tiers-monde des années 1960, et la grande réalisation de son régime, le barrage d'Assouan (1960-1970), destiné à assurer le développement économique de son pays.

« Je vous dis donc aujourd'hui, mes chers concitoyens, qu'en construisant le haut barrage, nous construisons une forteresse d'honneur et de gloire et nous démolissons l'humilité. »
Nasser, discours d'Alexandrie, 25 juillet 1956.

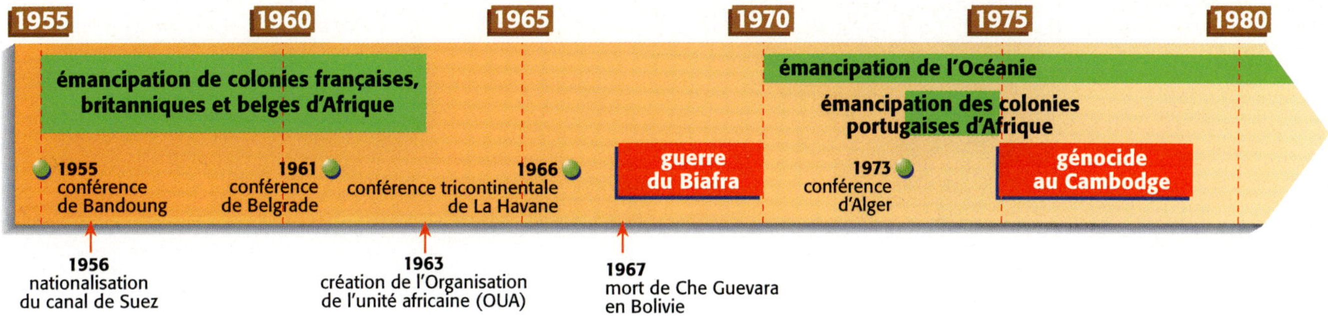

2 … aux premières tragédies du tiers-monde.

Enfants biafrais victimes en 1969 de la famine provoquée par la guerre du Biafra (1967-1970).

Les richesses minières et pétrolières du Biafra (sud-est du Nigeria) suscitent la convoitise des puissances étrangères. Les Ibos chrétiens du Biafra rejettent en 1967 l'autorité du gouvernement fédéral nigérian dominé par les Haoussas musulmans du nord. Après quatre années de guerre, les Ibos appuyés par la France et l'URSS sont vaincus par les Haoussas soutenus par le Royaume-Uni et les États-Unis. Encerclés dans le « réduit biafrais » les Ibos sont victimes d'une famine qui fait un million de morts et émeut l'opinion publique. C'est lors de cette guerre qu'est créée par Bernard Kouchner l'organisation humanitaire « Médecins sans frontières ».

La conférence de Bandoung

Un an après la décolonisation de l'Indochine française, une conférence réunit, en avril 1955 à Bandoung (Indonésie), sous la présidence de l'Indonésien Sukarno vingt-neuf pays africains et asiatiques ; ils rassemblent plus de 50 % de l'humanité. La conférence est dominée par les personnalités de l'Indien Nehru, de l'Égyptien Nasser et du Chinois Zhou Enlai.
Cette conférence milite d'abord pour la décolonisation. Consacrant celle de l'Asie, pratiquement achevée à cette date, elle appelle à la poursuite de l'émancipation des peuples encore dominés, en particulier en Afrique. Elle marque aussi une étape essentielle dans l'apparition d'un autre monde, le tiers-monde, qui entend affirmer son rôle dans le concert des nations en refusant de s'aligner sur l'Est ou sur l'Ouest : c'est la première fois qu'une conférence internationale a lieu sans la présence des deux Grands, qui n'y ont d'ailleurs pas été invités.

1 Extraits du communiqué final de la conférence de Bandoung (avril 1955)

La Conférence est d'accord :
1. Pour déclarer que le colonialisme, dans toutes ses manifestations, est un mal auquel il doit être mis fin rapidement.
2. Pour déclarer que la question des peuples soumis à l'assujettissement à l'étranger, à sa domination et à son exploitation, constitue une négation des droits fondamentaux de l'homme, est contraire à la Charte des Nations unies et empêche de favoriser la paix et la coopération mondiales.
3. Pour appuyer la cause de la liberté et de l'indépendance de ces peuples.
4. Pour demander aux Puissances intéressées qu'elles accordent la liberté et l'indépendance de ces peuples. [...]
La conférence afro-asiatique déplore la politique et les pratiques de ségrégation et de discrimination raciales qui forment la base du système politique et des rapports humains dans de vastes régions d'Afrique et dans d'autres parties du monde. Un tel comportement est non seulement une violation des droits de l'homme, mais encore une négation des valeurs essentielles de la civilisation et de la dignité de l'homme.
Concernant la tension existante au Moyen-Orient, tension qui est causée par la situation en Palestine, et considérant le danger que cette tension constitue pour la paix mondiale, la conférence afro-asiatique déclare appuyer les droits du peuple arabe de Palestine et la réalisation d'une solution pacifique du problème palestinien. [...] En ce qui concerne la situation instable en Afrique du Nord et le refus persistant d'accorder aux peuples d'Afrique du Nord leur droit à disposer d'eux-mêmes, la conférence afro-asiatique déclare appuyer les droits des peuples d'Algérie, du Maroc et de Tunisie à disposer d'eux-mêmes et à être indépendants, et elle presse le gouvernement français d'aboutir sans retard à une solution pacifique de cette question.

2 Le président indonésien Sukarno prononçant le discours d'ouverture de la conférence de Bandoung.

3 Les principes de Bandoung (24 avril 1955)

1. Respect des droits humains fondamentaux en conformité avec les buts et les principes de la charte des Nations unies ;
2. Respect de la souveraineté et de l'intégrité territoriale de toutes les nations ;
3. Reconnaissance de l'égalité de toutes les races et de l'égalité de toutes les nations, petites et grandes ;
4. Non-intervention et non-ingérence dans les affaires intérieures des autres pays ;
5. Respect du droit de chaque nation de se défendre individuellement ou collectivement conformément à la Charte des Nations unies ;
6.a. Refus de recourir à des arrangements de défense collective destinés à servir les intérêts particuliers des grandes puissances quelles qu'elles soient ; b. Refus par une puissance quelle qu'elle soit d'exercer une pression sur d'autres ;
7. Abstention d'actes ou de menaces d'agression ou de l'emploi de la force contre l'intégrité territoriale ou l'indépendance politique d'un pays ;
8. Règlement de tous les conflits internationaux par des moyens pacifiques, tels que négociation ou conciliation, arbitrage ou règlement devant les tribunaux [...].

Documentation française, *Articles et Documents*, n° 200, Paris, 1955.

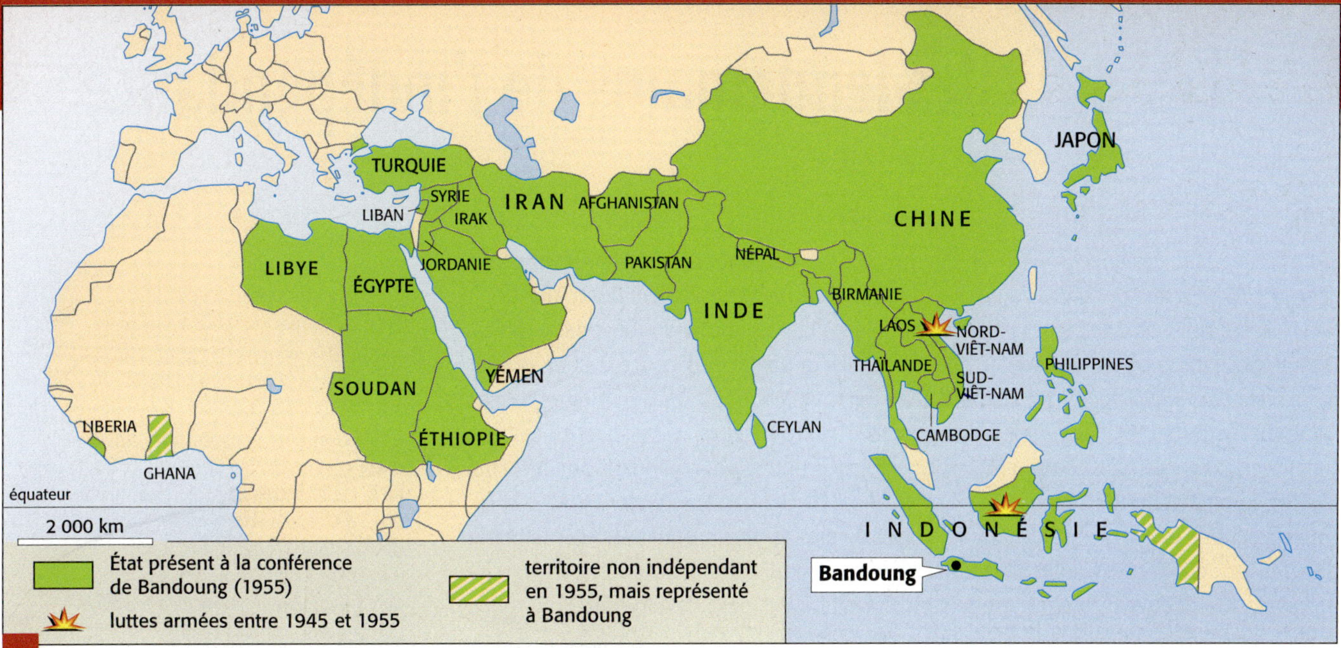

4 **Les États participant à la conférence de Bandoung.**

5 Discours de clôture de Nehru à la conférence de Bandoung

Il n'y a plus d'Asie soumise [...]. Nous sommes résolus à n'être d'aucune façon dominés par aucun pays, par aucun continent. Nous sommes des grands pays du monde et voulons vivre libres sans recevoir d'ordres de personne. Nous attachons de l'importance à l'amitié des grandes puissances, mais [...] à l'avenir, nous ne coopérerons avec eux que sur un pied d'égalité. C'est pourquoi nous élevons notre voix contre l'hégémonie et le colonialisme dont beaucoup d'entre nous ont souffert pendant longtemps. Et c'est pourquoi nous devons veiller à ce qu'aucune autre forme de domination ne nous menace. Nous voulons être amis avec l'Ouest, avec l'Est, avec tout le monde. Le seul chemin qui mène droit au cœur et à l'âme de l'Asie est celui de la tolérance, de l'amitié et de la coopération. [...]

Je pense qu'il n'y a rien de plus terrible que l'immense tragédie qu'a vécue l'Afrique depuis quelques siècles, [...] depuis l'époque où des millions d'Africains ont été expédiés comme esclaves en Amérique ou ailleurs [...]. Nous devons tous accepter la responsabilité de ce drame, oui tous, même si nous ne sommes pas directement compromis. [...] Malheureusement même aujourd'hui, le drame de l'Afrique est plus grand que celui d'aucun autre continent tant au point de vue racial que politique. Il appartient à l'Asie d'aider l'Afrique au mieux de ses possibilités, car nous sommes des continents frères...

Discours de Nehru, 24 avril 1955.

6 Un jugement sur la conférence de Bandoung

Que s'est-il passé de mémorable à Bandoung ? Ceci : qu'un milliard cinq cents millions d'hommes se sont réunis dans une ville d'Asie pour proclamer solennellement que l'Europe n'avait plus vocation pour diriger unilatéralement le monde [...].

Et Bandoung n'a pas été, comme on pourrait le croire, une banale manifestation de la xénophobie asiatique ou africaine. Ça n'a pas été une dénonciation haineuse et aveugle de l'Europe. Au contraire, pas un des hommes réunis à Bandoung qui ne fût conscient de l'immense importance de l'Europe dans l'histoire de l'humanité et de la richesse de sa contribution aux progrès de la civilisation. Ce qui a été condamné à Bandoung, ça n'a pas été la civilisation européenne, ça a été la forme intolérable qu'au nom de l'Europe certains hommes ont cru devoir donner aux relations qui devaient normalement s'instaurer entre l'Europe et les peuples non européens.

Eh bien, si un événement mérite le nom d'historique, c'est bien celui-là... Pour bien en comprendre la portée, je vous demande de réfléchir à ces deux dates : en 1885, l'Europe se réunissait à Berlin pour se partager le monde ; en 1955, soixante-dix ans plus tard, le monde s'est réuni à Bandoung pour signifier à l'Europe que le temps de l'empire européen est fini.

Aimé Césaire, poète martiniquais, *Les Temps Modernes*, n° 123, mars-avril 1956.

QUESTIONS

A. Présenter les documents
(nature, date, auteur)

B. Dégager des informations des documents

1. Quelle revendication est formulée dans ce texte ? À partir de quels principes ? (doc. 1)
2. Pourquoi est-ce Sukarno qui prononce le discours d'ouverture de la conférence ? (doc. 2)
3. À quelle référence les auteurs de ce texte recourent-ils pour justifier et garantir les principes qu'ils affirment ? (doc. 3)
4. Pourquoi l'Afrique est-elle peu représentée à la conférence de Bandoung ? (doc. 4)
5. Comment Nehru présente-t-il la situation de l'Asie ? de l'Afrique ? Quelles formes de domination refuse-t-il ? (doc. 5)
6. Quelle est, selon Césaire, l'importance historique de la conférence de Bandoung ? (doc. 6)

C. Mettre en relation les documents

7. Comment ces documents présentent-ils l'histoire de la colonisation européenne ? (doc. 5 et 6)
8. Quels espoirs naissent de la conférence de Bandoung ? Que revendiquent ses participants ? (doc. 1, 3, 5 et 6)

D. Synthèse

9. Rédiger un paragraphe montrant que la conférence de Bandoung est une étape décisive dans la lutte contre la colonisation et dans l'affirmation du tiers-monde.

1 Les difficiles lendemains de l'indépendance

A. D'importants problèmes matériels doc. 1, 2 et 3

■ Les États issus de la décolonisation découvrent rapidement que **l'indépendance ne résout pas tous les problèmes.** Leur économie souffre d'une faible industrialisation : il est rare que le colonisateur ait développé autre chose que des industries légères. Cela impose aux nouveaux États de recourir à des importations coûteuses en provenance des pays développés. **Les techniques agricoles sont en général routinières** – **culture sur brûlis**, faible usage des engrais – surtout en ce qui concerne les cultures vivrières, destinées à nourrir la population. En effet, peu d'efforts ont été faits par les colonisateurs en ce domaine. Les cultures de plantations (coton, café, cacao), tournées vers l'exportation, font appel à des techniques plus modernes. Mais le profit que peuvent en attendre les jeunes États dépend du cours des produits sur le marché mondial, cours souvent fixé par les centres financiers des pays développés.

■ Ces faiblesses économiques engendrent **d'importantes conséquences sociales.** La malnutrition est fréquente. Beaucoup d'enfants ne sont pas scolarisés, et l'analphabétisme demeure important. Par suite du sous-emploi, **le niveau de vie de la population est bas.** La société présente des inégalités criantes entre une minorité très riche, souvent liée à l'étranger et des masses rurales misérables. Attirées par le modernisme des villes, elles viennent s'entasser dans des bidonvilles, à leur périphérie.

B. L'essor démographique

■ Toutes ces difficultés sont amplifiées par l'évolution démographique. En effet, les jeunes États entrent alors pleinement dans une phase de **transition démographique**. Fidèle à ses comportements traditionnels, la population conserve une forte natalité mais la mortalité baisse rapidement. C'est le résultat des progrès apportés par le colonisateur en matière d'hygiène (construction d'égouts, de réseaux d'adduction d'eau dans les villes) et de santé (développement de la vaccination, construction de dispensaires médicaux). **Le maintien d'une natalité élevée et le recul de la mortalité** entraînent un rapide accroissement du nombre des hommes et une forte augmentation de la population jeune dont les attentes représentent un défi considérable pour les dirigeants.

C. Des difficultés politiques doc. 4 et 5

■ Après l'indépendance, l'alliance qui avait rassemblé les différentes composantes de la société colonisée face à la métropole tend à se désagréger. Les oppositions entre traditionalistes et modernistes, ou entre révolutionnaires influencés par le marxisme et modérés, grandissent. Ces clivages sont aggravés par la **diversité ethnique de beaucoup de nouveaux États** : leurs frontières sont celles des anciennes colonies, tracées sans tenir compte des réalités humaines locales. Ainsi, en Afrique noire, les membres d'une même **ethnie** sont fréquemment séparés entre plusieurs pays voisins cependant que nombre d'États doivent faire coexister sur leur territoire des ethnies différentes. De ce fait, il existe peu d'**États-nations** en Afrique ; l'État, né de la décolonisation précède donc la nation. Bien souvent, seules la bureaucratie et l'armée sont capables d'assurer la cohésion de pays touchés par la corruption.

■ Facteurs d'instabilité politique, ces divisions ne permettent pas de régler les problèmes économiques. La tentation est grande, pour ces États, de se tourner soit vers l'ancienne métropole, soit vers les États-Unis ou l'URSS, souvent considérés avec sympathie en raison du soutien qu'ils ont apporté au combat de la décolonisation. Un tel choix implique une nouvelle dépendance, un « néo-colonialisme ». C'est pourquoi, **dans les années 1960 et 1970, certains dirigeants des nouveaux États songent à une organisation internationale** qui leur permettrait de surmonter leurs difficultés matérielles et de s'assurer une réelle indépendance.

VOCABULAIRE

culture sur brûlis : culture sur une terre préalablement débarrassée de ses broussailles par un incendie maîtrisé : les cendres servent d'engrais mais ensuite il faut attendre plusieurs années pour cultiver à nouveau cette terre.

transition démographique : situation d'une population qui connaît à la fois la baisse de la natalité et la baisse de la mortalité. Il y a transition entre un « ancien régime démographique » (forte natalité et forte mortalité) et un « nouveau régime démographique » (faible natalité, faible mortalité).

ethnie : voir *Ne pas confondre*, p. 162.

État-nation : État indépendant qui rassemble des personnes se reconnaissant toutes comme appartenant à une seule nation.

1 La vision politique de Nehru, au lendemain de l'indépendance de son pays

Derrière toute la pensée de Gandhi, il y avait l'amour et l'éloge de la pauvreté, de la souffrance et de l'ascétisme. Pour lui, progrès et civilisation consistaient non dans l'élévation du standard de vie, mais dans le « resserrement volontaire des besoins, source de vrai bonheur ». Personnellement, il me déplait que l'on fasse l'éloge de la pauvreté et de la souffrance. Loin d'être souhaitables, elles méritent qu'on les supprime [...]. L'Anglais nous a donné l'unité politique, ce qui était bien ; mais, de toute façon, même sans lui, le nationalisme indien se fût développé et eût exigé cette unité. [...] Les communistes, tant chez nous qu'ailleurs, n'ont presque pas cessé d'attaquer violemment Gandhi et le Congrès. Nombre de leurs critiques sur le plan de la théorie et de l'idéologie n'ont manqué ni de compétence ni de justesse et les événements les ont parfois justifiées. Mais dès qu'ils sortent des principes pour entrer dans le détail, ils errent désespérément.

Nehru, *Ma vie, mes prisons*, Denoël, 1952.

1. **Chercher qui est Gandhi.**
2. **Quelles forces politiques sont ici évoquées par Nehru ?**
3. **Quel jugement Nehru porte-t-il sur chacune d'entre elles ?**

2 L'héritage économique de la colonisation

Les austères réalités de la vie économique se dressent devant les nations nouvelles aussitôt après leur libération et leur font comprendre que leur indépendance politique n'a de valeur que si elles obtiennent en même temps leur indépendance économique. En se dégageant d'une période prolongée de domination étrangère, chaque pays a découvert que son économie était « coloniale » dans une certaine mesure, c'est-à-dire presque inextricablement solidaire de celle de la nation qui la régentait. Sa monnaie était liée à celle de la métropole. Son système bancaire (à quelques exceptions près en Inde) était dominé par des banques métropolitaines. Son commerce était orienté, en général, directement vers la métropole. Certains de ses principaux produits, comme le thé en Inde, le thé et le caoutchouc à Ceylan, le pétrole, le sucre et le caoutchouc en Indonésie [...] se trouvaient aux mains des colonisateurs. Les ex-colonies étaient complètement paralysées, et si elles voulaient donner une substance économique à leur indépendance politique, il était évident qu'elles devaient élaborer des lignes de conduite dont elles ne s'étaient guère préoccupées auparavant.

K.-M. Panikkar, diplomate indien, *Problèmes des États nouveaux*, 1959.

1. **Expliquer « leur indépendance politique n'a de valeur que si elles obtiennent en même temps leur indépendance économique ».**
2. **Quels mécanismes entravent l'indépendance économique des nations nouvelles ?**
3. **Comment s'exprime la dépendance par rapport à l'ancienne métropole ?**

3 Contrastes du tiers-monde, à Bombay (Inde).

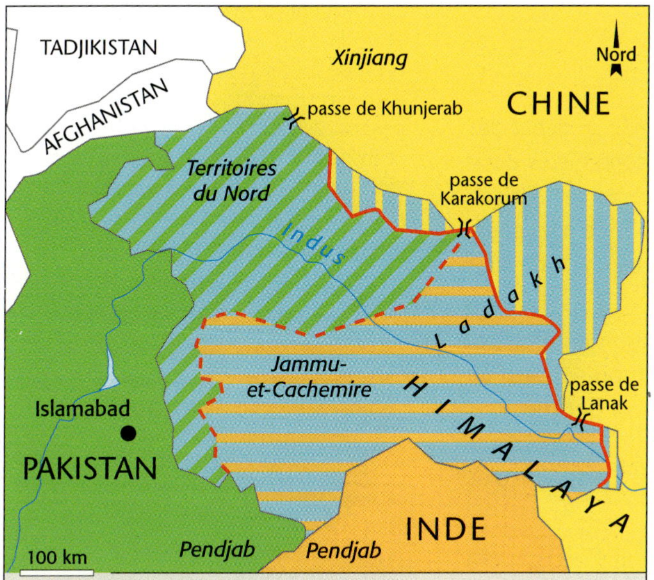

1947-1949 : 1e guerre indo-pakistanaise
1965 : 2e guerre indo-pakistanaise
1971 : 3e guerre indo-pakistanaise

- État du Jammu-et-Cachemire en 1947 (revendiqué en totalité par l'Inde)
- ligne de cessez-le-feu de 1949
- frontière selon la Chine

territoires sous contrôle effectif : de l'Inde, du Pakistan, de la Chine

4 Un conflit hérité de la décolonisation et des divisions religieuses : le Cachemire en 1965.

L'Inde hindouiste est soutenue par l'URSS tandis que le Pakistan, musulman, est appuyé par les États-Unis.

5 Bourgeoisies nationales après l'indépendance

La dactylo du Gouvernement de Dakar tape souvent 6 à 7 pages dactylo par jour : le petit quart de ce que fait en moyenne une dactylo française, pour un salaire au moins égal. Quant à l'ouvrier agricole « décisionnaire[1] » en Casamance, il binait une moyenne de 10 mètres carrés par jour, soit à peine 1 % de ce que fait son collègue californien qui gagne tout près de 400 francs CFA par jour, soit le sixième du gain californien, qui se situe autour de 10 dollars. Le mètre carré biné y revient donc à seize fois le prix de Californie. Ces décisionnaires se considèrent comme presque fonctionnaires, donc travaillent beaucoup moins, d'autant plus que certains sont apparentés aux députés.

Ces députés, comme les jeunes étudiants de retour de France et si vite promus, ont souvent droit à acheter leur voiture grâce à des prêts consentis par le Trésor. Investir les fonds publics dans des prêts de consommation, c'est une véritable anti-épargne, qui empêche le développement. Les 2 et 4 CV ne sont pas dignes d'eux, même pour circuler en ville.

Des *Damnés de la terre* de Franz Fanon, j'extrais ces citations, un peu ramassées, visant surtout la bourgeoisie d'affaires : « la bourgeoisie nationale, qui prend le pouvoir à la fin du régime colonial, est une bourgeoisie sous-développée, de puissance économique presque nulle... pas orientée vers la production, l'invention, la construction, le travail... elle s'enfonce, l'âme en paix, dans la voie horrible, antinationale d'une bourgeoisie platement, bêtement, cyniquement bourgeoise. Nationalisation, pour elle, signifie transfert aux autochtones des passe-droits hérités de la période coloniale... Ses énormes bénéfices ne sont pas réinvestis, elle les confie à des banques étrangères. Des sommes importantes sont utilisées en dépenses d'apparats, en voitures, en villas ».

René Dumont, *L'Afrique noire est mal partie*, Seuil, 1962.

1. nommé par une « décision », possédant un papier portant un cachet, qui lui permet de travailler moins en gagnant plus.

2 Les ambitions du tiers-monde

A. Jouer un rôle dans les relations internationales doc. 1, 2, 3 et 4

■ **Le mot « tiers-monde »** a été utilisé pour la première fois par l'économiste français Alfred Sauvy en 1952, par analogie avec le « tiers état » français, avant 1789, en France. Mais c'est à Bandoung, en 1955, qu'est ouvertement affirmée, par ses dirigeants eux-mêmes, l'existence politique du « tiers-monde ». La conférence de Bandoung étant étroitement liée au combat de la décolonisation, les contours de ce premier tiers-monde sont afro-asiatiques.

■ Mais la conférence de Bandoung se pose aussi comme une « Internationale des pauvres », selon le mot de l'Égyptien Nasser, et elle affirme également son **refus de la division de la planète entière en deux blocs**. Ces positions sont reprises à la conférence de Belgrade (1961) qui réunit Nasser, Nehru et le dirigeant yougoslave Tito. Cette conférence marque officiellement la naissance du mouvement des **« non-alignés »**, soucieux non seulement de refuser la soumission aux blocs, mais aussi d'affirmer la présence du tiers-monde et de sa diplomatie dans la politique mondiale.

■ Au sein de ce mouvement qui prend l'habitude de se réunir tous les trois ans, les pays présents à Bandoung sont bientôt rejoints par les pays d'Afrique qui viennent d'accéder à l'indépendance et par de nombreux États d'Amérique latine. Certes ces derniers sont étrangers à la décolonisation de la fin du XXe s., puisqu'ils ont conquis leur liberté au début du XIXe s., mais ils partagent avec les pays décolonisés le désir de non alignement et de développement économique. Ainsi se trouve définitivement constitué, **au début des années 1960, un tiers-monde incluant l'Asie, l'Afrique et l'Amérique latine**, et partageant les mêmes objectifs de décolonisation, de non-alignement et de développement.

B. Compter dans l'économie mondiale doc. 5, 6 et 7

■ Les difficultés économiques que connaissent les pays du tiers-monde au début des années 1960 sont à cette époque largement interprétées par les économistes occidentaux comme un simple retard de développement. C'est pourquoi on les désigne parfois du terme de **« pays en voie de développement »**, plutôt que de pays sous-développés, comme on le faisait auparavant. L'opinion générale est qu'une aide substantielle suffira à faire décoller les pays pauvres.

■ Cependant, les dirigeants du tiers-monde estiment cette explication insuffisante. Dès 1956, dans le discours d'Alexandrie où il annonce la nationalisation du canal de Suez, **Nasser dénonce l'exploitation économique subie par son peuple**. Plus généralement, il est reproché à l'organisation de l'économie mondiale, de réduire les pays du tiers-monde au rôle de simples pourvoyeurs de matières premières agricoles et minières, d'énergie à bas prix et de main-d'œuvre à bon marché.

■ Les dirigeants du tiers-monde dénoncent en particulier la **« dégradation des termes de l'échange »**. De leur point de vue, un tel déséquilibre enrichit les pays développés et appauvrit encore les pays du tiers-monde, ce qui perpétue leur retard.

■ À partir de ces analyses, 77 pays du tiers-monde (le « groupe des 77 ») obtiennent de l'ONU, où ils sont devenus majoritaires grâce aux nombreux États nés de la décolonisation, **la création en 1964 de la Conférence des Nations unies pour le commerce et le développement (CNUCED)**, qui leur permet de faire entendre leur voix. En 1973, au sommet des non-alignés d'Alger, ils revendiquent la mise en place d'un **nouvel ordre économique international** (NOEI) qui prenne davantage en compte les intérêts de leurs pays, notamment en modifiant en leur faveur les termes de l'échange. **La hausse du prix du pétrole, décidée en 1973 par les pays exportateurs de pétrole**, s'inscrit dans cette perspective d'une réorganisation de l'économie mondiale.

VOCABULAIRE

« non-alignés » : pays tentant d'échapper à l'« alignement » sur le bloc soviétique ou le bloc occidental.

« dégradation des termes de l'échange » : le prix des produits agricoles ou miniers vendus par les pays du tiers monde n'augmenterait que lentement, alors que celui des produits industriels qu'ils achètent s'accroîtrait rapidement. Cette théorie est aujourd'hui largement contestée.

nouvel ordre économique international (NOEI) : revendication des pays du tiers-monde qui souhaitent établir des exceptions aux lois du marché international afin de mieux prendre en compte les intérêts des pays pauvres.

1 Naissance du mot tiers-monde

Nous parlons volontiers des deux mondes en présence, de leur guerre possible, de leur coexistence, etc., oubliant trop souvent qu'il en existe un troisième, le plus important et, en somme, le premier dans la chronologie. C'est l'ensemble de ceux que l'on appelle, en style Nations unies, les pays sous-développés. [...] Ces pays ont notre mortalité de 1914 et notre natalité du XVIIIe s. [...] Le résultat est éloquent : le cycle millénaire de la vie et de la mort est ouvert, mais c'est un cycle de misère. [...]
Peut-être le monde n° 1 pourrait-il ne pas rester insensible à une poussée lente et irrésistible, humble et féroce, vers la vie. Car enfin, ce tiers-monde ignoré, exploité, méprisé comme le tiers état, veut, lui aussi, être quelque chose.

Alfred Sauvy, « Trois mondes, une planète », *L'Observateur*, 14 août 1952.

1. **Expliquer « deux mondes en présence » ?**
2. **Par l'expression « être quelque chose », à quoi Alfred Sauvy fait-il allusion ?**

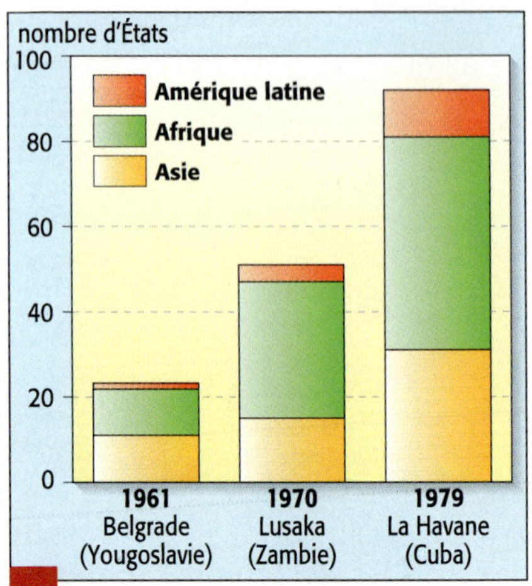

2 Les pays du tiers-monde aux conférences des non-alignés.

3 La conférence de Belgrade, 1961

Les pays non-alignés représentés à la présente conférence ne prétendent pas créer un nouveau bloc et ne peuvent pas constituer un bloc. [...] Ils considèrent que l'extension de la sphère de non-engagement représente la seule possibilité et le choix indispensable face à l'orientation vers la division totale du monde en blocs et l'aggravation de la politique de la guerre froide.

Déclaration des chefs d'État ou de gouvernement des pays non-alignés, Belgrade, septembre 1961.

1. Quelle idée la conférence de Belgrade met-elle en avant ?
2. Que refuse-t-elle ?

4 Tito, Nehru et Nasser en 1956 à Brioni, en Yougoslavie.

De cette première rencontre, sera issue la conférence de Belgrade de 1961.

5 La domination économique du Nord dénoncée

Dans le monde où nous vivons, tous les leviers de commande de l'économie mondiale sont entre les mains d'une minorité constituée par des pays hautement développés. Cette situation a eu pour effet d'ériger en une sorte de loi universelle la dynamique suivant laquelle les uns ne cessent de s'enrichir pendant que les autres sombrent dans l'appauvrissement. La volonté d'acquérir et de défendre leur position dominante sur les ressources mondiales a été le fil conducteur du comportement des grandes puissances impérialistes dans le monde. [...]

En détenant l'essentiel des marchés de consommation des matières de base, ainsi que le quasi-monopole de la fabrication des produits manufacturés et des biens d'équipement, en détenant aussi les monopoles des capitaux et des services, les pays développés ont pu fixer, à leur guise, tant les prix des matières de base, qu'ils prennent aux pays en voie de développement, que ceux des biens et services qu'ils fournissent à ces derniers.

De la sorte, ils se trouvent dans une position où ils peuvent drainer à leur profit les ressources de pays du tiers-monde. Tel est le fondement de l'ordre économique mondial que nous vivons aujourd'hui. Aux yeux de l'immense majorité de l'espèce humaine, il se présente comme un ordre qui est aussi injuste et aussi périmé que l'ordre colonial duquel il tire son origine et sa substance.

Discours du président algérien Houari Boumediene à l'Assemblée générale des Nations unies, 10 avril 1974.

6 Discours de Nasser à Alexandrie, 25 juillet 1956

La pauvreté n'est pas une honte mais c'est l'exploitation des peuples qui l'est. Nous reprendrons tous nos droits, car tous ces fonds sont les nôtres et ce canal est la propriété de l'Égypte. La compagnie est une société anonyme, égyptienne, et le canal a été creusé par 120 000 Égyptiens qui ont trouvé la mort durant l'exécution des travaux. La société du canal à Paris ne cache qu'une pure exploitation. [...]

Nous irons de l'avant pour détruire une fois pour toutes les traces de l'occupation et de l'exploitation. Après cent ans, chacun a recouvré ses droits, et aujourd'hui nous construisons notre édifice en démolissant un État qui vivait à l'intérieur de notre État ; le canal de Suez, pour l'intérêt de l'Égypte et non pour l'exploitation. Nous veillerons aux droits de chacun. La nationalisation du canal de Suez est devenue un fait accompli : nos fonds nous reviennent, et nous avons 35 millions de livres en actions. [...]

Aucune souveraineté n'existera en Égypte à part celle du peuple d'Égypte, un seul peuple qui avance dans la voie de la construction et de l'industrialisation, et un bloc contre tout agresseur et contre les complots des impérialistes. Nous réaliserons, en outre, une grande partie de nos aspirations, et construirons effectivement ce pays, car il n'existe plus pour nous quelqu'un qui se mêle de nos affaires. Nous sommes aujourd'hui libres et indépendants.

1. Qu'annonce Nasser ?
2. Comment Nasser justifie-t-il les mesures prises ?
3. Quelle dimension politique donne-t-il à sa décision ?
4. Relever les termes montrant la volonté d'indépendance.

7 La dégradation des termes de l'échange, une notion contestée

L'exemple ressassé depuis bientôt 40 ans est le suivant : avec une tonne de cuivre exportée, la « R. D. du Congo » (ex-Zaïre) pouvait jadis acheter dix tracteurs, et ne peut en acheter aujourd'hui que cinq.

Tout d'abord, comme l'a souvent remarqué Alfred Sauvy, si la « tonne » de cuivre de 1960 est bien la même que celle d'aujourd'hui, ce n'est pas le cas de la « tonne » de tracteurs. En effet, les produits manufacturés sont en amélioration constante, rendent des services de plus en plus complets, et sont de moins en moins coûteux (la consommation des voitures de puissance moyenne diminue sans cesse, leur fiabilité est meilleure, etc.). Dans les rares cas où les produits manufacturés sont restés identiques pendant une longue période, leur prix a en général considérablement baissé. Il arrive même fréquemment que le prix baisse en plus de l'amélioration de la qualité ; c'est le cas des radios, des télévisions, des ordinateurs, et d'innombrables produits. Ce sont donc leurs producteurs qui devraient se plaindre de la « dégradation des termes de l'échange ». Or qui produit tout cela ? Le Nord, ou les pays du Sud qui progressent rapidement. Curieux pillage, qui enrichit le pillé !

Yves Montenay, *Le mythe du fossé Nord-Sud*, les Belles Lettres, 2003.

L'Afrique des années 1960 et 1970

Au milieu des années 1960, l'Afrique est presque entièrement décolonisée. Mais les nouveaux États connaissent un développement économique difficile. En outre, leurs frontières sont héritées de la colonisation : beaucoup d'États rassemblent plusieurs ethnies et religions différentes. Il peut en résulter de graves conflits (au Nigeria, la guerre du Biafra).
À quelques exceptions près – comme le royaume du Maroc – les nouveaux États sont construits sur le modèle républicain. Cependant, la démocratie à l'occidentale n'est pas toujours compatible avec les coutumes locales. Les liens traditionnels à l'intérieur d'un même groupe ethnique obligent ainsi le chef de l'État à favoriser les membres de son ethnie. Beaucoup d'États connaissent donc une grande instabilité, les dictatures fleurissent, l'**apartheid** règne en Afrique du Sud jusqu'en 1991. Néanmoins les États africains s'organisent ; en 1963 est créée l'Organisation de l'Unité africaine qui veille au maintien des frontières héritées de la colonisation.

1 Les frontières de l'Afrique

Le système colonial a divisé l'Afrique. C'est vrai sous un certain rapport ; mais l'on peut aussi dire que le système colonial a permis à des nations de naître. En effet, si nous prenons certaines parties de l'Afrique, dans la période pré-coloniale, l'Histoire nous a appris qu'il y avait là une poussière de royaumes et d'empires, qui se définissaient selon des tribus ou des ethnies, mais qui aujourd'hui, dans certains États, ont dépassé ces différenciations pour constituer un véritable État. [...] Si nos Nations africaines devaient se définir comme des entités ethniques, parlant la même langue, ayant la même psychologie, eh bien, on ne trouverait en Afrique aujourd'hui aucune véritable Nation. La République du Mali, par exemple, est constituée d'une dizaine de races, qui ont transcendé leurs différenciations ethniques et tribales pour constituer aujourd'hui la République du Mali.

Discours de Modibo Keita, président de la République du Mali à la première conférence de l'Organisation de l'unité africaine, Addis-Abeba, 24 mai 1963.

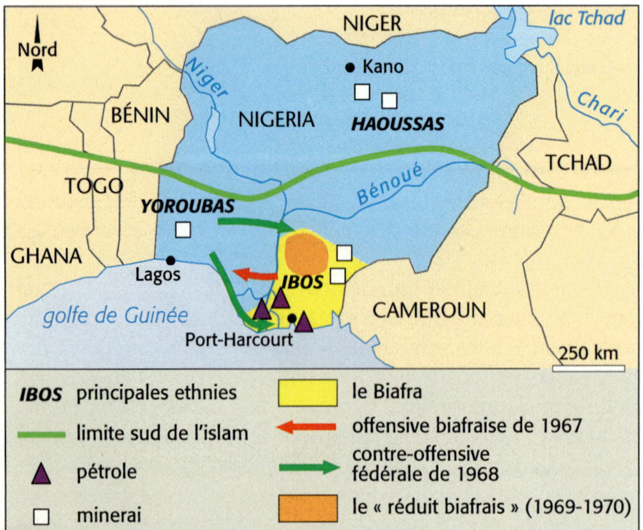

3 La guerre du Biafra (1967-1970).

Après quatre années de guerre, le gouvernement fédéral (Haoussas musulmans du Nord) écrase la révolte des Ibos chrétiens, avec l'accord tacite des États voisins qui redoutent que la sécession biafraise ne soit imitée par d'autres ethnies refusant les frontières des nouveaux États. L'écrasement du Biafra montre que les États africains acceptent leurs frontières afin d'éviter l'embrasement général du continent.

VOCABULAIRE

apartheid : régime de ségrégation raciale conçu en Afrique du Sud par la minorité blanche au début du XXe s. et appliqué à partir de l'arrivée au pouvoir en 1948 des blancs d'origine hollandaise, les afrikaners. Ce régime repose sur des lois refusant le droit de vote aux Noirs, les cantonnant dans certains quartiers et leur interdisant de fréquenter certains lieux publics. L'apartheid prend fin en 1991.

2 La pratique du parti unique

Je voudrais maintenant dire ce que les États indépendants d'Afrique noire onr gardé de cette démocratie, même quand ils ont l'air de s'inspirer des modèles européens... Je ne retiendrai que l'exemple extrême : celui du Régime présidentiel avec Parti unique, qui est, au demeurant, le plus fréquent en Afrique noire. On a vite fait de crier à la dictature et à l'alignement sur les démocraties populaires. Ce n'est qu'une première impression et elle est fausse. [...] Tout d'abord, le régime présidentiel exprime l'esprit de la philosophie négro-africaine, qui est axée non pas sur l'individu mais sur la personne. Le président personnifie la Nation, comme le monarque du temps jadis « son » peuple. Les masses ne s'y trompent pas qui parlent du « règne » de Modibo Keita, de Sékou Touré en qui ils voient, avant tout, l'élu de Dieu par le Peuple. Dans ce monde du XXe siècle, le pouvoir partagé, bicéphale, du régime parlementaire ne peut résoudre rapidement et efficacement les problèmes nombreux et complexes qui se posent à l'État. [...]
Quant au parti unique, il procède souvent du dialogue ou du colloque, de la libre discussion entre partis nationaux. [...] J'ai parlé du Dialogue. C'est là l'apport majeur de l'Afrique noire, comme de l'Afrique arabo-berbère. [...] Le Parti unique né du dialogue ne peut se maintenir que par le dialogue. [...] En Afrique noire, le parti unique est un parti de masse où tout adulte a vocation à entrer. On y entre en initiation, comme jadis, dans le Bois sacré.

Discours de Léopold Sedar Senghor, président du Sénégal, 1964.

4 Ethnies et États en Afrique occidentale.

5 La question du pouvoir en Afrique

Les chefs traditionnels du passé détenaient, eux aussi, un énorme pouvoir ; mais le plus souvent, ce pouvoir était étroitement réglementé par la tradition et ne pouvait, de ce fait, devenir ni absolu ni arbitraire [...]. Aujourd'hui, le pouvoir, à de rares exceptions près, est totalement coupé des populations de base qui ne se reconnaissent pas en lui. Affranchi des règles et des contraintes anciennes, appuyé – c'est le cas de certaines dictatures – sur la seule force des armes, il ne connaît plus de limites. Mais sans aller si loin, il y a déjà une coupure totale entre la population africaine de base et l'administration moderne. Presque toujours, celle-ci est une copie, une parodie de l'administration des colonisateurs ou, plus généralement, des Occidentaux. C'est pourquoi elle ne répond pas aux réalités fondamentales de la masse africaine et ne peut résoudre ses problèmes. [...]

À la vérité, le concept de « nation » est un concept moderne, d'importation occidentale. L'Afrique a connu des États, des royaumes, des empires, mais pas de « nations » au sens géographique et moderne du mot. Les grands ensembles dont on se réclamait et auxquels on se sentait appartenir étaient les ethnies. Celles-ci, souvent mouvantes, pouvaient recouvrir de vastes territoires.

Déclaration de A. Hampâté Bâ, écrivain malien, 28 octobre 1981.

6 Idi Amin Dada. La Tanzanie met fin en 1979 au régime d'Idi Amin Dada. Ce dernier exerçait depuis 1971 une dictature à la fois grotesque et sanguinaire sur l'Ouganda.

7 L'apartheid en Afrique du sud

C'était le 21 mars 1960. Ce jour-là, un mouvement nationaliste non violent, le Pan Africanist Congress (PAC), fraîchement né d'une scission de l'African National Congress (ANC), avait organisé une série de manifestations dans tout le pays pour protester contre la *pass law*, loi qui oblige les Noirs à porter sur eux un document qui est pratiquement une fiche de police ; une fiche à l'usage exclusif des forces répressives qui peuvent ainsi contrôler les mouvements de tous les « non-Blancs ». Le *pass* porte en effet mention de tous les lieux où son porteur a résidé depuis sa naissance, du lieu où il est contraint de résider, des zones à travers lesquelles il a le droit de passer pour se rendre au travail, des heures auxquelles il peut le faire, du nom de son employeur. [...]

Dans la petite ville de Sharpeville, se déroule, tôt dans la matinée, une manifestation. Soudain, c'est la fusillade. [...] Sur le terrain, on ramassera 69 morts et 180 blessés.

« Il y a seize ans : Sharpeville », *Jeune Afrique*, 2 juillet 1976.

QUESTIONS

A. Présenter les documents (nature, date, auteur)

B. Dégager des informations des documents

1. Comment Modibo Keita justifie-t-il les frontières héritées de la décolonisation ? (doc. 1)
2. Comment Senghor justifie-t-il le régime présidentiel ? Comment justifie-t-il le parti unique ? (doc. 2)
3. Quels facteurs expliquant la guerre du Biafra cette carte fait-elle apparaître ? (doc. 3)
4. Pourquoi l'Afrique connaît-elle des dictatures ? (doc. 5)
5. Quelles faiblesses des jeunes États africains un tel document met-il en évidence ? (doc. 5)
6. Quelles sont les conséquences de l'instabilité des États africains ? (doc. 6)
7. Quelles conséquences entraîne l'apartheid ? (doc. 7)

C. Mettre en relation les documents

8. Quels problèmes de cohésion nationale présentent les nouveaux États africains ? (doc. 1, 2 et 4)

D. Synthèse

9. Rédiger un paragraphe présentant les difficultés politiques auxquelles se heurtent les États africains au lendemain de la décolonisation.

3 Vers la diversification du tiers-monde

A. Le tiers monde écartelé entre les deux Grands — doc. 4

■ En dépit de leur volonté d'unité et de non-alignement, **les pays du tiers-monde se maintiennent difficilement en dehors des blocs**. Certains, comme le Viêt-nam constituent un terrain où États-Unis et URSS règlent leurs conflits. De leur côté, les pays du tiers-monde font appel aux deux Grands, à la fois pour obtenir des aides, et pour trancher leurs propres litiges. Ainsi l'Inde signe en 1971 un traité avec l'URSS, avant d'attaquer, dans la région du Cachemire, le Pakistan soutenu par les Américains.

■ Le tiers-monde se divise progressivement entre pro-Soviétiques (Cuba, Guinée, Ghana, Mali, Irak, Algérie, etc.) et pro-Occidentaux (Arabie saoudite, Maroc, Côte-d'Ivoire, nombreux pays d'Amérique latine, etc.). **En 1966, la Conférence trilatérale réunie à La Havane par le Cubain Fidel Castro**, appelle, à l'initiative de Che Guevara, à généraliser la guérilla en Amérique latine. Mais ce romantisme révolutionnaire, qui inquiète les Soviétiques, ne donne aucun résultat – Che Guevara est tué en Bolivie en 1967 – et ne fait que diviser un peu plus le tiers-monde.

B. L'échec de l'unité du tiers-monde — doc. 2

■ La diversité que présentent les pays du tiers-monde, explique aussi l'échec de leur unité. Même au sein de leurs organisations régionales, les difficultés ne manquent pas :
– au Moyen-Orient, le **panarabisme** de la Ligue arabe, créée en 1945, est confronté, à la fin des années 1960, aux aspirations religieuses de **la Conférence islamique** qui rassemble une cinquantaine d'États musulmans, arabes et non arabes ;
– en Afrique, la décision prise par **l'Organisation de l'unité africaine (OUA)**, dès sa création en 1963, de ne pas toucher aux frontières héritées de la colonisation contredit le **panafricanisme** de certains dirigeants du continent comme le Ghanéen N'Krumah ou le Sénégalais Senghor ;
– en Amérique latine, **l'Organisation des États américains (OEA)**, créée dès 1948 et **alignée sur les États-Unis**, est en opposition totale avec l'Organisation latino-américaine de Solidarité, créée en 1966 à La Havane, et dirigée contre les États-Unis.

C. Des destins divergents — doc. 1, 3 et 5

■ Certains pays comme l'Inde, le Sénégal ou la Tanzanie, connaissent une grande stabilité politique. Beaucoup connaissent une vie politique agitée, scandée par de nombreux coups d'État, en Amérique latine et en Afrique dans les années 1960 et 1970. Certains vivent des drames, comme le Nigeria (guerre du Biafra), ou le Cambodge, où la dictature des Khmers rouges (1975-1979) fait près de deux millions de morts.

■ **Le nouvel ordre économique international ne s'établit pas durablement**. Certes les termes de l'échange deviennent plus favorables au tiers-monde dans les années 1970 et, dans l'agriculture, la « révolution verte » permet de nets progrès agricoles en Asie mais cette dernière n'est guère accessible aux paysans pauvres. Dans l'industrie, **l'Algérie, influencée par le modèle socialiste, met l'accent sur l'économie étatisée** et l'industrie lourde. Mais cela ne suffit pas à développer les autres branches. Le Brésil et certains États d'Asie comme la Corée du Sud et Taiwan, qui ont choisi la voie du capitalisme, privilégient davantage l'industrie légère et réussissent mieux : **leurs exportations assurent des profits** qui favorisent les investissements. Ainsi le développement apparaît-il inégal d'un pays à l'autre.

■ Au cœur des années 1970, le tiers-monde renvoie toujours une image d'économies à dominante agricole, de sociétés marquées par la pauvreté et une forte croissance démographique, frein au développement. Mais les écarts de développement qui s'accentuent conduisent de plus en plus à parler au début des années 1980 d'un **tiers-monde éclaté entre pays riches de l'OPEP, pays les moins avancés (PMA) et nouveaux pays industrialisés (NPI)**.

VOCABULAIRE

panarabisme : nationalisme arabe visant à réunir tous les Arabes dans un seul État.

panafricanisme : volonté d'union et de solidarité rassemblant tous les États africains.

1 Le sacre de Bokassa, empereur centrafricain, en 1977. Une des tyrannies africaines des années 1960 et 1970.

2 Le bilan de l'OUA en 1972

Un principe a été affirmé, celui du respect des frontières territoriales léguées par la colonisation, aussi arbitraires fussent-elles, et l'OUA a pu faire appliquer ce principe par tous. Sa commission de médiation a pu intervenir efficacement pour mettre fin à deux conflits armés qui avaient commencé durant l'hiver 1963-1964, l'un entre le Maroc et l'Algérie, l'autre entre l'Éthiopie et la Somalie. En revanche, sa volonté d'accélérer la liquidation du colonialisme direct sur le continent n'a pas donné de résultats. Sa dernière tentative en 1967 en vue d'un arbitrage du conflit entre le gouvernement Gowon au Nigeria et la partie orientale du pays, le Biafra, a totalement sombré, et l'Organisation assiste à l'une des pires guerres qui aient sévi dans l'Afrique indépendante sans pouvoir faire le moindre geste...

Yves Bénot, *Idéologies des indépendances africaines*, 1972.

1. **Ce bilan semble-t-il positif ?**
2. **Pourquoi l'OUA reste-t-elle attachée aux frontières issues de la décolonisation ?**

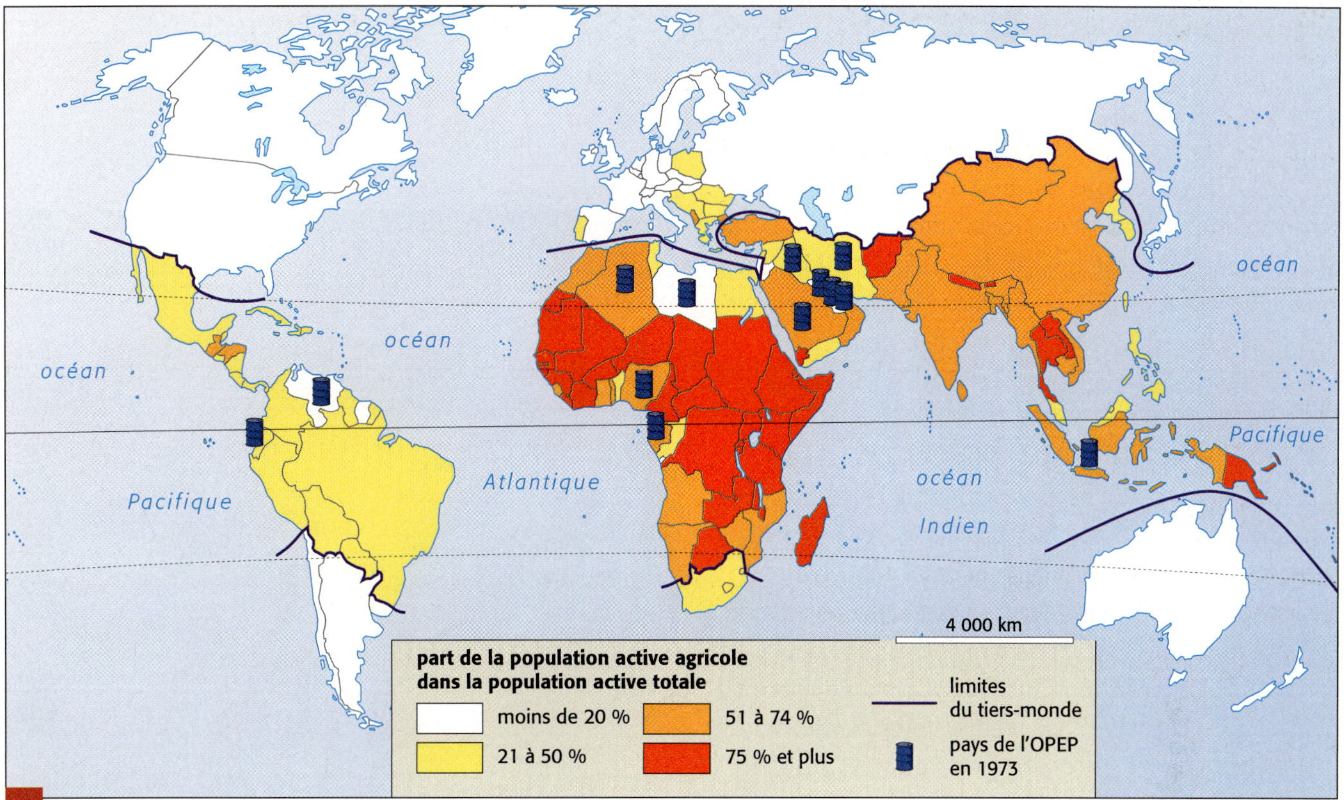

3 **La diversité croissante du tiers-monde à la fin des années 1970.**

4 Les deux grands vus par la Chine

Les deux superpuissances, les États-Unis et l'Union soviétique, tentent, mais en vain, de s'assurer l'hégémonie mondiale. Elles cherchent, par divers moyens, à placer sous leur contrôle respectif les pays en voie de développement [...] et, en même temps, elles malmènent les pays développés, dont le potentiel est inférieur au leur. Les deux superpuissances, les plus grands exploiteurs et oppresseurs internationaux de notre époque, constituent le foyer d'une nouvelle guerre mondiale.

Toutes deux disposent d'importantes quantités d'armes nucléaires. Elles se lancent dans une course effrénée aux armements, font stationner des troupes hors de leurs frontières et établissent partout des bases militaires menaçant ainsi l'indépendance et la sécurité de tous les autres pays.

Les nombreux pays en voie de développement ont été pendant longtemps victimes de l'oppression et l'exploitation du colonialisme et de l'impérialisme. Ils ont conquis l'indépendance politique. Cependant, ils se trouvent confrontés, sans exception, à la tâche historique de liquider les forces résiduelles du colonialisme, de développer l'économie nationale. [...] Dans cette lutte, ils témoignent d'une puissance prodigieuse, sans pareille, et remportent continuellement des victoires éclatantes. Ils constituent la force révolutionnaire qui fait avancer la roue de l'histoire universelle , de même que la force principale dans la lutte contre le colonialisme et en particulier contre les superpuissances.

Discours de Deng Xiao Ping, chef de la délégation de Chine populaire à l'ONU, avril 1974.

1. **Comment sont présentées les deux superpuissances ?**
2. **La Chine a-t-elle toujours été opposée également aux deux superpuissances ? Quel changement de ton relève-t-on ici ?**
3. **Vers quoi doivent s'avancer, selon l'auteur, les pays en voie de développement ?**

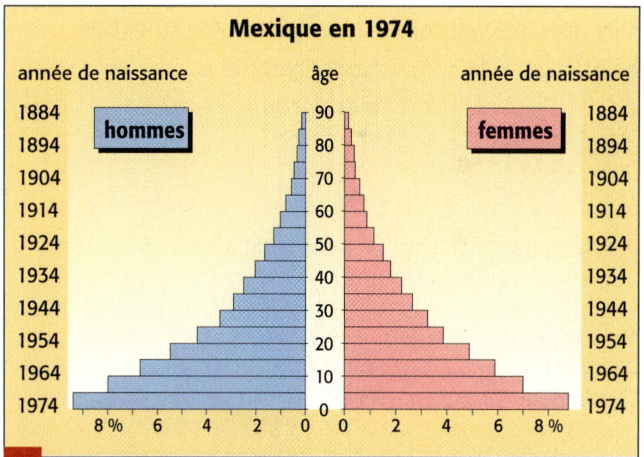

5 La situation démographique du tiers-monde au milieu des années 1970 : l'exemple du Mexique

« Le président du Mexique, José Lopez Portillo, a évoqué une population en croissance très rapide (+ 3,1 % par an) pouvant doubler son effectif en moins de vingt-cinq ans ; une structure par âge extraordinairement jeune, puisque la moitié de la population a moins de 16 ans ; une population qui vit encore en partie de la chasse et de la cueillette, alors qu'une autre partie se concentre dans les grandes agglomérations (celle de Mexico, qui atteint les douze millions d'habitants, est en passe de devenir la plus peuplée du monde) ; des mouvements migratoires incontrôlés, tant à l'intérieur du pays, des campagnes vers les villes, que vers le grand voisin du Nord, les États-Unis. »

Population et société, octobre 1977.

1. **Quels sont les principaux caractères de la démographie du Mexique ?**
2. **Montrer que l'évolution démographique du Mexique transforme profondément le pays.**

L'Amérique latine des années 1960 et 1970

Émancipée au XIXe s., l'Amérique latine n'est pas directement concernée par la décolonisation apparue après 1945 en Asie puis en Afrique. Mais les États-Unis y ont constitué une vaste zone d'influence ; leurs entreprises, comme la United Fruit au Guatemala, y réalisent d'importants profits. La domination économique subie par l'Amérique latine la rapproche peu à peu du reste du tiers-monde. Pour défendre leurs intérêts, les Américains s'appuient sur des dictatures militaires (Brésil : 1964, Chili : 1973, Argentine : 1973) et sur les grands propriétaires. Mais la masse de la population, souvent misérable, le supporte mal. C'est en s'appuyant sur son mécontentement que Fidel Castro s'empare du pouvoir à Cuba en 1959. Ce premier foyer révolutionnaire ne parvient guère à s'étendre à d'autres pays, malgré les efforts de Che Guevara pour développer la guérilla en Bolivie. Les États-Unis combattent ces tentatives révolutionnaires, n'hésitant pas à susciter des dictatures militaires. Ils vont même jusqu'au renversement de gouvernements démocratiquement élus, comme celui du socialiste chilien Allende, victime en 1973 d'un coup d'État appuyé par la CIA.

1 Castro et Allende.
Fidel Castro, leader révolutionnaire de Cuba depuis 1959, et Salvador Allende, président socialiste du Chili démocratiquement élu, de 1970 à son renversement en 1973.

2 Une dénonciation du néo-colonialisme qui a cours en Amérique latine

La doctrine Monroe de « l'Amérique aux Américains » (1823) s'est traduite en fait par « l'Amérique latine aux États-Unis ». C'est là l'aspect fondamental du néo-colonialisme qui, à la différence du colonialisme classique, n'exploite pas un peuple directement comme c'est le cas en Algérie, mais par l'intermédiaire d'une classe à laquelle il accorde toutes sortes de privilèges pendant que les larges masses du peuple croupissent dans la misère, l'analphabétisme et l'injustice. [...]
Depuis 1940, tout le continent lutte pour une seconde indépendance, qui est la vraie, et il nous dit : « Ne tombez pas dans le même piège ou dans la même erreur que nous ». [...] À cet égard, le mot le plus expressif est venu du général Cardenas, président de la République du Mexique, promoteur de la nationalisation du pétrole et de la répartition de millions d'hectares aux paysans. À la mission algérienne qui est allée lui rendre visite près de Mexico, le général Cardenas a dit : « L'Amérique latine, qui a acquis depuis un siècle l'indépendance politique, subit encore un colonialisme dans sa forme moderne, le colonialisme économique. Veillez à arracher votre indépendance intégrale en une seule fois, sinon il vous faudra encore un siècle pour réaliser votre véritable indépendance, comme nous Latino-Américains ».

Ben Khedda, un des dirigeants de l'insurrection algérienne à son retour d'Amérique latine, janvier 1961.

3 Le président Allende, le 11 septembre 1973.
Assiégé dans le palais présidentiel par les forces armées révoltées contre le gouvernement démocratiquement élu, le président Allende vit ses dernières heures.

« L'élection d'Allende est grave pour les intérêts américains au Chili et pour le gouvernement américain. Allende est probablement un communiste, un communiste de Moscou. Son élection est grave pour ce qu'elle signifie en Amérique latine, mais aussi parce qu'elle exerce un effet de démonstration dans le monde. Mais le plus sérieux, c'est que cette élection porte atteinte à la sécurité nationale des États-Unis, par ses conséquences en France et en Italie. »

Henry Kissinger, secrétaire d'état américain, 1973-1977.

4 La position de l'Église brésilienne dans les années 1970

a. Dom Helder Camarra, archevêque de Recife (1970)

Si le christianisme est la grande force spirituelle du continent, alors nous avons notre part de responsabilité dans la situation de l'Amérique. Qu'est-ce que nous avons fait pour empêcher que des millions de fils de Dieu tombent dans une condition de sous-hommes ?

b. La Conférence nationale des évêques brésiliens, août 1979

La société brésilienne d'aujourd'hui, en termes réels et pour l'essentiel de sa structure, ne s'est pas beaucoup éloignée de la société esclavagiste où elle a pris naissance. Il existe d'un côté les seigneurs entourés de la constellation des gérants technocrates et, de l'autre, l'immense majorité anonyme... L'organisation de la société est centrée sur la satisfaction des intérêts des seigneurs. C'est au nom de ces intérêts que les serfs produisent des milliers d'automobiles avec lesquelles ils ne se déplaceront jamais, construisent des milliers d'appartements dans lesquels ils n'habiteront jamais, font sortir de la terre des aéroports sophistiqués qu'ils n'utiliseront jamais...

6 Un dirigeant révolutionnaire, Ernesto Che Guevara dit « le Che ». Ernesto Che Guevara, référence révolutionnaire de l'Amérique latine des années 1960, ici à l'occasion d'une manifestation cubaine, le 24 août 1967, placée sous le signe de son slogan : « Créer deux, trois, plusieurs Vietnam ».

« Comme nous pourrions regarder l'avenir proche et lumineux, si deux, trois, plusieurs Viêt-nam fleurissaient sur la surface du globe, avec leur part de morts et d'immenses tragédies, avec leur héroïsme quotidien, avec leurs coups répétés, assénés à l'impérialisme, avec pour celui-ci l'obligation de disperser ses forces sous les assauts de la haine croissante des peuples du monde ! [...] Toute notre action est un cri de guerre contre l'impérialisme et un appel vibrant à l'unité des peuples contre le grand ennemi du genre humain : les États-Unis. Qu'importe où nous surprendra la mort ; qu'elle soit la bienvenue pourvu que notre cri de guerre soit entendu, qu'une autre main se tende pour empoigner nos armes et que d'autres hommes se lèvent pour entonner les chants funèbres dans le crépitement des mitrailleuses et des nouveaux cris de guerre et de victoire. »

Dernier texte de Che Guevara, début 1967, *Che Guevara, Textes politiques*, Maspero, 1968.

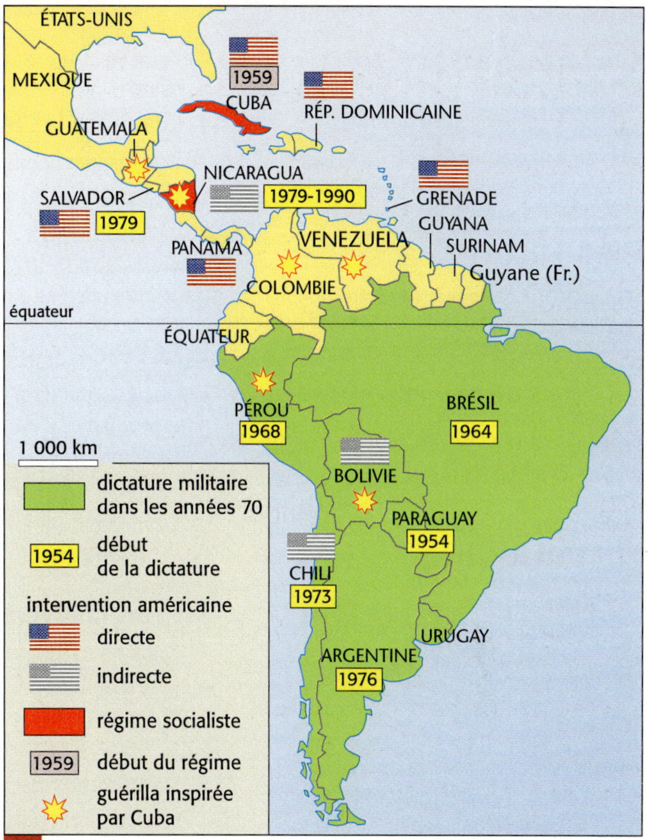

5 L' Amérique latine, chasse gardée des États-Unis dans les années 1970.

QUESTIONS

A. Présenter les documents (nature, date, auteur)

B. Dégager des informations des documents

1. Quel point commun existe-t-il entre les deux personnages ? Qu'est-ce qui les distingue ? (doc. 1)
2. Pourquoi l'auteur met-il l'accent sur la lutte contre le néo-colonialisme ? (doc. 2)
3. Quels dangers représente le gouvernement Allende pour les États-Unis, selon Kissinger ? (doc. 3)
4. Quelle vision de la société l'Église du Brésil présente-t-elle ici ? Quel jugement porte-t-elle ? (doc. 4)
5. Sur quoi s'appuient les Américains en Amérique latine ? Qu'est-ce qui peut remettre en cause leur influence ? (doc. 5)
6. Quelles méthodes Che Guevara préconise-t-il ? (doc. 6)

C. Mettre en relation les documents

7. Quels sont les principaux traits de la société des pays d'Amérique latine des années 1960 et 1970 ? (doc. 2, 4 et 5)
8. Sous quelle forme se manifeste la domination des États-Unis en Amérique latine ? Avec quelles conséquences ? (doc. 2, 3 et 5)
9. Quelles méthodes politiques sont envisagées pour transformer la situation du continent ? (doc. 1, 3 et 6)

D. Synthèse

10. Rédiger un paragraphe mettant en évidence les aspects politiques de l'histoire de l'Amérique latine dans les années 1960 et 1970.

FICHE DE RÉVISION

DATES À RETENIR

- **1955 :** Conférence de Bandoung.
- **1961 :** Conférence de Belgrade : naissance du mouvement des non-alignés.

LIRE

- P. Bairoch, *Le tiers-monde dans l'impasse*, Gallimard, collection « Idées », 3e éd., 1992.
- Y. Montenay, *Le mythe du fossé Nord-Sud*, Belles lettres, 2003.
- J. Cormier, *Che Guevara, compagnon de la Révolution*, Gallimard, « Découvertes », n° 272.
- Nkam Nwankwo, *Ma Mercedes est plus grosse que la tienne*, Le Serpent à plumes, 1988.

BIOGRAPHIES

Josip Broz, dit Tito (1892-1980), chef de l'État yougoslave.
(Voir biographie complète p. 399)

Jawâharlâl Nehru (1889-1964), Premier ministre de l'Inde de 1947 à 1964.
(Voir biographie complète p. 397)

Gamal Abdel Nasser (1918-1970), président de l'Égypte de 1954 à 1970.
(Voir biographie complète p. 397)

Ernesto « Che » Guevara (1928-1967), révolutionnaire sud-américain.
(Voir biographie complète p. 394)

BILAN DU CHAPITRE

I. Les difficiles lendemains de l'indépendance

- Insuffisances économiques (sous-industrialisation, agriculture routinière) et sociales (pauvreté, malnutrition, analphabétisme) ;
- hausse rapide de la population en raison de la **transition démographique**.
- Difficultés politiques : peu ou pas d'**États-nations**, des États qui manquent de cohésion (plusieurs **ethnies** dans un même État, des ethnies réparties entre plusieurs États).

II. Le rêve d'unité du tiers-monde

- Le tiers-monde s'accorde pour rejeter à Bandoung (1955) toute forme de colonialisme, et pour proclamer à Belgrade (1961) son refus de l'alignement sur les blocs.
- Les pays du tiers-monde considèrent que leur retard de développement tient à l'organisation de l'économie mondiale.
- Revendication à la conférence d'Alger (1973) d'un **nouvel ordre économique international** (NOEI).

III. Vers la diversification du tiers-monde

- Dans un monde dominé par les deux blocs, le tiers-monde ne parvient pas à réaliser son unité et à demeurer « **non-aligné** ». Même ses organisations régionales sont divisées.
- Solution recherchée dans le socialisme (Algérie) le marxisme et la révolution (Cuba, tentatives de Che Guevara).
- Des pays aux destins très divers :
  - sur le plan politique (stabilité pour certains, guerre civile pour d'autres) ;
  - choix de développements économiques différents (modèle socialiste, modèle libéral) ;
  - sur le plan démographique (croissance de la population toujours forte au Moyen Orient et en Afrique, début de ralentissement en Asie et en Amérique latine).

NE PAS CONFONDRE

Tiers-monde, Sud et tiers-mondes

- La notion de **tiers-monde** a été définie en 1952 par Alfred Sauvy pour désigner l'ensemble des pays pauvres, par analogie avec le tiers état d'avant 1789. Elle englobe alors les pays anciennement colonisés et peu développés, et donne naissance à l'idée d'un tiers-monde uni et solidaire mais en retard dans son développement économique.
- Dans les années 1970, s'impose l'image d'un antagonisme Nord-Sud, le **Sud** devenant l'équivalent mal défini du tiers-monde et le Nord étant associé à l'idée d'une domination économique, responsable du sous-développement du Sud. Il ne faut pas confondre ce Sud avec l'hémisphère sud, car la majorité des pays du tiers-monde se trouvent dans l'hémisphère nord.
- Les évolutions amorcées pendant les années 1980 font éclater le tiers-monde en plusieurs sous-ensembles disparates : de plus en plus, on parle des **tiers-mondes**.

Ethnie et nation

- Une **ethnie** est un groupe humain dont les membres partagent les mêmes caractères, qui peuvent être d'ordre anatomique (couleur de la peau, taille), mais qui sont le plus souvent d'ordre culturel (langue, croyances, coutumes).
- Une **nation** est un groupe humain dont l'ensemble des membres aspirent à vivre en commun.

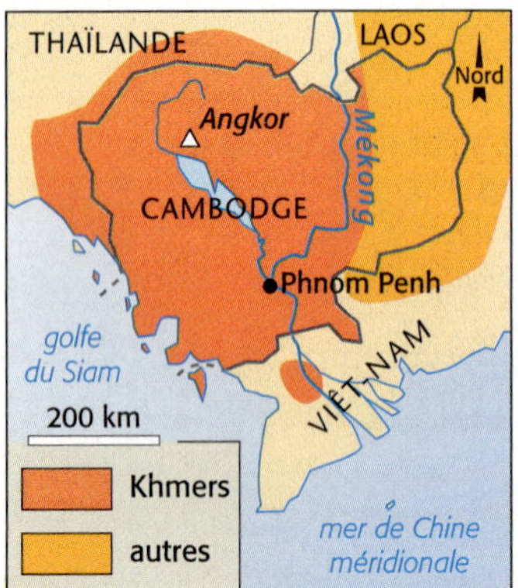

a Le Cambodge : un État-nation.

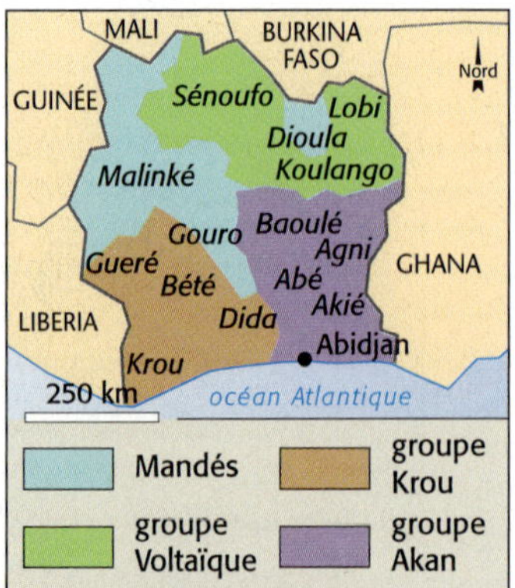

b La Côte-d'Ivoire : un État multiethnique.

Explication d'un document (7/16)

Sujet : Carte de la décolonisation de l'Afrique française

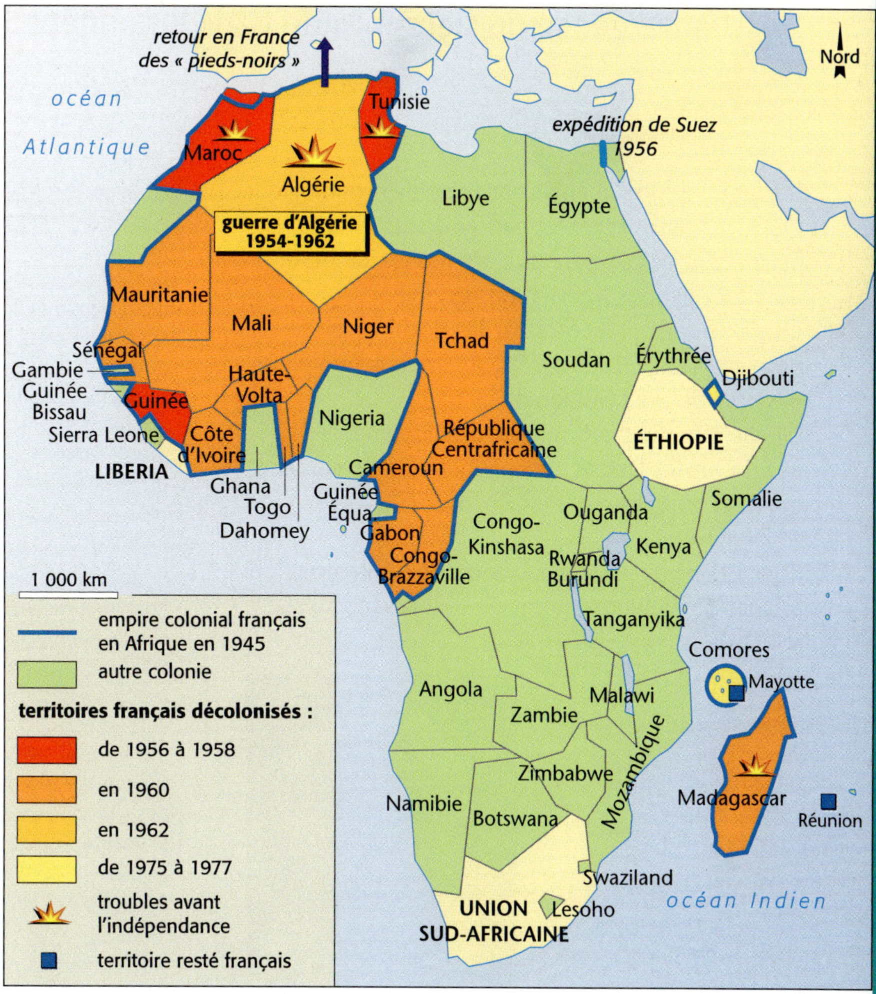

Questions

1. Présenter le document.
2. Quelles sont les grandes étapes de la décolonisation française ?
3. Comment s'est effectuée la décolonisation ?
4. Décrire la situation de l'ex-Afrique française au lendemain de l'indépendance.

Méthode

➤ 1. Aide générale

• Lire attentivement le titre de la carte et sa légende afin de bien délimiter le sujet dans le temps et l'espace.

➤ 2. Comment répondre aux questions

A. Question 1

• C'est la lecture attentive de la légende qui permet de déterminer les limites chronologiques du sujet.

B. Question 2

• Rassembler ses connaissances sur l'histoire politique de la France, dans le cadre chronologique du sujet.
• Se demander pourquoi la décolonisation s'accélère à un certain moment.
• Chercher à expliquer la décolonisation tardive de certains territoires.

C. Question 3

• Observer la chronologie : noter la durée de la guerre d'Algérie, songer aux conséquences de cette guerre.

D. Question 4

• Prêter attention à la forme politique des régimes.

➤ 3. Exemple de réponse rédigée

Question 3

La décolonisation de l'Afrique française s'est effectuée de différentes manières : une décolonisation négociée avec la France (le Maroc et la Tunisie en 1956, l'Afrique noire et Madagascar en 1960, Djibouti et les Comores dans les années 1970) ; une décolonisation unilatérale (la Guinée refuse en 1958 l'association avec la France) ; l'Algérie est le cas le plus dramatique : la décolonisation est acquise après une longue guerre d'indépendance, de 1954 à 1962.

La décolonisation débute en 1956, par des négociations destinées à éviter que le Maroc et la Tunisie connaissent aussi des guerres d'indépendances Lors de son retour au pouvoir en 1958, le général de Gaulle propose de fonder une Communauté française, première étape vers l'indépendance, acquise en 1960. Les Comores et Djibouti demeurent des colonies jusqu'au milieu des années 1970 pour des raisons stratégiques (contrôle de l'océan Indien et de la mer Rouge).

Étude d'un ensemble documentaire (8/16)

Sujet : L'émergence du tiers-monde dans les années 1960 : par quels moyens ?

Questions

Première partie

1. Replacer les documents dans l'ordre chronologique.
2. Quels moyens présentés par les documents permettraient aux pays du tiers-monde de peser dans les relations internationales ?
3. Quels moyens présentés par les documents permettraient d'améliorer la situation économique des pays du tiers-monde ?
4. Quelle critique peut-on faire des documents 1, 2 et 5 ? Quelles limites sont apportées à l'émergence des pays du tiers-monde ?

Deuxième partie

Rédiger à l'aide de vos connaissances et des informations tirées des documents une réponse organisée au sujet.

DOCUMENT 1

Encyclique *Populorum progressio*, Paul VI, 25 mars 1967

Les efforts qui sont faits pour aider au plan financier et technique les pays en voie de développement seraient illusoires, si leurs résultats étaient partiellement annulés par le jeu des relations commerciales entre pays riches et pays pauvres. La confiance de ces derniers serait ébranlée s'ils avaient l'impression qu'une main leur enlève ce que l'autre leur apporte.
Les nations hautement industrialisées exportent en effet surtout des produits fabriqués, tandis que les économies peu développées n'ont à vendre que des produits agricoles et des matières premières. Grâce au progrès technique, les premiers augmentent rapidement de valeur et trouvent un marché suffisant. Au contraire, les produits primaires en provenance des pays sous-développés subissent d'amples et brusques variations de prix. Il en résulte pour les nations peu industrialisées de grandes difficultés, quand elles doivent compter sur leurs exportations pour équilibrer leur économie et réaliser leur plan de développement. Les peuples pauvres restent toujours pauvres, et les riches deviennent toujours plus riches.
C'est dire que la règle de libre échange ne peut plus – à elle seule – régir les relations internationales. [...]
La justice sociale exige que le commerce international rétablisse entre partenaires au moins une certaine égalité de chances. Pour y parvenir il faut dès maintenant créer une réelle égalité dans les discussions et négociations... Qui ne voit qu'un tel effort commun vers plus de justice dans les relations commerciales entre les peuples apporterait aux pays en voie de développement une aide positive dont les effets ne seraient pas seulement immédiats mais durables ?

DOCUMENT 2 Journal de Bolivie

Janvier 1966
Les choses se présentent bien dans cette région isolée où tout indique que nous pourrons rester aussi longtemps que nous le jugerons nécessaire. Les projets sont : attendre le reste des gens, augmenter le nombre des Boliviens au moins jusqu'à vingt et commencer les opérations.

21 mars 1967
Le Français (Régis Debray) [...] vient pour rester mais je lui ai demandé de retourner organiser un réseau de soutien en France et de passer par Cuba. Je dois écrire une lettre à Sartre et à B. Russel pour qu'ils organisent une collecte internationale d'aide au mouvement de libération bolivien. [...]
L'isolement demeure total ; les maladies ont miné la santé de certains camarades et nous ont obligés à diviser les forces, ce qui nous a ôté beaucoup d'efficacité, la base paysanne ne se développe toujours pas, bien qu'il semble que nous finissions par obtenir la neutralité du plus grand nombre au moyen de la terreur organisée ; le soutien viendra ensuite. Il n'y a pas eu une seule nouvelle recrue, et, en plus de morts, nous avons perdu Loro, disparu après l'engagement des Taperillas.

7 octobre 1967
Nous sommes partis à 17 heures avec un faible clair de lune et la marche a été très pénible et en laissant beaucoup de traces dans le cañon où nous étions.

Octobre 1967
L'armée a donné une information bizarre à propos de la présence de 250 hommes à Serrano qui doivent empêcher le passage des guérilleros encerclés, au nombre de 37, et a situé la zone où nous nous sommes réfugiés entre l'Acero et l'Oro. La nouvelle a l'air de vouloir être une diversion.

Le Che est blessé et capturé le 8 octobre 1967, il meurt 24 heures plus tard.

Ernesto Che Guevara, Journal tenu du 7 novembre 1966 au 7 octobre 1967, Maspero, 1968.

DOCUMENT 3 États représentés à l'ONU.

	1945	1962	1972
Bloc de l'Ouest	12	20	23
Bloc de l'Est	6	10	10
Amérique latine	20	22	14
Asie + Afrique	13	57	72

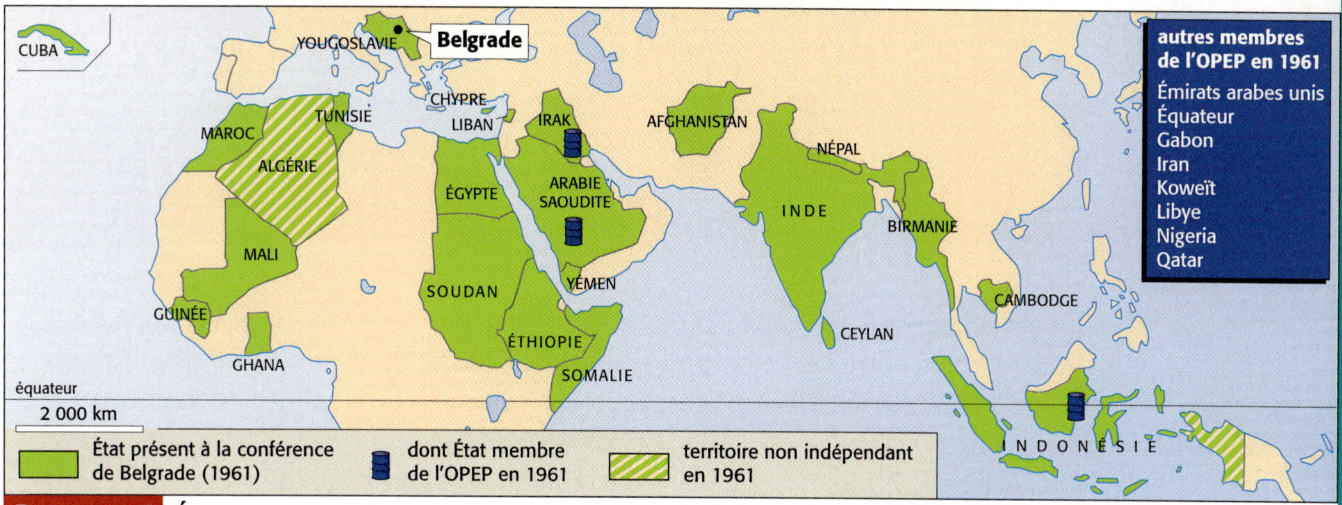

DOCUMENT 4 **États présents à la conférence des non-alignés à Belgrade (septembre 1961).**

DOCUMENT 5 **« Le sanglot de l'homme blanc », point de vue d'un écrivain français**

A priori, pèse sur tout Occidental une présomption de crime. Nous autres, Européens, avons été élevés dans la haine de nous-mêmes, dans la certitude qu'il y avait au sein de notre monde un mal essentiel qui exigeait vengeance sans espoir de rémission. Ce mal tient en deux mots : le colonialisme et l'impérialisme, et en quelques chiffres : les dizaines de millions d'Indiens éliminés par les conquistadores, les 200 millions d'Africains tués durant les guerres coloniales puis les guerres de libération. […]

Naître après la Seconde Guerre mondiale, c'était acquérir l'assurance d'appartenir à la lie de l'humanité, à un milieu exécrable, qui depuis des siècles, au nom d'une prétendue aventure spirituelle, étouffe la quasi-totalité du globe. Un continent qui n'en finissait pas de parler de l'homme tout en le massacrant aux quatre coins de la planète, un continent basé sur le pillage et la négation de la vie, ne méritait que d'être piétiné à son tour.

Le monde entier accuse l'Occident, et beaucoup d'Occidentaux participent à cette campagne : notre responsabilité est affirmée avec indignation, mépris. Aucun discours sur le Tiers-Monde ne peut terminer ou commencer sans que retentisse ce leitmotiv : l'homme blanc est méchant. […]

Tous les titres de notre gloire, des siècles d'efforts, de calculs, de raffinements, d'exploits, d'héroïsme qui avaient intronisé une certaine forme de sagesse humaine, ont été balayés, réduits à néant. […]

C'est ainsi que la dépréciation du message européen est devenue un code commun à toute l'intelligentsia de gauche depuis la guerre, exactement comme la haine du bourgeois a été depuis 1917 un véritable passeport intellectuel, aucun article ne pouvant se justifier sans une invocation rituelle au prolétariat messianique et un dégoût affiché pour les possédants. L'indépendance des anciennes colonies nous laisse cependant une possibilité de rachat : nous engager aux côtés des peuples en lutte, aider toujours et partout le Sud à terrasser le veau d'or occidental. Ainsi la naissance du Tiers-Monde comme force politique a-t-elle engendré cette nouvelle catégorie : le militantisme expiatoire.

Comment la haine de soi est devenue le dogme central de notre culture, c'est là une énigme dont l'histoire de l'Europe est féconde.

Pascal Bruckner, *Le sanglot de l'homme blanc, Tiers-Monde, culpabilité, haine de soi*, Le Seuil, 1983.

Méthode

➤ 1. Aide à la réponse aux questions de la première partie

A. Question 1

• Situer les documents dans le temps, les uns par rapport aux autres. Quelques jours avant la publication de l'encyclique (doc. 1), Che Guevara écrit « l'isolement demeure total » (doc. 2, récit du 21 mars 1967).

• Tous les documents sont-ils contemporains du sujet ?

B. Question 2

• Les moyens qui permettraient aux pays du tiers-monde de peser dans les relations internationales :

– l'aide financière : « efforts… pour aider au plan financier » (doc. 1), évoquée aussi dans le doc. 5 ;

– l'union et l'organisation (doc. 4) peuvent assurer au tiers-monde un plus grand poids dans les relations internationales.

• Quel moyen est mis en évidence par le doc. 2 ?

C. Question 3

– L'aide internationale et l'égalité des chances : « plus de justice dans les relations commerciales » (doc. 1) ;

– peser sur les prix des matières premières (doc. 4) ;

– Che Guevara (doc. 3) évoque l'action révolutionnaire et agit par la guérilla (« base paysanne », « engagement », « guérilleros encerclés ») ;

– tout comme le Pape, Pascal Bruckner (doc. 5) cite l'aide (fin du texte) mais aussi le soutien européen apporté aux peuples en lutte (« intelligentsia de gauche »). Che Guevara, quant à lui, mentionne Jean-Paul Sartre, le 21 mars 1967.

D. Question 4

• Se demander si les moyens envisagés ont été efficaces.

➤ 2. Aide à la réponse à la question de la deuxième partie

• Avant de rédiger, réfléchir aux termes du sujet :

– années 1960 : se rappeler le contexte général des années 1960 : poids des deux « Grands », faiblesse économique du tiers-monde ;

– chercher le ou les différents sens de « émergence ».

PRÉPA BAC

CHAPITRE

9

La déstabilisation des relations internationales (1973-1991)

séries

ES-L-S

Les accords de Paris (janvier 1973) mettent fin à la guerre du Viêt-nam. Il n'empêche que la guerre froide entre les deux supergrands est ravivée, de l'Asie à l'Amérique latine, de l'Afrique au Proche-Orient. C'est toutefois cette dernière qui occupe désormais le devant de la scène.

En décembre 1991, deux ans après la chute du mur de Berlin et l'effondrement des régimes politiques d'Europe de l'Est, l'URSS disparaît. Les blocs antagonistes cessent alors d'exister.

Comment est-on passé d'une reprise de la guerre froide à la disparition des blocs antagonistes ?
Comment expliquer la succession d'affrontements durant les années 1970 et 1980 ?

1 Le monde entre la fin de l'affrontement Est-Ouest...

Ronald Reagan, président des États-Unis et Mikhaïl Gorbatchev, président de l'Union soviétique viennent de signer le traité de Washington sur le désarmement nucléaire, en décembre 1987.

« Je définis les principes qui, selon moi, devaient fonder le nouvel ordre mondial destiné à remplacer celui de l'après-guerre : dépendance mutuelle des pays et des peuples, équilibre des intérêts, liberté de choix, responsabilité commune et quête de solutions acceptables par tous aux problèmes globaux de la planète ». M. Gorbatchev, *Mémoires*, Le Rocher, 1997.

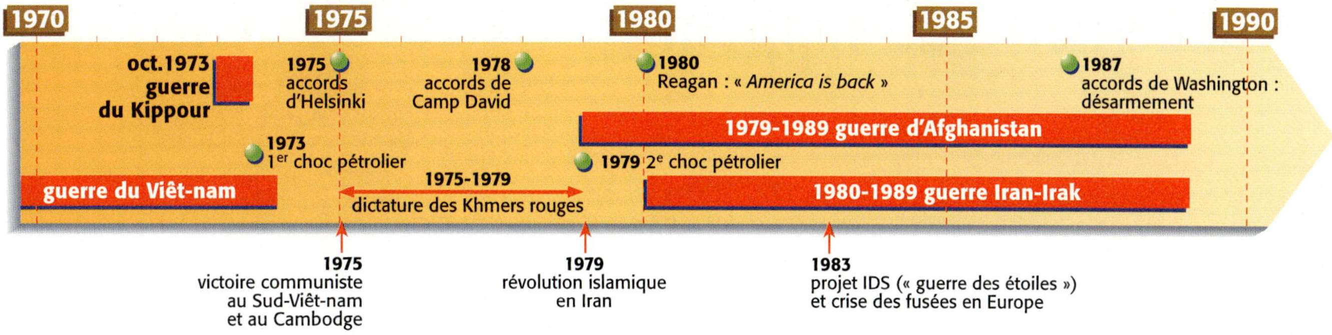

2 … et l'affirmation de l'islamisme.

Étudiants islamistes brûlant à Téhéran le drapeau américain après la révolution islamiste de Khomeiny, fin 1979.

« Avec confiance, je dis que l'islam éliminera l'un après l'autre tous les grands obstacles à l'intérieur comme à l'extérieur de ses frontières et fera la conquête des principaux bastions dans le monde […]. Ou nous connaîtrons tous la liberté ou nous connaîtrons une liberté plus grande encore, qui est le martyre. »
Ayatollah Khomeiny, 28 juillet 1987.

1 La guerre du Kippour

A. Le déclenchement de la guerre doc. 1, 2, 3 et 4

■ De tous les événements qui ont marqué l'année 1973, le plus important par ses conséquences est la guerre du Kippour qui oppose l'Égypte et la Syrie à l'État d'Israël. Le 6 octobre 1973, **le jour du Grand Pardon** (Yom Kippour), la date la plus sacrée du calendrier juif, les Égyptiens franchissent le canal de Suez et attaquent l'armée israélienne dans le Sinaï, tandis que les Syriens lancent une offensive sur le plateau du Golan. Surpris, bousculés, les Israéliens tentent de repousser l'adversaire sur les deux fronts. Le 9 octobre, l'aviation irakienne apporte son concours à l'Égypte et à la Syrie. Les Palestiniens du **Fatah** et des unités jordaniennes participent aux combats.

■ **Contre cette puissante coalition des forces arabes**, les Israéliens organisent leur résistance. Au nord, les Syriens et leurs alliés sont repoussés. Au sud, les Égyptiens sont contenus. Après dix jours de combats, les Israéliens maîtrisent la situation. Ils franchissent à leur tour le canal de Suez et pénètrent dans les faubourgs du Caire. Les Soviétiques, les Américains et le Conseil de sécurité de l'ONU exigent **un cessez-le-feu que les combattants acceptent le 25 octobre**.

B. Les enseignements du quatrième conflit israélo-arabe doc. 6

■ Le conflit est apparemment régional. **À tout moment, il peut devenir planétaire**. En effet, les Soviétiques et les Américains y sont directement mêlés. Ni les uns ni les autres ne souhaitent la victoire totale d'un des camps, même si les États-Unis expriment leurs sympathies pour Israël et l'Union soviétique pour les Arabes. Le 22 octobre, l'URSS menace d'intervenir si les troupes israéliennes n'arrêtent pas leur progression. Les États-Unis proclament « la mise en alerte » de leurs forces.

■ L'unité du monde arabe est plus forte en 1973 que dans les années précédentes. Pourtant, **l'Égypte du président Sadate souhaite que de véritables négociations soient entreprises avec Israël**. La reconquête des territoires perdus en 1967 ne pourrait se faire, pense-t-on au Caire, que par la diplomatie. Les autres pays arabes poursuivent leurs propres objectifs. Israël reste la principale puissance militaire du Proche-Orient, une puissance fragile, dont la survie peut être à tout moment remise en cause. Les États arabes refusent de reconnaître son existence.

C. L'arme du pétrole doc. 5

■ Le 17 octobre 1973, l'Organisation des pays arabes exportateurs de pétrole (OPAEP) décide, d'une part de réduire de 5 % les exportations de pétrole « jusqu'à la libération des **territoires occupés** » et d'autre part, de pratiquer **l'embargo des exportations pétrolières vers les États-Unis**, l'Afrique du Sud, les Pays-Bas, le Portugal, tous accusés, à des titres divers, d'avoir soutenu Israël.

■ **Par voie de conséquence, le prix du pétrole subit une hausse brutale**. De 3 à 4 dollars le baril, il passe à 11,65 dollars. Certes, l'Indonésie, l'Iran, le Mexique, le Canada, l'URSS et les États-Unis sont eux aussi des pays producteurs et n'appliquent pas l'embargo, mais les sociétés pétrolières de tous les pays tirent d'énormes profits des bouleversements du marché. Il reste aux utilisateurs à réduire leur consommation pour limiter leur dépendance à l'égard des hydrocarbures et finalement à se soumettre.

■ **Les nations les plus industrialisées ne peuvent éviter les contrecoups**. Les pétrodollars, ces bénéfices en dollars qui proviennent du pétrole, tiennent une place primordiale sur le marché des capitaux. Toutes les économies, y compris les plus puissantes, sont sensibles à leur présence ou à leur disparition. Les prix des produits manufacturés grimpent. Le taux d'inflation inquiète. Les faillites, la délocalisation des entreprises européennes et américaines vers les pays du tiers-monde où la main d'œuvre est moins chère entraînent le chômage. Le premier choc pétrolier est profondément ressenti.

VOCABULAIRE

Fatah (ou Fath) : mouvement palestinien, créé en 1959 par un jeune ingénieur palestinien, Yasser Arafat, luttant pour la libération de la Palestine.

territoires occupés : ensemble des territoires dont Israël a pris le contrôle après la guerre des Six Jours (1967) : Cisjordanie (Judée et Samarie), péninsule du Sinaï, hauteurs du Golan en Syrie et bande de Gaza.

1 « La guerre d'octobre »

La guerre que les Arabes appellent « du Ramadan » et les Israéliens « du Kippour » est la quatrième, et la plus sanglante, de celles qui les ont opposés pendant un quart de siècle. [...]
Les concentrations de troupes et de matériel exigées par la préparation de la guerre ne pouvaient échapper à la vigilance du Mossad israélien, l'un des meilleurs services de renseignements du monde, comme de la CIA, avec laquelle il travaille le plus souvent main dans la main. [...]
Dans l'épreuve, qu'ils n'ont pas prévue, les généraux israéliens, soutenus par un peuple unanimement convaincu de lutter pour sa survie, prouvent, une fois de plus, leurs dons d'improvisation et les vertus de l'audace. Ils visent d'abord, selon la bonne doctrine, l'adversaire le plus faible, autrement dit la Syrie, n'hésitant pas à bombarder Damas, les centrales électriques, les raffineries de pétrole. Dayan amène à toute vitesse des renforts dans le Sinaï. [...] Le général Sharon surgit sur les arrières de l'adversaire en utilisant un chemin réputé si infranchissable qu'il n'était même pas défendu ; il fait franchir de nuit à ses blindés montés sur des radeaux le grand lac Amer. [...]
Il est clair que rien désormais ne sera comme avant. Israël avait été à deux doigts d'être battu : il avait désormais peu de chances de jamais parvenir à imposer à ses voisins sa propre conception de la paix. Leurs victoires initiales avaient effacé chez les Arabes une humiliation que leur fierté ne pouvait tolérer. Et surtout les États producteurs avaient découvert la force de l'arme du pétrole. Le monde riche devait se faire à l'idée de payer cher l'énergie dont le bon marché avait permis pendant vingt ans sa rapide croissance.

André Fontaine, *Le Monde*, 6 octobre 1978.

1. **Expliquer « Israël avait été à deux doigts d'être battu ».**
2. **De quels atouts Israël dispose-t-il ?**
3. **En quoi consiste « l'arme du pétrole » ?**

2 **La guerre du Kippour (octobre 1973).**

3 **Offensive égyptienne : les Égyptiens ont franchi le canal de Suez.** Pont égyptien sur le canal de Suez, 13 octobre 1973, après une victoire sur l'armée israélienne.

4 **La contre-offensive israélienne.** Les généraux israéliens Ariel Sharon (blessé) et Moshe Dayan, le 28 octobre 1973 sur la rive ouest du canal de Suez.

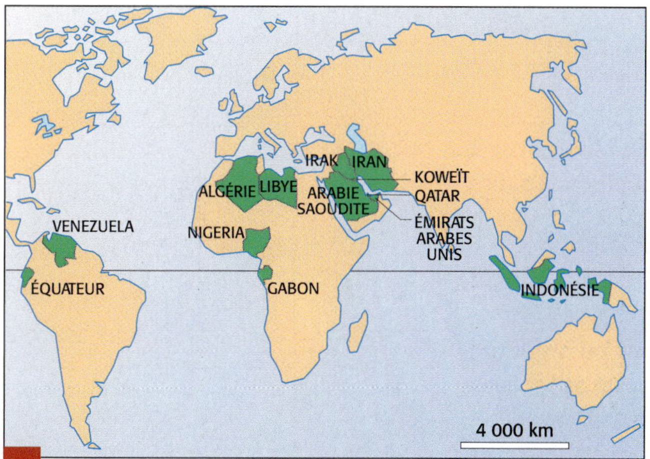

5 **Les pays de l'OPEP en 1973.**

1. **Quels sont les pays de l'OPEP directement concernés par la question du Moyen-Orient ?**
2. **Quelle force l'OPEP représente-t-elle à partir d'octobre 1973 ?**

6 **La résolution de Rabat, 28 octobre 1974**

La 7e conférence arabe au sommet :

1. affirme le droit du peuple palestinien au retour dans sa patrie et à l'autodétermination ;
2. affirme le droit du peuple palestinien à instaurer une autorité nationale indépendante sous l'égide de l'Organisation de libération de la Palestine en tant qu'unique représentant légitime du peuple palestinien sur tout territoire palestinien qui sera libéré. Les États arabes doivent soutenir cette autorité lors de son instauration […] ;
3. soutient l'Organisation de libération de la Palestine dans l'exercice de ses responsabilités sur les plans national et international dans le cadre de la solidarité arabe ;
4. invite le Royaume hachémite de Jordanie, la République arabe syrienne, la République arabe d'Égypte et l'Organisation de libération de la Palestine à élaborer une formule réglementant leurs relations à la lumière de ces décisions en vue de leur exécution ;
5. affirme l'obligation de tous les pays arabes de sauvegarder l'unité nationale palestinienne et de s'abstenir de toute ingérence dans les affaires intérieures relatives à l'action palestinienne.

1. **Que peut impliquer l'article 1 de la résolution pour l'État d'Israël ?**
2. **Quel rôle revient à l'Organisation de libération de la Palestine ?**

2 Le Proche-Orient de 1974 à 1987

A. Les accords de Camp David

doc. 1, 3, 4 et 5

■ De la guerre du Kippour à 1987, le Proche-Orient traverse d'abord une période d'espoir, puis replonge dans la guerre et les attentats. Le 17 septembre 1978, le président égyptien **Anouar el-Sadate**, et le Premier ministre israélien **Menahem Begin**, signent l'accord de paix de Camp David aux États-Unis en présence du président Carter. C'est un événement d'une importance capitale. Pour la première fois dans l'histoire, l'État le plus puissant du monde arabe reconnaît l'existence d'Israël et promet d'établir avec lui des relations diplomatiques.

■ En effet, depuis 1973, la situation au Proche-Orient est bloquée. L'Organisation de libération de la Palestine (OLP) de Yasser Arafat refuse de reconnaître le droit des juifs à fonder un État, recourt à la guérilla aux abords des frontières israéliennes et aux détournements d'avions. Les Israéliens repoussent l'idée de négocier avec des terroristes, responsables notamment de l'enlèvement, puis du massacre de leurs athlètes aux jeux Olympiques de Munich (1972). Les États arabes de la région sont de nouveau divisés, tiraillés entre l'influence des Soviétiques et celle des Américains.

■ **Parce qu'il comprend qu'il y va du salut de l'Égypte**, Sadate accomplit un geste historique. En novembre 1977, il se rend à Jérusalem, prononce un discours de paix devant la *Knesset*, rencontre les dirigeants israéliens. Quant à Begin, le Premier ministre issu des rangs de la droite nationaliste, il saisit l'occasion de renforcer la sécurité de son pays et de conforter la place d'Israël au Proche-Orient.

■ Les accords de Camp David ne règlent pas tous les différends. **Israël évacuera le Sinaï**, et les deux pays signeront un traité de paix. **Mais que signifie « l'autonomie » des territoires occupés ?** Quel sera le sort réservé à Jérusalem ? Que fera-t-on des réfugiés palestiniens ? Sadate, accusé ici et là de « trahison », paie de sa vie l'accord qu'il vient de conclure : il est assassiné par des **islamistes** liés aux **Frères musulmans** le 6 octobre 1981.

B. La guerre du Liban

doc. 2 et 7

■ **Israël recherche d'autres partenaires pour faire la paix.** Au Liban, chrétiens et musulmans sont en guerre depuis 1975. Les Palestiniens, qui y vivent dans les misérables camps de réfugiés, prennent le parti des musulmans. Les chrétiens se rapprochent d'Israël. En juin 1982, les forces israéliennes mènent **l'opération « Paix en Galilée »**. Pour protéger le nord du pays, menacé par les attaques palestiniennes, elles lancent une offensive en territoire libanais. L'objectif est de repousser les Palestiniens à une quarantaine de kilomètres de la frontière. Aisément victorieuse, l'armée israélienne encercle Beyrouth que son aviation pilonne. Les États-Unis, appuyés par l'ONU, obtiennent un cessez-le-feu et permettent à Arafat de se réfugier à Tunis.

■ Les Israéliens continuent d'occuper le sud du Liban (jusqu'en 1999), mais ils laissent leurs alliés des Phalanges chrétiennes pénétrer **dans les camps palestiniens de Sabra et Chatila** où sont massacrés les 16 et 17 septembre 1982, de 1 000 à 1 500 civils.

C. La première Intifada

doc. 6

■ Le 9 décembre 1987, éclate l'**Intifada** ou « guerre des pierres » que livrent de jeunes Palestiniens contre l'armée israélienne. Soulèvement spontané ou organisé ? C'est, de la part des Palestiniens, **une stratégie** qui vise à obtenir l'appui de l'opinion internationale, « une lutte armée sans armes ». De fait, c'est surtout la réaction contre une situation de nouveau bloquée. Ni les États arabes (autres que l'Égypte) ni l'OLP ne sont disposés à négocier avec Israël. Ils tentent de faire tomber les Israéliens dans le **piège de la répression** et de préparer la proclamation de l'État de Palestine (décembre 1988). Ils n'acceptent pas les **implantations juives** en Cisjordanie. Les accords de Camp David n'auraient-ils laissé que des illusions ?

VOCABULAIRE

islamiste : partisan de l'application de l'Islam comme fondement de toute vie politique et sociale. Il combat pour l'instauration d'un État islamique par la propagande et au besoin, par la force, se réclame de l'*umma* (la communauté des croyants) et ne reconnaît pas l'État-nation.

Frères musulmans : organisation islamiste créée en Égypte 1928 par Hasan al-Bannah, elle a pour vocation de « promouvoir le bien, interdire le mal » et de créer un État islamique dans lequel l'islam serait à la fois « la législation et l'enseignement, la loi et le tribunal ».

Intifada (« soulèvement » en arabe) **:** « guerre des pierres » déclenchée à partir de 1987 par des adolescents palestiniens dans les territoires occupés par Israël.

implantations juives : villages créés en Cisjordanie (Judée-Samarie) par des Israéliens qui considèrent cette région comme une partie de la terre d'Israël.

1 Les accords de Camp David.

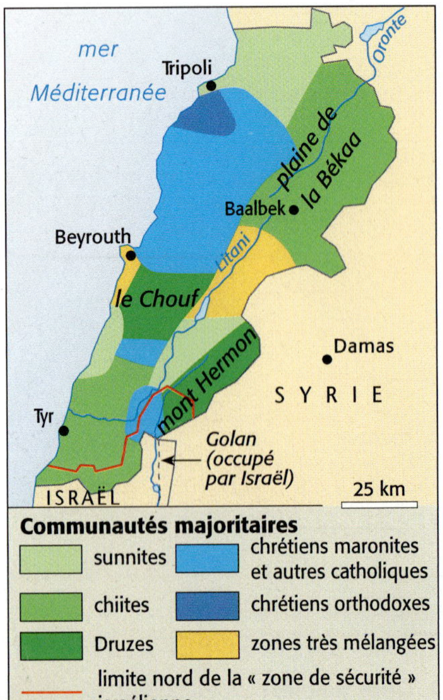

2 Le Liban dans les années 1970.

3 Intervention israélienne à Entebbe, le retour.

Le 4 juillet 1976, les soldats israéliens organisent une opération commando sur l'aéroport d'Entebbe en Ouganda afin de libérer des otages israéliens détenus par des pirates de l'air palestiniens.

4 Discours de Sadate à la Knesset lors de son voyage en Israël en novembre 1977

Personne n'imaginait que le chef d'État du plus grand pays arabe [...] pourrait se déclarer disposé à aller sur la terre de l'adversaire alors que nous étions encore dans un état de guerre et alors que nous étions encore en train de souffrir des effets de quatre guerres en trente ans. [...]

Comme je l'ai déjà dit précédemment, je n'ai consulté, au sujet de cette décision, aucun de mes collègues et frères, les chefs des pays arabes. [...] Je ne suis pas venu chez vous [...] pour présenter un plaidoyer en faveur du retrait de vos forces des territoires occupés. Le retrait total de la terre occupée après 1967 est élémentaire, non négociable, et ne peut faire l'objet d'un plaidoyer de la part de quiconque. [...]

En ce qui concerne le problème palestinien, personne ne nie qu'il est au cœur de toute l'affaire. Personne au monde aujourd'hui n'acceptera les slogans de ceux qui, ici en Israël, ignorent l'existence du peuple palestinien et même se demandent où se trouve un tel peuple. Le problème du peuple palestinien et de ses droits légitimes n'est plus nié ni dédaigné par qui que ce soit aujourd'hui. Il est inconcevable qu'il soit ignoré ou nié. C'est une réalité à laquelle la communauté internationale, à l'Ouest comme à l'Est, a répondu par le soutien et la reconnaissance dans des documents internationaux et des déclarations officielles [...].

Je vous apporte le message de paix du peuple égyptien, qui ignore le fanatisme, et dont les fils – musulmans, chrétiens et juifs – vivent ensemble dans la cordialité, l'amour et la tolérance.

1. **Expliquer « quatre guerres en trente ans ».**
2. **Quelle est la position de Sadate à propos du « problème palestinien » ?**
3. **En quoi ce discours marque-t-il un tournant dans les relations entre Israël et les pays arabes ?**

5 L'assassinat de Sadate, le 6 octobre 1981.

Des militaires égyptiens islamistes tirent à bout portant sur la tribune officielle, lors d'un défilé militaire au Caire.

7 L'attentat de Beyrouth, le 24 octobre 1983.

L'attentat perpétré par deux camions-suicide fait plus de 200 morts parmi les soldats américains et plus de 60 morts parmi les soldats français. Il est revendiqué par un « Mouvement de la révolution islamique libre ».

6 L'Intifada.

3 Les foyers de tension

A. Au Moyen-Orient
doc. 1,2 et 3

■ L'année 1979 tient une place déterminante. Le 16 janvier, l'ayatollah Khomeyni prend le pouvoir en Iran et proclame la République islamique. Les islamistes s'appuient sur le Coran et la tradition pour façonner la société et la vie politique. Les troubles en Iran, l'un des plus gros producteurs de pétrole, entraînent une nouvelle hausse des prix. **Le baril atteint jusqu'à 34 dollars**. Pour les États-Unis et l'Europe occidentale, il s'agit d'un deuxième choc pétrolier. L'URSS redoute que la révolution islamique exerce son influence sur les républiques musulmanes d'Asie centrale.

■ **Le 24 décembre, les Soviétiques envahissent l'Afghanistan**. Ils poursuivent des objectifs précis : stopper l'aide que le Pakistan et l'Iran apportent aux islamistes afghans, déstabiliser la révolution iranienne, accéder aux « mers chaudes » en enfonçant un coin dans cette région riche en pétrole, conforter leur protégé de Kaboul, Babrak Karmal. Les protestations de Washington, de l'Europe occidentale, du tiers-monde et des pays musulmans n'y font rien. L'URSS ne retire ses troupes qu'en 1988.

■ **Européens et Américains préfèrent soutenir l'Irak de Saddam Hussein** qui tente de conquérir les territoires iraniens riches en pétrole de la basse vallée de l'Euphrate. Dictateur sanguinaire, Saddam Hussein sert de rempart laïque pour contenir la déferlante islamique. Il reçoit de la France, du Royaume-Uni, de l'Allemagne, des États-Unis et de l'URSS des armes de toutes sortes, sans doute des souches bactériennes pour préparer la guerre bactériologique, des produits chimiques qu'il n'hésitera pas à utiliser contre les Iraniens et les Kurdes (massacre de Halabja, le 17 mars 1988 qui fait 4 500 morts), ainsi que le concours de savants spécialisés dans le nucléaire. Saddam Hussein déclenche une guerre contre l'Iran (septembre 1980 - août 1988) qui fait un million de morts et renforce sa dictature.

B. En Amérique latine
doc. 4

■ Le 11 septembre 1973, **le Chili est secoué par un putsch militaire**. Après l'élimination du président Allende, accusé de faiblesse à l'égard des communistes, les militaires chiliens, commandés par le général Pinochet et soutenus par les États-Unis mettent en place une dictature militaire (1973-1990) qui massacre les opposants et applique les règles économiques ultra-libérales, inspirées par les théoriciens de l'école de Chicago.

■ En 1978, c'est **le Nicaragua** qui tombe dans la guerre civile. Le dictateur Somoza est chassé par les **sandinistes**. En septembre 1979, c'est donc un deuxième régime socialiste et pro-soviétique qui s'établit en Amérique latine. Les États-Unis ne tardent pas à manifester leur opposition et à soutenir les ***contras***. Petit État d'Amérique centrale, le Nicaragua fait l'objet d'interventions discrètes et efficaces, de la CIA. Il faut attendre le 7 août 1987 pour que l'on s'oriente vers un règlement pacifique.

C. Dans l'Asie du Sud-Est
doc. 5

■ La guerre du Viêt-nam n'a pas fini d'imposer ses conséquences. Le 30 avril 1975, après la chute de Saigon, la ville, rebaptisée Hô Chi Minh-Ville, devient la capitale d'un Viêt-nam unifié. **Des milliers de réfugiés fuient l'Indochine**. Ce sont les ***boat people*** qui affrontent les pirates de la mer de Chine et les drames de l'errance pour tâcher de trouver un abri en Amérique ou en Europe occidentale

■ Au même moment, **les Khmers rouges prennent le pouvoir au Cambodge**. Poussés par leur idéologie révolutionnaire et leur fanatisme, ils décident de faire disparaître les traces du capitalisme et du colonialisme. Ils se livrent, contre « les ennemis de classe », à un véritable génocide qui fait plusieurs millions de morts.

VOCABULAIRE

sandinistes : révolutionnaires nicaraguayens de la fin des années 1970 qui se réclament d'Augusto Sandino, assassiné en 1934 par la famille rivale des Somoza (celle-ci reste au pouvoir au Nicaragua jusqu'en 1979).

***contras* :** contre-guérilla financée par les États-Unis pour lutter contre un régime qu'ils considèrent comme hostile.

***boat people* :** Viêt-namiens et Cambodgiens fuyant le régime communiste à partir de 1975 et n'hésitant pas à s'embarquer sur des navires de fortune en mer de Chine, au risque de périr dans un naufrage ou d'être massacrés par des pirates.

1 La guerre en Afghanistan

Les vandales avaient incendié le musée de Kaboul. Les personnages hellénistiques étaient tous dépourvus de visages : ils avaient été lacérés à coups de baïonnettes. La galerie de fresques était ponctuée d'impacts de balles. Ce monstrueux saccage [...] n'a rien d'accidentel quand on connaît la sauvagerie et le fanatisme religieux des *douchman*[1]. Partout, ces dégénérés brûlent et font sauter les musées, les écoles, les collèges, les hôpitaux et les bibliothèques. Ce qu'ils veulent, c'est tarir complètement toute source d'inspiration pour maintenir les gens dans l'ignorance et l'esclavage et étouffer par le feu et par le glaive la démocratisation révolutionnaire de la société afghane. Pendant ce temps-là, leurs admirateurs occidentaux prônent le mérite de ces massacreurs qu'ils présentent comme des « combattants de la liberté ».
Les instructeurs américains leur enseignent le maniement des mines et des explosifs. Ils leur ont appris comment incendier rapidement une école. Ils pillent et torturent les passagers désarmés des bus. Les prisonniers sont fouillés, délestés de leur argent et de leurs papiers. [...] On sépare des autres passagers les personnes bien vêtues, pour lesquelles on essayera par la suite d'extorquer une rançon. [...] Un témoin oculaire a rapporté que les écorcheurs leur coupaient les oreilles et le nez, les éventraient et les décapitaient. Les têtes sont ensuite enfoncées dans les corps ouverts...

Iouri Adornov, *Literaournaia Gazeta*, août 1981.

1. *Douchman* : en russe, bandit.

1. **Comment les guérilleros afghans sont-ils dénommés et présentés ?**
2. **Quels arguments le texte utilise-t-il pour justifier l'intervention soviétique ?**

Intervention soviétique en Afghanistan. 2

1. Pour quelle raison les soviétiques interviennent-ils en Afghanistan ?
2. Comment l'opinion internationale accueille-t-elle cette intervention ?

3 La guerre entre l'Iran et l'Irak.
Poste frontière iranien occupé par des soldats irakiens, octobre 1980.

4 Le général Pinochet et les officiers de la junte militaire.
Ils s'emparent du pouvoir au Chili en 1973 après avoir renversé le régime d'inspiration marxiste de Salvador Allende, avec l'aide de la CIA.

5 L'évacuation de l'ambassade américaine à Saigon, le 30 avril 1975.
Des hélicoptères évacuent les Américains qui y étaient stationnés ainsi que des Viêt-namiens opposés au communisme.

La révolution islamique en Iran

En Iran, une révolution islamique débute en décembre 1978 par de violentes manifestations anti-américaines à Téhéran. Le 11 janvier 1979, le **Shah**, souverain pro-occidental, doit quitter l'Iran. Deux jours plus tard, avant même d'arriver en Iran, l'**ayatollah** Khomeiny crée un Conseil de la révolution islamique. Il fait un retour triomphal le 1er février. Le régime impérial est renversé.
Khomeiny, reconnu comme chef de la communauté musulmane **chiite**, majoritaire en Iran, a pour objectif de placer le pays sous la loi islamique, qu'il s'agisse de l'économie, de la société, de la culture ou de la politique. Il dénonce le « Grand Satan » (les États-Unis) et le « Petit Satan » (Israël). Il compte propager la révolution islamique dans le monde musulman.

VOCABULAIRE

Shah : nom traditionnel donné au souverain en Perse.

ayatollah : dans l'islam chiite, un ayatollah est un membre du clergé d'un rang très élevé, reconnu comme tel par les autres membres du clergé en raison de ses connaissances théologiques.

chiites : chiite vient de *chii'at Ali,* qui signifie « la descendance d'Ali ». Le chiisme est l'une des branches de l'islam. Les chiites affirment que le rôle dirigeant de la communauté des croyants (l'*oumma*) doit revenir à un imam choisi dans la descendance d'Ali, gendre de Mahomet, assassiné par un autre musulman en 661. En 874, le dernier imam descendant d'Ali ayant « disparu », les chiites attendent le retour de l'imam caché, parfois appelé le *Mahdi*, le « bien guidé ».

1 Le Shah d'Iran et l'impératrice Farah Diba.
Le Shah d'Iran avait tenté, par des méthodes autoritaires, d'occidentaliser son pays, de lui imposer un mode de vie inspiré de l'Occident.

2 Khomeiny et ses partisans.

3 Message de Khomeiny (28 juillet 1987)

Notre slogan « Ni Est ni Ouest » est le slogan fondamental de la révolution islamique dans le monde des affamés et des opprimés. Il situe la véritable politique non alignée des pays islamiques et des pays qui accepteront l'islam comme la seule école pour sauver l'humanité dans un proche avenir, avec l'aide de Dieu. Il n'y aura pas de déviation de cette politique. Les pays islamiques et le peuple musulman ne doivent dépendre ni de l'Ouest – de l'Amérique ou de l'Europe – ni de l'Est – de l'URSS. Aujourd'hui, notre désaveu des païens est notre cri contre les injustices des oppresseurs et les pleurs d'une nation qui en a assez des agressions de l'Est et de l'Ouest, ce dernier dirigé par l'Amérique et ses laquais. […]
Une fois de plus, je souligne le danger de répandre la cellule maligne et cancérigène du sionisme dans les pays islamiques. J'annonce mon soutien sans limite, ainsi que celui de la nation et du gouvernement de l'Iran, à toutes les luttes islamiques des nations islamiques et de l'héroïque jeunesse musulmane pour la libération de Jérusalem.

Message de Khomeiny aux pélerins de la Mecque, 28 juillet 1987, considéré comme la charte de la révolution islamique.

Rassemblement du Hezbollah (parti de Dieu), Iran, 1987. **5**

4 La nouvelle Constitution de l'Iran

Il fallut attendre le 12 décembre 1979 pour que la nouvelle Constitution fût massivement approuvée par référendum. Rédigée notamment par Hasan Habibi, un juriste longtemps réfugié en France, elle présentait des ressemblances de structure avec celle de la Ve République française, mais en différait bien sûr totalement sur le fond : « La République islamique est un système reposant sur la foi en un Dieu unique [...], la révélation divine [...], le jour du Jugement dernier [...], la justice de Dieu [...], l'imamat [...], la dignité et la valeur suprême de l'homme [...] (Constitution de la République islamique, principe II) ». La légitimité du pouvoir appartenait donc à Dieu et, de façon subsidiaire, au peuple. Le système politique reposait sur l'islam chiite et surtout sur l'institution du *velayat-e faqih*, gouvernement exercé par le Guide de la révolution islamique. [...] En l'occurrence, l'imam Ruhollah Khomeyni qui concentrait *in fine* tous les pouvoirs. [...]

La plupart des dispositions constitutionnelles sont un mélange constant de dispositions très classiques dans une démocratie occidentale et de clauses restrictives, précisant que leur application ne saurait se révéler en contradiction avec l'islam. Le Conseil constitutionnel, chargé de vérifier la conformité islamique des actes publics, peut donc exercer une censure permanente sur les lois votées par le Parlement, ou sélectionner les candidatures aux postes électifs.

J.-P. Digard, B. Hourcade, Y. Richard, *L'Iran au xxe siècle*, Fayard, 1996.

6 Principes islamiques et économie

Rares ont été les textes de loi votés ou les décrets publiés sur l'islamisation du Code du travail, du commerce international ou de l'investissement. Les seules tentatives ont concerné le secteur bancaire, où proliférèrent dans les années 1980 en Iran comme dans plusieurs pays musulmans des caisses islamiques de crédit [...]. Contrôlées par des notables du *bâzâr*[1], ces dernières, en prétendant abolir les taux d'intérêt garantis, pratiquaient des taux usuraires de 10 à 20 % par mois pour le court terme. Elles sombrèrent dans l'escroquerie avant d'être interdites. Par ailleurs, jamais les opérations bancaires internationales ne furent concernées par l'islamisation autrement qu'en paroles.

J.-P. Digard, B. Hourcade, Y. Richard, *L'Iran au xxe siècle*, Fayard, 1996.

1. *Bâzâr* : en Iran, le pouvoir économique, surtout les commerçants.

7 « Bas les voiles ! »

Le voile. Non pas le voile à l'école, mais le voile tout court. Faut-il être aveugle, faut-il refuser de regarder la réalité en face, pour ne pas voir que la question du voile est une question en soi, antérieurement à tout débat sur l'école et la laïcité ! Le voile n'est nullement un simple signe religieux, comme la croix, que les filles ou garçons peuvent porter au cou. Le voile, *hijabe*, n'est pas un simple foulard sur la tête ; il doit dissimuler entièrement le corps. Le voile, avant tout, abolit la mixité de l'espace et matérialise la séparation radicale et draconienne de l'espace féminin et de l'espace masculin, ou, plus exactement, il définit et limite l'espace féminin. Le voile, *hijabe*, c'est le dogme islamique le plus barbare qui s'inscrit sur le corps féminin et s'en empare.

La séparation des hommes et des femmes dans les mosquées [...] révèle ce qu'est le port du voile. La femme doit se tenir à l'abri du regard des hommes. Pour le bon fonctionnement des règles islamiques, en Iran, on a essayé d'appliquer à l'ensemble du pays la loi des mosquées, de projeter dans l'espace public l'espace des mosquées : entrée séparée pour les hommes et les femmes, cantines séparées, bibliothèques, salles de travail séparées... piscines séparées et, comme la mer ne se prête pas facilement à ce genre de partage, interdiction des bains de mer aux femmes. À l'université, la botanique, l'archéologie, la géologie et toutes les disciplines exigeant des déplacements en groupes ont été interdites aux filles.

Chahdortt Djavann, *Bas les Voiles !*, Gallimard, 2003.

QUESTIONS

A. Présenter les documents (nature, date, auteur)

B. Dégager des informations des documents

1. Quelle image du pouvoir du Shah d'Iran cette photographie exprime-t-elle ? (doc. 1)

2. Que faut-il entendre par « païens » et « sionisme » ? (doc. 3)

3. Qui dispose réellement du pouvoir dans cette Constitution ? (doc. 4)

4. Pour quelles raisons l'auteur, qui vécut en Iran jusqu'à 23 ans, condamne-t-elle le port du *hijabe* ? (doc. 7)

C. Mettre en relation les documents

5. Montrer que, sous des apparences démocratiques, le régime islamiste est une dictature. (doc. 4, 5, 6 et 7)

6. Quelle est la condition féminine dans l'Iran de la révolution islamique ? (doc. 2, 5 et 7)

D. Synthèse

7. Rédiger un paragraphe présentant les grandes caractéristiques d'un régime islamique, d'après les documents de ce dossier.

4 « L'Amérique est de retour »

A. Le déclin des États-Unis — doc. 1

■ Les signes du déclin sont évidents. À peine sortis du cauchemar viêt-namien, les Américains sont plongés, de 1972 à 1974, dans le **scandale du Watergate** tout en étant confrontés aux **effets des chocs pétroliers**. Leur allié iranien, le Shah, est chassé du pouvoir. **L'influence cubaine**, donc soviétique, progresse sur le continent américain et les soldats de Fidel Castro portent leur message révolutionnaire jusqu'en Afrique (Angola, Éthiopie). Le Congrès et les médias américains accusent la CIA de faiblesse et d'incompétence. Les Soviétiques confortent leur présence sur tous les continents, y compris en Europe où la conférence d'Helsinki en 1975 consacre le statu quo territorial et évoque en termes vagues la libre circulation des personnes.

■ Il y a pire encore. Le 4 décembre 1979, **les « étudiants islamiques » de Téhéran prennent en otages 52 diplomates américains** et ne les relâchent que 444 jours plus tard. Les États-Unis se sentent humiliés. Tout au plus réagissent-ils à l'invasion soviétique de l'Afghanistan : ils mettent l'embargo sur les céréales destinées à l'URSS, boycottent les jeux Olympiques de Moscou en 1980, augmentent leurs crédits militaires.

B. La fermeté de Ronald Reagan — doc. 2, 3 et 4

■ « America is back » (l'Amérique est de retour), cette formule du président Reagan rappelle que les États-Unis ont connu un étonnant affaiblissement à la fin des années 1970 et qu'ils entendent retouver leur puissance pour mieux affronter l'URSS.

■ Ronald Reagan, qui succède à Jimmy Carter le 20 janvier 1981, exprime de fortes certitudes. Les Américains doivent être fiers de leur passé, de leurs valeurs et de leurs vertus. L'Union soviétique, c'est « **l'Empire du Mal** ». Défendre la liberté et la démocratie, résister à l'agression, telle est la mission de l'Amérique. Il faut que les États-Unis réarment et devancent l'URSS dans la course aux armements les plus sophistiqués.

■ En 1982, **les États-Unis interviennent** au Liban et soutiennent le Royaume-Uni contre l'Argentine dans la guerre des Malouines. L'année suivante, ils renversent le régime pro-soviétique qui s'était installé dans l'île de Grenade aux Antilles. **Ils soutiennent les *contras* du Nicaragua**, adressent des signes d'encouragement à la Chine communiste qui dénonce bruyamment « le social-impérialisme » de l'URSS.

■ En 1983, éclate **la crise des fusées**. Craignant la capacité de destruction des fusées SS-20 installées au début des années 1980 par l'URSS en Europe de l'Est, les États-Unis déploient, en RFA et au Royaume-Uni, leurs fusées Pershing. Ils lancent en même temps un ambitieux programme « initiative de défense stratégique » (IDS) rebaptisé **« guerre des étoiles »** pour mettre fin à la menace des fusées soviétiques.

C. La victoire du pragmatisme — doc. 5, 6 et 7

■ Plus que jamais, la guerre froide correspond à la définition qu'en donnait Raymond Aron : « Paix impossible, guerre improbable ». En dépit de la redoutable course aux armements, **les négociations sur le désarmement continuent**. Reagan suit une politique pragmatique. Puisque Mikhaïl Gorbatchev, secrétaire général du parti communiste de l'Union soviétique depuis 1985, souhaite négocier un désarmement progressif avec les Américains, Reagan saisit l'occasion. En octobre 1986, les deux hommes se rencontrent à **Reykjavik (Islande)** et envisagent un accord.

■ L'année suivante, le 8 décembre, Reagan et Gorbatchev signent **à Washington le traité qui élimine les armes nucléaires de courte et de moyenne portée**, telles que les SS-20 et les Pershing. Les missiles à longue portée font l'objet d'un accord postérieur (31 juillet 1991) entre Gorbatchev et George H. W. Bush, le successeur de Reagan. Somme toute, les États-Unis ont imposé à l'URSS une course aux armements qui l'a épuisée et la contraint à reculer en Afrique, en Amérique centrale, en Afghanistan. Le retour de l'Amérique, c'est, pour l'URSS, le commencement de la fin.

VOCABULAIRE

« guerre des étoiles » : nom donné au projet américain « initiative de défense stratégique » annoncé en 1983 par le président des États-Unis Ronald Reagan.

1 Cubains en Angola.
Instructeur militaire cubain formant des guerilleros en Angola en 1976.

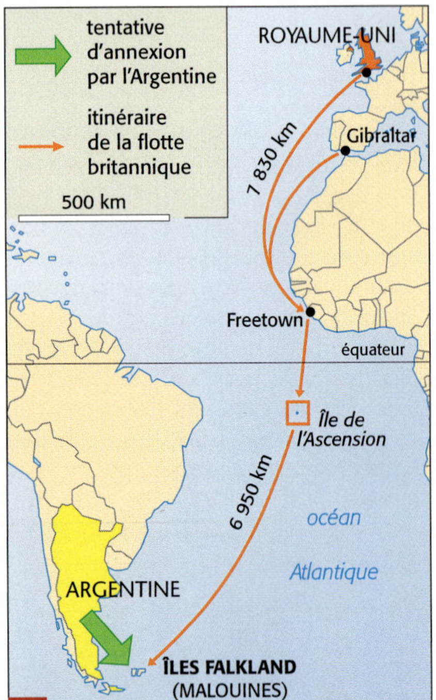

2 La guerre des Malouines, 1982.
Depuis 1833, la souveraineté britannique s'exerce sur les îles Falkland (Malouines), territoire revendiqué par l'Argentine. En 1982, l'armée argentine envahit les Malouines par surprise. Le gouvernement britannique de Margaret Thatcher, appuyé par les États-Unis envoie une flotte et des troupes qui débarquent aux Malouines et reconquièrent l'archipel.

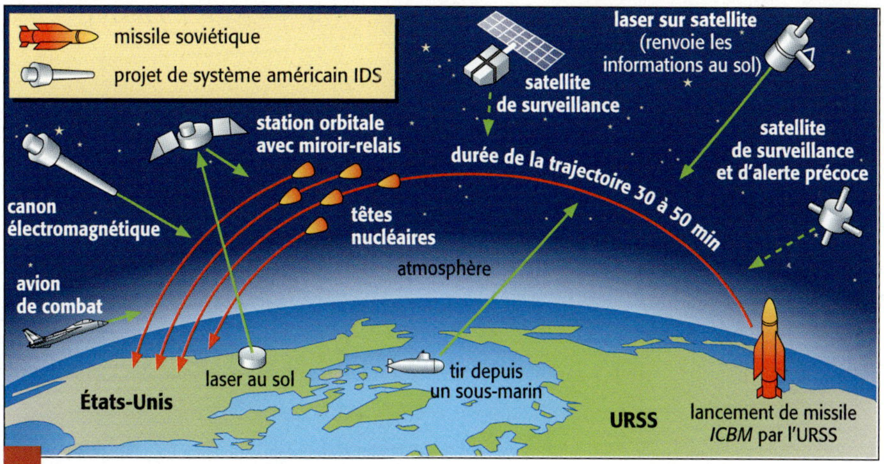

3 **La « guerre des étoiles » (nom donné au projet américain « initiative de défense stratégique »).**

4 **La crise des fusées.** Affiche pacifiste belge de 1982. Après le déploiement de fusées Pershing américaines en Europe occidentale, en réponse à la mise en place de fusées soviétiques SS-20 à l'Est, des manifestations anti-américaines éclatent en URSS. L'affiche répond à ces manifestations.

1. **À quelle organisation correspond la partie de l'Europe coloriée en bleu ?**
2. **Quelle est la nationalité de la fusée représentée ?**
3. **Quel danger est ici dénoncé ?**

5 Gorbatchev et le désarmement

La course aux armements, tout comme la guerre nucléaire, est impossible à gagner. Poursuivre une telle course à la surface de la Terre, et l'étendre à l'espace, accélérerait le processus d'accumulation et de modernisation des armes nucléaires […]. Tous, nous sommes confrontés à l'exigence d'apprendre à vivre en paix dans ce monde […] car les conditions aujourd'hui sont bien différentes de ce qu'elles étaient il y a 40 ans. Le temps est venu d'abandonner les visions d'une politique étrangère influencée par un point de vue impérial. Ni l'Union soviétique ni les États-Unis ne pourront l'imposer aux autres. […] Le principe fondamental de la nouvelle approche politique est simple : la guerre nucléaire ne peut être un moyen de parvenir à ses objectifs […].
La seule voie vers la sécurité passe par des décisions politiques et par le désarmement.

M. Gorbatchev, *Perestroïka*, Flammarion, 1987.

6 Le traité de Washington, le 8 décembre 1987

Les États-Unis d'Amérique et l'URSS […], conscients des conséquences dévastatrices qu'aurait une guerre nucléaire pour toute l'humanité, […] sont convenus ce qui suit : […]

Article IV-1. Chacune des Parties devra éliminer tous ces missiles à portée intermédiaire et les lanceurs de tels missiles […], de telle façon qu'au plus tard trois ans après l'entrée en vigueur du présent traité, et par la suite, de tels missiles, lanceurs, structures auxiliaires ou matériels auxiliaires, ne soient en possession d'aucune des deux Parties.

2. […] Au moment de l'entrée en vigueur du présent traité, les deux Parties commenceront et poursuivront pendant la durée de chaque phase, la réduction du nombre de tous les types de leurs missiles à portée intermédiaire déployés ou non déployés des lanceurs […] conformément aux clauses du présent traité […].

Article XI-1. Aux fins d'assurer la vérification du respect des dispositions du présent traité, chacune des Parties aura le droit d'effectuer des inspections sur place […].

5. Chacune des Parties aura le droit d'effectuer des inspections en application du présent paragraphe pendant 13 ans après l'entrée en vigueur du présent traité.

1. **Qu'est-ce qui est maintenant interdit par le traité de Washington ?**
2. **Montrer que la signature de ce traité constitue un pas important vers la détente.**

7 **Destruction de missiles soviétiques.**

Le génocide cambodgien

De 1975 à 1979, le Cambodge est dominé par les **Khmers rouges** dirigés par Pol Pot, protégés par Pékin, hostiles au Viêt-nam que soutient l'URSS. À leur arrivée au pouvoir en avril 1975, les Khmers rouges vident les villes de leur population et créent dans les campagnes des « centres de rééducation ». Ils y enferment, dans des conditions épouvantables, « les traîtres », les ennemis réels ou supposés de la révolution, avec leur famille. Les privations, les mauvais traitements, les déportations massives, le travail forcé, les exécutions et les massacres ont fait 2 et 3 millions de morts, soit un tiers de la population. Il s'agit d'un véritable génocide qui ne prend fin qu'en 1979 lorsque les Khmers rouges sont chassés du pouvoir par les Viêt-namiens.

VOCABULAIRE

Khmer rouge : Khmer signifie « Cambodgien ». La langue khmère est la langue parlée au Cambodge depuis l'Antiquité. Les « Khmers rouges » sont la guérilla communiste qui lutta contre le régime cambodgien pro-américain avant 1975.

1 Pol Pot à la tête d'une colonne de Khmers rouges début 1979.

2 « Faire de la politique »

« Faire de la politique » signifiait insulter les prisonniers, leur poser des questions et les convaincre que le parti connaissait déjà leurs crimes. Le carnet de travail de 1976 établissait une progression en sept points :
1. D'abord leur arracher les informations.
2. Ensuite, rassembler autant de points qu'il est possible afin qu'ils ne puissent plus revenir dessus.
3. Faire pression sur eux à l'aide de la propagande politique.
4. Continuer à les interroger et à les insulter.
5. Tortures.
6. Passer en revue et analyser les réponses afin de poser des questions supplémentaires.
7. Passer en revue et analyser les réponses de façon à préparer les documents.

Confession de Sun Ty, interrogé par Douch, chef de camp de concentration khmer rouge, *S-21 ou le crime impuni des Khmers rouges*, David Chandler, trad. A. Helleu, préf. F. Bizot, Autrement, 2001.

3 Un interrogatoire

« Pour commencer, j'ai écrit un résumé détaillé de mes activités révolutionnaires jusqu'à ce jour. Quand j'ai eu fini de l'écrire, le représentant du bureau de la sécurité a dit : « Comment se fait-il que je ne voie aucune histoire de trahison là-dedans ?
– Parce que je n'ai jamais trahi », ai-je répondu.
– Et ce représentant a dit : « Si vous répondez négativement, vous serez battu. » Je demandai si je pouvais écrire la vérité.
« Si vous racontez des trahisons, cela ira. » Je savais que je ne pouvais pas éviter la torture, j'ai donc décidé d'écrire une histoire factice sur mes trahisons. J'ai écrit que j'étais un traître depuis 1976. [...] Quand j'ai entendu parler de torture, j'ai commencé à trembler. J'ai commencé à écrire une histoire montée de toutes pièces ».

Confession de Thong Vann, un membre du parti arrêté en septembre 1977, *S-21 ou le crime impuni des Khmers rouges*, *Ibid.*

4 Une exécution à coup de bêche en janvier 1976.

« Le lieu d'exécution n'était pas très éloigné, mais on n'entendait jamais rien : Thèp (un des gardiens de camp) affirmait que l'arme était un bêchoir ou un gros bâton ».
François Bizot, *Le Portail*, Table ronde, 2000.

5 Quelques unes des victimes du camp S-21 (Tuol Sleng). Le camp de concentration khmer rouge « S-21 » installé dans un ancien lycée à Tuol Sleng (Phnom Penh, aujourd'hui transformé en musée du génocide).

6 La répression dans un village

François Bizot est un ethnologue français, capturé par les Khmers rouges qui luttent alors aux côtés des Nord-Viêt-namiens contre le régime cambodgien du général Lon Nol, soutenu par les États-Unis. Il s'entretient avec un autre prisonnier.

Thèp [...] commença le récit suivant :
– Au début de l'année, des Khmers rouges sont arrivés dans mon village. C'étaient des gens originaires du Sud-Viêt-nam, des Khmers kraum. Ils venaient installer les responsables locaux qui auraient pour tâche d'administrer le district et de prendre en charge les affaires courantes au nom de l'Angkar[1]. [...] Les maudits n'hésitèrent pas à condamner à mort trois chefs de famille qui avaient refusé que leur fils unique fût enrôlé dans une formation de combat avec des Viêt-namiens [...]. L'exécution de la sentence plongea le village dans la consternation. Les habitants, outrés, se rebellèrent et tuèrent les assassins.

Les Khmers rouges recherchent les coupables.

19 personnes furent identifiées, oncles et cousins, présents ce jour-là dans le village, et 5 bébés. Adultes et adolescents furent massacrés sans attendre, publiquement, à coups de dos de bêchoir sur la nuque. Quant aux nourrissons, qui avaient été retirés à leurs mères et mis de côté pendant le supplice, qu'en ont-ils fait ? [...] Leur liquidation fut confiée à un jeune qui était avec eux. Un garçon de 14 ans ! [...] Le jeune [...] s'avança, agrippa un par un les bébés par le pied et [...] toqua fermement chacun des petits corps contre le tronc de l'arbre [...].
– Camarade Thèp ! lui dis-je, cynique. Ignores-tu la cause de cette sauvagerie ? Ignores-tu que la Révolution est pauvre ? Que celui qui aime l'Angkar doit économiser les balles de son fusil pour combattre l'impérialisme américain ? »

François Bizot, *Le Portail*, Table ronde, 2000.

1. Angkar : nom de l'organisation politique qui dirige les Khmers rouges.

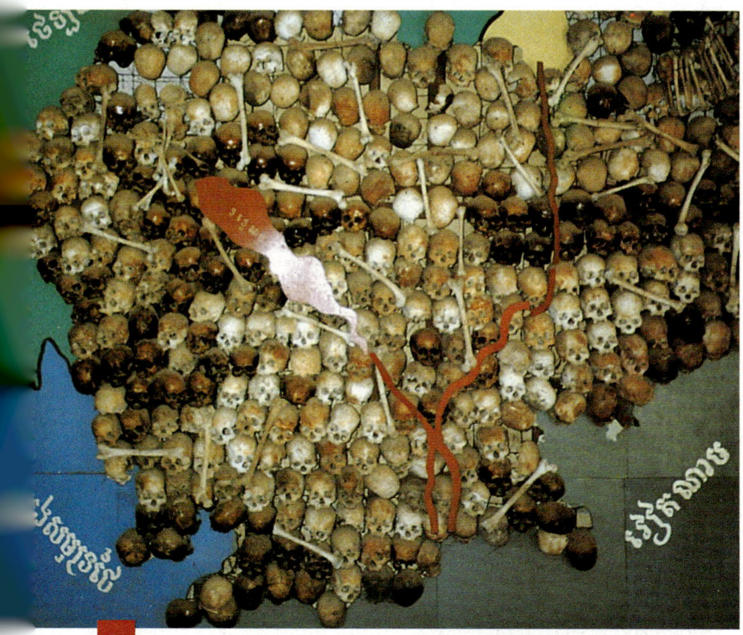

7 Carte du Cambodge réalisée à l'aide de crânes et d'ossements des victimes, musée de Tuol Sleng (ancien camp S-21) à Phnom Penh. Le Mékong est figuré en rouge.

QUESTIONS

A. Présenter les documents (nature, date, auteur)

B. Dégager des informations des documents

1. Quels liens peut-on établir entre les points 2, 6 et 7 ? (doc. 2)
2. Pourquoi Thong Vann écrit-il « une histoire montée de toutes pièces » ? (doc. 3)
3. Qu'y a-t-il de particulièrement horrible dans cette exécution ? (doc. 4)
4. Comment les Khmers rouges sont-ils présentés ? (doc. 6)
5. Quelle idée la réalisation d'une telle carte suggère-t-elle ? (doc. 7)

C. Mettre en relation les documents

6. Quels sont les moyens utilisés pour obtenir des aveux ? (doc. 2 et 3)
7. Quels liens existe-t-il entre les doc. 4 et 6 ?

D. Synthèse

8. À l'aide des informations tirées des documents, mettre en évidence le caractère totalitaire du régime des Khmers rouges.

FICHE DE RÉVISION

Dates à retenir

- **octobre 1973 :** guerre du Kippour
- **1973 :** premier choc pétrolier
- **1975 :** victoire communiste au Sud-Viêt-nam et au Cambodge
- **1979 :** révolution islamiste en Iran
- **1979 :** deuxième choc pétrolier
- **1987 :** accords de désarmement de Washington (Reagan-Gorbatchev)

Lire

- F. Bizot, *Le Portail*, La Table ronde, 2000. (F. Bizot a été prisonnier des Khmers rouges.)
- E. Sanbar, *Les Palestiniens dans le siècle*, coll. Découvertes, Gallimard, 1994.

Voir

- R. Joffé, *La Déchirure*, 1984 (la prise de Phnom Penh par les Khmers rouges).

Bilan du chapitre

I. La guerre du Kippour et le Proche-Orient de 1973 à 1987

➤ Octobre 1973 : offensive égyptienne et syrienne qui surprend Israël ; contre-offensive israélienne victorieuse ; menaces d'intervention américaine et soviétique. Les pays arabes exportateurs de pétrole utilisent l'arme du pétrole : son prix quadruple.

➤ 1978 : l'Égyptien Sadate et l'Israélien Begin signent l'accord de paix de Camp David.

➤ Dans les années 1980, les tensions réapparaissent au Proche-Orient : Sadate est assassiné ; intervention israélienne au Liban contre les Palestiniens ; début de l'**Intifada** en 1987.

II. Les foyers de tensions

➤ 1979 : révolution **islamiste** en Iran ; Khomeiny proclame la République islamique ; deuxième choc pétrolier ; Khomeiny appelle à la propagation de la révolution islamiste.

➤ Déc. 1979 : les Soviétiques envahissent l'Afghanistan ; guerre jusqu'en 1988.

➤ 1980-1988 : guerre Iran-Irak, déclenchée par Saddam Hussein ; un million de morts.

➤ 1973 : coup d'État militaire au Chili en 1973, dictature du général Pinochet.

➤ Victoire communiste au Sud-Viêt-nam et au Cambodge en 1975 ; les ***boat people*** fuient la péninsule indochinoise ; dictature des **Khmers rouges**, 2 à 3 millions de morts.

III. « L'Amérique est de retour »

➤ Affaiblissement des États-Unis dans les années 1970 (défaite au Viêt-nam).

➤ Dans les années 1980 : fermeté de Reagan : « L'Amérique est de retour » ; volonté de défendre la liberté et d'affronter l'URSS dénommée l'« Empire du mal ».

➤ Négociations sur le désarmement ; accords de Washington (décembre 1987).

Les États-Unis ont imposé à l'URSS une course aux armements qui l'a contrainte à négocier.

Biographies

Yasser Arafat (né en 1929), chef de l'OLP, président élu de l'Autorité palestinienne.
(Voir biographie complète p. 392)

Ruhollah Moussair Khomeiny (1900-1989), fondateur de la République islamique d'Iran.
(Voir biographie complète p. 395)

Ronald Reagan (né en 1911), président de États-Unis de1981 à 1989.
(Voir biogrphie complète p. 398)

Mikhaïl Gorbatchev (né en 1931), premier secrétaire du PCUS de 1985 à 1991 puis président de l'URSS.
(Voir biographie complète p. 394)

Ne pas confondre

Israël et Palestine

• **Israël** est le nom donné à deux États juifs :
1. Un des deux royaumes, né de la division du royaume de Salomon en 931 av. J.-C., qui disparaît en 721 av. J.-C., conquis par les Assyriens.
2. L'État actuel, fondé en 1948.

• La **Palestine** est le nom antique de la région comprise entre le Liban, la mer Morte, la mer Méditerranée et la Syrie. Le nom est repris pour le mandat anglais en 1920, et il désigne l'État-nation que voudraient constituer les Palestiniens.

Islam, islamisme et islamistes

• L'**islam** est la religion des musulmans, qui croient en un seul dieu, Allah, dont la parole a été transcrite au VIIe s. après J.-C., par Mahomet et consignée dans un livre sacré, le Coran.

• L'**islamisme** est une idéologie qui prétend fonder toute la vie politique et sociale d'un pays sur une religion, l'islam. Les islamistes, ses partisans, récusent l'État-nation, forme politique importée d'Occident, sous prétexte précisément qu'il vient de l'Occident et qu'il divise la communauté des croyants (l'*oumma*).

• Les partisans de l'islamisme sont appelés **islamistes.** Ils combattent par la propagande et, au besoin, par les attentats ou la guerre civile, pour la victoire de la révolution islamique et l'instauration d'un régime islamique.

les cinq guerres israélo-arabes

- Mai 1948-janvier 1949 : première guerre israélo-arabe ;
- octobre-novembre 1956 : deuxième guerre israélo-arabe ;
- 5-10 juin 1967 (guerre des Six Jours) : troisième guerre israélo-arabe ;
- octobre 1973 (guerre du Kippour) : quatrième guerre israélo-arabe ;
- juin-septembre 1982 : intervention israélienne au Liban (cinquième guerre israélo-arabe).

Explication d'un document (8/16)

Sujet : Carte du Proche-Orient au début des années 1980

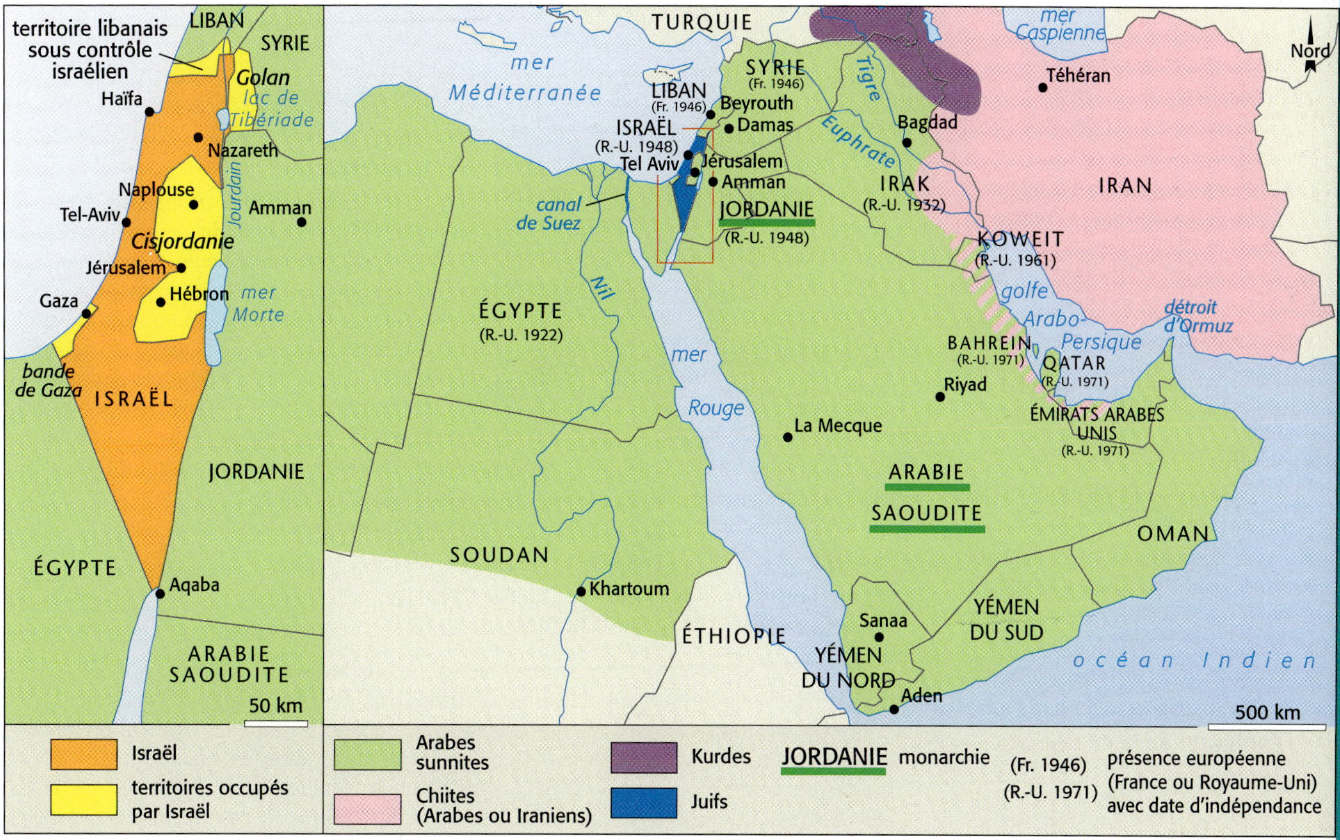

Questions

1. Présenter le document.
2. Dégager les caractéristiques de l'espace représenté en matière de peuplement ; montrer qu'il s'agit d'un carrefour majeur.
3. De quels conflits le Proche-Orient est-il le théâtre au début des années 1980 ? Quels sont les enjeux de ces conflits ?
4. Montrer que ces conflits révèlent d'autres tensions que l'affrontement Est-Ouest.

Méthode

➤ 1. Comment répondre aux questions

A. Question 1

• Que décrit la carte ? Utiliser la légende, replacer la carte dans un champ géographique plus vaste.

• La date : songer à la situation internationale (comment la caractériser ?) au début des années 1980.

B. Question 2

• À l'aide de la légende, identifier les informations portant sur les religions, sur les différents peuples représentés. Replacer ces informations dans le cadre géographique mondial et dans le cadre historique du XXe s.

D. Question 4

• Replacer la situation de cette zone géographique dans le cadre général de l'histoire depuis 1945. Montrer que les conflits du Proche-Orient sont liés les uns aux autres.

➤ 2. Exemple de réponse à la question 2

Le Proche-Orient est un espace complexe par la diversité historique de son peuplement (Arabes, Iraniens, Turcs, Kurdes, Juifs) et de ses religions : musulmans (sunnites et chiites), juifs, minorités chrétiennes ; Jérusalem est une ville sainte pour trois religions. Le Proche-Orient comprend 15 États mais il reste des peuples sans État (Palestiniens, Kurdes).

Le Proche-Orient possède les plus grosses réserves d'hydrocarbures de la planète : certains États sont riches (pétrole dans le sous-sol des États du Golfe), d'autres sont pauvres (Jordanie). Le détroit d'Ormuz et le canal de Suez sont des points de passage stratégiques notamment pour le commerce du pétrole. Le Proche-Orient est aussi un carrefour d'influences : les deux Grands (liens Israël-États-Unis, liens Syrie-URSS) y ajoutent les tensions de la guerre froide.

Étude d'un ensemble documentaire (9/16)

Sujet : La course aux armements de 1945 au début du XXIe s.

Questions

Première partie

1. Qu'est-ce que la course aux armements ? (doc. 2, 4 et 5)
2. Quels en sont les dangers ?
3. Pourquoi le monde a-t-il connu une course aux armements de 1945 à 1991 ?
4. Quels États s'y sont engagés ?
5. Comment est-on passé de la course aux armements au désarmement ? (doc. 2 et 3) Ce désarmement est-il réel au début du XXIe siècle ?

Deuxième partie

Rédiger une réponse organisée à la question : quelle est l'évolution de la course aux armements de 1945 à 2003 ?

DOCUMENT 1 Les armes nucléaires et leurs effets

Les effets d'une bombe d'une mégatonne

Simultanément à un éclair de lumière éblouissant, l'explosion produit des températures de l'ordre de 10 000 000°C, aussi élevées qu'au centre du soleil. La chaleur se propage à la vitesse fulgurante de 300 000 km/s et vaporise presque toutes les matières jusqu'à 5 km du point zéro, tandis que de nombreux matériaux prennent feu spontanément dans un rayon de 13 km. Toutes les personnes surprises en plein air sont sévèrement brûlées jusqu'à 18 km. L'énergie de la bombe se transforme en une onde de choc (se déplaçant à la vitesse du son) aux effets destructeurs considérables : l'effet de souffle détruit la quasi-totalité des constructions de brique dans un rayon de 6 km. Les dégâts causés par l'onde de choc sont aggravés par des vents violents atteignant une vitesse de 1 100 km/h et déclenchés par le très fort appel d'air qui se produit au pied du « champignon » atomique. Enfin, l'explosion s'accompagne de l'émission de radiations mortelles dans un rayon de 2,4 km (rayons gamma et neutrons). Pendant les jours et même les semaines et les mois qui suivent l'explosion, les retombées de très nombreux éléments radioactifs déclenchent des cancers et de graves atteintes aux os, aux voies respiratoires et à d'autres organes vitaux tels le foie, les reins, les ganglions lymphatiques.

D'après « La Bombe », revue *Autrement*, n° 55, novembre 1983.

DOCUMENT 2 La course aux armements.

a. Chronologie de la course aux armements

	États-Unis	URSS	Autres puissances
Bombe atomique (bombe A)	1945	1949	1952 Royaume-Uni 1960 France 1964 Chine 1974 Inde 1987 Pakistan
Bombardier intercontinental	1948	1955	
Bombe thermonucléaire (bombe H)	1952	1953	1957 Royaume-Uni 1967 Chine 1968 France
Sous-marin nucléaire	1954	1958	1979 Royaume-Uni 1983 France
Missile intercontinental sol-sol (ICBM)	1960	1959	
Missile intercontinental mer-sol (SLBM)	1960	1957	
ICBM avec ogives multiples	1970	1974-75	
ICBM de très haute précision	1980	1984-85	
Missiles de croisière stratégiques	1983-84	1984-85	
Armes anti-satellites	1984-85	1984-85	
Avions furtifs (non détectables par un radar)	1997		

b. Les types de missiles

- longue portée (plus de 5 000 km)
- portée intermédiaire (1 000 à 5 000 km)
- ICBM InterContinental Ballistic Missile (sol-sol)
- SLBM Sea Launched Ballistic Missile (mer-sol)

DOCUMENT 3 Le début du désarmement : le traité de Washington, le 8 décembre 1987

Les États-Unis d'Amérique et l'URSS [...], conscients des conséquences dévastatrices qu'aurait une guerre nucléaire pour toute l'humanité, [...] sont convenus ce qui suit : [...]

Article IV – 1. Chacune des Parties devra éliminer tous ses missiles à portée intermédiaire et les lanceurs de tels missiles [...], de telle façon qu'au plus tard trois ans après l'entrée en vigueur du présent traité, et par la suite, de tels missiles, lanceurs, structures auxiliaires ou matériels auxiliaires, ne soient en possession d'aucune des deux Parties.

2. [...] au moment de l'entrée en vigueur du présent traité, les deux Parties commenceront et poursuivront, pendant la durée de chaque phase, la réduction du nombre de tous les types de leurs missiles à portée intermédiaire déployés ou non déployés [...] conformément aux clauses du présent traité [...].

Article XI – 1. Aux fins d'assurer la vérification du respect des dispositions du présent traité, chacune des Parties aura le droit d'effectuer des inspections sur place [...].

3. À compter de trente jours après l'entrée en vigueur du présent traité, chacune des Parties aura le droit d'effectuer des inspections sur toutes les bases de mise en œuvre de missiles. [...]

5. Chacune des Parties aura le droit d'effectuer des inspections en application du présent paragraphe pendant treize ans après l'entrée en vigueur du présent traité.

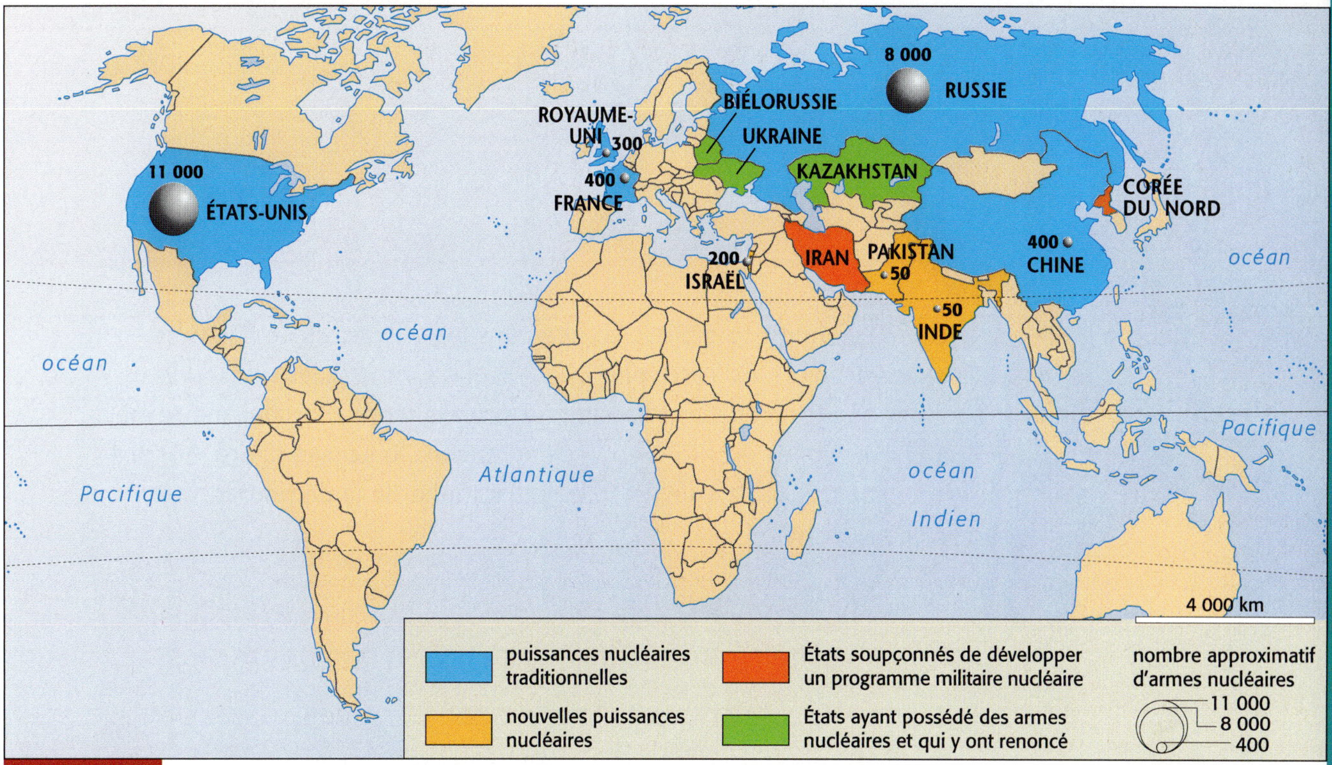

DOCUMENT 4 **Puissances nucléaires et stocks d'armes en 2003.**

DOCUMENT 5

Évolution du stock mondial d'armes nucléaires de 1950 à 2003.

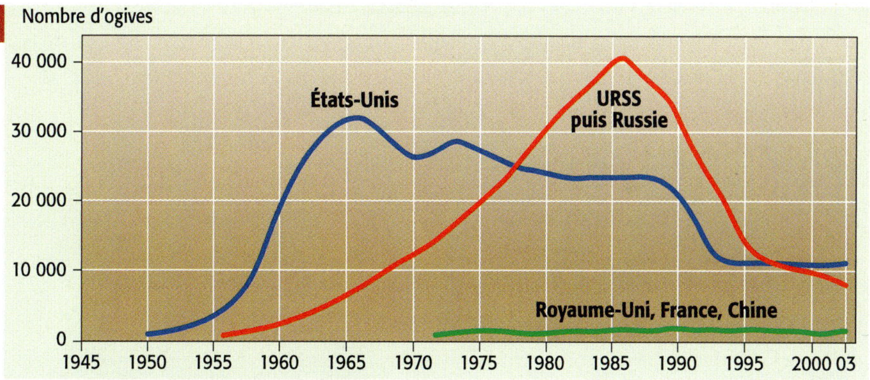

Méthode

➤ 1. Aide générale

• Si la question de la course aux armements concerne toute la planète, un traité signé par deux États peut-il engager les autres États ? Si c'est le cas, comment désigner une telle situation ? Cet aspect du sujet devra être repris dans la réponse à la question 6.

➤ 2. Comment répondre aux questions

A. Question 3

• Faire appel à ses connaissances :
– songer aux deux premières utilisations militaires de l'arme nucléaire, Hiroshima et Nagasaki, et aux raisons de l'utilisation de cette arme : obtenir rapidement la capitulation du Japon et la fin de la Seconde Guerre mondiale ;
– évoquer les débuts de la guerre froide pour comprendre le commencement de la course aux armements entre les États-Unis et l'URSS (voir doc. 2 et 5).
• Exploiter les documents : le doc. 2 montre que des États de plus en plus nombreux se dotent d'armes nucléaires. Ces États ne sont pas nécessairement les plus riches et les plus développés : le Pakistan est dans la liste mais ni le Japon, ni l'Allemagne n'y sont. Pourquoi ?

B. Question 5

• Sélectionner dans les documents les informations qui concernent les évolutions.
Par exemple,
– dans le doc. 2 : nouveaux types de missiles, armes anti-satellites ;
– le doc. 3 dans son ensemble : un traité entre les deux plus grandes puissances nucléaires ;
– dans le doc. 4 : les limites apportées à ce désarmement : 15 ans après le traité de Washington ; certains des États conservent un arsenal nucléaire, d'autres tentent de se doter d'un armement nucléaire.
• Faire appel à ses connaissances : évoquer le système américain dénommé « guerre des étoiles » (« initiative de défense stratégique »).

CHAPITRE

10 À la recherche d'un nouvel ordre mondial

séries

ES-L-S

En décembre 1991, l'Union soviétique tombe dans les oubliettes de l'histoire. La guerre froide est finie. Il ne reste plus qu'un seul « Grand », les États-Unis. On imagine alors que les idéologies totalitaires disparaîtront. L'optimisme règne. Dans les premières années du XXIe s., on attend encore le nouvel ordre mondial, celui qui devait instaurer la paix universelle, le triomphe de la démocratie et de l'économie de marché.

Pourquoi les années 1990 ressemblent-elles à la décennie des illusions ? Quelles transformations profondes les relations internationales subissent-elles ?

1 Entre la chute du mur de Berlin…

L'ouverture du mur de Berlin.

« À l'heure où il se désagrège, l'Empire soviétique offre ce caractère exceptionnel d'avoir été une superpuissance sans avoir incarné une civilisation […]. Sa dissolution rapide ne laisse rien debout : ni principes, ni codes, ni institutions, ni même une histoire. Comme les Allemands avant eux, les Russes sont ce deuxième peuple européen incapable de donner un sens à son XXe siècle, et par là incertain sur tout son passé. »

François Furet, *Le Passé d'une illusion, Essai sur l'idée communiste au XXe siècle*, Laffont, 1995.

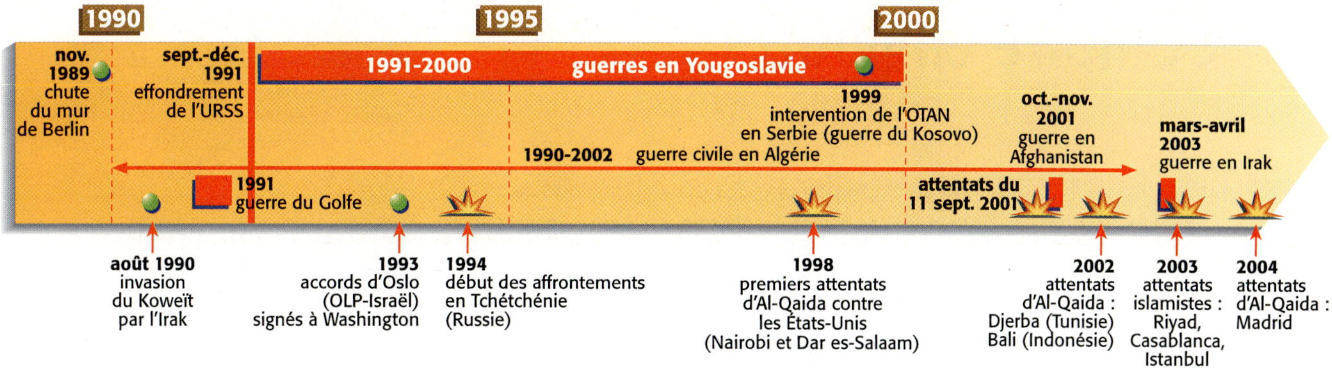

2 ... et de nouveaux périls.

Le 11 septembre 2001, un deuxième Boeing détourné par des terroristes islamistes vient s'écraser sur la seconde tour du World Trade Center à New York.

« La chute du mur, ce fut un pur moment d'exaltation. Soudain, tous les espoirs devenaient réalité. Les attaques terroristes du 11 septembre représentent l'inverse. [...] Ce que je veux dire, c'est que le 11 septembre a marqué une rupture. Tout le concept de rivalité entre l'Est et l'Ouest, qui avait dominé le monde pendant près d'un siècle, a soudain basculé. »

Interview du violoncelliste Mstislav Rostropovitch, *Le Figaro*, 2 novembre 2001.

1 L'Empire englouti

Le 25 décembre 1991, l'URSS disparaît. La chute de l'une des deux superpuissances a des conséquences graves, particulièrement en Europe centrale, en Asie centrale et dans le Caucase. La disparition de l'URSS provoque celle de son Empire.

A. La fin de l'Empire soviétique

doc. 3

■ Dès 1989, au lendemain de la chute du mur de Berlin, **les « démocraties populaires » ont recouvré, l'une après l'autre, leur indépendance** et rejeté le joug soviétique. Une Europe nouvelle surgit à l'est de l'Elbe. Les peuples libérés aspirent au bien-être matériel et à la démocratie. Ils souhaitent renouer des liens avec le reste de l'Europe. Le modèle américain les fascine. La prospérité de l'Union européenne les attire. À l'intérieur de l'ancienne URSS, de l'Ukraine à l'Ouzbékistan, de l'Arménie au Kazakhstan, les 15 républiques proclament successivement leur indépendance. **À la fin de l'année 1991, 13 républiques de l'ex-URSS sur 15 ont quitté la fédération, l'URSS a disparu.** La Communauté des États indépendants (CEI) rassemble, dans des institutions fort peu contraignantes, onze républiques, et survit tant bien que mal.

B. La Russie héritière de l'URSS

doc. 1

■ **La Russie hérite de la puissance soviétique**, de ses forces et de ses faiblesses économiques, de ses moyens militaires, en particulier nucléaires, de sa politique étrangère, qui n'est plus influencée par l'idéologie marxiste. L'Armée rouge est intervenue en Afghanistan en 1979 pour soutenir un régime communiste. Elle a subi un échec inattendu face à la guérilla et doit évacuer l'Afghanistan en 1989. Elle cesse de conseiller les états-majors du Moyen-Orient, d'Afrique, d'Asie ou de Cuba.

■ La Russie détient encore l'arme nucléaire, mais les matériels de l'Armée rouge, mal entretenus, insuffisamment renouvelés, ont beaucoup perdu de leur efficacité. Soldats et officiers sont démoralisés. La stratégie de l'URSS visait plutôt à combattre les Chinois, et non les Américains et leurs alliés. Quant à l'économie de la Russie, marquée par l'inflation, le chômage, le gaspillage et la corruption, elle ne dispose que d'un secteur puissant, celui des hydrocarbures (pétrole et gaz). Enfin, les institutions politiques reposent sur **une présidence autoritaire, occupée jusqu'en 1999 par Boris Eltsine, puis par Vladimir Poutine**, une Douma (Assemblée législative) relativement faible et divisée, et de puissants groupes de pression.

C. La politique étrangère

doc. 2 et 4

■ En dépit de ses tendances centrifuges, la CEI obtient des résultats. Elle consolide les frontières de ses États membres, résout le problème des migrations, crée des espaces économiques et réussit à régler l'héritage militaire. À l'égard de l'Ouest, et surtout des États-Unis, les Russes manifestent un mélange de sympathie et de méfiance. Ils redoutent l'élargissement de l'OTAN qui, en englobant des États de l'ancien Empire, prendrait une orientation anti-russe. **L'accord de Paris du 27 mai 1997 prévoit que l'OTAN et la Russie noueront des liens de coopération.**

■ La préoccupation majeure touche aux relations avec l'Asie. **La Chine est la puissance rivale.** Dans le Caucase (Arménie, Azerbaïdjan, Géorgie), les conflits bien plus complexes, d'origine religieuse, territoriale, ethnique ou politique, nuisent à l'image internationale de la Russie. L'islamisme influence les populations musulmanes de Russie. C'est tout particulièrement le cas parmi les Tchétchènes qui tentent depuis 1991 d'obtenir leur indépendance. La répression infligée par les forces russes est d'autant plus impitoyable que la sécession de la Tchétchénie risquerait de provoquer l'éclatement de l'État russe. Ailleurs, guerres et guérillas ont pour arrière-plan l'exploitation des richesses en pétrole et en gaz. **La Russie n'est plus une superpuissance.** Elle reste cependant une puissance régionale qui dispose encore d'une influence internationale.

VOCABULAIRE

CEI (Communauté des États indépendants) : créée en 1991 sur les ruines de l'ex-URSS, elle rassemble 11 États : les anciennes républiques de l'URSS, sauf l'Estonie, la Lettonie, la Lituanie et l'Azerbaïdjan (jusqu'en 1993).

Tchétchènes : peuple non russe et de religion musulmane, vivant dans le nord du Caucase. Conquis par la Russie au milieu du XIXᵉ s., il fut déporté par ordre de Staline en Asie centrale de 1941 à 1959, il est depuis revenu sur son territoire d'origine.

1 Février 1988 : l'Armée rouge quitte l'Afghanistan.

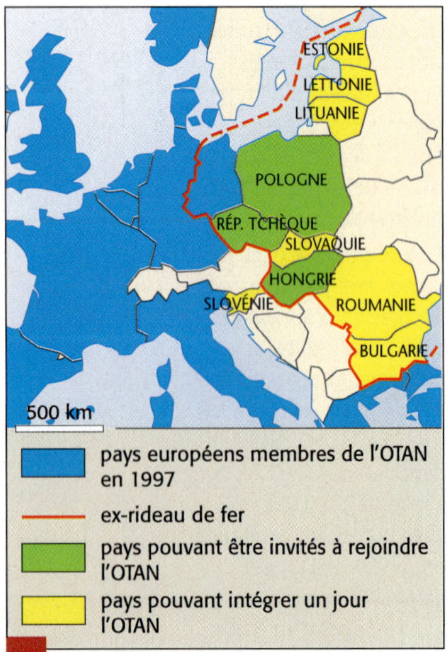

2 Nouvelles relations entre l'OTAN et la Russie après les accords de Paris du 27 mai 1997.

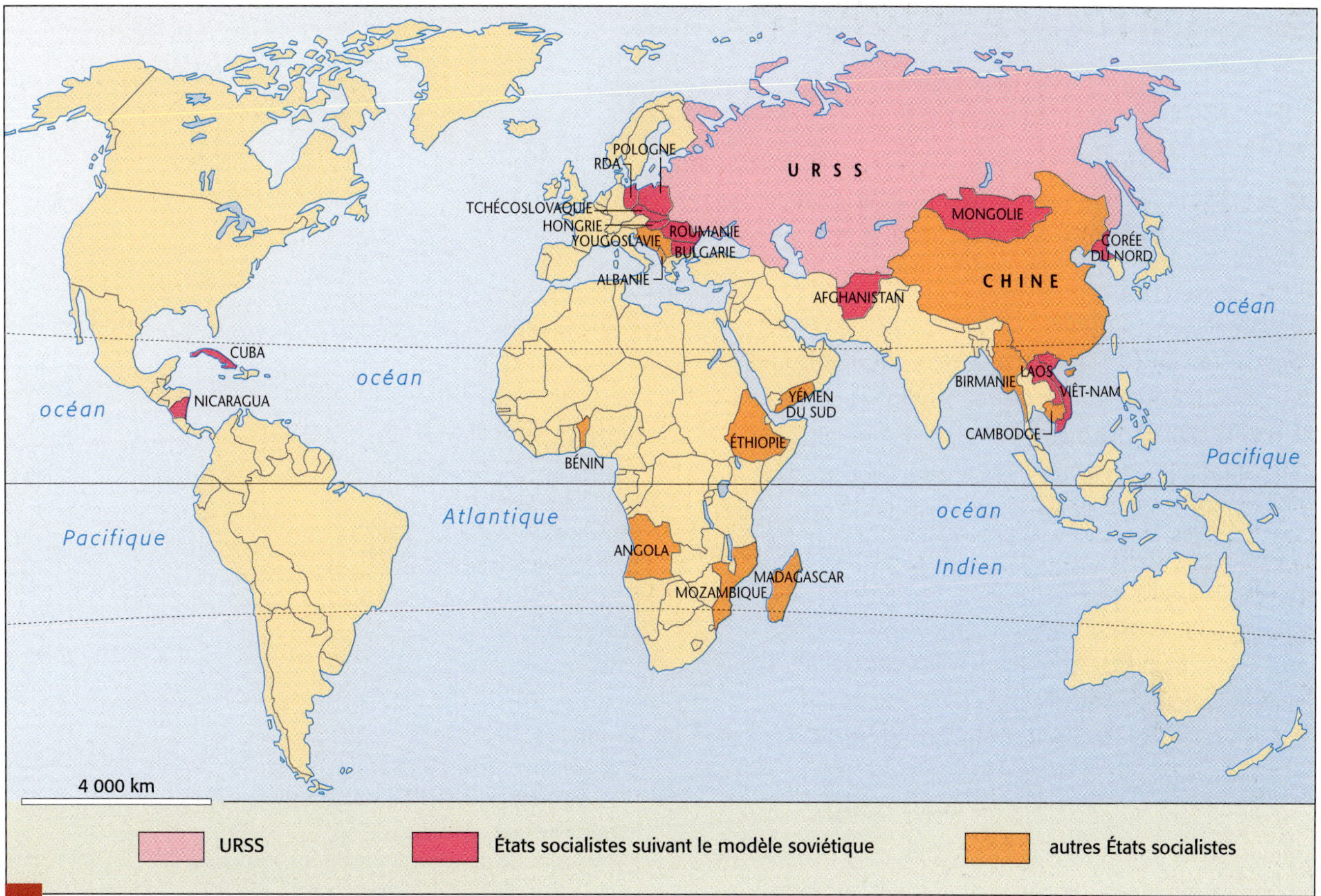

3 **L'Empire soviétique dans les années 1980.**

1. Où la puissance de l'empire soviétique s'est-elle surtout manifestée depuis 1945 ?
2. Sur quel vaste mouvement a-t-elle pu s'appuyer ?

4 **L'URSS éclatée en 1992.**

1. Quelles sont les origines des conflits survenus dans les ex-républiques soviétiques du Caucase ?
2. Par rapport à 1945, quel revers subit la Russie en Europe orientale ?

Le rôle et l'action de l'ONU après la fin de la guerre froide

Pendant la guerre froide, l'ONU était paralysée par l'opposition entre États-Unis et URSS. Après la chute du communisme, l'espoir de voir l'ONU jouer le rôle d'un véritable gouvernement mondial apparaît. Lors de la guerre du Golfe, en 1991, l'intervention, sous le drapeau de l'ONU, d'une vaste coalition d'États contre l'Irak qui avait envahi le Koweït, témoigne d'un tel espoir. L'ONU multiplie les actions pour sauvegarder la paix ; elle use d'un **droit d'ingérence** dans les affaires intérieures d'un État. L'ONU devient une sorte de conscience universelle.
Mais, au tournant du siècle, l'ampleur du terrorisme et des guerres locales repousse l'espérance d'un gouvernement mondial vers un avenir lointain. Unique superpuissance, les États-Unis, court-circuitent l'organisation internationale, notamment par leur intervention en Irak en 2003, sans l'accord de l'ONU.

VOCABULAIRE

droit d'ingérence : droit pour l'ONU ou une grande puissance, d'intervenir dans les affaires intérieures d'un État, lorsque la communauté internationale juge que les droits de l'homme ou la situation humanitaire de la population sont mis en péril.

1 Une intervention des Casques bleus en Bosnie, en avril 1993.

2 L'évolution de la répartition des sièges à l'ONU.

	1945	1955	1962	1972	2003
URSS + pays socialistes d'Europe de l'Est	6	10	10	10	0
Amérique du Nord, Australie et Nouvelle-Zélande + Europe de l'Ouest de 1945 à 1972 ; + toute l'Europe et Russie en 2003	12	20	20	23	49
Amérique latine	20	20	22	24	34
Afrique + Asie	13	26	58	75	108
Total	**51**	**76**	**110**	**132**	**191**

3 La résolution 688 adoptée par le Conseil de sécurité de l'ONU, le 5 avril 1991

Le Conseil de Sécurité,
Conscient de ses devoirs et de ses responsabilités en vertu de la Charte des Nations Unies, [...]
Profondément préoccupé par la répression des populations civiles irakiennes dans de nombreuses parties de l'Irak, y compris très récemment dans les zones de peuplement kurde, laquelle a conduit a un flot massif de réfugiés vers les frontières internationales, et à travers celles-ci à des violations de frontière, qui menacent la paix et la sécurité internationale dans la région,
Profondément émus par l'ampleur des souffrances de la population, [...]
Réaffirmant l'engagement pris par tous les États membres de respecter la souveraineté, l'intégrité territoriale et l'indépendance politique de l'Irak et de tous les États de la région, [...]
1. condamne la répression des populations civiles irakiennes dans de nombreuses parties de l'Irak, [...] ;
2. exige que l'Irak [...] mette fin sans délai à cette répression, et [...] exprime l'espoir qu'un large dialogue s'instaurera en vue d'assurer le respect des droits de l'homme et des droits politiques de tous les citoyens irakiens ;
3. insiste pour que l'Irak permette un accès immédiat des organisations humanitaires à tous ceux qui ont besoin d'assistance ; [...]
4. prie le Secrétaire général de poursuivre ses efforts humanitaires en Irak et de lui faire rapport d'urgence [...] ;
5. prie également le Secrétaire général d'utiliser tous les moyens à sa disposition, y compris ceux des institutions spécialisées [...] des Nations Unies, pour faire face d'urgence aux besoins fondamentaux des réfugiés et des populations irakiennes déplacées ;
6. lance un appel à tous les États membres [...] pour qu'ils participent à ces efforts d'assistance humanitaire ;
7. exige de l'Irak qu'il coopère avec le Secrétaire général à ces fins ;
8. décide de rester saisi de la question.

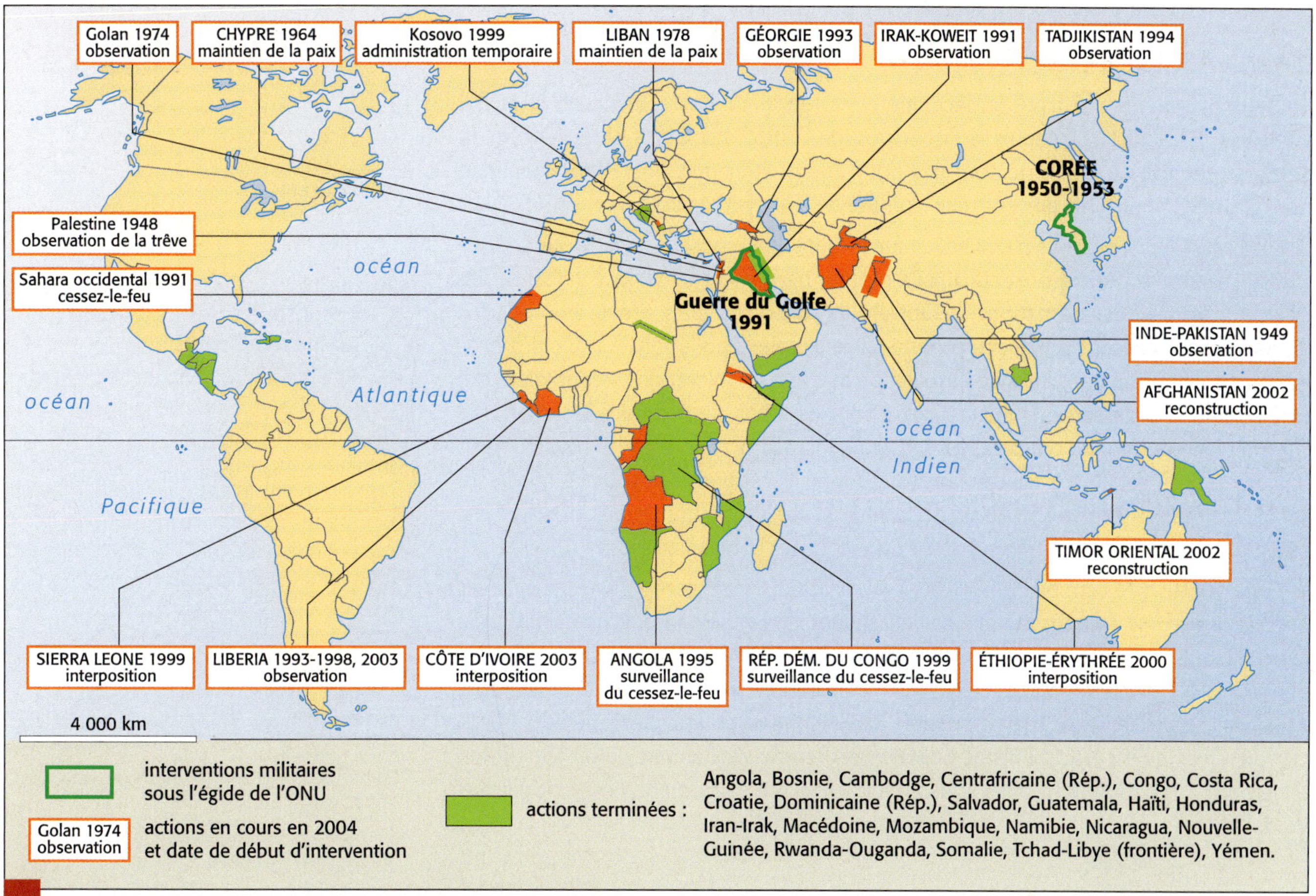

4 **Les principales interventions de l'ONU depuis sa fondation.**

5 **Séance du Conseil de sécurité de l'ONU.**

En 2004, l'ONU est toujours dominée par les cinq grands vainqueurs de 1945 (États-Unis, URSS puis Russie, Royaume-Uni, France et Chine) qui disposent d'un siège permanent et d'un droit de veto au Conseil de sécurité, véritable centre de décisions de l'ONU. Outre ces 5 membres permanents, le Conseil comprend 10 membres élus pour deux ans.
Des voix se sont élevées pour critiquer les pouvoirs et la composition du Conseil de sécurité et proposer une réforme :
– admettre d'autres membres permanents (Allemagne, Japon, Inde) ;
– créer des postes d'États membres permanents sans droit de veto ;
– partager un siège à plusieurs (par exemple, Égypte et Nigeria) ;
– supprimer ou limiter le droit de veto.
Aucune de ces propositions n'a abouti jusqu'ici.

QUESTIONS

A. Présenter les documents (nature, date, auteur)

B. Dégager des informations des documents

1. Comment évolue le nombre des membres de l'ONU depuis 1945 ? (doc. 2)
2. Quel est le poids des pays occidentaux à chacune des dates ? Quel est le poids de l'Afrique et de l'Asie ? Comment expliquer ces évolutions ? (doc. 2)
3. Pourquoi le Conseil de sécurité décide-t-il d'intervenir en Irak ? (doc. 3)
4. Dans quelles parties du monde ont surtout eu lieu les interventions de l'ONU ? (doc. 4)
5. Pourquoi semble-t-il nécessaire de réformer le Conseil de sécurité ? (doc. 5)

C. Mettre en relation les documents

6. À quelles occasions l'ONU a-t-elle soutenu une coalition militaire internationale contre un pays agresseur ? Où ont lieu les opérations en cours (doc. 3 et 4) ?
7. À quels principes répond l'intervention de l'ONU en Irak ? (doc. 3 et 5)

D. Synthèse

8. Montrer que l'ONU s'efforce de régler les conflits qui apparaissent dans le monde.

2 Les États-Unis de George Bush et de Bill Clinton

A. Les orientations de la politique étrangère des États-Unis doc. 1

■ Deux présidents illustrent la décennie : George H. W. Bush (1989-1993) et Bill Clinton (1993-2001). Si, depuis la disparition de l'URSS, **les États-Unis restent la seule superpuissance**, ils ne sont pas pour autant tout-puissants. Pour définir le nouvel ordre mondial, ils doivent tenir compte de leurs partenaires.

■ Les États-Unis n'ont plus d'ennemi à leur mesure. Ils disposent de la **force économique, militaire, politique et culturelle** qui leur permet d'exercer une influence décisive sur les affaires internationales. Doivent-ils consacrer leurs efforts à combattre les périls qui menacent la planète, comme par exemple la pollution, le trafic des drogues, la prolifération des armes de destruction massive, les migrations incontrôlées qui provoquent des désastres humanitaires ? Sont-ils tenus de défendre les droits de l'homme partout où ils sont bafoués, d'instaurer la démocratie dans les pays qui n'en ont pas encore découvert les bienfaits ? Faut-il qu'ils répondent à tous les appels au secours, qu'ils agissent en accord avec la communauté internationale ou qu'ils agissent seuls ? Autant de questions qui suscitent des réponses contradictoires.

■ **George Bush, le républicain**, privilégie le réalisme. Ce qui compte à ses yeux, c'est que les États-Unis agissent comme ils l'entendent, en concertation (si possible) avec leurs alliés. Ils n'ont pas à exporter leurs idéaux. Pour **Bill Clinton, le démocrate**, les États-Unis doivent tenir leur place dans les affaires internationales mais le moins possible par la force militaire, le plus possible par le commerce, la diplomatie et la négociation. Quoi qu'il en soit, **l'un et l'autre** rejettent le repliement qu'on appelle en Amérique « isolationnisme » et consolident, chacun à sa manière, l'hégémonie des États-Unis.

B. Le réalisme doc. 2, 3 et 4

■ **À l'égard de la Chine, de la Russie et des Balkans, c'est le réalisme qui prévaut.** En juin 1989, la manifestation des étudiants chinois sur la place Tienanmen, à Pékin, déclenche un massacre qui fait au moins 700 morts. George Bush suspend toutes relations avec la Chine. Toutefois, il juge que les États ne doivent pas se laisser guider par leurs émotions. Il ne tarde donc pas à faire savoir aux dirigeants de Pékin que les relations commerciales, culturelles et politiques ne sont pas rompues. Tienanmen, c'est une péripétie. Devenu président des États-Unis, Bill Clinton, qui a condamné les « bouchers de Pékin », suit la voie de son prédécesseur. Les visites officielles reprennent. **Les deux pays élaborent « un partenariat stratégique ».**

■ **La Russie bénéficie d'un traitement identique.** Son pétrole, son armement nucléaire, sa position géostratégique font d'elle un partenaire privilégié. Peu importe sa politique répressive en Tchétchénie ou sa conception parfois restrictive de la démocratie. Ailleurs, **l'action des États-Unis est incertaine.** Ils interviennent en Somalie pendant l'année 1993. Ils sont absents du Rwanda, alors que le conflit entre différentes ethnies dégénère en génocide. Dans d'autres régions du monde, comme dans l'île de Timor, guérillas et guerres civiles se prolongent dans l'indifférence générale. Dans les Balkans, pressés par leurs alliés européens, les États-Unis finissent par tenir un rôle majeur dans le conflit en Bosnie en 1995, puis au Kosovo en 1999.

C. La diplomatie du négoce

■ Outre les nombreux accords commerciaux que Clinton a mis en place, la diplomatie du négoce tient une place importante dans deux zones géographiques :
• avec l'Union européenne, la discussion porte sur les produits agricoles et manufacturés ;
• avec les États voisins d'Amérique du Nord : George Bush a mis en place, et Bill Clinton a signé un Accord de libre-échange, l'**ALÉNA**.

VOCABULAIRE

ALÉNA (accord de libre-échange nord-américain) : accord créant un marché commun entre les États-Unis, le Canada et le Mexique.

1 Les intérêts des États-Unis au Moyen-Orient

En échange d'une reconnaissance mutuelle, Tel-Aviv allait retirer ses troupes de la bande de Gaza et de la ville de Jéricho et en remettre le contrôle à une autorité civile palestinienne. Ce serait une première étape d'une période intérimaire qui ne devrait pas durer plus de cinq années. À l'expiration de ce délai, les négociations sur le « statut final » devraient avoir été achevées et une paix générale, englobant tous les voisins d'Israël, instaurée. [...]
Dès le 10 mai 1993, Assad[1] avait déclaré qu'il était en faveur d'une paix totale en échange d'un retrait israélien intégral du Golan. [...]
L'annonce de l'accord d'Oslo offrait à l'administration américaine une formidable occasion de réaffirmer son rôle de médiateur dans la région. [...] Le 13 septembre 1993, le monde entier put ainsi voir Arafat et Rabin échanger une poignée de mains historiques sous les yeux de Clinton et de trois anciens présidents de l'Amérique (Ford, Carter et Bush). Dans les coulisses, l'Israélien était resté des plus réservé. Mais il avait promis aux Américains de faire ce qu'il devrait faire quand il le faudrait. Et, lors de la cérémonie, il avait su trouver des mots émouvants pour traduire l'espoir qu'elle inspirait : « Laissez-moi vous dire, à vous les Palestiniens, nous vous disons aujourd'hui d'une voix forte et claire : assez de sang et de larmes, assez ! »
C'était pour Clinton un premier succès que la Somalie et Haïti devaient malheureusement occulter. [...]

P. Melandri et J. Vaïsse, *L'Empire du Milieu. Les États-Unis et le monde depuis la fin de la guerre froide*, Odile Jacob, 2001.

1. président de la Syrie.

1. **Quels événements permettent d'envisager au début de l'année 1993 une solution au problème du Proche-Orient ?**
2. **Quel rôle joue le président des États-Unis, Bill Clinton ?**

2 L'intervention américaine en Somalie

a. L'opération « Restore Hope » (« rendre l'espoir ») en décembre 1992.

b. La Somalie en 1993

La situation des populations rurales du sud et du centre du pays était particulièrement préoccupante.

Les Bantous[1], traditionnellement victimes de discrimination par rapport aux principales familles claniques rurales, ont toujours été particulièrement exploités. En conséquence, la plupart d'entre eux ont été dépossédés de leurs plantations de bananes et de cannes à sucre. […] Ce pays forme une société homogène qui était autrefois un modèle de réussite pour l'Afrique : après tout, les Somaliens parlent la même langue, professent la même religion et appartiennent à la même race. Leur cas a cependant une fois de plus plongé l'Afrique dans une crise d'identité où il paraît clair que le fait d'avoir tant en commun n'est pas suffisant pour forger une unité nationale. D'autres valeurs sont requises.

En décidant d'autoriser les États-Unis à mettre en œuvre l'opération *Restore Hope*, le Conseil de sécurité des Nations unies a, pour la première fois, choisi de laisser entrer un grand nombre de soldats dans un pays afin d'apporter un soutien à des opérations d'aide humanitaire. Certains pays africains surveillent l'ensemble de cette intervention d'un regard suspicieux. La question qui se pose est la suivante : où s'arrêteront les responsabilités ? Des opérations humanitaires de ce type seront-elles mises en œuvre dans d'autre zones de conflits, comme le Liberia ou l'Angola ? Ces deux pays sont – eux aussi – déchirés par des guerres, tout comme la Somalie.

Extrait d'*African Business*, mensuel économique africain édité à Londres, janvier 1993.

1. descendants d'anciens esclaves.

3 La révolte des étudiants chinois place Tienanmen à Pékin, en juin 1989.

1. **Quel est le régime politique de la Chine à la date du document ? Quel détail de la photo le souligne ?**
2. **Montrer que les étudiants chinois s'inspirent du modèle américain.**

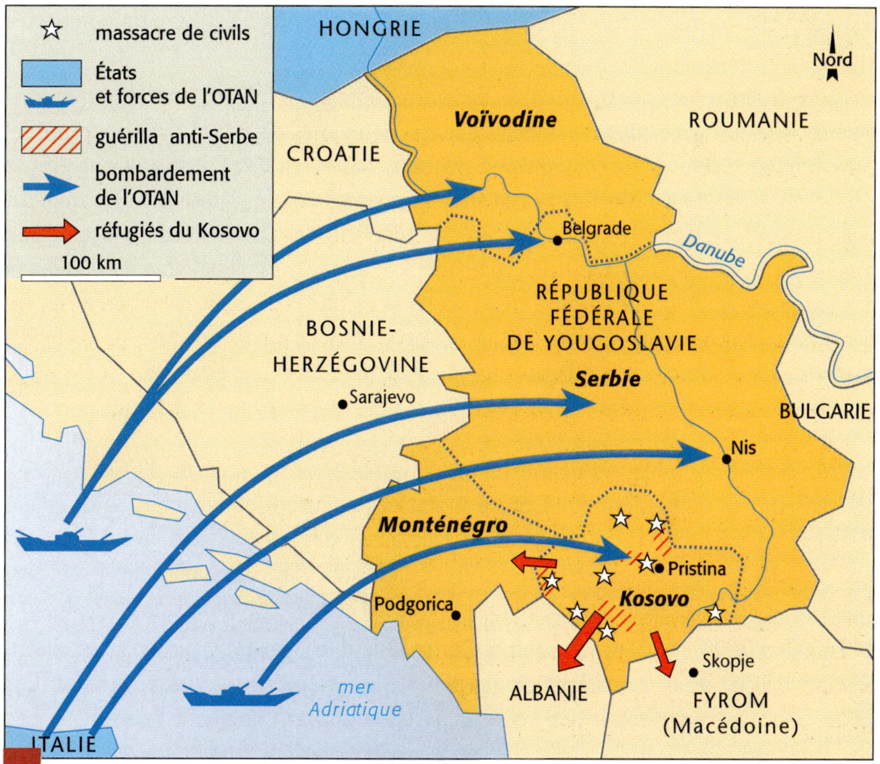

4 La guerre du Kosovo, mars-avril 1999.

Le Kosovo, que les Serbes appellent la « vieille Serbie » est le foyer historique de la Serbie, peuplé majoritairement de Serbes orthodoxes jusqu'au XVIIIe s. puis progressivement peuplé d'Albanais musulmans. Le Kosovo est redevenu territoire serbe en 1913. Dans les années 1990, la tension grandit entre les Albanais qui veulent leur indépendance et les Serbes qui refusent toute idée d'autonomie du Kosovo. En 1999, pour tenter d'enrayer les exactions commises par les nationalistes serbes à l'encontre des Albanais du Kosovo, les forces de l'OTAN, c'est-à-dire majoritairement des forces américaines, bombardent la Serbie puis occupent le Kosovo.

3 L'impossible paix au Moyen-Orient

A. La guerre du Golfe doc. 1 et 3

■ Plus que jamais, au tournant du siècle, c'est le Moyen-Orient, de la Méditerranée aux frontières de l'Inde, de l'Asie centrale au golfe arabo-persique, qui retient l'attention. **Le 2 août 1990, les forces irakiennes envahissent le Koweït.** Saddam Hussein tente de s'emparer des richesses pétrolières de l'émirat, d'incarner la cause arabe dans la guerre contre Israël et croit que les États-Unis le laisseront faire. Ni les Américains ni leurs alliés européens ou japonais ne peuvent accepter que l'Irak fasse main basse sur le pétrole koweïtien et bouleverse le rapport de forces au Moyen-Orient.

■ Avec la bénédiction des Soviétiques, **les États-Unis font voter au Conseil de sécurité des Nations unies la condamnation de l'Irak**, puis la mise sur pied d'une force d'intervention. La « guerre du Golfe » commence le 17 janvier 1991 et prend fin six semaines plus tard. Elle rassemble une coalition de 29 nations sous le drapeau de l'ONU. Les bombardements intensifs et l'offensive terrestre défont l'armée irakienne. **George Bush évoque « le nouvel ordre mondial ».** Sans doute pense-t-il que le dictateur sera chassé du pouvoir. Quoi qu'il en soit, le Koweït libéré, le temps semble venu de tenter de régler le conflit israélo-palestinien. Sous la pression du président des États-Unis, une conférence internationale se réunit à Madrid le 31 octobre 1991.

B. La menace islamiste doc. 4

■ La menace islamiste n'a pas disparu avec la mort de l'ayatollah Khomeyni en 1989. **L'Iran constitue toujours un des foyers du terrorisme international.** Le régime évolue peu. De là, l'adoption par le Congrès américain en août 1996 de la loi d'Amato-Kennedy qui interdit le commerce avec l'Iran et la Libye : l'objectif est de combattre l'intégrisme et le terrorisme d'État.

■ **La menace vient aussi d'Arabie saoudite**, un allié des États-Unis dont les dirigeants religieux wahhabites financent les intégristes musulmans. L'Afghanistan, enfin, est un foyer dangereux de l'islamisme militant, depuis que les **Talibans** ont pris le pouvoir à Kaboul en 1996. Ils ont renversé le régime, issu des guérillas – notamment celle du commandant Massoud – qui avaient bénéficié, dans les années 1980, de l'aide américaine pour combattre et chasser les Soviétiques. L'Afghanistan des Talibans abrite, de 1996 à 2001, des mouvements terroristes, parmi lesquels celui que dirige un Saoudien, Oussama Ben Laden. **Des attentats sont commis contre les intérêts américains** en Arabie Saoudite, au Yémen, en Afrique orientale en 1998.

C. Les pourparlers de Camp David doc. 2, 5, 6 et 7

■ La conférence de Madrid débouche en septembre sur les accords d'Oslo signés à Washington, en septembre 1993, entre Arafat et Rabin, le Premier ministre israélien. L'**Autorité palestinienne** est créée ; le calendrier des négociations, fixé. Les attentats terroristes commis par des extrémistes palestiniens, les représailles des Israéliens, l'assassinat en 1995 de Rabin par un extrémiste juif ruinent les efforts de paix.

■ En juillet 2000, Bill Clinton réunit **à Camp David le Premier ministre israélien, Ehoud Barak, et le président de l'Autorité palestinienne, Yasser Arafat.** Les États-Unis espèrent obtenir que les deux parties élaborent un début de solution. Les Palestiniens exigent que la vieille ville de Jérusalem leur soit attribuée (elle abrite le lieu le plus saint des juifs, le Mur des lamentations). Ils demandent également que les réfugiés bénéficient du droit de retour à l'intérieur de l'État d'Israël. Les Israéliens rejettent ces exigences qui aboutiraient, selon eux, à terme, à la disparition de l'État d'Israël. Une rencontre de la dernière chance a lieu en janvier 2001 à Taba en Égypte. Auparavant, **en septembre 2000, a commencé la deuxième Intifada. La paix semble de nouveau lointaine.**

VOCABULAIRE

Taliban (mot d'origine arabe désignant des « étudiants en religion ») : nom donné à une guérilla qui instaure, de 1996 à 2001, en Afghanistan, un régime de terreur islamiste (interdiction pour les femmes de travailler et pour les filles d'aller en classe, instauration d'un « ministère de la Promotion de la vertu et de la Répression du vice »). Ce régime, qui accueille Ben Laden et ses hommes, s'effondre en quelques semaines lors de l'intervention américaine, fin 2001.

Autorité palestinienne : les accords d'Oslo et de Washington (1993) prévoient la création d'une « Autorité palestinienne » qui gérera les territoires de Cisjordanie et de Gaza.

1 La fin de la guerre du Golfe

Le Koweït est libéré. L'armée irakienne est défaite. Nos objectifs militaires sont atteints.

Il y a sept mois, l'Amérique et le monde avaient tracé une ligne dans le sable, en déclarant que l'agression contre le Koweït ne serait pas tolérée. Et, ce soir, l'Amérique et le monde ont tenu leur parole.

Aucun pays ne peut proclamer cette victoire comme la sienne, car ce n'est pas seulement une victoire pour le Koweït mais pour tous les partenaires de la coalition. […]

À minuit, exactement cent heures après le début des opérations terrestres et six semaines après celui de l'opération « Tempête du désert », toutes les forces des États-Unis et de la coalition suspendront toutes les opérations de combat offensives.

G. Bush président des États-Unis, 27 février 1991.

2 Accord de paix entre Israël (Rabin) et l'OLP (Arafat), le 13 septembre 1993.

3 Guerre du Golfe, 1991 : prisonniers irakiens surveillés par un hélicoptère koweïtien des forces alliées.

5 Communiqué du mouvement palestinien Hamas, 9 octobre 1991

Les États-Unis veulent, à travers la conférence de paix, exploiter la situation créée dans les pays arabes et dans le monde après la guerre du Golfe et les événements en URSS, afin de renforcer leur hégémonie sur la région, conformément à leur idée de nouvel ordre international. Les États-Unis veulent également […] rendre légitime la présence illégale de l'État sioniste sur notre terre palestinienne. Nous appelons notre héroïque peuple palestinien, à l'intérieur comme à l'extérieur, et les masses de la nation arabe et islamique à refuser la conférence de l'humiliation et de l'abandon, qui voudrait que les Palestiniens ratifient de leurs mains la fin de leur cause, et à combattre la conférence de paix par tous les moyens.

1. **Présenter le texte et son contexte historique.**
2. **Qu'est-ce que l'« État sioniste » pour le Hamas ?**
3. **Pourquoi le Hamas est-il opposé aux accords de paix ?**

Femmes portant la *burka* dans l'Afghanistan des Talibans.

4 L'Afghanistan des Talibans

Au nom de Dieu le miséricordieux, […] En ce jour du 1er octobre 2001, un groupe opérationnel de la commanderie de la Promotion de la vertu et de la Répression du vice, dirigé par le mollah Abdel Mateen, s'est rendu au deuxième commissariat de police pour donner une conférence sur la prière. Il a découvert un policier qui n'assistait pas à la prière parce qu'il dormait et l'a envoyé en prison. Un second groupe […] envoyé au onzième commissariat, a trouvé, durant son enquête, un jeune garçon, un appareil photo, deux cassettes de musique et de la drogue. Deux personnes lui ont été amenées, S. et E., qui avaient eu des relations homosexuelles. Il les a envoyées en prison. […]

Un groupe a établi un barrage sur la route et arrêté une personne sans barbe, une personne en possession de cigarettes, une personne avec un appareil radio et une voiture avec des vitres fumées. Il les a envoyées en prison.

Compte rendu d'activité d'un groupe de talibans du ministère de la Promotion de la vertu et de la Répression du vice, cité par *Libération*, 23 novembre 2001.

1. **Qu'est-ce qui est interdit dans l'Afghanistan des Talibans ?**
2. **Quels sont les droits de l'homme qui sont bafoués ?**

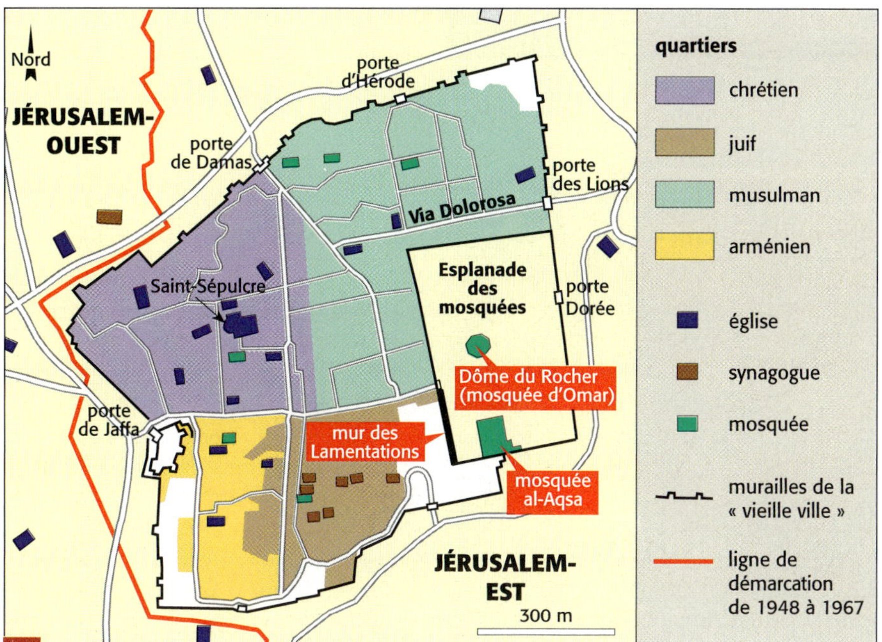

6 La Vieille ville de Jérusalem.

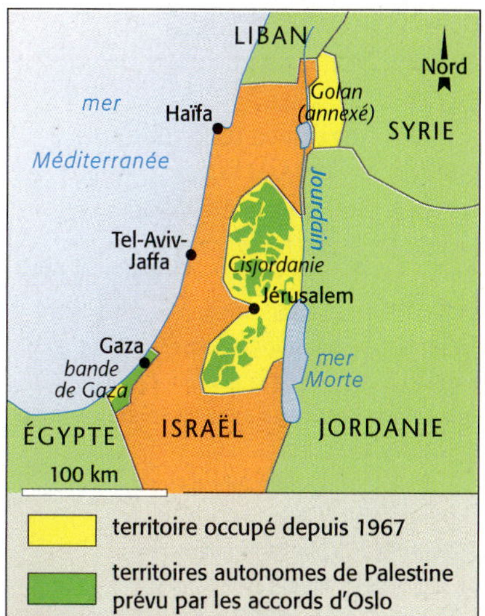

7 Israël et les territoires autonomes de Palestine après les accords de 1993.

Le terrorisme dans les années 1990 et 2000

Le terrorisme, c'est le recours illégal et médiatique à la violence pour intimider des individus, des sociétés, des États, pour imposer par la terreur des objectifs politiques, religieux ou idéologiques.
Les acteurs du terrorisme sont des groupuscules, des réseaux, parfois des États qui offrent leur concours ou leur complicité. Des mouvements terroristes sont présents en Europe (terrorisme nationaliste basque, irlandais et corse), en Amérique latine et en Asie. Aujourd'hui, le terrorisme est très actif au Moyen-Orient et en Extrême-Orient ; il est dirigé contre les États-Unis (**Al Qaïda**) et les Occidentaux ainsi que contre Israël (le Hamas, le Hezbollah, le Djihad islamique).
Le nouveau terrorisme, tel qu'il s'exerce au Moyen-Orient utilise les techniques les plus sophistiquées comme par exemple le **« sur-attentat »**. Les terroristes tentent de recourir à des armes de destruction massive et n'hésitent pas à se transformer en **kamikazes**.
Ce terrorisme d'origine islamiste déstabilise aussi bon nombre de pays musulmans (attentats meurtriers en Arabie Saoudite, au Maroc et en Turquie).

VOCABULAIRE

Al Qaïda (« la base » en arabe) **:** mouvement islamiste dirigé par Ben Laden, dont la création est annoncée en 1993 par un communiqué du « Front islamique pour le djihad contre les juifs et les croisés ».

« Sur-attentat » : action de faire exploser plusieurs bombes à quelques minutes d'intervalle, afin de tuer survivants et secouristes.

Kamikaze (« vent divin » en japonais. Nom donné aux typhons qui dispersèrent une flotte mongole venue envahir le Japon en 1281) **:** nom donné aux pilotes-suicides japonais qui, durant la Seconde Guerre mondiale s'écrasaient avec leur avion bourré d'explosifs sur les navires américains. Par extension, personne qui commet un attentat-suicide.

1 Un terroriste téléguidé par des États : Carlos.

Né le 12 octobre 1949 à Caracas (Venezuela), soutenu pendant longtemps par les services secrets d'Allemagne de l'Est et par la Syrie, le terroriste marxiste Ilitch Ramirez Sanchez, dit Carlos, est arrêté au Soudan en 1994 et transféré à la prison de la Santé en France ; il est accusé et jugé pour différents attentats commis en France :

- 27 juin 1975 : triple meurtre rue Toullier, 3 morts ;
- 29 mars 1982 : bombe dans le train Paris-Toulouse, 5 morts ;
- 22 avril 1982 : voiture piégée rue Marbeuf (Paris), 1 mort ;
- 31 décembre 1983 : 2 bombes dans le TGV Paris-Marseille, 5 morts.

Il est condamné à la réclusion criminelle à perpétuité.

2 Un terroriste s'appuyant sur un réseau : Ben Laden.

« Voilà l'Amérique frappée par Allah dans son point le plus vulnérable. [...] Je jure par Dieu que l'Amérique ne connaîtra plus jamais la sécurité avant que la Palestine ne la connaisse et avant que toutes les armées occidentales athées ne quittent la terre des lieux saints. »

Extrait de la vidéo de Ben Laden diffusée par *Al-Jezira*, le 7 octobre 2001.

« L'Amérique et ses alliés nous massacrent en Palestine, en Tchétchénie, au Cachemire, en Irak. Les musulmans ont le droit d'attaquer l'Amérique en représailles [...].

Extrait de la vidéo de Ben Laden diffusée *par Al-Jezira*, le 10 novembre 2001.

3 Amrozi lors de sa condamnation à mort le 7 août 2003, en Indonésie.

Amrozi (imam Samudra) est condamné à mort après avoir reconnu sa participation à l'attentat de la Jammah Islamiyah à Bali (Indonésie) qui fit 202 morts, pour la plupart touristes occidentaux ou Australiens.

« Tu peux mener le djihad partout. Tant que ton esprit n'a pas quitté ton corps, chasse les méchants sionistes, chasse les affreux qui portent le crucifix... Les Occidentaux polluent la culture indonésienne avec leurs vidéos et leurs drogues. Les juifs, les Américains et leurs marionnettes savent parfaitement comment nous anéantir... Les Occidentaux ne comprennent que la violence... Brûlez, brûlez les juifs ! » Déclaration de Amrozi à son procès.

4 Le terrorisme islamiste en Algérie vu par Plantu.

Le Monde du 10 mai 1994.

En mars 1994, sept moines trappistes de Tibérine (Algérie) sont égorgés. Le 1er août suivant, l'évêque d'Oran, Mgr Claverie, est assassiné par les Groupes islamiques armés (GIA).

5 Victimes d'attentats en Algérie.

6 La glorification des attentats du 11 septembre.

En septembre 2003, des islamistes appellent à célébrer les attentats du 11 septembre sur leur site Internet.

7 Un point de vue sur les fondements géopolitiques de l'islamisme

L'un des tous premiers mouvements islamistes, l'Association des Frères musulmans [...] est né en réaction aux régimes musulmans de l'époque, qui, sous l'influence de l'Occident, avaient tendance à se séculariser. Toujours fort puissante en Égypte et dans le monde islamique (Koweït, Turquie, Tunisie, etc.), l'organisation poursuit son but d'instaurer des États islamiques partout dans le monde, tantôt via la violence, tantôt au moyen de la compétition électorale. [...]

En Europe et en territoire non musulman, en général, l'impératif islamique de fuir ou combattre le « pouvoir infidèle » s'exprime de manière différente, « *l'orthodoxie* » islamique propose une doctrine géopolitique divisant le monde en différentes zones ennemies : la « demeure de l'Islam » (*dar-el-Islam*) – l'ensemble des pays où domine l'islam – et la « demeure de la guerre » (*dar-el-Harb*) – le monde infidèle. Dans le *dar-el-Islam*, les non-musulmans sont « tolérés », moyennant le paiement d'un tribut et la soumission à la charia, s'ils sont adeptes d'une religion abrahamique, juifs ou chrétiens. Quant au *dar-el-Harb*, il constitue un espace géopolitique et religieux foncièrement hostile, avec lequel seules des relations de guerre peuvent exister. Toutefois, le Coran prévoit une exception : la « *demeure de l'islam* » peut contracter une trêve avec la « *demeure de la guerre* » si cette « trêve », due au principe de nécessité (*darura*), permet aux musulmans, contraints de résider dans le *dar-el-Harb*, d'y prêcher leur doctrine sans exiger en contrepartie le même droit de prédication non musulmane en terre d'islam.

De ce point de vue, l'Occident semble avoir d'ores et déjà intériorisé le principe de supériorité de l'islam [...] en acceptant l'accord de dupes en vertu duquel le prosélytisme d'États islamistes comme l'Arabie Saoudite (à l'origine, en 1994, de la mosquée de Rome) est officiellement consacré sans qu'une seule chapelle puisse être ouverte en contrepartie en Arabie.

Alexandre del Valle, géopoliticien, *Le Figaro*, le 25 septembre 2001.

QUESTIONS

A. Présenter les documents (nature, date, auteur)

B. Dégager des informations des documents

1. À quel courant idéologique se rattache le terroriste Carlos ? (doc. 1)
2. Rappeler ce qu'est le djihad. Montrer que ces textes sont des appels au djihad. (doc. 2)
3. Qui est visé par les actes et les déclarations d'Amrozi ? Pour quelles raisons ? (doc. 3)
4. Que dénonce la caricature ? (doc. 4)
5. À quelle période de l'histoire la distinction entre la « terre de l'islam » et la « terre de la guerre » correspond-elle surtout ? (doc. 7)

C. Mettre en relation les documents

6. Quels documents présentent les objectifs des groupes terroristes ?

D. Synthèse

7. Quelles sont les parties de la population d'abord victimes de tous les terrorismes ?

4 Après le 11 septembre 2001

A. Les attentats contre les États-Unis doc. 1, 4 et 5

■ **Le mardi 11 septembre 2001**, à 8 heures 48, un Boeing de la compagnie American Airlines heurte de front l'une des deux tours du World Trade Center à New York. Dix-huit minutes plus tard, un deuxième avion percute l'autre tour. À 9 heures 30, un troisième avion s'écrase sur le Pentagone (ministère de la Défense) à Washington. **Au total, on dénombrera plus de 3 000 morts.** La télévision a transmis l'attaque en direct et ne cesse de repasser les images des deux tours géantes qui s'écroulent. Le monde entier est frappé de stupeur.

■ **New York, capitale économique, et Washington, capitale politique, ont été frappées.** Jamais les États-Unis n'avaient subi, sur leur sol, un désastre de cette ampleur. Pour la première fois, ils éprouvent le sentiment de la vulnérabilité de leur territoire national. C'est le mouvement terroriste de Ben Laden, Al Qaïda, établi en Afghanistan, qui porte la responsabilité des attentats. Voilà que surgit un terrorisme nouveau, dont les motivations sont alors peu claires et dont les acteurs sont des kamikazes. Il s'agit d'une guerre asymétrique que déclenche une organisation clandestine, encore mal connue, contre un État, voire une civilisation.

B. Les États-Unis en guerre doc. 2, 3, 6 et 7

■ Le président George W. Bush, élu en 2000, et son gouvernement préparent la riposte. Ce sera **la guerre contre les Talibans**. Elle commence le 7 octobre 2001 et entraîne la chute de leur régime islamiste en Afghanistan. En mars 2003, c'est au tour de **l'Irak** de Saddam Hussein d'être l'objet d'une offensive victorieuse des forces américaines. Dans les deux cas, un consensus très large aux États-Unis, approuve le président Bush.

■ À l'étranger, la guerre en Afghanistan suscite l'adhésion d'une grande partie de l'opinion internationale. Mais **la guerre d'Irak creuse un fossé** entre ceux qui croient, comme les deux tiers des Américains, que Saddam Hussein détient des armes de destruction massive et apporte son concours au terrorisme, et ceux qui soutiennent, en Europe et au Moyen-Orient, que l'on pourrait éviter la guerre, que l'on devrait laisser du temps à la diplomatie. Une coalition essentiellement anglo-américaine attaque l'Irak en mars 2003. Après trois semaines de combat, Bagdad tombe aux mains des Américains le 9 avril. Le régime de Saddam Hussein s'effondre. En décembre 2003, Saddam Hussein est capturé par les Américains.

■ **La nouvelle politique étrangère des États-Unis est tout entière résumée par la guerre au terrorisme.** Elle vise à détruire les régimes jugés dangereux, les « États-voyous » (*Rogue States*), qui mettent en péril la paix dans le monde et la sécurité des États-Unis, à les remplacer par des démocraties, à livrer une guerre totale aux pays, aux mouvements qui combattent les valeurs occidentales. Pour éviter qu'un nouveau 11 septembre ne se produise, il convient de déclarer, lorsqu'elle est indispensable, **la guerre préventive**. C'est la justification que donne Washington de son offensive contre l'Irak, en dépit des réticences de bon nombre de ses alliés, Français et Allemands notamment. Ce néo-conservatisme américain souhaite **exporter les idées et les pratiques qui fondent la culture américaine**. À quel prix ?

C. L'ONU et les conflits régionaux

■ Depuis la fin de la guerre froide, **l'ONU occupe une place centrale dans les relations internationales**. Les États-Unis sont réticents à continuer de la lui accorder. Les nations moins puissantes réclament, en revanche, l'instauration d'un **multilatéralisme** qui redonnerait vigueur au principe de sécurité collective. L'ONU serait ainsi chargée de trouver une solution à des conflits régionaux comme celui qui oppose l'Inde au Pakistan à propos du Cachemire, comme l'établissement d'un régime démocratique en Irak.

VOCABULAIRE

multilatéralisme : prise de décisions menée par plusieurs États.

1 **Mohammed Atta**

Le chef d'un des commandos kamikaze du 11 septembre.

Quand l'affrontement commencera, frappe comme les combattants qui ne veulent pas retourner en ce monde-ci. Crie « Allah Akbar ! », car ces mots saisissent d'effroi le cœur de ceux qui ne croient pas. Sache que les jardins du paradis t'attendent dans toute leur beauté, et que les femmes du paradis t'attendent.

Extrait du testament de Mohammed Atta.

2 **Le *Time* du 3 février 2003.**

3 **Saddam Hussein, le 14 décembre 2003, en Irak.**

4 **New-yorkais fuyant lors de l'effondrement des tours du World Trade Center en feu.**

5 **Le président George W Bush et les pompiers de New York.** À l'emplacement du World Trade Center, quelques jours après l'attentat.

« Nous riposterons à cet acte de guerre. Nous trouverons ceux qui ont commis ces actes et le sortirons de leur tanière. Nous les ferons comparaître devant la justice » (G. W. Bush).

6 **Changement à Kaboul : une Afghane, le visage découvert, après la chute de la dictature islamiste des Talibans.**

« Pour la première fois depuis cinq ans, les habitants de Kaboul ont pu entendre de la musique à la radio ainsi qu'une voix de femme qui présentait les informations. Les hommes se sont présentés chez les barbiers, d'autres ont accroché leurs turbans au sommet des poteaux électriques. Les talibans ont fui Kaboul, et c'est pratiquement sans combattre que les combattants de l'Alliance du Nord[1] ont pu entrer dans la ville. [...] Dans son communiqué, l'Alliance du Nord a annoncé que les femmes pouvaient retourner au travail et les filles à l'école. » *Libération*, 14 novembre 2001.

1. Forces afghanes hostiles au Talibans.

1. À quand remonte l'occupation soviétique ?
2. Quelle transformation immédiate dans la vie quotidienne la chute du régime des Talibans apporte-t-elle en Afghanistan ?

7 De la difficulté de lutter contre le terrorisme

Ce qui est [...] inquiétant, c'est la difficulté de combattre des organisations transnationales et délocalisées dont, les membres acceptent le suicide, voire y aspirent avec ferveur.

La notion de dissuasion repose sur l'idée d'adversaires rationnels qui craignent les représailles en cas de première frappe. Comment dissuader un adversaire pour qui les représailles, qu'il s'agisse de mort ou de souffrance, conduisent tout droit au paradis ? À cet obstacle psychologique, se joint dans le cas d'une organisation décentralisée comme Al Qaïda, un obstacle physique. Sur qui faire porter ces représailles ? Normalement, il s'agit de territoire, d'un État, de son organisation militaire, de ses bases. Mais quand l'adversaire n'a pas de territoire ni de populations sous son contrôle et que son organisation et ses bases sont hautement mobiles et décentralisées ? On est alors obligé de se rabattre sur les États suspects de l'aider ou de lui donner asile. C'est ce que fait le président Bush en déclarant que quiconque abrite ou soutient les terroristes sera considéré comme terroriste, quand il attaque l'Afghanistan et annonce qu'il en fera autant pour l'Irak.

Pierre Hassner, directeur de recherches à la Fondation nationale des sciences politiques, *Bulletin de la société française de philosophie*, séance du 19 janvier 2002.

Sommes-nous tous des Américains ?

Au lendemain des attentats du 11 septembre, Jean-Marie Colombani, le directeur de la rédaction du journal *Le Monde*, affirme sa solidarité totale avec les Américains. « Nous sommes tous des Américains », écrit-il. En février 2002, l'ouvrage qu'il publie pose la question : « Tous Américains ? »
C'est qu'entre-temps, l'opinion publique a changé. L'anti-américanisme dénonce les motivations du gouvernement des États-Unis et souhaite que l'on prenne ses distances à l'égard de Washington. Il a progressé partout dans le monde et plus nettement encore en France. Sommes-nous menacés ou non par le terrorisme qui a frappé New York et Washington ? Si la réponse est positive, comment envisageons-nous de nous défendre ? Si elle est négative, quelle société souhaitons-nous ? Sommes-nous menacés par l'invasion de la culture américaine ?

1 Le mode de vie américain à l'assaut de l'Europe en 1944.
Publicité de *L'Express* pour le 40e anniversaire du débarquement du 6 juin 1944.

Le 6 juin 1944,
les bas nylon,
les Ray Ban,
Cole Porter,
Le chewing gum,
les jeans,
Hemingway,
le Coca-Cola,
la jeep,
le corned beef,
le flipper,
les Lucky Strike,
In the Mood,
Chandler,
le swing,
le Zippo,
les films noirs,
le be bop,
le dollar
se lancent avec succès
en France.

2 Moscou, la place Rouge en 1990, après l'ouverture du premier Mac Donald's à Moscou.

3 Disneyland Paris.

4 L'avenir avec les États-Unis

Les terroristes se sont arrogé à la face du monde le droit de tuer n'importe qui. […] Ce « mal » que nul ne veut nommer dans nos salons postmodernes de peur d'être taxé d'indécence moralisante, les Américains le désignent car, au-delà de la morale, il recouvre des réalités très concrètes et tranchantes. À ne pas nommer le mal, on évite de la combattre. Aristote pointait que « la méchanceté humaine est quelque chose d'insatiable ». […] Et Pascal[1] de reparaître : « La justice sans force est contredite parce qu'il y aura toujours des méchants. »
Les Européens affrontent désormais non plus l'adversaire absolu et unique propre à la guerre froide, mais une adversité polymorphe non moins implacable. Je la nomme nihilisme[2]. Hitler est mort, Staline enterré, mais les exterminateurs prolifèrent. N'oublions pas que près de la moitié de l'humanité a salué plus ou moins discrètement l'exploit de Mohammed Atta. L'avenir reste en suspens. Pour exister, l'Europe doit relever ce défi post-nucléaire. Avec, et non contre, les États-Unis. La question des questions n'est pas multipolarité ou hégémonie, mais nihilisme ou civilisation.

André Glucksmann, *Ouest contre Ouest*, Plon, 2003.

1. Blaise Pascal : philosophe français du XVIIe s.
2. nihilisme (du latin *nihil* : rien) : attitude critique envers tout.

Manifestation antiaméricaine en Indonésie. 5

6 La politique de l'administration Bush vue par le *Monde diplomatique*

L'administration Bush a enlevé 200 millions de dollars à la formation des chômeurs, a éliminé un programme d'apprentissage de la lecture chez les familles défavorisées. Elle a soustrait 39 millions de dollars aux bibliothèques fédérales et 35 millions de dollars à la formation en médecine pédiatrique… Elle a nommé aux postes de la protection de l'environnement des ennemis déclarés de celle-ci […]. Elle a ouvert les parcs nationaux à l'exploitation forestière et aux forages. Elle a aboli les lois permettant à l'État fédéral de refuser des contrats avec des entreprises polluantes et dangereuses pour leurs travailleurs, et éliminé une série de réglementations protectrices dans ce domaine. Elle a mis aux enchères des fonds marins de Floride, libéré des terres protégées en Alaska, réduit de 50 % le budget de la recherche sur les énergies renouvelables et de 28 % celui concernant les véhicules moins polluants. […]

L'administration Bush a refusé de signer le protocole de Kyoto sur l'effet de serre, trahi ses promesses de réguler les émissions de dioxyde de carbone, et réussi à repousser le règlement réduisant les niveaux « acceptables » d'arsenic dans l'eau potable. Elle a enfin renié son engagement d'investir 100 millions de dollars par an dans la protection des forêts tropicales.

Bref, l'hégémonie américaine sur le monde a pour exact revers une entreprise de « dé-solidarisation » systématique. Le comportement de Washington en Irak n'en est, au fond, qu'une illustration parmi d'autres. Sa victoire, depuis longtemps acquise par un habile mélange de corruption des chefs bassistes et d'intimidation préventive des troupes d'élite, est transformée en démonstration de surpuissance, au prix de bombardements meurtriers de quartiers populeux et de rues commerçantes. Puis l'occupant organise et installe le chaos durable.

Denis Duclos, *Le monde diplomatique*, août 2003.

7 La dépendance militaire de l'Europe

Aucune leçon n'a été tirée du formidable bouleversement des années 1989-1991. L'Europe continentale, fondée sur le noyau franco-allemand, qui cessait d'être menacée à l'est, a continué de dépendre des États-Unis jusque dans sa sphère d'influence. L'impotence de l'Europe s'est révélée de façon pathétique par deux fois, en Bosnie puis au Kosovo. À chaque fois, il a fallu l'intervention des États-Unis pour faire plier un État aux moyens, somme toute, modestes. L'Europe, ayant dépendu quarante années de la protection américaine, semble avoir perdu tout sens du rapport de force. Depuis une douzaine d'années, les fonctionnaires internationaux peuvent, à Bruxelles, se targuer d'avoir fait avancer la construction de l'Europe. Mais cette zone de libre-échange, conformément aux vœux de la Grande-Bretagne, n'avait pas d'autre projet politique que l'élargissement. Il est tout de même extraordinaire qu'aucun autre projet politique n'ait été envisagé tandis que s'établissait un nouvel ordre mondial. La désunion de l'Europe est apparue brutalement à l'occasion de la crise irakienne.

Gérard Chaliand, auteur d'ouvrages de géopolitique, *Le Figaro*, 12 novembre 2003.

QUESTIONS

A. Présenter les documents (nature, date, auteur)

B. Dégager des informations des documents

1. Lequel, ou lesquels, de ces 17 produits ou personnages ne connaissez-vous pas ? (doc. 1)
2. Comment se manifeste l'influence américaine ? (doc. 2)
3. Selon l'auteur, pourquoi faut-il combattre les terroristes ? (doc. 4)
4. Quels aspects de la politique de l'administration Bush cet article du *Monde diplomatique* critique-t-il ? Au nom de quelles raisons ? (doc. 6)
5. Qu'est ce qui montre la dépendance de l'Europe vis-à-vis des États-Unis ? (doc. 7)

C. Mettre en relation les documents

6. Quels documents critiquent l'influence américaine ? Sur quels points porte la critique ?
7. Quelle réponse les doc. 2, 3, 4 et 7 donnent-ils à la question posée en titre de ce dossier ?

D. Synthèse

8. Rassembler les arguments permettant de mettre en évidence l'influence américaine dans le monde.

Du monde bipolaire au monde unipolaire

1 **Un monde bipolaire dans les années 1975-1989.**

Du milieu des années 1970 à la fin des années1980, le monde est essentiellement bipolaire. Au bloc occidental organisé autour des États-Unis (OTAN, Moyen-Orient, Sud-Est asiatique) s'oppose un bloc soviétique regroupant autour de l'URSS et du pacte de Varsovie, des pays du tiers-monde se réclamant du marxisme (Cuba, Nicaragua, Angola, Éthiopie, Viêt-nam, Laos, Corée du Nord).
L'effondrement du communisme fait disparaître cette bipolarité. En 1992, il ne reste plus que cinq États se réclamant du marxisme : la Chine, le Laos, le Vietnam, la Corée du Nord et Cuba. À l'exception de l'immense Chine qui laisse se développer de puissants secteurs capitalistes sur son territoire, il s'agit de pays sous-développés. Les États-Unis sont devenus la seule grande puissance mondiale, une hyperpuissance. C'est au contact des civilisations occidentale et musulmane (Moyen-Orient notamment) ou des civilisations musulmane et hindouiste (Pakistan et Cachemire) que les tensions sont les plus grandes au début des années 2000.

QUESTIONS

1. Comment apparaît la progression de l'influence soviétique par rapport à l'immédiat après-guerre ? (doc. 1)
2. Où les États-Unis semblent-ils le plus menacés ? (doc. 1)
3. Qu'est ce qui semble le plus menacer l'URSS ? (doc. 1)
4. À quelles nouvelles menaces les États-Unis doivent-ils faire face au début des années 2000 ? (doc. 2)
5. Dans quelles parties du monde les États-Unis ont-ils accentué leur présence ? (doc. 2)

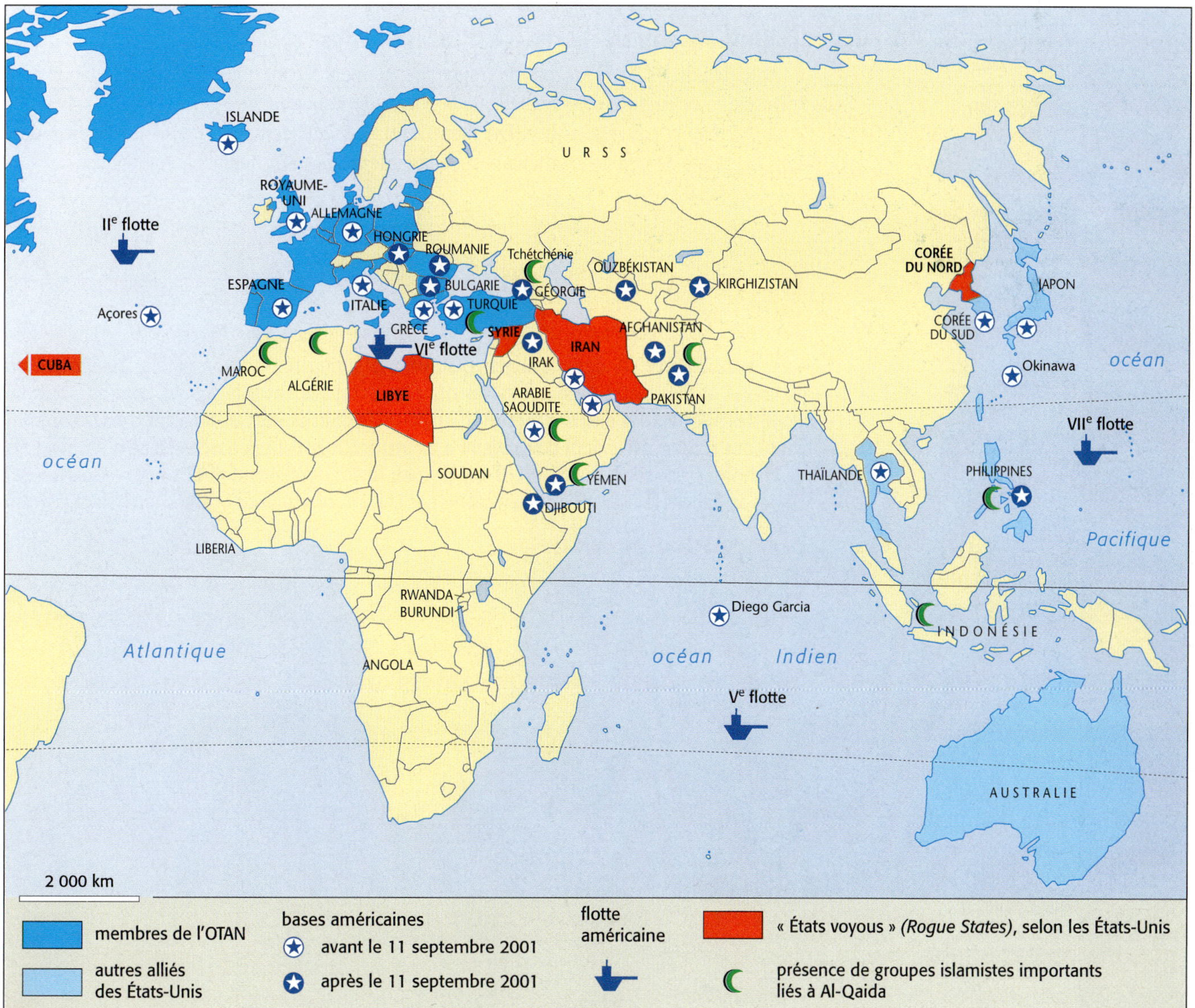

2 Vision américaine du monde et présence américaine, 2003.

FICHE DE RÉVISION

DATES À RETENIR

- **1991 :** effondrement de l'URSS
- **1990-1991 :** invasion du Koweït par l'Irak ; « guerre du golfe »
- **1993 :** accords d'Oslo entre Israël et l'OLP
- **11 septembre 2001 :** attentats à New York et Washington : 3 000 morts
- **2001 :** guerre en Afghanistan
- **2003 :** guerre en Irak

VOIR

• R. SCOTT, *Black Hawk* (La Chute du faucon noir), 2001 (l'intervention américaine en Somalie).

BIOGRAPHIES

William Clinton (né en 1946), président des États-Unis de 1993 à 2001.
(Voir biographie complète p. 393)

George H.W. Bush (né en 1924), président des États-Unis de 1989 à 1993.
(Voir biographie complète p. 393)

George W. Bush (né en 1946), président des États-Unis depuis janvier 2001.
(Voir biographie complète p. 393)

Oussama Ben Laden (né en 1957), principal chef terroriste islamiste.
(Voir biographie complète p. 392)

Saddam Hussein (né en 1937), dictateur de l'Irak de 1979 à 2003.
(Voir biographie complète p. 395)

Kofi Annan (né en 1938), secrétaire général de l'ONU depuis 2001.
(Voir biographie complète p. 392)

BILAN DU CHAPITRE

I. Fin de l'URSS, les États-Unis seule superpuissance

➤ 1991 : l'URSS disparaît. C'est la fin de l'Empire soviétique, de son idéologie.
➤ Il ne reste qu'une superpuissance, les États-Unis :
- elle détient la force économique, politique, militaire et culturelle ;
- elle propose un modèle de société ;
- elle ambitionne d'établir un nouvel ordre mondial.

Une idée prévaut : partout la démocratie l'emportera, la prospérité et la paix seront assurées.

II. Persistance des conflits

➤ Les déceptions sont aussi fortes que les illusions ; les conflits succèdent aux conflits : Yougoslavie, génocide au Rwanda, invasion du Koweït par l'Irak en 1990, intervention d'une vaste coalition, dirigée par les États-Unis (1991).
➤ Au Proche-Orient : espoir né de la signature des accords d'Oslo (1993) et de la création d'une **Autorité palestinienne** mais nouvelle Intifada sept ans plus tard.
➤ Attentats de terroristes islamistes à New York et Washington, le 11 septembre 2001. Riposte américaine : guerre aux **Talibans** en Afghanistan en 2002 puis, en mars-avril 2003, intervention armée en Irak et renversement de la dictature de Saddam Hussein.

III. Un nouveau siècle chargé d'incertitudes

➤ Au début du XXIe s., la récession frappe inégalement l'Amérique, l'Europe, le Japon ; la Russie reste engluée dans le piège de la guerre en **Tchétchénie** ;
➤ en Afrique la pauvreté et le SIDA tuent. Bref, le siècle commence dans les incertitudes, dans la crainte de nouveaux attentats et de la violence des affrontements régionaux.

NE PAS CONFONDRE

Sunnites et Chiites

• Les **sunnites** (90 % des musulmans) suivent la sunna, la tradition établie à l'époque de Mahomet et des quatre premiers califes dont ils reconnaissent la légitimité. Le mot « chiite » vient de *chii'at Ali* (« la descendance d'Ali »). Pour les **chiites**, le rôle dirigeant dans la communauté des croyants (l'*umma*) doit revenir à un imam choisi dans la descendance d'Ali, beau-fils de Mahomet, assassiné en 661. En 874, le dernier imam descendant d'Ali ayant « disparu », les chiites attendent le retour de l'imam caché. Les chiites sont surtout présents en Irak et en Iran.

Les religions au Moyen-Orient

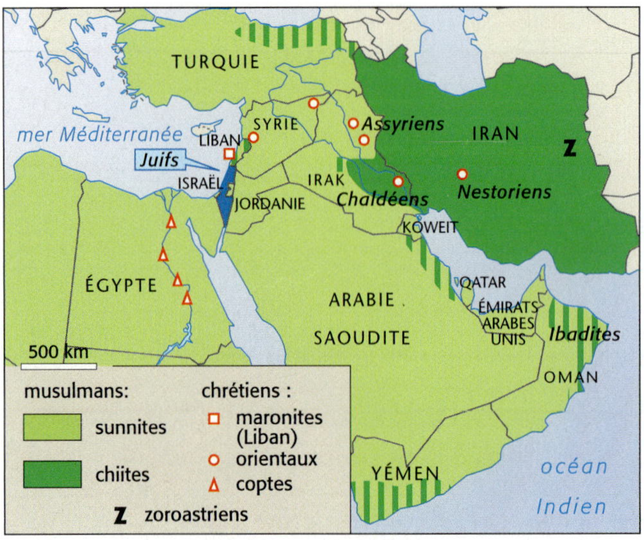

Explication d'un document (9/16)

Sujet : « Une entreprise hautement morale », article de Richard Nixon.

Quatre cent mille jeunes Américains viennent de passer Noël dans le désert saoudien et, dans moins de deux semaines, les États-Unis pourraient se retrouver une fois de plus en guerre. Le moment est venu d'évoquer clairement les raisons qui justifient ce conflit.

Commençons par celles qui ne le justifient pas. Si nous sommes réduits à l'usage de la force pour bouter Saddam Hussein hors du Koweït, nous ne nous engagerons pas pour défendre la démocratie. Car si nous cherchons bien à restituer son gouvernement légitime au Koweït, il serait hypocrite de prétendre que nous restaurerons la démocratie. En effet, l'État d'Israël excepté, aucun pays du Proche-Orient n'est démocratique. L'émir du Koweït est certainement l'un des dictateurs les plus débonnaires du monde, mais il n'en demeurera pas moins un dictateur, une fois qu'il aura réintégré son palais.

Il ne s'agit pas non plus de s'opposer à un leader cruel. On a reproché au président Bush sa comparaison avec Hitler. [...] Ses soldats tuent, torturent, pillent des Koweïtiens sans défense et mettent leur pays à sac. Hussein a par ailleurs violé la loi internationale en utilisant des armes chimiques contre l'Iran et sa propre population kurde. Pourtant si notre objectif devenait de châtier tous les leaders cruels, nous ne nous serions pas alliés avec le président syrien Hafez el-Assad. Ce dernier a en effet ordonné le massacre de 20 000 personnes innocentes dans la ville de Hama, soutenu le terrorisme international et dirigé une armée qui s'est rendue coupable d'immondes atrocités au Liban. La Syrie, tout comme l'Irak, menace nos intérêts. Mais pour l'heure, c'est l'Irak qui nous pose le plus grand problème. [...]

En réalité, nous nous trouvons dans le golfe Persique pour deux raisons principales, et deux seules.

Tout d'abord les ambitions illimitées de Saddam Hussein pour dominer l'une des régions stratégiques les plus importantes du monde. [...] Sans notre intervention, un hors-la-loi international contrôlerait désormais plus de 40 % des ressources pétrolières mondiales. [...] Si nous ne l'arrêtons pas maintenant, nous devrons le faire plus tard, et nos pertes humaines n'en seront qu'alourdies.

Mais il y a une autre raison, infiniment plus importante, à long terme, qui nous pousse à contrer l'invasion de l'Irak : nous ne pouvons être sûrs, comme beaucoup le croient , que nous entrons dans une ère nouvelle d'après-guerre froide où l'agression militaire n'aura plus cours en tant qu'instrument de politique nationale. Nous sommes assurés, en revanche, que si Hussein tire le moindre profit de son action au Koweït, d'autres envahisseurs potentiels dans le monde seront tentés, comme lui, d'engager des guerres contre leurs voisins. [...]

D'autres croient que la diplomatie pourrait éventuellement convaincre Hussein d'évacuer le Koweït. [...] Rappelons que, face à un adversaire insatiable, une mauvaise paix est pire qu'une guerre car elle conduira inévitablement à une guerre plus importante. Si toutefois nous nous trouvons contraints à la guerre, celle-ci ne sera pas justifiée par le pétrole. Ni par la démocratie. Ce sera une guerre pour la paix [...]. Notre engagement dans le Golfe est donc une entreprise hautement morale.

Richard Nixon, ancien président des États-Unis, *New York Times*, repris dans *Libération*, le 14 janvier 1991.

DOCUMENT D'ACCOMPAGNEMENT

Saddam Hussein en héros de l'Irak. Peinture réalisée en avril 2002 à l'occasion de ses 65 ans.

Questions

1. Présenter l'auteur et le contexte historique précis.
2. Quelles raisons pouvant justifier la guerre Nixon écarte-t-il ? Pourquoi ?
3. Expliquer « nous entrons dans une guerre nouvelle d'après-guerre froide ».
4. Quels arguments Nixon utilise-t-il pour justifier cette guerre ?
5. Quelle image des États-Unis la fin du texte, et en particulier la dernière phrase, peuvent-elles donner ?

Méthode

➤ 1. Aide générale

• Se demander si Richard Nixon se réclame des principes des droits de l'homme. À quelles valeurs attache-t-il de l'importance ?

➤ 2. Comment répondre aux questions

Question 5

• On étudiera en particulier la phrase « une mauvaise paix est pire qu'une guerre car elle conduira inévitablement à une guerre plus importante ».

• À rapprocher de la phrase « Si nous ne l'arrêtons pas maintenant, nous devrons le faire plus tard » (5e paragraphe).

PRÉPA BAC

Composition (4/10)

Sujet : Le face-à-face des deux blocs, de la détente à la fin de la guerre froide (1962-1991)

DOCUMENT D'ACCOMPAGNEMENT
Viêt-nam, 1967.

CHRONOLOGIE

- **1962 :** crise de Cuba
- **1963 :** « téléphone rouge » entre Washington et Moscou ;
- **1965 :** début de l'engagement massif des Américains au Vietnam
- **1970 :** début de l'Ostpolitik de Willy Brandt
- **1971 :** entrée de la Chine populaire à l'ONU
- **1972 :** voyage du président Nixon à Pékin, puis à Moscou ; Signature du traité SALT 1
- **1973 :** retrait américain du Viêt-nam
- **1975 :** conférence d'Helsinki
- **1979 :** révolution islamique en Iran ; Invasion de l'Afghanistan par l'URSS
- **1983 :** projet IDS (« guerre des étoiles »)
- **1983 :** installation des premières fusées Pershing 2 au Royaume-Uni et en RFA
- **1987 :** traité de Washington sur le désarmement nucléaire
- **1989 :** retrait des troupes soviétiques d'Afghanistan (janvier) ; Effondrement du communisme dans les pays de l'Est
- **1990 :** traité de Moscou (fin de l'occupation militaire de l'Allemagne, septembre) ; réunification allemande (octobre)
- **1991 :** dissolution du Pacte de Varsovie ; Dissolution de l'URSS (décembre)

Méthode

➤ 1. Aide générale

A. Lire le sujet

• **Les termes employés :**

– le face-à-face : il s'agit de préciser l'opposition entre deux grands systèmes politiques. Songer aux différents aspects de ce face à face : politique, mais aussi économique et culturel ;

– les deux blocs : définir en quoi consistent ces blocs. Il ne s'agit pas de limiter le sujet à une étude des rapports entre les États-Unis et l'URSS, il faut étendre aux autres membres du bloc (en Europe, en Asie, en Afrique, etc.).

• **L'ampleur du sujet et ses limites :**

– les limites chronologiques : préciser les débuts de la détente et de la guerre froide. Les dates indiquent que la guerre froide doit s'étendre dans son sens le plus large, celui de l'affrontement entre les États-Unis et l'URSS jusqu'à la disparition de cette dernière en 1991 ;

– les limites géographiques : voir les limites des deux blocs. Le sujet a une ampleur mondiale.

B. Dégager la problématique

• Comment comprendre qu'en 1991 la disparition de l'URSS marque la fin du bloc de l'Est et la victoire du camp libéral ? L'effondrement du bloc de l'Est s'explique-t-il par des raisons internes (les faiblesses du système communiste) ou externes (la politique du bloc occidental face au bloc de l'Est) ?

C. Analyser le sujet

1. Les thèmes :
Définir la notion de face-à-face Définir les deux blocs :
– quels sont les pays qui en font partie ?
– ne pas se limiter aux États-Unis et à l'URSS

2. L'époque :
Les dates permettent de limiter le sujet :
– quel événement marque les débuts de la détente ?
– que se passe-t-il en 1991 ?

Le face-à-face des deux blocs, de la détente à la fin de la guerre froide (1962-1991)

3. La zone géographique :
– elle n'est pas indiquée
– on peut aisément l'identifier par les pays qui font partie des deux blocs

➤ 2. Proposition de plan détaillé

Introduction

– Après la crise de Cuba, les deux blocs s'installent dans la détente. Les deux blocs semblent solides et la situation figée. – Comment expliquer alors la fin de la guerre froide : faiblesses internes du bloc communiste ou résultat de la politique des États-Unis dans les années 1980 ?

I. La détente (1962-vers 1975)

1. En 1962, deux blocs qui se font face
– les États membres du bloc de l'Ouest ;
– les États membres du bloc de l'Est ;
– mais tous les pays ne font pas partie des deux blocs.

2. Le rapprochement entre les États-Unis et l'URSS dans les années 1960
– un ralentissement de la course aux armements ;
– l'entente entre les États-Unis et l'URSS.
– Mais la détente présente des aspects contrastés : les conflits localisés (Viêt-nam, Proche-Orient) ne remettent pas la détente en cause ; une certaine contestation des blocs en Europe ; le rapprochement entre les deux blocs en Europe (Ostpolitik, Helsinki).

II. Le passage à la « guerre fraîche » (vers 1980-vers 1985)

1. Les raisons du retour à l'affrontement
– l'Amérique affaiblie (défaite au Viêt-nam) ;
– les répercussions de la révolution islamique en Iran ;
– la poussée soviétique en Afrique et en Asie.

2. Le retour à l'affrontement
– l'élection de Reagan : « America is back » ;
– les interventions américaines (Liban, Amérique latine) ;
– crise des fusées et lancement de l'IDS.

3. Cependant tous les ponts ne sont pas rompus
– poursuite des négociations sur le désarmement ;
– ni la guerre ni la détente.

III. L'effondrement du bloc soviétique (vers 1985-1991)

1. À partir de 1985, une nouvelle donne internationale
– M. Gorbatchev et sa politique (glasnost et perestroïka) ;
– les négociations sur le désarmement entre 1985 et 1987.

2. Les transformations de l'Europe entre 1989 et 1991
– les changements en Pologne ; l'ouverture du rideau de fer et l'effondrement du bloc de l'Est en Europe ;
– l'abandon du modèle soviétique.

3. La fin de l'URSS et ses conséquences
– les difficultés de l'URSS ; l'effondrement de l'URSS en 1991 ;
– conséquences : les États-Unis seule grande puissance.

Conclusion

– Dans un premier temps, la détente semble profiter à l'URSS.
– L'élection de Reagan en 1980 ouvre une période pendant laquelle les États-Unis se montrent plus offensifs, tandis que l'URSS s'enfonce dans les difficultés.
– La disparition de l'URSS clot la guerre froide.

➤ 3. Exemple de paragraphe rédigé

Premier paragraphe de la première partie

Au moment de la crise de Cuba, deux blocs antagonistes se font face. Les membres du bloc de l'Ouest se regroupent derrière les États-Unis, qui se présentent comme les chefs de file du « monde libre ». On trouve dans ce camp les pays d'Amérique latine (sauf Cuba), les alliés européens des Américains (pays d'Europe de l'Ouest et Turquie, membres de l'OTAN) et d'autres pays liés aux États-Unis par divers traités (Japon, pays de l'Asie du Sud-Est, Australie, Nouvelle-Zélande, Iran, Israël, Arabie Saoudite). Ces diverses alliances entourent l'URSS et les pays de l'Est.
L'URSS et ses alliés, organisés au sein du pacte de Varsovie forment un bloc territorial. Il comprend, outre l'URSS, les pays d'Europe de l'Est (Pologne, RDA, Tchécoslovaquie, Hongrie, Roumanie, Bulgarie), la Mongolie, Le Nord Viêt-nam et Cuba. Ce bloc continental répond au bloc maritime formé par les États-Unis et leurs alliés.
Tous les pays ne font pas partie de ces deux blocs : beaucoup de pays du tiers-monde forment un troisième groupe, celui des pays non-alignés, qui refusent de se ranger dans l'un ou l'autre camp. La Chine communiste se veut l'un des chefs de file de ce groupe, tout comme l'Inde, l'Égypte ou la Yougoslavie. Le mouvement des non-alignés veut proposer une alternative à un monde coupé entre les deux Grands. Ce mouvement ne cesse de se développer dans les années 1960, essayant de faire entendre au niveau international la voix des pays du tiers monde.

CHAPITRE

11 La construction européenne

séries
ES-L

Au lendemain de la Seconde Guerre mondiale, la nécessité d'une construction européenne paraît plus que jamais évidente : elle doit assurer la paix sur le Vieux Continent divisé et lui permettre de peser sur les destinées du monde. Sa puissance économique et son rayonnement culturel, héritage d'un riche passé, l'y autorisent. L'histoire de cette construction constitue une succession de défis qui sont souvent autant d'occasions de progresser.

Comment l'Union Européenne s'est-elle mise en place ?
Quelles sont les étapes de la construction européenne, des années 1950 à la fin des années 1980 ?

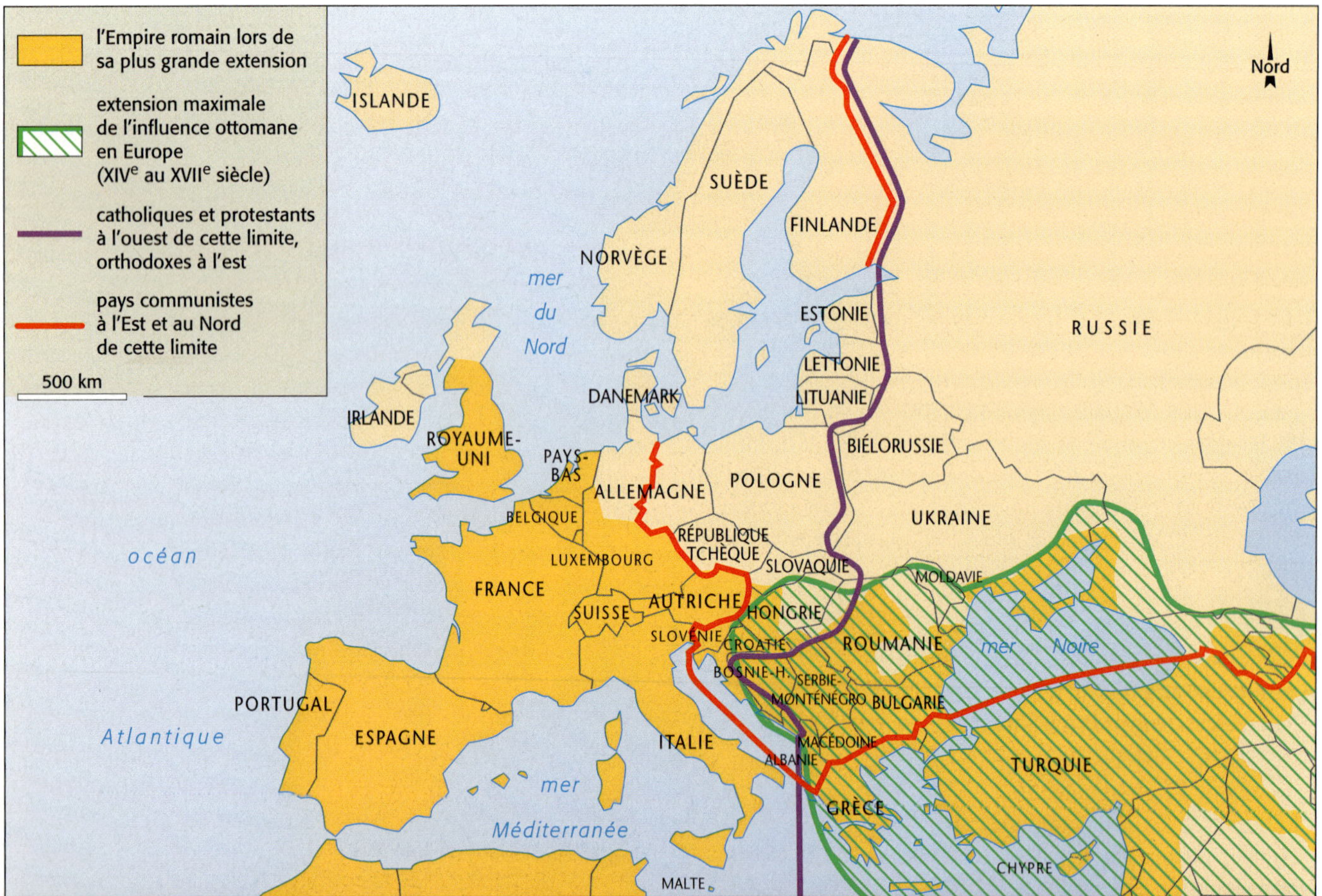

1 L'Europe, un espace complexe...

L'Europe, une « géohistoire ».
D'après Jacques Lévy, *Europe, une géographie*, coll. « Carré Histoire », Hachette, 1997.

« Telles m'apparaissent les trois conditions essentielles qui me semblent définir un véritable Européen, un homme en qui l'esprit européen peut habiter dans sa plénitude. Partout où les noms de César, de Trajan et de Virgile, partout où les noms de Moïse et de saint Paul, partout où les noms d'Aristote, de Platon et d'Euclide ont eu une signification et une autorité simultanées, là est l'Europe. Toute race et toute terre qui a été successivement romanisée, christianisée et soumise, quant à l'esprit, à la discipline des Grecs, est absolument européenne. »
Paul Valéry, *Variété*, coll. « La Pléiade », Gallimard, 1957.

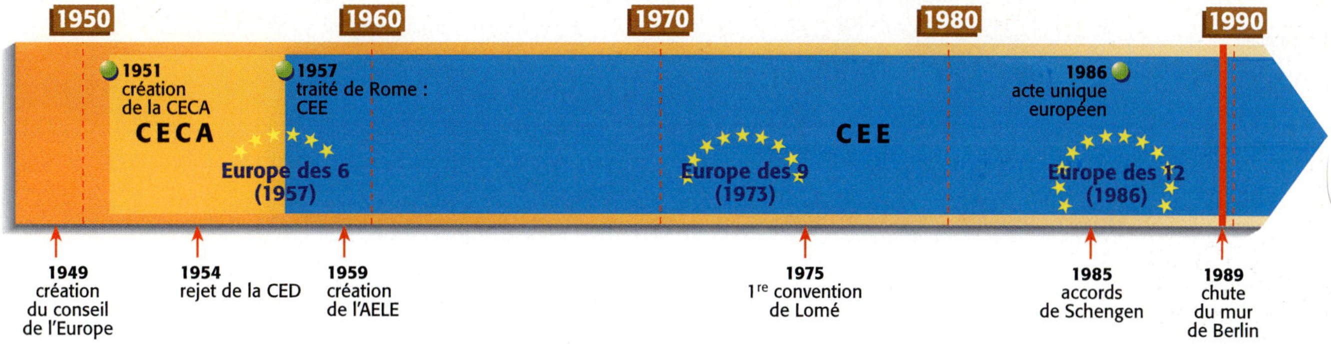

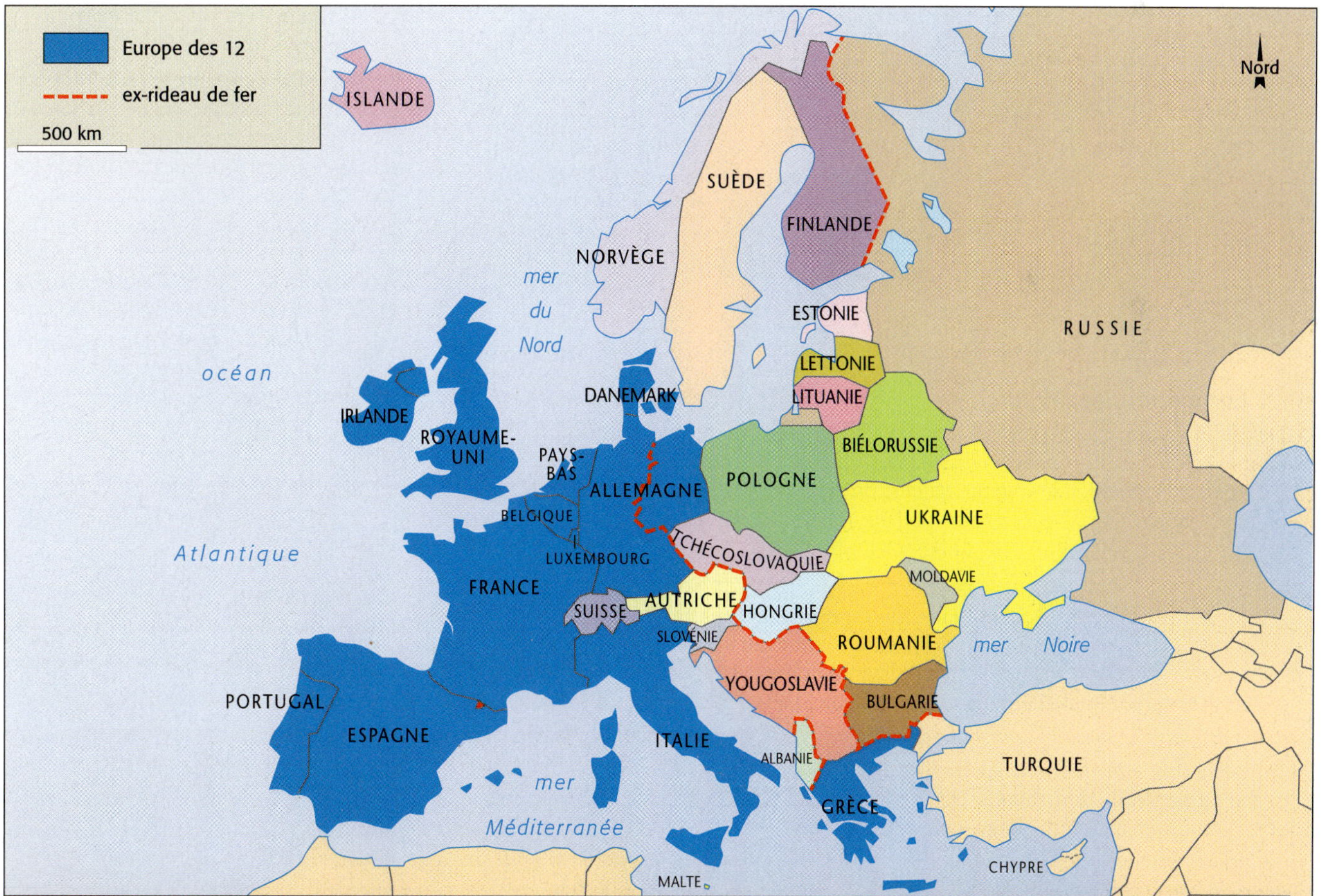

2 … devenu l'Union européenne à l'Ouest, après la réunification de l'Allemagne.

L'Europe en 1991.

« L'Allemagne, le peuple, la nation, certes, c'est la sphère sentimentale du passé, ce sont les racines, c'est l'élément maternel, intime, individuel, éternel, c'est le royaume de l'âme. L'Europe est une idée sociale et rationnelle, c'est l'avenir, c'est le principe paternel, c'est l'esprit. Tant que les peuples craindront, tant qu'on leur fera craindre de trahir leur âme en apportant leur adhésion à l'Europe… l'Europe n'existera pas. »
Thomas Mann, *Les Arbres d'Eden*, 1930.

Les antécédents de la construction européenne

Du choc culturel provoqué par la Première Guerre mondiale naît, chez certains Européens, le désir d'un destin commun. L'idée n'est pas nouvelle. Elle s'enracine dans la conscience d'une civilisation commune depuis l'Antiquité, héritière de l'Empire romain qui, selon Paul Valéry, a réalisé le moule dans lequel se sont coulées « la pensée grecque et l'idée chrétienne ».
Cette appartenance à une même famille n'a pas empêché les Européens de se déchirer par des guerres tout au long de leur histoire. Mais, parallèlement, des voix se sont toujours élevées pour réclamer l'organisation de la paix par la création d'institutions communes.

1 La Terre promise.
Le « Testament de Genève » ; sur le promontoire, Aristide Briand.
Caricature de Derso et Kelen, 1931.

2 L'Europe, un vieux rêve

– Depuis la « pax romana » et tout au long du Moyen Âge, l'Europe présentait une unité certaine. « Tous les Européens avaient conscience d'appartenir à une même famille chrétienne qui défendait les mêmes valeurs de civilisation, qui se retrouvait unie dans la lutte contre l'Islam [...] qui s'exprimait dans une seule langue, le latin [...] qui échangeait ses idées et ses sentiments par-dessus les frontières »

Michel Mourre, *Dictionnaire encyclopédique d'histoire*, 1978.

– Au XVe s., l'humaniste espagnol Luis Vives préconise l'union européenne face au danger turc. « Nous tenons de Gadès à l'Ister, une zone qui s'étend entre les deux mers et qui est la très courageuse et la très puissante Europe. Là, si nous nous unissions, nous ne serions pas seulement égaux à la Turquie, mais supérieurs à toute l'Asie »

Des conflits européens et de la guerre turque, 1526.

– Au siècle des Lumières, Charles-Irénée de Saint-Pierre propose, en 1713, un « Projet de paix perpétuelle » demandant l'organisation d'une ligue des souverains européens dotée d'un tribunal et d'un congrès permanent.

– Le philosophe allemand Emmanuel Kant (1724-1804) dans sa *Proposition pour la paix perpétuelle* envisage une confédération des États européens républicains.

– « Un jour viendra où vous France, vous Russie, vous Italie, vous Angleterre, vous Allemagne... vous vous fonderez étroitement dans une unité supérieure et vous constituerez la fraternité européenne... Un jour viendra où l'on verra ces deux groupes immenses, les États-Unis d'Amérique, les États-Unis d'Europe, se tendre la main par dessus la mer » (V. Hugo, *Douze discours*, 1850).

– Ernest Renan (1823-1892) souhaite la formation d'un « Congrès des États-Unis d'Europe jugeant les nations, s'imposant à elle et corrigeant le principe des nationalités par le principe de la fédération ».

3 Une conscience nationale européenne

Le jour où le Zeppelin prit son vol pour son premier voyage, j'étais par hasard de passage à Strasbourg, me rendant en Belgique ; il tournait autour de la cathédrale aux acclamations enthousiastes de la foule, comme s'il voulait, lui, le flottant, s'incliner devant l'œuvre millénaire. Le soir en Belgique arriva chez Verhaeren[1] la nouvelle que le dirigeable s'était écrasé à Echterdingen. Verhaeren avait les larmes aux yeux. Il n'était pas, en tant que Belge, indifférent à la catastrophe qui frappait l'Allemagne ; mais en tant qu'Européen, il éprouvait aussi vivement la victoire commune sur les éléments que la commune épreuve.
Nous poussâmes des cris d'allégresse à Vienne, quand Blériot survola la Manche, comme s'il était un héros de notre patrie ; grâce à la fierté qu'inspirait à chaque heure les triomphes sans cesse renouvelés de notre technique, de notre science, pour la première fois, une conscience nationale européenne était en devenir. Combien absurdes, nous disions-nous, ces frontières qu'un avion se fait un jeu de survoler, combien artificielles ces barrières douanières ! Cet essor du sentiment n'était pas moins merveilleux que celui des aéroplanes ; je plains tous ceux qui n'ont pas vécu jeunes ces dernières années de la confiance en l'Europe.

Stefan Zweig, *Le Monde d'hier, souvenir d'un Européen*, 1941, Trad. de J.-P. Zimmermann.

1. Poète belge d'expression française.

4 L'appel d'Aristide Briand à la Société des Nations

Je me suis associé pendant ces dernières années à une propagande active en faveur d'une idée qu'on a bien voulu qualifier de généreuse. Cette idée, qui est née il y a bien des années, qui a hanté l'imagination des philosophes et des poètes, qui leur a valu ce qu'on peut appeler des succès d'estime, cette idée a progressé dans les esprits par sa valeur propre. Elle a fini par apparaître comme répondant à une nécessité. [...]. Je pense qu'entre des peuples qui sont géographiquement groupés comme les peuples d'Europe, il doit exister une sorte de lien fédéral. [...]

C'est ce lien que je voudrais m'efforcer d'établir. Évidemment, l'association agira surtout dans le domaine économique. C'est la question la plus pressante. Je crois que l'on peut y obtenir des succès. Mais je suis sûr aussi qu'au point de vue politique, au point de vue social, le lien fédéral, sans toucher à la souveraineté d'aucune des nations qui pourraient faire partie d'une telle association, peut être bienfaisant.

Discours à l'Assemblée générale de la SDN à Genève, 1er septembre 1929.

Aristide Briand (1862-1932), plusieurs fois ministre français des Affaires étrangères et Premier ministre, travailla à la réconciliation franco-allemande, à l'établissement d'une paix durable en Europe et à la création d'une Europe fédérale.

5 L'Europe, à l'Exposition internationale de 1937 à Paris.

À l'heure où la guerre civile espagnole (1936-1939) préfigure la Seconde Guerre mondiale, l'Exposition universelle internationale de 1937 à Paris révèle au grand jour les affrontements entre Européens. Au pavillon italien (statue au premier plan) et au pavillon allemand (à droite) fait face, de l'autre côté de la Seine (au centre de la photo), le pavillon soviétique.

QUESTIONS

A. Présenter les documents
(nature, date, auteur)

B. Dégager des informations des documents

1. Quel épisode de la Bible ce dessin évoque-t-il ? Montrer que cette caricature illustre l'espoir d'une époque. (doc. 1)
2. Quelles sont les idées communes à tous ces précurseurs ? (doc. 2)
3. Quand Blériot survola-t-il la Manche ? Pourquoi Stefan Zweig appelle-t-il cette période « les dernières années de la confiance en l'Europe » ? (doc. 3)
4. Comment Aristide Briand voit-il l'avenir de l'Europe ? (doc. 4)

C. Mettre en relation les documents

5. En quoi A. Briand (doc. 4) est-il l'héritier des personnes évoquées dans le doc. 2.
6. Quels événements ont fait reculer l'idée européenne entre les dates des docs 4, 5 et 3 ?

D. Synthèse

7. Rédiger un paragraphe montrant comment l'idée européenne, qui a progressé depuis le XVIe s., s'est effondrée dans la première moitié du XXe s.

L'Europe, année zéro

En 1945, le continent européen sort d'un douloureux conflit. La joie de la victoire et de la paix sont tempérées par les pénuries et le rationnement. Les ruines marquent l'horizon des villes, les réfugiés errent sur les routes, la découverte des horreurs du génocide traumatise les consciences, le tracé de nouvelles frontières peut exacerber de nouvelles passions. Pour bon nombre d'Européens, notamment en Europe centrale, 1945, c'est l'année zéro de la reconstruction.

Les vainqueurs s'entendent pour dénazifier l'Allemagne mais sont divisés sur le plan idéologique. L'Europe remodelée au grand bénéfice de l'URSS fait surgir de nouvelles craintes en Occident : peur de l'Armée rouge, peur des ambitions de Staline.

1 Berlinois faisant la queue pour obtenir des pommes de terre (automne 1945).

2 La nécessité d'un regroupement européen

La première conséquence [de la Seconde Guerre mondiale], c'est une sorte d'effondrement de la puissance européenne en général. À la veille de la guerre, trois puissances dominent l'Europe : l'Allemagne avec son alliée italienne, la France et l'Angleterre. Ce sont de grandes puissances mondiales, surtout la France, et plus encore l'Angleterre. À la fin de la guerre, ces trois puissances sont, soit complètement écrasée, comme l'Allemagne, soit profondément affaiblie, démoralisée et divisée, comme la France, soit très glorieuse et très respectée, mais presque amputée de sa puissance, comme la Grande-Bretagne. Et sur ces décombres de l'Europe émergent deux superpuissances, les États-Unis et l'URSS.

Il y a donc une redistribution complète des valeurs : l'Europe occidentale, naguère maîtresse du monde, semeuse des idées, contrôlant le commerce international, monopolisant la plus grande partie des richesses de la planète, est devenue une sorte de pauvresse. Mais parce qu'ils ont pris conscience qu'ils viennent de se livrer une guerre civile, et que, en raison de l'aveuglement de beaucoup de dirigeants européens et de la folie meurtrière de Hitler et de son groupe, l'Europe vient de manquer de se suicider, bon nombre d'Européens découvrent qu'il leur reste peut-être encore à s'unir. Dès le lendemain de la guerre, [...] dans le lancement de plans comme celui du pool charbon-acier, il y a les prodromes[1] du regroupement européen.

Interview de Jean Lacouture, *L'Histoire universelle depuis 1939*, Bibliothèque Laffont des grands thèmes, 1975.

1. Signes précurseurs.

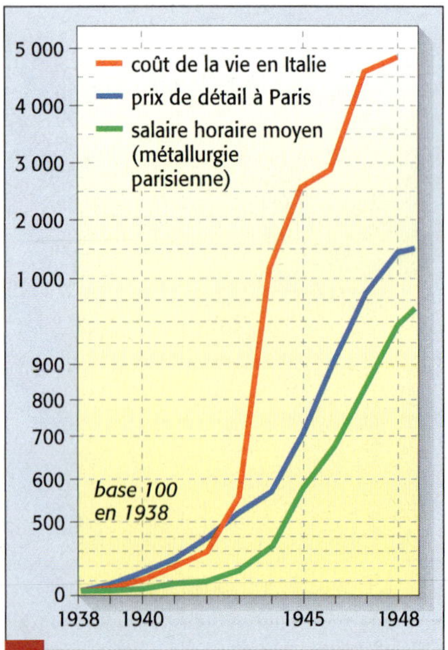

3 L'inflation en Italie et en France (1938-1948).

4 Changement de climat politique entre l'Est et l'Ouest en 1947

À Paris, la France et l'Angleterre se mirent d'accord pour inviter Molotov[1] à une réunion à trois urgente. […] Molotov vint à Paris, et la Conférence à trois s'ouvrit à la fin de juin. Je proposai que toutes les nations européennes, alliées, neutres et ex-ennemies soient admises à participer au plan Marshall. Molotov fut intraitable et refusa, jour après jour, l'établissement d'un programme pour l'ensemble de l'Europe car, disait-il, un tel programme porterait atteinte à la souveraineté des États.

Georges Bidault, homme politique français, plusieurs fois ministre sous la IVe République, *D'une résistance à l'autre*, Les Presses du Siècle, 1965.

1. Ministre des Affaires étrangères de l'URSS.

5 Affiche de la CDU de 1947 : « Plus jamais la ligne Oder-Neisse. Votez CDU ». Archives de l'État de Brême.

6 « Nous avons peur »

Savez-vous quelle est la base de notre politique ? C'est la peur. La peur de vous, la peur de votre Gouvernement, le peur de votre politique.

Quelle est la réalité historique de ces dernières années ? Il n'y a qu'un seul grand pays qui soit sorti de la guerre ayant conquis d'autres territoires, et ce grand pays, c'est l'URSS. C'est pendant la guerre et à cause de la guerre que vous avez pris un morceau de la Pologne. […] C'est grâce à votre politique audacieuse et souple que vous êtes devenus tout-puissants à Varsovie, à Prague, à Belgrade, à Bucarest, à Sofia. C'est grâce à votre politique que vous occupez Vienne et que vous occupez Berlin. C'est grâce à votre politique que vous réclamez maintenant vos droits dans le contrôle de la Ruhr. Votre empire s'étend de la mer Noire à la Baltique et à la Méditerranée. Vous voulez être au bord du Rhin et vous nous demandez pourquoi nous sommes inquiets…

La vérité, c'est que votre politique étrangère est aujourd'hui plus audacieuse et plus ambitieuse que la politique des Tsars eux-mêmes.

Déclaration à l'ONU en 1948 de Paul-Henri Spaak, ministre belge des Affaires étrangères, s'adressant à Vychinski, délégué de l'URSS.

7 Partisans grecs en 1949.
La guerre se poursuit en Grèce, sous la forme d'une guerre civile entre les partisans communistes soutenus par Tito et Staline, et le gouvernement légal aidé par l'Angleterre et les États-Unis. Elle se termine en 1949 par la défaite des communistes.

QUESTIONS

A. Présenter les documents (nature, date, auteur)

B. Dégager des informations des documents

1. Pourquoi peut-on parler d'« effondrement de l'Europe » en 1945 ? (doc. 2)
2. La paix survenue en 1945 a-t-elle amélioré le niveau de vie ? (doc. 3)
3. Rappeler ce qu'est le plan Marshall. Quelles sont les raisons qui peuvent expliquer la rupture entre l'Europe de l'Est et l'Europe de l'Ouest ? (doc. 4)
4. Pourquoi la nouvelle frontière de l'Allemagne sur la ligne Oder-Neisse est-elle contestée ? (doc. 5)
5. Sur quels nouveaux aspects de la carte de l'Europe Paul-Henri Spaak s'appuie-t-il dans son argumentation ? (doc. 6)

C. Mettre en relation les documents

6. Relever les difficultés économiques et sociales de l'Europe. (doc. 2 et 3)
7. Quels documents donnent des renseignements sur la situation politique de l'Europe ? Quels sont ces renseignements ?
8. Quel document de cette page donne raison à Paul-Henri Spaak ?

D. Synthèse

9. À l'aide de ce dossier, rédiger une synthèse montrant pourquoi le « regroupement européen » (doc. 2) devient une nécessité après 1945.

1 Genèse de la construction européenne

A. Une volonté de paix et de solidarité

doc. 3

■ La construction européenne naît de la volonté de favoriser la paix tout en créant des solidarités entre pays européens, autrefois ennemis. La guerre n'a pas anéanti toute l'œuvre d'Aristide Briand et, dans la Résistance, les courants sociaux-démocrates et démocrates-chrétiens travaillent à la naissance d'une Europe unie dans le respect des principes démocratiques. **Après 1947, du fait de la guerre froide, les espoirs d'union européenne se limitent à la seule Europe occidentale**.

■ Dès la fin des hostilités, l'idée européenne trouve un nouveau champion avec **Churchill qui veut construire les « États-Unis d'Europe »**. Ses espoirs s'appuient sur de solides atouts :
– la venue au pouvoir dans la plupart des États d'Europe occidentale de chefs politiques issus de la démocratie chrétienne favorable à l'union : Jean Monnet et Robert Schuman en France, Konrad Adenauer en Allemagne, Alcide de Gasperi en Italie ;
– l'effondrement des droites nationalistes trop compromises dans la collaboration ;
– la crainte d'une offensive des forces soviétiques ;
– la conscience d'une décadence économique si l'on ne met pas en commun les efforts de redressement, car le plan Marshall ne dure qu'un temps.

B. Mais quelle Europe ?

doc. 1, 2 et 7

■ Des conceptions divergentes apparaissent progressivement au grand jour :
– les « unionistes » rêvent d'une véritable Europe **supranationale**, disposant d'un pouvoir exécutif fort, d'une économie et d'une armée totalement intégrées ;
– à l'inverse, les **fédéralistes** souhaitent laisser une large autonomie aux différents États, coiffés par un gouvernement fédéral au pouvoir bien délimité.

■ Les Européens sont divisés sur l'attitude à adopter vis-à-vis des États-Unis.
– Pour les socialistes et les démocrates-chrétiens, dans les années 1950 et 1960, la construction européenne n'est concevable que dans le cadre d'une alliance avec les États-Unis et l'OTAN, face au danger communiste. Ils ont une attitude **atlantiste**.
– À partir des années 1960, se dessine la conception gaulliste d'une « Europe des États » **préservant le principe de souveraineté nationale** tout en coordonnant les efforts économiques et militaires. Comptant provoquer un dégel dans les pays de l'Est dominés par l'URSS, de Gaulle lance l'idée d'une « Europe de l'Atlantique à l'Oural ».
– Beaucoup de partis politiques de gauche réclament **une Europe sociale**, une « Europe des peuples » qui s'opposerait à une « Europe des monopoles ».

C. Les premières réalisations

doc. 4, 5 et 6

■ Malgré les divergences, la construction européenne prend corps. À la suite de l'appel de Churchill, dix pays occidentaux créent **en mai 1949 le Conseil de l'Europe**. Il se compose d'un Comité des ministres représentant les gouvernements, et d'une Assemblée consultative siégeant à Strasbourg. Le Conseil comprend bientôt 21 membres, soit la totalité des États de l'Europe occidentale, mais son rôle se limite à défendre la démocratie et à coopérer dans les domaines juridique et culturel.

■ En 1951, par le traité de Paris, Jean Monnet, Robert Schuman et Konrad Adenauer créent la **Communauté européenne du charbon et de l'acier** (CECA) regroupant la production de six pays européens (Belgique, Pays-Bas, Luxembourg, France, Italie, RFA). La CECA repose sur la réconciliation de la France et de l'Allemagne et l'espoir de voir progresser, dans d'autres domaines, l'idée européenne.

■ Après ce succès, la construction européenne connaît cependant un net ralentissement quand, en 1954, le Parlement français refuse de ratifier la Communauté européenne de défense (CED), projet qui prévoyait d'autoriser le réarmement de l'Allemagne fédérale en intégrant ses divisions dans une armée européenne.

VOCABULAIRE

supranational : la supranationalité implique que les décisions prises par l'autorité européenne l'emportent sur celles des États dépendant de cette dernière.

fédéraliste : partisan d'un État fédéral, association étroite d'États qui abandonnent au pouvoir fédéral certaines attributions.

atlantiste : qui est favorable à une alliance politique entre les États des deux rives de l'Atlantique Nord, États-Unis, Canada et Europe occidentale, face au danger soviétique.

1 Affiche de 1960. P. Delage.

2 Affiche du parti communiste français. Jean Effel, 23 avril 1972.

3 L'appel de Churchill

Je voudrais vous parler de la tragédie de l'Europe, ce continent magnifique qui comprend les régions les plus belles et les plus civilisées de la terre,et qui est la patrie de tous les grands peuples apparentés du monde occidental. L'Europe est aussi le berceau du christianisme et de la morale chrétienne. [...] Elle est le point de départ de la plus grande partie de la culture, des arts, de la philosophie et de la science du passé et du présent.
En revanche, c'est aussi d'Europe qu'est partie cette série de troubles nationalistes épouvantables déclenchés par les Teutons et que nous avons vus au XXe siècle. La paix a été ainsi troublée et les perspectives de l'humanité entière réduites à néant. [...]
Mais il y a moyen d'y parer. [...] En quoi consiste ce remède ? Il consiste à recréer la famille européenne, puis à l'élever de telle sorte qu'elle puisse se développer dans la paix, la sécurité et la liberté. Il nous faut édifier une sorte d'États-Unis d'Europe. [...]
Dans cette tâche impérieuse, il faut que la France et l'Allemagne s'associent. La Grande-Bretagne, la famille des peuples britanniques, la puissante Amérique, et j'en ai confiance, la Russie aussi, doivent être les amis et les soutiens de la nouvelle Europe et défendre son droit à la vie.

W. Churchill, discours de Zurich, 19 septembre 1946.

4 Le premier train de la CECA.

Le 10 février 1953, le premier « train de la CECA » chargé de houille franchit la frontière franco-luxembourgeoise.

5 La « méthode » Schuman

La paix mondiale ne saurait être sauvegardée sans des efforts créateurs à la mesure des dangers qui la menacent.
L'Europe ne se fera pas d'un coup, ni dans une construction d'ensemble : elle se fera par des réalisations concrètes.
Le gouvernement français propose de placer l'ensemble de la production franco-allemande de charbon et d'acier sous une Haute Autorité commune, dans une organisation ouverte à la participation des autres pays d'Europe. La mise en commun des productions de charbon et d'acier assurera immédiatement l'établissement de bases communes de développement économique, première étape de la Fédération européenne.

Robert Schuman, ministre français des Affaires étrangères, le 9 mai 1950.

6 Le projet de Jean Monnet pour l'Europe

Pour la paix future, la création d'une Europe dynamique est indispensable. Une association des peuples « libres », à laquelle participeront les États-Unis, n'exclut pas la création d'une Europe ; au contraire, parce que cette association sera fondée sur la liberté, donc sur la diversité, l'Europe, si elle est adaptée aux nouvelles conditions du monde, développera ses facultés créatrices et ainsi, graduellement, apparaîtra une force d'équilibre.
Il faut donc abandonner les formes passées et entrer dans une voie de transformation à la fois par la création de conditions économiques de base communes et par l'instauration d'autorités nouvelles acceptées par les souverainetés nationales.
L'Europe n'a jamais existé. Ce n'est pas l'addition de souverainetés réunies dans des Conseils qui crée une entité. Il faut véritablement créer l'Europe, qu'elle se manifeste à elle-même et à l'opinion américaine et qu'elle ait confiance en son propre avenir.

J. Monnet, mémorandum du 3 mai 1950 (extrait).

1. **Quelles sont les difficultés contenues dans « l'instauration d'autorités nouvelles acceptées par les souverainetés nationales » ?**
2. **Résumer en quelques lignes la vision de l'Europe unie selon Jean Monnet.**

7 L'Europe de l'Atlantique à l'Oural

Et notre idée sur l'Allemagne ? Je le répète, étant donné l'équilibre absolument précaire qui existe entre l'Est et l'Ouest, notre idée sur l'Allemagne est qu'il n'est pas opportun, à l'heure actuelle, d'y modifier les faits qui s'y trouvent accomplis. Nous croyons que ces faits-là, il faut les prendre comme ils sont et vivre avec. [...]
Si nous estimons qu'il ne faut pas, à l'heure qu'il est, dans les circonstances présentes, s'en prendre à ce qui existe en Allemagne, c'est d'abord parce que nous croyons que toute négociation sur ce sujet risquerait, comme je l'ai dit tout à l'heure, d'aboutir à un recul de l'Occident et aggraverait le danger. Mais c'est aussi parce qu'il y a une solidarité entre l'Allemagne et la France. De cette solidarité dépend la sécurité immédiate des deux peuples. Il n'y a qu'à regarder la carte pour en être convaincu. De cette solidarité dépend tout espoir d'unir l'Europe dans le domaine politique et dans le domaine de la défense comme dans le domaine économique.
De cette solidarité dépend, par conséquent, le destin de l'Europe tout entière de l'Atlantique jusqu'à l'Oural ; car s'il peut se créer à l'Occident de l'Europe une construction, une organisation, qui soit ferme, prospère, attrayante, alors réapparaissent les possibilités d'un équilibre européen avec les États de l'Est et réapparaît la perspective d'une coopération proprement européenne, surtout si, en même temps, le régime totalitaire cesse d'empoisonner les sources.

Conférence de presse du général de Gaulle, le 15 mai 1962.

1. **Rappeler quelle est la situation de l'Allemagne à la date du texte.**
2. **Dans quel contexte international de Gaulle place-t-il la réconciliation franco-allemande ?**
3. **Expliquer l'expression « équilibre européen avec les États de l'Est » ; de Gaulle envisage-t-il une union avec ces « États de l'Est » ?**

2 Un nouvel élan

A. Le traité de Rome

■ Avec l'échec de la CED en 1954, la construction européenne semble marquer le pas. Mais une étape importante est franchie en juin 1955 lorsque les six pays membres de la CECA décident la création du **Marché commun**.

■ Le projet prend forme par le traité de Rome (mars 1957) qui donne naissance à la Communauté économique européenne (CEE). Ce traité prévoit une coopération économique, l'abolition des barrières douanières et la mise en place d'un tarif extérieur commun. Il est complété par un deuxième traité qui jette les bases d'une communauté européenne de l'énergie atomique, l'Euratom. Ce traité met en place des institutions communautaires qui garantissent la souveraineté de chaque État car **toutes les décisions concernant la Communauté doivent être prises à l'unanimité**.

B. Les premiers élargissements de l'Europe

doc. 1 et 2

■ La CEE enregistre dans les années 1960 une croissance économique élevée, ce qui incite d'autres États à demander leur adhésion. Se pose alors le problème du Royaume-Uni. Refusant le caractère supranational de la Communauté, il fonde en 1959, une institution concurrente, l'Association européenne du libre-échange (AELE) regroupant 7 États : Royaume-Uni, Danemark, Suède, Norvège, Portugal, Suisse et Autriche.

■ Ne parvenant pas à contourner la construction de l'Europe des Six par une vaste zone de libre-échange, **le Royaume-Uni se résigne à poser, en 1961, sa candidature** à l'admission dans la CEE. Par deux fois (1963 et 1967), de Gaulle, voyant dans le Royaume-Uni le « cheval de Troie » des États-Unis et lui reprochant sa préférence pour le **Commonwealth**, oppose son **veto** à l'admission des Britanniques. Ce n'est finalement qu'en 1973 que le Royaume-Uni, l'Irlande et le Danemark adhèrent à la CEE.

■ Peu de temps après, trois pays méditerranéens retrouvent un régime démocratique : **la Grèce**, après la disparition de la dictature militaire en 1974 ; **l'Espagne**, après la mort du général Franco en 1975 ; **le Portugal**, après la révolution de 1974 qui met fin à l'une des plus vieilles dictatures d'Europe, instaurée par Salazar en 1928. La nature démocratique du régime étant une condition nécessaire pour entrer dans la CEE, cette dernière les accueille en 1981 (la Grèce) et 1986 (l'Espagne et le Portugal).

C. La consolidation de l'Europe

doc. 3, 4, 5 et 6

■ Dans les années 1970, les institutions de la CEE se transforment : fusion des pouvoirs exécutifs des trois communautés (CECA, CEE et Euratom) au sein d'un Conseil et d'une Commission uniques et **élection d'un Parlement européen au suffrage universel à partir de 1979**. En 1986, le Parlement voit ses pouvoirs élargis dans les domaines législatif et budgétaire. Parallèlement, un **accord signé à Schengen en 1985** instaure la libre circulation des personnes au sein de la Communauté. Sept États adhèrent dans un premier temps à cet accord qui entre en vigueur en mars 1996.

■ À la même époque s'établit une coopération avec des pays du tiers-monde dans le cadre de la Convention de Lomé signée en 1975. Renouvelé en 1979 et en 1984, cet accord associe à la CEE 66 pays de l'Afrique, de l'Amérique centrale et de l'Océanie. En 1986, l'« Acte unique » établit un marché unique de 370 millions d'Européens.

■ En 1989, la chute du mur de Berlin bouleverse les données géopolitiques du continent. **La réunification de l'Allemagne fait entrer l'ex-RDA dans la CEE**. Les dirigeants de la CEE s'interrogent sur le devenir d'une Allemagne de 80 millions d'habitants qui pourrait délaisser la construction européenne et se tourner vers l'Europe centrale, proche et désormais accessible. En effet, cette « *Mitteleuropa* » constituait, avant 1945, la zone d'influence culturelle et économique de l'Allemagne. Tel est l'un des nouveaux défis lancés à l'Europe au seuil des années 1990.

VOCABULAIRE

Marché commun : expression couramment utilisée pour désigner la CEE (Communauté économique européenne).

Commonwealth : ensemble des États et des territoires issus de l'empire britannique reconnaissant entre eux une certaine solidarité. Les États membres du Commonwealth sont indépendants ou liés par un serment d'allégeance à la couronne britannique. Aujourd'hui, le Commonwealth comprend 50 États.

veto : droit de s'opposer, même seul, à une décision. Le droit de veto permet à un membre de la CEE de bloquer une décision qu'il juge contraire à ses intérêts.

1 De Gaulle et l'Angleterre

La Grande-Bretagne a posé sa candidature au Marché commun. Elle l'a fait après s'être naguère refusée à participer à la Communauté qu'on était en train de bâtir, après avoir créé une sorte de libre-échange avec six autres États, [...] L'Angleterre, donc, a demandé à son tour à y entrer, mais suivant ses propres conditions [...].
L'Angleterre, en effet, est insulaire, maritime, liée par ses échanges, ses marchés, son ravitaillement, aux pays les plus divers et souvent les plus lointains. Elle exerce une activité essentiellement industrielle et commerciale et très peu agricole. Elle a, dans tout son travail, des habitudes et des traditions très marquées, très originales.
Bref, la nature, la structure, la conjoncture, qui sont propres à l'Angleterre, diffèrent profondément de celles des Continentaux. [...]
D'ailleurs, la Communauté s'accroissant de cette façon verrait se poser à elle tous les problèmes de ses relations économiques avec une foule d'autres États, et d'abord avec les États-Unis.
Il est à prévoir que la cohésion de tous ses membres, qui seraient très nombreux, très divers, n'y résisterait pas longtemps et, qu'en définitive, il apparaîtrait une Communauté atlantique colossale sous dépendance et direction américaines et qui aurait tôt fait d'absorber la Communauté européenne.

Conférence de presse du général de Gaulle, 14 janvier 1963.

1. **Expliquer « une sorte de libre-échange avec six autres États » ?**
2. **Quels sont les arguments du général de Gaulle pour justifier son veto ?**

Caricature néerlandaise, 1962. **2**

1. Quels pays entourent le personnage dénommé « Britannia » ?
2. Quel ensemble forment-ils ?
3. La caricature est-elle favorable à l'entrée du Royaume-Uni dans le Marché commun ? Pourquoi ?

3 Les dirigeants européens après la chute du mur de Berlin. Caricature de Plantu, 9 déc. 1989.

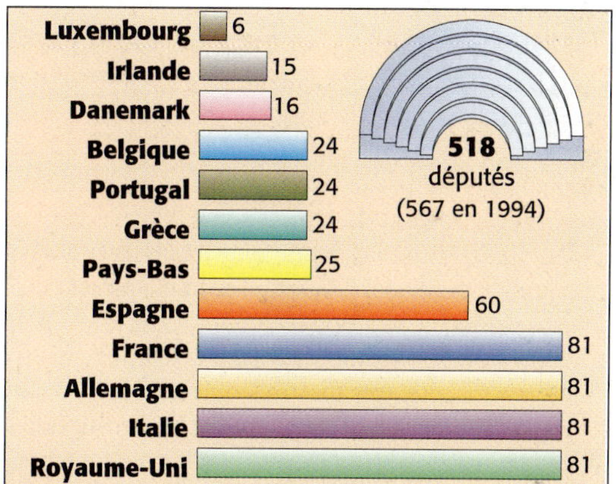

4 La composition du Parlement européen en 1992.

5 Simone Veil, présidente du premier Parlement européen élu au suffrage universel.

Les Français sont-ils, selon vous, suffisamment européens ?

Dans les années cinquante, les Français ont été les promoteurs les plus engagés de la construction européenne. Pour les générations comme la mienne qui avaient connu et souffert de la guerre, l'Europe apparaissait comme la seule chance pour réconcilier la France et l'Allemagne et garantir durablement la paix. L'amitié entre nos deux pays paraît aujourd'hui si évidente que l'on a parfois un peu oublié que pour la première fois depuis des siècles l'Europe a connu une longue période de paix.

La prospérité économique paraissant également acquise, la nécessité de faire l'Europe a pu paraître moins évidente.

La crise, les menaces extérieures, ont à nouveau fait prendre conscience de la faiblesse de nos nations, si elles restent isolées.

Interview de Simone Veil, 1987.

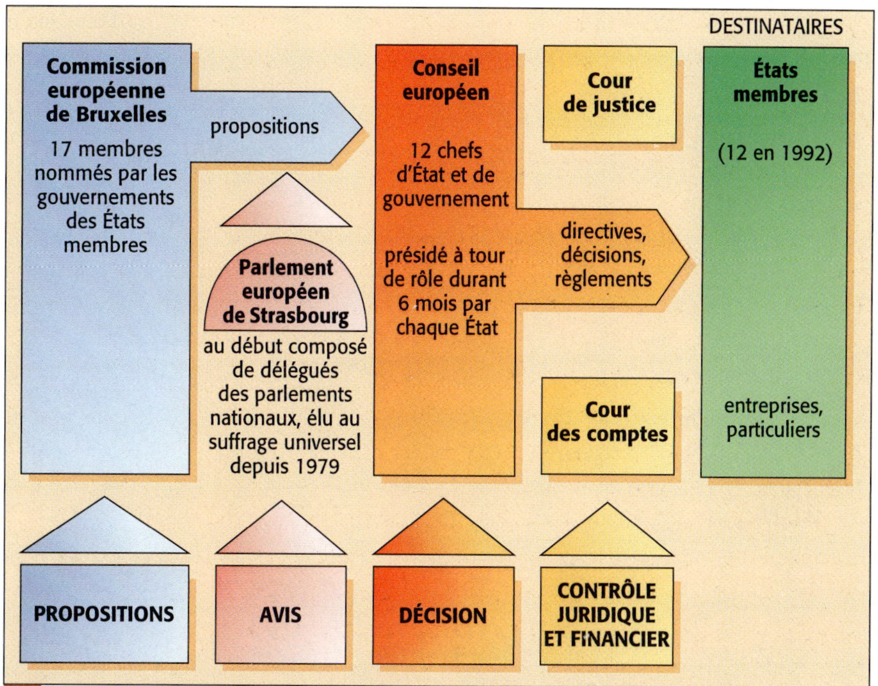

6 Le fonctionnement des institutions européennes en 1992.

1. Quel est le rôle des députés européens ?
2. Qui prend les décisions au niveau de la CEE ? Qui a l'initiative de ces décisions ?

Les chantiers de l'Europe

Sur le plan économique, la CEE est devenue la première puissance commerciale du monde, capable de concurrencer les États-Unis et le Japon. Malgré ces succès, dans une Europe où la baisse démographique s'accentue, l'œuvre communautaire est encore inachevée et de grands chantiers restent ouverts au début des années 1990 : politique monétaire, intégration de l'agriculture, politique extérieure et défense, collaboration dans les domaines scientifiques et scolaires, coopération judiciaire et lutte contre le terrorisme.

1 Le plan Mansholt de 1968 et les manifestations paysannes

Le système actuel d'interventions sur le marché, caractérisé par un soutien quantitativement illimité sur la base de prix élevés, constitue un encouragement au maintien des exploitations marginales [...]. Il retarde la diminution du nombre des exploitants, qui est un des moyens essentiels d'améliorer le revenu des agriculteurs.
Si l'on veut en une dizaine d'années rattraper le retard de l'agriculture en ce qui concerne le niveau de vie, il faut que le taux annuel de diminution de la population agricole soit notablement accéléré. [...] Il apparaît nécessaire de retirer de la population agricole les superficies n'offrant qu'une rentabilité insuffisante. Ces mesures doivent être réalisées dans le cadre d'un programme décennal. De 1970 à 1980, la superficie agricole utilisée devrait être réduite d'au moins 5 millions d'hectares.

Mémorandum sur la réforme de l'agriculture dans la CEE, présenté en 1968 par le Néerlandais Mansholt, vice-président de la Commission européenne.

2 Les « technocrates » de Bruxelless.
Dessin de Plantu dans *Le Monde* du 27 octobre 1992.

3 Manifestation de paysans européens à Bruxelles (février 1971).
Dans les années 1970, les agriculteurs manifestent à Bruxelles pour peser sur les discussions des autorités européennes lors de la fixation des prix des produits agricoles. Par la suite, ils font pression sur Bruxelles pour maintenir le système protectionniste de la politique agricole commune, ce qui est en contradiction avec les intérêts des autres pays exportateurs, États-Unis mais aussi pays du tiers-monde.

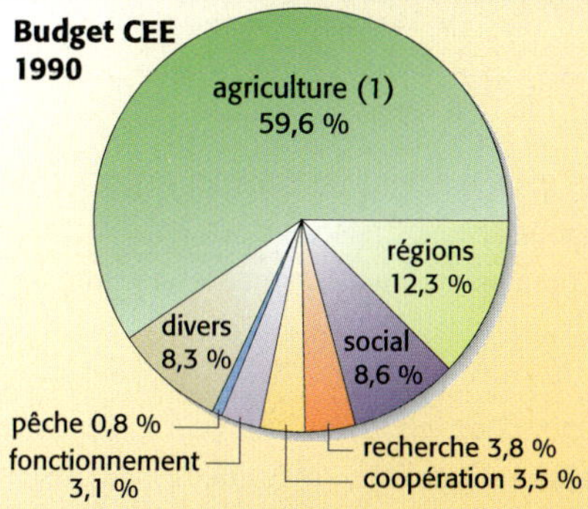

(1) La PAC (Politique agricole commune) est coûteuse pour la Communauté car les produits dont les prix baissent sont achetés au-dessous du prix d'intervention et stockés avant d'être revendus. Le prix d'intervention est fixé par le conseil des ministres des 12.

4 Le poids des dépenses et des groupes de pression

Ce qui est en cause, c'est le système lui-même : il y a trop d'argent public et pas assez de moyens de contrôle. Plus de 40 milliards d'euros par an de subventions agricoles ! On a mis la banque au milieu du village : comment voulez-vous qu'il n'y ait pas des tentations, du copinage, des dérapages ? Personnellement, je suis pour un ordre professionnel des lobbyistes[1] pur et dur. Un journaliste a une carte professionnelle, une infirmière a un diplôme. Il faudrait arriver à ce que les lobbyistes soient soumis à des exigences comparables. Il n'est pas normal que, plus de quarante ans après la signature du traité de Rome, il n'y ait pas de cadre juridique pour les groupes d'intérêt.

Daniel Guéguen, ancien directeur général de la Fédération européenne du sucre, spécialiste des groupes de pression.

1. Membre d'un groupe de pression.

5 L'Europe et le sommet de Malte (décembre 1989). Caricature de Plantu.
Le sommet de Malte, consacré à la situation internationale en décembre 1989, réunit le président de États-Unis, George Bush, et le président de l'URSS, Mikhaïl Gorbatchev. Aucun représentant de l'Europe n'est présent.

6 Un Européen impatient

Vive l'Europe ! Depuis 1958, à chaque occasion, des responsables de nationalités et de tendances politiques diverses, la main sur le cœur, se déclarent Européens convaincus.

Hélas ! La réalité est loin des discours : trente ans ont passé au cours desquels se sont accumulés discussions byzantines, conflits d'intérêts souvent sordides estompant les objectifs essentiels. L'Europe a manqué un certain nombre d'occasions qui lui auraient permis de dépasser son stade de mercantilisme limité.

L'Europe se fera avec la jeunesse, paraît-il. Où en est le projet exaltant de 1962 de créer des universités européennes avec équivalence de diplômes, échanges de professeurs et stages d'étudiants ? Qu'est devenue cette grande monnaie européenne dont on parle depuis dix ans, qui aurait pu, face au dollar fluctuant, améliorer l'économie mondiale ? Où est le plan européen de lutte contre le chômage ?

Déclaration de Pierre Sudreau, ancien ministre, ancien président du Mouvement européen, 19 février 1987.

QUESTIONS

A. Présenter les documents (nature, date, auteur)

B. Dégager des informations des documents

1. Dans le texte de Mansholt, expliquer les expressions : système d'intervention, exploitations marginales, surface agricole utilisée. (doc. 1)
2. Comment interpréter ce dessin de Plantu ? (doc. 2)
3. Quelles sont les raisons des manifestations paysannes ? (doc. 3)
4. Quel jugement est ici porté sur la pratique des groupes de pression ? (doc. 4)
5. D'après cette caricature, quelle faiblesse de l'Europe est ici mise en évidence ? (doc. 5)
6. Expliquer les expressions : « discussions byzantines » et « stade de mercantilisme » dans le doc. 6.

C. Mettre en relation les documents

7. D'après les doc. 1 et 4, expliquer pourquoi la Politique agricole commune revient cher à la CEE.
8. Quel lien peut-on établir entre les doc. 1 et 2 ?
9. Le point de vue Pierre Sudreau (doc. 6) vous semble-t-il confirmé par d'autres documents de ce dossier ?

D. Synthèse

10. En utilisant les documents de ce dossier, rédiger une synthèse montrant que, malgré bien des lenteurs et des imperfections, les chantiers européens ont progressé entre les traités de Rome (1957) et de Maastricht (1992).

FICHE DE RÉVISION

DATES À RETENIR

- **1951 :** création de la CECA
- **1954 :** échec de la Communauté européenne de défense
- **1957 :** traité de Rome, création de la CEE
- **1973 :** adhésion du Danemark, de l'Irlande et du Royaume-Uni
- **1981 :** adhésion de la Grèce
- **1986 :** adhésions de l'Espagne et du Portugal

Sigles à connaître

- **CECA :** Communauté européenne du charbon et de l'acier
- **CEE :** Communauté économique européenne
- **UE :** Union européenne

LIRE

• R. GIRAULT, *L'Europe en chantier*, 1945-1990, Documentation photographique, n° 6105, février 1990.
• J.-L. MATHIEU, *Quelle union pour l'Europe ?*, Documentation photographique, n° 8008, avril 1999.
• COMMISSION EUROPÉENNE, *L'Europe de A à Z, guide de l'intégration communautaire*, Sources d'Europe, 1997.

BIOGRAPHIES

Jean Monnet (1888-1979), premier président de la CECA.
(Voir biographie complète p. 397)

Robert Schuman (1886-1963), ministre français des Affaires étrangères.
(Voir biographie complète p. 398)

Konrad Adenauer (1876-1967), premier chancelier de RFA de 1949 à 1963.
(Voir biographie complète p. 392)

BILAN DU CHAPITRE

I. Genèse de la construction européenne

➤ Après 1945, Winston Churchill reprend l'idée d'Aristide Briand de créer les « États-Unis d'Europe ». Son appel rencontre un écho favorable pour diverses raisons :
- arrivée au pouvoir, dans plusieurs pays, de démocrates-chrétiens favorables à l'union ;
- effondrement des vieilles droites nationalistes ;
- crainte d'une offensive soviétique ;
- nécessité d'unir les efforts dans le domaine économique.

➤ Mais divisions des partisans de l'Europe entre **supranationalistes**, **fédéralistes**, gaullistes, socialistes, **atlantistes**.
Résultat positif : création de la CECA en 1951.
Échec : refus français de créer une CED qui aurait permis le réarmement de l'Allemagne.

II. Nouvel élan, du traité de Rome à la chute du mur de Berlin

➤ 1957 : le traité de Rome crée le **Marché commun** ou CEE (Communauté économique européenne), Europe des Six (Belgique, Pays Bas, Luxembourg, France, RFA et Italie).
➤ Nouvelles adhésions : passage de 6 à 12 en 1973 (Royaume-Uni, Irlande, Danemark), 1981 (Grèce) et 1986 (Espagne, Portugal).
➤ Parallèlement, la Communauté progresse sur le chemin de l'intégration : l'Acte unique européen (1986) : marché sans frontière intérieure.

NE PAS CONFONDRE

CEE, AELE, et UE

• La **CEE** (Communauté économique européenne) regroupe les six États (France, Allemagne, Italie, Belgique, Pays-Bas et Luxembourg) qui ont signé le traité de Rome en 1957.

• L'**AELE** (Association européenne de libre-échange) a été créée en 1959 par le Royaume-Uni pour concurrencer la CEE. Elle comprenait à l'origine sept États (Royaume-Uni, Portugal, Danemark, Norvège, Suède, Suisse et Autriche). Aujourd'hui, ils ne sont plus que deux (Norvège et Suisse) ; les autres ont rejoint la CEE.

• L'**UE** (Union européenne) est le nom pris par la CEE à partir du 1er janvier 1993.

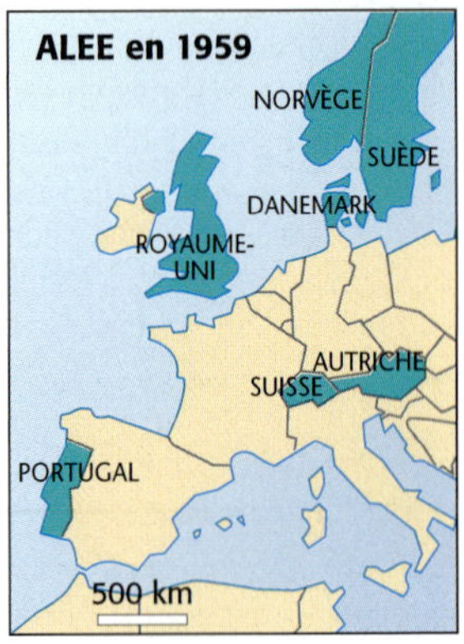

Conseil de l'Europe et Parlement européen

Les deux siègent à Strasbourg.

• Le **Conseil de l'Europe**, créé en 1949, regroupe la plupart des États européens démocratiques. Il a eu le mérite d'habituer les Européens à examiner ensemble des problèmes essentiels à leur avenir, bien avant la création de la CEE ; mais son rôle est purement consultatif. Son œuvre principale est d'avoir élaboré une Convention européenne des droits de l'homme (1950) et d'avoir créé la Cour européenne des droits de l'homme. Il a choisi le drapeau européen (une couronne d'étoiles sur fond bleu) et fait de l'« *Hymne à la joie* » de Beethoven, l'hymne européen.

• Le **Parlement européen**, élu au suffrage universel, est un rouage important de la CEE (voir doc. 4 p. 215).

Explication d'un document (10/16)

Sujet : Le traité de Rome (25 mars 1957)

Sa Majesté le Roi des Belges, le Président de la République fédérale d'Allemagne, le Président de la République française, le Président de la République italienne, Son Altesse Royale la Grande-Duchesse de Luxembourg, Sa Majesté la Reine des Pays-Bas.

Déterminés à établir les fondements d'une union sans cesse plus étroite entre les peuples européens, décidés à assurer par une action commune le progrès économique et social de leur pays en éliminant les barrières qui divisent l'Europe, [...] désirant assurer le développement de leur prospérité, conformément au principe de la Charte des Nations unies, résolus à affermir, par la constitution de cet ensemble de ressources, les sauvegardes de la paix et de la liberté, et appelant les autres peuples de l'Europe qui partagent leur idéal à s'associer à leur effort, ont décidé de créer une Communauté économique européenne [...].

Article Ier – Les parties contractantes instituent entre elles une Communauté économique européenne.

Article 2 – La Communauté a pour mission, par l'établissement d'un marché commun et par le rapprochement progressif des politiques économiques des États membres, de promouvoir un développement harmonieux des activités économiques dans l'ensemble de la Communauté, une expansion continue et équilibrée, une stabilité accrue, un relèvement accéléré du niveau de vie, et des relations plus étroites entre les États qu'elle réunit.

Article 3 – L'action de la Communauté comporte :

a. L'élimination, entre les États membres, des droits de douane et des restrictions quantitatives à l'entrée et à la sortie des marchandises,

b. L'établissement d'un tarif douanier commun et d'une politique commerciale commune envers les États tiers,

c. L'abolition, entre les États membres, des obstacles à la libre circulation des personnes, des services et des capitaux,

d. L'instauration d'une politique commune dans le domaine de l'agriculture,

e. L'instauration d'une politique commune dans le domaine des transports.

DOCUMENT D'ACCOMPAGNEMENT

Les « six » prennent le départ du Marché Commun.

Dessin de Viou, 1957.

Questions

1. Présenter le document.
2. En quoi consiste le projet européen ? La situation en Europe et dans le monde semble-t-elle favorable ?
3. Quels sont les objectifs des signataires ? Comment pensent-ils les atteindre ?
4. Dans quelle mesure peut-on considérer ce traité comme une relance de la construction européenne ?

Méthode

➤ 1. Aide générale

• Mobiliser les connaissances se rapportant à la construction européenne et aux relations internationales.

➤ 2. Comment répondre aux questions

A. Question 1

• Montrer qu'il s'agit d'un accord au plus haut niveau entre quelques États européens. Sur quoi porte-t-il ?

B. Question 2

• Rappeler les principaux objectifs poursuivis par « les pères de l'Europe » : redressement économique, guerre froide, sauvegarde de la paix par la réconciliation franco-allemande.

• Préciser le contexte historique européen (moins d'un an auparavant : violente répression de l'insurrection hongroise par l'Armée rouge ; en 1954 : échec de la Communauté européenne de défense). Montrer comment les événements ont pu contribuer à relancer la construction européenne.

C. Question 3

• Les objectifs apparaissent dans le préambule (la partie du texte qui précède l'article 1 ; on peut les comparer aux objectifs du préambule de la Charte des Nations unies) et dans les deux premiers articles ;

• Classer les éléments contenus dans l'article 3 afin de dégager les moyens envisagés pour faire progresser l'Union européenne.

D. Question 4

• Il s'agit de dégager la portée du document. Ainsi, l'accord dépasse le domaine du charbon et de l'acier et annonce des politiques communes. Règle-t-il toutes les questions alors en suspens (nombre des membres, débat sur l'Europe fédérale, sur l'Europe des nations...) ?

PRÉPA BAC

Étude d'un ensemble documentaire (10/16)

Sujet : Quelles transformations l'Allemagne connaît-elle entre 1945 et le début des années 1990 ?

Questions

Première partie

1. Présenter les documents en insistant sur leurs dates et sur la particularité des auteurs des textes.
2. Quelle est la situation de l'Allemagne en 1945 ?
3. En quoi ce pays est-il un enjeu de la guerre froide ?
4. Quelles sont les différentes étapes du rapprochement entre les deux Allemagnes ?
5. Décrire la réunification allemande et ses conséquences.

Deuxième partie

Rédiger, à l'aide des réponses précédentes et des connaissances acquises, une réponse ordonnée à la question posée par le sujet.

DOCUMENT 1 **Le mur de Berlin**

1. La situation semble calme actuellement dans les deux parties de Berlin. La seule manifestation qui aurait pu prendre des proportions dangereuses est celle qui a eu lieu hier au soir à la porte de Brandebourg où quelques milliers d'Occidentaux s'étaient groupés jusqu'à minuit, face à la limite du secteur est. […]

2. Treize points de passage restent ouverts. Quant aux autres, on signale ici et là que d'épais murs de maçonnerie commencent à être construits, que des fossés sont creusés. Les lignes de métro reliant Berlin-Ouest à la zone Est[1] sont interrompues à la frontière zonale[2], les rails étant enlevés sur une certaine longueur […].
Au total, 3 700 réfugiés se sont présentés à Marienfelde entre samedi 12 heures et dimanche 14 heures […].

5. À la séance de la Chambre des députés, Monsieur Brandt[3] [..] a lancé un appel aux habitants de la zone soviétique leur demandant de ne pas se laisser aller au désespoir et les assurant que « nous ne nous accommoderons jamais de cette division contre-nature ». Il a réclamé des habitants de la République fédérale […] qu'ils fassent preuve de la plus grande solidarité avec Berlin et la population de la zone soviétique…

Télégramme de S. Arnault de Guényveau, chef de la division politique du gouvernement militaire français de Berlin, le 14 août 1961, *Mémoire du monde, Cinq siècles d'histoires inédites et secrètes au Quai d'Orsay*, L'Iconoclaste, 2001.

1. Certaines lignes de métro reliant deux parties de Berlin-ouest traversent la zone soviétique.
2. Frontière zonale : limite entre les trois secteurs occidentaux et la zone soviétique.
3. Willy Brandt (1917-1992) : homme d'État allemand (RFA) social-démocrate, d'abord député puis maire de Berlin de 1957 à 1966, chancelier de 1969 à 1974, il inaugura une politique d'ouverture avec les pays de l'Est et d'accords avec la RDA, l'Ostpolitik.

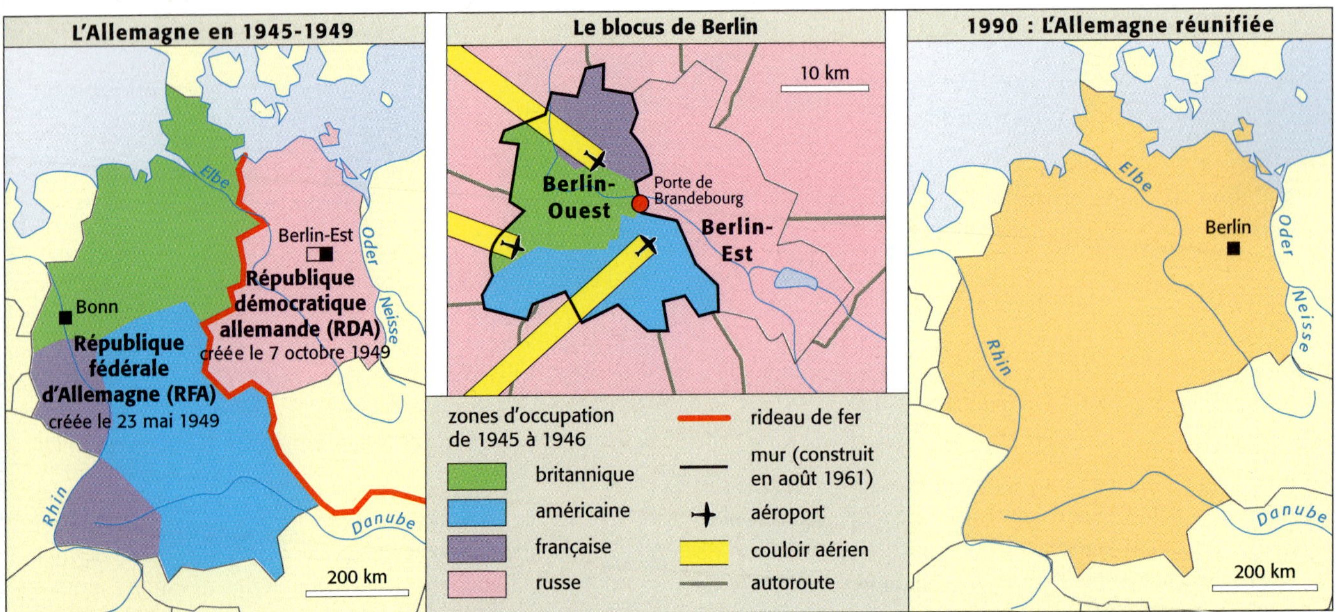

DOCUMENT 2 **L'Allemagne de 1945 à 1991.**

DOCUMENT 3 L'Ostpolitik de Willy Brandt

La tâche de la politique pratique dans les prochaines années sera de sauvegarder l'unité de la nation en veillant à mettre fin à l'état de crispation actuelle qui caractérise les relations entre les deux parties de l'Allemagne [...].

Vingt ans après la fondation de la République fédérale d'Allemagne et de la RDA, nous devons éviter que les deux parties de la nation allemande ne deviennent de plus en plus étrangères l'une à l'autre, c'est-à-dire, par un voisinage ordonné, aboutir à une vie en commun.

Il ne s'agit pas seulement ici d'un intérêt allemand, car il a aussi son importance pour la paix en Europe et pour les relations Est-Ouest. Notre attitude – et celle de nos amis – à l'égard des relations internationales de la RDA dépend pour une bonne part de l'attitude de Berlin-Est [...].

Il ne peut être question que le gouvernement fédéral reconnaisse la RDA au sens du droit international. Même s'il existe deux États en Allemagne, ils ne sont pas pour autant des pays étrangers l'un pour l'autre ; les relations qu'ils entretiennent entre eux ne peuvent être que d'une nature particulière.

Le gouvernement fédéral conseillera aux États-Unis, à la Grande-Bretagne et à la France de poursuivre énergiquement les négociations entamées avec l'Union soviétique sur l'allègement et l'amélioration de la situation de Berlin qui est placée sous la responsabilité spéciale des Quatre Puissances.

Déclaration gouvernementale du chancelier Willy Brandt au Bundestag (Chambre des députés de RFA), le 28 octobre 1969.

DOCUMENT 4 Témoignages d'Allemands de l'Est, novembre 1989

Un jour plus tard, nous y étions dans cet Ouest fameux. C'était comme dans un rêve. Les magasins sentaient tellement bon, et on pouvait acheter de tout. Partout l'éclat, les lumières, les publicités, pas la grisaille de chez nous. Toutes ces lumières brillaient. Et les gens nous ont tous accueillis si chaleureusement, beaucoup pleuraient.

O. B., 10 ans.

Nous voilà sur l'autoroute par ce mauvais temps humide de novembre, nous pauvres citoyens de la RDA, avec notre Trabant à deux temps. Boumboum, boumboum ! Avec des voitures immatriculées à Berlin-Ouest dans l'autre sens ! Dernière station avant la frontière. Au dernier poste de police avant la RFA, nous sommes seuls, face à un officier de haut rang : « Avez-vous un tampon sur votre visa ? ». Le ton poli de sa question avait quelque chose d'insolite. « Non, bien évidemment pas ». « Donnez-moi s'il vous plaît, vos cartes d'identité, on vous les rendra immédiatement ». Et nous voici passés à l'Ouest. De joie, j'ai décoché un grand coup de pied à ma Trabant.

Helmut Frick, 50 ans.

L'Allemagne entre passé et avenir, BT2, édition PEMF, février 2003.

DOCUMENT 5 La destruction du mur.

Méthode

Première partie

Question 2

• Le sujet donne comme date de départ : 1945. Rappeler la situation de l'Allemagne en 1945.

Question 3

• Mettre en évidence la division politique de l'Allemagne en deux États appartenant chacun à un bloc différent. D'où des organisations politiques, économiques et sociales différentes.

• Analyser le statut particulier de Berlin. Évoquer les crises de la guerre froide qui concernent Berlin.

Question 5

• Utiliser ses connaissances pour évoquer les conséquences de la réunification aux niveaux national et international.

Deuxième partie

• Songer à replacer les événements qui marquent l'Allemagne dans le contexte plus général des relations internationales :
– la fin de la Seconde Guerre mondiale et ses conséquences (Yalta, Potsdam) ;
– la guerre froide.

CHAPITRE

12

Le temps des « démocraties populaires », 1948-1989

séries

ES-L

L'occupation soviétique de la moitié orientale de l'Europe après 1945 coupe rapidement l'Europe en deux blocs. L'URSS impose à cette partie de l'Europe son système politique et économique, ses valeurs idéologiques et culturelles.
Plus de quarante ans durant, les « démocraties populaires » apparaissent comme des États-satellites de l'URSS.
Néanmoins, une société civile active et revendicative prend corps dans certains pays de cette « autre Europe » tout au long des années 1960-1980. En 1989, le « camp socialiste » s'effondre, deux ans avant l'implosion de l'URSS.

Quelle est la nature des « démocraties populaires » ? Pourquoi ont-elles disparu si rapidement ?

1 D'une Europe coupée en deux...

La construction du mur de Berlin (1961).

« Nous bâtissons un mur pour cent ans ». E. Honecker, dirigeant communiste est-allemand, août 1961.

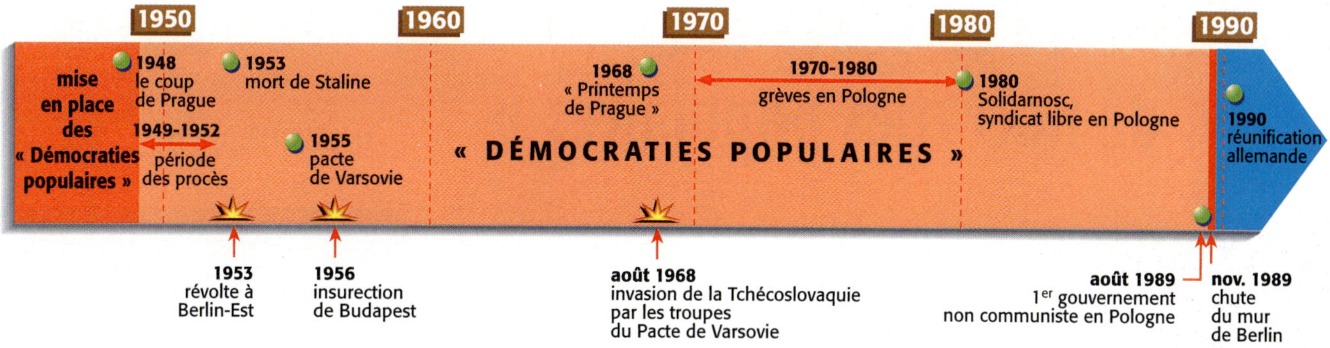

2 … à l'effondrement des « démocraties populaires »

La chute du mur de Berlin (1989).

« De 1961 à 1989, 588 personnes ont trouvé la mort en tentant de franchir le mur de Berlin ou la frontière de l'Allemagne de l'Est… Elles ont été tuées en majorité par l'explosion de mines ou par le déclenchement d'installations automatiques de tir. D'autres ont été abattues par des gardes-frontières, se sont noyées, ont été tuées par des véhicules ou des bateaux, sont mortes de crise cardiaque ou se sont suicidées avant d'être reprises. »
Dépêche *AFP*, 11 août 1993.

1 La mise en place des « démocraties populaires »

VOCABULAIRE

réforme agraire : partage des grandes propriétés en petites propriétés ; les grands propriétaires sont expropriés.

A. L'étape des « gouvernements de coalition » (1945-1946) doc.3

■ Entre 1945 et 1948, l'URSS, dont les forces armées occupent la Roumanie, la Bulgarie, la Pologne, la Hongrie, la Tchécoslovaquie et la partie orientale de l'Allemagne, impose progressivement à ces pays son modèle politique, économique et social.

■ L'une des originalités de la domination soviétique tient à son caractère secret et inavoué, qui repose, dans un premier temps (1945-1946) sur **une véritable mise en scène démocratique**. L'armée soviétique est présentée comme une armée de libération qui vient de chasser hors de ces pays, les nazis, les fascistes et leurs alliés. Des partis non communistes (partis socialistes, centristes, paysans) sont encouragés à participer à des « gouvernements de coalition », où le premier rôle est tenu par les partis communistes, fermement contrôlés par Moscou. De vastes réformes sont entreprises : **réforme agraire**, nationalisations, instauration d'un système d'assurance-maladie, de retraites et de congés payés. Accomplies sans références pesantes au « modèle soviétique », ces réformes, qui doivent permettre de reconstruire un monde plus juste et plus égalitaire, sont en général bien accueillies par la population.

B. La mainmise communiste (1947-1948) doc. 1, 4 et 6

■ Dans une conjoncture internationale marquée par les débuts de la « guerre froide », **les partis non communistes des pays sous domination soviétique sont rapidement éliminés.** La stratégie la plus célèbre, celle dite du « salami », consiste, selon le dirigeant communiste hongrois Matyas Rakosi, à « débiter, tranche par tranche, la réaction qui se dissimule dans tous les autres partis politiques ». Désireux de faire croire à l'opinion internationale que la mainmise des communistes sur le pouvoir est le résultat d'un processus démocratique, Staline fait procéder à des élections dans chacun des pays de l'Europe centrale et orientale. Entachées de fraudes, de pressions, de violences, ces élections truquées (Roumanie, novembre 1946 ; Pologne, janvier 1947 ; Hongrie, août 1947) se soldent partout par la victoire des communistes.

■ La Tchécoslovaquie reste, fin 1947, le dernier pays dirigé par un gouvernement de coalition. La division du monde en deux blocs, entérinée par la mise en place du plan Marshall en juillet 1947 et la création du Kominform en octobre 1947, rendent intenable la position des démocrates tchèques, soumis à des pressions croissantes de la part des communistes. En février 1948, une crise politique éclate en Tchécoslovaquie. **Les communistes font intervenir des milices ouvrières armées, c'est le « coup de Prague ».** Le président de la République, le démocrate Benès, cède à la pression de la rue. Tous les postes importants du nouveau gouvernement sont attribués à des communistes. Désormais, tous les pays de l'Europe de l'Est sont des régimes dits de « démocratie populaire », gouvernés exclusivement par des communistes.

C. Répression et stalinisation doc. 2 et 5

■ L'arrivée au pouvoir des communistes s'accompagne de **violentes répressions dirigées contre les opposants**, réels ou imaginaires. Menée par la police politique, cette répression vise les membres des anciens partis non communistes, les intellectuels, les catholiques. À partir de 1949, la répression s'abat **également sur certains dirigeants communistes**, jugés trop indépendants de Moscou, et accusés de « déviation titiste », de « liaison avec l'impérialisme américain » et de « sionisme ».

■ Des procès politiques, sur le modèle des « procès de Moscou » des années 1936-1938, sont mis en scène en Bulgarie et en Hongrie en 1949, en Tchécoslovaquie (procès Slansky) en 1952. Cette campagne politique a pour objet de montrer le monolithisme du bloc socialiste, uni derrière « le plus Grand Homme de tous les temps, Staline ».

1 Élections libres ?
Élections en Hongrie en août 1947 sous le contrôle d'un milicien.

2 L'aveu d'un intellectuel catholique tchèque

Grand intellectuel catholique tchèque, Bedrich Fusik est condamné à quinze ans de prison à l'issue d'un procès public en janvier 1952 après avoir « avoué » être « un espion au service des Puissances impérialistes ». Voici quelques extraits des entretiens de l'historien Karel Bartosek avec Bedrich Fusik à la fin des années 1970.

– Étiez-vous conscient d'être, devant le tribunal, l'acteur d'une comédie ?
– Oui, je le savais bien avant.
– Pourquoi avez-vous joué cette comédie ?
– C'est la chose la plus pesante que j'ai ramenée en moi de la prison, cette faim, ce froid. Tout cela, on l'oublie, même si ça reste quelque part, dans le fond de votre cerveau. Mais ce que je n'oublierai jamais, ce qui est le plus horrible c'est que, tout d'un coup, il y deux êtres en vous… Deux hommes. Moi, le numéro un, comme j'ai toujours été, et moi le numéro deux, qui dit au premier : "Tu es criminel, tu as fait ça et ça". Et le premier se défend. Et ils mènent un dialogue, ces deux-là en moi, c'est le dédoublement total de la personnalité, l'un humilie sans cesse l'autre : "Non, tu ne dis pas la vérité ! Ce n'est pas vrai !" Et l'autre lui répond : "Oui, c'est vrai ! Je l'ai signé !"

Cité par Karel Bartosek dans S. Courtois, N. Werth et al., *Le Livre noir du Communisme*, Robert Laffont, 1997.

3 L'extension du communisme en Europe de l'Est en 1945-1947.

1. **Dans quels pays le nouveau découpage des frontières favorise-t-il une intervention de l'Armée rouge ?**
2. **Quelle est l'originalité de la Yougoslavie et de l'Albanie ?**
3. **Qu'est-il advenu de la Tchécoslovaquie, de l'Allemagne de l'Est, de la Grèce dans les années 1948-1950 ?**

4 « Vive le 1er mai », Hongrie 1953, portraits de Staline et Rakosi, dirigeant stalinien de la Hongrie de 1945 à 1953.

5 Les aveux, lors des procès de Prague en 1952

Oui, j'ai dû porter un masque pour me maintenir dans les murs comme un ennemi. J'opérais par de sales méthodes trotskistes, méthodes pourries de duplicité, d'intrigues et d'imposture. […] J'ai commis les plus vils crimes que l'on puisse commettre. Je sais qu'il n'existe pour moi aucune circonstance atténuante, aucune excuse, aucune indulgence. À juste titre, j'ai droit au mépris. Je ne mérite aucune autre conclusion de ma vie de criminel que celle que propose l'avocat général.

Déclaration de Slanski, secrétaire général du parti tchèque à son procès (1952).

J'accepte d'avance n'importe quel verdict du tribunal, comme un juste châtiment de la main du peuple laborieux tchécoslovaque. […] Je demande à la Cour d'État de juger sévèrement l'étendue de ma culpabilité et de m'infliger le lourd châtiment que je mérite. […] Je suis un misérable qui mérite la plus lourde et la plus sévère des peines.

Déclaration de trois autres accusés, Frejka, Frank et Sling, cités dans Karel Kaplan, 1952, *Procès politiques à Prague*, éd. Complexe, 1980.

6 Le « coup de Prague ». Milices ouvrières communistes défilant sur le pont Charles à Prague (février 1948).

2 Des pays satellites de l'URSS

A. Un modèle politique soviétique — doc. 1

■ Le modèle d'organisation politique des « démocraties populaires » reproduit, dans ses grands traits, celui de l'URSS. **Le parti communiste, « force dirigeante des organisations ouvrières** ainsi que des institutions de l'État », selon la Constitution de ces pays, calquée sur la Constitution soviétique, contrôle tous les rouages politiques.

■ Le fonctionnement des partis communistes est-européens évolue également en fonction des changements affectant le PCUS. Staline vivant, les Premiers secrétaires des partis communistes est-européens sont l'objet d'un véritable « culte de la personnalité ». Avec la déstalinisation en URSS, **le culte des « petits Staline »** (Rakosi en Hongrie, Gottwald en Tchécoslovaquie) s'estompe, et laisse place à des « directions collégiales » sur le modèle soviétique. Seules la Roumanie et la Yougoslavie font exception : les dictatures de Ceaucescu et de Tito gardent une empreinte très personnelle.

B. Un modèle économique socialiste — doc. 2

■ À partir de 1948-1949, le modèle économique socialiste en vigueur en URSS est appliqué aux « démocraties populaires ». La nationalisation du secteur industriel et bancaire est complétée par une **planification** de l'économie qui donne la **priorité absolue à l'industrie lourde**. Cette orientation, qui ne favorise guère la consommation et l'élévation du niveau de vie, suscite de nombreuses frustrations. En outre, les ambitions démesurées des plans quinquennaux entraînent, comme en URSS, une profonde dégradation des conditions de travail (relèvement des **normes**, durcissement de la discipline), qui finit par dresser une partie de la classe ouvrière contre le pouvoir communiste. Dans l'agriculture, le modèle soviétique s'impose plus difficilement, face à la résistance de la paysannerie qui refuse la collectivisation des terres : un important secteur individuel, non collectivisé, subsiste, notamment en Pologne.

C. Les formes de l'hégémonie soviétique — doc. 3, 4, 5 et 6

■ En 1949, l'URSS crée le Conseil d'assistance économique mutuelle (**CAEM**) qui régit les rapports économiques entre les pays du « camp socialiste ». En principe, cette structure, qui repose sur le monopole d'État du commerce extérieur et une planification des échanges doit permettre une complémentarité des économies des différents pays socialistes. En réalité, le CAEM traduit **la dépendance économique des États de l'Est européen vis-à-vis du « grand frère » soviétique**. L'URSS infléchit dans le sens de ses intérêts l'économie de ses satellites, appelés à se spécialiser dans tel ou tel domaine qui fait défaut à l'économie soviétique, participe à la construction de « grands projets » présentés par la propagande comme des témoignages de la haute technologie soviétique. Cette planification centralisée et cet assujettissement économique coupent du marché mondial les économies est-européennes.

■ Le pacte militaire de Varsovie, créé en 1955, consacre l'intégration des armées des « démocraties populaires » dans l'immense machine militaire soviétique. **L'hégémonie soviétique s'étale parfois au grand jour** (lorsqu'un maréchal soviétique, le maréchal Rokossovski, est nommé ministre polonais de la Défense) ; le plus souvent, **elle s'exerce secrètement**, à travers d'innombrables « conseillers militaires », « chargés de mission » à tous les niveaux de l'administration, des « pays frères ».

■ Enfin, l'influence hégémonique de l'URSS s'exerce à travers un modèle idéologique et culturel : partout fleurissent les mêmes organisations de jeunesse qu'en URSS, « pionniers », « Jeunesses communistes » ; **le marxisme-léninisme devient une matière obligatoire d'enseignement** et tient une place majeure dans les examens ; l'enseignement de la langue russe est souvent rendu obligatoire ; la propagande propose les œuvres de la littérature, de l'art, du cinéma russe comme modèles. Cette hégémonie pesante n'exclut cependant ni les contestations ni des tentatives de réforme.

VOCABULAIRE

planification : organisation de l'économie en fonction d'un plan établi à l'avance et non en fonction du marché.
Le plan fixe à l'avance (cinq ans s'il s'agit d'un plan quinquennal) les quantités qu'il faudra produire mais il précise rarement quelle doit être la qualité du produit.

norme : dans une économie planifiée, la norme correspond à la quantité de biens qu'un travailleur doit produire en un temps donné.
Si on élève la norme, cela équivaut à une exigence de travail supplémentaire, à une accélération des cadences.

CAEM (Conseil d'assistance économique mutuelle), encore appelé Comecom : il comprend en 1950 l'URSS, la Pologne, la Hongrie, la Roumanie, la Tchécoslovaquie, la Bulgarie. S'y ajoutent, la Yougoslavie en 1964, la Mongolie extérieure en 1962, Cuba en 1972, le Viêt-nam en 1978. Il est dissous en juin 1991.

1 Palais de la Culture à Varsovie.
Ce bâtiment « offert » par l'URSS à la Pologne est une réplique des bâtiments de style stalinien construits au même moment (début des années 1950) à Moscou.

1. **À partir de cette photo, caractériser l'« architecture stalinienne ».**
2. **Quelle est la finalité politique d'une telle construction ?**

2 Agriculture collectivisée et secteur individuel dans les « démocraties populaires » au début des années 1970.

En %	Coopératives	Fermes d'État	Secteur individuel
Bulgarie	68	22	10
Hongrie	68	15	17
Pologne	1	14	84
RDA	78	8	14
Roumanie	54	30	16
Tchécoslovaquie	56	29	15

Source : K.E.Wadekin, *Current Trends in Soviet and East European Economy*, Londres, 1982.

1. Rappeler ce qu'est une agriculture collectivisée.
2. Quel est le pays qui connaît la collectivisation agricole la moins forte ? Pour quelle raison ?

3 Lilly Marcou, « Une enfance stalinienne »

Lilly Marcou, une Roumaine, décrit son enfance à Bucarest au début des années 1950.

Je fus parmi les premiers de ma génération à entrer dans les rangs des Pionniers. Je devais attraper le train en marche, d'abord à cause de mon âge – 13 ans était presque l'âge limite – et surtout parce qu'il fallait avoir des origines ouvrières, ce qui n'était pas du tout mon cas [...].
Ce fut ma mère qui prit les choses en main, allant à l'école pour se battre contre tous ceux qui tentaient de me barrer la route. Il fallait prouver que nos origines n'étaient pas bourgeoises, que nous appartenions à la catégorie des petits artisans. Après de longues transactions, non sans peine et émotion, j'accédai à cet honneur, qui à l'époque n'était pas donné à tous les enfants. Je connus le vrai sens du mot joie lorsqu'on me posa l'écharpe rouge autour du cou et l'insigne sur la poitrine [...].
Cette promotion fut pour moi le commencement d'une période merveilleuse. Les générations qui nous ont suivis, doivent difficilement comprendre cette fièvre et cet élan qui nous entraînèrent tous à la fin des années 40. Nous sortions de la guerre, nous étions les premiers à être appelés à reconstruire la société de demain. Lorsque le palais d'été de l'ex-roi Michel, à Cotroceni (à quelques kilomètres de Bucarest) fut donné aux pionniers, je fus parmi les premiers à en franchir les grilles. J'étais Alice au pays des merveilles [...]. Le palais des pionniers était la copie minuscule du village des pionniers soviétiques Artek sur la mer Noire, créé par Staline pour les meilleurs élèves et les enfants prodiges.

Lilly Marcou, *Une enfance stalinienne*, PUF, 1982.

4 Soldats de la RDA (« vopos ») à Berlin-Est.

5 Intégration économique au sein du CAEM.

La Tchécoslovaquie produira, dans le cadre des accords de spécialisation, des corps de réacteurs, des générateurs de vapeur, des pompes et de la robinetterie. Les cinq premiers réacteurs tchécoslovaques devraient être livrés en 1980. La RDA doit se spécialiser dans les mécanismes technologiques de transport, de même que la Roumanie. La Pologne fabriquera de la robinetterie spéciale ; la Hongrie, des équipements de traitement des eaux. Enfin, la Bulgarie produira des équipements de protection de l'environnement, des pompes de divers modèles. L'URSS se réserve, au sein de cette coopération intra-CAEM, la fabrication de tout le matériel lourd et des réacteurs puissants de 1000 mégawatts et au-delà. Ce type de coopération implique une maintenance des centrales nucléaires qui fait appel, en permanence, à la technologie soviétique.

A. Tiraspolsky, « La puissance électronucléaire en Europe orientale », *Courrier des pays de l'Est*, La Documentation française, n° 241, 1980.

6 Les forces conventionnelles du pacte de Varsovie.

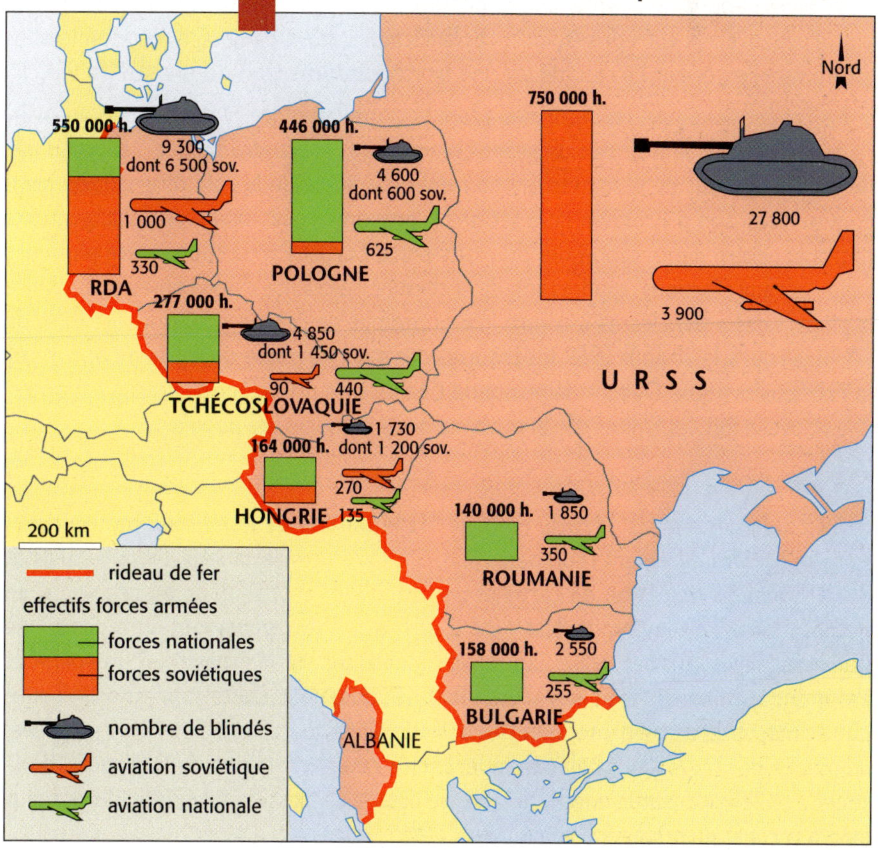

3 Contestations et réformismes

A. Les premières révoltes (1953-1956) doc. 1, 2 et 3

■ Après la mort de Staline, un premier mouvement de contestation de « l'ordre soviétique » éclate à **Berlin-Est. Le 17 juin 1953**, une manifestation ouvrière contre l'augmentation des normes dégénère en émeute, écrasée dans le sang.

■ Plus importants encore sont les événements qui secouent, en 1956, la Pologne et la Hongrie. Les révélations du XXe Congrès du PCUS sur les crimes de Staline, la reconnaissance par la nouvelle équipe au pouvoir en URSS, de la « pluralité des voies vers le socialisme » sont vécues par les sociétés est-européennes comme un espoir de changement. **En juin 1956, des émeutes antisoviétiques éclatent en Pologne**. Sous la pression de l'opinion publique, Gomulka, partisan d'une « voie polonaise vers le socialisme » prend la tête du parti, en octobre 1956. Khrouchtchev préfère éviter l'affrontement et laisser une petite marge d'autonomie aux Polonais pourvu que l'appartenance du pays au « camp socialiste » ne soit pas remise en question.

■ En Hongrie, la crise est plus grave. Encouragés par les événements polonais, **les Hongrois se soulèvent les 22/23 et 24 octobre 1956**, réclamant la démocratie et le retrait des Soviétiques. Le dirigeant stalinien Rakosi doit céder la place au communiste réformateur Imre Nagy. Celui-ci annonce, le 1er novembre, le rétablissement du pluralisme politique et le retrait de la Hongrie du pacte de Varsovie. L'Armée rouge réoccupe Budapest au prix de combats acharnés (20 000 morts du côté des insurgés). Les pays occidentaux, absorbés par la crise de Suez, restent passifs.

B. Réformer pour un « socialisme à visage humain » doc. 4, 5 et 6

■ Dans les années 1960, des réformes sont entreprises par les dirigeants communistes **de Hongrie et de Tchécoslovaquie** pour tenter de libéraliser le système politique. Le dirigeant communiste hongrois Janos Kadar s'emploie à détendre l'atmosphère après la tragédie de 1956 : amnistie des opposants emprisonnés, tolérance envers les intellectuels non communistes, fin des persécutions contre les Églises. Surtout, il laisse plus d'initiative aux entreprises, limite la planification, ouvre davantage l'économie hongroise vers l'extérieur. Le résultat est une **nette amélioration du niveau de vie**.

■ En Tchécoslovaquie, les réformes prennent une tournure plus politique au printemps 1968, avec le nouveau dirigeant communiste, Alexandre Dubcek, soutenu par de larges fractions de la société. S'il ne remet pas en cause le rôle dirigeant du parti communiste, son « Programme d'actions » préconise néanmoins des changements radicaux : claire démarcation des pouvoirs entre État et Parti ; choix entre plusieurs candidats aux élections ; suppression de la censure. La crainte d'une contagion mobilise la plupart des « pays frères » contre le « printemps de Prague ». Sous la direction de l'Armée rouge, le 20 août 1968, **les troupes des pays du pacte de Varsovie occupent la Tchécoslovaquie**. Dubcek démissionne. L'échec du « printemps de Prague » montre, une nouvelle fois, les limites de l'autonomie des « démocraties populaires ».

C. La Pologne à la pointe de la contestation doc. 7

■ Au cours des années 1970, la Pologne est le théâtre de nombreux mouvements sociaux : grèves durement réprimées, (Gdánsk 1970), contestations d'intellectuels et de catholiques. L'élection du cardinal de Cracovie Karol Wojtyla au pontificat en octobre 1978 sous le nom de Jean-Paul II, galvanisent les oppositions au régime. Une vague de grèves sans précédent (août 1980) débouche sur la **création d'un syndicat indépendant, libre de tout lien avec le Parti, Solidarnosc**. Cette concession majeure du régime, obtenue de haute lutte par des centaines de milliers d'ouvriers en grève, emmenés par un leader charismatique, Lech Walesa, témoigne de la vigueur de la société civile et constitue une étape décisive dans le processus qui aboutit, dix ans plus tard, à la chute du système communiste.

1 Budapest, fin octobre 1956 : la statue de Staline, décapitée.

2 Les derniers appels de Radio Kossuth, radio libre de Budapest

Tout au long de la journée du 4 novembre 1956, jour de l'intervention soviétique, les appels au secours du gouvernement hongrois se sont succédé à destination de l'Occident.

4 h 20.

« Ici Imre Nagy, président du Conseil. Aujourd'hui à l'aube, les troupes soviétiques ont déclenché une attaque contre la capitale avec l'intention évidente de renverser le gouvernement légal de la démocratie hongroise. Nos troupes combattent. Le gouvernement est à son poste. J'en avertis le peuple hongrois et le monde entier. »

Le texte est répété en anglais, en russe, en hongrois et en français.

6 h 56

« Ici l'Union des écrivains hongrois ! À tous les écrivains du monde, à toutes les fédérations savantes, à toutes les académies et associations scientifiques, à l'intelligentsia du monde entier ! Nous demandons à chacun de vous votre aide et votre soutien. Il n'y a pas d'instant à perdre. Vous savez ce qui se passe, il est inutile d'en dire plus long. Aidez la Hongrie ! Sauvez les écrivains, les savants, les paysans de Hongrie et notre intelligentsia ! Au secours ! Au secours ! Au secours ! »

À 7 h 28, Radio Kossuth, radio libre de Budapest disparaît des ondes.

1. **Situer le document dans le contexte historique précis.**
2. **Chercher qui était Kossuth.**
3. **Quel a été le résultat de cet appel ?**
4. **Que laisse entendre ce résultat ?**

Berlin-Est, 17 juin 1953. **3**

4 Le « printemps de Prague » vu par un dissident tchèque

Les événements survenus en Tchécoslovaquie ne se réduisaient pas à un affrontement entre deux équipes politiques, à la victoire provisoire de la plus libérale des deux, puis à son élimination forcée. Je les conçois davantage comme l'apogée d'un long processus de prise de conscience, de libération de la société. L'abîme séparant la nouvelle conscience des citoyens et la rigidité du système communiste allaient s'approfondissant, et le désir de changement devait, tôt ou tard, se traduire aussi sur la scène politique. Or, cette évolution n'était pas l'aboutissement d'un programme précis ou d'une volonté unanime de ceux qui dirigeaient l'État et le parti communiste, c'était une manifestation d'un excès de pression existant dans la société et qui, à travers la lutte au sein du Parti et les changements politiques de la société d'alors, a trouvé le moment et l'occasion favorables pour faire sauter le couvercle. La peur disparaissait, les tabous étaient levés, les médias commençaient enfin à accomplir leur mission véritable, l'esprit civique s'épanouissait […].

L'année 1968 a été avant tout celle d'un renouveau critique, d'une restauration de la dignité humaine, de la confiance en les capacités et les possibilités des citoyens de changer la société.

Vaclav Havel, *La citoyenneté retrouvée*, 1968.

1. **Présenter le contexte historique.**
2. **Quel jugement l'auteur porte-t-il sur le « printemps de Prague » ?**

5 **Le 21 août 1968, à Prague.**

6 « Une absence totale d'espoir »

Dans les années cinquante et soixante [en France], un émigré des pays communistes y était peu aimé ; les Français tenaient alors pour seul vrai mal le fascisme : Hitler, Mussolini, l'Espagne de Franco, les dictatures d'Amérique latine. Ils ne se sont décidés que progressivement, vers la fin des années soixante et durant les années soixante-dix, à concevoir aussi le communisme comme un mal, quoique un mal d'un degré inférieur, disons, le mal numéro deux. C'est à cette époque, en 1969, qu'Irena et son mari ont émigré en France. […] Pour s'expliquer, ils ont pris l'habitude de dire à peu près ceci :

« Une dictature fasciste disparaîtra avec son dictateur, si bien que les gens peuvent garder espoir. Par contre, le communisme, appuyé par l'immense civilisation russe, pour une Pologne, pour une Hongrie, est un tunnel qui n'a pas de bout. Les dictateurs sont périssables, la Russie est éternelle. C'est dans une absence totale d'espoir que consiste le malheur des pays d'où nous venons. »

Milan Kundera, écrivain tchèque émigré en France après 1968, *L'Ignorance*, Gallimard, 2003.

7 **Lech Walesa reçu par le pape Jean-Paul II en 1981.**

Solidarnosc

De tous les pays du « camp socialiste », la Pologne, pays où la ferveur catholique a constitué un pôle de résistance au communisme, a été le plus rebelle à l'hégémonie soviétique. 1956, 1970, 1976, 1980 ont été marqués par de vastes mouvements de protestation. Durant l'été 1980, les ouvriers en grève des Chantiers navals Lénine de Gdánsk, conduits par Lech Walesa et soutenus par des intellectuels dissidents (Bronislaw Geremek, Tadeusz Mazowiecki) imposent au gouvernement communiste la reconnaissance d'un syndicat libre et du droit de grève (« accords de Gdánsk »). En quelques mois, des millions de travailleurs polonais adhèrent au nouveau syndicat, Solidarnosc (Solidarité). Craignant d'être débordé, le pouvoir communiste, dirigé par le général Jaruzelski, décrète, fin 1981, la loi martiale. Solidarnosc est interdit, des milliers de syndicalistes emprisonnés.

Aussi courte fût-elle, cette expérience constitue une étape décisive dans le processus de « sortie du communisme ». En avril 1989, le général Jaruzelski, entre-temps résigné aux réformes, et Lech Walesa, se retrouvent autour de la « table ronde » qui scelle la fin de la Pologne communiste.

1 Bronislaw Geremek, un historien engagé.

Peu d'historiens ont autant contribué à changer l'histoire de leur pays. Spécialiste internationalement reconnu du Moyen Âge français, Bronislaw Geremek est l'un des fondateurs, en 1978, de « l'Université volante », qui organise, dans des appartements privés ou des locaux prêtés par l'Église (à Cracovie, notamment, avec le soutien actif du Cardinal Wojtyla, le futur pape Jean-Paul II) des conférences de philosophie, d'histoire, d'économie, de littérature, toutes disciplines à contenu hautement politique. Durant les grandes grèves d'août 1980, Geremek et d'autres intellectuels reconnus apportent leur concours à la rédaction du programme de revendications présenté par le Comité de grève inter-entreprises de Gdánsk. On a pu dire que Bronislaw Geremek a été la « tête pensante » de Solidarnosc, tandis que Lech Walesa en était la « voix ».

2 Meeting devant la grille des chantiers navals après la signature des accords de Gdánsk, 31 août 1980.

3 Manifestation contre la pénurie alimentaire dans les rues de Cracovie, le 7 août 1981.
Les affiches dénonçant le rationnement de la viande ont été interdites par la censure.

4 Les principales revendications des travailleurs de Gdánsk

1. Le droit de fonder des syndicats libres, indépendants du Parti et des employeurs, sur la base de la convention de l'Organisation internationale du travail relative à la liberté syndicale, ratifiée par la République populaire de Pologne.
2. Le droit de grève.
3. Le respect de liberté d'expression et de publication.
4. Le rétablissement dans leurs droits des ouvriers licenciés en 1970 et 1976, ainsi que des étudiants arbitrairement exclus de l'Université, la libération des prisonniers politiques et l'arrêt de la répression pour délit d'opinion.
5. L'annonce dans tous les médias officiels de la création et des revendications du Comité de grève inter-entreprises.
6. Le paiement des jours de grève.
7. Le relèvement des salaires mensuels de 2 000 zlotys en compensation de la hausse des prix.
8. La retraite après 35 années de travail.
9. La suppression des PEWEX (magasins où des produits occidentaux sont vendus contre des devises uniquement).
10. L'abolition des privilèges de l'appareil du Parti et des organes de sécurité.
11. La reconnaissance du principe de l'avancement selon des critères de compétence et non d'appartenance au Parti.

« Programme en 21 points » du Comité de grève inter-entreprises, août 1980.
P. Buhler, *Histoire de la Pologne communiste*, Karthala, 1997.

5 Affiche de Solidarnosc, années 1970.
Présentés comme une mafia, les autres pays du pacte de Varsovie s'attaquent à la Pologne de Solidarnosc.

6 « Ces gens qui redressaient la tête »

Vint ensuite l'année 1980 et la grande grève au chantier naval. Sa grille de fer fut couverte des fleurs de ce bouleversement sans effusion de sang. Pendant près d'un mois, ce fut la grande fête des drapeaux, la fête du redressement progressif des têtes. Je suis resté avec les ouvriers en grève à l'intérieur du chantier. Durant des jours et des semaines, j'ai observé quelque chose qui rappelait une expérience mystique – voilà qu'une foule terne et surmenée se transformait en hommes. Je n'oublierai jamais l'image de tous ces gens qui redressaient la tête. Ils le faisaient avec un tel effort que l'on pouvait presque entendre le craquement des vertèbres.

Antoni Pawlak, écrivain polonais, *Fleurs de Gdánsk*.
Extraits de *Pologne*, Autrement, 1995.

QUESTIONS

A. Présenter les documents (nature, date, auteur)

B. Dégager des informations des documents

1. Dans quel domaine se manifeste la remise en cause du régime ? (doc. 1)
2. Quelle impression se dégage de cette photo ? (doc. 2)
3. Quelles sont les revendications qui relèvent de l'action syndicale ? (doc. 4)
4. Quelles sont les revendications dirigées contre le régime et ses dérives ? (doc. 4)
5. Que représentent les personnages ? (doc. 5)

C. Mettre en relation les documents

6. Montrer la force du mouvement Solidarnosc. (doc. 1, 2, 4 et 5)

D. Synthèse

7. Montrer que les revendications du syndicat Solidarnosc remettent en cause le régime communiste polonais dans sa totalité.

4 La fin des « démocraties populaires »

A. Les conditions d'un bouleversement décisif doc. 1

■ En l'espace d'une année, 1989, les régimes communistes mis en place quarante ans auparavant s'effondrent. **Ce bouleversement n'aurait pas été possible sans les changements qui, depuis 1985, ont profondément transformé l'URSS.**

■ Engagé dans la pérestroïka, Gorbatchev pousse au changement dans les pays satellites. En Hongrie, en Tchécoslovaquie, des communistes réformateurs remplacent, en 1987-1988, les vieux dirigeants qui sont au pouvoir depuis les années 1960 ; en Pologne, Gorbatchev gagne le soutien de l'équipe en place depuis 1981, empêtrée dans une situation économique difficile. Dans ces trois pays, où, depuis les années 1970, la **société civile** est rebelle au communisme, celui-ci s'effondre sans violence. La situation est différente en RDA, en Roumanie et en Bulgarie, où des régimes conservateurs et figés résistent aux pressions réformatrices de Gorbatchev et refusent d'engager tout dialogue avec des opposants divisés. Dans ces pays, la chute du communisme se fait plus brutalement et parfois, comme en Roumanie, dans la violence.

B. Des premières élections libres à la chute du mur de Berlin doc. 2, 4 et 5

■ C'est **en Pologne et en Hongrie** que débutent, à partir du printemps 1989, les changements. Le 5 avril, le général Jaruzelski, finalement rallié à la ligne réformiste prônée par Gorbatchev, signe un accord avec Solidarnosc, qui prévoit notamment l'organisation d'élections libres en juin. Elles se soldent par la défaite des candidats communistes et la constitution du premier gouvernement non communiste.

■ En Hongrie, le parti communiste accepte le multipartisme, annonce des élections libres et ouvre la frontière avec l'Autriche le 5 mai. Cette décision a des conséquences incalculables : des centaines de milliers d'Allemands de RDA profitent de cette brèche dans le « rideau de fer » pour fuir vers la RFA. **Le régime communiste est-allemand** est, à son tour, profondément déstabilisé. Lâché par Gorbatchev, Erich Honecker, qui dirigeait la RDA depuis 1971, démissionne le 18 octobre. Les communistes réformateurs qui lui succèdent, débordés par des manifestations massives, font **ouvrir le mur de Berlin le 9 novembre** et annoncent des élections libres. L'URSS laisse faire. Une immense émotion saisit les opinions publiques devant le spectacle de la foule qui franchit le mur de Berlin démantelé.

C. ... et à la réunification allemande doc. 3 et 6

■ La chute du mur de Berlin provoque une onde de choc : en quelques semaines (novembre-décembre 1989), **les régimes communistes s'effondrent**. En Hongrie, le parti communiste se saborde : il abandonne toute référence au marxisme et perd les élections. **En Tchécoslovaquie, une « révolution de velours »**, pacifique, balaie le pouvoir communiste en une semaine. Symbole de la dissidence tchèque, Vaclav Havel proclame, le 10 décembre, la formation d'un nouveau gouvernement, non communiste. **Les événements prennent une tournure violente en Roumanie**, où le dictateur communiste Ceaucescu est renversé le 22 décembre et exécuté. Faute d'une opposition organisée, la révolution roumaine est rapidement confisquée par une faction du parti communiste.

■ L'effondrement du « camp socialiste » et l'absence de réaction de l'URSS précipitent les événements en Allemagne. En mars 1990, les premières élections libres en RDA amènent la victoire d'une coalition dirigée par les chrétiens-démocrates et favorable à une réunification rapide des deux Allemagne. Gorbatchev ayant accepté le principe de la réunification, la voie est ouverte. Le 31 août 1990, est signé à Berlin le traité d'**unification entre les deux États allemands**. Pour la première fois depuis des siècles, l'Europe connaît, sans guerre, une modification profonde de sa carte politique.

VOCABULAIRE

société civile : personnes qui jouent un rôle de décideur dans la société sans pour autant jouer un rôle politique.

1 La RDA en octobre 1989

Des informations préoccupantes m'étaient parvenues quelques jours avant mon départ. Le 1er octobre, un groupe de collaborateurs du Fonds soviétique de la culture, de retour de RDA, me communiquèrent la teneur d'une conversation qu'ils avaient eue avec leurs collègues du Kulturbund[1]. Ces derniers avaient eu recours à une expression imagée pour caractériser la situation politique de leur pays : « minuit moins cinq ». Une crise politique était dans l'air et la population exprimait son mécontentement ; les intellectuels quittaient le Parti [...].
À Berlin, la commémoration du 40e anniversaire de la RDA ne me laissa pas une impression très favorable. Le rapport de Honecker dressait un bilan des nombreux accomplissements des quarante années écoulées, mais il ne contenait aucune analyse sur la situation présente et l'avenir [...]. Or, le mécontentement envers le régime commençait déjà à se transformer en manifestations de masse.
Une rencontre avec la direction du pays était prévue dans mon programme. Elle eut lieu juste avant mon départ. Parlant de l'expérience de la perestroïka, je dis à nos amis allemands : « La vie punit sévèrement ceux qui prennent du retard en politique. De la manière dont je vois les choses, la vie exige que vous preniez des décisions courageuses. » Les participants m'écoutèrent avec une attention extrême. Honecker se déclara d'accord avec moi, mais limita la discussion à des sujets secondaires.
Je rentrai à Moscou très préoccupé. La RDA faisait penser à une marmite hermétiquement close oubliée sur le feu. Le danger apparaissait nettement et mes craintes furent très vite confirmées : la crise débuta moins de deux semaines plus tard.

M. Gorbatchev, *Mémoires*, Le Rocher, 1997.

1. Organisation culturelle officielle est-allemande.

1. En quoi consistait la crise politique ?
2. Les soucis de l'auteur sont-ils fondés ?

2 Chronologie des événements de l'année 1989.

- **11 février :** le parti communiste hongrois autorise le multipartisme.
- **5 avril :** accords entre le parti communiste polonais et Solidarnosc.
- **2 mai :** la **Hongrie** commence à démanteler le rideau de fer à la frontière avec l'Autriche.
- **18 juin :** victoire de Solidarnosc aux élections en **Pologne**.
- **24 août :** premier gouvernement non communiste en Pologne, sous la direction de Tadeusz Mazowiecki, un des fondateurs de Solidarnosc.
- **10 septembre :** ouverture de la frontière austro-hongroise. L'exode des Allemands de la RDA, via la Hongrie, entamé depuis l'été, devient massif.
- **18 octobre :** Erich Honecker, secrétaire du Parti communiste de RDA depuis 1971, quitte le pouvoir.
- **4 novembre :** immenses manifestations à Berlin-Est et dans toute la RDA.
- **9 novembre : chute du mur de Berlin.**
- **10 novembre :** Todor Jivkov, au pouvoir en **Bulgarie** depuis 1954, est écarté.
- **17 novembre :** effondrement du communisme en **Tchécoslovaquie**.
- **28 novembre :** Helmut Kohl, Chancelier de la RFA, présente un plan pour une « confédération allemande » débouchant sur la réunification de l'Allemagne.
- **22 décembre :** Nicolae Ceaucescu, le dictateur communiste, est renversé en **Roumanie**.

3 Août 1989. Tadeusz Mazowiecki, devient chef du premier gouvernement polonais non communiste, depuis 1945.

4 Le brise-glaces Perestroïka dans l'hiver 1988-1989.

Source : *Der Tagesspiegel*, Berlin, 19 décembre 1988.

1. **Quel rôle est attribué à la perestroïka, d'après cette caricature ?**
2. **Quelles différences le caricaturiste établit-il entre la Roumanie (Rumania), la RDA (DDR), la Tchécoslovaquie (CSSR), d'une part, la Pologne (Polen) et la Hongrie (Ungarn) d'autre part ? Est-ce justifié à la date du document ?**

5 Déboulonnage de la statue de Lénine à Bucarest (mars 1990).

1. **Que symbolise cette photo ?**
2. **Montrer qu'il s'agit d'un tournant dans l'histoire du monde.**

6 La fin des « démocraties populaires ».

1. **Caractériser la fin du communisme en Europe centrale ?**
2. **Comment expliquer le cas particulier de la RDA ?**

FICHE DE RÉVISION

DATES À RETENIR

- **1945-1949 :** mise en place des « démocraties populaires »
- **novembre 1956 :** insurrection de Budapest
- **août 1968 :** invasion de la Tchécoslovaquie
- **août 1980 :** Solidarnosc en Pologne
- **9 novembre 1989 :** chute du mur de Berlin

LIRE

• F. Fejtö, E. Kulesza-Mietkowski, *La Fin des démocraties populaires*, Paris, Le Seuil, 1991.
• J. Rupnik, *L'Autre Europe, crise et fin du communisme*, Odile Jacob, 1990.
• Dossier « La chute du mur de Berlin : dix ans après », *L'Histoire*, n° 236, octobre 1999.

Romans/Essais
• B. Hrabal, *Une trop bruyante solitude*, Robert Laffont, 1982.
• M. Kundera, *La Plaisanterie*, Folio, 1967.

VOIR

• A. Wajda, *L'Homme de marbre*, 1977, *L'Homme de fer*, 1981.
• K. Kieslowski, les 10 films du *Décalogue*.
• W. Becker, *Goodbye Lenin*, 2003.

Sur le printemps de Prague :
• les films de M. Forman dont : *L'As de pique*, 1963, *Les Amours d'une blonde*, 1965.

Sur les procès de Prague :
• A. London, *Le Procès*, 1970.

BIOGRAPHIES

Imre Nagy (1892-1958), dirigeant communiste hongrois réformateur.
(Voir biographie complète p. 397)

Wladyslaw Gomulka (1905-1982), dirigeant communiste polonais.
(Voir biographie complète p. 394)

Vaclav Havel (né en 1936), écrivain et homme politique tchèque.
(Voir biographie complète p. 394)

Lech Walesa (né en 1943), dirigeant du syndicat polonais Solidarnosc.
(Voir biographie complète p. 399)

BILAN DU CHAPITRE

I. La mise en place des « démocraties populaires »

« Quand on occupe un espace, on y impose son modèle », telle est la théorie que Staline met en application dans la partie de l'Europe occupée par l'armée soviétique après 1945.

➤ Au départ, des gouvernements de coalition dirigent les pays de l'Europe orientale et centrale, puis les partis communistes prennent la totalité du pouvoir.

➤ Avec le « coup de Prague » (février 1948), la Tchécoslovaquie rejoint le « camp socialiste ».

II. Des pays satellites de l'URSS

Les « démocraties populaires » sont d'abord et avant tout des satellites de l'URSS.

➤ Le modèle soviétique s'impose dans les domaines :
- politique (parti unique, surveillance policière) ;
- économique (**planification**, collectivisation de l'agriculture, industrie lourde) ;
- idéologique et culturel (marxisme-léninisme, enseignement du russe).

III. Contestations et réformismes

➤ Les « démocraties populaires », satellites de l'URSS sont contestées :
- dès la mort de Staline (Berlin-Est, 1953) ;
- après la déstalinisation (XXe congrès du PCUS, février 1956) : Pologne, été 1956, Hongrie, octobre-novembre 1956).
- les insurrections de Berlin et de Hongrie violemment réprimées.

➤ Dans les années 1960, des tentatives de réformes (Tchécoslovaquie et Hongrie). En Tchécoslovaquie, le « printemps de Prague » est stoppé par l'invasion des troupes du pacte de Varsovie (20 août 1968).

➤ Dans les années 1970, la Pologne est le pays le plus agité. En août 1980, des grèves débouchent sur la création du premier syndicat libre, Solidarnosc, dirigé par Lech Walesa.

IV. La fin des « démocraties populaires »

➤ Les « démocraties populaires » ont disparu rapidement fin 1989 pour plusieurs raisons :
- arrivée de M. Gorbatchev au pouvoir en URSS et perestroïka ;
- bouillonnement de la **société civile** (Pologne, Hongrie, Tchécoslovaquie)
- des régimes communistes incapables de se réformer.

NE PAS CONFONDRE

démocratie parlementaire et « démocratie populaire »

• La **démocratie parlementaire** est un régime politique dans lequel le pouvoir appartient au peuple (*démos* en grec) qui élit au suffrage universel les députés, et parfois le président de la République. Le régime est dit « parlementaire » quand le gouvernement est responsable devant le parlement qui vote les lois et le budget.

• Les pays d'Europe centrale dominés par l'URSS se sont autoproclamés « **démocraties populaires** », ce qui, on le notera au passage, est un pléonasme. Dans ces pays, le marxisme léninisme est l'idéologie officielle et unique et le pouvoir réel appartient au seul parti communiste.

« Démocraties populaires » de 1945-1949 à 1989-1990.

Composition (5/10)

Sujet : Le « grand frère » soviétique et les « démocraties populaires » (1945-1968)

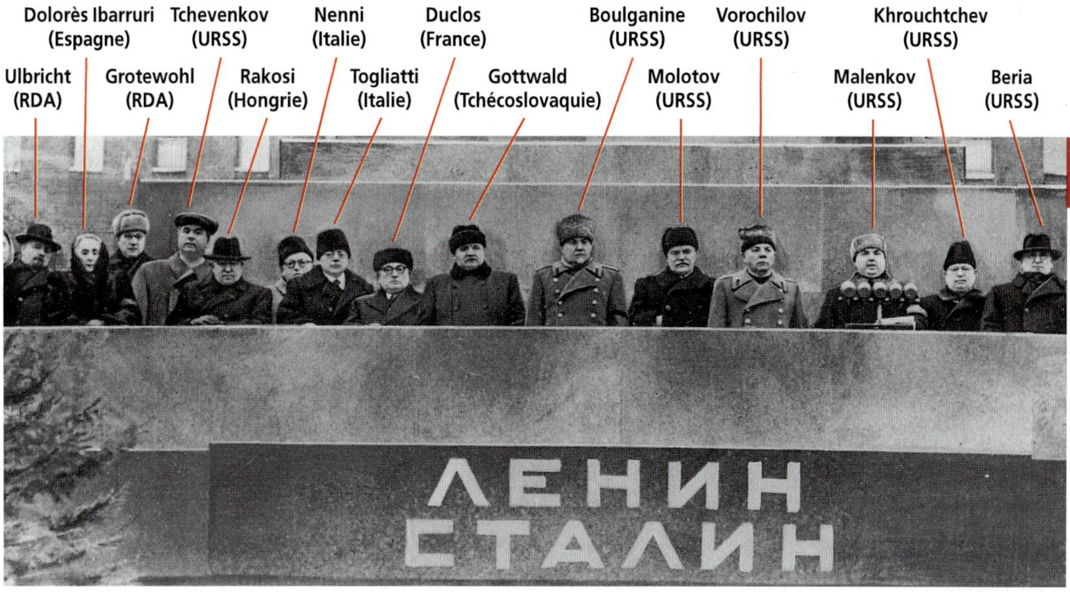

DOCUMENT D'ACCOMPAGNEMENT

Les dirigeants communistes aux obsèques de Staline (8 mars 1953).
Trois « démocraties populaires » sont représentées, la RDA, la Hongrie, la Tchécoslovaquie.

Méthode

➤ 1. Analyser le sujet

1. Le thème : L'action de l'URSS pendant une certaine période. Se demander ce qu'indique l'expression « grand frère ».

2. La zone géographique : Quels pays sont concernés ?

Le « grand frère » soviétique | **et** | **les « démocraties populaires »** | **(1945-1968)**

Le mot de liaison : Ne pas traiter l'histoire de l'URSS ou des « démocraties populaires » mais les relations entre l'une et les autres.

3. La période historique : Que se passe-t-il en 1945 ? Que se passe-t-il en 1968 ?

- Quand un sujet comprend un mot de liaison (dans le cas présent : « et ») ne pas oublier que le premier terme est le plus important. Il s'agit donc d'étudier les relations en partant de l'URSS et non pas de l'Europe de l'Est.
- Le terme de « grand frère » (utilisé par Hélène Carrère d'Encausse, spécialiste de l'histoire soviétique) implique un rapport de subordination (l'URSS comme modèle à suivre et comme exemple, ce qu'il faut bien mettre en valeur dans le devoir).

➤ 2. Formuler une problématique

- Trouver une question à partir du sujet proposé :

– comment évoluent les relations entre l'URSS et les « démocraties populaires » entre 1945 et 1968 ?
– comment l'URSS étend-elle et maintient-elle son influence sur ces pays entre 1945 et 1968 ?

➤ 3. Construire le plan

- Partir des éléments de réflexion suivants :

– en 1945, l'Armée rouge occupe la moitié orientale de l'Europe.
– Quelles sont les vues de Staline ?
Protéger l'URSS ; retrouver les territoires perdus par la Russie à la suite de la révolution de 1917 ; installer des régimes communistes dans les pays contrôlés par l'Armée rouge.
– Comment maintenir le modèle dans les « pays frères » ?
Quelles sont les réactions de l'URSS lorsque ceux-ci essayent de se libérer de la tutelle soviétique ?

- Pour ce type de sujet, le plan chronologique semble le plus indiqué, car il permet de mieux saisir les évolutions.

Exemple de plan possible :
– L'URSS influence la création de « démocraties populaires » ;
– Des États et des peuples soumis ;
– Des contestations vite réprimées.

Étude d'un ensemble documentaire (11/16)

Sujet : Le XXe congrès du PCUS en février 1956 : évolution ou remise en cause du modèle soviétique ?

Questions

Première partie

1. Quelle période est couverte par les documents ?
2. Quels aspects du modèle soviétique sont contestés dans les documents 1, 2, 3 et 5 ?
3. Qui remet en cause le modèle soviétique de manière radicale ? Par quels moyens ? Comment cela apparaît-il ?
4. Quels éléments des documents 1, 3 et 5 témoignent d'une volonté d'évolution et non de rupture ?
5. Critique des documents : à quel parti politique, à quelle force politique appartiennent les différents auteurs ? Quelles conséquences peut-on en tirer ?

Deuxième partie : Rédiger une réponse organisée à la question posée dans le sujet à l'aide des informations retirées des documents et des connaissances acquises.

DOCUMENT 1 Rapport secret de Khrouchtchev au XXe congrès

Après la mort de Staline en mars 1953, Khrouchtchev est nommé Premier secrétaire du PCUS. En février 1956, lors du XXe congrès du PCUS, il lit un rapport devant les délégués du Parti.

C'est pendant la période 1936-1938 qu'est née la pratique de la répression massive au moyen de l'appareil gouvernemental, d'abord contre les ennemis du léninisme – trotskistes, zinoviétistes, boukhariniens – depuis longtemps vaincus politiquement par le Parti et également ensuite contre de nombreux communistes honnêtes, contre les cadres du Parti qui avaient porté le lourd fardeau de la guerre civile et des premières et très difficiles années de l'industrialisation. […]

Staline fut à l'origine de la conception de l'« ennemi du peuple ». Ce terme rendit possible l'utilisation de la répression la plus cruelle contre quiconque n'était pas d'accord avec lui. […] Il a été établi que des 139 membres et suppléants du Comité central du Parti qui avaient été élus au XVIIe congrès, 98 avaient été arrêtés et fusillés, c'est-à-dire 70 % (pour la plupart en 1937-1938). […]

Des conséquences très graves, surtout dans les premiers jours de la guerre, résultèrent de l'élimination par Staline de nombreux chefs militaires et de fonctionnaires politiques entre 1937 et 1941. Pendant ces années, la répression fut instituée contre certaines parties des cadres militaires, commençant à l'échelon des commandants de compagnies et de bataillons et allant jusqu'aux plus hautes sphères militaires. Les chefs qui avaient acquis une expérience militaire en Espagne et en Extrême-Orient furent presque tous liquidés.

Le culte de la personnalité a atteint de monstrueuses proportions, surtout en raison du fait que Staline […] a encouragé la glorification de sa propre personne. Un des exemples les plus caractéristiques du manque absolu de modestie de Staline est la publication, en 1948, de sa Biographie abrégée. Staline y est flatté et glorifié à l'égal d'un dieu et considéré comme un sage infaillible, « le plus grand des chefs », « le plus grand stratège de tous les temps ».

Extraits du rapport lu à huis clos devant les seuls délégués, lors de la séance extraordinaire du Congrès du PCUS (février 1956).

DOCUMENT 2 Déclaration d'un membre du parti communiste d'Union soviétique après le XXe congrès

Il semble que, suite à des causes historiques précises, le culte de la personnalité a été profitable à une couche d'individus au sein du Parti et du gouvernement, qui ont, grâce à lui, fait carrière. Désormais, ces individus font des discours en se demandant comment ils vont bien pouvoir rester en place […]. Il y a des personnes qui ont conduit à la mort des milliers d'honnêtes gens […]. Si tous ces gens restent à leur poste, si rien n'est fait, si on leur confie la réalisation des décisions prises lors du XXe congrès, alors nous nous mentirons à nous-mêmes.

Déclaration, en avril 1956, de Bialik (critique littéraire), lors d'une réunion des membres des cellules de base du Parti, durant laquelle ont été discutées les conclusions du XXe congrès ; dans N. Werth et G. Moullec, *op. cit.*

DOCUMENT 3 Discours de Gomulka, 21 octobre 1956

En octobre 1956, des manifestations éclatent en Pologne. Les dirigeants staliniens doivent céder la place à Gomulka. Dirigeant communiste polonais, écarté du pouvoir par ordre de Staline en 1948 et emprisonné, Gomulka a été libéré en 1956 ; il redevient Premier secrétaire du Parti ouvrier unifié (parti communiste polonais).

Après la Seconde Guerre mondiale, l'URSS cessa d'être l'unique pays édifiant le socialisme. Sur l'arène mondiale sont apparus la Chine populaire et plusieurs pays de démocratie populaire, dont la Pologne, qui se sont engagés dans la voie de l'édification du socialisme. Devant les partis ouvriers de ces pays, et, par conséquent, devant notre Parti, se sont posés des problèmes qui, auparavant, n'existaient pas en pratique. Font partie de ces problèmes des questions telles que la voie menant au socialisme dans des conditions propres à chaque pays, ce qui, dans une certaine mesure, se projette sur la formation d'un modèle de socialisme et sur les rapports mutuels entre Partis et États, entre les Partis et les gouvernements des pays du camp du socialisme […].

Ces rapports devraient se cristalliser sur la base d'une solidarité ouvrière internationale […]. Dans le cadre de tels rapports, chaque pays devrait posséder une pleine indépendance et une pleine autonomie, et les droits de chaque peuple à se gouverner souverainement dans un pays indépendant devraient être totalement et mutuellement respectés […].

Discours du 21 octobre 1956.

DOCUMENT 4 L'écrasement de l'insurrection hongroise d'octobre 1956.
Le 24 octobre 1956, éclate l'insurrection hongroise. Le dirigeant stalinien Rakosi doit céder le pouvoir à des communistes réformateurs. Le 1er novembre, Imre Nagy annonce que la Hongrie quitte le pacte de Varsovie. Début novembre, l'insurrection hongroise est écrasée par l'Armée rouge. Il y plusieurs milliers de morts.

DOCUMENT 5 Lettre anonyme envoyée à la *Pravda*

Pourquoi écrit-on sur les erreurs de Staline après sa mort ? Pourquoi nos camarades, les idéologues, ne veulent-ils pas parler des erreurs de Staline devant les ouvriers, les kolkhoziens ? Le camarade Boulganine[1] aurait dû prendre la parole pour expliquer pourquoi il n'a pas pu, en son temps, infléchir Staline, pourquoi l'ensemble du Comité central n'a pas pu prévenir le mal qu'a fait Staline, dans les dernières années, à la cause du socialisme.
J'aimerais que vous me donniez des réponses claires à ces questions, mais je ne peux pas signer cette lettre. J'ai peur, je ne sais même pas de quoi, mais j'ai peur. Je n'ai jamais subi de répression, simplement j'ai peur. On nous a éduqués dans la peur et la soumission. Les discussions sur la critique, c'est du bavardage stérile. Celui qui critique, on le flanque dehors. C'est peut-être ce principe qui empêcha les membres du Bureau politique de critiquer Staline à temps.

Lettre anonyme n° 136 374 envoyée entre février et août 1956 à la Pravda, journal du PCUS, mais non publiée à l'époque ; dans N. Werth et G. Moullec, *Rapports secrets soviétiques*, 1921-1991, Gallimard.

1. Ministre des Forces armées en 1947, membre du Bureau politique en 1948, vice-président du Conseil en 1953, l'un des principaux dirigeants du Parti, avec Khrouchtchev, de 1953 à 1958.

Méthode

➤ 1. Aide générale

• Le sujet fait appel à des connaissances tirées des chapitres consacrés au modèle soviétique et aux « démocraties populaires ».
• Point de départ de la réflexion : partir de la date du sujet ; s'interroger sur ce qu'est le modèle soviétique dans les années qui précèdent le XXe congrès , puis tenir compte de la date des documents.

➤ 2. Réponse aux questions

A. Question 1

• Classer les documents par rapport à la date du XXe congrès. Les textes sont-ils tous contemporains des événements ?

B. Question 2

• Rassembler ses connaissances sur l'URSS au temps du XXe congrès : l'importance de Khrouchtchev, l'attitude de Gomulka en Pologne, celle de Rakosi et de Imre Nagy en Hongrie, la réaction de l'URSS
• Quel personnage important est cité plusieurs fois ?

C. Questions 3 et 4

• Les questions 3 et 4 peuvent être traitées en parallèle : se demander quels éléments des différents documents permettent plutôt de parler d'évolution ou de remise en cause.
• Par exemple, dans le doc. 4, le civil hongrois est armé (on voit la crosse de son fusil), ce qui montre plutôt une volonté de rupture violente, de remise en cause.
• La légende et la présence d'un char au bout de la rue laissent entendre que les combats ont été violents. L'attitude accablée des deux civils, l'angle de prise de vue de la photo, qui donne l'impression que le canon du tank est pointé sur la tempe de l'homme, soulignent l'échec de l'insurrection. Finalement, il n'y aura pas de remise en cause, en raison de l'écrasement de l'insurrection par l'Armée rouge.

D. Question de la deuxième partie

• Ne pas confondre « évolution » (modification qui ne bouleverse pas un déroulement) et « remise en cause » (rupture radicale). Dans les pays où les communistes sont au pouvoir, que pourrait être une « remise en cause » du modèle soviétique ?
• La réponse à la question posée est complexe. Nuancer selon les pays et les époques.
• Par exemple, pour le document 4, on évoquera l'insurrection comme moyen radical de remise en cause et la répression violente comme réponse et refus de cette remise en cause.

CHAPITRE
13

Les enjeux européens depuis 1989

séries
ES-L

Au début des années 1990, l'Union européenne consolide son organisation.
Par le traité de Maastricht (1992), elle établit une citoyenneté européenne et une union économique et monétaire qui aboutit à l'instauration d'une monnaie européenne commune, l'euro.
Mais en même temps, l'Union européenne doit réagir à l'effondrement du bloc de l'Est. Les États libérés de la tutelle soviétique sollicitent leur intégration à l'Union. Certains d'entre eux, comme l'ex-Yougoslavie, connaissent de graves affrontements. L' Union européenne, qui s'est déjà beaucoup agrandie depuis sa création, qui a absorbé l'ex-RDA en 1990, s'élargit, malgré certaines réticences, à de nouveaux membres en 1995 puis en 2004. Mais cela lui impose de modifier ses règles de fonctionnement.

Quels sont les nouveaux contours de l'Union européenne ?
Sur quelles institutions et sur quelles valeurs l'Union européenne doit-elle fonder son existence ?

1 L'ancienne RDA dans la communauté européenne.
Reconstruction de la *Frauenkirche* à Dresde, église détruite en février 1945.

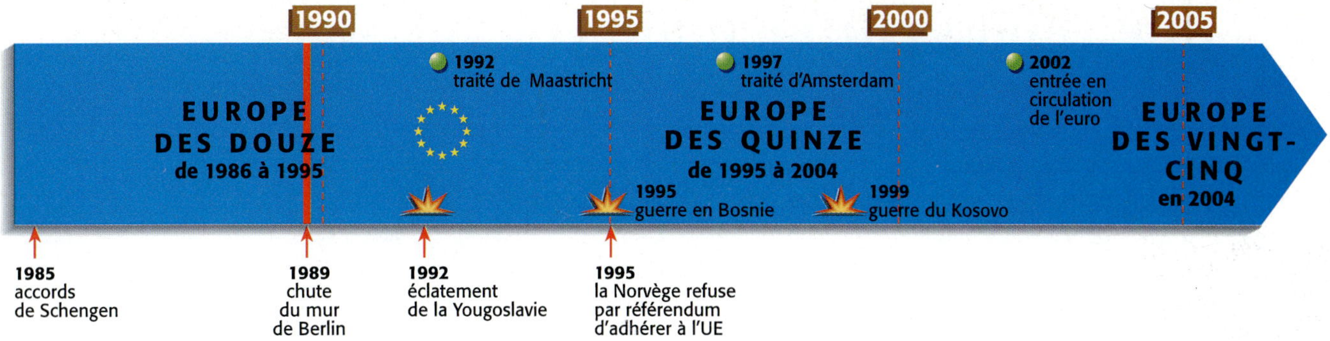

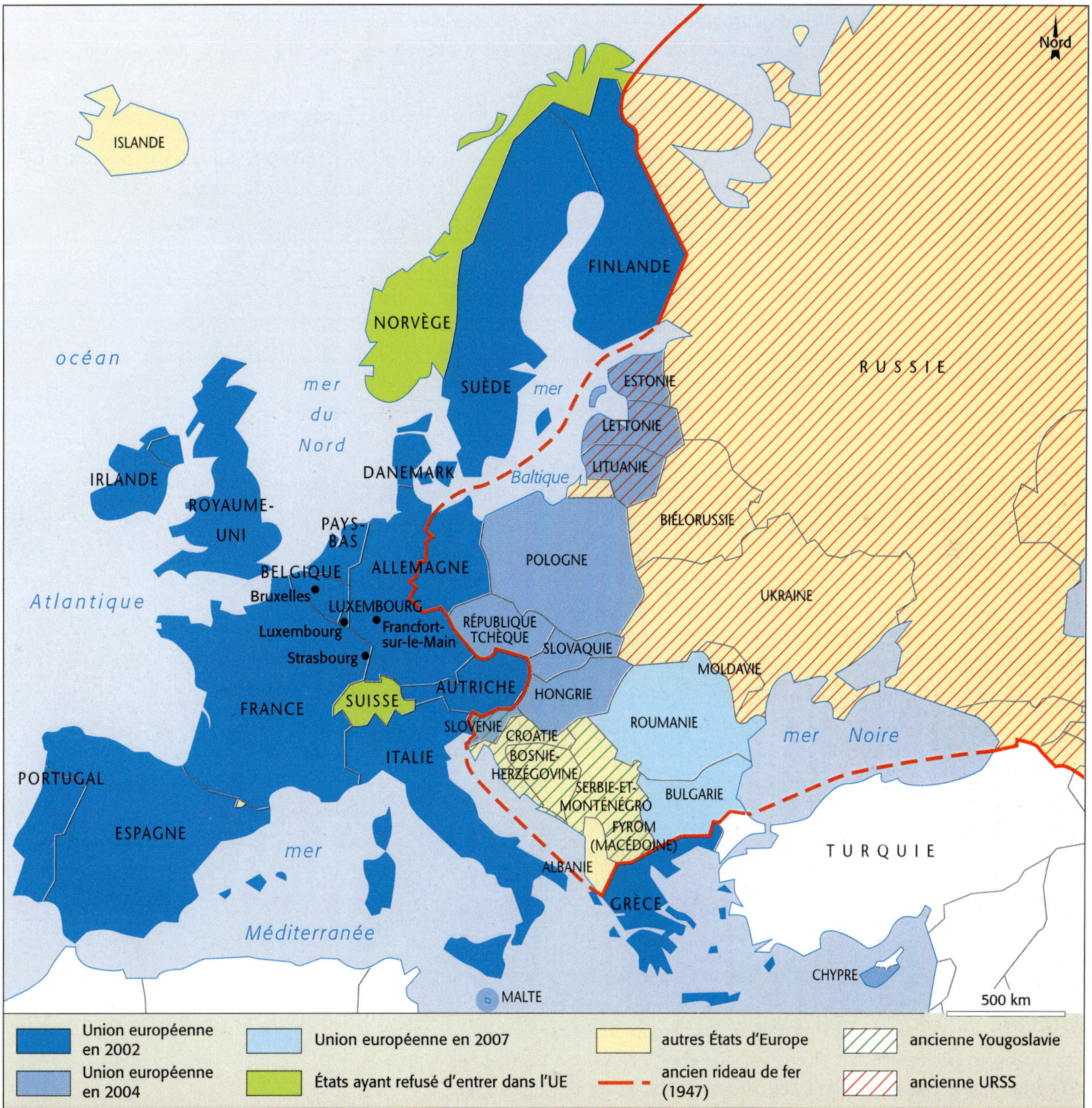

2 L'élargissement de l'Union européenne.

« En termes politiques, l'élargissement de l'Union au sud se justifiait par le passage réussi à la démocratie dans les trois pays méditerranéens. Sur le plan géographique, les frontières naturelles de l'Atlantique et de la Méditerranée s'imposaient d'elles-mêmes. Si l'élargissement à l'est peut se justifier quant à lui sur le plan politique par la nécessité de réunifier enfin le continent, cette partie du globe n'offre en revanche aucune frontière naturelle. » D'après *Die Zeit*, février 2000.

1 Une Union européenne élargie

A. Les changements du monde doc. 2 et 3

■ Dans les années 1990, les progrès de **la mondialisation et la libéralisation des échanges** affectent doublement l'Union européenne. D'une part, les règles établies par l'OMC proscrivent les mesures protectionnistes, ce qui remet en cause la politique agricole commune. D'autre part, l'Union européenne, nouveau nom de la CEE depuis 1993, doit résister à la concurrence économique des États-Unis.

■ Les années 1990 sont aussi marquées par la **fin de la guerre froide**. Cette nouvelle situation internationale oblige l'Union européenne à redéfinir ses relations avec les États-Unis, qui avait été jusque-là son alliée naturelle et qui l'avait protégée d'une éventuelle agression soviétique. Il devient de plus en plus nécessaire, pour l'Europe, de déterminer **une politique extérieure** commune si elle veut peser dans le monde.

B. Les bouleversements à l'est du continent doc. 4

■ En 1995, avec l'adhésion de la Finlande, de la Suède et de l'Autriche, l'Union européenne est passée de 12 à 15 membres. **La disparition du bloc soviétique** provoque des effets d'une tout autre ampleur. Les anciennes « démocraties populaires » libérées de la tutelle de Moscou, manifestent très rapidement **une grande attirance pour l'Union européenne**. La plupart sollicitent leur adhésion à l'Union européenne, dès 1994 dans le cas de la Hongrie. Mais l'accueil de ces pays pose de nombreux problèmes à l'Union. Multiplier le nombre de ses membres imposera de nouvelles règles de fonctionnement, et accueillir des pays plus pauvres entraînera des difficultés économiques, comme cela s'est vérifié à partir de 1990, avec l'intégration de l'ex-RDA au sein de l'État allemand réunifié.

■ **Beaucoup de raisons plaident cependant pour l'intégration.** Par leur histoire et par leur culture, ces pays font partie de l'Europe et, géographiquement, certains d'entre eux (Hongrie, République tchèque), appartiennent plus à l'Europe centrale qu'à une « Europe de l'Est ». L'Union européenne, qui s'est toujours présentée comme un pôle démocratique et qui a accueilli, dans les années 1980, la Grèce, l'Espagne et le Portugal, peut difficilement refuser d'accepter en son sein ces États fraîchement libérés de la dictature. De plus, le haut niveau de développement de l'Union ne peut que provoquer une forte immigration en provenance des plus pauvres de ces pays. Refuser l'intégration d'États dont les frontières ne sont pas toujours reconnues par les populations voisines, pourrait mener à des tensions nationalistes, voire à des affrontements comme cela s'est produit en ex-Yougoslavie à partir de 1991.

C. Les doutes de l'opinion doc. 1 et 5

■ Malgré les réformes des années 1970 et 1980, l'opinion continue de critiquer le caractère **technocratique** des décisions de la Commission de Bruxelles, qui échappent au contrôle des citoyens. Elle reproche aussi à l'Union **son impuissance à combattre le chômage ou à prévenir des catastrophes** comme l'épidémie de la vache folle ou les marées noires.

■ En outre, tous les Européens n'approuvent pas la **perte de souveraineté des États de l'Union** résultant du renforcement de celle-ci. Beaucoup d'Européens reprochent à cette dernière d'accorder plus de facilités aux détenteurs de capitaux que de garanties aux droits des travailleurs. Ils dénoncent aussi sa tendance à s'aligner sur la mondialisation libérale voulue par les États-Unis, au lieu de tenter de l'aménager.

■ Ces critiques, notamment celles des **souverainistes**, n'empêchent pas l'Union européenne de s'imposer toujours plus aux yeux de ses habitants, par ses règlements ou par ses réussites, par exemple dans le domaine aérospatial. En outre, l'organisation, pendant les années 1990, de manifestations syndicales au niveau européen démontre que la contestation peut, elle aussi, se couler dans un cadre européen.

VOCABULAIRE

technocratique : se dit d'une organisation fondée sur le pouvoir des techniciens et sur l'importance accordée aux questions techniques au détriment des enjeux sociaux et humains.

souverainiste : personne attachée au principe de la souveraineté nationale et qui s'oppose à une Europe fédérale dans laquelle les nations risqueraient de disparaître.

1 Une réalisation européenne : la fusée Ariane 5.

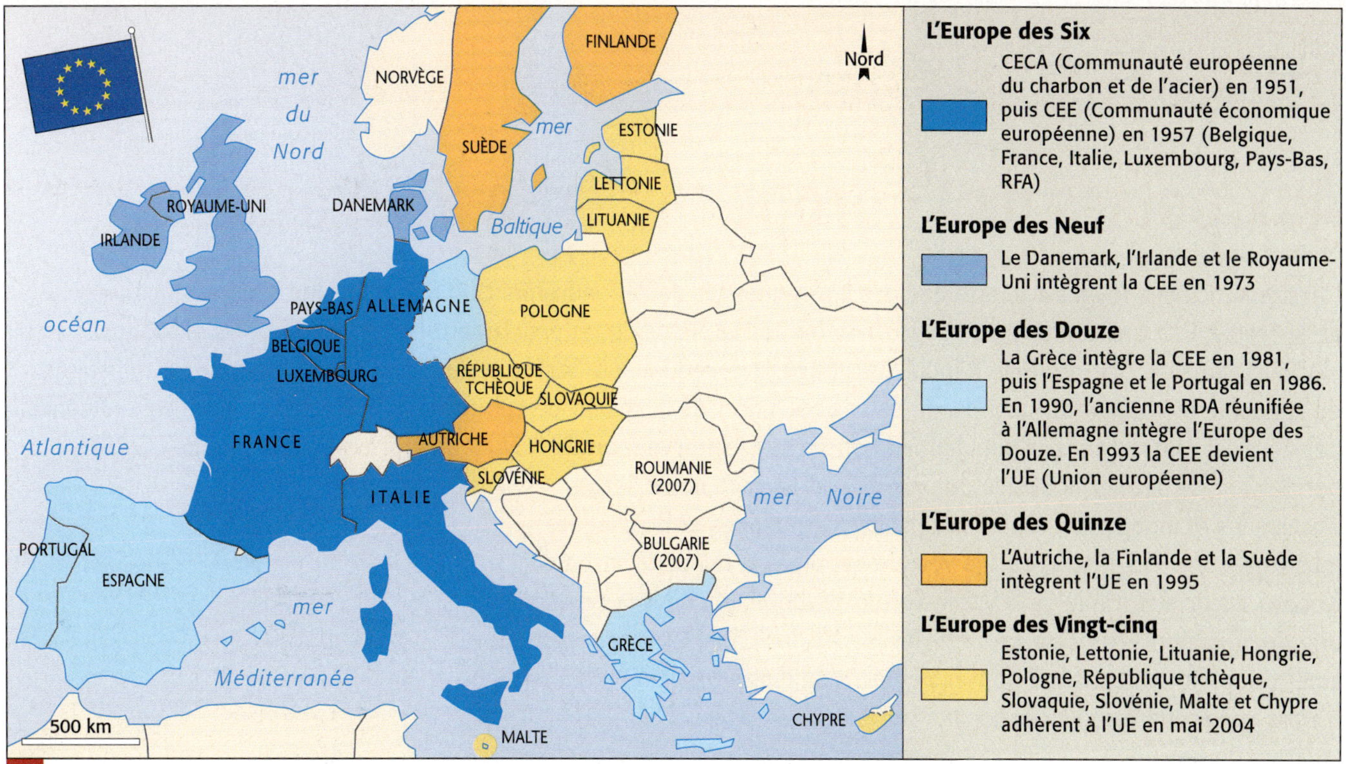

2 **L'élargissement de l'Europe : de la CECA (1951) à l'Union européenne de 2004.**

3 Une analyse des perspectives de l'élargissement de la CEE en 1990

L'histoire de l'Europe est celle de ses frontières [...]. C'est donc une histoire des conflits. Des conflits entre l'Europe et ce qui, de l'extérieur, la contenait, voire la refoulait. Et du conflit interne à l'Europe entre les tendances qui la poussaient vers l'unité et l'uniformisation et celles qui la divisaient [...]. La Communauté européenne est parfois identifiée à l'Europe. Mais elle ne l'est pas encore. Elle n'en est qu'un noyau organisateur. Pour devenir Europe, il lui faudra d'abord s'adapter à la réunification de l'Allemagne, qui créera de nouveaux rapports de force entre les pays membres. Il lui faudra en même temps relever le défi de l'intégration civilisationnelle des pays de l'Europe centrale et orientale. [...]

Tout cela devra se faire sans porter préjudice au resserrement des liens intracommunautaires censés déboucher dans d'assez brefs délais sur une union économique et monétaire et, à terme, sur une union politique.

Krzysztof Pomian, *L'Europe et ses nations*, Gallimard, 1990.

1. **Que signifie « l'intégration civilisationnelle des pays de l'Europe centrale et orientale » ? Expliquez l'expression « ce qui de l'extérieur la contenait voire la refoulait ».**
2. **Quels doivent être, selon l'auteur, es objectifs de la CEE ?**

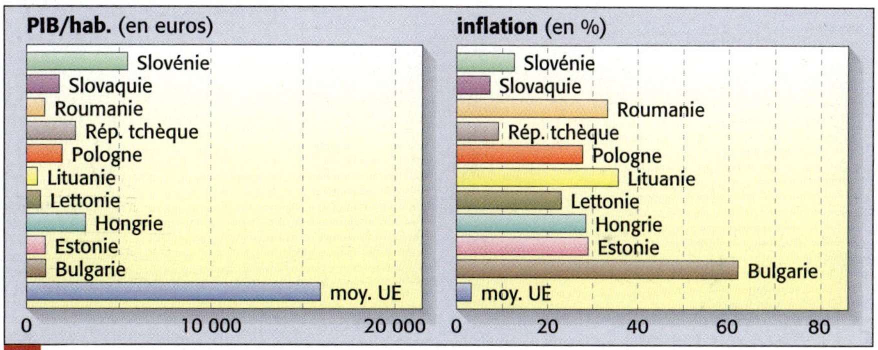

4 **La situation économique des dix pays candidats à l'Union européenne au milieu des années 1990.**

5 **La marée noire du *Prestige* au Nord-Est de l'Espagne en décembre 2002.**

Aux portes de l'Europe : la crise yougoslave

L'éclatement de la Yougoslavie est l'une des conséquences de l'effondrement du communisme. Contestant l'autorité de la Serbie, État unificateur de la Yougoslavie, les autres Républiques proclament leur indépendance, provoquant ainsi plusieurs guerres. Une nouvelle République yougoslave, réduite à la Serbie et au Monténégro, exploite les difficultés de la Bosnie et s'appuie sur une partie de sa population, de langue et de culture serbes, pour y étendre son influence, déplaçant et massacrant des populations non serbes. L'intervention de l'ONU et la pression militaire de l'OTAN permettent de pacifier la Bosnie, au prix de son partage entre Serbes bosniaques orthodoxes, Croates bosniaques catholiques et Bosniaques musulmans en 1995. Mais la Serbie voulant protéger la minorité serbe du Kosovo, cœur historique de la vieille Serbie, pratique aux dépens des Albanais, une **purification ethnique**. En 1999, les forces de l'OTAN, majoritairement américaines, interviennent à nouveau (guerre du Kosovo). L'Union européenne n'a pas su résoudre seule ces conflits sur le sol européen.

VOCABULAIRE

purification ethnique : déplacement de populations par la force, parfois accompagné de massacres afin de rendre un territoire homogène sur le plan de l'ethnie, de la langue, de la religion.

1 La diversité ethnique et religieuse de la Yougoslavie.

2 3 février 1991 : vers une première indépendance, la Slovénie

La Slovénie a décidé d'accélérer sa marche vers l'indépendance. Après avoir voté de nouveaux amendements à la Constitution de Slovénie suspendant les dernières compétences du pouvoir fédéral yougoslave sur son territoire, les députés du Parlement de Slovénie devaient ouvrir hier un débat sur un projet de « résolution sur la dissociation à l'amiable » de la Yougoslavie. […]

La résolution prévoit que l'actuelle Yougoslavie « se divise par consentement mutuel en deux ou plusieurs nouveaux États souverains et indépendants ». Ces États s'engagent à résoudre d'une manière pacifique les conflits éventuels pouvant naître de leur dissociation et à poursuivre leur coopération sur un pied d'égalité. Le projet offert à toutes les composantes yougoslaves laisse la porte ouverte à la formation d'une confédération ou d'un marché commun yougoslave, sans en faire les priorités.

D'après Hélène Despic-Popovic, *Libération*, le 21 février 1991.

3 Épuration ethnique à l'envers : exode des Serbes après la guerre du Kosovo

Après l'exode massif des Albanais du Kosovo vers la Macédoine et l'Albanie, provoqué par les opérations des forces serbes et les bombardements de l'OTAN, les déplacements forcés touchent les minorités non albanaises, en particulier les Serbes, dans le Kosovo de l'après-guerre.

« Les semaines ayant suivi le retrait des forces yougoslaves et l'arrivée de la KFOR[1] ont vu un exode de minorités, particulièrement des Serbes du Kosovo » indique un rapport de l'Organisation pour la sécurité et la coopération en Europe et du Haut commissariat aux réfugiés (HCR). « Il semble que ces groupes sont visés sans aucun lien avec une éventuelle complicité avec les forces serbes », relève le document, citant notamment le cas des attaques contre des vieillards serbes isolés. Selon le HCR, plus de 200 000 Serbes vivaient au Kosovo avant les bombardements de l'OTAN et quelque 180 000 ont quitté la province […].

Les Gorans (Serbes musulmans) et les Musulmans bosniaques (nationalité créée sous Tito) sont la cible de persécutions car ils parlent serbo-croate tout en étant de religion musulmane.

Extrait de l'article d'Isabelle Ligner, *Marianne*, 1er au 7 novembre 1999.

1. Force multinationale d'occupation du Kosovo (Américains, Français, Allemands, Russes) dirigée par l'OTAN.

4 La Bosnie divisée en 1995

Nous devons être prêts pour une guerre de dix ans. La communauté internationale aide le plus fort. Elle avait peut-être cru les Serbes lorsqu'ils disaient qu'ils allaient régler le problème en deux semaines. Trois ans ont passé, et nous ne sommes toujours pas exterminés. Que faire avec ces Bosniaques qui s'entêtent à résister ?... Les Serbes ne sont pas assez forts pour nous exterminer, et nous, Bosniaques, ne sommes pas assez forts pour gagner la paix. [...] L'Europe n'a pas de projet et la crise bosniaque en est la démonstration. [...] Je ne crois pas en une évolution, pas avant de grands changements, peut-être aux États-Unis. En ce qui concerne l'Europe, je n'ai pas beaucoup d'espoir.

Interview de Haris Silajdzic, Premier ministre bosniaque musulman, *Le Monde*, 6 avril 1995.

Nous restons fidèles à l'idéal national des meilleurs fils serbes, autrement dit à l'unification nationale. Nous sommes convaincus que, après deux siècles d'attente, ce moment historique est venu. Les Serbes ne doivent pas le manquer. Au combat ! Pour la Serbie jusqu'à la mer Adriatique [...], notre pouvoir et notre efficacité seraient incomparablement moindres si nous n'étions pas soutenus par la mère Serbie. Même quand elle réprimande ses enfants, elle n'en reste pas moins le foyer chaleureux, notre point de départ et notre but. Elle sait que l'éclat des armes serbes de Bosnie éclaire également son visage. La Serbie sera grande ou nous ne serons plus ! Tel est le sermon des Serbes de l'Ouest de la Drina. Que Dieu soit avec nous !

Article du journal serbe de Bosnie, *Oslobodjenje*, cité dans *Courrier international*, 2 février 1995.

5 Belgrade, le 20 février 1999.
Manifestation de soutien au dirigeant serbe, Slobodan Milosevic.

6 L'Europe et la crise yougoslave

Les Européens sont particulièrement coupables : l'Allemagne et l'Autriche ont encouragé Slovènes et Croates avec une inconscience diabolique. La France n'a pas osé imposer aux minuscules États balkaniques ce qu'elle avait obtenu de la puissante Allemagne : la reconnaissance préalable de ses voisins et de leurs frontières. [...] Chacun, en définitive, s'est comporté comme si ses alliances étaient redevenues celles de 1914 : la France avec la Russie et la Serbie, l'Allemagne avec la Croatie, la Turquie avec la Bosnie. Et l'Angleterre, comme d'habitude, jetant de l'huile sur tous les feux. Nul en Europe n'a voulu prendre le risque d'une discussion sérieuse, de peur de nuire à la signature du traité de Maastricht, puis à sa ratification, puis à la monnaie unique.

Jacques Attali, *Le Monde*, 15 juin 1995.

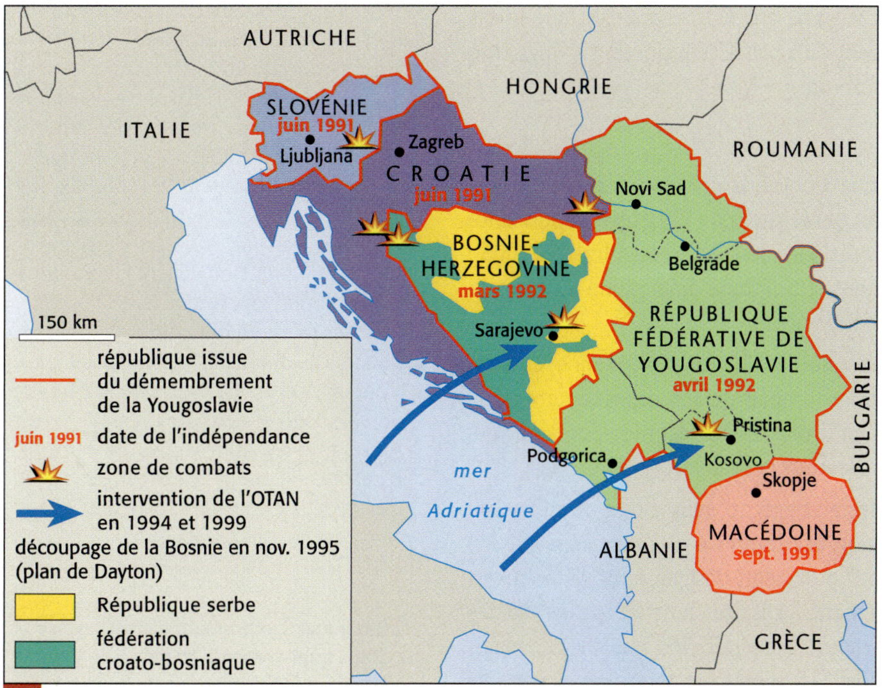

7 L'éclatement de la Yougoslavie.

QUESTIONS

A. Présenter les documents
(nature, date, auteur)

B. Dégager des informations des documents

1. Quels sont les différents facteurs de diversité au sein de la Yougoslavie de 1990 ? (doc. 1)
2. Qui est victime de la purification ethnique avant l'intervention de l'OTAN au Kosovo ? après la guerre du Kosovo ? (doc. 3)
3. Quelle opinion ce dirigeant Bosniaque a-t-il de l'Europe ? Sur qui les Serbes de Bosnie peuvent-ils compter ? (doc. 4)
4. Quel reproche Jacques Attali adresse-t-il aux Européens ? (doc. 6)

C. Mettre en relation les documents

5. Quelles forces interviennent en ex-Yougoslavie ? (doc. 3 et 7)
6. Pourquoi est-il si difficile de trouver des solutions aux problèmes posés par l'ex-Yougoslavie ? (doc. 1, 2, 4, 6 et 7)

D. Synthèse

7. Rédiger un paragraphe présentant les données du problème yougoslave et l'attitude de l'Europe face à la crise yougoslave, en soulignant ses limites.

2 Une Europe renforcée ?

A. Le traité de Maastricht (1992) doc. 1, 2 et 3

■ Une fois la libre circulation des biens et des personnes renforcée par l'Acte unique et par les accords de Schengen, l'Europe continue à développer sa **politique d'intégration**, notamment sous l'impulsion de la France et de l'Allemagne. Le traité de Maastricht (7 février 1992) la transforme en Union européenne. Il prévoit une citoyenneté européenne et une monnaie commune, l'euro, gérée par une banque centrale, indépendante des gouvernements. Cela implique une coordination des politiques économiques, dans le sens d'une défense rigoureuse de la monnaie et d'une lutte contre l'inflation. Le traité préconise une politique de sécurité commune ainsi que la mise en œuvre d'une politique étrangère commune. Le traité de Maastricht **achemine l'Union européenne vers une plus grande intégration**, ce qui provoque la critique des souverainistes.

■ L'apparition d'une monnaie européenne ne concerne pas uniquement l'économie. En intervenant dans un domaine qui relève de la souveraineté nationale, le droit de battre monnaie, l'Union s'engage sur le terrain politique, ouvrant ainsi une nouvelle période de son histoire. Par ailleurs, **une monnaie unique rend tous les États de la zone euro solidaires** : si la dette d'un pays augmente trop, la monnaie de tous les autres, l'euro, en subit les conséquences.

B. De nouveaux élargissements doc. 4

■ Le traité de Maastricht, entré en vigueur en 1993 après la difficile ratification de certains États (comme le Danemark ou la France), est aménagé par le traité d'Amsterdam (1997) dans la perspective d'un élargissement de l'Union. Mais **la zone euro ne rassemble que onze des quinze États de l'Union européenne** : le Royaume-Uni, le Danemark et la Suède conservent leurs monnaies nationales.

■ Dans les années 1990, l'Europe des douze s'est agrandie sans difficulté majeure en intégrant l'ex-RDA, en s'élargissant à l'Autriche, à la Finlande et à la Suède. Mais la décennie est surtout dominée par **la candidature de dix pays d'Europe centrale et orientale ainsi que de Malte, de Chypre et de la Turquie**. En 2002, les Quinze décident d'ouvrir l'Union à dix pays (Malte, Chypre et huit États d'Europe centrale et orientale) en 2004, puis à la Roumanie et à la Bulgarie en 2007, cependant que le cas de la Turquie demeure réservé. Cet élargissement sans précédent portera à vingt-cinq puis à vingt-sept le nombre des membres de l'Union.

C. Vers une réforme institutionnelle doc. 5 et 6

■ L'élargissement décidé en 2002 relance la question de la réforme des institutions. Mais se pose aussi **le problème de la politique extérieure de l'Europe**, impuissante face à la crise yougoslave et profondément divisée lors de la guerre en Irak en 2003 : l'Espagne, le Royaume-Uni et l'Italie soutiennent la politique américaine au Moyen-Orient tandis que l'Allemagne et la France la condamnent.

■ Tous les États ne partagent pas la même conception de l'Union européenne. Chacun cherche à préserver son influence, à travers le nombre de ses représentants à la Commission et au Parlement et le maintien d'un droit de veto dans les domaines qui lui tiennent à cœur, comme l'exception culturelle pour la France.

■ Un **projet de Constitution européenne**, élaboré au sein d'une commission présidée par le Français Valéry Giscard d'Estaing, est soumis à discussion en 2003. Il prévoit l'instauration d'un président du Conseil européen désigné pour deux ans et demi et le renforcement des pouvoirs du Parlement. Il suscite un débat sur les racines chrétiennes de l'Europe. Mais s'il envisage le recours à la **majorité qualifiée**, il maintient le **droit de veto** dans certains domaines. Ce projet est rejeté en décembre 2003.

VOCABULAIRE

politique d'intégration : multiplication des liens d'interdépendance entre les différents États de l'Union européenne.

majorité qualifiée : voir *Ne pas confondre* p. 248.

droit de veto : voir *Ne pas confondre* p. 248.

1 L'euro. Le symbole de l'euro (€) est la lettre grecque epsilon, comportant deux barres horizontales au milieu.

2 Un adversaire du projet de Constitution européenne

C'est un mauvais projet pour la France, qui conduira à l'abdication de nos libertés, et un mauvais projet pour l'Europe, qui conduira à un État fédéral. [...] Le droit européen sera déclaré supérieur aux droits nationaux [...]. Le Parlement français deviendra une sorte de grand conseil régional, auquel il restera pour compétences la carte des anciens combattants et le calendrier scolaire ! [...] Bruxelles aura droit de vie et de mort sur nos entreprises, sur nos modes de vie, et n'admettra plus aucune diversité, avec cette idée « soviétiforme » : un seul État, une seule loi, un seul impôt, et un commissaire pour tous. Ce sera « Big Brother ».
Une politique étrangère unique sera mise en place, avec un poste nouveau et éminent : celui de ministre des Affaires étrangères de l'Union. Supposons que la Constitution Giscard ait été adoptée il y a un an : nos soldats français partaient en Irak, puisque dix-huit pays européens sur vingt-cinq étaient favorables à l'intervention américaine [...].
Les trois pays qui ont choisi de rester en dehors de l'Euroland (Grande-Bretagne, Danemark et Suède) ont deux fois moins de chômage et deux fois plus de croissance que les autres pays de l'Union. L'Europe de Bruxelles, c'est deux fois moins de liberté et de prospérité.

Philippe de Villiers, président du Mouvement pour la France, *Le Figaro*, 6 octobre 2003.

1. **Expliquer l'expression « Big Brother ».**
2. **Dans quel domaine Philippe de Villiers fait-il surtout porter ses critiques ?**
3. **À quels principes reste-t-il attaché ?**

3 Le traité de Maastricht

Le présent traité marque une nouvelle étape dans le processus créant une union sans cesse plus étroite entre les peuples de l'Europe, dans laquelle les décisions sont prises le plus près possible des citoyens.

L'Union se donne pour objectifs :

– de promouvoir un progrès économique et social équilibré et durable, notamment par la création d'un espace sans frontières intérieures, par le renforcement de la cohésion économique et sociale et par l'établissement d'une union économique et monétaire comportant, à terme, une monnaie unique ;

– d'affirmer son identité sur la scène internationale, notamment par la mise en œuvre d'une politique étrangère et de sécurité commune, y compris la définition à terme d'une politique de défense commune, qui pourrait conduire, le moment venu, à une défense commune ;

– de renforcer la protection des droits et des intérêts des ressortissants de ses États membres par l'instauration d'une citoyenneté de l'Union ;

– de développer une coopération étroite dans le domaine de la justice.

Signé le 7 février 1992, entré en vigueur le 1er novembre 1993.

1. **Quels sont les objectifs du traité ?**
2. **Quels sont les progrès accomplis dans l'intégration européenne depuis le traité de Rome ?**
3. **Lequel de ces objectifs a été atteint ?**

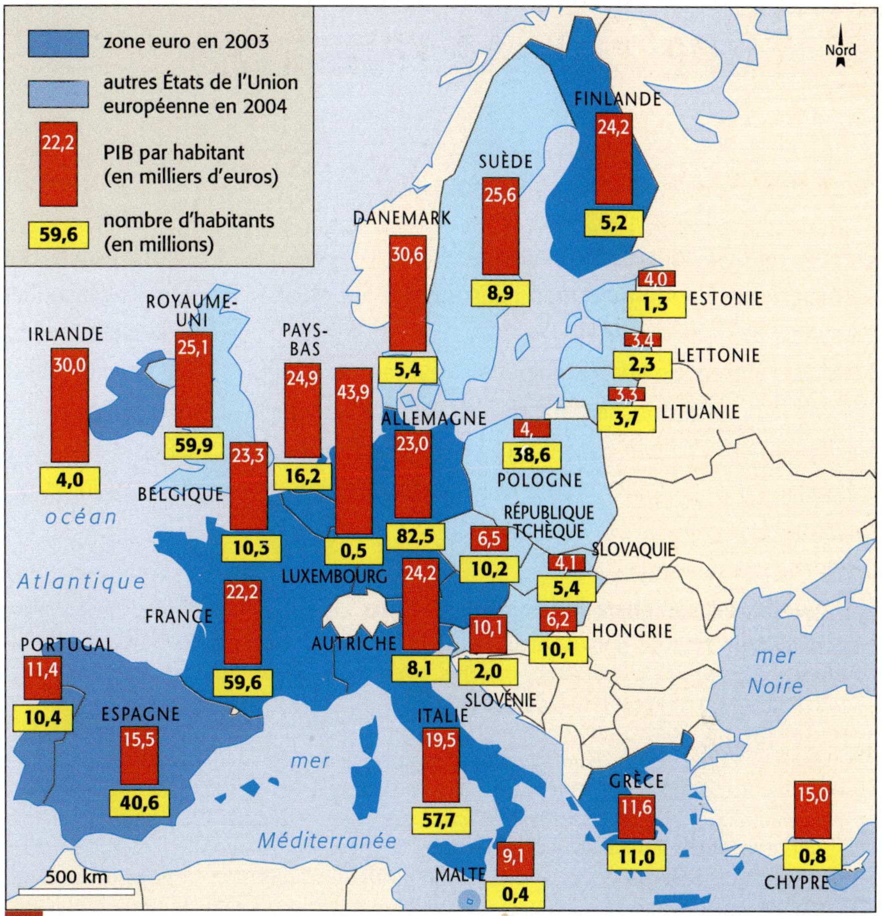

4 L'Union européenne en 2004.

1. **Quels sont les pays de l'Europe des Quinze qui n'appartiennent pas à la zone euro en 2003 ?**
2. **Quel avantage présente l'appartenance à la zone euro ?**

5 Un exemple d'intégration européenne : la brigade franco-allemande « Eurocorps » sur les Champs-Élysées lors du défilé du 14 juillet 1994.

6 Les sujets de discorde dans le projet de Constitution européenne en 2003

La défense européenne. [...] La Grande-Bretagne ainsi que les petits pays nordiques et les anciens pays du bloc soviétique restent opposés à toute initiative qui remettrait en cause le rôle prépondérant de l'OTAN. [...].

La composition de la Commission. La réforme de la Commission qui serait réduite à 15 commissaires à partir du 1er novembre 2009, pour préserver le principe de la collégialité des décisions, suscite l'opposition très ferme de la Commission et des nouveaux États membres. Ces derniers insistent sur leur droit d'envoyer chacun à Bruxelles un commissaire, pour traiter à égalité avec les grands pays.

La religion. L'absence de références aux racines chrétiennes de l'Europe dans le préambule de la Constitution choque les pays catholiques d'Europe centrale et orientale. 11 pays sur 25 insistent pour que l'on ajoute le mot « christianisme » dans le projet de traité.

La pondération des voix au Conseil des ministres. La nouvelle définition de la majorité qualifiée – 50 % des États et 60 % de la population – déplaît à 18 États sur 25.

Le droit de veto. Maintenu dans les domaines sensibles de la politique étrangère, de la fiscalité des entreprises, et de la politique budgétaire, le droit de veto risque de paralyser les réformes dans une Europe élargie. Sans passage à la majorité qualifiée en matière de politique étrangère, le nouveau chef de la diplomatie européenne sera privé de marge de manœuvre.

Le Figaro, le 4 octobre 2003.

L'Europe : quelles valeurs et quelles limites ?

Depuis 1945, la construction européenne n'a cessé de progresser. En même temps, l'Europe des Six s'élargit, passant à 25 États en 2004.
Mais une entreprise aussi ambitieuse, réalisée par la seule voie de la négociation, ne peut réussir que si elle définit clairement ses finalités. Sans doute visait-elle d'abord à assurer à ses habitants la paix et la prospérité.
Mais, au-delà, que signifie être citoyen européen ? Quelle place l'Union doit-elle faire aux États qui existaient avant elle ?
Sur quelles valeurs de civilisation doit-elle fonder son existence ? Quelles limites géographiques lui donner ? La cohésion de l'Union dépendra largement des réponses qu'elle apportera à ces questions.

1 Quelle relation entre l'Europe et les États ?

Quelle Europe voulons-nous ? Quelle sorte d'Europe peut relever le défi du monde moderne ? En premier lieu, nous voulons une union de nations, pas un super-État fédéral. Et cette vision est partagée par la majorité des peuples en Europe [...].
La vérité est que notre argumentation contre un super-État est en train de gagner. La politique étrangère et de défense demeurera entre les mains des gouvernements. La fiscalité demeurera, et doit demeurer, comme aujourd'hui, la prérogative du gouvernement britannique. Les modifications du traité devront être décidées à l'unanimité.
La politique économique doit être et sera coordonnée entre les gouvernements [...]. Il doit y avoir une dimension sociale de l'Europe. Mais une dimension sociale qui rendrait les économies de l'Europe rigides serait simplement une source de chômage pour ses peuples.

Tony Blair, Premier ministre britannique. Discours à Varsovie, à la veille du référendum sur l'adhésion de la Pologne à l'Union européenne, juin 2003.

2 Ce qui a fait l'Europe

La question de Dieu est subitement revenue sur le tapis des négociations. Après le veau, le soja, le maïs transgénique, les quotas, on montait d'un cran. Cette arrivée de Dieu à Bruxelles en vertu du calendrier préparé par Valéry Giscard d'Estaing a suscité une empoignade entre les tenants d'une Europe laïque, notamment la France, et ceux qui, avec la Pologne, souhaitent une référence marquée aux racines chrétiennes comme le suggère Jean-Paul II. [...]

Sans doute la candidature de la Turquie et la montée de l'intégrisme islamique ont-ils joué un rôle dans cette prise de conscience.
En réalité, cette référence à Dieu qui heurte la laïcité semble moins nécessaire qu'un rappel à la communauté des valeurs religieuses qui est le socle du passé européen. [...] Reconnaître que ce qui a fait l'Europe, c'est un rattachement aux valeurs issues de la Grèce, de Rome et du christianisme, semble donc beaucoup plus nécessaire. Et le rappel des « racines chrétiennes » prôné par le pape n'est pas forcément un démenti aux valeurs laïques puisque celles-ci en sont issues. La particularité du christianisme est d'avoir permis la séparation du politique et du religieux. Grâce à cette séparation qu'on doit à saint Augustin, la Renaissance puis le siècle des Lumières ont pu constituer une société civile qui pouvait se moquer de l'autorité de l'Église. À Constantinople ou à Alger, un Voltaire, un Diderot, s'ils avaient eu la malencontreuse idée de brocarder l'islam, eussent fini empalés.

Il y aurait donc un contresens à opposer la laïcité à l'humanisme chrétien qui a été la condition même de sa naissance. La laïcité n'est rien d'autre que l'enfant émancipé de la culture chrétienne.

Jean-Marie Rouart, *Adieu à la France qui s'en va*, Grasset, 2003.

3 La place de la religion dans les Constitutions européennes.

- **Allemagne** Le peuple est « conscient de sa responsabilité devant Dieu »
- **Autriche** La formule de prestation de serment du président de la République peut être assortie d'une « affirmation religieuse »
- **Belgique et Luxembourg** « Personne ne sera obligé de contribuer de quelque manière que ce soit aux actes et cérémonie d'une religion »
- **Danemark** Le roi appartient expressément à « l'Église évangélique luthérienne »
- **Espagne** « Les pouvoirs publics veilleront à maintenir des relations appropriées de coopération avec l'Église catholique et les autres confessions »
- **Finlande** « Personne ne sera obligé de participer à la pratique d'une religion »
- **France** République « laïque, démocratique et sociale »
- **Grèce** Constitution rédigée « au nom de la Trinité sainte [...] et indivisible »
- **Irlande** Constitution rédigée « au nom de la Très Sainte Trinité »
- **Italie** « L'État et l'Église catholique seront indépendants et souverains » (accords du Latran)
- **Pays-Bas** « Tout le monde aura le droit de librement manifester sa foi ou sa religion »
- **Pologne** Égalité entre « tous les citoyens de la République, aussi bien ceux qui croient en Dieu comme source de vérité, justice et bonté, que ceux qui ne partagent pas cette foi mais respectent ces valeurs universelles »
- **Portugal** « Les Églises et les communautés religieuses sont séparées de l'État »
- **Royaume-Uni** Pas de Constitution mais le chef de l'État est chef de l'Église anglicane
- **Suède** « Liberté de pratiquer sa religion »
- **Turquie** « Il n'y aura d'influence d'aucune sorte des sentiments religieux sur les affaires de l'État et la politique »

4 « Des ambitions réalistes pour l'Europe des 25 »

Le projet d'Europe politique telle que l'ont imaginée des générations d'Européens, dont moi-même, est à certains égards menacé. Il serait à la fois vital et raisonnable de se fixer des ambitions réalistes pour l'Europe des 25. Ces ambitions seraient, selon moi, tout d'abord, la création d'un espace de paix et de compréhension mutuelle respectueux des droits de l'homme et de la femme ; deuxièmement, la création d'un cadre pour un développement équitable et solidaire ; troisièmement, la stimulation des diversités qui font notre richesse en même temps qu'elles convergent vers une certaine conception de l'homme et de la société. Pas plus. Pour la politique étrangère, la défense, mais aussi pour l'Union économique et monétaire, il conviendrait soit de recourir à la création d'une avant-garde, soit de permettre, par des coopérations renforcées, à certains membres d'aller plus loin dans une structure qui resterait ouverte aux autres.

Jacques Delors, ancien président de la Commission européenne, *L'Express*, 19 juin 2003.

5 Le débat sur la Turquie

a. « Ce n'est pas un pays européen »

La Turquie est un pays proche de l'Europe, un pays important, qui a une véritable élite, mais ce n'est pas un pays européen, sa capitale n'est pas en Europe, elle a 95 % de sa population hors d'Europe [...]. Ce serait le plus grand État membre de l'Union européenne, il disposerait du groupe parlementaire le plus nombreux au Parlement européen. [...] Le lendemain du jour où on ouvrira des négociations avec la Turquie, vous aurez une demande marocaine. Le roi du Maroc l'a dit depuis longtemps.

Valéry Giscard d'Estaing, président de la Convention sur l'avenir de l'Europe, 9 novembre 2002.

b. « L'Europe est une tache d'huile de prospérité et de démocratie »

L'Europe est une tache d'huile de prospérité et de démocratie. C'est à partir de cela qu'il faut réfléchir à l'élargissement en général et à la Turquie en particulier. [...] La Turquie est certes un peu moins européenne puisque 97 % de son territoire est en Asie. Mais sa plus grande ville, Istanbul, est l'une des capitales culturelles de l'Europe. Elle est musulmane ? Certes. Mais la Turquie s'est dotée il y a près de quatre-vingts ans de structures laïques, qu'elle a depuis toujours préservées. [...] Si nous refusons la Turquie, nous y renforcerons les deux courants les plus archaïques, c'est-à-dire d'une part les islamistes et, d'autre part l'armée, laïque mais antidémocratique.

Michel Rocard, ancien Premier ministre français, *L'Express*, 12 décembre 2002.

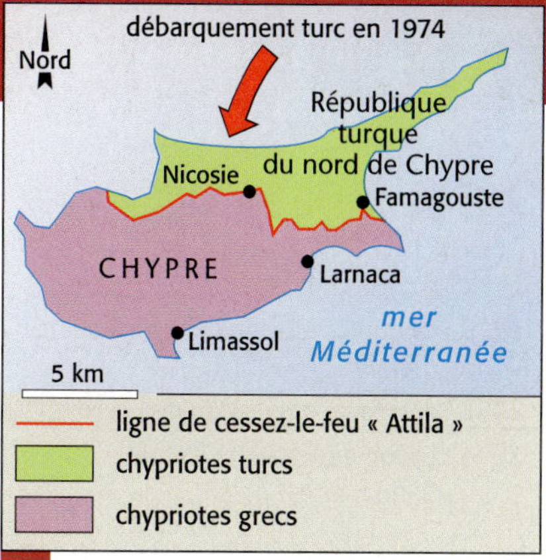

6 La question de Chypre

Ex-colonie britannique, Chypre obtient son indépendance en 1959. Les Grecs de l'île (80 % de la population) réclament le rattachement à la Grèce qui tente d'annexer l'île en 1974. Mais, après le débarquement de troupes turques dans le nord de l'île, Chypre est séparée en deux par la ligne « Attila », sous contrôle de l'ONU depuis 1974.
Au nord, une zone turque, la « République turque du nord de Chypre » non reconnue par la communauté internationale ; au sud, l'État chypriote grec qui entre dans l'Union européenne en 2004.

7 Les Français et l'adhésion de la Turquie à l'Europe.

Question : *Êtes-vous, sur le principe, tout à fait favorable, plutôt favorable, plutôt opposé ou tout à fait opposé à une adhésion de la Turquie à l'Union européenne ?*

Tout à fait favorable	5 %
Plutôt favorable	30 %
Sous-total favorable	**35 %**
Plutôt opposé	29 %
Tout à fait opposé	27 %
Sous-total désapprouve	**56 %**
Ne se prononce pas	9 %

Sondage effectué par Ipsos pour *le Figaro*, les 6 et 7 décembre 2002. Échantillon de 920 personnes constituant un échantillon représentatif de la population française âgée de 18 ans et plus.

Question : *Parmi les arguments suivants développés par les opposants à une adhésion de la Turquie à l'Union européenne, quel est celui auquel vous êtes le plus sensible ?*

Le risque d'une émigration importante de Turcs [...]	**42 %**
Le fait que la grande majorité du territoire de la Turquie se situe en Asie	**21 %**
Le fait que la grande majorité des Turcs soit de confession musulmane	**19 %**
Aucun de ceux-là*	**8 %**
Ne se prononce pas	**10 %**

** Réponse non suggérée*

Question : *Parmi les arguments suivants développés par ceux qui sont favorables à une adhésion de la Turquie à l'Union européenne, quel est celui auquel vous êtes le plus sensible ?*

Éviter que la Turquie puisse basculer vers le fondamentalisme islamique	**45 %**
Consolider le développement de la démocratie en Turquie	**36 %**
Préserver l'alliance militaire avec la Turquie	**10 %**
Aucun de ceux-là*	**3 %**
Ne se prononce pas	**6 %**

** Réponse non suggérée*

QUESTIONS

A. Présenter les documents
(nature, date, auteur)

B. Dégager des informations des documents

1. Quelle place l'auteur fait-il aux États dans sa vision de l'Europe ? (doc. 1)
2. D'après ce texte, quelles sont, en fin de compte, les valeurs les plus authentiques de l'Europe ? (doc. 2)
3. Comment Delors envisage-t-il l'évolution de l'Europe ? (doc. 4)
4. Relever les arguments favorables à l'intégration de la Turquie dans l'Europe, et ceux qui y sont défavorables. (doc. 5)
5. Pourquoi Chypre pose-t-elle un problème à l'Europe ? (doc. 6)

C. Mettre en relation les documents

6. Sur quelles bases peut se poursuivre la construction européenne ? (doc. 1, 2 et 3)
7. Analyser la place de la religion dans les débats européens. (doc. 2 et 4)

D. Synthèse

8. Rédiger un paragraphe dégageant les perspectives de l'Union européenne, en ce qui concerne sa cohésion et son élargissement.

FICHE DE RÉVISION

Dates à retenir

- **1992 :** traité de Maastricht
- **1995 :** Union européenne élargie à quinze membres
- **2002 :** entrée en circulation de l'euro
- **2004 :** Union européenne élargie à 25 membres

La zone euro.

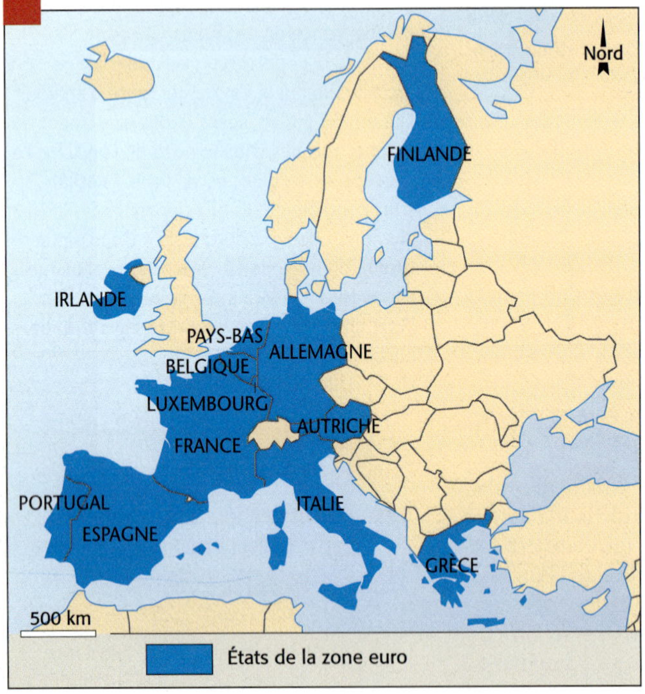

Bilan du chapitre

I. Une Union européenne élargie

➤ L'Union européenne doit s'adapter à la libéralisation des échanges (mondialisation) et définir son rôle dans un monde qui n'est plus celui de la guerre froide.

➤ L'Union européenne s'élargit : intégration de l'ex-RDA en 1990 ; passage de 12 à 15 États en 1995.

➤ L'Union européenne est sollicitée pour accueillir les pays d'Europe centrale et orientale : leur pauvreté l'inquiète, mais leur intégration peut éviter de dangereux affrontements nationaux.

➤ Les difficultés :
- une opinion qui doute ;
- des **souverainistes** qui s'opposent ;
- impuissance de l'Union européenne face à de nombreux problèmes (pollution, guerres en ex-Yougoslavie) ;
- les choix libéraux de l'Europe contestés par une partie de la gauche.

II. Une Union européenne renforcée

➤ Le traité de Maastricht (1992) dote l'Union européenne d'une politique extérieure et de sécurité commune et y établit une Union économique et monétaire (UEM) ; création de l'euro.

➤ Marche vers une **politique d'intégration** et de convergence.

➤ Une Europe à nouveau élargie : passage à 25 en mai 2004.

Ces transformations imposent une réorganisation de l'Union.

➤ Une réforme des institutions par un projet de Constitution européenne est élaborée en 2003 ; elle prévoit l'instauration d'un président du Conseil européen, d'une politique étrangère de l'Union européenne. Le projet n'est pas accepté en décembre 2003.

➤ Débat sur les valeurs de l'Union européenne, sur l'adhésion de la Turquie.

Ne pas confondre

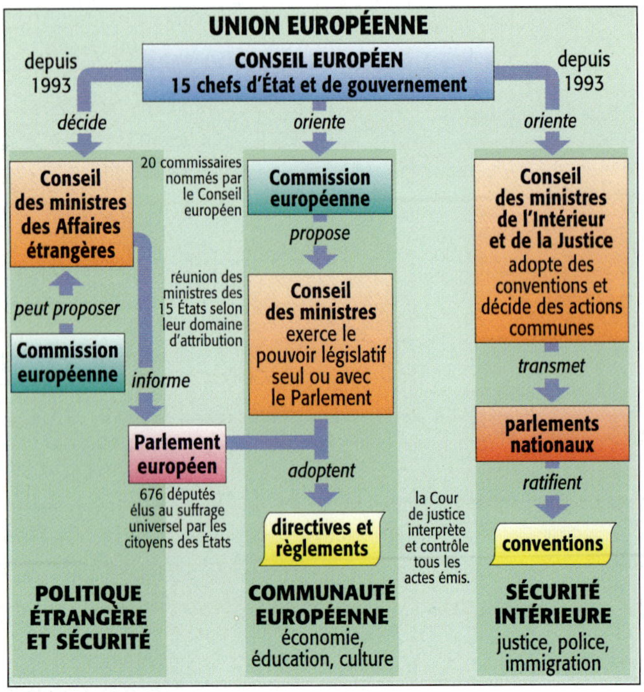

Majorité qualifiée et droit de veto

- Quand il y a recours à la **majorité qualifiée**, il suffit qu'une majorité d'États représentant une majorité d'habitants de l'Europe (selon des taux préalablement décidés) ait voté en faveur d'une décision pour que cette dernière soit adoptée. Un pays ne peut donc pas s'opposer seul à une décision.
- Quand on recourt au **droit de veto**, au contraire, le refus d'un seul pays suffit à interdire une décision : ce système ménage, beaucoup plus que la majorité qualifiée, l'autorité des États. Mais il risque d'aboutir à une paralysie de l'Europe.

Communauté économique européenne et Union européenne

- La **Communauté économique européenne** a été créée en 1957 par le traité de Rome. En 1965, le traité de Bruxelles y a intégré la CECA et l'Euratom.
- En 1992, le traité de Maastricht a transformé cette Communauté européenne en **Union européenne**, en la dotant de deux piliers complémentaires, concernant la politique étrangère et de sécurité d'une part, et la sécurité intérieure de l'autre.

Composition (6/10)

Sujet : La démocratie en Europe à la fin des années 1990

Méthode

➤ 1. Aide générale

A. Lire le sujet

1. Le thème :
la démocratie libérale, c'est-à-dire un modèle politique, économique et social.

2. L'espace concerné :
toute l'Europe ; problème : quelles limites ?

La démocratie en Europe à la fin des années 1990

3. La période :
la fin des années 1990, soit environ dix ans après la chute du mur de Berlin, la disparition du rideau de fer et du bloc communiste.

B. Dégager une problématique

• Un double constat s'impose : à la fin des années 1990, la démocratie en Europe, c'est la démocratie libérale. Il n'y a plus d'États se réclamant du communisme. Pourtant, la démocratie se heurte à des difficultés : abstention, populisme, déception dans les ex-pays communistes.

• Deux questions : – le modèle connaît-il des variantes ?
– est-il solide ?

• Il s'agit d'un sujet-tableau. Faut-il adopter un plan chronologique ou un plan thématique ?

• Les éléments du sujet appellent des éclaircissements :
– « la démocratie » : quels sont les principes et les valeurs de ce modèle politique ?
– « En Europe », c'est-à-dire dans l'ensemble des États européens qui s'accordent désormais à peu près sur les principes et les valeurs démocratiques. Leurs pratiques sont-elles les mêmes ? Sont-ils confrontés aux mêmes difficultés ?
Les limites : « Europe » a ici un sens géographique ; on peut exclure la Russie et la Turquie dont la plus grande partie du territoire est située en Asie.
« La fin des années 1990 » : que reste-t-il des espoirs de paix durable et de prospérité suscités par la disparition du rideau de fer ?

➤ 2. Aide à la rédaction

A. Proposition de plan :

I. Des principes et des valeurs qui rassemblent.
II. Un modèle en difficulté.
III. De nouveaux défis.

B. Exemple de rédaction de la 1re partie du devoir

I. Des principes et des valeurs qui rassemblent au-delà de la diversité des pratiques.

1. Sur le plan politique : souveraineté du peuple, libertés, donc pluralisme politique, recours régulier à des élections libres (Hongrie, octobre 1989) et alternance, que cela se traduise par un régime parlementaire, présidentiel ou semi-présidentiel.

2. Sur le plan économique : économie de marché, c'est-à-dire libre entreprise, propriété privée, concurrence et intervention limitée de l'État (privatisations à l'Est mais aussi dans certains États de l'Ouest longtemps tenants d'un capitalisme d'État : France, Italie).

3. Sur le plan social : droits de l'homme, épanouissement de l'individu, refus des discriminations, droits sociaux, remise en cause de l'État providence à l'Ouest, difficultés des dispositifs sociaux à l'Est.
Transition : Même si les pratiques diffèrent, les Européens s'accordent sur les valeurs de la démocratie. Or ces principes et ces valeurs sont mis à mal dans les années 1990.

C. Rédiger le plan détaillé des parties II et III.

II. Un modèle en difficulté.

III. De nouveaux défis.
1. Les problèmes dans les anciens pays communistes.
2. Union Européenne et élargissement.
3. Union Européenne et démocratie.

PRÉPA BAC

Étude d'un ensemble documentaire (12/16)

Sujet : La construction européenne est-elle le fruit de la guerre froide ?

Questions

Première partie

1. Présenter le contexte des documents.
2. D'après les documents, qu'est-ce que la construction européenne ?
3. Quelle est la signification pour l'Europe de la création puis de l'extension de l'OTAN ?
4. Montrer l'importance de l'année 1973 pour la construction européenne. (doc. 3)
5. Quel rôle joue l'URSS dans la construction européenne ? Comment expliquer cette évolution ? (doc. 2, 3 et 4)

Deuxième partie : Rédiger une réponse organisée permettant de répondre à la question posée par le sujet.

Affiche française en faveur du plan Marshall, 1947. DOCUMENT 1

DOCUMENT 2 Un point de vue soviétique sur le marché commun

Les projets de Marché commun et d'Euratom ont vu le jour dans le cadre des blocs bellicistes et politiques de l'Atlantique Nord et de l'Union de l'Europe occidentale, auxquels appartiennent tous les signataires des Traités de Rome… Le danger que représente la tendance guerrière de l'intégration européenne s'accroît particulièrement du fait que l'impérialisme de l'Allemagne occidentale entend utiliser le Marché commun pour renforcer son potentiel économique et militaire. Durant les années de la Deuxième Guerre mondiale, l'impérialisme allemand, après avoir occupé l'Europe occidentale, y créa un vaste complexe économique, entièrement à la dévotion de la Ruhr. Aujourd'hui, ce sont à nouveau les monopoles les plus puissants qui règnent en Allemagne occidentale ; ils constituent l'épine dorsale de l'impérialisme allemand et déjà les marchands ouest-allemands constituent en Europe la force la plus agressive, que les milieux bellicistes des États-Unis considèrent comme leur allié numéro un.

Revue *Kommunist*, 1957. Cité par B. Dutoit, *L'Union Soviétique face à l'intégration européenne*, Lausanne, 1966.

DOCUMENT 3 Un point de vue américain sur la CEE

Au début de 1973, il était devenu presque patent que les relations atlantiques avaient besoin d'être revues. Car les conditions s'étaient profondément modifiées, et sur de nombreux fronts. Le 1er janvier 1973, trois nouveaux membres furent admis dans la Communauté économique européenne rejoignant les six pays qui l'avaient fondée en 1958 […], la nouvelle Europe des neuf était désormais vouée à évoluer vers l'unification politique aussi bien qu'économique. L'Europe devenue économiquement forte et politiquement unie, la coopération transatlantique ne pourrait plus être cette entreprise américaine dans laquelle les consultations portaient essentiellement sur les projets américains […]. Nixon et moi voulions le bien de la Communauté [mais] les dirigeants européens les plus partisans de l'unité européenne commençaient à percevoir un conflit entre l'unité atlantique et l'identité européenne. […] La peur commune qui avait cimenté l'Alliance pendant les deux premières décennies de son existence était en train de disparaître ou, là où elle subsistait, elle fournissait des arguments pour apaiser Moscou.

H. Kissinger, principal conseiller du président Nixon (1969- 1974) en matière de politique extérieure, Secrétaire d'Etat (équivalent de ministre des Affaires étrangères), *Les années orageuses*, Little, Brown & Company 1982, Fayard 1982.

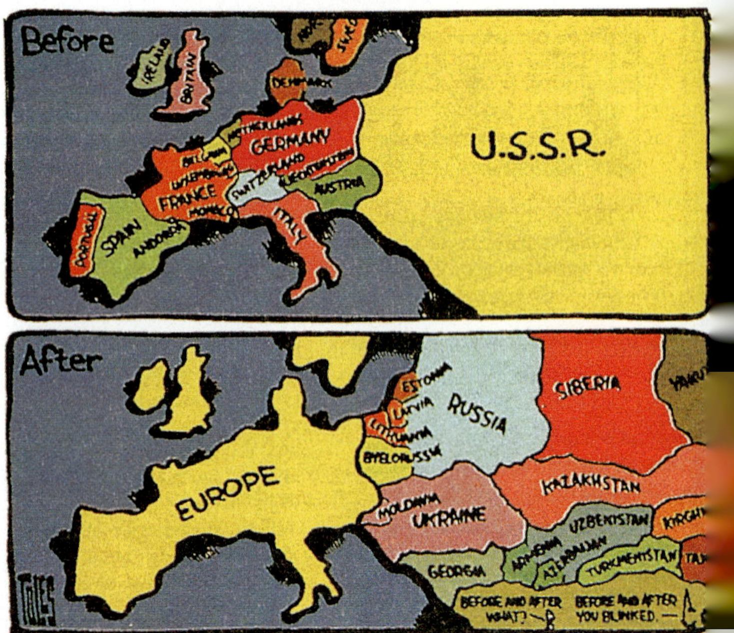

DOCUMENT 4 Caricature américaine de 1991 (Tom Toles), *Buffalo News*.

« Avant et après quoi ? Avant et après un clignement du regard ».

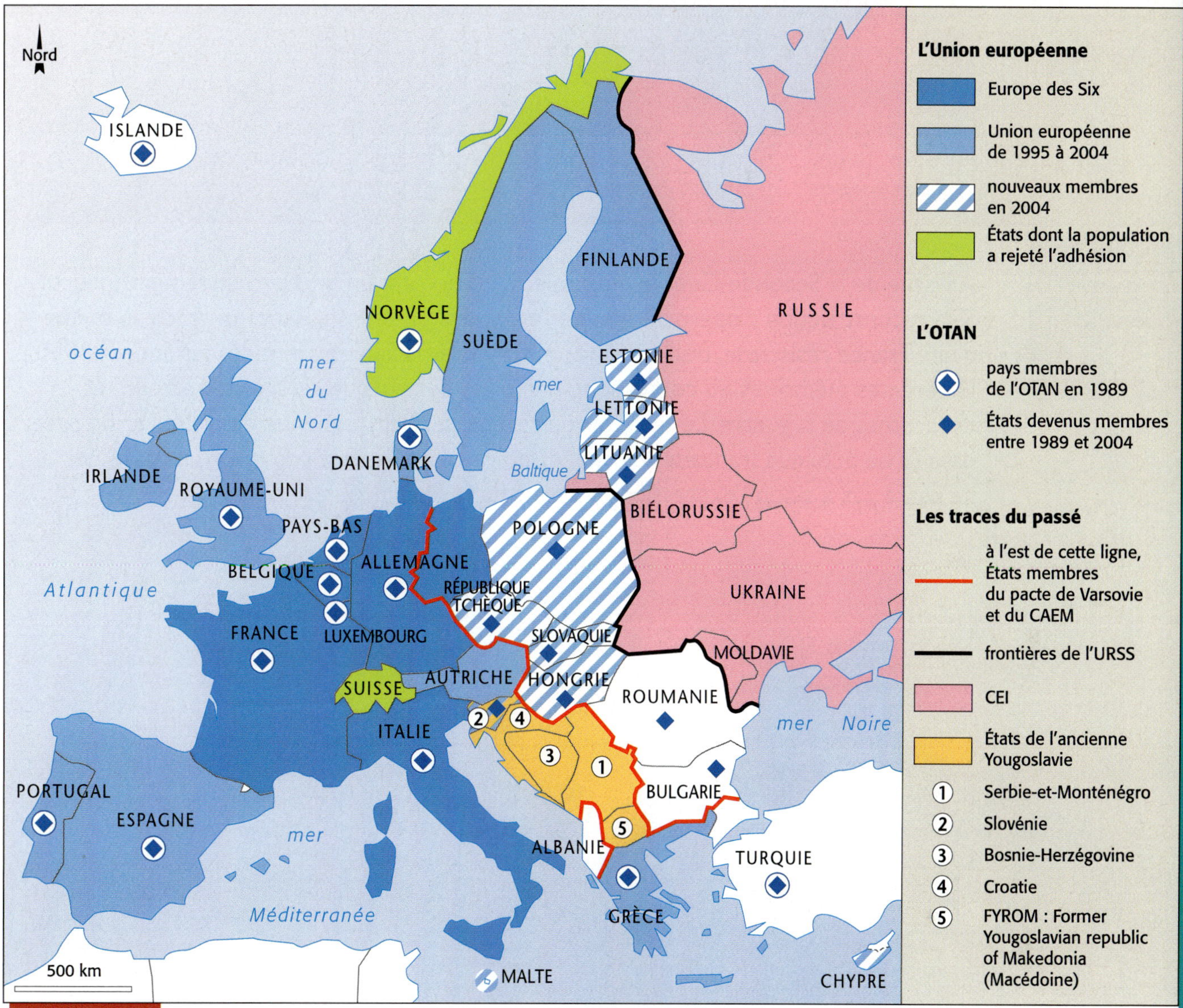

DOCUMENT 5 **L'Europe en 2004.**

Méthode

➤ 1. Aide générale

• La construction européenne se fait dans le cadre d'un monde divisé en deux blocs. Pour répondre aux questions, mobiliser ses connaissances relatives aux étapes de la construction européenne mais aussi à l'histoire de la guerre froide. Situer les documents dans ce double contexte.

➤ 2. Comment répondre aux questions

A. Question 3

• Rappeler :
– le contexte de la création de l'OTAN (doc. 1, plan Marshall),
– ce qu'est l'OTAN, son implantation et son extension dans le cadre de la guerre froide et en fonction des relations entre l'Europe et les États-Unis.

B. Question 4

• Dégager les informations du document et le situer dans le contexte international (en particulier les relations Est-Ouest).

➤ 3. Réponse rédigée

Question 5 première partie

La mise en place des « démocraties populaires » et du pacte de Varsovie peuvent être considérées comme une réplique soviétique au plan Marshall (doc. 1, 1947) et à la création de l'OTAN (1949) que les Soviétiques interprètent comme des manifestations de l'impérialisme américain en Europe et de l'hostilité du camp occidental à l'égard de l'URSS. Les Soviétiques lancent ainsi, à l'Est du « rideau du fer », la construction d'une Europe orientale soumise à leur influence.

Dans le cadre de la guerre froide ils dénoncent, en 1957, dans le Marché commun, les ambitions ouest-allemandes (« l'impérialisme » de l'Allemagne cité deux fois) et l'influence américaine. Pour les Soviétiques, la construction de l'Europe répond à une volonté militaire (« tendance guerrière »). Mais dans les années 1970, ils multiplient les contacts avec les Européens de l'Ouest qui ne craignent plus autant l'URSS (« la peur commune… était en train de disparaître » écrit Kissinger) et cherchent à prendre leurs distances avec les États-Unis.

CHAPITRE

14 Bilan et mémoires

séries

ES-L

À l'issue de la Seconde Guerre mondiale, la France est un pays profondément meurtri. Si la reconstruction s'opère au prix de l'oubli des divisions passées et grâce au mythe d'une France résistante, traumatismes et fractures réapparaissent dès les années 1950. Différentes mémoires du conflit sont élaborées par chaque catégorie d'acteurs et de victimes de la guerre. Le souvenir du régime de Vichy continue de diviser et de peser dans la vie publique française, les années noires apparaissant comme « un passé qui ne passe pas » selon l'expression de l'historien Henry Rousso.

→ Comment expliquer la constitution de différentes mémoires de la Seconde Guerre mondiale ?
Pourquoi Vichy occupe-t-il une place centrale dans les mémoires de la Seconde Guerre mondiale ?

1 Du retour de la déportation…

« On recherche » : déportés dans le hall de l'hôtel Lutétia (Paris) regardant des fiches de disparus.

« Le retour à la vie ne peut gommer les souvenirs de la déportation ; certains ne peuvent supporter le contraste : « On nous amène à l'hôtel Lutétia. Malheureusement celui-ci est complet. On nous amène alors au cinéma Récamier, juste à côté. On nous a fait asseoir, distribuer du café, du pain. Mais j'en ai eu assez, je suis sorti avec un de mes camarades ». Marcel Stourdze in M.-A. Matard-Bonucci et Edouard Lynch, *La libération des camps*, Complexe, 1995

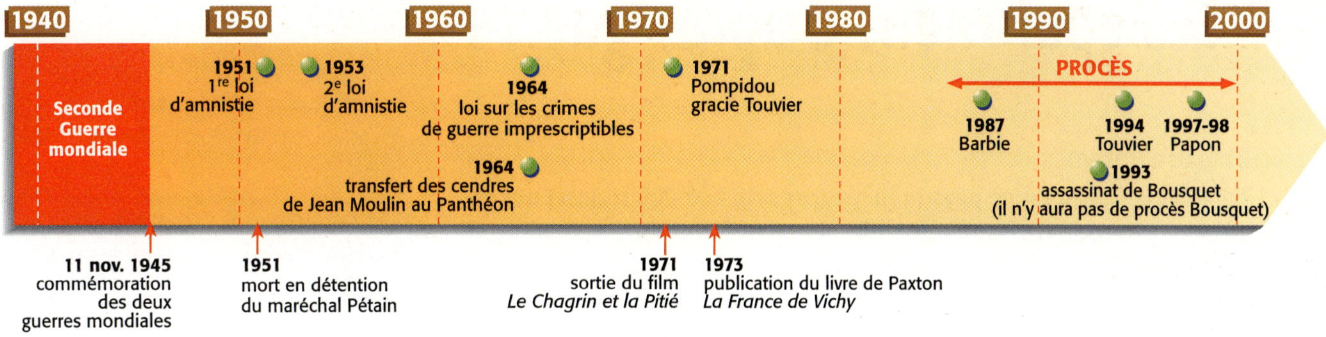

2 … à la mémoire des crimes contre l'humanité.

Le procès de Klaus Barbie, chef de la Gestapo de Lyon. Palais de justice de Lyon, 1987. Au premier plan, son avocat, Jacques Vergès.

« Le cas Barbie est très particulier : il est un des rares parmi les criminels à s'être expatrié de la République fédérale […]. Le 20 septembre 1969, le ministère des Affaires étrangères de Bonn adresse une note au ministère de la Justice à Paris au sujet d'Altmann dont les procureurs savent qu'il est Barbie […]. Lui et sa famille sont arrivés en Bolivie en mai 1951 via l'Argentine. Le 7 octobre 1957, il a acquis la nationalité bolivienne. […] Nous recommandons de mener une enquête prudente car Klaus Altmann a de bonnes relations dans les milieux gouvernementaux boliviens et avec d'autres anciens nazis vivant en Amérique du Sud. » Beate Klarsfeld, *Partout où ils seront*, Club français du livre, 1972.

1 Les épurations d'après-guerre

A. L'épuration sauvage

doc. 1 et 4

■ À la Libération, la France est un **pays meurtri (près de 600 000 morts) qui attend encore le retour des prisonniers et des déportés**. L'économie est sinistrée, les finances ruinées, de nombreuses infrastructures ont été détruites (2 millions d'immeubles rasés, les populations souffrent de la pénurie et du rationnement jusqu'en 1948. Le Gouvernement provisoire de la République française, issu de la Résistance, impose son autorité, s'efforçant de rétablir la paix civile.

■ Pendant quelques mois, de juin 1944 à la libération du territoire, la France connaît une quasi-guerre civile. Le combat de la France libre et de la Résistance se prolonge par une **épuration** menée spontanément, en dehors de tout cadre judiciaire légal. C'est **à l'automne 1944, tandis que les combats se poursuivent sur le sol français, que cette épuration sauvage est la plus importante.** Au total, 8 000 à 9 000 personnes ont ainsi été tuées, 80 % des exécutions sommaires intervenant avant la libération totale du territoire. Des femmes ayant fréquenté les Allemands, sans avoir nécessairement collaboré, sont tondues en public, un châtiment parfois spontané mais pratiqué dans certains cas avec le soutien des autorités.

■ Contrôler le processus d'épuration dans le cadre de juridictions « officielles » est l'une des premières tâches du gouvernement. Juger et condamner les traîtres et les collaborateurs est une façon de rendre justice aux victimes du régime de Vichy et de jeter les bases d'un nouvel ordre politique en écartant les Français qui ont collaboré.

B. L'épuration judiciaire

doc. 2, 3, 5 et 7

■ L'épuration judiciaire est menée par des tribunaux militaires, des chambres civiques, des cours de justice formées d'un magistrat et de quatre jurés. On évalue à 320 000 les cas traités par ces juridictions. Les trois quarts des individus jugés sont condamnés à des peines d'emprisonnement ou de dégradation nationale. **1 500 personnes sont condamnées à la peine de mort et exécutées.**

■ Ministres et hauts fonctionnaires de Vichy sont jugés par une **Haute Cour de justice** qui prononce dix-huit peines capitales et huit peines de travaux forcés à perpétuité. Condamnés à mort, les dirigeants du régime **Laval et Darnand sont exécutés** tandis que **Pétain est gracié par le général de Gaulle** : il termine ses jours emprisonné à l'île d'Yeu, où il meurt en 1951. Lors de son procès, celui-ci défend la thèse du « bouclier » : en acceptant de gouverner, il aurait épargné des souffrances à la France.

C. Une épuration contrastée et inachevée

doc. 6

■ L'épuration professionnelle est inégale suivant les secteurs. **L'administration est peu touchée**, son rôle s'avérant indispensable à la reconstruction du pays. Plus de vingt mille fonctionnaires sont sanctionnés. L'épuration touche également l'armée mais **les milieux économiques sont relativement épargnés.** Le cas des intellectuels divise l'opinion, plaçant au cœur du débat la question de la responsabilité morale des journalistes et hommes de lettres. L'écrivain Robert Brasillach, ancien directeur de plusieurs journaux collaborationnistes, est condamné à mort et exécuté en dépit de la mobilisation de 59 intellectuels ayant réclamé sa grâce, parmi lesquels François Mauriac, Paul Valéry, Paul Claudel et Albert Camus.

■ En 1951 et 1953, le vote de deux lois d'**amnistie** a pour effet de vider les prisons des détenus pour faits de collaboration : on en dénombrait près de 30 000 en 1946, moins de mille en 1954 et moins d'une dizaine en 1960. Ainsi, alors que de nombreux déportés sont marqués par l'univers concentrationnaire, pendant deux décennies, la France a reconstruit son identité politique et morale moyennant **l'oubli et le refoulement** d'une partie de son passé. C'est seulement dans les années 1970 qu'apparaît la notion de « crime contre l'humanité », ravivée notamment par les enfants de déportés.

VOCABULAIRE

épuration : à la Libération, actions visant à écarter de la vie politique et sociale les personnes accusées de collaboration avec l'ennemi.

Haute Cour de justice : cour composée de trois magistrats et de vingt-quatre jurés.

amnistie (du grec *amnêstia* : pardon, oubli) **:** annulation de certaines condamnations.

1 Pertes françaises 1939-1945.

Militaires tués en 1939-1940	123 000
Prisonniers morts en Allemagne	45 000
Alsaciens-Lorrains tués par la Wehrmacht	31 000
Pertes des Forces françaises libres	11 700
Pertes des Forces françaises de l'Intérieur	8 000
Engagés dans la Wehrmacht	2 000
Armée de Libération	43 000
Fusillés	25 000
Résistants morts en déportation	27 000
Total des militaires et assimilés	**316 000**
Déportés raciaux	83 000
Requis morts en Allemagne	40 000
Victimes des bombardements	67 000
Victimes des opérations terrestres	58 000
Exécutés à la Libération	10 000
Massacrés par les Allemands	6 000
Total des civils	**264 000**

2 Bilan de l'épuration légale.

Condamnations à mort	7 037
dont exécutions	environ 1 500
Peines de travaux forcés	13 211
Peines de prison ou de réclusion	26 289
Privation des droits civiques et politiques	70 249
Non-lieux et acquittements	73 501
Tribunaux militaires et exécutions	environ 800

3 Le procès de Pétain vu par le caricaturiste Cabrol en 1945.

5 Le génocide et la mémoire patriotique de la déportation

En avril 1945, avec les retours de déportés, apparaît sous la forme d'un choc une première prise de conscience, éphémère, de ce que fut *leur sort* dans les camps de concentration nazis. Celui des Juifs n'émerge pas alors dans sa spécificité. Les rares survivants d'Auschwitz font partie de la vaste famille des « déportés politiques ». [...] La mémoire de la déportation, qui inclut alors celle du génocide, s'inscrit tout naturellement dans cette perspective. Les premiers monuments ou les premières plaques spécifiques, monument d'Auschwitz au cimetière du Père-Lachaise ou monument de la synagogue de la rue de la Victoire, indiquent que les victimes sont mortes pour la France. Les cérémonies d'inauguration, puis celles des commémorations, empruntent des éléments au « culte républicain des morts » institué entre les deux guerres. *La Marseillaise* et la sonnerie aux Morts tissent un lien entre toutes les victimes ; les femmes, les vieillards et jusqu'aux enfants juifs sont morts au champ d'honneur !
Aujourd'hui encore, à l'emplacement du Vélodrome d'Hiver où furent parquées les victimes de la grande rafle des 16 et 17 juillet 1942, à Drancy, camp de rassemblement avant le départ pour Auschwitz, au mémorial du Martyr juif inconnu de la rue Geoffroy-l'Asnier, les cérémonies conservent cette composante militaire.

A. Wieviorka, *Déportation et génocide. Entre la mémoire et l'oubli*, Plon, 1992.

6 Déportés de retour de Buchenwald et déportés de retour d'Auschwitz lors du défilé du 1er mai 1945.

7 Témoignages de deux déportés : Jorge Semprun (Buchenwald) et Henri Tajchner (Auschwitz)

Les uns évitaient de vous questionner, vous traitaient comme si vous reveniez d'un banal voyage à l'étranger. Vous voilà donc de retour ! Mais c'est qu'ils craignaient les réponses, avaient horreur de l'inconfort moral qu'elles auraient pu leur apporter. Les autres posaient des tas de questions superficielles, stupides – dans le genre : « c'était dur, hein ? » –, mais si on leur répondait même succinctement, au plus vrai, au plus profond, opaque, indicible de l'expérience vécue, ils devenaient muets, s'inquiétaient, agitaient les mains, invoquaient n'importe quelle divinité tutélaire pour en rester là.

Jorge Semprun, *L'Écriture ou la vie*, Gallimard, 1994.

Après Strasbourg, [...] nous avons vu les panneaux qui nous indiquaient que nous étions enfin arrivés à destination : gare de l'Est, Paris !
Des quantités de personnes étaient là avec des photos en mains. Elles imploraient, elles criaient : « Avez-vous connu monsieur un tel ? »... « Avez-vous rencontré mon fils ? »... « Où peut-être mon mari ? »... « D'où venez-vous ? »... « Qu'est-ce que vous avez fait ? »... « Comment c'était là-bas ? »...
Nous les rescapés, on en était encore à se demander si nous étions vraiment vivants. Et eux, c'est tout juste s'ils ne nous accusaient pas d'avoir survécu... Sous leurs questions, il y avait une autre interrogation, terrible : comment vous en êtes-vous sortis, vous ?
Nous connaissions la vérité, nous savions ce qu'étaient devenus ceux qui n'étaient pas de retour avec nous. Mais comment le raconter à ces personnes remplies de l'espoir de retrouver un être cher ? Nous n'avons pas livré notre épouvantable secret, et nous sommes passés en silence devant ces rangées d'hommes et de femmes. Il n'y avait pas de réponse à leurs questions pressantes, il était impossible de leur raconter nos épreuves.
Le mutisme a commencé.
On nous a conduits de la gare jusqu'à l'hôtel Lutétia, transformé en un lieu d'accueil pour les déportés. Pendant la guerre, cet hôtel avait été réquisitionné par la Gestapo. [...].
La nuit, je pense à tous ces hommes et à toutes ces femmes entassés dans la chambre à gaz. Leurs cris ne me quittent pas. Leurs plaintes montaient au ciel mais leurs corps étaient emmenés vers le crématoire.
Plus de traces, pas de tombes, rien.
Au crépuscule de ma vie, mon vœu le plus cher est de retourner sur cette terre maudite, imprégnée de larmes, de sang et de souffrance, afin de pouvoir me recueillir, prier et partir en paix.

Henri Tajchner, *Parole de survivant*, éditions La Voix du Nord, 1995.
Déporté en juin 1942, Henri Tajchner est l'un des rares survivants d'Auschwitz (matricule 39 055). Pendant près de cinquante ans, il est resté silencieux sur le sujet.

QUESTIONS

A. Présenter les documents
(nature, date, auteur)

B. Dégager des informations des documents

1. Qui sont les trois personnages ? (doc. 1)
2. Décrire la scène. Quelle attitude de la société française à l'égard des déportés ce dessin veut-il souligner ? (doc. 4)
3. Pourquoi la mémoire de chaque catégorie de rapatriés est-elle différente ? (doc. 5)
4. Quelles phrases expliquent le silence des déportés survivants dans les années qui suivent 1945 ? (doc. 7)

C. Mettre en relation les documents

5. La spécificité de la déportation juive apparaît-elle dans l'immédiate après-guerre ? (doc. 1 à 7)
6. Les différents prisonniers, déportés et « personnes déplacées » forment-ils une même communauté après leur retour ? (doc. 1, 2, 3 et 6)

D. Synthèse

7. Montrer que les expériences du retour des différentes catégories de déportés furent différentes.

2 Mémoire et mémoires de la guerre

Le souvenir des années noires n'a pas cessé d'entretenir divisions et conflits, en France, depuis 1945. Aux blessures des victimes du régime de Vichy s'ajoutent les séquelles des affrontements entre résistants et collaborateurs.

A. Le difficile « travail de deuil » et les silences entourant Vichy doc. 1

■ La Seconde Guerre mondiale a surtout provoqué la mort de civils, déportés ou tués sous les bombardements. Une « mort de masse » qu'il est **difficile de célébrer par des monuments aux morts spécifiques**, beaucoup moins nombreux que pour la Grande Guerre. La multiplicité des commémorations de la Libération ou de la victoire, entre 1944 et 1946, atteste de la difficile émergence d'une mémoire unitaire de la guerre.

■ Pour reconstituer l'unité nationale et affirmer l'autorité du Gouvernement provisoire de la République française, le général de Gaulle impose le **mythe d'une France éternelle qui se reconnaît entièrement dans le gouvernement issu de la Résistance**. Pour la classe politique d'après-guerre, la Résistance constitue une référence essentielle. Les communistes se présentent comme le **parti des « 75 000 fusillés »**. La mémoire officielle valorise le mythe d'une France résistante, gommant les divisions des Français. Dans les années 1950, les partisans de Vichy s'efforcent d'accréditer la thèse d'un bon et d'un mauvais Vichy, incarnés respectivement par Pétain et Laval.

■ Le rapprochement franco-allemand dans le cadre de l'Europe, le retour au pouvoir de de Gaulle en 1958, la détente, permettent, **dès les années 1960, la mise en place d'une mémoire plus consensuelle des années noires**. Le transfert au Panthéon des cendres de Jean Moulin en 1964 marque un temps fort dans la glorification de la Résistance dans l'unité de la nation. En revanche, on parle peu de Vichy.

B. La fin du mythe de la Résistance et le « syndrome de Vichy » doc. 2 et 5

■ Dans les années 1970, le mythe de la Résistance est ébranlé. Le départ du général de Gaulle en 1969, l'émergence d'une mémoire juive du génocide permettent de poser de nouvelles questions. En 1971, le film de Marcel Ophuls, *Le Chagrin et la Pitié*, qui fait découvrir une France pétainiste et collaboratrice, suscite de nombreuses polémiques. La publication, en 1973, du livre de l'Américain Robert Paxton, *La France de Vichy*, marque un tournant important : l'auteur démonte la thèse du double jeu et montre que **Vichy a pris l'initiative de la collaboration d'État**.

■ À la Libération, **le général de Gaulle** avait refusé de proclamer la République, considérant que celle-ci n'avait pas cessé d'exister, Vichy constituant une parenthèse. En 1972, **le président Pompidou** invite à la « réconciliation nationale » après avoir gracié Paul Touvier. **François Mitterrand** se refusa pour sa part à condamner la France de Vichy, estimant que le régime de Pétain avait rompu avec la tradition républicaine. En 1995, commémorant la rafle du Vel'd'hiv' du 16 juillet 1942, **le président Chirac** admit la complicité avec l'occupant de « Français » et de « l'État français ».

C. Les procès doc. 3 et 4

■ En décembre 1964, avait été adoptée une loi déclarant **imprescriptibles** les crimes contre l'humanité. Elle a permis l'organisation de plusieurs procès mettant en cause la responsabilité de Vichy dans l'organisation de la **« Solution finale »**. Le débat autour des responsabilités de Vichy est désormais récurrent. En 1987, le premier grand procès voit comparaître le capitaine SS Klaus Barbie, chef de la Gestapo de Lyon ; **Barbie est condamné à perpétuité pour les crimes perpétrés contre les juifs et les résistants**. Son procès est suivi de ceux des Français Paul Touvier (1994) et Maurice Papon (1997-1998). René Bousquet, ancien chef de la police de Vichy, est lui aussi inculpé. Profitant de protections et d'amitiés politiques au plus haut niveau, il bénéficie de plusieurs reports de son procès. Il est assassiné en 1993.

VOCABULAIRE

parti des « 75 000 fusillés » : qualificatif que s'est attribué le parti communiste français après la guerre. Le chiffre de 75 000 résistants communistes fusillés est mensonger et résulte d'une volonté de mystification politique. L'ensemble des fusillés, toutes appartenances politiques confondues, est de 25 000 pour toute la guerre.

imprescriptible : qu'on ne peut pas effacer.

« Solution finale » : nom donné par les nazis à l'extermination des juifs, présentée comme la « solution finale » du prétendu « problème juif ».

1 Un historien explique son refus de témoigner au procès Papon

Paris, le 6 octobre 1997.

Monsieur le Président de la Cour d'assises,

J'ai été cité à comparaître en qualité de témoin à la requête de Monsieur Maurice Papon, actuellement inculpé de complicité de crimes contre l'humanité. [...]

Je souhaiterais, Monsieur le Président, ne pas témoigner pour les raisons suivantes. [...]

En mon âme et conscience, je pense que l'historien ne peut pas être un « témoin », et que sa capacité d'« expertise » s'accommode assez mal des règles et des objectifs qui sont ceux d'une juridiction de jugement. C'est une chose que de tenter de comprendre l'histoire dans le cadre d'une recherche ou d'un enseignement, avec la liberté intellectuelle que suppose cette activité, c'en est une autre que de le faire, sous serment, alors que se joue le sort d'un individu particulier [...].

J'ai de très fortes craintes que mon « témoignage » ne soit un prétexte pour instrumentaliser des interprétations historiques, élaborées et formulées dans un tout autre contexte que celui d'une Cour d'assises. L'argumentation d'un procès, là encore, n'est pas de même nature que l'argumentation universitaire.

Henry Rousso, directeur de recherche au CNRS, directeur de l'Institut d'Histoire du Temps Présent (IHTP), 6 octobre 1997.

2 La justice et les collaborateurs français : les procès qui n'ont pas eu lieu.

a. René Bousquet (1909-1993), au fond, dans la résidence d'été de François Mitterrand, à Latché (Landes), en 1974.

Haut fonctionnaire, secrétaire général à la Police d'avril 1942 à décembre 1943 dans le gouvernement Laval, René Bousquet signe les accords Oberg-Bousquet de l'été 1942 qui mettent les forces de police et de gendarmerie à la disposition des Allemands et leur livrent les juifs étrangers de la zone libre. Chargé de la répression en zone nord, Bousquet organise la déportation des juifs et, en particulier, la rafle du Vel'd'hiv'. Une première fois jugé en 1949, il est condamné à cinq ans d'indignité nationale. Il est inculpé en mars 1991 de crimes contre l'humanité. Les protections dont il dispose font reporter le procès. Il est assassiné en 1993. Sa mort met fin aux poursuites.

b. Jean Leguay (1909-1984)

Ce haut fonctionnaire fut le représentant de René Bousquet auprès des autorités allemandes dans la zone occupée. Il meurt avant d'être jugé pour complicité de crimes contre l'humanité.

3 La Justice et les collaborateurs français : les procès qui ont eu lieu.

a. Paul Touvier (1915-1996)

Employé de la SNCF, Paul Touvier rejoint la Légion française des combattants en décembre 1941. Il adhère à la Milice en janvier 1943. Il devient chef du deuxième service régional de la Milice de Lyon en janvier 1944. Le 29 juin 1944, Paul Touvier fait assassiner sept otages juifs à Rillieux-la-Pape, près de Lyon, en représailles au meurtre, la veille, de Philippe Henriot, secrétaire d'État à l'Information et à la Propagande. Après la guerre, Paul Touvier est condamné à mort par deux fois, peines prescrites par la suite. En 1971, le Président Pompidou le gracie de peines accessoires. Après une longue procédure judiciaire, Paul Touvier est jugé en 1994 pour complicité de crimes contre l'humanité dans l'affaire de l'assassinat de Rillieux-la-Pape. Il est condamné à la réclusion criminelle à perpétuité.

b. Le procès de Papon vu par Plantu, octobre 1999.

Ancien Secrétaire général de la préfecture de Gironde, Maurice Papon est condamné en 1999.

4 Résistants et collaborateurs

Population de la France au début des années 1940	42 millions
Cartes de résistants délivrées	213 000
Français engagés volontaires dans l'armée allemande ou la Milice	55 000
Français engagés dans les Forces française libres avant juin 1944	50 000
Compagnons de la Libération	1 051
Titulaires de la francisque (décoration accordée par Vichy, sur demande)	2 600

5 La commémoration de la rafle du Vel'd'hiv'[1] du 16 juillet 1942

Ces heures noires souillent à jamais notre histoire et sont une injure à notre passé et à nos traditions. Oui, la folie criminelle de l'occupant a été, chacun le sait, secondée par des Français, par l'État français. [...] La France, patrie des Lumières, patrie des droits de l'homme, terre d'accueil, terre d'asile, la France, ce jour-là, accomplissait l'irréparable. Manquant à sa parole, elle livrait ses protégés à leurs bourreaux [...]. Soixante-quatorze trains partiront vers Auschwitz. Soixante-seize mille déportés juifs de France n'en reviendront pas. Nous conservons à leur égard une dette imprescriptible. [...] Reconnaître les fautes du passé et les fautes commises par l'État, ne rien occulter des heures sombres de notre histoire, c'est, tout simplement, défendre une idée de l'homme, de sa liberté, de sa dignité. C'est lutter contre les forces obscures, sans cesse à l'œuvre [...].

Certes, il y a les erreurs, il y a les fautes, il y a, c'est indiscutable, une faute collective, mais il y a aussi la France, une certaine idée de la France, droite, généreuse, fidèle à ses traditions, à son génie. Et cette France n'a jamais été à Vichy. Elle n'est plus alors, et depuis longtemps, à Paris. Elle est dans les sables de Libye, et partout où se battent les Français libres. Elle est à Londres, incarnée par le général de Gaulle. Elle est présente, une et indivisible, dans le cœur des Français, ces « justes parmi les nations » qui, au plus noir de la tourmente, en sauvant au péril de leur vie, comme l'écrit Serge Klarsfeld, les trois quarts de la communauté juive résidant en France, ont donné vie à ce qu'elle a de meilleur, cette France : les valeurs humanistes, les valeurs de liberté, de justice, de tolérance, qui fondent l'identité française et qui nous obligent pour l'avenir.

Discours de Jacques Chirac, président de la République, le 16 juillet 1995.

1. Cette rafle de juifs est appelée « rafle du Vel'd'hiv' » en raison du lieu où les personnes arrêtées ont été rassemblées à Paris, le Vélodrome d'hiver, en abrégé le « Vel' d'hiv' ».

1. **Expliquer l'expression « reconnaître les fautes commises par l'État ».**
2. **À qui Chirac fait-il allusion dans le passage « une certaine idée de la France... partout où se battent les Français libres ».**

La mémoire de la Shoah

Sur les 76 000 juifs déportés vers les camps nazis, seuls 2 500 ont échappé à l'extermination. En France, 3 000 sont morts dans les camps français d'internement. Un quart de la population juive de France a péri.
Ce n'est que progressivement que s'affirme une mémoire spécifique du génocide. Après 1945, on ne différencie pas nécessairement les juifs des autres catégories de déportés et les juifs sont avant tout désireux de se réintégrer dans la société française. La guerre des Six jours en 1967 constitue un tournant. L'antisionisme virulent favorise le sentiment d'appartenance à une communauté. Le réveil de l'antisémitisme, l'apparition des thèses **négationnistes** et le travail des associations de victimes contribue à l'émergence d'une mémoire de la **Shoah**. À la fin du XXe s., Auschwitz est devenu le symbole de l'univers concentrationnaire.

VOCABULAIRE

négationnistes : ceux qui, contre toute évidence, nient l'existence de chambres à gaz dans les camps d'extermination nazis et vont parfois jusqu'à nier l'existence même du génocide des juifs et des Tziganes.

Shoah : mot hébreu signifiant désastre.

1 La crise de 1967

Je suis ce que l'on appelle un « Juif assimilé ». Enfant, j'ai pleuré aux malheurs de la France à Waterloo ou à Sedan, non en écoutant le récit de la destruction du Temple. Aucun autre drapeau que le tricolore, aucun autre hymne que la *Marseillaise* ne mouillera jamais mes yeux. Hitler, il y a près de quarante ans maintenant, m'a révélé mon « judaïsme ». Je me suis efforcé, vaille que vaille, de l'assumer, ce qui a voulu dire simplement ne jamais le dissimuler. Être juif, à mes yeux, n'est ni infamant, ni glorieux, je n'en tire ni honte, ni fierté [...].
Que le Président Nasser veuille ouvertement détruire un État membre des Nations unies ne trouble pas la conscience délicate de Mme Nehru. « Étatcide », bien sûr, n'est pas génocide. Et les Juifs français qui ont donné leur âme à tous les révolutionnaires noirs, bruns ou jaunes, hurlent maintenant de douleur pendant que leurs amis hurlent à la mort. Je souffre comme eux, avec eux, quoi qu'ils aient dit ou fait, non parce que nous sommes devenus sionistes ou israéliens, mais parce que monte en nous un sentiment irrésistible de solidarité. Peu importe d'où il vient. Si les grandes puissances, selon le calcul froid de leurs intérêts, laissent détruire le petit État qui n'est pas le mien, ce crime, modeste à l'échelle du nombre, m'enlèverait la force de vivre et je crois que des millions et des millions d'hommes auraient honte de l'humanité.

Raymond Aron, *Le Figaro*, 4 juin 1967.

2 L'association des fils et filles de déportés juifs de France

L'association des fils et filles de déportés juifs de France (FFDJF) s'est créée en 1979 pour soutenir l'action de Beate et Serge Klarsfeld qui visait à mettre fin à l'impunité des principaux responsables allemands et français de la déportation des Juifs de France, à publier des ouvrages relatant très précisément ce que fut le sort des juifs en France de 1940 à 1944, à défendre la mémoire des victimes juives, à lutter contre l'antisémitisme et à soutenir l'existence et la sécurité de l'État d'Israël, refuge des survivants et des persécutés et garant de la sécurité des Juifs dans le monde. [...] C'est en 1971 qu'ils ont retrouvé Klaus Barbie en Amérique du Sud. [...]
En 1981, les FFDJF ont organisé le premier pèlerinage en avion en une seule journée à Auschwitz. En avril 1992, ils ont organisé le « Train de la Mémoire », qui a conduit à Auschwitz, par le même itinéraire que les déportés, un millier de participants pour commémorer le 50e anniversaire du début des déportations des juifs de France. Les FFDJF participent à toutes les cérémonies commémoratives de la Déportation ; ils sont actifs dans la lutte contre les falsificateurs de l'histoire et les négateurs de l'holocauste dans les tribunaux ainsi qu'à l'aide d'importantes publications.

Serge Klarsfeld, *Le Calendrier de la persécution des juifs en France 1940-1944*, Paris, FFDJF, 1993.

3 Henri Borlant, un militant de la mémoire

Dans une large mesure, je crois que les survivants ont éprouvé des difficultés à parler à qui ne voulait pas les entendre. Nos entourages projetaient sur nous leur propre peur : « Il ne faut pas le questionner, cela lui ferait trop de mal. » Pour le témoin, solliciter sa mémoire, faire le récit de ce qui est arrivé à un grand nombre de victimes, alors que nous sommes si peu à pouvoir dire ce qui s'est passé et comment ces crimes ont été commis, est une chose grave.
Parler, c'est donc accomplir un devoir. Parler, c'est un soulagement, c'est se mettre en paix avec sa conscience. Dans un pays de droit, celui qui assiste à un crime se doit de témoigner. Le fait que nous soyons en vie, que nous ayons des enfants et des petits-enfants qui sont porteurs de notre histoire et de nos traditions, c'est encore faire échec aux nazis.
Mettre des mots sur des souffrances, passées, sur un vécu douloureux, sur des visions d'horreur, trouver les mots pour rendre compte de l'inimaginable qui a constitué ce crime contre l'humanité, c'est cesser d'être un souffrant passif pour devenir un militant actif de la mémoire et de la défense des droits de l'homme.

Récit de Henri Borlant, déporté à Auschwitz, à l'âge de 15 ans, paru dans Marie-Anne Matard-Bonucci, *La Libération des camps et le retour des déportés*, Complexe, 1995.

Manifestation des FFDJF devant l'immeuble de René Bousquet, juin 1990. 4

Les fils et filles de déportés ont porté plainte contre René Bousquet pour crimes contre l'humanité comme ils l'avaient fait contre Jean Leguay, Maurice Papon et Paul Touvier.

Le film *Shoah*. 5

« Shoah » est un mot hébreu signifiant désastre, désolation. C'est aussi le titre d'un film réalisé par Claude Lanzmann sur la déportation et le génocide des juifs.

Shoah est un film qui traite du témoignage [...]. La nécessité du témoignage qu'il affirme dérive en réalité, tout à fait singulièrement, de l'impossibilité de témoignage que le film dramatise en même temps. [...] Dans sa prise en charge de l'Holocauste en tant qu'événement-sans-témoin, [...] *Shoah* va jusqu'aux limites extrêmes du témoignage en explorant, à la fois, l'impossibilité historique d'avoir été témoin et l'impossibilité historique d'échapper à l'obligation de l'être – ou de le devenir. [...]

Le témoignage achoppe sur l'impossibilité de raconter, et en même temps nous dit cette impossibilité.

S. Felman, dans *Au sujet de Shoah, le film de Claude Lanzmann*, Belin, 1990.

« On ne peut pas raconter ça.
Personne ne peut se représenter
ce qui s'est passé ici.
Impossible. Et personne ne peut
comprendre cela. Et moi-même,
aujourd'hui...
Je ne crois pas que je suis ici.
Non, cela, je ne peux pas le croire.
C'était toujours aussi tranquille, ici.
Toujours.
Quand on brûlait chaque jour
2 000 personnes, des Juifs,
C'était également tranquille.
Personne ne criait. Chacun faisait son
travail. C'était silencieux. Paisible.
Comme maintenant. »

Simon Srefnid, survivant dont les deux parents furent exterminés.

QUESTIONS

A. Présenter les documents (nature, date, auteur)

B. Dégager des informations des documents

1. En quoi la guerre des Six jours suscite-t-elle un réveil de la mémoire de la Shoah chez certains juifs de France ? (doc. 1)
2. Quel est le rôle de l'association des FFDJF ? (doc. 2 et 4)
3. Pourquoi H. Borlant est-il devenu un « militant de la mémoire » ? (doc. 3)
4. Quel rôle le cinéma joue-t-il dans la constitution d'une mémoire du génocide ? (doc. 5)

C. Mettre en relation les documents

5. Quelles sont les étapes et les supports de l'affirmation d'une mémoire du génocide ? (doc. 1 à 5)

D. Synthèse

6. Quelles sont les différentes mémoires de la Shoah ? Comment s'expriment-elles ?

Le cinéma et la mémoire de la guerre

Le cinéma a joué un rôle important dans la transmission de la mémoire de la Seconde Guerre mondiale. Il a servi à informer mais il a aussi contribué à enraciner les mythes touchant aux années noires. Si les films sur la guerre de 1939-1945 n'ont jamais représenté plus de 7 % de la production française, ils sont très nombreux dans les années qui suivent la Libération, lors des premières années de la Ve République et dans les années 1970, à la faveur de la mode « rétro ». Certains films, comme *Nuit et Brouillard* ou *le Chagrin et la Pitié*, ont aidé à une meilleure compréhension de cette période.

1 Marcel Ophuls évoque son film *Le Chagrin et la pitié*.

En haut lieu, on aurait trouvé, paraît-il, que Le Chagrin et la Pitié s'était fait une fâcheuse réputation de destructeur de mythes, et que certains mythes sont nécessaires au bonheur et à la tranquillité d'un peuple. [...]

Tout ouvrage historique sérieux traitant de cette époque de notre Histoire reconnaît que les résistants actifs constituaient une minorité de Français. Cela s'écrit depuis longtemps, cela se dit un peu partout. Pourquoi, alors, n'aurait-on pas le droit de constater cette évidence dans les domaines d'expression qui s'adressent au plus grand nombre, c'est-à-dire au cinéma et à la télévision ? [...]

Je n'ai pas voulu démontrer, seulement montrer. Le cinéma n'est pas très bien équipé pour les démonstrations historiques. Par contre, je crois que c'est un outil admirable pour décrire et interpréter la réalité telle qu'on la ressent, à travers des faits et des gestes précis. Un film ne *dit* rien, il ne *prouve* rien, il *montre*. [...]

Ni sur le plan de la recherche historique ni sur celui de *l'enquête journalistique*, le film n'apporte d'éléments réellement nouveaux. Tout ce qui a pu faire scandale au moment de sa sortie, on pouvait le trouver bien avant dans les ouvrages d'historiens sérieux, dans les témoignages et les souvenirs personnels. [...]

Bien souvent, d'une année à l'autre, j'ai entendu des gens se plaindre à la sortie de mon film : « On ne nous *montre* pas les combats de maquis » ou encore : « On ne nous *montre* pas les difficultés de la vie quotidienne. C'est confondre *Le Chagrin et la Pitié* avec *Paris brûle-t-il* ou *La Bataille du Rail,* c'est-à-dire avec des films de reconstitution historique [...]. Il est indéniable que le propos de démystifier cette époque par rapport aux « versions officielles » précédemment promulguées a été prépondérant dans le choix du sujet.

M. Ophuls, *Le Chagrin et la Pitié*, Paris, 1980
(M. Ophuls répond à des questions de lycéens en 1979).

2 *Retour à la vie* (1949). *Retour à la vie*, évoque le difficile retour des prisonniers et déportés. René Martin (Noël-Noël) incarne le quinze cent millième rapatrié. Son retour est semé d'embûches. Ici, il est aux prises avec des *GI's* lors d'une rixe.

3 *La Traversée de Paris* (1956). Réalisé par Claude Autant-Lara, le film évoque, le Paris du marché noir durant l'Occupation. Gabin et Bourvil doivent transporter un cochon d'un bout à l'autre de Paris. C'est l'un des premiers films à démonter le mythe des « Français tous résistants ».

4 *Au revoir les enfants* (1987) par Louis Malle.
Des enfants juifs chassés de leur école en raison de leur origine.

5 ***Le Dernier Métro* (1980).**
Un metteur en scène juif allemand, réfugié à Paris, confie la direction de son théâtre à sa femme, comédienne. Représentation neutre des années noires.

Après ce choc du *Chagrin et la Pitié*, j'ai vu une douzaine de films évoquant l'Occupation. Celui-ci me paraissait trop noir, celui-ci trop rose, il y avait trop de soleil dans l'un, trop de musique moderne dans l'autre, bref je restais avec mon désir inassouvi et quelques certitudes valables pour moi seul : un film sur l'Occupation devrait se dérouler presque entièrement la nuit et dans des lieux clos, il devrait restituer l'époque par de l'obscurité, de la claustration, de la frustration, de la précarité et, seul élément lumineux, il devrait inclure, dans leur enregistrement original, quelques-unes des chansons qu'on entendait alors dans les rues et les postes de TSF. [...]
J'avais lu que Louis Jouvet, afin d'échapper à la censure allemande, avait quitté Paris pour gagner l'Amérique du Sud. Je me suis demandé : que se serait-il passé si, par amour pour sa femme, un directeur juif avait fait semblant de fuir la France et était resté dans la cave de son théâtre pendant toute la guerre ? Pour inventée qu'elle fût, la donnée n'était pas invraisemblable, puisque le musicien Kosma, le décorateur Trauner ont connu cette situation, travaillant clandestinement sous de faux noms, par exemple pour les films de Marcel Carné. [...]

« Pourquoi et comment Le Dernier Métro ? »,
F. Truffaut, *L'Avant-scène Cinéma*, mars 1984.

6 ***Papy fait de la résistance* de Jean-Marie Poiré (1983).**
Une désacralisation de la résistance.

7 La Seconde Guerre mondiale dans le cinéma français.

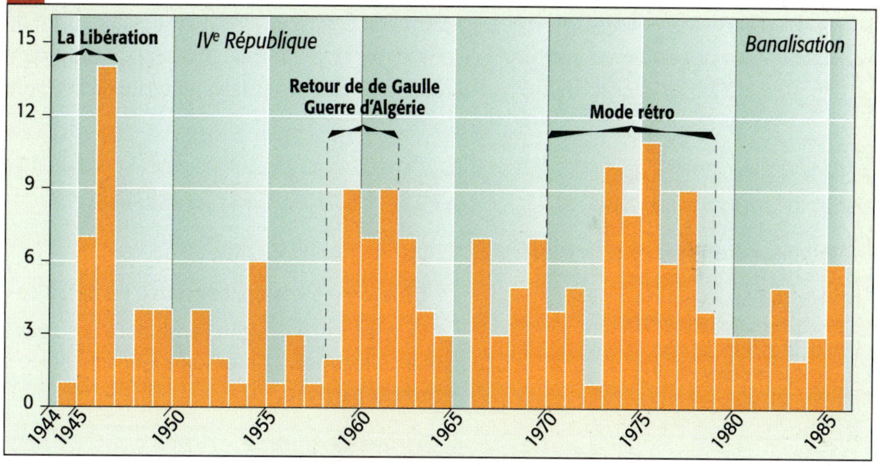

QUESTIONS

A. Présenter les documents (nature, date, auteur)

B. Dégager des informations des documents

1. D'après le film *Le Chagrin et la Pitié*, quel fut le comportement des Français face à l'occupant ? Quelle idée reçue ce film remet-il en cause ? (doc. 1)
2. Pourquoi *Le Chagrin et la Pitié* marque-t-il un tournant décisif ? (doc. 1)
3. Quel aspect de la Résistance M. Ophuls veut-il mettre en évidence ? (doc. 1)
4. Sur quels problèmes insiste *Retour à la vie* ? (doc. 2) *la Traversée de Paris* ? (doc. 3)

C. Mettre en relation les documents

5. Classer les films cités selon leurs thèmes (Résistance, régime de Vichy, déportation des juifs, etc.).

D. Synthèse

6. Comment évolue l'image de la Seconde Guerre mondiale, de la Résistance, du régime de Vichy et de la déportation dans le cinéma français ?

FICHE DE RÉVISION

DATES À RETENIR

- **1945 :** retour des déportés, prisonniers de guerre et « personnes déplacées ».
- **1951 :** première loi d'amnistie.
- **1964 :** transfert des cendres de Jean Moulin au Panthéon ; loi sur les crimes de guerre imprescriptibles.
- **1987 :** procès Barbie.
- **1993 :** assassinat de Bousquet.
- **1997 :** procès Papon.

LIRE

- A. GRYNBERG, *La Shoah, l'impossible oubli*, coll. Découvertes, Gallimard, n° 236.
- F. COCHET, *Les exclus de la victoire : Histoire des prisonniers de guerre, déportés et STO* (1945-1985), SPM, Paris, 1992.
- M.-A. MATARD-BONUCCI, E. LYNCH (dir.) *La libération des camps et le retour des déportés*, Complexe, 1995.
- H. ROUSSO, *Le Syndrome de Vichy de 1944 à nos jours*, Paris, Seuil coll. « Points Histoire », 1990.
- A. WIEVIORKA, *Déportation et génocide. Entre la mémoire et l'oubli*, Plon, 1992.
- A. WIEVIORKA (dir.), *Les Procès de Nuremberg et de Tokyo*, Bruxelles, Complexe, 1996.

- *L'Histoire* n° 233, « La Résistance sans légende ».
- Collection de l'Histoire n° 3, « Auschwitz, la solution finale ».

VOIR

- R. CLÉMENT, *La bataille du rail*, 1945.
- A. RESNAIS, *Nuit et Brouillard*, 1956.
- C. AUTANT-LARA, *La traversée de Paris*, 1956.
- M. OPHULS, *Le chagrin et la pitié*, 1969.
- J. LOSEY, *Monsieur Klein*, 1974.
- L. MALLE, *Lacombe Lucien*, 1974.
- J. DOILLON, *Un sac de billes*, 1975.
- R. ENRICO, *Le vieux fusil*, 1975.
- F. TRUFFAUT, *Le dernier métro*, 1980.
- L. MALLE, *Au revoir les enfants*, 1987.
- C. BERRI, *Uranus*, 1991.
- J. MARBŒUF, *Pétain*, 1993.

BILAN DU CHAPITRE

I. Les épurations d'après-guerre

➤ À la Libération, la France connaît une période d'affrontements intenses, les résistants s'efforçant parfois de châtier ceux qui ont collaboré avec les Allemands.

- À une période d'**épuration** sauvage, succède une épuration judiciaire menée par des tribunaux militaires, des chambres civiques, des cours de justice. Elle est inégale suivant les catégories socioprofessionnelles.
- Ministres et hauts fonctionnaires de Vichy sont jugés par une **Haute Cour de justice**.

➤ Les lois **d'amnistie** inaugurent une période de refoulement du passé.

II. Le retour des personnes déplacées

➤ Le retour de la masse considérable des déportés, prisonniers de guerres, et travailleurs volontaires ou requis en Allemagne crée une situation complexe.

➤ Chaque catégorie tente, avec peine, de faire connaître son expérience et ses souffrances dont il s'agit d'entretenir la mémoire.

III. Mémoire et mémoires de la guerre

➤ La mémoire de la Seconde Guerre mondiale se construit difficilement, reposant pour une part sur des mythes.

➤ À partir des années 1970, le mythe gaullien d'une France résistante est ébranlé tandis que se pose la question des responsabilités de Vichy dans la déportation des Juifs de France.

➤ L'adoption d'une loi déclarant **« imprescriptibles »** les crimes contre l'humanité rend possible l'organisation de grands procès au cours desquels le passé de la France pendant la Seconde Guerre mondiale est l'objet d'un débat public.

Grâce à l'action militante d'associations de victimes, se développe une mémoire de la **Shoah** qui met l'accent sur la singularité de la **« solution finale »** dans la Seconde Guerre mondiale.

NE PAS CONFONDRE

Histoire et mémoire

- L'**histoire** est la connaissance du passé des hommes. L'histoire est universelle.
- La **mémoire** désigne l'ensemble des souvenirs d'une expérience vécue par un individu ou une collectivité. La mémoire individuelle et collective reconstruit le passé ; elle est nécessairement partielle.

Crimes de guerre, crimes contre l'humanité

Ils sont définis par les Alliés lors des accords de Londres, 8 août 1945

- Les **crimes de Guerre** sont les violations des lois et coutumes de la guerre : assassinat, mauvais traitements et déportation (pour des travaux forcés ou pour tout autre but) de populations civiles ou de prisonniers de guerre, exécution des otages, destruction, sans motif militaire, de villes ou villages.
- Les **crimes contre l'Humanité** désignent l'assassinat, l'extermination, la réduction en esclavage, la déportation, de populations civiles, avant ou pendant la guerre pour des motifs politiques, raciaux ou religieux.

BIOGRAPHIES

Maurice Papon (né en 1910), haut fonctionnaire et homme politique français.
(Voir biographie complète p. 397)

Klaus Barbie (1913-1991), responsable SS à Lyon en 1942-1944.
(Voir biographie complète p. 392)

René Bousquet (1909-1993), chef de la police de Vichy en 1942-1943.
(Voir biographie complète p. 392)

Jean Moulin (1899-1943), préfet et résistant français.
(Voir biographie complète p. 397)

Explication d'un document (11/16)

Sujet : « Entre ici Jean Moulin avec ton terrible cortège... »

Lorsque le 1er janvier 1942 Jean Moulin fut parachuté en France, la Résistance n'était encore qu'un désordre de courage [...]. Certes, les résistants étaient les combattants fidèles aux Alliés. Mais ils voulaient cesser d'être des Français résistants et devenir la Résistance française.
C'est pourquoi Jean Moulin est allé à Londres. Pas seulement parce que s'y trouvaient des combattants français [...]. S'il venait demander au général de Gaulle de l'argent et des armes, il venait aussi lui demander « une approbation morale ». Le Général assumait alors le *Non* du premier jour. [...] Le général de Gaulle seul pouvait appeler les mouvements de Résistance à l'union entre eux et avec tous les autres combats car c'était à travers lui seul que la France livrait un seul combat. [...]
[L'unification de la Résistance,] c'est à quoi Jean Moulin s'emploie jour après jour, un mouvement de Résistance après l'autre. [...] Qui donc sait encore ce qu'il fallut d'acharnement pour parler le même langage à des instituteurs radicaux ou réactionnaires, des officiers réactionnaires ou libéraux, des trotskistes ou communistes retour de Moscou, tous promis à la même délivrance ou à la même prison. [...]
Attribuer peu d'importance aux opinions dites politiques lorsque la nation est en péril de mort, [...] voir dans l'unité de la Résistance le moyen capital du combat pour l'unité de la Nation, c'était peut-être affirmer ce qu'on a depuis appelé le gaullisme. C'était certainement proclamer la survie de la France. [...]
Comme Leclerc entra aux Invalides avec son cortège d'exaltation dans le soleil d'Afrique et les combats d'Alsace, entre ici, Jean Moulin, avec ton terrible cortège. Avec ceux qui sont morts dans les caves sans avoir parlé, comme toi ; et même, ce qui est peut-être plus atroce, en ayant parlé [...].
L'hommage d'aujourd'hui n'appelle que le chant qui va s'élever maintenant, ce *Chant des Partisans* que j'ai entendu murmurer comme un chant de complicité. [...] Écoute aujourd'hui, jeunesse de France, ce qui fut pour nous le Chant du Malheur. C'est la marche funèbre des cendres que voici. À côté de celles de Carnot avec les soldats de l'an II, de celles de Victor Hugo avec *les Misérables*, de celles de Jaurès veillées par la Justice, qu'elles reposent avec leur long cortège d'ombres défigurées. Aujourd'hui, jeunesse, puisses-tu penser à cet homme comme tu aurais approcher tes mains de sa pauvre face informe du dernier jour, de ses lèvres qui n'avaient pas parlé : ce jour-là, elle était le visage de la France.

Discours d'André Malraux, ministre de la Culture, lors du transfert au Panthéon des cendres de Jean Moulin le 19 décembre 1964.

DOCUMENT D'ACCOMPAGNEMENT

Malraux prononçant son discours. Un décret présidentiel du 11 décembre 1964 décide le transfert au Panthéon des cendres de Jean Moulin.

Questions

1. Présenter le document (nature, auteur, contexte, destinataire, sujet).
2. Quel portrait Malraux dresse-t-il de Jean Moulin ?
3. Comment présente-t-il les résistants et la Résistance ?
4. Expliquer les liens qu'il établit entre Jean Moulin, de Gaulle et le gaullisme.
5. Pourquoi peut-on voir dans ce discours l'expression d'une mémoire officielle et positive des années 1940-1944 ?

Méthode

➤ 1. Aide générale

• Ce discours est l'œuvre d'un écrivain, il faut en apprécier le style, le lire à haute voix, en trouver si possible un enregistrement et l'écouter.

• Faisant référence à la période 1940-1944, ce discours contribue à en construire la mémoire. Prononcé lors d'une cérémonie officielle présidée par le chef de l'État, il est aussi un acte politique.

➤ 2. Comment répondre aux questions

Question 1

• Rassembler ses connaissances sur André Malraux. Rechercher les éléments caractéristiques du style oratoire (images, rythme, etc.). Le discours doit être situé par rapport à la Libération mais aussi par rapport à l'histoire de la Ve République.

Question 2

• Au fronton du Panthéon est gravée l'inscription : « Aux grands hommes, la patrie reconnaissante ». Se demander quels aspects de la personne et de l'action de Jean Moulin sont ici célébrés pour justifier son entrée au Panthéon.

Question 5

• Vingt ans après la Libération, est-il encore question de défaite et de collaboration ? Quelle idée de la France des années 1940-1944 les auditeurs de ce discours peuvent-ils se faire ? En quoi cela peut-il renforcer le régime ?

PRÉPA BAC

CHAPITRE 15

La France à la recherche de nouvelles institutions

séries ES-L-S

Après la Libération, les fondateurs de la IVe République veulent doter le pays d'institutions solides et durables. Dès 1958, pourtant, ces institutions s'écroulent. Sur leurs ruines s'élève un nouvel édifice institutionnel : la Ve République.
Le jeune régime, confronté à la poursuite de la guerre d'Algérie, ne trouve pas, dès 1958, tous ses traits institutionnels. L'année 1962, qui voit la fin de cette guerre et une modification constitutionnelle décisive, est bien une date importante dans l'histoire politique française.

Comment expliquer la brièveté de la IVe République ?
Dans quelles circonstances s'opère le changement de régime en 1958 ?

1 De la reconstruction économique et politique...

Affiche appelant à la reconversion économique, 1946.

« Produire, nouvelle bataille de France » (slogan de la Libération).

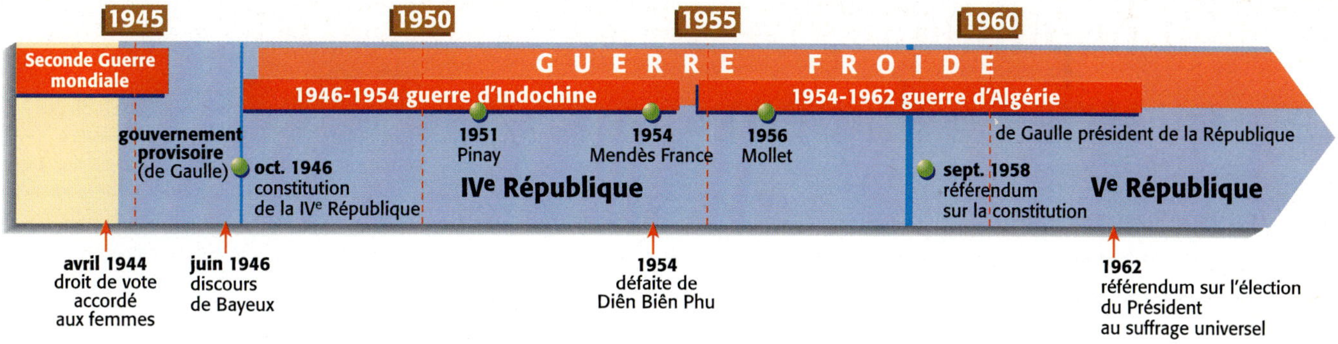

2 … à l'échec politique de la IVe République.

Affiche publicitaire de Sennep, 1958.

« Le pays sait que la Ve République apporte avec elle une chance et un espoir, alors que la IVe République ne portait plus en elle qu'échecs et abandons. »

André Malraux, discours du 4 septembre 1958, place de la République, Paris.

1 La République, quatrième du nom

A. Une gestation difficile doc. 1 et 3

■ **De l'été 1944 au début 1947**, de nouvelles institutions sont mises en place. Durant ces deux ans et demi, la France se trouve dans une situation institutionnelle et politique provisoire. Il faut deux **Assemblées constituantes**, deux projets constitutionnels et trois référendums pour parvenir à doter la France de nouvelles institutions. Le 21 octobre 1945, une première Assemblée constituante est élue. Dans cette Assemblée, **trois partis dominent largement : les communistes** dont l'influence idéologique et politique est considérable à la Libération (26 % des voix), **les socialistes de la SFIO** (23 % des voix) et **un parti de sensiblilité démocrate-chrétienne créé en 1944, le Mouvement républicain populaire** (MRP : 24 % des voix). À eux trois, ces partis obtiennent donc les trois quarts des voix.

■ Les relations se tendent rapidement entre l'Assemblée et le général de Gaulle, chef du Gouvernement provisoire de la République française. Ce dernier refuse que l'Assemblée exerce une prépondérance sur le gouvernement ; pour cette raison, il démissionne le 20 janvier 1946. Les trois partis dominants, qui étaient déjà au pouvoir dans le gouvernement dirigé par de Gaulle, continuent à gouverner ensemble : c'est le **tripartisme**. À l'Assemblée, communistes et socialistes, qui ont ensemble la majorité absolue des sièges, parviennent à imposer un projet instaurant une assemblée toute-puissante. Mais tous les autres partis, y compris le MRP, s'opposent à ce projet. Au référendum du 5 mai 1946, les Français **rejettent ce projet par 53 % de « non »**.

B. La Constitution de la IVe République doc. 4 et 6

■ **Une nouvelle Assemblée constituante est donc élue le 2 juin 1946.** Comme en octobre 1945, les forces politiques du tripartisme obtiennent les trois quarts des voix. Avec, il est vrai, deux modifications : socialistes et communistes n'ont plus la majorité absolue des sièges et le parti communiste français est devancé par le MRP qui continue à défendre l'idée d'un plus grand équilibre entre les pouvoirs législatif et exécutif.

■ En définitive, **les forces du tripartisme parviennent à un compromis**. Le projet prévoit l'existence d'une seconde assemblée, le Conseil de la République. Mais le pouvoir législatif reste entre les mains d'une Assemblée nationale élue pour cinq ans : elle seule vote les lois, le Conseil n'émettant qu'un avis. Par ailleurs, l'Assemblée nationale influence et contrôle le pouvoir exécutif : elle élit, avec le Conseil de la République, le président de la République et vote, à la majorité absolue, l'**investiture** du président du Conseil, désigné par le président de la République pour diriger le gouvernement. Ce second projet de Constitution sera approuvé en octobre 1946.

C. Réformer et moderniser doc. 2 et 5

■ Les destructions provoquées par la guerre imposent une reconstruction du pays. L'aspiration à rénover la France se manifeste aussi par une volonté de réformes. Des **nationalisations** entraînent la constitution d'un vaste secteur public ; **l'État intervient plus directement dans le domaine économique**. Dans le contexte idéologique de l'après-guerre, orienté à gauche, et avec une assemblée dont le centre de gravité se situe lui aussi à gauche, ces nationalisations sont présentées comme le moyen que se donne l'État pour relever et moderniser l'économie de la France.

■ Pour les responsables politiques de l'époque, cette modernisation passe aussi par une **planification** indicative, définissant des priorités. Le 21 décembre 1945, il est donc décidé de créer un Commissariat général au Plan, confié à Jean Monnet. Autre décision importante, **la Sécurité sociale est créée en octobre 1945**, pour couvrir « l'ensemble de la population du pays contre l'ensemble des facteurs d'insécurité ».

VOCABULAIRE

Assemblée constituante : voir *Ne pas confondre*, p. 286.

tripartisme : à la Libération, coalition des trois partis qui dominent la vie politique française : communistes (PCF), socialistes de la SFIO (Section française de l'Internationale ouvrière) et démocrates-chrétiens (MRP).

investiture : système de nomination du chef de gouvernement sous la IVe République. Le candidat à la présidence du Conseil demande à l'Assemblée nationale de lui accorder la confiance. Si une majorité de députés la lui accorde, il est « investi ».

nationalisation : appropriation par l'État de biens appartenant auparavant à des personnes ou à des sociétés privées (terres, usines, banques, etc.).

planification : organisation de la production selon un plan établi à l'avance ; le plan peut être impératif (en URSS) ou indicatif (en France).

1 Les deux Assemblées constituantes.

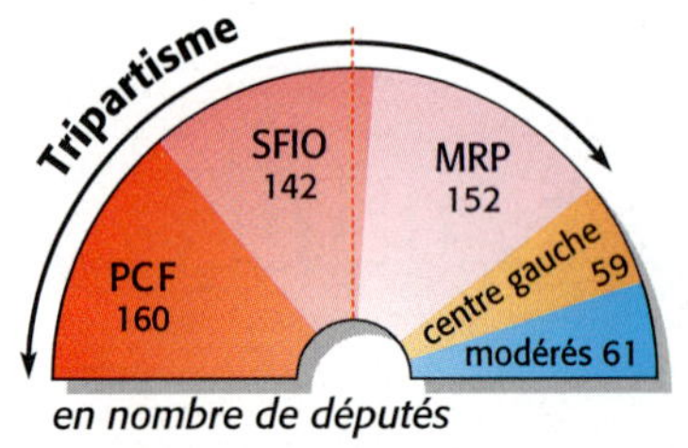

1re Assemblée élue (21 octobre 1945)

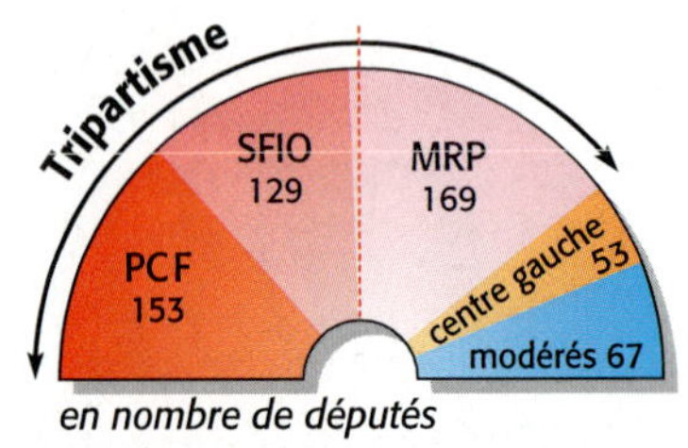

2e Assemblée élue (2 juin 1946)

1. **Quels sont les points communs entre ces deux assemblées ?**
2. **Quelle différence importante apparaît à l'intérieur du tripartisme ?**

2 Le Plan.

Secteurs prioritaires
– énergie – machines agricoles – acier – transports et carburants – ciment – engrais azotés

3 De Gaulle, chef du gouvernement provisoire, en visite dans l'une des villes françaises détruites par la guerre, Brest (juillet 1945).

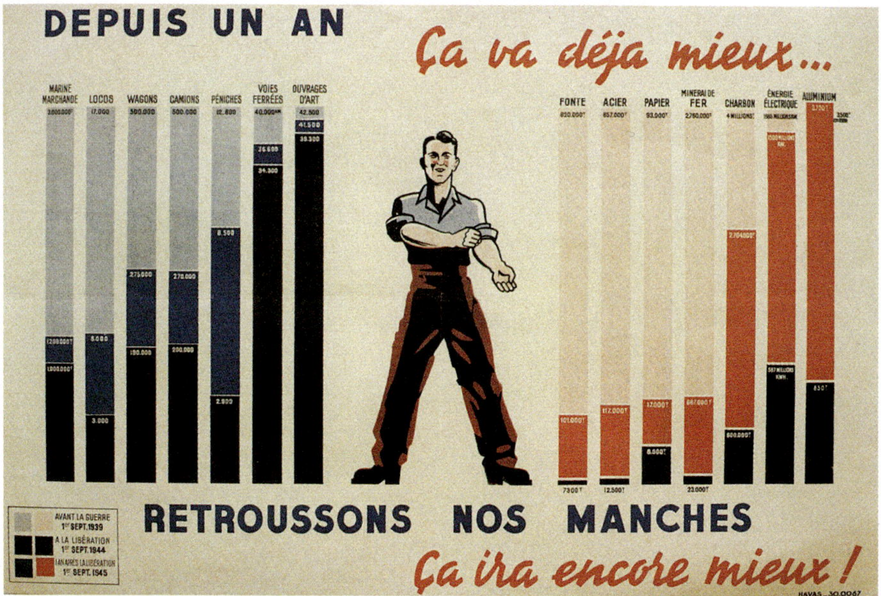

5 « Retroussons nos manches ».
Affiche d'octobre 1945.

1. **À qui s'adresse cette affiche ?**
2. **Dans quels domaines la situation s'est-elle améliorée ?**

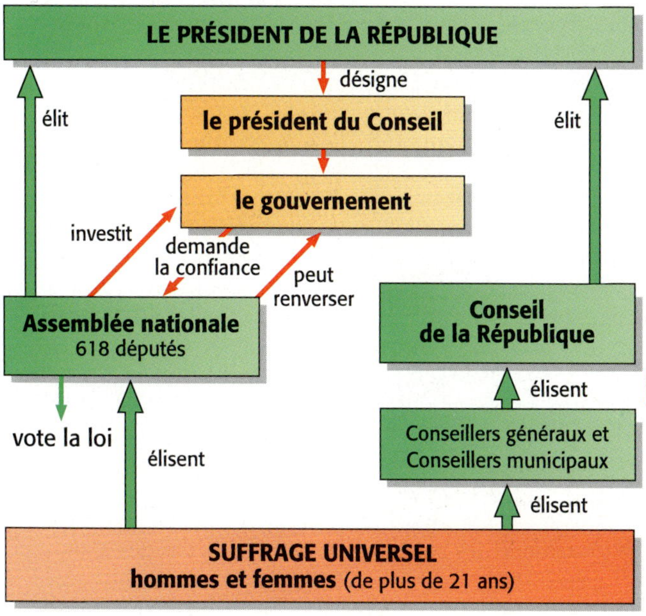

6 La Constitution de la IVe République en 1946.

1. **Qui élit le président de la République ?**
2. **Montrer que l'Assemblée est toute-puissante.**

4 Le préambule de la Constitution de la IVe République (1946)

Le peuple français proclame à nouveau que tout être humain, sans distinction de race, de religion ni de croyance, possède des droits inaliénables et sacrés. Il réaffirme solennellement les droits et libertés de l'homme et du citoyen consacrés par la Déclaration des Droits de 1789 et les principes fondamentaux reconnus par les lois de la République.

Il proclame, en outre, comme particulièrement nécessaires à notre temps, les principes politiques, économiques et sociaux ci-après :

La loi garantit à la femme, dans tous les domaines, des droits égaux à ceux de l'homme.

Tout homme persécuté en raison de son action en faveur de la liberté a droit d'asile sur les territoires de la République.

Chacun a le devoir de travailler et le droit d'obtenir un emploi. Nul ne peut être lésé, dans son travail ou son emploi, en raison de ses origines, de ses opinions ou de ses croyances.

Tout homme peut défendre ses droits et ses intérêts par l'action syndicale et adhérer au syndicat de son choix.

Le droit de grève s'exerce dans le cadre des lois qui le réglementent.

Tout travailleur participe, par l'intermédiaire de ses délégués, à la détermination collective des conditions de travail ainsi qu'à la gestion des entreprises.

Tout bien, toute entreprise, dont l'exploitation a ou acquiert les caractères d'un service public national ou d'un monopole de fait, doit devenir la propriété de la collectivité.

La nation assure à l'individu et à la famille les conditions nécessaires à leur développement. [...]

La France forme avec les peuples d'outre-mer une Union fondée sur l'égalité des droits et des devoirs, sans distinction de race ni de religion.

Les réformes de la Libération

À la Libération, parallèlement à la lente mise au point de nouvelles institutions politiques, plusieurs grandes réformes marquent profondément la vie économique et sociale. Une vague de nationalisations, en partie inspirée par le programme du Conseil national de la Résistance, entraîne la constitution d'un vaste secteur public.
L'État se dote aussi d'un Commissariat général au Plan. La création de la Sécurité sociale institue un système qui assure à la population française une protection contre la maladie et les accidents du travail.
Après la Libération survient aussi un tournant essentiel de l'histoire française : pour la première fois, les femmes votent. C'est une ordonnance d'avril 1944 (la France libre se trouve encore à Alger à cette date) signée par de Gaulle qui avait institué cet élargissement du corps électoral.

1 La charte du Conseil national de la Résistance (mars 1944)

Sur le plan économique :
– l'instauration d'une véritable démocratie économique et sociale, impliquant l'éviction des grandes féodalités économiques et financières de la direction de l'économie ; [...]
– une organisation rationnelle de l'économie ; [...]
– le retour à la nation des grands moyens de production monopolisés, fruit du travail commun, des sources d'énergie, des richesses du sous-sol et des grandes banques ; [...]
– le droit d'accès, dans le cadre de l'entreprise, aux fonctions de direction et d'administration pour les ouvriers possédant les qualifications nécessaires, et la participation des travailleurs à la direction de l'économie.
Sur le plan social :
– le droit au travail et le droit au repos ; [...]
– un rajustement des salaires et la garantie d'un niveau de salaire et de traitement qui assure à chaque travailleur et à sa famille la sécurité et la dignité ; [...]
– un plan complet de sécurité sociale, visant à assurer à tous les citoyens des moyens d'existence, dans tous les cas où ils sont incapables de se les procurer par le travail, avec gestion appartenant aux représentants des intéressés et de l'État ; [...]
– une retraite permettant aux vieux travailleurs de finir dignement leurs jours.

1944	houillères du Nord et du Pas-de-Calais ; marine marchande
1945	entreprise Renault ; usine Gnome et Rhône (moteurs d'avion) ; transport aérien ; Banque de France ; Crédit lyonnais ; Société générale ; Comptoir national d'escompte ; Banque nationale pour le commerce et l'industrie
1946	gaz et électricité ; compagnies d'assurances ; combustibles minéraux

2 Les nationalisations en 1944-1946.

3 Nationalisation de l'électricité et du gaz

Article 1er : Sont nationalisés :
1. La production, le transport, la distribution, l'importation et l'exportation d'électricité ;
2. La production, le transport, la distribution, l'importation et l'exportation du gaz combustible.
3. La gestion des entreprises nationalisées d'électricité est confiée à un établissement public national de caractère industriel et commercial dénommé « Électricité de France » (EDF), service national [...]
Art. 20 : Les services nationaux sont administrés par un conseil de dix-huit membres nommés par décret [...] à savoir :
1. six représentants de l'État ; [...]
2. six représentants des consommateurs [...] ;
3. six représentants du personnel. [...]

Loi parue au *Journal officiel*, 8 avril 1946.

4 Nationalisation des Houillères nationales du Nord-Pas-de-Calais

La France vient de connaître quatre années d'occupation ennemie dont les épreuves ont profondément affecté son industrie houillère. [...] La raréfaction des matières premières extraites du sol national ou importées, les lourds dommages causés par la guerre aux exploitations, l'insuffisance de la main-d'œuvre, l'accroissement des charges imposées aux familles dispersées, la multiplication des dangers de maladie et d'accidents par suite de la précarité de plus en plus grande des moyens de production ont fait apparaître avec force qu'une unité absolue de vues dans la conception et la réalisation est indispensable pour apporter, dans le secteur de l'industrie houillère, aux problèmes techniques, économiques et sociaux du moment [...] des solutions entièrement efficaces.
L'État seul possède actuellement l'autorité suffisante pour assurer une telle tâche dont l'accomplissement importe grandement à l'intérêt du pays tout entier, [...]. Lui seul peut, à la fois sur le plan technique, imposer aux mines un programme de production, effectuer le regroupement d'exploitation nécessaire, [...] et sur le plan social, assurer au mieux la sauvegarde des intérêts et de la santé des travailleurs, apaiser les conflits qui opposent trop souvent les patrons et les ouvriers, faire droit aux justes revendications, faire participer les travailleurs à la gestion des entreprises [...].
C'est pour ces motifs impérieux que le Gouvernement a décidé la nationalisation des houillères du Nord et du Pas-de-Calais.

Début de l'exposé des motifs de l'ordonnance « portant institution des Houillères nationales du Nord et du Pas-de-Calais », 14 décembre 1944.

Les femmes, citoyennes à part entière : les partis politiques s'adressent à elles.
Affiche de la SFIO, septembre 1945.

6

5 « Propositions au sujet du plan de modernisation et d'équipement » (décembre 1945)

Un principe était affirmé : « Modernisation et reconstruction doivent être poursuivies simultanément. » Un deuxième point insistait sur l'obligation de produire davantage et moins cher pour payer nos importations de matières premières vitales pour nos exportations, un troisième sur l'urgence : « Nous allons voir très rapidement en France un emploi total de la main-d'œuvre et de toutes les ressources industrielles disponibles. Les besoins sont tels qu'il n'y aura aucune difficulté d'écoulement de la production. À ce moment, les intérêts de toute nature demanderont non pas qu'on transforme l'instrument de production dont ils se servent, mais qu'on le protège, ce qui rendrait impossible tout progrès et toute augmentation du niveau de vie, et réduirait la France au rang de puissance de deuxième ordre. » [...] Un quatrième point introduisait la méthode : « Toute la nation doit être associée à cet effort. [...]. » Le 3 janvier 1946, le plan était créé par un décret dont l'article premier stipulait : « Dans un délai de six mois, il sera établi un premier plan d'ensemble pour la modernisation et l'équipement économique de la métropole et des territoires d'outre-mer. » L'objet du plan est ensuite défini en quatre points : 1. développer la production nationale et les échanges extérieurs en particulier dans les domaines où la position française est la plus favorable ; 2. accroître le rendement du travail ; 3. assurer le plein emploi de la main-d'œuvre. 4. élever le niveau de vie de la population et améliorer les conditions de l'habitat et de la vie collective.

J. Monnet, *Mémoires*, Fayard, 1976.

7 Le fonctionnement de la Sécurité sociale de 1945 à 1996.

QUESTIONS

A. Présenter les documents (nature, date, auteur)

B. Dégager des informations des documents

1. Expliquer l'expression « grandes féodalités économiques et financières ». (doc. 1)
2. Sous quel gouvernement l'essentiel de ces nationalisations a-t-il été décidé ? (doc. 2)
3. Qui gère l'EDF ? (doc. 3)
4. Quelles raisons sont avancées pour justifier cette nationalisation ? (doc. 4)
5. Quel lien peut-on établir entre la création du Plan et la situation économique de la France en 1945 ? (doc. 5)
6. Montrer que le droit de vote accordé aux femmes répond au principe d'égalité. (doc. 6)
7. Par qui les caisses de la Sécurité sociale sont-elles approvisionnées ? Montrer que l'argent qui sert aux remboursements est une forme de redistribution des salaires. (doc. 7)

C. Mettre en relation les documents

8. Montrer que les réformes répondent aux engagements du CNR. (doc. 1, 2, 3, 4 et 7)
9. À quels grands principes répondent les nationalisations et la planification ? Qu'attend-on de ces réformes ? (doc. 2, 3, 4 et 5)

D. Synthèse

10. Quels progrès politiques et sociaux sont assurés par ces réformes ?

2 Une République vite affaiblie

A. Des institutions solides ? doc. 1 et 3

■ Le nouveau régime sombre au bout de douze années. À bien des égards, faire son histoire consiste donc à rechercher les causes d'une existence aussi brève. Cette brièveté est-elle due à des institutions défaillantes ? Celles-ci sont affaiblies dès le départ par plusieurs éléments :

– tout d'abord, **au référendum du 13 octobre 1946, les abstentions sont élevées et les « oui » ne représentent que 36 % des électeurs inscrits**. Cela permet à de Gaulle de déclarer à propos de la Constitution : « un tiers des Français l'a rejetée, un tiers s'est abstenu, un tiers l'a approuvée » ;

– en effet, **de Gaulle s'est déclaré très hostile à ces institutions**. Dans son « discours de Bayeux », le 16 juin 1946, il énonce des principes constitutionnels très différents. Il y rappelle notamment que l'indépendance de l'exécutif vis-à-vis de l'Assemblée doit être préservée. Pour lui, l'État ne doit pas se retrouver sous l'influence directe des partis politiques. De Gaulle se montre donc un adversaire irréductible du régime de la IVe République qu'il assimile au « régime des partis ».

■ Les partis politiques représentés à l'Assemblée conservent de puissants moyens de contrôle de l'exécutif. Tant que, dans le cadre du tripartisme, une majorité cohérente soutient le gouvernement, ce dernier ne risque pas d'être renversé. Mais, des majorités peu cohérentes risquent d'entraîner une constante **instabilité ministérielle**.

B. La double onde de choc doc. 5, 6 et 7

■ Or, dès 1947, les débuts de la guerre froide font éclater le tripartisme. **Le parti communiste**, dont les ministres sont renvoyés du gouvernement le 5 mai 1947, s'oppose désormais au régime. Sur le plan international, il s'aligne sur l'URSS ; une vague de grèves violentes secoue la France fin 1947. En cette même année, de Gaulle crée **le Rassemblement du peuple français (RPF)**, également très hostile à la IVe République. Celle-ci doit donc affronter une double opposition. Des gouvernements de « **troisième force** » se constituent, mais il sera difficile de dégager des majorités durables. Apparaît ainsi l'une des causes d'affaiblissement de la IVe République.

■ Si l'on explique souvent l'impuissance progressive de ce régime par la déficience des institutions, il convient aussi d'observer qu'elles ont été soumises, dès 1947, à **deux grandes ondes de choc : la guerre froide et la décolonisation**. La grande cassure du monde en deux blocs, Est et Ouest, a de fortes retombées dans la vie politique française, compte tenu de la présence d'un parti communiste très puissant électoralement et de milieux intellectuels, largement séduits par le modèle communiste. De surcroît, la France, qui possède le deuxième empire colonial du monde, est confrontée aux guerres de décolonisation, d'abord en Indochine puis en Algérie.

C. L'affaiblissement progressif de la IVe République doc. 2 et 4

■ Certes, parallèlement, la France poursuit son relèvement économique. En 1952, la droite revient au pouvoir lorsque Antoine Pinay du Centre national des indépendants et paysans devient président du Conseil. Il opère une stabilisation financière et en tire une large popularité. Mais, entre 1952 et 1954, les Français sont largement **divisés par le projet de Communauté européenne de défense (CED)**, tandis que la guerre d'Indochine tourne au désastre avec la chute de Diên Biên Phu le 7 mai 1954.

■ Investi président du Conseil le 17 juin 1954, Pierre Mendès France met fin à la guerre d'Indochine avec la signature, le 20 juillet 1954, des accords de Genève. S'il est largement soutenu par une fraction de l'opinion, qui voit en lui l'homme des réformes nécessaires – à tel point que l'on parlera alors du « mendésisme » –, Mendès France se trouve bientôt confronté aux **débuts de l'insurrection algérienne**, le jour de la Toussaint 1954. À terme, la guerre d'Algérie emportera le régime.

VOCABULAIRE

instabilité ministérielle : changements fréquents de gouvernements.

Troisième force : au début de la IVe République, coalition de partis politiques, à l'exception des communistes et des gaullistes.

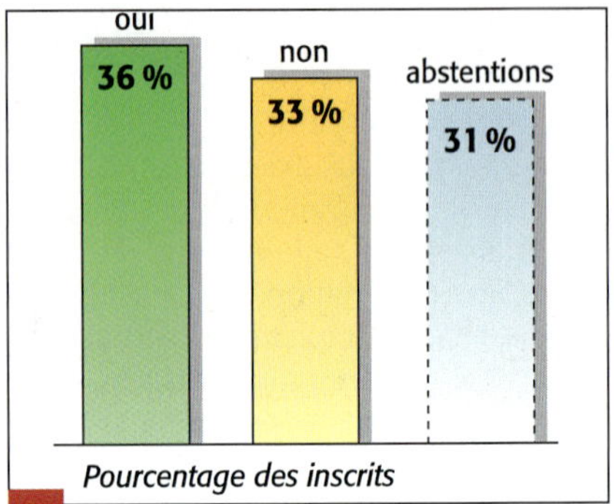

1 Le référendum sur le deuxième projet de Constitution (13 octobre 1946).

2 Affiche opposée à la CED.

Le projet d'une Communauté européenne de défense, c'est-à-dire d'une armée européenne qui comprendrait des troupes des pays de l'Europe de l'Ouest (notamment allemandes), divise profondément les Français et les partis politiques. Pour les uns, la CED est un bouclier et une protection contre toute invasion et donc un facteur de paix ; pour les autres (communistes et gaullistes surtout), elle favorise la renaissance d'une armée allemande.

1. **Qu'est-ce qui symbolise ici l'armée allemande ?**
2. **Que veut suggérer l'affiche ?**

3 Le discours de Bayeux, 16 juin 1946

Il est clair et il est entendu que le vote définitif des lois et des budgets revient à une assemblée élue au suffrage universel et direct. Mais le premier mouvement d'une telle assemblée ne comporte pas nécessairement une clairvoyance et une sérénité entières. Il faut donc attribuer à une deuxième assemblée élue et composée d'une autre manière la fonction d'examiner publiquement ce que la première a pris en considération, de formuler des amendements, de proposer des projets.
Du Parlement composé de deux Chambres et exerçant le pouvoir législatif, il va de soi que le pouvoir exécutif ne saurait procéder sous peine d'aboutir à cette confusion des pouvoirs dans lequel le gouvernement ne serait bientôt plus rien qu'un assemblage de délégations. [...] L'unité, la cohésion, la discipline intérieure du gouvernement de la France doivent être des choses sacrées, sous peine de voir rapidement la direction même du pays impuissante et disqualifiée.
Or comment cette unité, cette cohésion, cette discipline seraient-elles maintenues à la longue si le pouvoir exécutif émanait de l'autre pouvoir auquel il doit faire équilibre, et si chacun des membres du gouvernement, lequel est collectivement responsable devant la représentation nationale tout entière, n'était, à son poste, que le mandataire d'un parti ?
C'est donc du chef de l'État, placé au-dessus des partis, élu par un collège qui englobe le Parlement, mais beaucoup plus large [...] que doit procéder le pouvoir exécutif.
Au chef de l'État la charge d'accorder l'intérêt général, quant au choix des hommes, avec l'orientation qui se dégage du Parlement ; à lui la mission de nommer les ministres, et d'abord, bien entendu, le Premier, qui devra diriger la politique et le travail du gouvernement ; au chef de l'État la fonction de promulguer les lois et de prendre les décrets ; à lui la tâche de présider les conseils du gouvernement et d'y exercer cette influence de la continuité dont une nation ne se passe pas.

1. **Présenter le document.**
2. **Comment de Gaulle envisage-t-il les rapports du pouvoir exécutif et du pouvoir législatif ?**
3. **Quelle est sa conception du rôle et du pouvoir du chef de l'État ?**
4. **Comparer ses idées avec la Constitution de la IVe République.**

4 Affiche en faveur de l'emprunt Pinay, mai 1952.
Étant indexés sur l'or, les titres de cet emprunt ont la même valeur que celui-ci. En outre, en cas de décès, les héritiers ne paient pas de droits de succession sur ces titres.

5 Résolution du Comité central du parti communiste français, 30 octobre 1947

Le Comité central considère qu'il a tardé à apprécier avec la netteté nécessaire les profondes modifications survenues dans la situation internationale depuis la guerre, la nouvelle répartition des forces politiques du monde entre un camp impérialiste et réactionnaire et un camp de la paix et de la liberté, la subordination totale de la politique française aux intérêts du camp impérialiste et aux exigences des États-Unis.
Il en est résulté une sous-estimation du rôle de la réaction étrangère dans la politique intérieure française. Le Comité central n'a pas souligné assez fortement que le renvoi de ministres communistes en mai 1947 n'était que l'exécution d'un ordre américain.

1. **Qu'est-ce que « le camp impérialiste et réactionnaire » pour le PCF ?**
2. **Qu'est-ce que le « camp de la paix et de la liberté » pour le PCF ?**

6 La façade du quotidien communiste *L'Humanité* le 6 mars 1953, au lendemain de la mort de Staline.

7 À Genève, Mendès France signe, en juillet 1954, les accords mettant fin à la guerre d'Indochine. Mendès France serrant la main du dirigeant chinois Zhou-Enlai.

Diên Biên Phu,
la fin de la guerre d'Indochine

Dès 1946, la IVe République est entraînée, à plus de 10 000 km de la métropole, dans une longue guerre de décolonisation. L'opinion publique se désintéresse de ce conflit ; favorable au Viêt-minh, en majorité communiste, le PCF dénonce la « sale guerre ».
En 1953, l'armée française, qui recherche l'affrontement avec les troupes du Viêt-minh dans une bataille conventionnelle, choisit le camp retranché de Diên Biên Phu et y envoie 15 000 hommes. C'est un échec. Après 54 jours de siège, le 7 mai 1954, les 11 000 survivants sont faits prisonniers et emmenés dans les camps viêt-minhs, d'où beaucoup ne reviendront pas.
La chute de Diên Biên Phu résonne comme un coup de tonnerre : les troupes régulières d'une puissance coloniale sont vaincues par une armée issue de la guérilla. Et la IVe République a perdu l'Indochine.

1 **La guerre d'Indochine.**

2 **La bataille vue par le général Giap et le colonel Langlais**

a. Dans un rapport du Comité central du Parti adressé au Bureau Politique, le 6 décembre 1953, nous avions estimé à « environ 45 jours, la durée de la bataille de Diên Biên Phu » . La bataille pourrait commencer vers la mi-février 1954. Ce serait, jugions-nous la plus grande bataille de position jamais vue jusque-là « où entreraient en jeu 3 divisions d'armée de terre, toutes nos unités d'artillerie, de génie, de DCA. La campagne engagerait au total 42 000 personnes ». J'avais toujours pensé que nous ne pouvions détruire les positions fortes qu'en les éliminant une à une. […] Il me fallait voir le chef des experts militaires amis qui nous accompagnait. Nos relations depuis la campagne frontalière, étaient excellentes. Nos amis m'avaient prodigué de précieux conseils tirés de la guerre révolutionnaire en Chine et de la guerre anti-américaine en Corée. […]
Dans le monde entier, sous le drapeau invincible du marxisme-léninisme, l'humanité progressiste ira toujours de l'avant. Les impérialistes, les colonialistes perfides et cruels seront balayés de la surface du globe. Le socialisme, le communisme vaincront partout. L'humanité avancera pour toujours dans la paix et le bonheur. […]

Général Vo Nguyen Giap, commandant en chef des troupes du Viêt-minh, *Diên Biên Phu*, The Gioi, Hanoi, 1994.

b. Non, je ne pense pas que le responsable de la défaite soit tel ou tel général, tel ou tel gouvernement, mais bien le pays tout entier qui abandonna son armée de métier et en fit massacrer l'élite des cadres dans cette lointaine aventure. […]
La guerre d'Indochine fut une guerre d'indépendance contre la France et si l'outil de combat fut forgé par des méthodes marxistes, il n'en reste pas moins vrai que le soldat viêt-minh qui montait, et avec quel courage, à l'assaut des positions de Diên Biên Phu, luttait pour nous mettre à la porte de chez lui où nous n'étions pas chez nous. […]
Nous ne combattions pas pour défendre nos foyers, nous ne combattions pas pour chasser l'étranger de chez nous, nous ne combattions même plus pour garder l'Indochine à la France. Alors pourquoi ? L'honneur du métier des armes et c'était tout.

Colonel Pierre Langlais, officier parachutiste, *Diên Biên Phu*, France Empire, 1963.

3 **Affiche viêt-minh, 1945.**

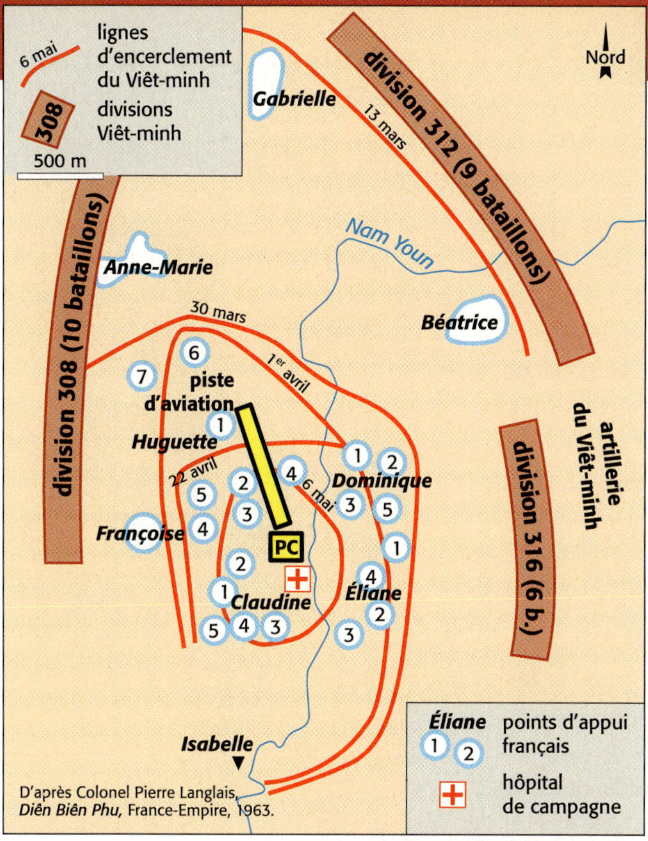

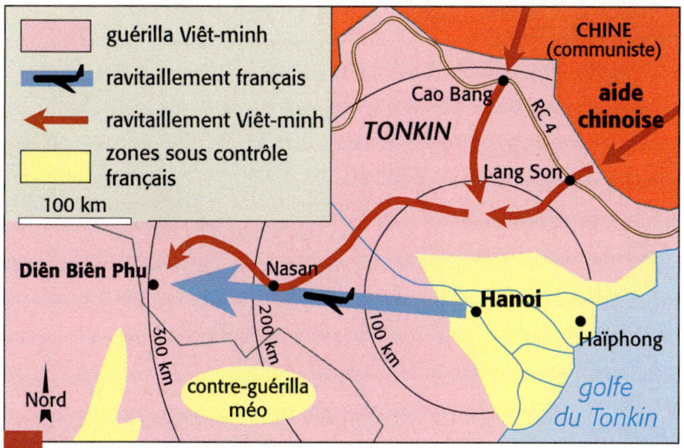

4 Carte de la bataille. La bataille commence le 13 mars 1954. Le terrain d'aviation qui doit amener des renforts et évacuer les blessés est rendu inutilisable par l'artillerie ennemie. Encerclé, le camp ne peut être ravitaillé que par parachutages. Aucun blessé ne sera plus évacué après le 23 mars. Le jour de la réddition, le 7 mai, 3 000 combattants ont été tués. Des 11 000 prisonniers (dont 5 000 blessés), seulement 3290 reviendront des camps viêt-minhs.

5 Soldats français au combat à Diên Biên Phu.

6 Les camps de prisonniers 113 et 42

a. Je ne pourrai jamais oublier ce spectacle : dès l'entrée, nous croisons une troupe de fantômes, de cadavres debout. Ces yeux immenses sur ces visages parcheminés, ces torses décharnés et ces jambes déformées par des ulcères purulents... Ils n'avaient pas le droit de parler. L'un a articulé à grand-peine. Ils étaient les derniers rescapés de cette antichambre de la mort. Les rats seuls s'engraissaient : ils dégringolaient sur les bat-flanc de bambou crasseux où sommeillaient les prisonniers. Notre camp à nous, comparé à ce cloaque immonde, faisait figure d'hôtel de luxe... Et nos commissaires politiques, au moins étaient viêt-namiens. Là, au 113, ils avaient [...] un Français comme eux.

Témoignage du capitaine Jean Pouget, *L'Express*, 21 mars 1991.

b. Je me souviens avoir été prêt à signer n'importe quoi, à dire n'importe quelle ânerie pour qu'on me laisse crever en paix. C'est un adjudant qui m'a ceinturé. « Pas toi, Schoen... Là, tu donnes le petit doigt. Puis ce sera le bras. Ensuite, la tête. Enfin, le cœur... » Ces mots m'ont rendu malade. Pendant trois jours, j'ai claqué des dents. La fièvre. La paralysie. Impossible de me lever... Et j'ai réalisé que l'adjudant venait de me sauver la vie. Que je n'aurais pas à porter un fardeau indicible qui me gangrènerait, comme il a gangrené certains de mes camarades.

Pierre Schoendoerffer, caméraman aux armées, cinéaste pendant la guerre d'Indochine, *L'Express*, 21 mars 1991.

QUESTIONS

A. Présenter les documents (nature, date, auteur)

B. Dégager des informations des documents

1. Dans quelle partie de l'Indochine la guérilla viêt-minh est-elle la mieux implantée en 1954 ? (doc. 1)
2. Qui sont les « experts militaires amis » ? Comment le colonel Langlais explique-t-il la défaite ? (doc. 2)
3. Que représente le personnage allongé par terre ? Quelle idée cette affiche veut-elle mettre en avant ? (doc. 3)
4. Comment les troupes du général Giap sont-elles parvenues à vaincre l'armée française ? (doc. 4)
5. À quel type de guerre cette photo fait-elle penser ? (doc. 5)
6. Quels sont les moyens utilisés pour briser les prisonniers ? Qui sont les commissaires politiques ? (doc. 6)

C. Mettre en relation les documents

7. Montrer que la guerre d'Indochine n'a pas été uniquement une guerre de décolonisation. Comment Langlais et Giap qualifient-ils cette guerre et cette bataille ? (doc. 2, 3 et 6)

D. Synthèse

8. Comment expliquer la défaite de l'armée française ?

3 D'une République à l'autre

A. Le malaise politique croissant doc. 1

■ L'année 1955 voit le développement d'**un courant antiparlementaire, le poujadisme**. À l'origine organisation de défense professionnelle animée par Pierre Poujade regroupant des petits commerçants, des agriculteurs et des artisans, le poujadisme se transforme en mouvement politique qui se situe très à droite. Ses slogans simplistes (« sortez les sortants ! ») trouvent un écho chez une partie des électeurs qui ont le sentiment que les institutions fonctionnent mal et que les gouvernements sont impuissants ou incapables.

■ Les élections du 2 janvier 1956 sont gagnées par une coalition de la gauche non communiste, le Front républicain ; **le socialiste Guy Mollet forme le nouveau gouvernement**. Mais le fait majeur du scrutin est le succès des candidats poujadistes, qui obtiennent 52 députés – dont Jean-Marie Le Pen. Ce score atteste de l'ampleur du malaise politique tandis que la guerre d'Algérie se prolonge.

B. L'aggravation de la guerre d'Algérie doc. 2

■ Les gouvernements de la IVe République, de droite comme de gauche, entendaient tous maintenir une Algérie française, où vivent un million de Français d'origine européenne. Ainsi Mitterrand, ministre de l'Intérieur du gouvernement Mendès France, proclame-t-il en novembre 1954 que « **l'Algérie, c'est la France** ». Le président du Conseil socialiste Guy Mollet, après avoir promis, durant la campagne électorale de 1955, « la paix en Algérie », accentue en 1956 l'effort de guerre au moment où le FLN intensifie ses actions terroristes (bombes dans des lieux publics). La « pacification » menée par l'armée a pour objectif de maîtriser la guérilla, avant toute négociation, ce qui nécessite des effectifs croissants : **Guy Mollet envoie le contingent en Algérie**, le service militaire est allongé jusqu'à 27 mois. En réponse à la guérilla du FLN, l'armée française mène de difficiles opérations de quadrillage ; la torture est souvent pratiquée afin d'obtenir des informations.

■ Guy Mollet **ne parvient pas à résoudre la crise**. Les gouvernements suivants n'y arrivent pas davantage. Au printemps 1958, après plusieurs semaines de crise ministérielle, le MRP Pierre Pflimlin, considéré comme un partisan d'une négociation avec le FLN, est pressenti pour former un nouveau gouvernement.

C. Le 13 mai 1958 doc. 3 à 7

■ L'annonce de la prochaine investiture de Pflimlin enclenche un processus fatal, à terme, à la IVe République. Le 13 mai, jour prévu de son investiture à Paris, la foule attachée à l'Algérie française manifeste à Alger pour montrer son opposition. Elle parvient, sans que l'armée intervienne, à s'emparer du bâtiment du Gouvernement général, où un **Comité de salut public est constitué, présidé par le général Massu**. Pflimlin, investi entre-temps président du Conseil à Paris, ne peut rétablir l'autorité de la République à Alger.

■ Dans ce contexte troublé, le 15 mai, le général de Gaulle, retiré à Colombey-les-deux-Églises, intervient publiquement. Il se déclare prêt à revenir au pouvoir au terme d'une procédure régulière. Le même jour, à Alger, le général Salan, autre membre du Comité de salut public, termine un discours par « Vive de Gaulle ! ». **L'ancien chef de la France libre se présente donc comme un recours** et il est perçu comme tel par les partisans de l'Algérie française.

■ La crainte d'une guerre civile entraîne le ralliement de la plus grande partie des forces politiques au principe d'une arrivée au pouvoir du général de Gaulle. **Le 1er juin 1958, celui-ci est investi président du Conseil à une large majorité** (329 voix pour, 224 contre). Le 2 juin, l'Assemblée l'autorise à préparer une nouvelle Constitution ; ce vote constitue l'acte de décès de la IVe République.

1 Affiche électorale de 1956.
Avec des mots simples, un vocabulaire antiparlementaire, Pierre Poujade réussit à exploiter le malaise politique : ses candidats obtiennent 12 % des voix aux élections de janvier 1956.

2 Discours de Guy Mollet

Dans ce discours, Guy Mollet demande des « pouvoirs spéciaux » à propos de l'Algérie.

Aujourd'hui, il ne faut pas se dissimuler la réalité. Parce qu'elle compte huit millions de musulmans non assimilés, l'Algérie n'est pas une province française comme les autres.

De même, parce qu'elle comprend aussi ce million de Français d'origine métropolitaine auxquels elle doit tout, l'Algérie ne peut pas être un État national musulman. Nous rejetons absolument la conception d'un État algérien qui ne correspond pas plus à une réalité historique qu'à une réalité ethnique. [...]

Dans le domaine militaire, des réformes radicales sont en cours. [...] Nous avons actuellement en Algérie le cinquième de l'armée française. Il est possible, j'en suis convaincu, de faire à la fois plus et mieux. Le gouvernement entend donner à l'armée sa pleine efficacité [...].

Le gouvernement assurera sans défaillance la sécurité des personnes et des biens, celle des habitants d'origine européenne comme celle des Musulmans [...]. Sur le plan économique et social et sur le plan des réformes administratives, vous connaissez nos intentions : effort massif d'investissements, réforme agraire, relèvement des salaires des travailleurs agricoles.

Discours de Guy Mollet à l'Assemblée nationale, 9 mars 1956.

3 **Assaut de l'immeuble du Gouvernement général, siège de l'administration centrale à Alger, le 13 mai 1958.**

4 Lettre de Guy Mollet à de Gaulle, 25 mai 1958

Même aux heures les plus calmes de cette République que vous nous aviez rendue, j'ai crié ma conviction que vous ne vouliez pas de la dictature puisque vous l'aviez refusée quand elle vous était offerte [...]. Est-ce à dire encore que je fasse miennes les calomnies qui font de vous un neutraliste, un adversaire du Pacte atlantique, un allié virtuel de Moscou ? Non. Vous voulez, je le sens, la France grande, indépendante, mais non isolée, livrée à l'adversaire. [...]

Nous, les démocrates socialistes, nous sommes obligés de vous crier : pensez à l'avenir des libertés que vous nous avez tant aidés à reconquérir.

5 Discours d'investiture du général de Gaulle à l'Assemblée, le 1er juin 1958

La dégradation de l'État qui va se précipitant. L'unité française immédiatement menacée. L'Algérie plongée dans la tempête des épreuves et des émotions. La Corse subissant une fiévreuse contagion. Dans la métropole, des mouvements en sens opposé renforçant d'heure en heure leur passion et leur action. L'armée longuement éprouvée par des tâches sanglantes et méritoires, mais scandalisée par la carence des pouvoirs... Notre position internationale battue en brèche jusqu'au sein même de nos alliances. Telle est la situation du pays. En ce temps même où tant de chances, à tant d'égards, s'offrent à la France, elle se trouve menacée de dislocation et, peut-être, de guerre civile.

C'est dans ces conditions que je me suis proposé pour tenter de conduire une fois de plus au salut le pays, l'État, la République, et que, désigné par le chef de l'État, je me trouve amené à demander à l'Assemblée nationale de m'investir pour un lourd devoir. De ce devoir, il faut les moyens.

Le gouvernement, si vous voulez l'investir, vous proposera de les lui attribuer aussitôt. Il vous demandera les pleins pouvoirs [...].

Le gouvernement que je vais former, moyennant votre confiance, vous saisira sans délai d'un projet de réforme [...] de la Constitution, de telle sorte que l'Assemblée nationale donne mandat au gouvernement d'élaborer, puis de proposer au pays par la voie du référendum, les changements indispensables.

Charles de Gaulle, *Discours et messages*, t. III, Plon, 1970.

6 Discours de P. Mendès France

La IVe République périt de ses propres fautes. Ce régime disparaît parce qu'il n'a pas su résoudre les problèmes auxquels il était confronté. [...]

Le « système » que le général de Gaulle a si souvent critiqué et qui méritait, en effet, bien des critiques, a échoué. Mais ce n'est pas la démocratie qui a échoué, car c'est pour n'avoir pas respecté ses principes que nous en sommes là aujourd'hui. [...] Quoi qu'il en coûte aux sentiments que j'éprouve pour la personne et pour le passé du général de Gaulle, je ne voterai pas en faveur de son investiture [...]. Je ne puis admettre de donner un vote contraint par l'insurrection et la menace d'un coup de force militaire. [...] Car la décision que l'Assemblée va prendre [...] n'est pas une décision libre [...]. J'évoque le chantage à la guerre civile, l'annonce du coup de force organisé contre les représentants du peuple au cas où leur décision ne serait pas celle qu'on prétend leur dicter.

Discours de Pierre Mendès France à l'Assemblée nationale, 1er juin 1958.

1. **Quelle est la situation en Algérie, en France et à l'Assemblée à la date du texte ?**
2. **Quelle est l'opinion de l'auteur à propos de Charles de Gaulle ?**
3. **Quelles sont ses craintes ? L'avenir lui a-t-il donné raison ?**

7 **Manifestation pour la défense de la IVe République, 28 mai 1958.**

La IVe République, la « mal-aimée » ?

La IVe République a vite été accusée d'impuissance et une partie de l'opinion publique s'est détachée d'elle. Elle est bientôt devenue la « mal-aimée » et sa chute brutale a encore accru son discrédit. Si, de la République « mal-aimée », on a surtout retenu l'impuissance, l'expansion économique a souvent été portée à l'actif de la Ve République.
En réalité, dès 1949, la production industrielle retrouve son niveau de 1938 : dans le contexte difficile de l'après-guerre, la nouvelle République a mené à bien à la fois le relèvement du pays et sa modernisation. Dans les années 1950, son incapacité apparente à enrayer l'affaiblissement du pays ne doit pas dissimuler l'ampleur des difficultés : la France est ébranlée par le double choc de la guerre froide et des guerres coloniales. La guerre d'Algérie devient bientôt le problème majeur.

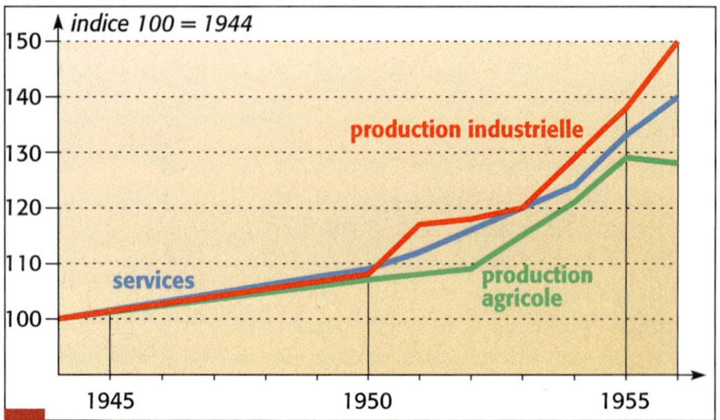

1 **La production intérieure brute.**

2 La IVe République vue par un gaulliste

Le Parlement n'est pas l'exacte représentation du pays. Le Parlement est le résultat d'un système complexe de partis, de tendances mi-idéalistes, mi-professionnelles, d'ambitions personnelles, enfin. Cet ensemble tente de s'appuyer sur le corps social au moyen d'un échafaudage, également complexe, formé de circonscriptions électorales, de différents types de scrutin, d'alliances, de coalitions [...], d'organisation administrative et de nominations de fonctionnaires. Sans doute, à force d'accentuer les divisions, d'en créer de nouvelles, de supporter des positions personnelles, les structures en place ont-elles tendance à s'intégrer dans la réalité. Mais on peut assurer qu'un système différent conduirait à une représentation profondément modifiée [...].
Enfin regardons les chiffres : la majorité des électeurs vote contre le régime ; un quart d'entre eux donne ses voix au parti communiste, un autre quart, au moins, apporte ses suffrages à des partis ou à des hommes qui veulent ouvertement de profonds changements.

Michel Debré, *Ces princes qui nous gouvernent... Lettre aux dirigeants de la nation*, Plon, 1958.

3 Loi-cadre Defferre

Gaston Defferre, ministre de la France d'outre-mer du gouvernement Guy Mollet, propose, pour les colonies françaises d'Afrique noire, une loi-cadre instaurant le suffrage universel et un pouvoir fédéral appartenant à un Haut commissaire français et à une Assemblée souveraine dans les domaines budgétaire, économique et social, et élue par les assemblées locales.

En Afrique française comme dans tous les territoires où des hommes vivent sous notre drapeau, il n'y aurait aucun progrès qui soit un progrès si les hommes, sur leur terre natale, n'en profitaient pas moralement et matériellement, s'ils ne pouvaient pas s'élever peu à peu jusqu'au niveau où ils seront capables de participer chez eux à la gestion de leurs propres affaires ». Ces déclarations ont été faites il y a plus de douze ans, le 20 janvier 1944, par le général de Gaulle dans un discours d'ouverture de la conférence de Brazzaville [...]. Depuis les populations d'outre-mer ont obtenu le droit d'élire des députés, des conseillers de la République, des délégués à l'Assemblée de l'Union française. Puis les assemblées territoriales ont été constituées, des communes de plein exercice seront en place avant la fin de l'année.
Ces réformes, contrairement à ce qu'avaient annoncé certains, n'ont pas provoqué de trouble, n'ont pas rompu les liens qui unissaient ces territoires à la métropole. Elles ont permis aux populations d'outre-mer de s'exprimer librement, elles ont commencé à leur apprendre le fonctionnement des institutions démocratiques.
Je suis convaincu que c'est en grande partie parce que nous avons su accorder à ces populations les libertés qu'elles nous demandaient qu'elles sont restées calmes et fidèles à la France alors qu'en Indochine et en Afrique du Nord le sang a coulé et coule encore.
D'autres réformes ont été promises, sont attendues, sont nécessaires au point d'évolution où en sont arrivées les populations des territoires d'outre-mer. Ne donnons pas l'impression de n'agir qu'à demi, qu'à regret, de reprendre d'une main ce que nous accordons de l'autre. [...] Sachons faire confiance à ceux dont la fidélité ne nous a jamais fait défaut et qui attendent, certes avec impatience, mais dans la paix, que le gouvernement et le Parlement français, dont leurs représentants font partie, leur accordent ce qu'ils espèrent maintenant de nous.
Ne lassons pas encore une fois la confiance de ceux qui croient encore en nous.

Loi présentée le 21 mars 1956 et votée deux jours plus tard.

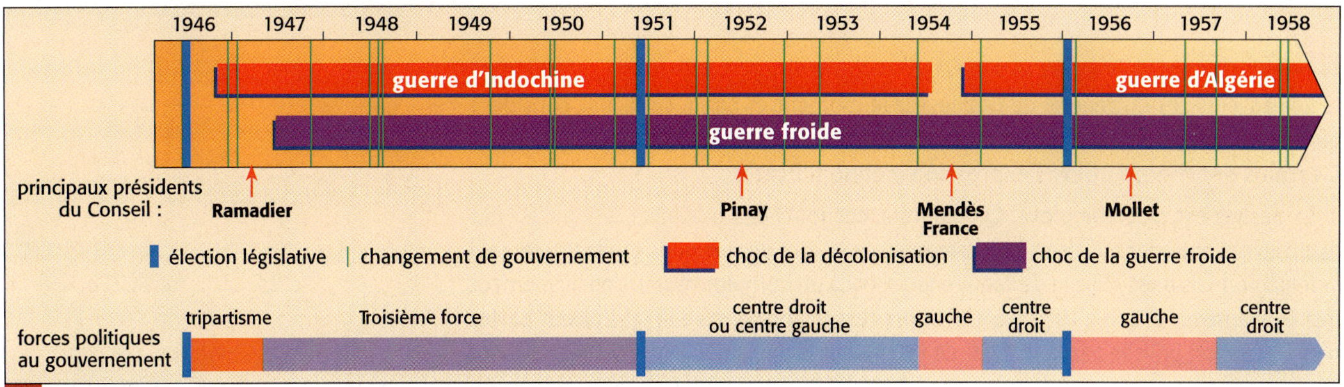

4 Les gouvernements de la IVe République.

5 Un gouvernement de la IVe République : le gouvernement Guy Mollet (1er février 1956).

De gauche à droite : F. Mitterrand, ministre de la Justice, Guy Mollet, président du Conseil, René Coty, président de la République, Pierre Mendès France, ministre d'État.

6 Caricature de Sennep, 30 décembre 1952.

Les friandises sont des portefeuilles ministériels.

QUESTIONS

A. Présenter les documents (nature, date, auteur)

B. Dégager des informations des documents

1. Montrer que la IVe République a assuré le redressement économique de la France. (doc. 1)
2. Quels aspects de la IVe République sont ici critiqués ? (doc. 2)
3. Defferre propose-t-il l'indépendance ? Relever dans le texte les allusions à la situation en Algérie. Montrer que la IVe République a résolu certains problèmes coloniaux. (doc. 3)
4. Montrer que la IVe République est caractérisée par son instabilité ministérielle. (doc. 4)
5. Identifier le personnage assis. De quoi est-il composé ? Quelle particularité de la IVe République est ici dénoncée ? (doc. 6)

C. Mettre en relation les documents

6. Quelle est la particularité du gouvernement Mollet dans la courte histoire politique de la IVe République ? (doc. 4 et 5)

D. Synthèse

7. La IVe République mérite-t-elle pleinement les accusations portées contre elle ?

4 Naissance de la Vᵉ République

A. Un régime né d'un « coup d'État » ?

■ Les adversaires du général de Gaulle, sur le moment et par la suite, ont considéré que le 13 mai et ce qui s'ensuivit étaient le résultat d'un complot des gaullistes. **Certains ont même utilisé l'expression « coup d'État ».**

■ La réalité est plus complexe. Que, durant ces journées troublées, il y ait eu des manœuvres politiques à Alger, et notamment de la part de quelques gaullistes, semble indéniable. Mais il est difficile de réduire le 13 mai à un complot réussi. L'enchaînement des événements découle largement d'un processus imprévisible. Il faut plutôt parler d'une situation utilisée par le général de Gaulle que d'une situation suscitée par lui et par les gaullistes. Par ailleurs, la succession des événements ne constitue pas un « coup d'État » : **la procédure de retour au pouvoir du général de Gaulle est conforme à la Constitution.**

■ Ce retour, en revanche, est, il est vrai, facilité par la crainte, dans l'opinion et dans la classe politique, d'un **putsch** à Alger et par la peur d'une guerre civile. Cette crainte et cette menace sont adroitement exploitées par le général de Gaulle.

B. De nouvelles institutions bien accueillies

doc. 1 à 5

■ La rédaction de la future Constitution est rapidement menée à bien durant l'été 1958. Largement inspirée des idées du général de Gaulle, elle est préparée par des hauts fonctionnaires réunis autour de Michel Debré, ministre de la Justice et dirigeant gaulliste. **Le projet est présenté au pays par le général de Gaulle le 4 septembre.** Ni le lieu (la place de la République à Paris) ni la date (en souvenir du 4 septembre 1870, jour de la proclamation de la IIIᵉ République) ne sont laissés au hasard. Les électeurs sont appelés à se prononcer par référendum, le 28 septembre. Seuls **le parti communiste, une minorité de socialistes et de radicaux** ainsi que quelques personnalités de gauche, dont **Pierre Mendès France et François Mitterrand**, appellent à voter « non ». Les autres forces politiques sont favorables au « oui ».

■ Le 28 septembre, la participation est massive (seulement 16 % d'abstentions) et **la victoire du « oui » très nette** (79 % de « oui »). On est loin des conditions de naissance de la République précédente, où près du tiers des électeurs s'était abstenu. Le référendum du 28 septembre est donc l'**acte de naissance de la Vᵉ République**. Pour le général de Gaulle, la victoire est double :
– d'une part, les nouvelles institutions correspondent à sa vision constitutionnelle ;
– d'autre part, le peuple français le soutient largement dans leur mise en œuvre.

C. De Gaulle président de la République

doc. 6

■ Cette victoire gaulliste est confirmée par les élections législatives de novembre 1958, qui désignent la nouvelle Assemblée nationale, au scrutin uninominal à deux tours. Dans l'esprit de ses partisans, un tel mode de scrutin devait permettre de dégager plus aisément des majorités cohérentes, qui avaient manqué à la IVᵉ République. Les gaullistes, regroupés au sein de l'Union pour la nouvelle République (UNR), et leurs alliés obtiennent **la majorité absolue à l'Assemblée.**

■ Le 21 décembre 1958, le général **de Gaulle est élu président de la République** au suffrage indirect par 80 000 grands électeurs, comprenant députés, sénateurs, conseillers généraux, ainsi que des représentants des conseils municipaux. Il entre officiellement en fonction le 9 janvier 1959 et désigne, le lendemain, Michel Debré comme Premier ministre. La parenthèse ouverte huit mois plus tôt avec le 13 mai 1958 se referme. **La France s'est dotée d'un nouveau régime**, mais le problème algérien reste entier.

VOCABULAIRE

putsch : prise de pouvoir ou tentative de prise de pouvoir par la force.

1 Affiche en faveur du « oui » pour le référendum du 28 septembre 1958.

1. Que suggèrent les chaînes brisées ?
2. Quels détails de l'affiche évoquent la France libre ?

2 Caricature du *Daily Mail*, 27 avril 1959.

1. Quels éléments de la caricature évoquent le général de Gaulle ? Lesquels évoquent Churchill ?
2. Que veut suggérer l'auteur anglais de cette caricature ?

3 « Vous allez entendre le général de Gaulle... »

Le souvenir de la République n'était pas pour nous celui de la douceur de vivre, moins encore celui des combinaisons ministérielles. [...] C'était comme toujours la France, le souvenir de la Convention, la nostalgie de la ruée de tout un peuple vers son destin historique. [...]
Le pays sait que la Vᵉ République apporte avec elle une chance et un espoir, alors que la IVᵉ République ne portait plus en elle qu'échecs et abandons. Et vous ne vous laisserez arracher votre espoir ni par ceux qui ont intérêt à la faiblesse de la République ni par ceux qui ont intérêt à la faiblesse de la France. [...]
Nul ne peut refaire la France sans les Français et la République crie à tous les Français ce que leur disait naguère la voix assourdie de la République exilée : « Je veux redevenir la France. » Parmi vous, nombreux sont encore ceux qui entendaient, nuit après nuit : « Ici, Londres. Les Français parlent aux Français. Honneur et patrie. Vous allez entendre le général de Gaulle... » Ici Paris, le Paris de tous ses quartiers, depuis la porte d'Italie jusqu'au rond-point de la Défense : Écoute pour la France, République de bronze, la réponse de la vieille nef glorieuse : « Ici Paris, Honneur et patrie. Une fois de plus au rendez-vous de la République et au rendez-vous de l'histoire, vous allez entendre le général de Gaulle. »

Discours d'André Malraux, place de la République, le 4 septembre 1958.

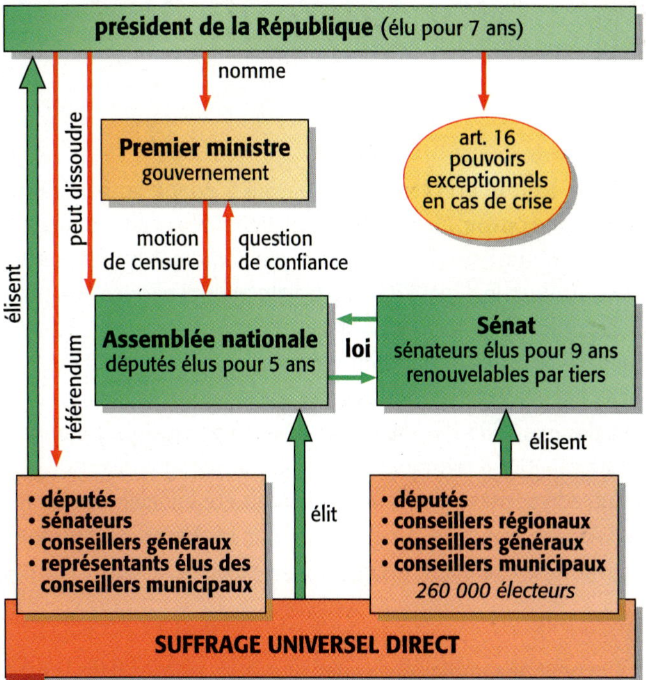

4 La Constitution de la Vᵉ République en 1958.

5 Extraits de la Constitution de 1958

Préambule
Le peuple français proclame son attachement aux Droits de l'homme et aux principes de la souveraineté nationale tels qu'ils ont été définis par la Déclaration de 1789, confirmée et complétée par le préambule de la Constitution de 1946.
Titre premier - De la souveraineté
Art. 2. La France est une République indivisible, laïque, démocratique et sociale. Elle assure l'égalité devant la loi de tous les citoyens sans distinction d'origine, de race ou de religion. Elle respecte toutes les croyances. L'emblème national est le drapeau tricolore, bleu, blanc, rouge. L'hymne national est *La Marseillaise*. [...]
Art. 3. La souveraineté nationale appartient au peuple qui l'exerce par ses représentants et par la voie du référendum. Aucune section du peuple ni aucun individu ne peut s'en attribuer l'exercice.
Le suffrage peut être direct ou indirect dans les conditions prévues par la Constitution. Il est toujours universel, égal et secret. Sont électeurs, dans les conditions déterminées par la loi, tous les nationaux français majeurs, des deux sexes, jouissant de leurs droits civils et politiques.
Titre II - Le président de la République
Art. 5. Le président de la République veille au respect de la Constitution. Il assure, par son arbitrage, le fonctionnement régulier des pouvoirs publics ainsi que la continuité de l'État. [...]
Art. 6. Le président de la République est élu pour sept ans par un collège électoral comprenant les membres du Parlement, des conseils généraux et des assemblées des territoires d'outre-mer, ainsi que les représentants élus des conseils municipaux. [...]
Art. 20. Le gouvernement détermine et conduit la politique de la Nation. Il dispose de l'administration et de la force armée. [...]
Titre IV - Le Parlement
Art. 24. Le Parlement comprend l'Assemblée nationale et le Sénat. Les députés à l'Assemblée nationale sont élus au suffrage direct. Le Sénat est élu au suffrage indirect. Il assure la représentation des collectivités territoriales de la République.

6 Le premier gouvernement de la Vᵉ République.

5 Que faire en Algérie ?

A. « Je vous ai compris ! » doc. 1 et 2

■ C'est bien le problème algérien qui a donné au général de Gaulle l'occasion de revenir au pouvoir. Mais si les uns souhaitent le maintien de l'Algérie française, d'autres pensent que de Gaulle cherchera une solution plus favorable aux nationalistes algériens. À Alger, le 4 juin 1958, de Gaulle avait prononcé une phrase ambiguë : **« Je vous ai compris ! ».** Quarante ans plus tard, les historiens débattent encore pour savoir quelles étaient en 1958 les intentions précises du général de Gaulle.

– Le chef de l'État, qui donna en définitive l'indépendance à l'Algérie, en avait-il l'intention dès mai 1958 ? Et, dans ce cas, y a-t-il eu de sa part mensonge délibéré aux **pieds-noirs**, ou était-il favorable à une évolution progressive ?

– Autre hypothèse, de Gaulle, qui aurait été initialement partisan sincère du maintien de l'Algérie française, **a-t-il évolué par réalisme** devant une situation dont il aurait vite mesuré l'aspect irréversible ? Sur ce point, le débat reste entier.

B. Vers la « République algérienne » doc. 3 à 6

■ On peut néanmoins distinguer **plusieurs phases** dans la manière dont le général de Gaulle a géré la question algérienne. La première de ces phases ne diffère guère de la politique menée par la IVe République : à l'automne 1958, des réformes sont annoncées (plan de Constantine) par le chef de l'État, en même temps qu'il appelle de ses vœux une « paix des braves ». Parallèlement, les opérations militaires se poursuivent. La première inflexion intervient en septembre 1959 : le général de Gaulle évoque le principe de l'**autodétermination**. De là date **le premier divorce avec les partisans de l'Algérie française**, qui ont le sentiment d'avoir été abusés. En janvier 1960, l'épisode de la « semaine des barricades » à Alger illustre bien l'ampleur du divorce.

■ C'est en cette même année 1960 qu'a lieu le second tournant décisif : le chef de l'État semble s'engager dans la **recherche d'une solution négociée conduisant à l'indépendance**. En septembre, il évoque pour la première fois l'éventualité d'une « République algérienne » et, en janvier 1961, un référendum portant sur le principe de l'autodétermination pour l'Algérie obtient 75,2 % de « oui ». Ce succès radicalise l'opposition des partisans de l'Algérie française et d'une partie de l'armée. Une organisation clandestine, l'Organisation armée secrète (OAS), favorable à l'Algérie française, est créée. **Le 22 avril 1961**, les généraux Challe, Jouhaud, Salan et Zeller s'emparent du pouvoir à Alger avec l'appui de quelques régiments de parachutistes. Malgré la gravité de la situation, le régime tient bon et le putsch est un échec.

C. Le dénouement doc. 7

■ **Si ces dures années ébranlent le régime, elles contribuent en même temps à son enracinement** : chaque crise surmontée semble faire la preuve de son efficacité. Autant que son accueil très favorable par l'électorat lors du référendum de septembre 1958, il y a bien là un autre facteur qui enracine profondément la Ve République. Pour l'heure, de Gaulle poursuit des négociations avec le FLN, qui aboutissent à la signature des **accords d'Évian**, le 18 mars 1962. Ces accords sont massivement approuvés par 90 % des électeurs au référendum du 8 avril 1962. Les « pieds-noirs » ont le sentiment d'être abandonnés tandis que l'OAS multiplie les attentats en Algérie et en métropole.

■ Dans un tel climat, une véritable psychose s'empare des Européens d'Algérie, qui craignent désormais pour leur sécurité et leur vie, tant le fossé entre les deux communautés européenne et musulmane s'est élargi. À la fin du printemps 1962, dans **des conditions précaires et souvent dramatiques** (massacre de 200 à 300 Européens à Oran), près d'un million de pieds-noirs quittent l'Algérie et deviennent des « rapatriés ». Fuient également les **harkis** dont la vie est menacée – nombre d'entre eux seront massacrés – en Algérie après l'indépendance (3 juillet 1962).

VOCABULAIRE

pieds-noirs : nom donné aux Européens installés en Afrique du Nord.

autodétermination : le fait, pour une communauté, de choisir librement son statut politique.

harkis : soldats musulmans d'Algérie qui ont combattu dans l'armée française ou dans des unités auxiliaires.

1 « Je vous ai compris ! »

Je vous ai compris ! [...] Je vois que la route que vous avez ouverte en Algérie, c'est celle de la rénovation et de la fraternité.
Je dis la rénovation à tous égards. Mais très justement vous avez voulu que celle-ci commence par le commencement, c'est-à-dire par nos institutions, et c'est pourquoi me voilà. Et je dis la fraternité parce que vous offrez ce spectacle magnifique d'hommes qui, d'un bout à l'autre, quelles que soient leurs communautés, communient dans la même ardeur et se tiennent par la main. Eh bien ! De tout cela, je prends acte au nom de la France et je déclare qu'à partir d'aujourd'hui, la France considère que, dans toute l'Algérie, il n'y a qu'une seule catégorie d'habitants : il n'y a que des Français à part entière.
Jamais plus qu'ici et jamais plus que ce soir, je n'ai compris combien c'est beau, combien c'est grand, combien c'est généreux, la France !
Vive la République ! Vive la France !

Discours prononcé à Alger, le 4 juin 1958.

2 « OAS » tracé dans la neige.

3 **De Gaulle à Constantine, juin 1958.**

4 **Semaine des barricades à Alger, janvier 1960.**
Des partisans du maintien de l'Algérie dans la France tentent de faire pression sur le gouvernement français.

5 **Discours sur l'autodétermination**

Le destin politique qu'Algériennes et Algériens auront à choisir dans la paix, quel peut-il être ? Chacun sait que, théoriquement, il est possible d'en imaginer trois. [...] Les trois solutions concevables feront l'objet de la consultation.
Ou bien : la sécession, où certains croient trouver l'indépendance. La France quitterait alors les Algériens qui exprimeraient la volonté de se séparer d'elle.
Ou bien : la francisation complète, telle qu'elle est impliquée dans l'égalité des droits : les Algériens pouvant accéder à toutes les fonctions politiques, administratives et judiciaires de l'État [...], devenant partie intégrante du peuple français, qui s'étendrait dès lors effectivement de Dunkerque à Tamanrasset.
Ou bien : le gouvernement des Algériens par les Algériens appuyé sur l'aide de la France et en union étroite avec elle pour l'économie, l'enseignement, la défense, les relations extérieures.
Dans ce cas, le régime intérieur de l'Algérie devait être de type fédéral, afin que les communautés diverses : française, arabe, kabyle, mozabite, etc., qui cohabitent dans le pays y trouvent des garanties quant à leur vie propre, et un cadre pour leur coopération.

Discours du général de Gaulle, le 16 septembre 1959.

1. **Quelle peut être la réaction des pieds-noirs à une telle proposition ?**
2. **Quelle a été finalement la solution choisie ?**
3. **Est-ce la solution que paraît alors souhaiter le général de Gaulle ?**

6 **Discours du général de Gaulle, 23 avril 1961**

Un pouvoir insurrectionnel s'est établi en Algérie par un *pronunciamento*[1] militaire. [...] Ce pouvoir a une apparence : un quarteron de généraux en retraite. Il a une réalité : un groupe d'officiers, partisans, ambitieux et fanatiques. [...]
Voici l'État bafoué, la Nation défiée, notre puissance ébranlée, notre prestige international abaissé, notre place et notre rôle en Afrique compromis. Et par qui ? Hélas ! hélas ! hélas ! par des hommes dont c'était le devoir, l'honneur, la raison d'être de servir et d'obéir.
Au nom de la France, j'ordonne que tous les moyens, je dis tous les moyens, soient employés pour barrer partout la route à ces hommes-là, en attendant de les réduire. J'interdis à tout Français, et d'abord à tout soldat, d'exécuter aucun de leurs ordres.

1. *pronunciamento* : coup d'État.

1. **Présenter le document.**
2. **À qui de Gaulle répond-il ici ?**
3. **Expliquer « quarteron de généraux en retraite ».**
4. **De Gaulle a-t-il été entendu ?**

7 **Répression de la manifestation du FLN du 17 octobre 1961.** Ce jour-là, à Paris, une manifestation du FLN, interdite par le gouvernement français, est brutalement réprimée par la police. Il y a plusieurs dizaines de morts parmi les manifestants.

La guerre d'Algérie (1954-1962)

Les retombées de la guerre d'Algérie sur l'opinion française sont plus importantes et durables que celles de la guerre d'Indochine. La proximité géographique, la présence d'une nombreuse communauté d'origine européenne, l'envoi du **contingent**, autant de différences entre les deux guerres de décolonisation. Si la durée de ces deux conflits est la même (près de huit années), les répercussions sont différentes. La IVe République, qui avait surmonté la défaite de Diên Biên Phu, ne parvient pas à trouver la solution à une situation algérienne de plus en plus complexe. Elle intensifie l'engagement militaire du pays, ce qui entraîne un trouble croissant de la conscience nationale. Quant à la Ve République, elle est à son tour confrontée, pendant près de quatre ans, à une situation d'une exceptionnelle gravité.

VOCABULAIRE

contingent : ensemble des jeunes gens appelés sous les drapeaux pour accomplir leur service militaire.

4 PAGES DE SPORTS
Écho Sport...
UNE PAGE ILLUSTRÉE

L'ÉCHO D'ALGER

15 FRANCS

Tout ce qui brille... SEUL LE VERNICIRE

M. MITTERRAND dans une déclaration radiodiffusée :

L'ALGÉRIE C'EST LA FRANCE ET LA FRANCE NE RECONNAITRA PAS CHEZ ELLE D'AUTRE AUTORITÉ QUE LA SIENNE

LES TROUPES ÉTANT SOLIDEMENT INSTALLÉES

La véritable opération de nettoyage de l'Aurès va commencer dans quelques jours

1 La une de *L'Écho d'Alger*, le 7 novembre 1954.

François Mitterrand est alors ministre de l'Intérieur du gouvernement Mendès France.

2 Témoignages sur la torture en Algérie vue par le Secrétaire de la police à Alger et par un officier français

Au cours de visites récentes effectuées aux centres de détention, j'ai reconnu sur certains assignés les traces profondes de sévices ou de tortures qu'il y a quatorze ans je subissais personnellement dans les caves de la Gestapo [...]. Par ces méthodes improvisées et incontrôlées, l'arbitraire trouve toutes les justifications. La France risque, au surplus, de perdre son âme dans l'équivoque. Je n'ai jamais eu le cynisme et je n'ai plus la force d'admettre ces « bavures », résultat d'un système dans lequel l'anonymat est seul responsable.

Lettre de démission de Paul Teitgen, ancien résistant, Secrétaire de la police à Alger. Dans Y. Courrière, *La Guerre d'Algérie*, t. II, Fayard, 1969. Il démissionne de son poste en septembre 1957

Interroger quelqu'un avec un projecteur dans les yeux, lui faire croire que sa femme a été arrêtée, le gifler, est-ce torturer ? Où commence la torture ? Moi qui suis passé entre les mains de la Gestapo et de la police française, je sais ce qu'est la torture. Je peux vous dire que je suis absolument contre. Tout homme et toute femme méritent d'être respectés. C'est ma conviction de chrétien. Mais lorsque vous avez en face de vous un poseur de bombes qui vont exploser dans quelques minutes, vous ne vous posez pas de questions théoriques ; vous cherchez à savoir où elles se cachent pour éviter le pire. Cette question est intimement liée à celle de la guerre, de la violence. La guerre n'est jamais belle, vous savez. Mais n'y a-t-il pas parfois des maux nécessaires pour éviter le pire ?

Interview de Hélie de Saint-Marc, ancien résistant, déporté à Buchenwald, *La Vie*, 25 novembre 1999. Il participe au putsch de 1961.

3 L'engagement d'un intellectuel

Je me sais et me sens profondément solidaire de ceux qu'on appelle assez étrangement les « Français d'Algérie », – de la population algérienne d'origine et de mœurs européennes, sans distinguer ceux dont les pères sont venus de France même, d'Espagne, de Malte ou d'ailleurs. [...] Je suis fier de leurs hauts faits : la terre défrichée, la variole ou la peste maîtrisés ou en recul. Mais je suis pareillement solidaire de leurs échecs. [...]
Cela dit, comment ne me sentirais-je pas également solidaire de ceux que l'ordonnance du 7 mars 1944 a appelés les « Français musulmans » ? Les ayant conquis autrefois, nous les avons pris en charge ; aussi bien n'avons-nous jamais hésité à les intégrer à notre nation, aussi longtemps qu'il s'agissait de mourir : hier encore, traversant la Beauce, je me suis arrêté dans un cimetière militaire à dénombrer les tombes marquées du croissant de l'Islam – soldats tombés pour la France, sacrifiés pour retarder la retraite de l'été 40. [...]
Historien, je me refuse à toute classification manichéenne, comme s'il y avait jamais eu un parti ou un peuple de Purs, affrontant les Puissances des Ténèbres. Théologien, j'ai appris de mon maître saint Augustin, ce Berbère, que toutes les nations qui se manifestent dans l'histoire sont nécessairement un mélange de Cité du Bien et de Cité du Mal. [...]
Passant à la torture, je ne puis éviter de parler de « Gestapo » : partout en Algérie, la chose n'est niée de personne, ont été installés de véritables laboratoires de torture, avec baignoire électrique et tout ce qu'il faut, et cela est une honte pour le pays de la Révolution française et de l'affaire Dreyfus.

Henri-Irénée Marrou, ancien résistant, historien catholique, « France, ma patrie », *Le Monde*, le 5 avril 1956.

4 Affiche du FLN, 1956. Sur cette affiche figurent, côte à côte, Nasser et l'un des dirigeants du FLN, Ben Bella.

5 Le point de vue des pieds-noirs

Voyez quelle est la position des gens de Bab el-Oued ou de ceux qu'on appelle les pieds-noirs. Leur terre, celle où ils sont nés, où ils ont leurs morts, où ils ont leurs maisons, où ils ont leur pain, c'est l'Algérie, c'est la terre algérienne. Ce qu'ils ont appris à considérer comme leur patrie et de tout temps, c'est la France.

Pour un musulman, la terre et la patrie se confondent dans ce mot : Algérie.

Pour un métropolitain, la terre et la patrie se confondent dans ce pays qui est la France.

Pour le pied-noir, il y a écartèlement.

Témoignage de l'abbé Scotto cité dans Yves Courrière, *La Guerre d'Algérie en images*, Fayard, 1972.

6 Des harkis interrogent un prisonnier FLN en mars 1961. Entre 150 000 et 200 000 musulmans ont servi dans l'armée française durant la guerre d'Algérie.

7 Rapatriés d'Algérie arrivant à Marseille par bateau, 21 juillet 1962.

QUESTIONS

A. Présenter les documents (nature, date, auteur)

B. Dégager des informations des documents

1. Que s'est-il passé en Algérie dans les jours qui précèdent la date du document ? (doc. 1)
2. Que signifie l'évocation de la Gestapo par ces auteurs ? Quels jugements portent-ils sur l'usage de la torture ? (doc. 2)
3. Sur quelles valeurs l'auteur s'appuie-t-il pour justifier son engagement ? (doc. 3)
4. Décrire l'affiche et présenter les personnages. Que représente le soldat mort ? (doc. 4)
5. Quels arguments sont utilisés pour justifier le refus de l'indépendance ? (doc. 5)

C. Mettre en relation les documents

6. Montrer que, pour les Algériens du FLN, la guerre est une lutte pour l'indépendance nationale. (doc. 3 et 4)

D. Synthèse

7. Quelles sont les conséquences de la guerre d'Algérie pour les Européens d'Algérie et les harkis ?

FICHE DE RÉVISION

DATES À RETENIR

- **juin 1946 :** discours de Bayeux
- **octobre 1946 :** référendum sur la Constitution ; début de la IVe République
- **1954 :** défaite de Diên Biên Phu ; fin de la guerre d'Indochine ; début de la guerre d'Algérie
- **13 mai 1958 :** coup de force à Alger
- **septembre 1958 :** référendum sur la Constitution ; début de la Ve République
- **1962 :** indépendance de l'Algérie

LIRE

- P. Groetschel et B. Touchebœuf, *La Quatrième République*, Livre de poche, référence 2004.
- J. Dalloz, *La Guerre d'Indochine, 1945-1954*, « Points Histoire », Le Seuil, 1987.
- E. Bergot, *La Marche à la mort, le calvaire des survivants de Diên Biên Phu*, Livre de poche, 1986.
- A.-G. Slama, *La Guerre d'Algérie, histoire d'une déchirure*, coll. « Découvertes », Gallimard, n° 301.
- B. Stora, *Appelés en guerre d'Algérie*, coll. « Découvertes », Gallimard, n° 316.
- « La guerre d'Algérie », *Les Collections de L'Histoire*, n° 15, mars 2002.
- « Les derniers jours de l'Algérie française », *L'Histoire*, n° 231.

VOIR

- H. Verneuil, *Le Président* (un président du Conseil sous la IVe République).

Sur la guerre d'Indochine :
- P. Schoendoerffer, *La 317e section*, 1965.
- P. Schoendoerffer, *Diên Biên Phu*, 1992.

Sur la guerre d'Algérie :
- R. Vautier, *Avoir vingt ans dans les Aurès*, 1972.
- Y. Boisset, *RAS*, 1973.
- B. Tavernier et P. Rotman, *La Guerre sans nom*, 1991.

BILAN DU CHAPITRE

I. La IVe République

➤ Une gestation difficile : à la Libération, l'heure est à la reconstruction du pays.
- Réformes importantes (**nationalisations**, création de la Sécurité sociale).
- En revanche, la mise en place de nouvelles institutions est plus difficile.

➤ Un régime qui s'affaiblit progressivement.
- Porteur des espérances de la Libération, le régime sombre au bout de douze ans.
- Effets conjugués de la guerre froide et des guerres coloniales.

➤ Plusieurs dirigeants (Pinay, Mendès France) ont marqué la période, qui connaît un essor économique ; mais instabilité croissante des gouvernements.
- La guerre d'Algérie emporte finalement le régime (13 mai 1958).

II. Naissance de la Ve République

➤ Été 1958, nouvelle Constitution approuvée par référendum en septembre 1958.

➤ Décembre 1958, de Gaulle devient le premier président de la Ve République.

➤ Durant encore près de quatre années, le jeune régime est confronté à la guerre d'Algérie. Elle se termine en 1962 par les accords d'Évian (mars) et l'indépendance (juillet).

NE PAS CONFONDRE

Assemblée constituante et Assemblée législative

- Une **Assemblée constituante** est une assemblée élue pour rédiger une Constitution.
- Une **Assemblée législative** est une Assemblée élue conformément à la Constitution pour voter les lois et le budget et pour une durée déterminée (généralement 4 ou 5 ans).

Tripartisme et Troisième force

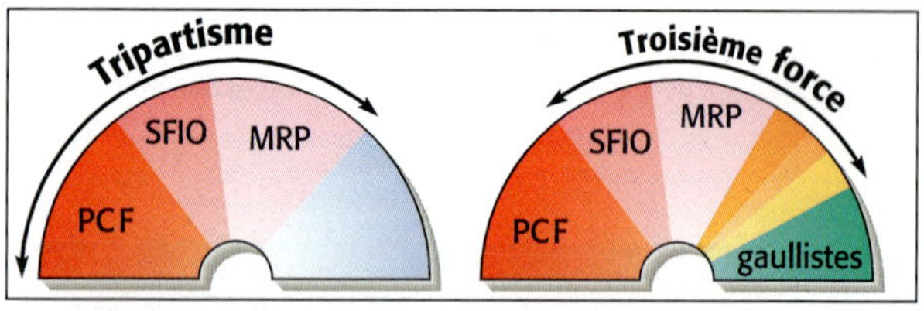

Électeurs inscrits, votants et suffrages exprimés

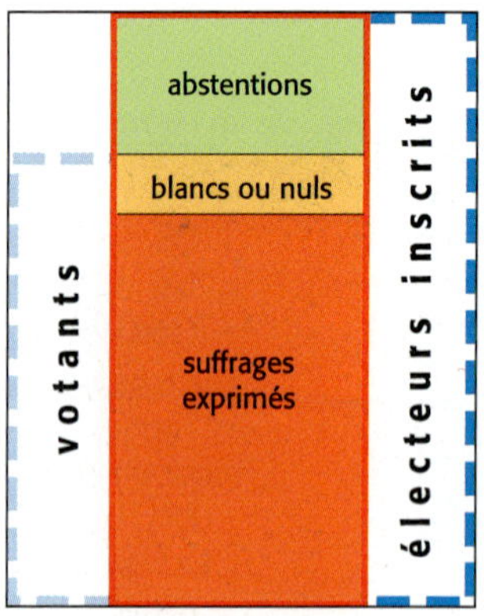

- Les **électeurs inscrits** sont les électeurs enregistrés dans les mairies et dont le nom est inscrit sur les listes électorales.
- Les **votants** sont les électeurs qui se sont déplacés le jour de l'élection et ont mis un bulletin dans l'urne. La différence entre inscrits et votants détermine le nombre des abstentions.
- Les **suffrages exprimés** sont les voix des votants une fois déduits les bulletins blancs ou nuls.

BIOGRAPHIES

Charles de Gaulle (1890-1970), chef du Gouvernement provisoire de juin (1944-1946). Fondateur et premier président de la Ve République (1958-1969). *(Voir biographie complète p. 394)*

Guy Mollet (1905-1975), président du Conseil de février 1956 à mai 1957. *(Voir biographie complète p. 396)*

Antoine Pinay (1891-1994), président du Conseil de mars à décembre 1952. *(Voir biographie complète p. 398)*

Pierre Mendès France (1907-1982), président du Conseil de juin 1954 à février 1955. *(Voir biographie complète p. 396)*

Explication d'un document (12/16)

Sujet : Discours d'investiture de Pierre Mendès France, le 17 juin 1954

Depuis plusieurs années déjà une paix de compromis, une paix négociée avec l'adversaire me semblait commandée par les faits. [...] Et voici qu'apparaît aujourd'hui une nouvelle et redoutable menace : si le conflit d'Indochine n'est pas réglé, c'est le risque de la guerre, de la guerre internationale et peut-être atomique, qu'il faut envisager. [...] Une négociation s'est engagée à Genève. [...] Le gouvernement que je constituerai, si vous en décidez ainsi, la poursuivra, animé par une volonté constante de paix [...].
C'est pourquoi celui qui est devant vous fait appel pour le soutenir à une majorité constituée par des hommes qui n'ont jamais épousé la cause de ceux qui nous combattent [...]. Je me présenterai devant vous avant le 20 juillet [...] ; si aucune solution satisfaisante n'a pu aboutir à cette date [...] mon gouvernement remettra sa démission. [...] [Voici] maintenant les étapes suivantes que mon gouvernement fixera pour ses actions : action sur l'économie d'abord. Le 20 juillet au plus tard, je vous remettrai un programme cohérent de redressement et d'expansion. [...] Les grandes lignes et les principes directeurs, vous les connaissez déjà. Qu'il me suffise de rappeler qu'une politique active de progrès économique et social est inséparable d'une politique de rigueur financière. [...] La France devra ensuite se prononcer sur la politique qu'elle entend suivre à l'égard d'un problème capital : celui de l'Europe. [...] La Communauté de défense nous met en présence d'un des plus graves cas de conscience qui ait jamais troublé le pays. [...] Le Maroc et la Tunisie ne doivent pas devenir, sur les flancs de nos départements algériens, des foyers d'insécurité et d'agitation, cela je ne l'admettrai jamais. Mais j'ajoute que je ne tolèrerai pas non plus d'hésitations dans la réalisation des promesses que nous avons faites à des populations qui ont eu foi en nous. [...]
Le gouvernement sera ce que seront ses membres. [...] Il n'y aura pas de ces négociations interminables que nous avons connues. [...] Le choix des ministres, en vertu de la Constitution, appartient au président du Conseil investi. Je ne suis pas disposé à transiger sur les droits que vous m'auriez donnés par votre vote d'investiture.

Assemblée nationale, séance du 17 juin 1954.

DOCUMENT D'ACCOMPAGNEMENT

Pierre Mendès France à la tribune.

Questions

1. Présenter le document et son auteur.
2. Quel tableau Mendès France dresse-t-il de la situation ?
3. Dans quels domaines entend-il agir ?
4. Montrer que le ton du discours et la méthode de Mendès France apparaissent comme une tentative pour rénover les institutions de la IVe République ?
5. A-t-il atteint ses objectifs ?

Méthode

➤ 1. Aide générale

• Ce document est un « classique » ; il fait appel aux connaissances sur les institutions de la IVe République, sur les affrontements Est-Ouest et sur la décolonisation. Le vocabulaire et le style de l'auteur ont une grande importance.

➤ 2. Comment répondre aux questions

Question 1

• Il faut préciser ce qu'est, dans le fonctionnement de la IVe République, l'investiture du président du Conseil. Mendès France a déjà une expérience gouvernementale (voir biographie). Il a manqué de peu l'investiture en 1953. Il se présente après la chute du gouvernement Laniel.

Question 2

• La situation de la France est critique. Il faut présenter la situation en Indochine (Diên Biên Phu) et sa dimension internationale, la querelle de la CED et le problème de l'Afrique du Nord.

Question 4

• Prêter attention au style et au vocabulaire employés : à quoi voit-on que l'auteur se pose en chef de gouvernement ? En quoi rompt-il avec les habitudes de ses prédécesseurs ? Qui exclut-il de la majorité à venir ?

Question 5

• La réponse nécessite de faire appel à ses connaissances sur la période durant laquelle Mendès France a été chef de gouvernement. Confronter le programme de Mendès France aux actions réellement menées par le gouvernement.

PRÉPA BAC

Composition (7/10)

Sujet : La France et les Français face à la décolonisation (1945-1962)

Chronologie

- **8 mai 1945 :** émeutes de Sétif (Algérie).
- **septembre 1945 :** proclamation de l'indépendance du Viêt-nam par le Viêt-minh.
- **1946 :** l'Union française remplace l'empire colonial.
- **décembre 1946 :** début de la guerre d'Indochine.
- **de 1947 à 1954 :** le Parti Communiste Français dénonce la « sale guerre ».
- **1950 :** offensive viêt-minh à la frontière chinoise ; abandon de la Route coloniale 4.
- **mai 1954 :** défaite de Diên Biên Phu.
- **juin 1954 :** gouvernement Mendès France.
- **juillet 1954 :** accords de Genève : fin de la guerre d'Indochine ; indépendance du Viêt-nam, du Laos et du Cambodge.
- **1er novembre 1954 :** insurrection algérienne ; début de la guerre d'Algérie ; déclaration du ministre de l'Intérieur : « l'Algérie, c'est la France ».
- **1956 :** indépendances du Maroc et de la Tunisie ; loi-cadre Defferre sur l'évolution de la France d'outre-mer. Le gouvernement Guy Mollet envoie le contingent en Algérie ; manifestations en France.
- **13 mai 1958 :** coup de force à Alger.
- **juin 1958 :** de Gaulle, président du Conseil ; fin de la IVe République.
- **1959-1960 :** offensive militaire française en Algérie : plan Challe.
- **septembre 1959 :** discours de Charles de Gaulle sur l'autodétermination de l'Algérie.
- **1960 :** indépendance de l'Afrique noire française.
- **1962 :** Accords d'Évian, indépendance de l'Algérie.

Méthode

1. Aide générale

A. Lire le sujet

• La réflexion sur un tel sujet doit s'articuler autour de quelques grandes idées :

1. En 1945, la France possède le deuxième empire colonial du monde. En 1962, après la fin de la guerre d'Algérie, elle ne possède plus que des « confettis » d'Empire. Il y a donc eu **écroulement** en un quart de siècle.

2. Cet écroulement s'est accompagné, à deux reprises, de **guerres**. C'est donc la **conduite** de ces guerres, mais aussi leur « **impact** », qui constituent l'un des points à analyser.

3. Il est nécessaire de souligner la différence d'« impact » des guerres d'Indochine et d'Algérie. L'une, tout au moins jusqu'à l'année 1954, n'est pas au cœur du débat politique. L'autre, au contraire, envahit peu à peu le devant de la scène, contribue à l'effondrement d'une République et pèse lourdement sur les quatre premières années d'existence du régime suivant.

4. Doivent être également mentionnées – comme le suggère la chronologie – les décolonisations agitées mais sans guerres (Tunisie, Maroc), et doivent être rappelées brièvement, à titre de comparaison, celles qui furent pacifiques (Afrique noire).

5. Songer à utiliser les connaissances tirées du chapitre sur la décolonisation.

B. Analyser le sujet

1. Le mot de liaison : le mot le plus important est « face » :
– d'un côté le phénomène de décolonisation ;
– de l'autre, la France et les Français.

2. L'époque : elle recouvre la durée des deux guerres coloniales

La France et les Français face à la décolonisation (1945-1962)

3. La zone géographique : la France mais aussi le territoire des colonies.

C. Dégager la problématique

• « La France et les Français » suggère à la fois l'État « France », confronté à la décolonisation et aux guerres mais aussi « les Français », c'est-à-dire le problème du poids de la guerre sur l'opinion publique.

• Il faut naturellement se pencher sur les rapports entre ces différents éléments :

– effets des guerres coloniales sur le régime et l'opinion ;
– faiblesses ou forces des régimes et répercussion sur la manière dont sont menées les guerres coloniales et la décolonisation pacifique.

DOCUMENT D'ACCOMPAGNEMENT Parachutistes français en 1961 dans le Djebel El Kantara.

➤ 2. Proposition de plan détaillé

Introduction

1946-1962, deux guerres coloniales, deux guerres perdues. La France, grande puissance coloniale en 1945, a perdu son empire en 1962 : comment les Français ont-ils vécu ces deux épreuves ? Ont-ils réagi de la même manière ? Pourquoi ?

I. 1945-1954 : Les Français apparemment peu touchés par les débuts de la décolonisation

1. Les premiers ébranlements

– Mai 1945 : Sétif (Algérie) ; décembre 1946 : l'Indochine ;
– la mise sur pied de l'Union française.

2. La guerre d'Indochine

– Corps expéditionnaire français (armée de métier) contre « guérilla » ;
– difficultés de vaincre la guérilla ;
– en métropole : large indifférence à la guerre lointaine et même hostilité (communistes).

3. Le choc de Diên Biên Phu

– La défaite de Diên Biên Phu : une armée régulière vaincue ; la garnison est faite prisonnière ;
– nouveau gouvernement Pierre Mendès France et accords de Genève ;
– conséquences : humiliation, indépendance de l'Indochine.

II. 1954-1958 : la IVe République emportée par la guerre d'Algérie

1. Pierre Mendès France : d'une guerre à l'autre

– Il envisage une décolonisation pacifique (Tunisie) ;
– mais : la Toussaint 1954, les débuts de la guerre d'Algérie ;
– l'opinion publique et la classe politique, en 1954, considèrent que « L'Algérie, c'est la France » (déclaration de François Mitterrand, ministre de l'Intérieur).

2. L'Algérie passe peu à peu sur le devant de la scène

– L'envoi du contingent en Algérie par Guy Mollet : modification de perception de la guerre par l'opinion (en Indochine, c'était l'armée de métier, donc des volontaires) ; pertes humaines ;
– la division de l'opinion à propos de l'utilisation de la torture.

3. Le 13 mai 1958 : la chute d'une République

– La journée du 13 mai 1958 ;
– la crise du mois de mai et le retour du général de Gaulle.

III. 1958-1962 : de Gaulle, la France et la décolonisation

1. La recherche d'une solution

– La guerre continue ; recherche d'une solution militaire ;
– recherche d'une solution négociée (la « paix des braves ») et lancement de réformes (le plan de Constantine) ;
– septembre 1959 : l'affirmation du principe de l'autodétermination.

2. Les soubresauts, de septembre 1959 au printemps 1962

– Les crises provoquées par la guerre : semaine des barricades (1960), putsch des généraux (1961) ; refus de l'abandon de l'Algérie française par les pieds-noirs ;
– résultats militaires ;
– Parallèlement, la décolonisation « pacifique » de l'Afrique noire se poursuit.

3. Le dénouement

– Les accords d'Évian ;
– le terrible printemps 1962 : attentats OAS, massacre de harkis ;
– les rapatriés européens et harkis.

Conclusion

Un régime qui sombre : la IVe République ; un régime qui est ébranlé mais surmonte l'épreuve : la Ve République. La France a payé un lourd tribut à la décolonisation.

Les Français touchés inégalement par les deux guerres : en Indochine, l'armée de métier et l'indifférence ; en Algérie, après 1956, le contingent, la question de l'indépendance, le problème de la torture.

CHAPITRE 16

La Ve République avec, puis sans de Gaulle (1962-1981)

séries

ES-L-S

La Ve République, née en 1958 dans l'épreuve de la guerre d'Algérie, trouve ses véritables contours institutionnels en 1962. De Gaulle reste président de la République jusqu'en 1969. Que va devenir le régime sans lui ?

En fait, la Ve République montre sa capacité à survivre à son fondateur. C'est d'abord un gaulliste, Georges Pompidou, qui devient président en 1969 puis, à sa mort en 1974, c'est un représentant de la droite libérale qui lui succède.

Entre-temps, la croissance économique des « Trente Glorieuses », qui avait constitué le socle de la jeune Ve République, parvient à son terme et ce régime doit affronter des difficultés sociales croissantes.

Comment la Ve République s'est-elle enracinée, sous la présidence du général de Gaulle puis après son départ ?

1 De la république gaullienne...

Portrait officiel du général de Gaulle, président de la République

« Qui a jamais cru que le général de Gaulle, étant appelé à la barre, devrait se contenter d'inaugurer les chrysanthèmes ? [...]
Le président de la République, désigné par la majorité nationale, est désormais comme la clef de voûte qui couvre et soude l'édifice de nos institutions. »
Général de Gaulle, conférence de presse, 9 septembre 1965.

« Toute ma vie, je me suis fait une certaine idée de la France. Le sentiment me l'inspire aussi bien que la raison. »
Général de Gaulle, *Mémoires de guerre. L'appel*, t. I, 1959, Plon.

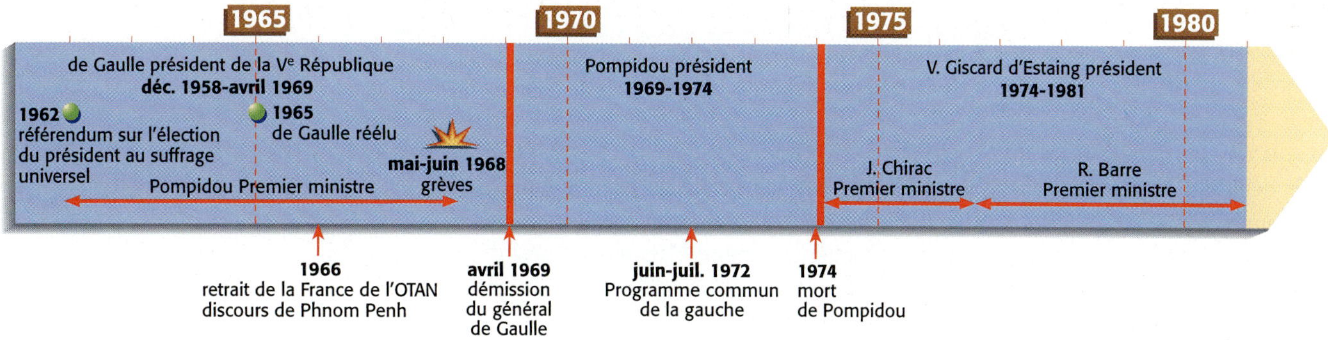

2 … au « changement dans la continuité ».

27 mai 1974 : Giscard d'Estaing, président de la République, remonte les Champs-Élysées à pied.

« Le fait de devoir trouver des synthèses entre le caractère de monarque républicain transmis par le général de Gaulle et le développement d'une société plus compliquée était une tâche passionnante. »

V. Giscard d'Estaing, janvier 2002, dans « *Les Années Giscard* », sous la direction de S. Berstein, R. Rémond et J.-F. Sirinelli, colloque au Sénat, Fayard, 2003.

1 La révision constitutionnelle de 1962

A. Élire le président au suffrage universel ? doc. 3 et 6

■ En dépit des ébranlements sanglants de la fin de la guerre d'Algérie, et notamment du premier semestre de 1962, la Ve République, par contraste avec le régime précédent, sort renforcée de ses tumultueuses premières années. Mais elle ne prend sa **véritable forme institutionnelle qu'en 1962**, au terme d'une grande bataille politique entre de Gaulle et la plupart des partis politiques.

■ Au cours de l'été 1962, le chef de l'État, loin de considérer que son action est terminée, comme le pense alors une partie des dirigeants politiques du pays, entend à la fois mener à terme son septennat et donner à la Ve République ses traits définitifs. La vision gaullienne d'un État fort, sous-tendu par un exécutif solide et stable, et la conception qu'a le général de Gaulle des rapports entre cet exécutif et le peuple, le conduisent à souhaiter **l'élection du président de la République au suffrage universel** et non plus par un collège électoral.

■ Sa décision est, semble-t-il, hâtée par l'attentat du Petit-Clamart du 22 août 1962, monté par des membres de l'OAS et auquel il échappe de justesse. **Dès le 12 septembre**, il annonce au pays son intention de **proposer une révision de la Constitution par un référendum**. Les adversaires du projet considèrent que le recours, sur ce point, au référendum est contraire à la Constitution et que ce sont les parlementaires qui devraient trancher. Bien plus, le principe même de l'élection présidentielle au suffrage universel est contesté et combattu : les opposants souhaitent réserver le choix du président aux seuls élus.

B. Le référendum du 28 octobre 1962 doc. 1, 2 et 4

■ Les partis hostiles à la révision votent, le 5 octobre 1962, la censure du gouvernement Pompidou. Le général de Gaulle riposte par la dissolution de l'Assemblée nationale. Dès lors **le peuple souverain se trouve en position de trancher** en deux temps : d'une part, par le référendum du 28 octobre, d'autre part, par les élections législatives de novembre.

■ Seule l'UNR se prononce pour le « oui ». Tous les autres partis préconisent le « non », en une coalition hétéroclite, baptisée « cartel des non ». Le 28 octobre, **le « oui » l'emporte avec 62 %** ; c'est une incontestable victoire pour le général de Gaulle. Les élections présidentielles se feront donc désormais au suffrage universel.

C. De Gaulle renforcé doc. 5

■ Aux élections législatives de novembre 1962, le parti gaulliste obtient 233 élus. Avec l'appoint des Républicains indépendants – dirigés par le ministre des Finances, Valéry Giscard d'Estaing –, de Gaulle dispose à l'Assemblée **d'une majorité stable**, qui soutient le gouvernement Pompidou, nommé à nouveau Premier ministre après les élections. L'opposition sort affaiblie de cette double bataille politique. Les partis de gauche, notamment, sont confrontés à des choix décisifs : communistes et socialistes, opposés depuis 1947, doivent-ils se rapprocher ?

■ Au début des années 1960, les socialistes hésitent. Lors de la première élection présidentielle au suffrage universel, prévue pour 1965, doivent-ils faire alliance sur leur gauche, avec les communistes, que la fin de la guerre froide rend plus disposés à un accord, ou sur leur droite, avec le centre, comme souvent sous la IVe République ? Après plusieurs années d'hésitation, c'est la première solution qui prévaut : au début de **l'automne 1965, socialistes et communistes soutiennent la candidature de François Mitterrand**. Celui-ci, plusieurs fois ministre sous la IVe République et auteur, en 1964, d'un violent pamphlet contre le régime, *Le Coup d'État permanent*, parvient donc à réunir sur son nom les forces de gauche.

VOCABULAIRE

censure : sous la Ve République, une motion de censure est un texte voté par une majorité de députés qui veulent censurer, c'est-à-dire renverser le gouvernement.

1 Affiche pour le référendum du 28 octobre 1962.

2 La motion de censure votée le 5 octobre 1962

L'Assemblée nationale, [...]
Considérant que la Constitution, dont le général de Gaulle est l'auteur et qu'il a fait approuver, en 1958, par le peuple français, prescrit formellement qu'une proposition de révision devra être :
1. Votée par les deux chambres du Parlement ;
2. Approuvée par un référendum, le peuple français ayant été éclairé par les débats parlementaires ;
Considérant qu'en écartant le vote par les deux chambres le président de la République viole la Constitution ;
Considérant qu'il ouvre ainsi une brèche par laquelle un aventurier pourrait passer un jour, pour renverser la République et supprimer les libertés ;
Considérant que le président de la République n'a pu agir que sur la « proposition » du Gouvernement ;
Censure le Gouvernement conformément à l'article 49, alinéa 2, de la Constitution.

Signataires : membres des groupes Entente démocratique, MRP, socialiste et indépendant.

3 L'attentat du Petit-Clamart, le 22 août 1962.
Dessin paru dans *Radar*, 1962.

Nul doute qu'une bataille sans merci s'engagera dès que j'aurai formulé ce que je projette de faire.
Or, l'occasion d'en découdre et l'avertissement qu'il n'y a pas de temps à perdre me sont apportés soudain, le 22 août, par l'attentat du Petit-Clamart. En effet, [...] la question de savoir ce qu'il adviendra de l'État si de Gaulle disparaît soudain se pose d'une manière pressante à l'opinion émue et alarmée. À moi-même il est démontré que l'échéance pourrait survenir à tout instant. J'estime donc qu'il faut hâter la marche. Le 29 août, le Conseil des ministres est prévenu que « j'envisage de proposer une modification de la Constitution en vue d'assurer la continuité de l'État » et la nouvelle est publiée [...] Un communiqué paraît le 12 septembre, à l'issue du Conseil des ministres, faisant connaître que « le général de Gaulle a confirmé son intention de proposer au pays par voie de référendum que le Président de la République sera élu, dorénavant, au suffrage universel ».

Général de Gaulle, *Mémoires d'Espoir*, t. II *L'Effort* (1962-...), Plon 1971.

5 Un opposant au général de Gaulle : François Mitterrand

Qu'est ce que la Ve République sinon la possession du pouvoir par un seul homme [...] ? Magistrature temporaire ? Monarchie personnelle ? Consulat à vie ? Pachalik[1] ? Et qui est-il, lui, de Gaulle ? duce, führer, caudillo, conducator ? [...] J'appelle le régime gaulliste dictature parce que, tout compte fait, c'est à cela qu'il ressemble le plus, parce que c'est vers un renforcement continu du pouvoir personnel qu'inéluctablement il tend, parce qu'il ne dépend plus de lui de changer de cap.

Qu'est ce que le gaullisme depuis qu'issu de l'insurrection il s'est emparé de la Nation ? Un coup d'État de tous les jours. La Constitution, ce chiffon de papier qui porte la signature de 18 millions de Français, de quelle main impatiente le général de Gaulle n'arrête-t-il pas de la froisser ! D'abord il s'emparera corps et bien du pouvoir exécutif et réduira le gouvernement à la fonction d'un agent subalterne. Ensuite il isolera le Parlement dans un ghetto d'interdits, [...] il le livrera aux risées d'une propagande totalitaire en faisant moquer ses sursauts impuissants. [...] Alors ne restera debout, face au peuple abusé, qu'un monarque entouré de ses corps domestiques : nous en sommes là.

F. Mitterrand, extraits du *Coup d'État permanent*, Plon, 1964.

1. Division administrative de l'Empire ottoman, dirigée par un pacha.

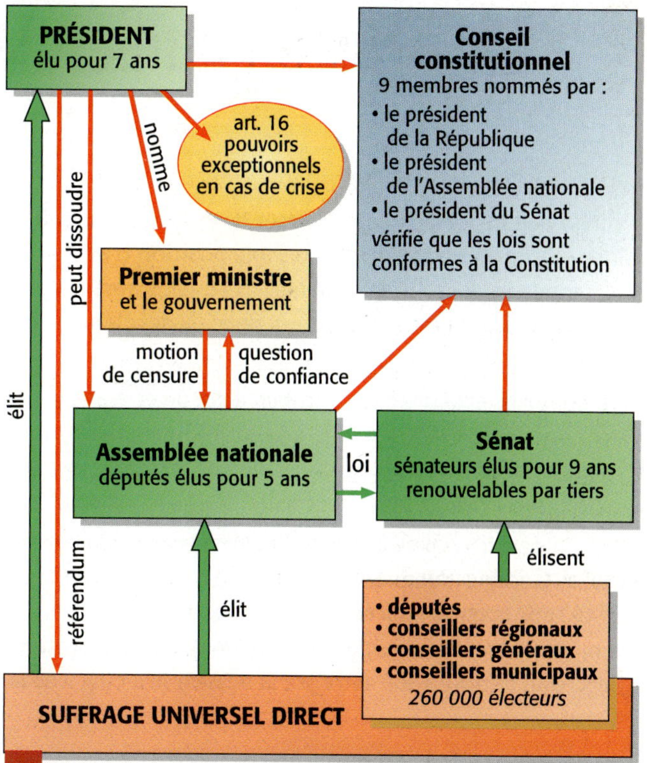

4 Les institutions de la France fin 1962.

1. Comparer ces institutions avec celles de la IVe République.
2. Quelle différence peut-on constater avec la Constitution actuelle ?

6 Discours de de Gaulle le 20 septembre 1962

Depuis que le peuple français m'a appelé à reprendre officiellement place, à sa tête, je me sentais naturellement obligé de lui poser, un jour, une question qui se rapporte à ma succession, je veux dire celle du mode d'élection du chef de l'État.
[...] Qui ne se souvient pas de la mortelle échéance devant laquelle se trouvaient, en mai 1958, le pays et la République, en raison de l'infirmité, organique, du régime d'alors ? Dans l'impuissance des pouvoirs, apparaissaient, tout à coup, l'imminence des coups d'État, l'anarchie généralisée, la menace de la guerre civile. [...]
C'est alors, qu'assumant de nouveau le destin de la patrie, j'ai, avec mon gouvernement, proposé au pays l'actuelle Constitution. Celle-ci, qui fut adoptée par 80 % des votants, a maintenant quatre ans d'existence. [...] Or la clé de voûte de notre régime, c'est l'institution nouvelle d'un président de la République désigné par la raison et le sentiment des Français pour être le chef de l'État et le guide de la France. [...]
Sans que doivent être modifiés les droits respectifs, ni les rapports réciproques des pouvoirs, exécutif, législatif, judiciaire, tels que les fixe la Constitution, mais en vue de maintenir et de d'affermir dans l'avenir nos institutions vis-à-vis des entreprises factieuses, de quelque côté qu'elles viennent, ou bien des manœuvres de ceux qui de bonne ou mauvaise foi, voudraient nous ramener au funeste système d'antan, je crois donc devoir faire au pays la proposition que voici : quand sera achevé mon propre septennat, ou si la mort ou la maladie l'interrompaient avant le terme, le président de la République sera dorénavant élu au suffrage universel.

1. Quel tableau de la situation en 1958 de Gaulle dresse-t-il ?
2. Que faut-il entendre par « entreprises factieuses » ?
3. En quoi consiste la révision de la Constitution ?

2 La France gaullienne

A. Un contexte favorable

doc. 1 et 4

■ Face à une opposition pour l'instant désunie et affaiblie, **le général de Gaulle termine son premier septennat dans une position très solide.** D'autant que le régime qu'il a fondé et dont il vient d'obtenir la révision sort encore raffermi par ce nouvel appui massif du suffrage universel – et donc du peuple souverain – en 1962, après celui de 1958.

■ Le contexte économique contribue aussi à cet enracinement rapide. **Les années 1960 constituent le cœur des « Trente Glorieuses »**, période durant laquelle la France est emportée par une croissance économique exceptionnelle et connaît une mutation sociologique sans précédent.

■ La Ve République bénéficie assurément de cette conjoncture favorable. Le Premier ministre Georges Pompidou se consacre à une gestion attentive de cette période d'envol et de mutation, qui connaît pourtant de lourds conflits sociaux, comme la grève des mineurs en 1963. Durant ces mêmes années, le président de la République se consacre en priorité à son autre grand dessein, le « rang » de la France dans le monde.

B. La puissance et l'expansion

doc. 3

■ Pour mener une politique étrangère de « grandeur » et maintenir le « rang » de la France, il faut hisser le pays au niveau des grandes puissances économiques. Après 1945, la IVe République avait reconstruit la France, mais, parallèlement, le franc s'était affaibli. **La création du « nouveau franc »** et la réforme monétaire de 1960 menée par le ministre des Finances, Antoine Pinay, stabilisent la monnaie. Une politique budgétaire stricte, marquée par **l'équilibre des recettes et des dépenses**, une monnaie solide, le développement de la technologie française (procédé SECAM de télévision en couleurs et construction du Concorde, dont le premier vol a lieu le 2 mars 1969) favorisent l'expansion des années 1960.

Portée par **une croissance économique forte** (5 % par an en moyenne), la France entreprend une modernisation industrielle. Cette croissance permet une augmentation incontestable et rapide du niveau de vie des Français et une situation de quasi plein emploi (seulement 21 000 chômeurs indemnisés en 1962).

C. L'élection présidentielle de 1965

doc. 2, 5 et 6

■ Les succès politiques de 1962 et la situation économique très favorable laissaient apparemment prévoir une réélection facile du général de Gaulle. Celle-ci, en fait, est moins aisée que prévue, mais, en même temps, elle confirme l'enracinement du régime. Lors de la bataille politique de l'automne 1962, en effet, la plupart des partis s'étaient prononcés contre l'élection au suffrage universel. Or, la réponse du peuple français est sans ambiguïté : **avec une participation de 85 %, ce mode de scrutin s'enracine** dès cette époque dans la pratique politique française.

■ Au premier tour, le général de Gaulle, avec 44,7 % des suffrages exprimés, est mis en **ballottage**. Ses principaux adversaires, François Mitterrand, représentant de la gauche unie, et Jean Lecanuet, candidat du centre d'opposition, obtiennent respectivement 31,7 % et 15,6 % des voix. C'est une surprise, au regard des succès gaullistes de 1958 et 1962. Mais cela n'empêche pas **de Gaulle d'être aisément réélu au second tour**, avec 55,2 % des suffrages exprimés, contre Mitterrand (44,8 %).

■ **Mais, ce ballottage**, situation aujourd'hui considérée comme banale, est interprété à l'époque – y compris par le général de Gaulle lui-même – **comme un demi-échec**. De plus, le président reconduit est âgé de 75 ans : il est certes alors un chef d'État de stature internationale, mais le fossé s'accroît de plus en plus entre lui et une France en train de se transformer à vitesse accélérée. Ce fossé apparaît notamment en pleine lumière au moment de la crise de mai 1968.

VOCABULAIRE

ballottage : à l'issue d'un premier tour de scrutin, situation politique dans laquelle aucun des candidats n'a obtenu la majorité absolue des voix (la moitié des voix plus une). Un deuxième tour est alors nécessaire et le vainqueur est désigné à la majorité relative (celui qui obtient le plus de voix).

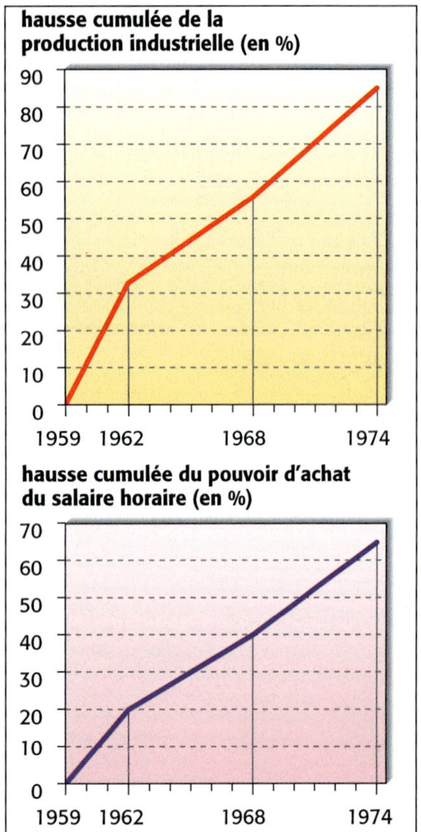

1 Production industrielle et pouvoir d'achat dans la seconde moitié des « Trente Glorieuses ».

2 Affiche pour l'élection présidentielle de 1965.

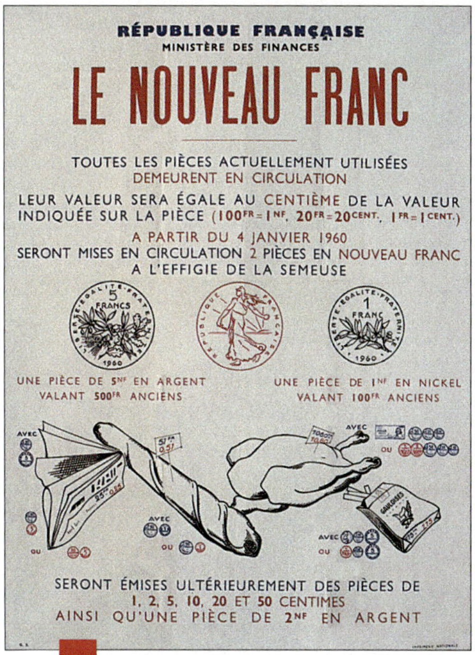

3 **Le nouveau franc en 1960.**

4 **De Gaulle à Givet (Ardennes) le 24 avril 1963.**

5 Discours de François Mitterrand le 3 décembre 1965

Françaises, Français : non ! ce n'est pas vrai, vous n'aurez pas à choisir dimanche entre la IVe et la Ve République. Pas plus que vous n'aurez à choisir entre le ministre de la IVe que je fus à trente ans et le ministre de la IIIe République que fut le général de Gaulle dans le gouvernement de la débâcle.
Non ! ce n'est pas vrai, vous n'aurez pas à choisir dimanche entre le soldat qui incarna l'honneur de la patrie le 18 juin 1940 et une génération qui aurait manqué à ses devoirs. Dans les camps de prisonniers de guerre, dans les rangs de la résistance intérieure, tout un peuple de Français s'est levé comme de Gaulle et avec lui pour conquérir le droit d'être libres.
Non ! ce n'est pas vrai, vous n'aurez pas à choisir dimanche entre le désordre et la stabilité. Le désordre vous l'avez condamné et personne n'osera y revenir. [...]
Non ! ce n'est pas vrai, vous n'aurez pas à choisir dimanche entre le régime actuel et celui des partis. Le régime actuel, c'est celui d'un homme seul, et quand viendra pour lui l'heure de partir, il vous livrera un successeur inconnu que vous désignera un clan, une faction pire qu'un parti, cet entourage, syndicat anonyme d'intérêts et d'intrigues.

1. **Présenter le contexte historique.**
2. **Comment de Gaulle est-il présenté ?**
3. **Quel a été le choix des Français ?**

6 Du Président et du « pouvoir personnel »

On a parlé de « pouvoir personnel ». Si l'on entend par là que le président de la République a pris personnellement les décisions qu'il lui incombait de prendre, cela est tout à fait exact. Dans quel poste, grand ou petit, celui qui est responsable a-t-il le droit de se dérober ? D'ailleurs, qui a jamais cru que le général de Gaulle, étant appelé à la barre, devrait se contenter d'inaugurer les chrysanthèmes ? Par exemple, quand le problème algérien préoccupait – c'est le moins qu'on puisse dire – la France entière, à qui d'autre attribuait-on, et d'une seule voix, la tâche de le résoudre ? Mais si l'on veut dire que le président s'est isolé de tout et de tous et que, pour agir, il n'écoutait que lui-même, on méconnaît l'évidence. De combien d'avis et de consultations ne s'est-il pas entouré ! Jusqu'à présent, au cours du septennat, le chef de l'État a réuni 302 fois le Conseil des ministres.

Général de Gaulle, extraits de la conférence de presse du 9 septembre1965.

1. **Quelles accusations de Gaulle rejette-t-il ?**
2. **Selon de Gaulle, quel rôle le président de la République doit-il jouer dans les institutions ?**

Les opposants à de Gaulle

Le général de Gaulle a suscité au fil de ses deux mandats des oppositions très diverses. C'est surtout après la fin de la guerre d'Algérie que ces oppositions se multiplient, la bataille politique de l'automne 1962, puis l'élection présidentielle de 1965 mettant en lumière l'existence d'une opposition centriste en même temps que l'hostilité des partis de gauche. Aux côtés de ces partis, les principales forces syndicales manifestent leur mécontentement à l'occasion de mouvements sociaux. En mai 1968, l'ampleur de la crise s'explique notamment par la convergence de ces différentes oppositions, après le détonateur de la crise étudiante. Et quand vient le référendum d'avril 1969, le ralliement au camp du « non » de certains alliés du général de Gaulle, comme Valéry Giscard d'Estaing, débouche sur une majorité de suffrages négatifs.

ALGER : Les tueries O.A.S. continuent : 51 Musulmans assassinés hier

SOIXANTE-QUATORZE attentats, cinquante-quatre morts dont cinquante et un Musulmans : tel était hier soir, à l'heure du couvre-feu — avancé à 18 heures — le bilan du terrorisme O.A.S. à Alger. Un bilan très lourd. La R.T.F. et les radios dites périphériques n'ont pas hésité, hier, à parler de ces assassinats comme d'une « riposte » ou de « représailles » aux attentats commis lundi par des groupes de Musulmans contre des Européens. C'est faire la part bien belle à l'O.A.S... Comme si l'O.A.S. s'était abstenue de tuer durant les deux mois écoulés depuis le cessez-le-feu, alors que les Algériens faisaient preuve d'une discipline et d'un sang-froid reconnus par tout le monde. Un speaker de la R.T.F., qui on n'en est pas à un mensonge près, a même tenté hier, à 12 h. 30, d'attribuer ces attentats au Parti communiste algérien, ce qui est aussi ridicule qu'odieux. En réalité, on n'en sait guère plus qu'hier sur l'origine de ces faits qui, il faut le noter, ne se sont pas renouvelés. Exaspération ou provocation ? Les deux hypothèses restent possibles. Il faut attendre pour le savoir. Une seule chose est sûre : c'est que ces attentats n'ont rien à voir avec la politique du G.P.R.A. réaffirmée à plusieurs reprises. La provocation est donc une éventualité à ne pas écarter, loin de là... Mais une leçon est à tirer de ces événements. C'est la nécessité de mettre sans délai en application les mesures prévues par l'Exécutif provisoire pour liquider l'O.A.S. à Alger et à Oran. Or il semble bien que des réticences sérieuses se manifestent du côté du gouvernement français pour la mise en œuvre des plus importantes de ces mesures. Si Paris persistait dans cette attitude, il n'y aurait que l'O.A.S. pour s'en réjouir... et en profiter.

Henry BORDAGE.

(Voir nos inform. en p. 2)

APPLIQUANT LE « PLAN SALAN »

L'O.A.S. a voulu faire sauter le port

LE TEMPS

EN FRANCE. — Résidus pluvieux sur les massifs du Sud et du Sud-Est. Sur le reste du pays, temps variable, avec éclaircies le matin plus nuageux dans la journée.

REGION PARISIENNE. — Temps partiellement nuageux avec quelques averses éparses. Températures stationnaires.

Nº 5506 ★ 136e JOUR de 1962 ★ NF : 0,25

★★★

Libération

LE QUOTIDIEN REPUBLICAIN DE PARIS

MERCREDI 16 MAI 1962

LA GREVE DES P et T

Panne aux plis...

DIX-NEUVIEME ANNEE . REDACTION ADMINISTRATION 5, RUE DU FAUBOURG POISSONNIERE, PARIS (9e). TEL : PROVENCE 66-94 ET LA SUITE . CHEQUES POSTAUX PARIS 6218-35

Ni trains, ni bus hier, pas de courrier aujourd'hui

Ces grèves que De Gaulle ne veut pas voir...

et dont il "oublie" de parler

Albert-Paul LENTIN rentre d'Algérie

A PARTIR DE

HIER : Grève totale à la S.N.C.F. 90 % des bus sont restés au dépôt. 3 lignes de métro paralysées le matin.

AUJOURD'HUI : Grève de 24 heures dans les P.T.T. (F.O. - Ile-de-France se joint à l'appel C.G.T., C.F.T.C., autonomes).

- Les fonctionnaires en grève (appel C.G.T. et nouvelle grève prévue pour le 25 par tous les syndicats).
- Sécurité sociale : grève dans la matinée.
- Cantines pas assurées dans les lycées et collèges (appel C.G.T.) et grève dans les centres d'appprentissage.

Il n'y avait que vingt-quatre heures à attendre... Ce n'était certes pas la foule des grands jours hier dans les gares. Il y avait pourtant cette candidate au voyage à la gare Montparnasse. Cet autre patient qui lit son journal en un endroit en

DE GAULLE, hier, dans sa ... pour leurs auteurs et le mécon-

LE SCANDALE DE MARSEILLE

La comptabilité

1 La une de *Libération*, 16 mai 1962.

2 **Le « Oui, mais... » de Valéry Giscard d'Estaing, en janvier 1967**

Que signifie notre « oui » ? Sur quoi porte notre « mais » ? Nous disons « oui » au président de la République, « oui » à la stabilité, « oui » à la politique internationale de la France.

Les républicains indépendants disent « oui » au président de la République, le général de Gaulle. Ils ont voté pour lui lors de son élection. Nous demandons aux électeurs français de rester en 1967 logiques et cohérents avec leur choix de 1965, bref aux électrices d'être fidèles, aux électeurs d'être cartésiens. […]

Oui à la politique internationale de la France, c'est-à-dire l'action conduite avec ténacité dans deux directions : le rétablissement de l'indépendance de notre pays et la recherche de la paix dans le monde qui conduit aujourd'hui la France à demander un arrêt rapide de la guerre du Vietnam. […]

Sur quoi porte maintenant notre « mais » ?

La France a trop souffert de l'instabilité politique pour ne pas écarter systématiquement, et presque méticuleusement, tout risque d'y retomber. Mais les institutions de la Ve République, complétées par l'élection du président de la République au suffrage universel et par l'existence d'un contrat de majorité, assurent la stabilité de l'exécutif. Le risque serait plutôt de voir se creuser la différence qui sépare l'opinion publique de ceux qui élaborent les décisions essentielles. La Ve République doit faire une place essentielle au dialogue.

Valery Giscard d'Estaing, 12 janvier 1967.

3 **Affiche de la CGT à l'occasion du 1er mai 1963.**

4 **Affiche de la campagne électorale de François Mitterrand en 1965.**

5 **Affiche électorale de Jean Lecanuet, candidat centriste, en 1965.**

6 **« Il n'y a pas de bon gaullisme »**

Il n'y a pas de **mauvais** gaullisme, il ne peut y avoir de **bon** gaullisme ; il y a le gaullisme, c'est tout : cela veut dire que le régime est, par nature, l'expression de la classe dominante que nous combattons ; et dans notre société bourgeoise l'appareil d'État est nécessairement aux mains de l'ennemi. […]

Ainsi la répression ouverte, officielle, n'est qu'un moment de la guerre permanente que le régime mène contre les travailleurs, le moment de vérité où il se montre tout nu. Et, de la même manière, beaucoup pensent comme moi, je crois, que nous dénonçons cette répression non pour améliorer le régime, mais pour faire voir à tous, à cette occasion, l'ignoble nudité qu'elle essaie de masquer. La répression est une forme chronique et parfois aiguë de la lutte des classes, telle que la mène le patronat. […]

Notre société repose sur un mensonge et l'office de l'État est d'utiliser les **mass media** pour le propager dans chaque salle à manger française, irrémédiablement. Dénoncer le renvoi des journalistes, c'est montrer le caractère défensif de cette mesure : il faut que l'État mente ou qu'il crève.

Article de Jean-Paul Sartre, *Le Nouvel Observateur*, 4 novembre 1968.

QUESTIONS

A. Dégager des informations des documents

1. De quelle nature sont les oppositions qui s'expriment dans les titres de ce journal ? (doc. 1)
2. Sur quoi portent les réticences de Giscard d'Estaing ? (doc. 2)
3. Analyser le slogan en haut de l'affiche : en quoi le candidat Mitterrand veut-il s'opposer au général de Gaulle ? (doc. 4)
4. D'après le slogan, quels sont les thèmes de la campagne de Lecanuet ? (doc. 5)
5. À quelle idéologie se réfère l'auteur ? (doc. 6)

B. Mettre en relation les documents

6. Quels sont les points communs de Lecanuet et Mitterrand ? Quelles sont leurs différences ?
7. Dans quels contextes se situent, d'une part les doc. 4 et 5, d'autre part le doc. 6 ? Quel événement important s'est produit entre ces deux contextes ?

C. Synthèse

8. Présenter en quelques phrases l'éventail politique des opposants au général de Gaulle.

La politique étrangère du général de Gaulle

« Toute ma vie, je me suis fait une certaine idée de la France ». Ainsi commencent les *Mémoires* du général de Gaulle. Et celui-ci d'ajouter quelques lignes plus bas : « la France n'est réellement elle-même qu'au premier rang ». Cet impératif du « rang », mais aussi de la « grandeur » et de l'indépendance, dicte la politique étrangère de de Gaulle. À ses yeux, la France ne peut être forte que dotée d'une force de dissuasion nucléaire. C'est chose faite au fil des années 1960 (bombe A en 1960, bombe H en 1968). Et, en 1966, le chef de l'État, tout en restant fidèle à l'Alliance atlantique, décide la sortie de la France de l'OTAN.

Mais pour de Gaulle, l'indépendance nationale passe également par le rayonnement de la France dans le monde, aussi bien dans les pays de l'ancien Empire colonial français, qui deviennent le cœur de l'aire francophone, que, plus largement, dans l'ensemble du tiers-monde, où il effectue des voyages remarqués.

1 De Gaulle et la France

Toute ma vie, je me suis fait une certaine idée de la France. Le sentiment me l'inspire aussi bien que la raison. Ce qu'il y a, en moi, d'affectif imagine naturellement la France, telle la princesse des contes ou la madone aux fresques des murs, comme vouée à une destinée éminente et exceptionnelle. J'ai, d'instinct, l'impression que la Providence l'a créée pour des succès achevés ou des malheurs exemplaires. S'il advient que la médiocrité marque, pourtant, ses faits et gestes, j'en éprouve la sensation d'une obscure anomalie, imputable aux fautes des Français, non au génie de la patrie. Mais aussi, le côté positif de mon esprit me convainc que la France n'est réellement elle-même qu'au premier rang ; que, seules, de vastes entreprises sont susceptibles de compenser les ferments de dispersion que son peuple porte en lui-même ; que notre pays, tel qu'il est, parmi les autres, tels qu'ils sont, doit, sous peine de danger mortel, viser haut et se tenir droit. Bref, à mon sens, la France ne peut être la France sans la grandeur.

Charles de Gaulle, *Mémoires de guerre. L'appel*, 1940-1942, Plon, 1954.

2 De Gaulle et l'Europe, selon son ministre des Affaires étrangères, M. Couve de Murville

Il ne s'agit pas [en Europe] de refaire les États-Unis d'Amérique. ceux-ci ont été créés dans un contexte géographique et historique qui n'avait aucun rapport avec celui de l'Europe.

Les nations européennes existent depuis des siècles et sont bien décidées à continuer. Que pourraient-elles d'ailleurs faire d'autre ? Si elles en venaient à s'abandonner, il ne resterait plus qu'anarchie et les portes seraient ouvertes au désordre comme aux entreprises extérieures. Prétendre substituer à leurs autorités légitimes quelque institution créée de toute pièces ne servirait en rien la cause que l'on veut soutenir, celle du développement progressif d'une union européenne, capable de s'étendre du domaine économique au domaine politique. Ou alors c'est que, plutôt que de s'attacher au fond des choses, on préfère un faux semblant, flatteur pour un instant, mais qui s'effondrerait à la première épreuve de vérité. Ou bien encore c'est que l'on attend d'une autre part, c'est-à-dire du dehors, que cette construction arbitraire soit prise en charge et dirigée : mais alors que resterait-il de l'Europe ?

Maurice Couve de Murville, *Une politique étrangère*, 1958-1968, Plon, 1971.

3 La dissuasion nucléaire.

4 Discours de Montréal

Voilà ce que je suis venu vous dire ce soir en ajoutant que j'emporte de cette réunion inouïe de Montréal un souvenir inoubliable. La France entière sait, voit entend ce qui se passe ici et je puis vous dire qu'elle en vaudra mieux.
Vive Montréal ! Vive le Québec ! Vive le Québec libre !
Vive le Canada français et vive la France !

Allocution improvisé au balcon de l'Hôtel de ville de Montréal, 24 juillet 1967.

5 **De Gaulle en voyage au Mexique en 1964.**

6 « Il ne peut y avoir d'autre Europe que celle des États »

Je n'ai jamais, dans aucune de mes déclarations, parlé de l'« Europe des patries », bien qu'on prétende toujours que je l'ai fait. Ce n'est pas, bien sûr, que je renie, moi, la mienne ; bien au contraire, je lui suis attaché plus que jamais et je ne crois pas que l'Europe puisse avoir aucune réalité vivante si elle ne comporte pas la France avec ses Français, l'Allemagne avec ses Allemands, l'Italie avec ses Italiens etc. Dante, Goethe, Chateaubriand appartiennent à toute l'Europe dans la mesure où ils étaient éminemment Italien, Allemand et Français. Ils n'auraient pas beaucoup servi l'Europe s'ils avaient été des apatrides et s'ils avaient pensé, écrit, en quelque « esperanto » ou « volapük » intégrés.

Mais il est vrai que la patrie est un élément humain, sentimental, alors que c'est sur des éléments d'action, d'autorité, de responsabilité, qu'on peut construire l'Europe. Quels éléments ? Eh bien, les États ! car il n'y a que les États qui soient à cet égard valables, légitimes et capables de réaliser. J'ai déjà dit et je répète, qu'à l'heure qu'il est, il ne peut y avoir d'autre Europe que celle des États.

Charles de Gaulle, conférence de presse du 15 mai 1962.

7 Le retrait de la France de l'OTAN

Si la France considère qu'encore aujourd'hui il est utile à sa sécurité et à celle de l'Occident qu'elle soit alliée à un certain nombre d'États, notamment à l'Amérique, pour leur défense et pour la sienne dans le cas d'une agression commise contre l'un d'eux, si la déclaration faite en commun, à ce sujet, sous forme du traité de l'alliance Atlantique signé à Washington le 4 avril 1949, reste à ses yeux toujours valable, elle reconnaît, en même temps, que les mesures d'application qui ont été prises par la suite ne répondent plus à ce qu'elle juge satisfaisant, pour ce qui la concerne, dans les conditions nouvelles.

Je dis : les conditions nouvelles. Il est bien clair, en effet, qu'en raison de l'évolution intérieure et extérieure des pays de l'Est, le monde occidental n'est plus aujourd'hui menacé comme il l'était à l'époque où le protectorat américain fut organisé en Europe sous le couvert de l'OTAN. […]

D'autre part, tandis que se dissipent les perspectives d'une guerre mondiale éclatant à cause de l'Europe, voici que des conflits où l'Amérique s'engage dans d'autres parties du monde, comme avant-hier en Corée, hier à Cuba, aujourd'hui au Vietnam risquent de prendre en vertu de la fameuse escalade, une extension telle qu'il pourrait en sortir une conflagration générale. Dans ce cas, l'Europe, dont la stratégie est, dans l'OTAN, celle de l'Amérique, serait automatiquement impliquée dans la lutte lors même qu'elle ne l'aurait pas voulu.

Charles de Gaulle, conférence de presse du 21 février 1966.

QUESTIONS

A. Présenter les documents
(nature, date, auteur)

B. Dégager des informations des documents

1. Donner des exemples de « succès achevés » et de « malheurs exemplaires ». (doc. 1)

2. Dans le contexte de la guerre froide, par rapport à quels pays l'arme nucléaire assure-t-elle son indépendance à la France ? (doc. 3)

3. Quel rôle de Gaulle attribue-t-il aux patries et aux États dans la construction européenne? (doc. 6)

4. Montrer l'importance de la décision prise par de Gaulle (doc. 7)

C. Mettre en relation les documents

5. Quelles décisions du général de Gaulle se situent, à partir de 1958, dans le prolongement des idées présentées dans le document 1 ?

6. Montrer que la politique extérieure de la France doit être indépendante des deux Grands. (doc. 2, 3 et 7)

D. Synthèse

7. À l'aide d'exemples tirés de ce dossier, illustrer l'idée de « rang » et de « grandeur » de la France.

3 Le septennat interrompu

A. Le triple ébranlement de mai 1968

doc. 4

■ Les « événements » de mai 1968 sont en fait une succession de **trois crises débouchant sur une crise globale**.

– **La crise est d'abord universitaire :** une partie du monde étudiant est alors parcourue par des idéologies d'extrême gauche qui contestent la société capitaliste. Les **« gauchistes »** agissent dans un milieu étudiant dont les effectifs ne cessent d'augmenter. Des incidents s'étaient déroulés en mars à la faculté de Nanterre ; début mai, des heurts entre étudiants et policiers à Paris déclenchent le mouvement. En quelques jours, les universités sont paralysées par la grève. Dans la nuit du 10 au 11 mai, une première « nuit des barricades » est l'occasion d'affrontements violents dans le Quartier latin.

– Pour protester contre la répression policière et contre le « régime gaulliste », les syndicats ouvriers appellent à la grève générale le 13 mai. Le mouvement fait tache d'huile : en quelques jours, la plupart des entreprises françaises se mettent en grève et sont souvent occupées par leurs salariés. **La crise est devenue sociale**.

– Face à cette double crise, le chef de l'État et le Premier ministre semblent, dans un premier temps, incapables de contrôler la situation. La crise devient donc **politique**. L'impression qui prévaut durant quelques jours est celle d'un pouvoir chancelant.

B. Une victoire des gaullistes ?

doc. 2 et 3

■ Le 27 mai, après deux jours de négociations, **les accords de Grenelle** sont signés entre le patronat et les syndicats ouvriers. Ils prévoient de fortes hausses de salaires. Mais la base ouvrière repousse ces accords et poursuit la grève.

■ Le général de Gaulle, pourtant, retourne la situation en sa faveur en deux jours. Le 29, il « disparaît » durant quelques heures. On apprendra par la suite qu'il a rencontré, à Baden-Baden, le général Massu, commandant en chef des armées françaises en Allemagne. Le lendemain, il annonce à la radio qu'il dissout l'Assemblée. Le même jour, en fin d'après-midi, **un impressionnant défilé rassemble ses partisans** aux Champs-Élysées. Le sursaut est évident, d'autant que l'opinion, d'abord plutôt favorable au mouvement de Mai, s'inquiète d'une crise qui n'en finit pas.

■ La lassitude de l'opinion sert le pouvoir. **Les élections législatives** sont fixées aux 23 et 30 juin. Le mouvement étudiant s'essouffle et le travail reprend peu à peu dans les entreprises. Georges Pompidou, Premier ministre, mène une campagne habile, jouant sur la peur du désordre. Le parti gaulliste, rebaptisé « Union pour la défense de la République » (UDR), obtient 294 sièges sur 487. C'est un **triomphe pour la droite** et, apparemment, les gaullistes sortent renforcés de la crise.

C. Le départ de de Gaulle

doc. 5 et 6

■ Si le mai 68 français s'intègre dans un **vaste mouvement de contestation** qui affecte les sociétés occidentales à la fin des années 1960, et dont les acteurs principaux sont les jeunes de la génération du *baby-boom*, la France est le seul pays où cette contestation débouche sur une crise politique aiguë. De Gaulle est personnellement ébranlé et, avec le recul, sa **victoire de juin 1968 apparaît plutôt comme un sursis**.

■ Conscient de la fragilité de cette victoire et soucieux de reprendre l'initiative, le Président propose au pays, en février 1969, **un référendum** sur la réforme du Sénat et la régionalisation. Mais il se trouve vite confronté à de multiples oppositions. Non seulement la gauche et le centre, hostiles au projet, appellent à voter « non » mais, au sein même de la majorité, Giscard d'Estaing, préconise aussi le « non ». Le 25 avril de Gaulle déclare à la télévision : « Si je suis désavoué par une majorité d'entre vous, je cesserai aussitôt d'exercer mes fonctions. » Le résultat, le 27 avril, est sans appel : **52 % des Français votent « non ». Le lendemain, de Gaulle démissionne.**

VOCABULAIRE

gauchisme : pour Lénine, c'est une « déviation » du communisme caractérisé par la volonté de faire la révolution alors que les conditions ne sont pas réunies. À partir de mai 1968, le mot gauchisme désigne les groupes d'extrême gauche : anarchistes, maoïstes, trotskistes.

1 Vœux du général de Gaulle pour 1968

Que sera 1968 ? L'avenir n'appartient pas aux hommes et je ne le prédis pas. Pourtant, en considérant la façon dont les choses se présentent, c'est vraiment avec confiance que j'envisage, pour les douze prochains mois, l'existence de notre pays. Bien entendu, tous les intérêts, toutes les tendances, tous les désirs, ne seront pas comblés l'année prochaine. Je suis sûr que nous subirons diverses épreuves, lacunes et déceptions. Je ne doute pas que de multiples griefs, regrets et critiques auront encore de quoi s'alimenter. [...] Je crois qu'au total, et à moins de graves secousses qui bouleverseraient l'univers, notre situation continuera de progresser et que tout le monde y trouvera son compte.

Allocution télévisée du général de Gaulle, le 31 décembre 1967.

2 Élections législatives de 1967 et 1968.

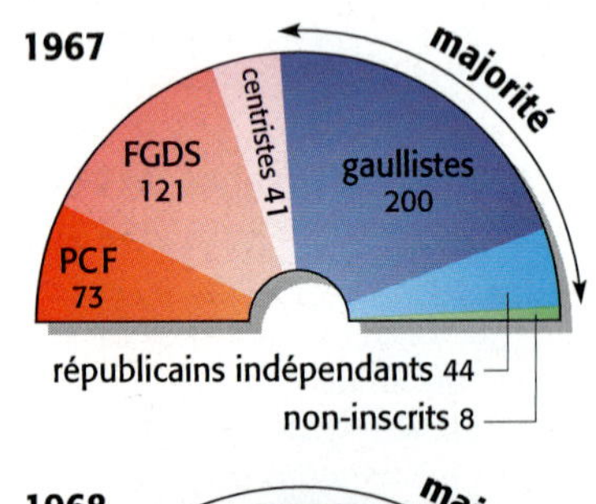

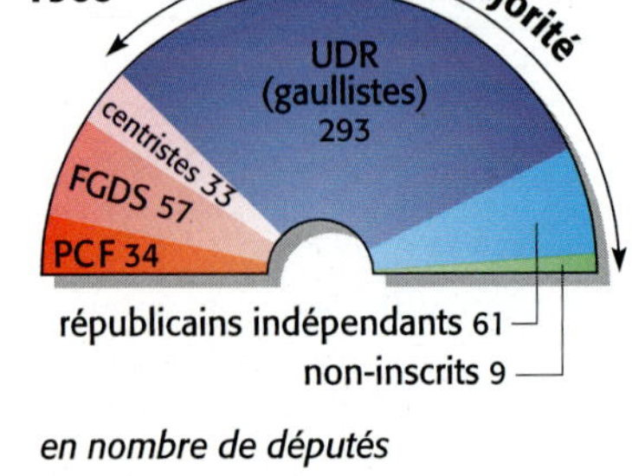

en nombre de députés

1. **Comment expliquer un tel bouleversement entre ces deux élections ?**
2. **Pourquoi la victoire de l'UDR est-elle en réalité fragile ?**

3 **Manifestation gaulliste du 30 mai 1968.**

4 **Affiche de l'atelier des Beaux-arts, mai 1968.**

1. **Par qui le personnage blanc est-il bâillonné ?**
2. **Quelle critique à l'égard du général de Gaulle est ici exprimée ?**

5 **De Gaulle en Irlande.**

« Un communiqué de la présidence de la République a été publié à 0 h 11 mn : « Je cesse d'exercer mes fonctions de président de la République. Cette décision prend effet aujourd'hui à midi. »
Le gaullisme a perdu une bataille. Il continue plus que jamais le combat pour la République et pour la France. »

La Nation, lundi 28 avril 1969.

6 **Le testament du général de Gaulle, 1952**

Je ne veux pas d'obsèques nationales. Ni président, ni ministres, ni bureaux d'assemblées, ni corps constitués. Seules, les armées pourront participer officiellement, en tant que telles ; mais leur participation devra être de dimensions très modestes, sans musique, ni fanfare, ni sonnerie.
Aucun discours ne devra être prononcé, ni à l'église ni ailleurs. Pas d'oraison funèbre au Parlement. Aucun emplacement réservé pendant la cérémonie, sinon à ma famille, à mes compagnons membres de l'ordre de la Libération, au Conseil municipal de Colombey.
Les hommes et femmes de France et d'autres pays du monde pourront, s'ils le désirent, faire à ma mémoire l'hommage d'accompagner mon corps jusqu'à sa dernière demeure. Mais c'est dans le silence que je souhaite qu'il y soit conduit.
Je déclare refuser d'avance toute distinction, promotion, dignité, citation, décoration, qu'elle soit française ou étrangère. Si l'une quelconque m'était décernée, ce serait en violation de mes dernières volontés.

Testament de Charles de Gaulle rédigé le 16 janvier 1952, diffusé par le service de presse de l'Élysée le 10 novembre 1970.

Mai 68

Les événements de mai 1968 en France sont à replacer dans le mouvement de contestation multiforme, venu de la jeunesse, qui touche à la même époque les États-Unis et plusieurs pays d'Europe occidentale.

Mais il y a bien aussi une certaine spécificité dans le déroulement de la crise française. L'agitation étudiante y prend une ampleur plus grande et, surtout, elle débouche sur un ébranlement du régime.

1 CRS et étudiants face à face en mai 1968.

2 Le jugement de Raymond Aron sur la crise politique de mai 68

Entre le 15 et le 30 mai, la vie nationale est, pour ainsi dire, paralysée, la plupart des usines ne tournent pas, les ouvriers occupent leur lieu de travail et entretiennent avec soin leurs machines ; la grève s'est étendue même à des services publics. Jusqu'aux derniers jours de liberté, la bonne humeur l'emporte sur la violence propre à ces sortes d'explosion sociale. Rien de tout cela n'est tout à fait sérieux.

Pendant les derniers jours, entre lundi 27 et vendredi 31, le régime vacille ou semble vaciller. [...]

F. Mitterrand, dans une conférence de presse, déclare que le départ du général de Gaulle, au lendemain du 16 juin (date supposée du référendum), s'il ne se produit pas avant, provoquera naturellement la disparition du Premier ministre et de son gouvernement. [...] Ces propos impliquaient une violation de la Constitution qui prévoit que, dans l'hypothèse de la démission du président de la République, le Premier ministre reste en fonction et que le président du Sénat exerce les pouvoirs du président de la République jusqu'à l'élection du successeur. En affirmant que la démission du général de Gaulle entraînerait celle du Premier ministre, F. Mitterrand envisageait et recommandait une solution non constitutionnelle, révolutionnaire si l'on veut. [...]

Il y eut donc bien, en dehors des grèves, en dehors des palabres estudiantines, une crise proprement politique. Les fonctionnaires désertaient les ministères, les députés de la majorité s'en prenaient les uns au Président, les autres au Premier ministre, ils réclamaient la démission de l'un ou de l'autre. La classe politique craignait un bouleversement : une allocution de quelques minutes apaisa l'angoisse des hommes au pouvoir et ruina les espoirs de ceux qui, comme en 1830 ou en 1848, voulaient prendre la place d'un pouvoir renversé par la rue.

Raymond Aron, *Mémoires*, Julliard, 1983.

3 « En mai 1968, on a pris la parole comme on a pris la Bastille en 1789 »

Il s'est produit ceci d'inouï : nous nous sommes mis à parler. Il semblait que c'était la première fois. De partout, sortaient les trésors, endormis ou tacites, d'expériences jamais dites. En même temps que des discours assurés se taisaient et que des « autorités » devenaient silencieuses, des existences gelées s'éveillaient en un matin prolifique. Une fois abandonnée la carapace métallique de l'auto et rompu le charme solitaire de la télé à domicile, avec la circulation brisée, les mass media coupés, la consommation menacée, dans Paris défait et rassemblé dans ses rues, sauvage et stupéfait de se découvrir un visage lavé de ses fards, une vie insoupçonnée surgissait.

Michel de Certeau, jésuite, psychanalyste et historien, *La Prise de parole*, Desclée de Brouwer, 1968.

4 La cour de la Sorbonne occupée par les organisations gauchistes.

6 Les étudiants devant l'usine Renault à Boulogne-Billancourt, le 16 mai.

5 La CGT et les gauchistes

Nous avons dû combattre avec la plus grande fermeté contre les agissements de ces groupes gauchistes qui se sont révélés ouvertement au moment de l'issue victorieuse de l'action comme les principaux supports des manœuvres patronales et gouvernementales.

Nous regrettons sincèrement que les dirigeants de l'UNEF[1], plus exactement certains d'entre eux, aient en quelque sorte offert l'hospitalité et une tribune au sein de l'organisation syndicale des étudiants à tout ce que notre pays comptait de gauchistes, d'anarchistes, de trotskistes, de pro-chinois et autres fauteurs de troubles, qu'il était absolument indispensable de combattre.

1. Union des étudiants de France : syndicat étudiant de gauche, dont les communistes et les gauchistes se disputent le contrôle.

« La CGT et les étudiants », *La Vie ouvrière*, journal de la CGT, 19 juin 1968.

7 « Je ne me retirerai pas »

Dans les circonstances présentes, je ne me retirerai pas. J'ai un mandat du peuple, je le remplirai, je ne changerai pas le Premier ministre [...]. Je dissous aujourd'hui l'Assemblée nationale.

Quant aux élections législatives, elles auront lieu dans les délais prévus par la Constitution, à moins qu'on entende bâillonner le peuple français tout entier en l'empêchant de s'exprimer en même temps qu'on l'empêche de vivre, par les mêmes moyens qu'on empêche les étudiants d'étudier, les enseignants d'enseigner, les travailleurs de travailler. Ces moyens, ce sont l'intimidation, l'intoxication et la tyrannie exercées par des groupes organisés de longue main en conséquence, et par un parti qui est une entreprise totalitaire même s'il a déjà des rivaux à cet égard.

La France, en effet, est menacée de dictature. On veut la contraindre à se résigner à un pouvoir qui s'imposerait dans le désespoir national, lequel pouvoir serait alors évidemment essentiellement celui du vainqueur, c'est-à-dire celui du communisme totalitaire.

Naturellement, on le colorerait pour commencer d'une apparence trompeuse en utilisant l'ambition et la haine de politiciens au rancart. Après quoi ces personnages ne pèseraient pas plus que leur poids, qui ne serait pas lourd. Eh bien non, la République n'abdiquera pas, le peuple se ressaisira.

Déclaration de De Gaulle le 30 mai 1968.

QUESTIONS

A. Dégager des informations des cartes

1. Quel jugement l'auteur porte-t-il sur le mouvement de mai 1968 avant le 27 mai ? (doc. 2)
2. Quel jugement porte-t-il sur Mitterrand ? (doc. 2)
3. Sur quel aspect du mouvement de mai Michel de Certeau met-il l'accent ? (doc. 3)
4. Quels arguments la CGT utilise-t-elle pour condamner les « gauchistes » ? (doc. 5)
5. Que rappelle le poing levé ? (doc. 6)
6. Quels éléments du discours montrent la fermeté de De Gaulle ? Expliquer « politiciens au rancart ». (doc. 7)

B. Dégager des informations des documents

7. En se rendant devant l'usine Renault, que recherchent les étudiants ? (doc. 5 et 6)
8. Comment évolue la situation politique après le discours de De Gaulle le 30 mai 1968 ? (doc. 2 et 7)

C. Synthèse

9. Quels aspects de la crise de mai 68 apparaissent dans ces documents ?

4 Un gaulliste succède au général de Gaulle

A. La Ve République sans de Gaulle

■ **Avec le départ du général de Gaulle, c'est une phase de l'histoire de la Ve République qui se termine.** Ce régime, né dans l'épreuve de la guerre d'Algérie, remodelé lors de la crise politique de l'automne 1962, a surmonté la crise aiguë de mai 1968. Va-t-il survivre au départ de son fondateur ?

■ En fait, là encore, la Ve République montre sa capacité d'adaptation. En 1969, un gaulliste succède au général de Gaulle puis, cinq ans plus tard, la magistrature suprême passe, sans ébranlement particulier, et pour sept ans, des gaullistes à la droite libérale. Durant ces douze années, la Ve République s'est donc encore davantage enracinée.

B. Georges Pompidou président doc. 1

■ Après la démission du général de Gaulle, le président du Sénat, Alain Poher, assure l'intérim, conformément à la Constitution, jusqu'aux élections présidentielles, fixées au mois de juin 1969. À la différence des élections présidentielles de 1965, **il n'y a pas de candidature commune des socialistes et des communistes**. Les premiers sont représentés par Gaston Defferre et les seconds par Jacques Duclos. À droite, Georges Pompidou est soutenu par les gaullistes et par les Républicains indépendants. Mais Alain Poher, centriste d'opposition, est aussi candidat.

■ Les candidats de gauche sont éliminés au premier tour : Defferre n'obtient que 5 % des voix et Duclos, avec 21,5 % des voix, arrive en troisième position. Au second tour, Pompidou affronte donc Poher. Si Defferre se désiste en faveur de Poher, **les communistes préconisent l'abstention**, le choix se réduisant à leurs yeux à « bonnet blanc et blanc bonnet ». Dans ce contexte, **Georges Pompidou est élu sans difficultés** le 15 juin 1969, avec 57,8 % des suffrages exprimés. Le gaullisme politique survit donc au départ du général de Gaulle.

C. Comment gérer l'après-mai 68 ? doc. 2 à 8

Trois données dominent la période durant laquelle Georges Pompidou est président :

■ Dans un premier temps, les Trente Glorieuses se poursuivent. Le nouveau président, comme à l'époque où il était Premier ministre, souhaite, dans ce **contexte de croissance forte**, poursuivre une ambitieuse politique industrielle qui doit hisser la France au rang des très grandes puissances économiques.

■ Parallèlement, la France est confrontée aux effets de mai 1968, qui avait accéléré la mutation socioculturelle déjà amorcée auparavant. Dans ce domaine, l'attitude de Georges Pompidou est plus complexe. Il soutient d'abord la politique de son **Premier ministre, Jacques Chaban-Delmas**, qui met en œuvre son **projet de « nouvelle société »** : il s'agit alors avant tout de mieux répartir les fruits de la croissance et de moderniser une société française en mutation rapide et dans laquelle se sont développées diverses contestations. Mais une partie de la majorité, et bientôt le président lui-même, s'effarouchent de cette contestation multiforme et en craignent les conséquences politiques. Au début de l'été 1972, Georges Pompidou contraint son Premier ministre à la démission et le remplace par Pierre Messmer, dont la politique sera plus conservatrice. La **bipolarisation** politique s'accroît, du reste, en cette même année 1972, avec la signature d'un **programme commun de gouvernement** qui soude l'Union de la gauche, réunissant communistes, socialistes et radicaux de gauche.

■ Progressivement, deux nouvelles données infléchissent la vie du pays. **À l'automne 1973, le premier choc pétrolier** enclenche un processus de dégradation économique durable : c'est la fin des Trente Glorieuses, et le passage de l'expansion à la stagnation. Par ailleurs, la santé du président de la République se dégrade, Georges Pompidou meurt en fonction le 2 avril 1974.

VOCABULAIRE

bipolarisation : situation d'un pays dans lequel la vie politique voit s'affronter deux grands partis ou deux grandes coalitions (en général, de droite et de gauche).

1 Élections présidentielles de 1969.

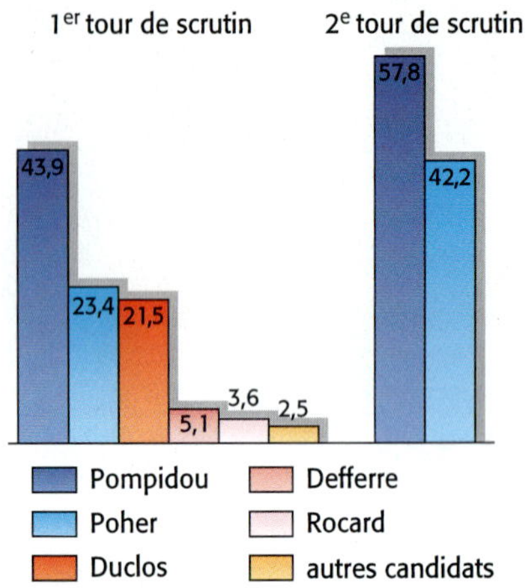

2 Pompidou en mars 1972, au congrès de l'Union des jeunes pour le progrès, organisation gaulliste.

3 Élections législatives de 1973.

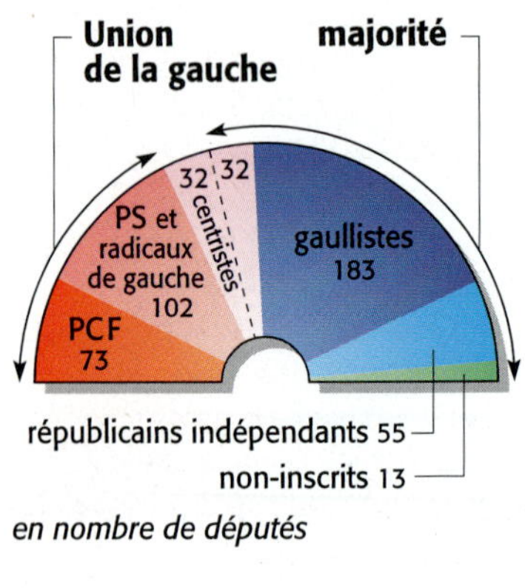

4 **Le Premier ministre, Jacques Chaban-Delmas, et son principal conseiller, Jacques Delors.**

5 **Les chefs de l'Union de la gauche. Georges Marchais (PCF), François Mitterrand (PS) et Robert Fabre (radicaux de gauche).**

6 La « nouvelle société »

Le malaise que notre mutation accélérée suscite tient, pour une large part, au fait multiple que nous vivons dans une société bloquée. […]

De cette société bloquée, je retiens trois éléments essentiels […] : la fragilité de notre économie, le fonctionnement souvent défectueux de l'État, enfin l'archaïsme et le conservatisme de nos structures sociales. Nous sommes encore un pays de castes. Des écarts excessifs de revenus, une mobilité sociale insuffisante maintiennent des cloisons anachroniques entre les groupes sociaux. Des préjugés aussi : par exemple dans une certaine catégorie de la population non ouvrière, à l'encontre des métiers techniques ou manuels.

J'ajoute que ce conservatisme des structures sociales entretient l'extrémisme des idéologies. On préfère trop souvent se battre pour des mots, même s'ils recouvrent des échecs dramatiques, plutôt que pour des réalités. C'est pourquoi nous ne parvenons pas à accomplir des réformes autrement qu'en faisant semblant de faire des révolutions. La société française n'est pas encore parvenue à évoluer autrement que par des crises majeures.

Le nouveau levain de jeunesse, de création, d'invention qui secoue notre vieille société peut faire lever la pâte de formes nouvelles plus riches de démocratie et de participation, dans tous les organismes sociaux comme dans un État assoupli, décentralisé et désacralisé. Nous pouvons donc entreprendre de construire une nouvelle société.

Jacques Chaban Delmas, déclaration à l'Assemblée nationale le 16 septembre 1969.

1. **Pourquoi la société française est-elle bloquée selon Chaban-Delmas ?**
2. **Expliquer « accomplir des réformes… faire des révolutions ».**

7 Le programme commun de gouvernement, juin 1972

Les perspectives ouvertes par l'Union de la gauche et le rassemblement de toutes les forces du peuple, les propositions développées dans ce programme sont les moyens qui permettront aux Françaises et aux Français de vivre mieux, de changer leur vie. […]

Démocratie économique et démocratie politique sont indissociables ; leur développement conjoint implique que chaque travailleur, chaque citoyen ait, à tous les niveaux, la possibilité et les moyens d'être partie prenante à l'élaboration des décisions, au chois des moyens, au contrôle de l'exécution et des résultats.

L'intervention de plus en plus étendue et active des travailleurs dans la gestion des entreprises comme de la nation est une exigence majeure de notre temps. […]

La loi électorale instituera la représentation proportionnelle pour les élections à l'Assemblée nationale. […]

Dans le régime actuel, le président de la République détient, dans la conduite de la politique intérieure et extérieure, des pouvoirs exorbitants qu'il exerce sans contrôle. […] L'article 16, qui permet au président de la République de s'arroger tous les pouvoirs, sera abrogé. […] La durée du mandat du président de la République sera fixée à cinq ans.

8 **L'opposition gauchiste : les dirigeants de la Ligue communiste.**
Alain Krivine, candidat aux élections présidentielles de 1969 (1 % des voix), entouré de Daniel Bensaïd (à gauche) et Henri Weber (à droite). Ce dernier est aujourd'hui sénateur socialiste.

5 Le « changement » entravé par la crise

A. L'élan initial des présidentielles

doc. 1, 2 et 4

■ Au premier tour des présidentielles, Giscard d'Estaing distance nettement le candidat gaulliste, Chaban-Delmas. Le second tour est serré. La montée en puissance de l'Union de la gauche et la dynamique créée autour de la candidature unique de Mitterrand sont des atouts pour ce dernier. **Giscard d'Estaing est élu** président de la République au second tour, le 19 mai, avec une courte avance (50,81 % des voix).

■ Dans sa première déclaration officielle, le nouveau président place d'emblée son action sous le signe du « changement ». De fait, dès le mois de juin des réformes sont engagées : **la majorité est désormais fixée à 18 ans**, en juillet le divorce par consentement mutuel est adopté et, en janvier 1975, **la loi Veil sur l'interruption volontaire de grossesse** est votée, grâce à l'appui des députés de gauche.

■ Si l'élan initial des réformes est indéniable, les difficultés surgissent rapidement. Les effets de la crise économique se font sentir dès 1974 : ralentissement de la croissance, hausse du chômage. Deux politiques sont successivement menées par **le Premier ministre Jacques Chirac**, l'une, en 1974, de « refroidissement de l'économie » par la restriction du crédit, l'autre, en 1975, de relance par la consommation, par exemple en facilitant le crédit et en garantissant le maintien du pouvoir d'achat des salariés.

B. Une bipolarisation croissante

doc. 3, 5, 6, 7 et 8

■ L'année 1976 marque un double tournant dans le septennat. D'une part, Jacques Chirac démissionne en août, à sa propre initiative. L'épisode, inédit sous la Ve République, traduit la concurrence croissante entre les deux principales forces de droite, **les gaullistes**, regroupés à partir de décembre 1976 au sein du Rassemblement pour la République (RPR), **et les libéraux giscardiens** regroupés au sein de l'Union pour la démocratie française (UDF). En outre, la progression de **l'Union de la gauche** aux élections cantonales et municipales accroît encore la bipolarisation de la vie politique.

■ Mais, en raison de désaccords apparus entre communistes et socialistes à partir de l'été 1977, la majorité sortante RPR et UDF gagne les élections législatives de 1978. La gauche est ébranlée par cet arrêt apparent de sa progression et par la rivalité au sein du parti socialiste entre François Mitterrand et Michel Rocard, tandis que les difficultés économiques s'aggravent. Un second choc pétrolier survenu en 1979 ruine les efforts de redressement entrepris par **le nouveau Premier ministre Raymond Barre** : l'inflation repart à la hausse et dépasse 13 % en 1980 ; le chômage s'accroît, et concerne 1 650 000 personnes à la fin du septennat. L'élection présidentielle de 1981 qui se profile à l'horizon s'annonce donc à la fois serrée et incertaine.

C. Le temps des difficultés

■ Par ailleurs, l'action du président se trouve gênée par de multiples contradictions :
– porteur d'un projet centriste, son septennat est ponctué d'élections bipolarisées ;
– ministre gestionnaire au temps des Trente Glorieuses – il avait été ministre des Finances à plusieurs reprises sous de Gaulle puis Pompidou – **il est élu président lorsque survient la crise** ;
– partisan d'une réforme profonde de la société française, il ne peut la mener à bien en raison de la dégradation de la situation économique et des divisions au sein de la majorité.

■ Giscard d'Estaing est confronté à des difficultés le touchant personnellement, comme l'« affaire des diamants » (cadeau offert par le dictateur africain Bokassa), qu'il ressent comme une atteinte à sa fonction. Il est **perçu par une partie des Français comme un personnage hautain et distant** malgré les efforts qu'il fait pour se rapprocher du peuple, par exemple en recevant les éboueurs de Paris à l'Élysée ou en s'invitant à dîner chez des Français modestes.

1 Giscard candidat

Je m'adresse à vous aujourd'hui, ici, dans cette mairie de la province d'Auvergne, pour vous dire que je suis candidat à la présidence de la République. [...] Une élection présidentielle est un commencement. C'est l'occasion de définir et de conduire une politique nouvelle pour la France :
– à l'intérieur, faire de notre pays un modèle de justice et de progrès social, de respect des règles démocratiques et de protection de la liberté de chacun ;
– à l'extérieur, défendre scrupuleusement les intérêts de notre pays ; atteindre en 1980 l'objectif essentiel de l'union politique de l'Europe proposé par le président Pompidou. [...]
Je voudrais regarder la France au fond des yeux, lui dire mon message et écouter le sien.

Déclaration de V. Giscard d'Estaing, depuis la mairie de Chamalières, le 8 avril 1974.

1. **Présenter le contexte historique.**
2. **Quel nouveau ton le candidat utilise-t-il en disant : « Je voudrais regarder la France au fond des yeux » ?**

2 Élection présidentielle de 1974.

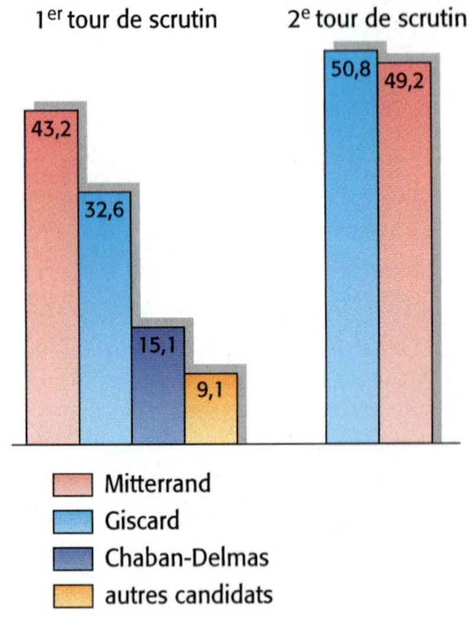

3 Les élections de 1978.

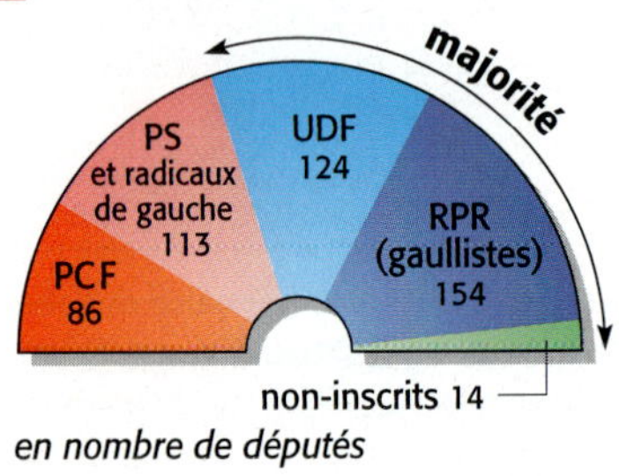

4 **Giscard d'Estaing faisant visiter l'Élysée en 1977.**

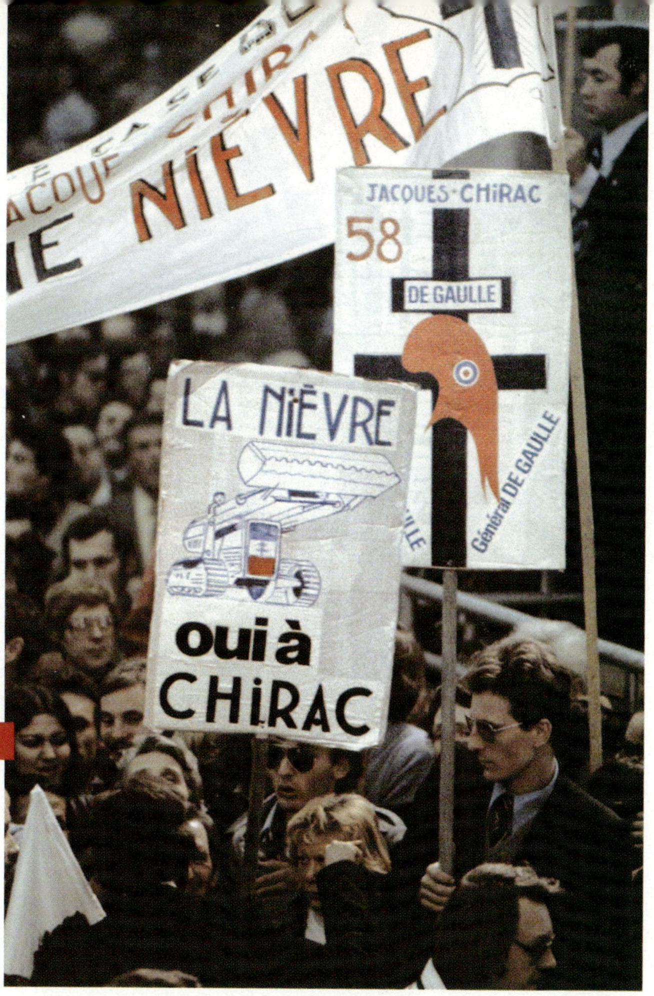

5 **Fondation du Rassemblement pour la République le 5 décembre 1976,** les militants gaullistes de la Nièvre.

6 Le témoignage du Premier ministre Raymond Barre

Du jour au lendemain [à la suite du deuxième choc pétrolier], je me trouve en face d'une situation qui commençait à s'améliorer et qui était complètement remise en question. […] Je peux vous assurer que lorsque l'on voit le prix du pétrole passer de 14 dollars le baril à 35 dollars et que les spécialistes viennent vous dire que l'on risque de manquer de pétrole, la situation n'est pas commode.

Ayant fait un examen complet de cette situation, j'en ai fait rapport au président de la République. Dans la première audience, je lui ai dit : « Monsieur le Président, la situation me paraît grave et la décision à prendre encore plus grave parce que nous sommes à dix-huit mois de l'élection présidentielle et que les mesures à prendre ne peuvent pas être des mesures simples et faciles. […] Si nous agissons tout de suite, nous allons arriver d'ici la fin de 1980 à une amélioration. Si nous ne prenons pas les mesures nécessaires, si nous laissons filer, il vous appartiendra de décider si, au lendemain de votre réélection, que je souhaite, vous serez à ce moment-là, contraint d'introduire un nouveau plan de refroidissement. » À la troisième audience le président m'a dit : « Il faut que l'affaire soit engagée. On ne peut laisser la France dans une situation de laisser-aller. »

Témoignage tiré de Serge Berstein, René Rémond et Jean-François Sirinelli, *Les Années Giscard, institutions et pratiques politiques (1974-1978)*, Fayard, 2003.

8 Une politique-spectacle

La politique, autrefois, c'étaient des idées. La politique, aujourd'hui, ce sont des personnes. Ou plutôt des personnages. Car chaque dirigeant paraît choisir un emploi et tenir un rôle. Comme au spectacle.

Désormais, l'État lui-même se transforme en entreprise de spectacle, en « producteur » de spectacle. Désormais la politique tourne à la mise en scène. Désormais, chaque dirigeant s'exhibe et se met en vedette. Ainsi va la personnalisation du pouvoir.

Roger-Gérard Schwarzenberg, *L'État spectacle*, Flammarion, 1977.

7 « Est-il impossible que la gauche gouverne ce pays ? »

La gauche vient donc de manquer un nouveau rendez-vous avec l'Histoire. C'est le huitième depuis le début de la Ve République. C'est une immense tristesse qui nous atteint ce soir : 14 ou 15 millions de Français qui avaient placé toutes leurs espérances dans un changement profond de notre société vers plus de justice, et qui ne le verront pas. Est-ce une fatalité ? Est-il impossible, définitivement, que la gauche gouverne ce pays ? Je réponds « non ».

Pourquoi cette défaite aujourd'hui ? Une raison dominante. La gauche n'a pas marché du même pas face au bloc des intérêts unis. Nos camarades communistes voulaient une victoire qui fut d'abord la leur. Ils ont pris là une terrible responsabilité devant l'Histoire et devant les travailleurs. Il ne fera pas bon, demain matin, être militant communiste dans les ateliers, dans les bureaux, car il faudra répondre à bien des questions. Pourquoi avoir pendant quatre ans attaqué davantage les socialistes que la droite ? Pourquoi avoir parlé de ministres communistes avant de créer les conditions pour qu'il y en ait ? Était-ce vouloir la victoire que de s'impatienter sur le SMIC et d'exiger des centaines de nationalisations, puisqu'il n'y aura pas de nationalisations nouvelles et que le SMIC restera à 1 900 F ? Nous le savons maintenant de manière claire : la gauche ne pourra vaincre unie que quand le parti communiste aura accepté de donner la priorité à l'union sur ses propres intérêts de parti.

Michel Rocard, après l'échec de la gauche aux élections législatives de mars 1978.

1. **Décrire la situation politique à la date du texte.**
2. **Quelle analyse l'auteur fait-il de cette situation en ce qui concerne la gauche ?**
3. **À qui attribue-t-il la responsabilité de l'échec ?**

FICHE DE RÉVISION

DATES À RETENIR

- **1962 :** élection du président de la République au suffrage universel
- **1965 :** de Gaulle réélu
- **mai 1968 :** crise universitaire, sociale et politique
- **1969 :** démission de De Gaulle
- **1969 :** Pompidou président
- **1974 :** Giscard d'Estaing président

BIOGRAPHIES

Georges Pompidou (1911-1974), Président de la République de 1969 à sa mort en 1974.
(Voir biographie complète p. 398)

Valéry Giscard d'Estaing (né en 1926), Président de la République de 1974 à 1981.
(Voir biographie complète p. 394)

BILAN DU CHAPITRE

I. La révision constitutionnelle de 1962

➤ La Vᵉ République prend sa véritable forme institutionnelle en 1962 : élection du président de la République au suffrage universel ;

➤ Révision constitutionnelle par référendum ; la plupart des partis sont hostiles à cette révision.

II. De Gaulle président (1962 à 1969)

➤ Politique étrangère d'indépendance nationale : le « rang » de la France ;

➤ Période de développement économique et de modernisation de la France ;

➤ Une opposition réapparaît au grand jour : de Gaulle en **ballottage** en 1965 ;

➤ Le pouvoir gaulliste est ébranlé par la crise universitaire, sociale et politique de mai 1968 ;

➤ Apparemment, de Gaulle sort victorieux de la crise mais, en avril 1969, la victoire du « non » au référendum entraîne sa démission.

III. Georges Pompidou puis Giscard présidents (1969 à 1974)

➤ Successeur de De Gaulle, Pompidou nomme Jacques Chaban-Delmas, Premier ministre ; projet de « nouvelle société » tentant d'absorber l'onde de choc de mai 1968.

➤ Mais en 1972, Pompidou change de Premier ministre et mène une politique moins réformiste ; premier « choc pétrolier » (1973) ; malade, Pompidou meurt le 2 avril 1974.

➤ Le « changement » annoncé par le nouveau président, élu en 1974, est entravé par la crise ; réformes importantes (majorité à 18 ans, loi sur l'interruption volontaire de grossesse) mais, divisions de la majorité (le premier ministre Jacques Chirac démissionne en août 1976), progression électorale de la gauche et second « choc pétrolier » de 1979.

NE PAS CONFONDRE

Principales forces politiques entre 1958 et1981

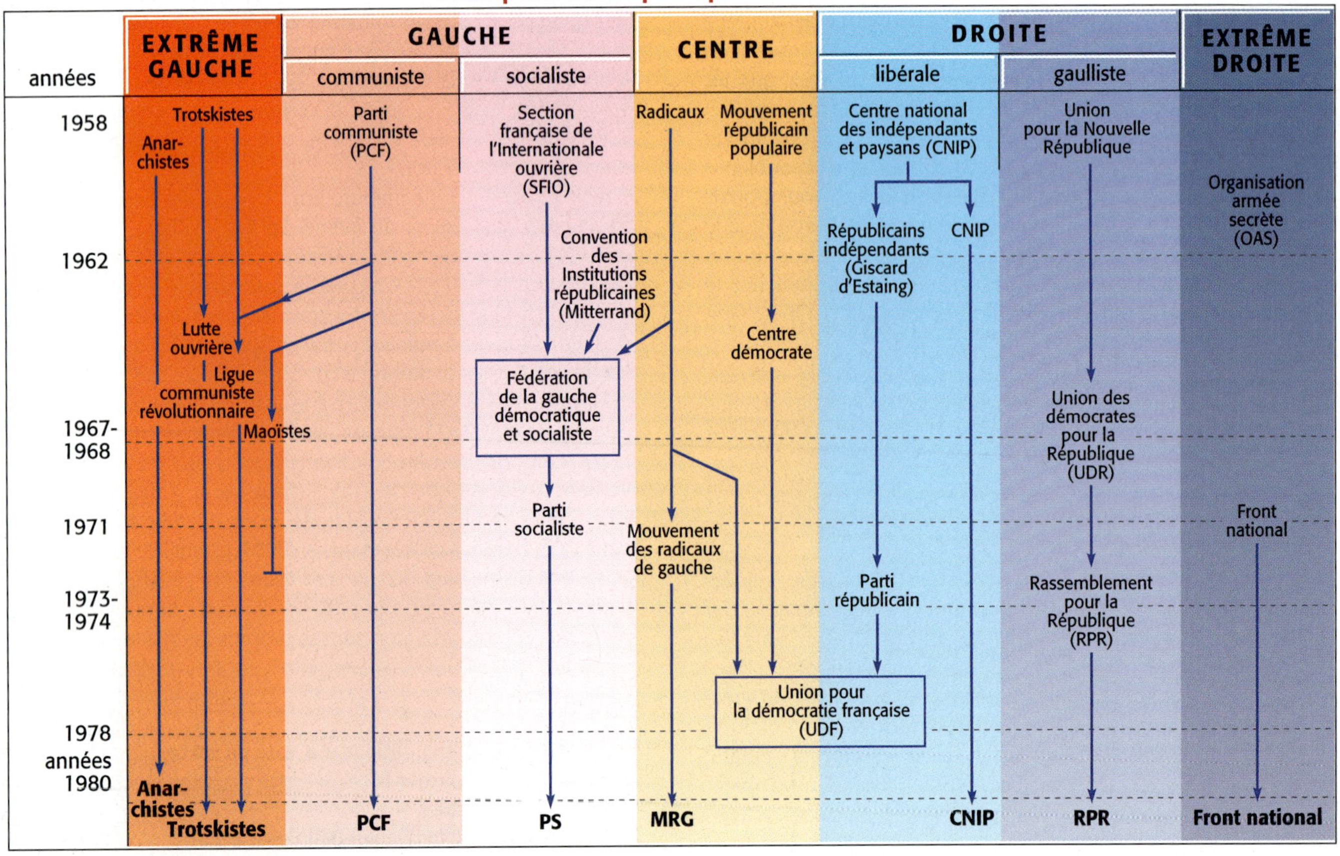

Explication d'un document (13/16)

Sujet : La présidence du général de Gaulle vue par Henry Kissinger

Le président de la République donna brusquement sa démission le 28 avril 1969, à la suite d'un référendum qui lui avait été défavorable, relatif à des problèmes secondaires : la structure des autorités locales en France, et une réforme du Sénat. Démissionner sur des problèmes de cet ordre donna à penser que le but du référendum était, au moins en partie, de fournir à de Gaulle un prétexte pour quitter la présidence. Il avait accompli les actions d'éclat exigées par les crises qui l'avaient amené au pouvoir. Il avait consolidé de nouvelles institutions politiques. Il avait mené à bien la décolonisation de l'Afrique française tout en sauvegardant la confiance de la France en elle-même et son prestige dans les anciennes colonies. En évitant de peu une guerre civile naissante, il avait rendu à la France son orgueil national en lui donnant un rôle central dans la politique de l'Europe et de l'Alliance occidentale. Son défi aux États-Unis visait en grande partie à redonner assurance aux Français.

Mais les soulèvements étudiants de 1968 avaient ébranlé de Gaulle. Et les problèmes qui se posèrent à lui par la suite manquaient d'envergure par rapport à la vision qu'il avait de lui-même. Assurer le développement de l'économie, arbitrer entre des revendications dans le cadre de ressources limitées, organiser et diriger un État bureaucratique, c'était là les tâches de ce qu'il appelait avec quelque mépris l'« intendance » : elles n'étaient pas du ressort des héros. Le référendum du 27 avril 1969 lui donna l'occasion de partir en beauté, et lui évita cette dégradation de l'autorité qu'il craignait tant. Et ce fut la solitude de Colombey-les-Deux-Églises : de Gaulle ne vit plus aucune personnalité politique, ne fit plus aucune déclaration, travailla à ses mémoires, et attendit la mort.

Henry Kissinger, ancien secrétaire d'État (équivalent du ministre des Affaires étrangères) de Richard Nixon, *À la Maison-Blanche (1968-1973)*, Fayard, 1979, pour la traduction française.

DOCUMENT D'ACCOMPAGNEMENT
Le Quartier latin à Paris, le 25 mai 1968.

Questions

1. Présenter le document (nature, auteur, contexte, destinataire).
2. Comment explique-t-il le départ du général de Gaulle ? Ses explications sont-elles suffisantes ?
3. À quelles crises Henry Kissinger fait-il allusion quand il évoque l'arrivée du général de Gaulle au pouvoir ?
4. Expliquer et discuter les éléments du bilan que l'auteur dresse de la présidence du général de Gaulle.
5. Quelle image donne-t-il du général de Gaulle et de sa présidence ?

Méthode

1. Aide générale

• L'auteur est un homme politique américain ; son regard n'est pas neutre car son pays n'a pas toujours entretenu de bonnes relations avec la France. En quelques lignes, il expose sa vision de la présidence de Charles de Gaulle. Il sélectionne ce qui lui semble le plus caractéristique. Son analyse doit donc être éclairée et discutée.

2. Pour répondre aux questions

A. Question 1

• L'auteur est connu. Il faut utiliser ses connaissances et les informations tirées de la source. Peut-il être un bon observateur des réalités françaises ?

B. Question 2

• Kissinger envisage des explications politiques et psychologiques. Étudier sa présentation de la crise de 1968. De Gaulle n'a-t-il pas déjà été affaibli précédemment ?

C. Question 3

• À quel problème majeur la France est-elle confrontée quand de Gaulle revient au pouvoir ? Quelles en sont les conséquences sur le plan intérieur et sur le plan international ?

D. Question 4

• Il s'agit, à l'aide de ses connaissances, d'expliciter quelques aspects de l'action du général de Gaulle : les institutions de la Ve République, la décolonisation, la politique extérieure.

• Faire la critique du bilan dressé par Kissinger. Ne comporte-t-il pas quelques simplifications et quelques oublis importants ?

E. Question 5

• Reprendre les thèmes abordés dans la question 4 et les mettre en relation avec les grands axes de la politique gaulliste. Y a-t-il correspondance ? Certaines expressions méritent un commentaire : « actions d'éclat », « ressort des héros », « parti en beauté ». Quelle stature H. Kissinger donne-t-il à de Gaulle ?

Composition (8/10)

Sujet : Quelle place le général de Gaulle occupe-t-il dans la vie politique intérieure française de 1944 à 1969 ?

CHRONOLOGIE

- **juin 1944 :** de Gaulle, chef du Gouvernement provisoire de la République française.
- **janvier 1946 :** de Gaulle démissionne.
- **juin 1946 :** discours de Bayeux.
- **octobre 1946 :** adoption de la Constitution de la IVe République.
- **avril 1947 :** de Gaulle annonce la création du Rassemblement du peuple français (RPF).
- **1953 :** mise en sommeil du RPF ; début de la « traversée du désert ».
- **mai 1958 :** crise politique en France ; de Gaulle se dit « prêt à assumer les pouvoirs de la République ».
- **juin 1958 :** de Gaulle investi par l'Assemblée nationale (329 voix pour, 224 contre).
- **septembre 1958 :** adoption de la Constitution de la Ve République par référendum.
- **décembre 1958 :** de Gaulle, président de la République.
- **janvier 1961 :** adoption par référendum de « l'autodétermination » en Algérie (75 % de « oui »).
- **avril 1961 :** échec du putsch des généraux à Alger.
- **avril 1962 :** accords d'Évian.
- **22 août 1962 :** attentat du Petit Clamart.
- **octobre 1962 :** le gouvernement Pompidou est renversé par l'Assemblée ; de Gaulle dissout l'Assemblée.
- **octobre 1962 :** référendum sur l'élection du président de la République au suffrage universel.
- **décembre 1965 :** élections présidentielles : de Gaulle réélu au second tour.
- **mai 1968 :** crise sociale et politique en France.
- **juin 1968 :** victoire gaulliste aux élections législatives.
- **avril 1969 :** échec du référendum sur la réforme du Sénat et la régionalisation ; démission du général de Gaulle.
- **9 novembre 1970 :** mort du général de Gaulle à Colombey-les-Deux-Églises.

DOCUMENT D'ACCOMPAGNEMENT

Dessin de Jacques Faizant, paru au lendemain de la mort du général de Gaulle.
Le dessin, un chêne abattu, inspira au ministre de la Culture, André Malraux, le titre de son ouvrage, *Les Chênes qu'on abat.*
Le Figaro du 10 novembre 1970.

© JACQUES FAIZANT-CIIA Cartoon Company

Méthode

➤ 1. Analyser le sujet

1. Le thème : deux mots ou expression clés :
– le sujet concerne la « vie politique ».
Ne pas raconter l'histoire de la France, de 1944 à 1969 ;
– « de Gaulle ».

Le mot de liaison : « dans » est essentiel.
La difficulté du sujet provient du rapport entre de Gaulle et la vie politique française.

Quelle place **le général de Gaulle** occupe-t-il **dans** **la vie politique** **intérieure française** **de 1944 à 1969** ?

2. La zone géographique : la réponse est fournie par l'adjectif « française » et surtout par « intérieure ». La politique extérieure du général de Gaulle est donc entièrement hors sujet.

3. La période historique : quels sont le rôle et l'action du général Gaulle à ces deux dates ? Quelles périodes sont encadrées par ces deux dates ?

Attention au hors sujet

• Le danger principal d'un sujet de ce type, centré sur un personnage, est de narrer l'histoire de toute la période au lieu de centrer son étude sur l'action du personnage.

• S'il est nécessaire de présenter succinctement le personnage, il ne faut pas s'étendre sur la période antérieure à 1944, ne pas raconter dans le détail l'action du général de Gaulle dans la Résistance.

➤ 2. Formuler une problématique

• À plusieurs reprises le général de Gaulle a joué un rôle primordial dans l'histoire de la France : quels ont été ces moments ? Pourquoi est-il revenu au pouvoir ? Quelle a été l'empreinte de son action, en particulier dans le redressement du pays et dans les institutions ?

• Réfléchir aux moments essentiels, présents dans la chronologie : 1944, de Gaulle incarne la Résistance, la démission de 1946, le retour au pouvoir en 1958, les difficultés de 1962, etc.

• De Gaulle démissionne deux fois, il est la cible de 17 attentats de l'OAS et il est mis en ballottage en 1965. Se demander pourquoi il démissionne, quels sont les moments de découragement, pourquoi il revient au pouvoir en 1958, pourquoi il n'abandonne pas le pouvoir en 1968.

➤ 3. Réfléchir à un plan

• Pour ce type de sujet, **un plan chronologique s'impose**. Il s'agit en effet, d'étudier l'action ou l'influence d'un homme. Celles-ci ne peuvent être analysées que dans leurs rapports avec une évolution historique.

• Dans le déroulement chronologique, il est nécessaire, à certains moments, d'approfondir quelques points (idées du personnage, originalité et moments forts de son action dans l'histoire).

• Choisir les bonnes dates charnières : la guerre et l'immédiat après-guerre forment une partie cohérente. **Janvier 1946** est un premier tournant. La première partie peut donc couvrir la période qui s'étend de juin 1944 à janvier 1946.

• De même, la période de la IVe République, durant laquelle le général de Gaulle s'est situé continûment dans l'opposition, constitue une deuxième partie qui a son unité. **La fin de l'année 1958** – et non le 13 mai 1958 – représente un deuxième tournant : la vie politique française est profondément modifiée par l'adoption de la Constitution de la Ve République. La deuxième partie couvrira donc la période 1946-fin 1958.

• Dernière date charnière : **la démission de 1969** qui est une des conséquences de mai-juin 1968. La troisième partie concernera donc la période 1959-1969. Mais il faut insister sur la modification politique essentielle : l'élection du président de la République au suffrage universel.

PROPOSITION DE PLAN

Introduction

• **Souligner le rôle décisif à plusieurs reprises**, l'importance d'un homme qui a participé au combat pour la victoire, rétabli la paix en Algérie en 1962 et créé de nouvelles institutions. De Gaulle a joué un rôle unique dans la vie politique de la seconde moitié du XXe s. en France.

• **Donner la problématique**

Pourquoi un itinéraire personnel aussi mouvementé ? Quelles modifications sont apportées à la vie politique ?

• **Annoncer le plan**

I. De Gaulle, chef du Gouvernement provisoire

1. Le chef de la Résistance (été 1944-automne 1945)

– Rappel succinct : l'homme de l'appel du 18 juin 1940
– Le rétablissement de l'autorité de l'État
– Les grandes réformes économiques et sociales

2. Le contentieux et le départ (1945-janvier 1946)

– L'opposition aux partis politiques traditionnels
– La démission (20 janvier 1946)

II. L'opposant à la IVe et le fondateur de la Ve République

1. Le combat contre le nouveau régime

– Les conceptions politiques de Charles de Gaulle : discours de Bayeux, juin 1946
– De Gaulle, chef du RPF (1947-1951)

2. La « traversée du désert »

– Le temps des déceptions (1951-1953)
– La mise en sommeil du RPF et le retour à Colombey-les-Deux-Églises : parenthèse ou retraite définitive ?

3. Le retour au pouvoir : l'année 1958

– Le 13 mai 1958
– Juin 1958 : de Gaulle, président du Conseil
– La Constitution de la Ve République
– Décembre 1958 : de Gaulle président de la République

III. La république gaullienne (1958-1969)

1. Le règlement du problème algérien

– La recherche d'une solution militaire
– L'autodétermination du peuple algérien
– Les oppositions (1961) et la paix (1962)

2. L'élection du président de la République au suffrage universel

– Le référendum de 1962 et la réorganisation de la vie politique française qui s'ensuit : une majorité et une opposition
– La surprise du ballottage de 1965

3. Le septennat interrompu

– L'ébranlement de mai 1968. La victoire de juin 1968 : sursaut ou sursis ?
– Le référendum d'avril 1969 : l'échec et le départ

Conclusion

De Gaulle, l'homme du 18 juin 1940 et de la Libération, préfère démissionner à la suite d'un conflit avec les forces politiques traditionnelles. En 1958, il est l'homme de la nouvelle Constitution (revanche sur la IVe République et ses partisans, qui ne lui pardonnent pas) et du règlement de la guerre d'Algérie. Après onze ans de pouvoir, une nouvelle crise provoque son départ.

Les nouvelles perspectives : la stabilité des institutions ; la nouveauté que constitue l'élection du président de la République au suffrage universel ; une grande partie de la vie politique française s'organisera autour de cette élection.

Étude d'un ensemble documentaire (13/16)

Sujet : Quel rôle jouent les gaullistes dans la vie politique française de 1947 à 1981 ?

Questions

Première partie

1. Situer les documents dans l'ordre chronologique.
2. Quel lien existe-t-il entre de Gaulle et ceux qui se réclament de sa personne, de ses idées ?
3. Quelle est la position des gaullistes sur la question des institutions ? (doc. 2 et 3)
4. Où peut-on situer les gaullistes sur l'éventail politique ?
5. Comment évolue l'influence du gaullisme ? (doc. 5)

Deuxième partie : À l'aide des réponses aux questions précédentes et de vos connaissances, rédigez une réponse organisée à la question posée dans le sujet.

DOCUMENT 1 Affiche du Rassemblement du peuple français.

Noms des mouvements gaullistes

RPF	Rassemblement du peuple français fondé en avril 1947
UNR	l'Union pour la nouvelle République (octobre 1958)
UDV	l'Union des démocrates pour la Ve République (1967)
UDR	l'Union pour la défense de la République (juin 1968)
RPR	Rassemblement pour la République (août 1976)

DOCUMENT 2 Regard critique d'un gaulliste sur « l'après-de Gaulle »

De Gaulle avait défini un certain nombre d'objectifs qu'il empruntait à nos deux cultures politiques. À la gauche, son volontarisme économique, son désir d'instaurer, dans le domaine social, la participation, sa recherche de la paix par la décolonisation – de l'Algérie au Viêt-nam –, son souci de la coopération. À la droite, sa volonté d'assurer la grandeur et l'indépendance de la nation, son affirmation de l'autorité de l'État. Sa stature historique lui a permis de réaliser une synthèse originale entre toutes ces exigences – que le RPR n'a pas été capable d'assumer. […]
Depuis la fin des années 1970, le RPR s'est laissé aller à un libéralisme de plus en plus échevelé, sous prétexte de « faire reculer l'État ». Quant à la participation, Georges Pompidou avait fait obstacle à sa mise en œuvre et ses successeurs ont tenté de la réduire à une simple technique d'« intéressement » ou au « capitalisme populaire » ! Nous sommes loin de l'ambition conçue par de Gaulle de transformer, de proche en proche, l'ensemble des rapports sociaux. […]
Il est certain que les forces qui s'étaient regroupées derrière [Pompidou] étaient foncièrement conservatrices et que les pesanteurs de l'électorat aidant, l'héritage gaulliste a basculé, par leur faute, à droite. Le signe le plus évident de cette évolution a été l'échec de la « nouvelle société », puis de la candidature présidentielle de Jacques Chaban-Delmas, qui a marginalisé le courant gaulliste de progrès après 1974.

Entretien de Jean Charbonnel, ancien ministre du général de Gaulle, ancien dirigeant du mouvement gaulliste, avec Nicolas Domenach, *L'Histoire*, n° 162, janvier 1993.

DOCUMENT 3 Les successeurs

a. Quant aux résultats de cette élection, je crois pouvoir dire qu'elle est la preuve de l'adhésion nationale à la Ve République. J'en tire deux conclusions : la première, c'est qu'il est essentiel que toutes les formations politiques, à l'exception de celles qui poursuivent purement et simplement la révolution, situent désormais leur action et leurs espérances dans le cadre de nos institutions. […] La deuxième conclusion, c'est que le choix qu'a fait le peuple français démontre son adhésion à la conception que le général de Gaulle a eue du rôle du président de la République. À la fois chef suprême de l'exécutif, gardien et gérant de la Constitution, il est, à ce double titre, chargé de définir les directions essentielles, d'assurer et de contrôler le bon fonctionnement des pouvoirs publics.

Conférence de presse de Georges Pompidou, 10 juillet 1969.

b. Entre le système bureaucratique du collectivisme et le libéralisme conservateur, il existe une troisième voie ouverte par la volonté de progrès, assurant la liberté et la participation de chacun à la construction de son destin. Aujourd'hui, nous n'admettons pas qu'il n'y ait d'autre choix qu'entre la politique actuelle et la révolution. […] Le RPR, qui revendique l'honneur d'assumer l'héritage gaulliste, n'accepte pas de cautionner la démission de l'autorité face à la violence, le laisser-faire libéral face au marasme économique.

Déclaration de Jacques Chirac aux responsables du RPR, le 27 mars 1979.

Document 4
De Gaulle en Provence, le 16 août 1964, pour le vingtième anniversaire du débarquement allié.

Document 5 **Quelques résultats électoraux.**

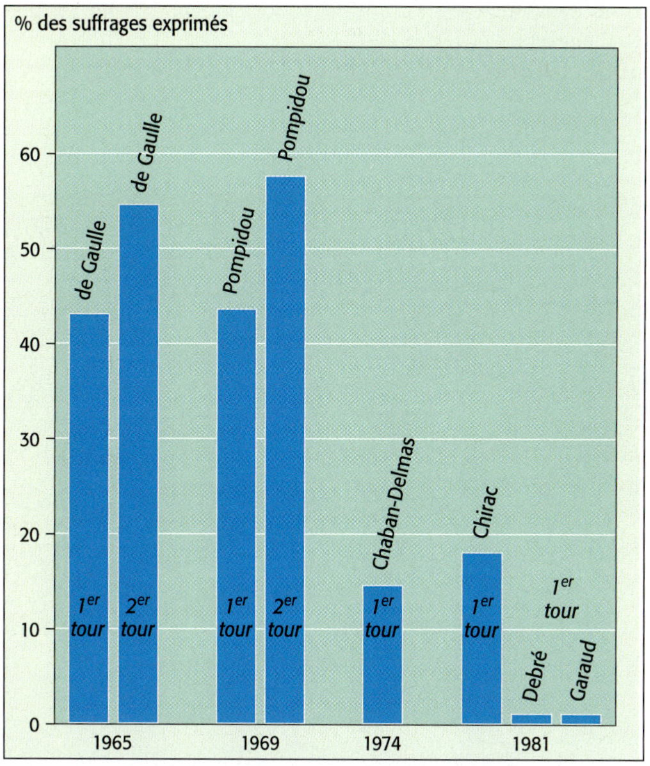

a. Les élections présidentielles de 1965 à 1981.
Résultats du général de Gaulle et des candidats se réclamant du gaullisme aux élections présidentielles de 1965, 1969, 1974, 1981.

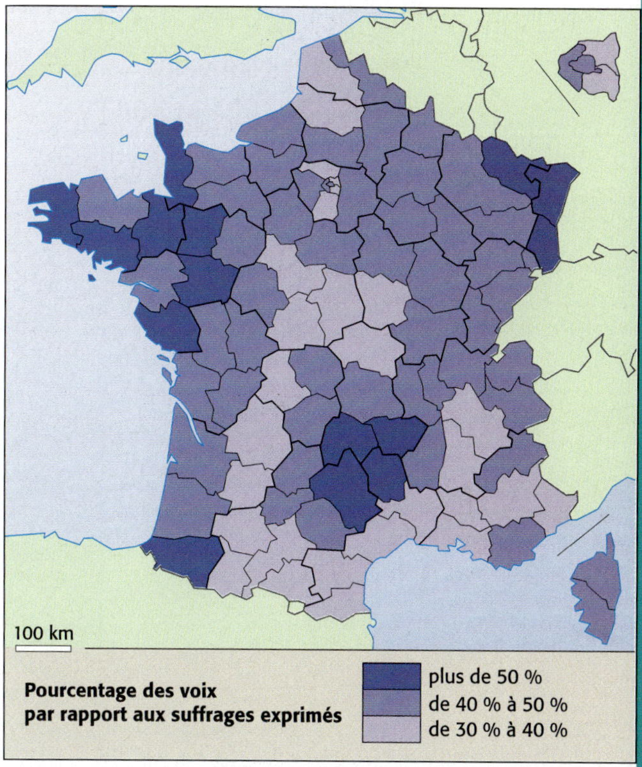

b. Les voix en faveur de Georges Pompidou au premier tour des présidentielles de 1969.

Méthode

➤ Quelques conseils

- Replacer les différents documents dans l'ordre chronologique.
- Deux réflexions préliminaires :

– « de 1947 à 1981 », le rapport entre les gaullistes et le pouvoir politique a varié (opposition, exercice du pouvoir, partage du pouvoir, participation à la majorité mais critique du pouvoir en place) en fonction de l'évolution politique de la France pendant cette période, évolution qu'il faut connaître ;
– « les gaullistes » sont des hommes politiques, mais aussi des électeurs, attachés aux options prises par le général de Gaulle. Il faut connaître ces options.

Question 1

Présenter précisément le contexte, l'auteur et le sujet de chacun des documents. Plus que la biographie des auteurs, ce qui importe c'est la fonction qu'ils occupent alors et la relation qu'ils peuvent avoir avec le pouvoir et avec le général de Gaulle. Examiner la composition de la foule (doc. 4).

CHAPITRE 17

La Ve République à l'épreuve du temps (1981-2002)

séries **ES-L-S**

De 1965 à 1981, deux des trois présidents élus ne finissent pas leur mandat. Entre 1981 et 2002, au contraire, les trois septennats successifs parviennent à leur terme, mais en connaissant tous les trois un changement de majorité en leur sein : trois « cohabitations » jalonnent l'histoire politique française des vingt dernières années. Ces trois phases ont-elles marqué un dérèglement de l'esprit de la Ve République ? De surcroît, une modification importante des institutions a été apportée en 2000, le quinquennat, et les dernières élections ont vu croître l'abstention. La Ve République, plus de quarante ans après la réforme qui plaça le suffrage universel au cœur de ses institutions, connaîtrait-elle aujourd'hui une crise de la représentation politique ?

→ Quels changements la Ve République connaît-elle dans son fonctionnement entre 1981 et 2002 ?

1 La gauche arrive au pouvoir, pour une longue période marquée par trois cohabitations...

François Mitterrand en mai 1981.

« En ce jour où je prends possession de la plus haute charge, je pense à ces millions et ces millions de femmes et d'hommes, ferment de notre peuple, qui, deux siècles durant, dans la paix et la guerre, par le travail et par le sang, ont façonné l'histoire de France sans y avoir accès autrement que par de brèves et glorieuses fractures de notre société ».
François Mitterrand, discours d'investiture, 21 mai 1981.

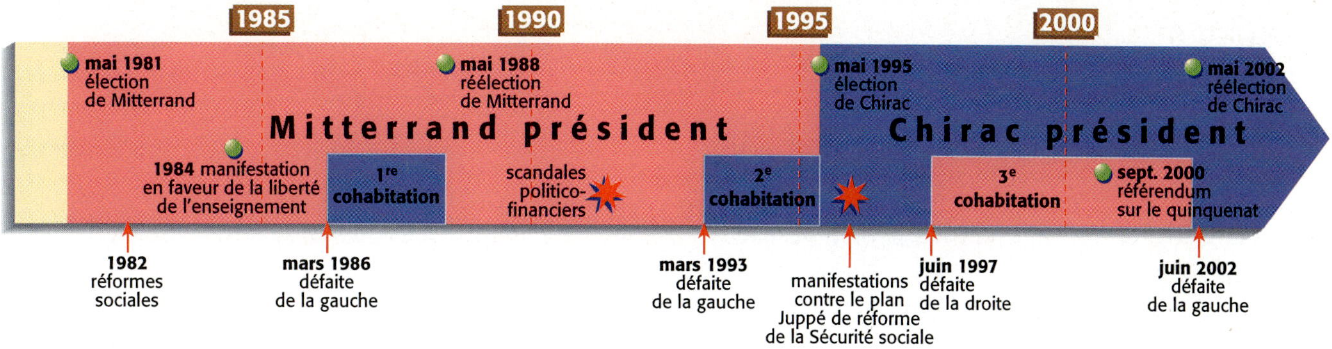

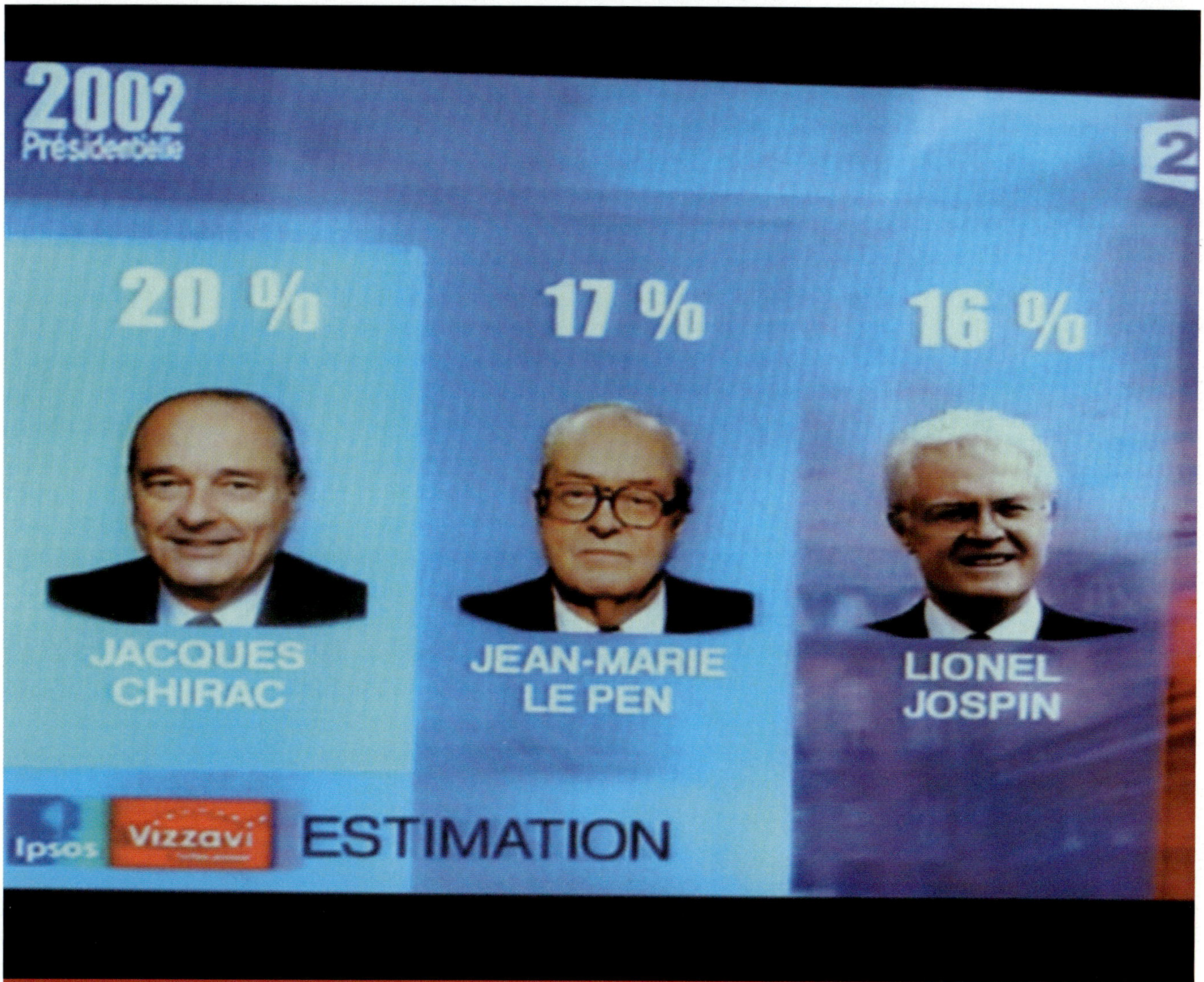

2 ... qui s'achève avec le choc du premier tour de l'élection présidentielle de 2002.

21 avril 2001, France 2, 20 heures.

« N'ayez pas peur ! Vous, les exclus, les sans-grades, les paysans, les métallos. Entrez dans l'espérance ».
Jean-Marie Le Pen, 21 avril 2002.

« Je reste fier du travail accompli [...]. J'assume pleinement la responsabilité de cet échec et j'en tire les conclusions en me retirant. »
Lionel Jospin, 21 avril 2002.

François Mitterrand

Le 10 mai 1981, François Mitterrand est élu président de la République. Sa victoire, qui permet la première alternance politique de la Ve République, est aussi le couronnement d'un itinéraire à bien des égards singulier. Cet itinéraire, en effet, commence dans l'entre-deux-guerres, au sein des milieux étudiants proches de l'extrême droite. Pétainiste dans un premier temps pendant la guerre, il rallie la Résistance en 1943. Il connaît ensuite un précoce et brillant parcours politique sous la IVe République (il est onze fois ministre), au centre gauche. D'abord hostile aux institutions de la Ve République, il parvient à rassembler les forces de gauche sur sa candidature à l'élection présidentielle de 1965. Bien plus, il devient, en 1971, premier secrétaire du PS, alors qu'il n'avait jamais appartenu auparavant au courant socialiste. À nouveau candidat de la gauche unie en 1974, il frôle la victoire. En 1981, il réalise enfin son ambition : arriver au sommet de l'État, où il restera quatorze ans.

1 Sous la IIIe République : une manifestation de droite en 1935.

Manifestation au quartier latin contre « l'invasion métèque » et le trop grand nombre de juifs à la faculté de Médecine. Mitterrand est le premier à gauche.

2 Sous la IVe République : F. Mitterrand ministre de la Justice.

Au festival de Cannes, le 24 avril 1956, en compagnie de Brigitte Bardot.

3 Sous la Ve République : F. Mitterrand lors de la campagne électorale de 1965.

4 Discours de Mitterrand à Épinay, juin 1971

Notre terrain, il est celui-ci : à compter du moment où nous adoptons une stratégie de rupture, il importe de savoir quelle est la définition hors de laquelle il n'y a pas de marche possible vers le socialisme.
Eh bien je dis, aussi clairement que je le pense après quelque réflexion, que notre terrain est celui-là : il n'y a pas, il n'y aura jamais de société socialiste sans propriété collective des grands moyens de production, d'échange et de recherche. [...]
Notre terrain, c'est une analyse économique, ce n'est pas une doctrine, ce n'est pas une idéologie, c'est une science [...] qui épouse le fait économique et social. [...]
Le véritable ennemi, j'allais dire le seul, parce que tout passe par chez lui, le véritable ennemi si l'on est bien sur le terrain de la rupture initiale, des structures économiques, c'est celui qui tient les clefs... c'est celui qui est installé sur ce terrain-là, c'est celui qu'il faut déloger... c'est le monopole ! terme extensif... pour signifier toutes les puissances de l'argent, l'argent qui corrompt, l'argent qui achète, l'argent qui écrase, l'argent qui tue, l'argent qui ruine, et l'argent qui pourrit jusqu'à la conscience des hommes !

Discours au Congrès du Parti socialiste à Épinay, juin 1971.

5 Quelques-unes des 110 propositions du candidat Mitterrand (janvier 1981)

21. Nationalisation des neuf groupes industriels prévus dans le Programme commun et le programme socialiste, de la sidérurgie, de l'armement, et de l'espace financés sur fonds publics. La nationalisation du crédit et des assurances sera achevée.
22. Le contrat de travail à durée indéterminée redeviendra la base des relations du travail. [...]
23. La durée du travail sera progressivement réduite à 35 heures. [...]
31. Le SMIC sera relevé [...].
32. Les taux de TVA seront ramenés au taux zéro pour les produits de première nécessité. [...]
34. Un impôt sur les grandes fortunes sera institué [...].
47. La représentation proportionnelle sera instituée pour les élections à l'Assemblée nationale [...]. Chaque liste comportera au moins 30 % de femmes. [...]
49. La vie publique sera moralisée [...].
50. La justice sera appelée à faire toute la lumière sur les affaires dans lesquelles ont été mises en cause des personnalités publiques. [...]
82. Le droit à la retraite à taux plein sera ouvert aux hommes à partir de 60 ans et aux femmes à partir de 55 ans. [...]
90. Un grand service public, unifié et laïc, sera constitué [...].
91. L'école sera ouverte sur le monde [...]. L'enseignement de l'histoire et de la philosophie sera développé. [...]
105. Service national réduit à six mois.

7 Mitterrand et ses successeurs à la tête du parti socialiste, Lionel Jospin et Laurent Fabius.

6 L'élection présidentielle de 1981.

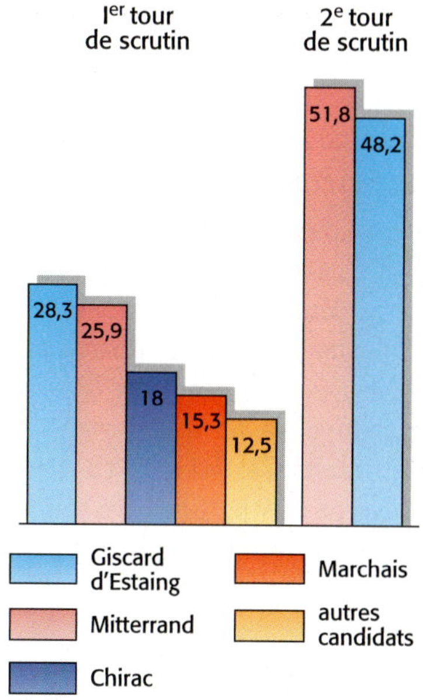

QUESTIONS

A. Présenter les documents (nature, date, auteur)

B. Dégager des informations des documents

1. Que signifie le mot métèque dans les années 1930 ? (doc. 1)
2. Rechercher quelles fonctions F. Mitterrand a occupées sous la IVe République. (doc.2)
3. Contre qui F. Mitterrand se présente-t-il ? Quel a été le résultat ? (doc. 3)
4. Avec quoi faut-il qu'il y ait « rupture » ? Que dénonce précisément F. Mitterrand ? (doc. 4)
5. Quelles mesures annoncées ont été prises durant les deux septennats de F. Mitterrand ? (doc. 5)
6. Quelles fonctions les deux autres hommes politiques ont-ils occupées à ce jour ? (doc. 7)

C. Mettre en relation les documents

7. Montrer que certaines des propositions répondent aux engagements de F. Mitterrand à Épinay. (doc. 4 et 5)

D. Synthèse

8. Présenter en quelques phrases les grandes étapes de la carrière politique de F. Mitterrand jusqu'en 1981.

1 Le temps de l'alternance

A. La gauche victorieuse

■ Au terme de son septennat, **Valéry Giscard d'Estaing est affaibli** par le prolongement de la crise économique, encore avivée par le second choc pétrolier en 1979, et par la division au sein de son camp, symbolisée par la candidature à l'élection présidentielle de son ancien Premier ministre, Jacques Chirac.

■ Au sein du parti socialiste, François Mitterrand est parvenu à éliminer son rival Michel Rocard. Bien plus, sa nette avance au premier tour sur le candidat communiste Georges Marchais désamorce les craintes d'électeurs socialistes qui redoutaient un poids trop grand des communistes. Une partie de l'opinion espère que l'arrivée au pouvoir d'un président de gauche permettra de faire reculer le chômage, d'améliorer la vie quotidienne et de **« changer la vie » comme le promettent les 110 propositions du candidat F. Mitterrand**. Celui-ci réussit à rassembler une majorité de voix (51,7 %) sur son nom au deuxième tour, le 10 mai 1981. Vingt-trois ans après la fondation de la Ve République, la gauche arrive au pouvoir, réalisant ainsi « l'alternance ».

B. « L'état de grâce »

doc. 1, 2 et 3

■ « Il n'y a qu'un vainqueur le 10 mai 1981, c'est l'espoir », déclare François Mitterrand, le 21 mai suivant. De fait, dès le soir de son élection, la joie et l'attente de l'électorat de gauche s'expriment à travers la grande fête organisée par le PS, place de la Bastille. **La situation politique est favorable aux initiatives du nouveau gouvernement dirigé par Pierre Mauroy**. Le PS, à partir de juin, a la majorité absolue des sièges dans l'Assemblée nationale issue d'une dissolution et d'élections législatives. Les communistes soutiennent ce gouvernement au sein duquel entrent quatre ministres venus de leurs rangs. Mais la marge économique est étroite : le chômage frôle le seuil des deux millions, l'inflation annuelle dépasse 14 % et la balance des paiements est déficitaire.

■ Plusieurs mesures sont prises immédiatement, comme l'abolition de la peine de mort et la régularisation de la situation des immigrés clandestins. Dans les domaines social et politique, des réformes sont rapidement mises en œuvre, présentées comme **« le socle du changement »** : durée du travail hebdomadaire ramenée à 39 heures, cinquième semaine de congés payés, retraite à 60 ans, « lois Auroux » dans le domaine du droit du travail, décentralisation, impôt sur les grandes fortunes (IGF).

■ **Le gouvernement espère relancer la consommation**, notamment par l'augmentation du SMIC et des prestations sociales. Les socialistes estiment que, par une consommation accrue, les Français relanceront la demande de produits et de services et que les entreprises y répondront par l'embauche. Cette politique économique est marquée aussi par des nationalisations : cinq sociétés industrielles, deux compagnies financières (Paribas et Suez) et trente-six banques.

C. Des difficultés croissantes

doc. 4, 5, 6 et 7

■ Les mesures prises se révèlent peu efficaces et les difficultés économiques se multiplient : l'inflation persiste, le déficit de la balance commerciale et le chômage augmentent. Dès juin 1982, le gouvernement annonce une profonde modification de sa politique. C'est le temps de la « **rigueur** » ; le ministre des Finances, **Jacques Delors, dévalue le franc à trois reprises** entre l'automne 1981 et mars 1983.

■ La situation est d'autant plus complexe pour la gauche qu'en juin 1984, **un million de personnes manifestent à Paris** contre le projet d'union des deux systèmes éducatifs, privé et public. François Mitterrand annonce alors le retrait du projet. Quelques jours plus tard, Mauroy est remplacé par Laurent Fabius, qui annonce son intention de « moderniser » la France et hérite d'une situation en voie de redressement dans le domaine des prix. Mais déjà se profilent à l'horizon les élections législatives de 1986. « Vivement demain » proclame la droite, qui pressent que la victoire est possible.

VOCABULAIRE

rigueur : politique appliquée par les socialistes à partir de juin 1982 pour tenter d'équilibrer les recettes et les dépenses de l'État : blocage des salaires, augmentation des impôts, lutte contre l'inflation, contrôle des changes.

1 **Affiche du parti socialiste pour les élections législatives de juin 1981.**

1. **Quels sont les éléments du programme de François Mitterrand adoptés avant les élections législatives ?**
2. **Les autres mesures annoncées seront-elles prises ? Avec quel effet ?**

2 **Une réponse à la rigueur : 8 mars 1984, manifestation de la CGT.**

3 **L'Assemblée après les élections de juin 1981.**

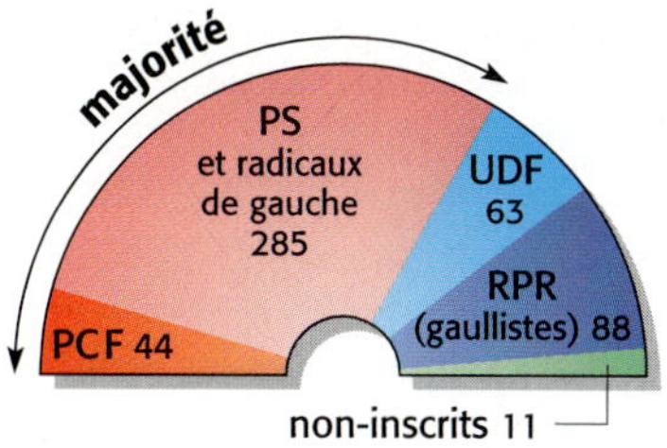

en nombre de députés

4 **Le tournant de la « rigueur » (23 mars 1983)**

Oui, cette politique est bonne pour qui sait les contraintes qu'impose un environnement international soumis à d'autres politiques économiques que la nôtre. [...] En dépit des difficultés, nous avons progressé sur ce chemin ardu, réalisé en peu de mois plus de réformes, plus d'avancées sociales que la France n'en avait connues durant un demi-siècle. Mais maintenant, nous avons plus que jamais à vaincre sur trois fronts : le chômage, l'inflation, le commerce extérieur [...].

J'ai chargé M. Pierre Mauroy de mener cette action. Ce que j'attends de lui n'est pas de mettre en œuvre je ne sais quelle forme d'austérité nouvelle, mais de continuer l'œuvre entreprise, adaptée à la rigueur des temps [...]. Aussi lui ai-je fixé les objectifs suivants :
– ramener l'inflation à un niveau comparable à celui de nos concurrents ;
– rétablir en deux ans l'équilibre de notre commerce extérieur ;
– respecter les équilibres financiers de la Sécurité sociale et contenir le budget de l'État dans ses limites actuelles [...].

Intervention télévisée de François Mitterrand, le 23 mars 1983.

1. **Comment Mitterrand explique-t-il les difficultés du moment ?**
2. **Quels engagements demande-t-il à son Premier ministre ?**

Affiche du RPR pour les élections législatives de mars 1986. **5**
L'équipe de Jacques Chirac, au centre entre Michèle Alliot-Marie, Jacques Toubon, Alain Juppé et Michèle Barzach.

6 **Manifestation du 24 juin 1984 pour l'école libre.**
Plus d'un million de manifestants opposés au « Grand service public unifié de l'Éducation nationale ».

Affiche du parti socialiste pour les élections législatives de 1986. **7**
L'équipe de Laurent Fabius pour la campagne de 1986.

2 Vers un second septennat de Mitterrand

A. Un président de gauche, une majorité de droite doc. 1

■ Pour la première fois sous la Vᵉ République, les élections législatives de 1986 ont lieu au scrutin proportionnel. La victoire de la droite, très nette en voix (45 % des suffrages exprimés), se trouve, de ce fait, amoindrie en sièges : 291 élus sur 577. Et le Front national, en progression depuis plusieurs années, peut ainsi obtenir 35 sièges. Jamais, depuis 1956, l'extrême droite n'avait été aussi largement représentée à l'Assemblée. **Pour la première fois depuis les débuts de la Vᵉ République, un président n'a pas de majorité à l'Assemblée.** Commence donc une phase inédite : la « cohabitation » entre un président de gauche et un gouvernement de droite, dirigé par Jacques Chirac.

■ Ce gouvernement a un programme d'inspiration libérale ; il entreprend **des privatisations**. Soixante-cinq entreprises sont concernées, dans l'industrie, les assurances et les banques. Les principales réformes sociales de 1981 ne sont pas remises en cause, mais une loi rétablit l'élection de l'Assemblée au scrutin majoritaire. Le gouvernement est confronté à de **nombreuses difficultés sociales**. En décembre, une grève de la SNCF paralyse le pays pendant un mois. F. Mitterrand, qui soutient ouvertement les grévistes, se pose alors en gardien des « acquis sociaux ». Il retrouve progressivement une popularité qui s'était effondrée.

B. François Mitterrand réélu en 1988 doc. 2 et 4

■ L'année 1987 est tout aussi rude pour le gouvernement. La situation économique ne s'améliore guère et l'importance du chômage préoccupe de plus en plus l'opinion. Aux **élections présidentielles de 1988**, la droite est représentée par deux candidats : Jacques Chirac (RPR) et Raymond Barre, soutenu par l'UDF. François Mitterrand se représente. Les communistes présentent un candidat, André Lajoinie. À l'extrême droite, Jean-Marie Le Pen est le candidat du Front national.

■ Au soir du premier tour, le 24 avril, **la droite est largement en recul** (19,9 % pour Chirac et 16,5 % pour Raymond Barre), tandis que **le Front national amplifie sa percée** (14,4 %). À gauche, F. Mitterrand obtient un bon résultat mais le PCF recule encore (6,8 %). F. Mitterrand est réélu au second tour.

C. La gauche à nouveau en difficultés doc. 3, 5, 6, 7 et 8

■ Comme en 1981, F. Mitterrand dissout l'Assemblée. Les élections législatives de juin 1988 ne donnent pas de majorité absolue au **nouveau Premier ministre, Michel Rocard**. Il crée le revenu minimum d'insertion (RMI) et, porté par une reprise de la croissance économique, tente d'améliorer l'emploi. Mais les luttes entre courants affaiblissent le PS, dont l'image commence à être ternie également par la multiplication de **scandales politico-financiers**. En mai 1991, F. Mitterrand, qui n'a jamais éprouvé de sympathie pour M. Rocard, exige sa démission. C'est une femme, Édith Cresson, qui lui succède, pour la première fois en France. Mais le ralentissement de la croissance et une impopularité croissante limitent sa marge de manœuvre. Après des **élections régionales et cantonales catastrophiques pour les socialistes**, Édith Cresson est remplacée par Pierre Bérégovoy en avril 1992.

■ Par une politique européenne de rapprochement avec l'Allemagne et de prolongement de la construction européenne, Mitterrand cherche un second souffle. Dans cette perspective, il lance le référendum sur le traité de Maastricht, en septembre 1992. Les Français répondent « oui » au traité de Maastricht à une très courte majorité (51 %). Si l'inflation se ralentit, la situation de l'emploi continue de se dégrader : **le seuil symbolique des 3 millions de chômeurs est atteint au début de 1993** à la veille des élections législatives du printemps.

VOCABULAIRE

scandale politico-financier : scandale financier impliquant un homme ou un parti politique qui détourne des fonds publics pour un usage privé.

1 L'Assemblée après les élections de 1986.

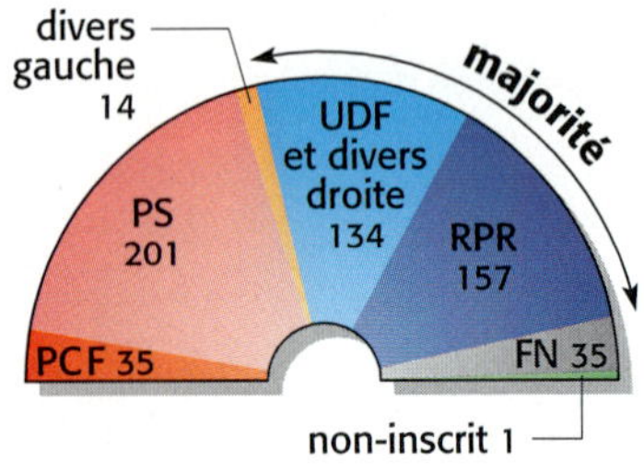

en nombre de députés

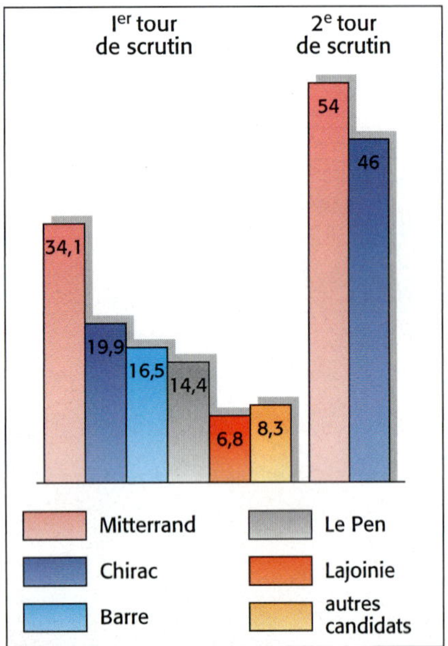

2 L'élection présidentielle de 1988.

3 L'Assemblée après les élections de juin 1988.

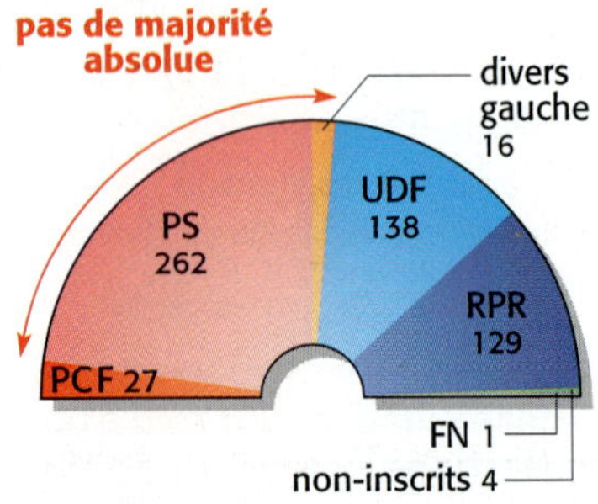

en nombre de députés

4 La *Lettre à tous les Français* du candidat Mitterrand, en 1988, la « France unie »

Mes chers compatriotes, [...]

Je dois à votre confiance d'exercer depuis sept ans la plus haute charge de la République. Au terme de ce mandat, je n'aurais pas conçu le projet de me présenter de nouveau à vos suffrages si je n'avais eu la conviction que nous avions encore beaucoup à faire ensemble pour assurer à notre pays le rôle que l'on attend de lui dans le monde et pour veiller à l'unité de la Nation.

Mais je veux aussi vous parler de vous, de vos soucis, de vos espoirs et de vos justes intérêts.

J'ai choisi ce moyen, vous écrire, afin de m'exprimer sur tous les grands sujets qui valent d'être traités et discutés entre Français, sorte de réflexion en commun, comme il arrive le soir, autour de la table, en famille. Je ne vous présente pas un programme au sens habituel du mot. Je l'ai fait en 1981 alors que j'étais à la tête du parti socialiste. Un programme en effet est l'affaire des partis. Pas du président de la République ou de celui qui aspire à le devenir. L'expérience acquise, là où vous m'avez mis, et la pratique des institutions m'ont appris que si l'on voulait que la République marche bien, chacun devait rester à sa place. Rien n'est pire que la confusion. L'élection présidentielle n'est pas comparable à l'élection des députés. Et s'il s'agit de régler, jusqu'au détail, la vie quotidienne du pays, la tâche en revient au gouvernement. Mon rôle est de vous soumettre le projet sur lequel la France aura à se prononcer les 24 avril et 8 mai prochains pour les sept années à venir. Je le remplirai de mon mieux avec, au cœur et dans l'esprit, [...] la passion d'une France unie. Je m'inquiète parfois des montées de l'intolérance. Nous avons besoin de nous rassembler, mes chers compatriotes. Pour cela, je vous propose une politique pour la France.

1. **D'après ce texte, pourquoi F. Mitterrand se représente-t-il ?**
2. **Propose-t-il un nouveau programme ? Pourquoi ?**

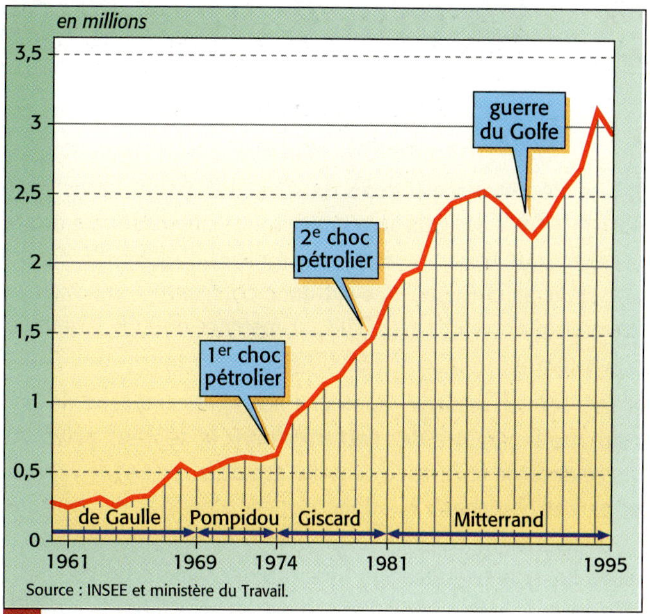

5 Le chômage de 1960 à 1995.

7 Mitterrand annonce un référendum sur le traité de Maastricht. Caricature de Plantu, *Le Monde*, 16 juillet 1992.

6 Le deuxième septennat de Mitterrand vu par Jospin

On a trop peu débattu, pendant le deuxième septennat de François Mitterrand, des grandes orientations de notre politique. Déjà en 1988, le président sortant, à nouveau candidat, avait rédigé seul sa *Lettre aux Français.* Surtout le fonctionnement courtoisement imposé réservait à un cercle fort restreint de personnes l'examen des grands problèmes d'orientation, en politique étrangère comme en politique économique. Aucun débat collectif d'orientation avant de grandes prises de décision n'a eu lieu en conseil des ministres. Celui-ci, est une machine à entériner les décisions. [...]

On a sans doute oublié que les questions d'éthique avaient joué leur rôle dans l'affaiblissement du pouvoir conservateur et dans notre victoire de 1981. François Mitterrand et les socialistes avaient appelé à une moralisation de la vie publique. Il ne faut donc pas s'étonner de la vigueur du choc en retour [...]. La majeure partie des socialistes s'est montrée honnête, mais les dérèglements de quelques amis du pouvoir socialiste, les défaillances personnelles de certains des nôtres, pas immédiatement dénoncées, un style de pouvoir insuffisamment rigoureux et d'étonnantes indulgences pour des personnages compromis ont terni notre image collective.

Contribution de Lionel Jospin au congrès du PS à Liévin en novembre 1994.

1. **Quelles critiques L. Jospin formule-t-il dans le domaine du fonctionnement des institutions ?**
2. **Quelles critiques formule-t-il dans le domaine de la morale ?**

8 Descartes et le panier de pommes : le jugement de Pierre Bourdieu

Nous sommes au moment où l'on devrait tout casser ; où il ne faut pas se laisser apitoyer par le vieux résistant (François Mitterrand) qui, soi-disant, défend la gauche depuis son bunker, alors que s'il y en a un qui a tué la gauche, c'est bien lui. Toute cette ambiguïté de la gauche, il faut la nettoyer jusqu'à l'os. Il y a une très belle histoire qui raconte ça, c'est Descartes qui la raconte. Pour justifier le doute radical, il dit que quand on a un panier de pommes qui contient des pommes pourries, il faut renverser le panier complètement, et puis après on les examine une à une... On en est là. Il faut renverser le panier.

Interview de Pierre Bourdieu donnée à *Télérama*, le 7 avril 1993, à la veille de son passage à l'émission de Jean-Marie Cavada, *La Marche du siècle*.

3 La droite au pouvoir (1993-1997)

A. La deuxième cohabitation doc. 1

■ **Les élections législatives de mars 1993 sont catastrophiques pour le PS**, qui obtient 17,4 % des voix au premier tour. L'opposition de droite, avec 44 % des voix au premier tour, triomphe au second tour et obtient 486 députés. Comme en 1988, le président de la République est donc confronté à une majorité de droite. Il nomme Premier ministre Édouard Balladur, membre du RPR. Commence alors une deuxième cohabitation.

■ Le Premier ministre lance une nouvelle campagne de privatisations en 1994 et **réforme le régime des retraites dans le secteur privé**. Avec l'allongement de la durée de la vie et l'avancement de l'âge de la retraite, le versement des pensions coûte de plus en plus cher, il faut donc allonger la période durant laquelle les salariés cotisent. La popularité de Balladur reste forte, à tel point qu'une concurrence de fait s'installe entre lui et le président du RPR, Jacques Chirac, en vue de l'échéance de 1995. Par ailleurs, le président de la République est affaibli par la maladie et par la révélation de son passé vichyste : les Français découvrent que F. Mitterrand, ancien étudiant d'extrême droite, a été fonctionnaire de Vichy et reçu la francisque, décoration du régime.

B. L'élection de Jacques Chirac, le 7 mai 1995 doc. 2 et 7

■ L'élection présidentielle a lieu en avril-mai 1995. À droite, les deux candidats principaux sont issus l'un et l'autre du RPR. Édouard Balladur est le Premier ministre en exercice et Jacques Chirac fait campagne sur le thème de la lutte contre la « fracture sociale ». Chez les socialistes, le candidat le plus populaire, selon les sondages, serait Jacques Delors, ancien ministre de Mitterrand et ancien président de la Commission de Bruxelles. Mais celui-ci refuse de se présenter. Le candidat socialiste sera donc Lionel Jospin, ex-premier secrétaire du PS, désigné par les militants de son parti. Jean-Marie Le Pen est le candidat du Front national et Robert Hue, celui du PCF.

■ **Au premier tour, Jacques Chirac devance Édouard Balladur**. L'ensemble des candidats protestataires (extrême gauche, Front national, écologistes) rassemble un nombre important de voix, ce qui souligne une crise de la représentation politique : des Français de plus en plus nombreux ne font plus confiance aux forces politiques traditionnelles. Au second tour, Chirac devance Jospin et est élu président.

C. Réduire la « fracture sociale » avec Alain Juppé ? doc. 3, 4, 5 et 6

■ Le 17 mai, Jacques Chirac nomme Alain Juppé Premier ministre. Les gaullistes sont donc à nouveau à l'Élysée et à Matignon, situation inédite depuis 1974. Très vite, pour les deux hommes, les difficultés s'accumulent. **Le poids de la dette de l'État, accumulée depuis le début des années 1980, est énorme**. Il faut le réduire afin que la France puisse satisfaire aux conditions imposées par le traité de Maastricht dans le but de créer une monnaie européenne commune, l'euro. Européens convaincus, Jacques Chirac et Alain Juppé veulent réduire la dette de l'État, ce qui implique une **augmentation des impôts, en contradiction avec certaines promesses de la campagne électorale**.

■ Les réformes engagées par le gouvernement Juppé, notamment celle de la Sécurité sociale et des retraites dans la fonction publique, sont impopulaires et provoquent de grandes grèves qui paralysent le pays en décembre 1995. Durant l'été et l'automne 1995, la France est victime du **terrorisme islamiste provoqué par les Groupes islamiques armés (GIA)** d'origine algérienne. Cette vague d'attentats sanglants est stoppée en octobre. Mais les difficultés économiques persistent et le chômage continue de croître. En avril 1997, craignant que ces difficultés ne s'accentuent encore, Jacques Chirac dissout l'Assemblée nationale et avance, de ce fait, d'un an les élections législatives.

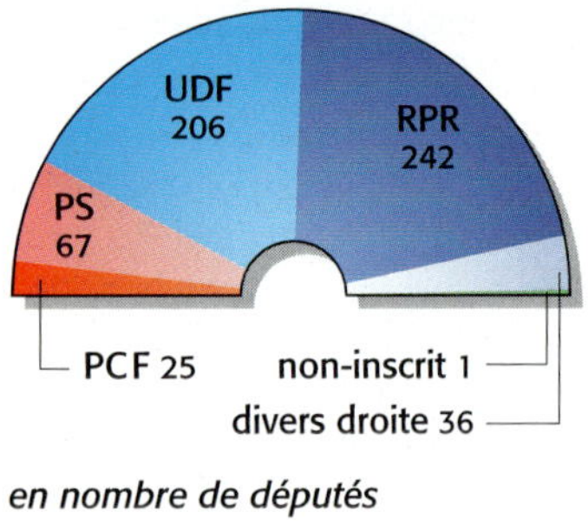

1 L'Assemblée après les élections de mars 1993.

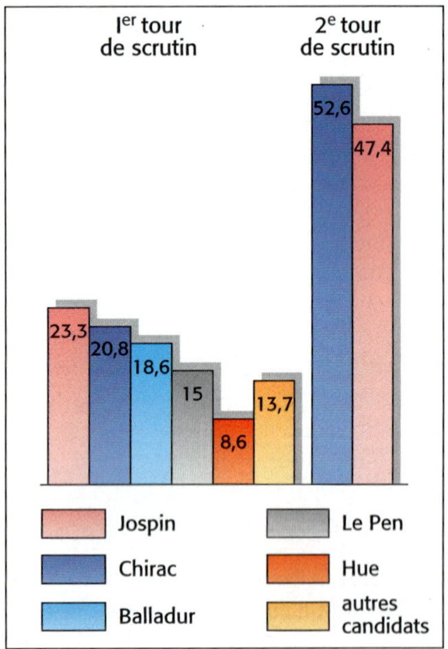

2 L'élection présidentielle de 1995.

3 Manifestation contre le plan Juppé. En décembre 1995, des fonctionnaires manifestent contre le plan Juppé de réforme de la Sécurité sociale.

4 La politique d'Alain Juppé caricaturée par Loup.
Info Matin, le 13 septembre 1995.

5 Un Airbus d'Air France détourné par des islamistes.
À Noël 1994, sur l'aéroport de Marseille, le GIGN (Groupe d'intervention de la gendarmerie nationale) intervient et libère les passagers du vol Air France en provenance d'Alger et détourné par des islamistes algériens des Groupes Islamistes Armés.

6 Quelle politique appliquer en 1995 ?

Il y avait une autre politique possible au printemps 1995. Je me suis posé, je l'avoue, des questions de fond :
– Fallait-il prendre acte du dérapage de nos finances – État et Sécurité sociale –, remettre à zéro les compteurs et annoncer que nous n'étions pas en mesure de satisfaire aux critères de Maastricht en deux ans et demi ?
– Fallait-il dès lors prendre le risque de dévaluer la monnaie pour repartir sur de nouvelles bases ?
C'était un choix possible. Je ne l'ai pas fait. Il n'était pas conforme à ce qu'avait dit le Président de la République pendant sa campagne. Je persiste à penser qu'il était mauvais pour la France :
– il compromettait pour de longues années la réalisation de la monnaie européenne […] ;
– il nous dispensait de tout effort de rétablissement et nous incitait à poursuivre sur la voie de la facilité.
Or stabiliser nos dépenses, réduire nos déficits et notre endettement, baisser les impôts… c'est d'abord une discipline de bon sens.
Bref, c'était reculer pour mieux (?) sauter. Plus exactement pour sauter plus tard avec une charge plus lourde encore sur les épaules.
Faut-il revenir sur le choix du printemps 1995 et mettre en œuvre « l'autre politique » […] ? Faut-il exhumer les vieilles recettes qui ont gâté l'économie française depuis quinze ans, c'est-à-dire « réhabiliter la dépense publique » au risque de creuser encore des déficits et des dettes que nos enfants ne pourront pas assumer ? Interdire les licenciements au risque de pousser à la ruine les entreprises qui doivent s'adapter ? […]. Imposer à tous la semaine de 35 heures, au risque de voir le chômage faire le même bond qu'au temps des 39 heures obligatoires ?
Je n'en prendrai pas la responsabilité. À d'autres d'entraîner la France sur cette voie, qui est celle du déclin.

Alain Juppé, *Entre nous*, Nil Éditions, 1996.

1. **Comment caractériser la politique choisie par Juppé ?**
2. **Quelle était l'autre politique possible ?**
3. **A-t-elle été choisie ? Quand ?**
4. **Quelles en ont été les conséquences ?**

7 Le 18 mai 1995, après la victoire de Jacques Chirac aux élections présidentielles, François Mitterrand quitte l'Élysée.

La cohabitation

En 1986, quand la droite l'emporte aux élections législatives, la Ve République connaît une situation inédite : la majorité de l'Assemblée nationale est opposée au président de la République. Que devient son pouvoir dans un tel contexte ? L'orientation du régime est-elle modifiée ? Ces questions deviennent d'autant plus fondamentales qu'un tel cas de figure se renouvelle deux fois. Et bien des voix, à droite comme à gauche, s'interrogent sur les effets néfastes de la cohabitation. Le quinquennat est souvent présenté comme le moyen d'éviter une nouvelle cohabitation mais il n'en est rien (décès du président, dissolution ou même résultat politiquement différent d'une présidentielle et d'une législative).

1 Le « bon choix »

Mes chers Françaises et mes chers Français,

Le moment s'approche où vous allez faire un choix capital pour l'avenir de notre pays, mais aussi un choix capital pour vous. Je suis venu vous demander de faire le bon choix pour la France.

Ce choix, c'est celui des élections législatives. [...]

Trop souvent en France, les électeurs se prononcent comme s'il s'agissait de vider une querelle avec le pouvoir ou de punir le gouvernement. C'est une fausse conception : le jour de l'élection, vous ne serez pas de simples passagers qui peuvent se permettre de critiquer le chauffeur, mais vous serez des conducteurs qui peuvent, selon le geste qu'ils feront, envoyer la voiture dans le fossé ou la maintenir sur la ligne droite.

Il s'agit de choisir votre propre avenir. [...]

L'application en France d'un programme d'inspiration collectiviste plongerait la France dans le désordre économique. [...] Elle entraînerait l'aggravation du déficit budgétaire et la baisse de la valeur de la monnaie. [...] Elle creuserait le déficit extérieur, avec ses conséquences directes sur la sécurité économique et sur l'emploi.

Vous pouvez choisir l'application du Programme commun. C'est votre droit. Mais si vous le choisissez, il sera appliqué. Ne croyez pas que le président de la République ait, dans la Constitution, les moyens de s'y opposer.

J'aurais manqué à mon devoir si je ne vous avais pas mis en garde.

Discours du président de la République Valéry Giscard d'Estaing à Verdun-sur-le-Doubs, le 27 janvier 1978.

2 Message de F. Mitterrand au Parlement le 8 avril 1986

Les circonstances qui ont accompagné la naissance de la Ve République, la réforme de 1962 sur l'élection du chef de l'État au suffrage universel et une durable identité de vues entre la majorité parlementaire et le président de la République ont créé et développé des usages qui, au-delà des textes, ont accru le rôle de ce dernier dans les affaires publiques. La novation qui vient de se produire requiert de part et d'autre une pratique nouvelle. [...] Je rappellerai seulement que la Constitution attribue au chef de l'État des pouvoirs que ne peut en rien affecter une consultation électorale où sa fonction n'est pas en cause.

Fonctionnement régulier des pouvoirs publics, continuité de l'État, indépendance nationale, intégrité du territoire, respect des traités, l'article 5 désigne de la sorte les domaines où s'exercent son autorité ou bien son arbitrage. À quoi s'ajoute l'obligation pour lui de garantir l'indépendance de la justice et de veiller aux droits et libertés définis par la Déclaration de 1789 et le préambule de la Constitution de 1946.

Le gouvernement, de son côté, a pour charge, aux termes de l'article 20, de déterminer et de conduire la politique de la nation. Il assume, sous réserve des prérogatives du président de la République et de la confiance de l'Assemblée, la mise en œuvre des décisions qui l'engagent devant les Français. Cette responsabilité est la sienne.

Cela étant clairement établi, président et gouvernement ont à rechercher, en toutes circonstances, les moyens qui leur permettront de servir au mieux et d'un commun accord les grands intérêts du pays.

3 La cohabitation F. Mitterrand-É. Balladur vue par Loup : « Mittterrand choisit Balladur ».

4 « Freine camarade, le nouveau monde est devant toi ! »

La cohabitation, c'est le règne du pouvoir de nuisance. Ce n'est plus le pouvoir d'agir. Elle pousse Lionel Jospin à faire de l'équilibrisme. Il ne doit prendre aucune mesure qui mécontente son électorat, car à tout moment il peut être confronté à une échéance électorale : législative ou présidentielle. Pour l'emporter, il ne doit s'aliéner aucun grand lobby, aucune corporation. Il ne doit désespérer ni Wall Street, ni Billancourt. Jacques Chirac attend, lui, la faute de l'autre. S'illusionnant sur ses propres capacités à rebondir, ou sur celles d'une opposition discréditée dans l'électorat de droite.

Si les Français aiment tant la cohabitation, c'est sans doute parce qu'ils savent qu'avec elle l'immobilisme est garanti. Avec elle, pas de réforme en profondeur. Pas de pouvoir exécutif fort, qui imposerait une vision collective au détriment des individualismes. Bien au contraire. La cohabitation va de pair avec un émiettement, un éclatement des pouvoirs. Elle flatte le côté individualiste et conservateur de chacun d'entre nous. Chaque corporation, chaque clan exalte son pouvoir de nuire et défend son territoire. À l'image des pilotes d'Air France arc-boutés sur leurs avantages acquis et qui refusent de prendre en compte l'intérêt collectif.

Après moi, le déluge… Tel est le message qu'une partie de chaque individu est tentée de faire sien, à chaque fois qu'on lui demande d'accepter un changement. « Cours, camarade, le vieux monde est derrière toi ». Ce slogan de mai 68 n'est plus d'actualité. « Freine, camarade, le nouveau monde est devant toi ! » serait, hélas, aujourd'hui plus à l'image de notre société.

Éditorial de Jean-Michel Quatrepoint, *Le Nouvel Économiste*, 5 juin 1998.

5 Le président de la République et le Premier ministre en février 2001.

6 La cohabitation vue par Cabu en 1988.

QUESTIONS

A. Présenter les documents (nature, date, auteur)

B. Dégager des informations des documents

1. Présenter le contexte historique. Que se passera-t-il, selon Giscard d'Estaing, si la gauche gagne les élections ? (doc. 1)
2. Rappeler le contexte historique. Quelle était la position de Mitterrand sur la Constitution de la Ve République dans les années 1960 ? (doc. 2)
3. Quelle est la « novation qui vient de se produire » ? Quelle lecture de la Constitution l'auteur fait-il ici ? (doc. 2)
4. Quel constat l'auteur fait-il de la cohabitation ? Est-ce un avantage ou un inconvénient ? Est-ce l'opinion des Français, d'après l'auteur ? (doc. 4)
5. Quel aspect hiérarchique de la cohabitation le dessinateur a-t-il voulu souligner ? À quelle photo célèbre renvoie le premier dessin ? (doc. 6)

C. Mettre en relation les documents

6. Pourquoi la France a-t-elle connu trois cohabitations en vingt ans ? (doc. 2, 3, 4 et 5)
7. Présenter les différents aspects de la cohabitation, ses défauts et, éventuellement, ses avantages. (doc. 2, 3, 4 et 5)

D. Synthèse

8. Quelle interprétation de la Constitution donne Giscard d'Estaing dans la phrase « si vous le choisissez, il sera appliqué » ? Mitterrand et Chirac ont-ils eu la même interprétation ? Quelles ont été les conséquences ?

4 Cinq années de cohabitation (1997-2002)

A. « Changer d'avenir » avec Lionel Jospin ? doc. 1, 4, et 6

■ La gauche, qui promet la création de 750 000 emplois et la semaine de travail de 35 heures, gagne les élections de 1997 en raison notamment du maintien par le Front national de tous ses candidats au 2e tour qui provoque ainsi 76 **triangulaires**. **Une troisième cohabitation commence.** Nommé Premier ministre le 2 juin, Lionel Jospin forme un gouvernement rassemblant des socialistes, des communistes et des écologistes. Symboliquement, il n'intègre dans son gouvernement aucun ancien ministre de Mitterrand de premier plan. Passent en première ligne des dirigeants socialistes jusque-là moins connus comme Martine Aubry ou Dominique Strauss-Kahn.

■ Le Premier ministre, qui avait axé sa campagne sur le thème « changer d'avenir », poursuit la **politique de réduction de la dette de l'État : les impôts sont augmentés.** Pour honorer les promesses électorales et satisfaire l'aile gauche de sa majorité, une loi limitant la durée du travail à 35 heures est votée en février 1998. La gauche compte sur cette mesure pour réduire le chômage par le partage du travail. Plusieurs centaines de milliers d'emplois-jeunes sont créés dans le secteur public.

B. Une « gauche plurielle » peu à peu divisée doc. 2, 5 et 7

■ **Dans un premier temps**, le gouvernement Jospin bénéficie d'une reprise de la croissance. Certes, ses réformes sont critiquées par la droite qui estime que la semaine de 35 heures dévalorise le travail et réduit la compétitivité des entreprises mais elles lui assurent **une popularité durable**. La cohabitation semble alors réussir à Lionel Jospin, face à un président fragilisé par les divisions de son camp et par des « affaires » judiciaires remontant à l'époque où il était maire de Paris.

■ Peu à peu, pourtant, le rapport de forces politique se rééquilibre. **La « gauche plurielle » se divise sur plusieurs questions** : le ministre de l'Intérieur, Jean-Pierre Chevènement, en désaccord sur le dossier corse, démissionne en août 2000 ; le parti communiste appelle à une politique plus « sociale » ; les Verts demandent l'arrêt des centrales nucléaires. La gauche est soumise à une surenchère de l'extrême gauche et la droite est revigorée par sa victoire aux élections municipales de mars 2001. Les tensions communautaires grandissent : le 6 octobre 2001, le match France-Algérie est perturbé par des manifestants qui sifflent la *Marseillaise* et l'équipe de France en présence du Premier ministre.

■ **Le mécontentement de certaines catégories sociales grandit :** enseignants, fonctionnaires des impôts opposés à une réforme du ministère des finances, infirmières, et même gendarmes manifestent dans la rue en décembre 2001 ! Dans les banlieues, il apparaît de plus en plus nettement que l'intégration progresse difficilement. L'insécurité grandissante sera un thème majeur de la campagne électorale de 2002. Jospin lui-même reconnaît sa « naïveté » en ce domaine.

C. Une mutation de la Ve République ? doc. 3

■ Aux élections présidentielles d'avril 2002, **le président sera élu pour cinq ans** : en septembre 2000 en effet, la réduction de son mandat a été décidée par référendum. Si le « oui » l'a emporté, 70 % des électeurs se sont abstenus. D'autre part, **la cohabitation**, d'abord populaire aux yeux d'une partie de l'opinion, est **de plus en plus critiquée** : elle favoriserait l'inertie au moment où le pays a besoin de réformes profondes.

■ **La Ve République se trouve donc à un tournant** : non seulement la cohabitation est dénoncée mais le quinquennat introduit des ferments d'évolution dans les institutions du régime. Le président, élu pour la même durée que l'Assemblée, conservera-t-il les mêmes pouvoirs ? La Ve République évoluera-t-elle vers un régime présidentiel ? C'est dans ce contexte que la France prend connaissance des résultats du premier tour le 21 avril 2002.

VOCABULAIRE

triangulaire : élection dans laquelle s'affrontent trois candidats. Le maintien d'un troisième candidat dans l'un des deux camps peut perturber l'élection et faire élire un candidat adverse, minoritaire en valeur absolue.

1 L'Assemblée après les élections de 1997.

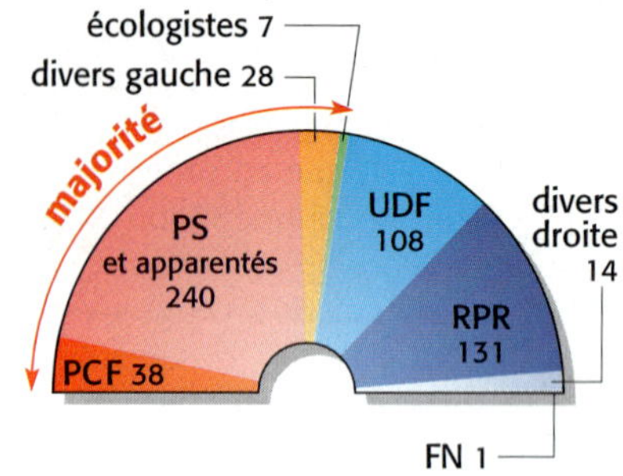

en nombre de députés

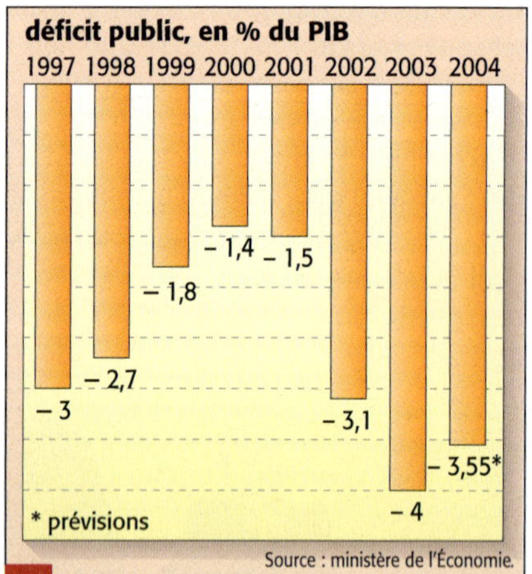

2 Le déficit public de 1997 à 2004.

1. **Comment a évolué le déficit public de 1997 à 2001 ?**
2. **Comment a-t-il évolué de 2001 à 2004 ? Pourquoi ?**

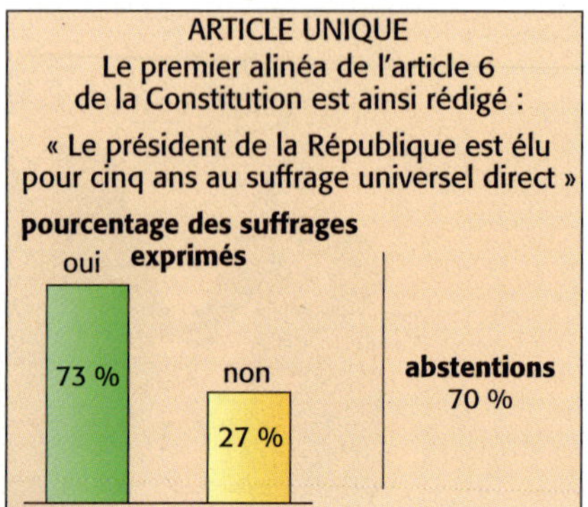

3 Le référendum du 24 septembre 2000.

4 Triangulaires au deuxième tour des législatives de 1997.

1. Combien de députés de gauche sont élus dans une triangulaire avec le Front national ?
2. Combien de députés de droite sont élus dans une triangulaire avec le Front national ?
3. À qui profitent les triangulaires avec le Front national en 1997 ?

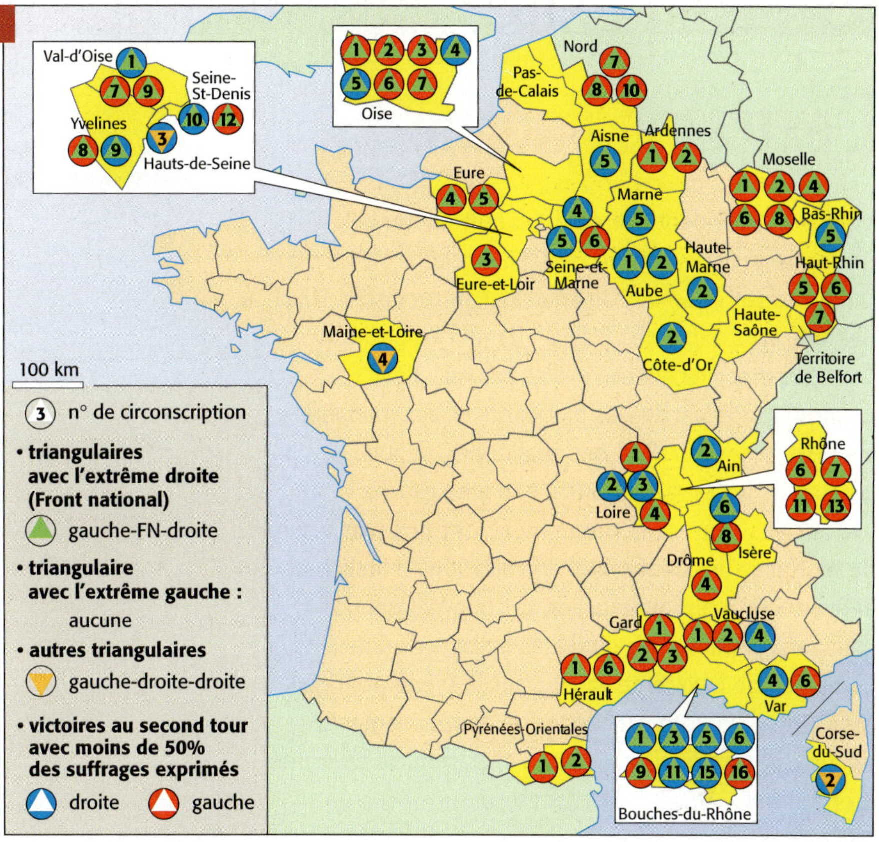

5 Le match France-Algérie du 6 octobre 2001

Quand on a réalisé que le stade était en train de siffler la *Marseillaise*, on n'en revenait pas. On s'est dit : « Mais qu'est-ce qui se passe ? » [...] L'hymne algérien, lui, n'a pas été sifflé, il y a eu du respect pour la mémoire algérienne. Pourquoi ces jeunes qui sont nés en France pour la plupart, sifflent l'hymne de leur pays ? Ils sont français, non ? [...]

Je comprends qu'ils aient des difficultés, mais pour faire avancer les choses, il faudrait qu'ils réalisent qu'ils sont français [...]. Je crois qu'il y a une vraie difficulté pour eux à se situer. Leurs parents ou leurs grands-parents se sont battus contre la France, et c'est désormais dans ce pays qu'ils vivent. J'arrive à comprendre qu'il est difficile de se structurer sur ces bases de départ. Inconsciemment, il y a cette blessure qui n'est toujours pas refermée [...]. Après, j'ai discuté avec des stewards, plus âgés eux, et qui ne devaient pas être nés en France. L'un d'eux m'a dit : « Si mon fils se comporte comme ça un jour, il ira faire un tour au pays, là-bas et il verra qu'on est pas si mal en France. » [...]

Avant de rejoindre la France, j'ai été élevé aux Antilles, dans un autre contexte, avec le respect des lois. Nous n'avons pas la même histoire. [...] Ils disent qu'on ne leur fait pas confiance, qu'ils n'arrivent pas à s'intégrer, mais l'image qu'ils ont donnée samedi ne leur rend pas service. Ils n'ont plus de conscience, plus de respect des lois.

Lilian Thuram, membre de l'équipe de France de football, *L'Équipe*, le 8 octobre 2001.

1. Qu'est-ce qui scandalise Lilian Thuram ?
2. Quelle est son analyse à la fin de l'article ?

6 Le gouvernement Jospin dans la cour de l'Élysée pour son premier Conseil des ministres, 5 juin 1997.

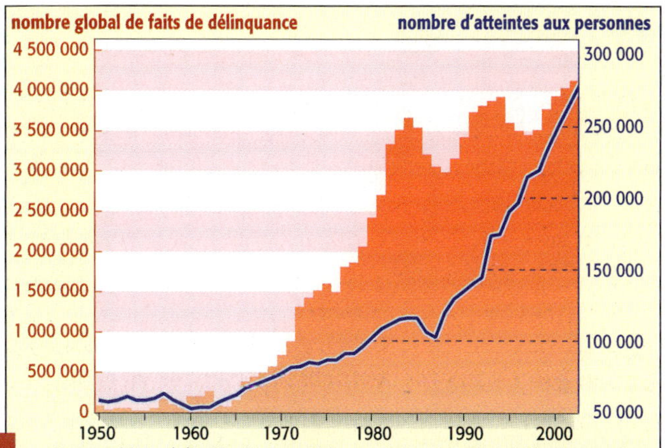

Source : ministère de l'Intérieur/ A. Bauer, *Violences et insécurité*, PUF/S. Quéré/Institut Montaigne.

La montée de la délinquance en France. 7

L'extrême gauche

L'élection présidentielle de 2002 met en lumière une forte progression de l'extrême gauche : les trois candidats se réclamant du **trotskisme** totalisent 10,41 % des suffrages exprimés. S'agit-il d'une réapparition des courants gauchistes révélés par mai 1968 ? La plus grande partie des dirigeants et des militants gauchistes de mai 1968 ont abandonné depuis longtemps les organisations d'extrême gauche. Les anciens **maoïstes**, notamment, ont pris par la suite de multiples directions. Les organisations trotskistes, en revanche, très structurées, se sont maintenues mais sans dépasser les quelques milliers d'adhérents. Le retour de l'extrême gauche sur la scène politique témoigne d'un vote protestataire, de mouvements de lutte contre le chômage ou l'exclusion, de courants mondialistes.

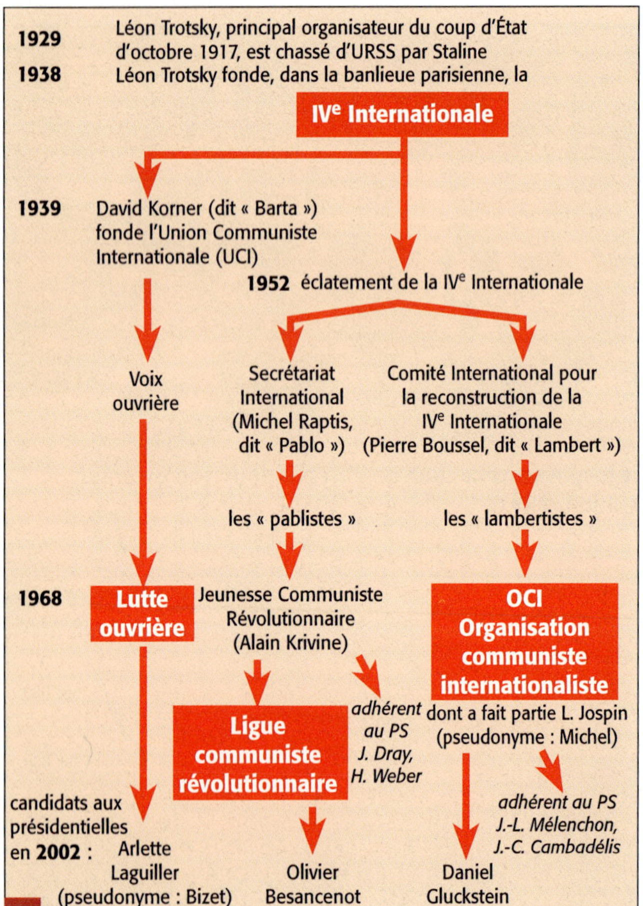

2 **Les principaux mouvements trotskistes en France.**

VOCABULAIRE

trotskisme : courant politique marxiste créé par Léon Trotsky dans les années 1930, qui considère que Staline, et les communistes liés à l'URSS (les « staliniens ») ont trahi l'idéal révolutionnaire de 1917.

maoïste : membre de l'extrême gauche qui se référait, dans les années 1960-1970, au modèle chinois incarné par la pensée du « président Mao ». L'échec économique du maoïsme en Chine, la révélation des goulags chinois et cambodgien ont fait disparaître le courant maoïste du paysage politique français.

1 **Affiche du PCMLF**, organisation maoïste dans les années 1960 et 1970.

3 **Meeting de l'UNEF en octobre 1965.**
À l'extrême gauche, Serge July, actuel directeur du journal *Libération*. Organisation étudiante, l'Union nationale des étudiants de France a été dans les années 1960 un lieu de rencontre et de conflits pour les futurs dirigeants gauchistes.

4 Une trotskiste et un ancien trotskiste

– Que pensez-vous de la politique sociale du gouvernement ?

Arlette LAGUILLER : La réponse du gouvernement Jospin est complètement insuffisante face aux problèmes des hommes et des femmes qui vont perdre leur emploi demain chez Danone, Moulinex, Valéo, Marks & Spencer... Les petites mesurettes prises par le gouvernement, mesures complètement bidon, ne peuvent pas satisfaire les travailleurs de ces entreprises. Tout cela prouve, que Jospin, comme la droite, est entièrement au service du système capitaliste et des intérêts du grand patronat.

– Quelle consigne de vote entendez-vous donner au second tour de l'élection présidentielle ?

A. L. : Nous ne donnerons pas de consigne de vote. Celui qui prend le risque de faire perdre la gauche, c'est Jospin lui-même. En refusant d'interdire les licenciements, en particulier dans les entreprises qui réalisent des profits. Jospin prend le risque, devant des milliers de travailleurs menacés aujourd'hui, de perdre la présidentielle [...]. Nous, nous appelons à voter « communiste révolutionnaire ». Contrairement au PCF, nous ne renoncerons pas au communisme. Parce que notre honneur, c'est d'avoir défendu l'idée communiste contre la dégénérescence stalinienne.

Interview d'Arlette Laguiller, *Le Figaro*, 30 avril 2001.

– La montée de l'extrême gauche vous inquiète-t-elle ?

Henri WEBER : C'est une montée prévisible car il existe dans ce pays un électorat protestataire fort qui, jusqu'à présent, à gauche se portait sur le PCF. Le déclin de ce parti, lié à la mort du communisme au niveau international, produit un effet de vase communicant. La montée de l'extrême gauche peut être inquiétante si son électorat se coupe de la famille politique qui est la sienne : la gauche au sens large. [...]

Interview de Henri Weber, sénateur fabiusien, *Le Figaro*, 2 mai 2001.

7 Les gauchistes, trente-trois ans après mai 68

Le maoïsme s'est évaporé sans laisser beaucoup de traces en politique, et il est peu présent au PS. Figure de la Gauche prolétarienne dans ses combats pour briser l'université « de classes » et auteur, avec Serge July, d'un hymne à la guerre civile, Alain Geismar a rejoint plus tard le PS, et a joué un rôle déterminant au sein du cabinet de Claude Allègre. Seule la filière christiano-maoïste qui [...] avait créé la Gauche ouvrière et paysanne s'est réinvestie en rejoignant les Verts [...].

Ce n'est pas en politique mais dans la presse, les médias et la culture que la prise de pouvoir a été le plus spectaculaire. [...] Les cinéastes Romain Goupil (LCR), Alain Corneau et Bertrand Tavernier (OCI), le metteur en scène de théâtre Bernard Murat retrouvent sur les plateaux des camarades d'autrefois, comme Pierre Arditi, Jean Benguigui ou Alex Métayer. [...]

Écrire et prendre la parole, tels étaient les modes d'intervention du gauchisme. Il était donc normal que cela produise des journalistes et des producteurs d'émissions de télévision, et donc que Michel Field, leader LCR des grèves lycéennes, passe du gueulaphone au micro et à la caméra. Tout comme Guillaume Durand, gauchiste de base à Censier. [...]

Les maos croyaient à la lutte des paysans, Bové y croit toujours et Lipietz aimerait voir les campagnes encercler les villes. [...] Des anciens gauchistes, il s'en trouve jusqu'au Medef, autour de Denis Kessler, ex de l'Unef-Union des grandes écoles, marxiste-léniniste. [...] On reprochera bientôt aux soixante-huitards d'être trop nombreux dans les maisons de retraite..

Extrait de *Marianne*, 13 août 2001.

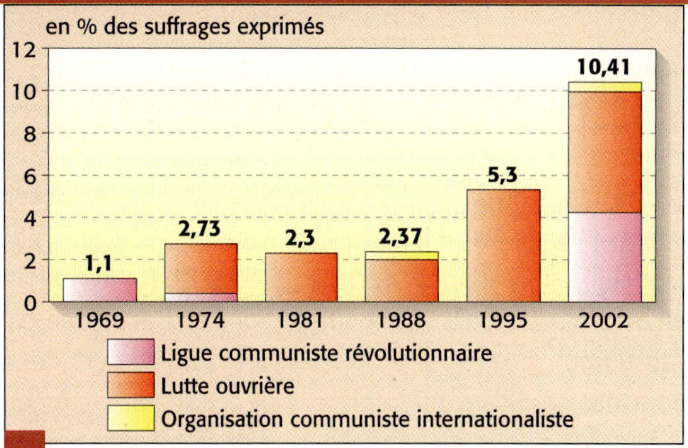

5 Le poids électoral de l'extrême gauche.

6 Fête de Lutte ouvrière en 2003.

Arlette Laguiller dans le parc du château de Presles (Val-d'Oise), propriété de l'organisation Lutte ouvrière, 8 juin 2003.

QUESTIONS

A. Présenter les documents (nature, date, auteur)

B. Dégager des informations des documents

1. Quelle force politique a accueilli bon nombre d'anciens trotskistes ? (doc. 2)
2. Quelles forces politiques Arlette Laguiller dénonce-t-elle ici ? (doc. 4) D'après Henri Weber, quels risques l'extrême gauche représente-t-elle pour les socialistes ? (doc. 4)
3. Quelle force politique d'extrême gauche pèse le plus au niveau électoral ? (doc. 5)
4. D'après cet article comment se manifeste l'influence du gauchisme dans la société ? (doc. 7)

C. Mettre en relation les documents

5. Les dangers mis en évidence par Henri Weber se sont-ils concrétisés ? (doc. 4 et 5)
6. Quelles sont les références idéologiques de l'extrême gauche ? (doc. 1 et 4)

D. Synthèse

7. À l'aide des documents, montrer que l'extrême gauche représente une force politique de plus en plus influente.

L'élection présidentielle de 2002

Les résultats du 21 avril 2002 surprennent tous les observateurs : la présence de Jean-Marie Le Pen au second tour et l'élimination de Lionel Jospin résonnent comme un coup de tonnerre. Ces résultats mettent en évidence une crise politique profonde caractérisée par la montée de l'abstention et du vote protestataire. Près d'un tiers des électeurs ont voté pour des candidats qui se placent en dehors du système politique et qui, le plus souvent, le rejettent. Le rejet de la cohabitation qui gomme la différence entre majorité et opposition a sans doute accentué le phénomène. Au second tour, Jacques Chirac est largement élu avec 82 % des voix. Les élections législatives de juin qui donnent une majorité nette à la droite confirment le rejet de la cohabitation par l'opinion.

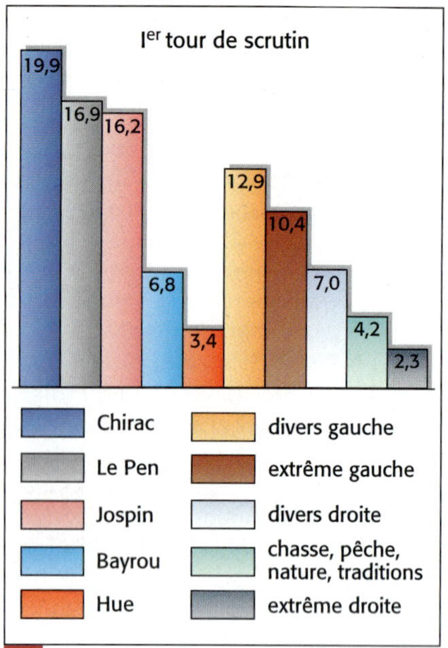

1 L'élection présidentielle d'avril 2002.

2 Les unes de *Libération* les 20 et 22 avril 2002.

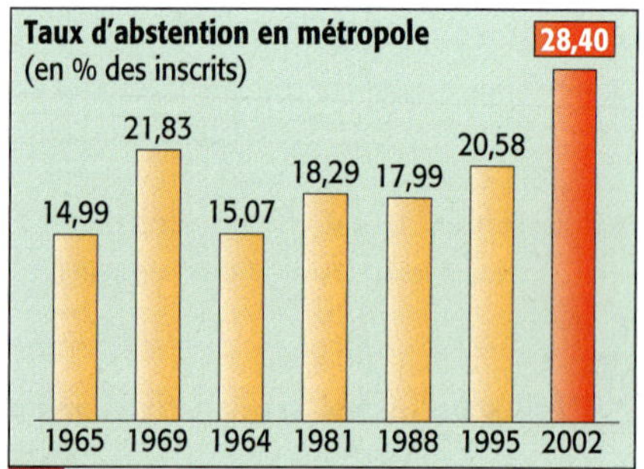

3 Abstentions au premier tour des présidentielles sous la Ve République.

4 Les élections de 2002 vues de Genève (Suisse).

Caricature du *Temps*, quotidien de Genève, 10 juin 2002.

5 L'assemblée après les élections législatives de juin 2002.

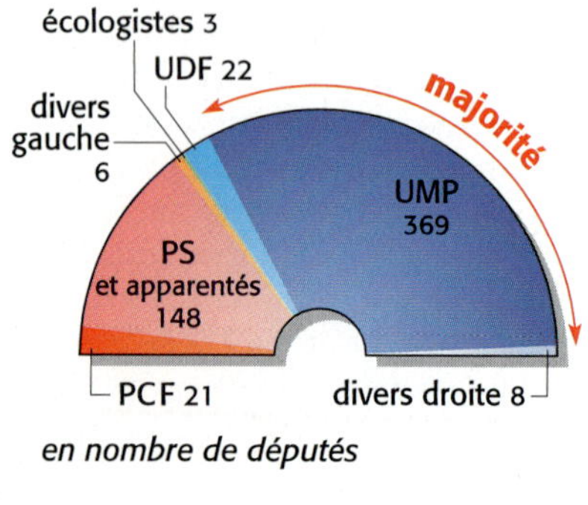

6 **Gaulliste en 1968, Jacques Chirac lors de la manifestation de soutien à de Gaulle, 30 mai 1968.**

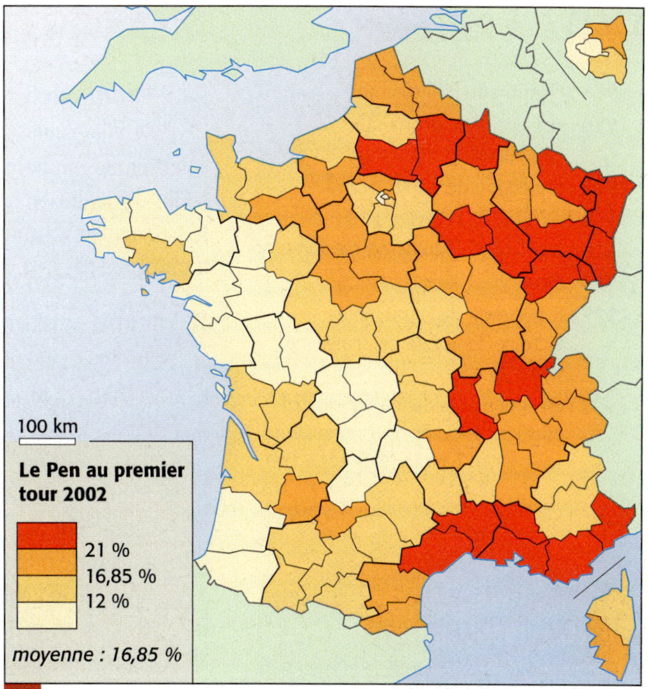

7 **Le vote Front national le 21 avril 2002.**

8 Un vote populiste : du *logos*[1] au *pathos*[2]

Le Figaro : Le score de Jean-Marie Le Pen a surpris tous les observateurs. Pas vous ?
Jean-François SIRINELLI : Il m'a surpris également. Cela étant, il faut repartir des chiffres, qui suggèrent deux observations. Si Jean-Marie Le Pen a réussi à être présent au second tour, c'est par défaut. Il doit indirectement sa « percée » au score de Lionel Jospin. Ce score est historiquement très bas pour un candidat du PS. Si Jean-Marie Le Pen avait recueilli 200 000 voix de moins, les observateurs auraient seulement parlé de *poussée* et non de *percée*. [...] La progression, en chiffres absolus, de Jean-Marie Le Pen est très faible par rapport à 1995. C'est plutôt en termes relatifs que peut s'observer – et s'évaluer – cette progression.

Le Figaro : Un certain nombre de commentateurs pointent du doigt la responsabilité d'une classe politique devenue « autiste ». Partagez-vous ce sentiment ?
J.-F. S. : On mesure, dans ces conditions, l'effet de souffle de l'insécurité ressentie. C'est en toile de fond l'autorité de l'État qui paraît atteinte. Celui-ci semble impuissant et, pis encore, inattentif. Les « petits », les « sans-grade » ne sont plus seulement, dans un tel contexte, les soutiers de la croissance retrouvée, mais les oubliés de la puissance publique. [...] La France reste l'un des pays les plus nantis du monde et, pourtant, en son sein, s'exprime parfois une réelle souffrance, celle du sentiment de l'exclusion de l'aire de protection de la puissance publique. Et ce sentiment est bien plus fort que celui de l'exclusion socio-économique. [...]
La politique est la gestion des possibles. Le populisme, lui, a la prétention de faire une autre politique. C'est pourquoi il se place dans une autre logique – celle de l'incantation. Mais [...] cette logique incantatoire [...] s'enfonce dans un monde virtuel, coupé de la réalité de la France, de l'Europe, du monde du début du IIIe millénaire. [...] Le Front national est plus d'incantation que d'action, de *pathos* plus que de *logos*. Le *logos* est un discours qui se veut raisonnable et un projet qui s'inscrit dans la rationalité. Le choc des *logoi*, c'est-à-dire des discours des possibles, finalement de la démocratie, cède la place à l'opposition *logos-pathos*, avec l'irruption de l'irrationnel.

Interview de l'historien Jean-François Sirinelli, *Le Figaro* du 27 avril 2002.

1. *logos* : en grec, la parole réfléchie, raisonnée.
2. *pathos* : en grec, la souffrance, la passion.

QUESTIONS

A. Présenter les documents
(nature, date, auteur)

B. Dégager des informations des documents

1. Quel changement relève-t-on dans le propos du journal par rapport à l'avant-veille ? (doc. 2)
2. Pourquoi l'augmentation des abstentions fragilise-t-elle les institutions ? (doc. 3)
3. Comment traduire en acte politique le slogan « Sauvez la république » ? (doc. 4)
4. Quelles sont les régions de forte implantation du Front national ? (doc. 7)
5. De combien de voix Jean-Marie Le Pen a-t-il progressé ? Comment l'auteur qualifie-t-il cette évolution ? (doc. 8)

C. Mettre en relation les documents

6. Comment se marque la méfiance de l'opinion publique ou son désintérêt vis-à-vis des hommes politiques ? (doc. 1, 2 et 3)

D. Synthèse

7. Qu'est-ce qui explique le résultat de Jean-Marie Le Pen au premier tour ?

FICHE DE RÉVISION

DATES À RETENIR

- **1981 :** élection de F. Mitterrand ;
- **1986 :** victoire de la droite aux législatives. Première cohabitation
- **1988 :** réélection de F. Mitterrand.
- **1993 :** victoire de la droite aux législatives. Deuxième cohabitation
- **1995 :** élection de Jacques Chirac.
- **1997 :** dissolution de l'Assemblée, victoire de la gauche. Troisième cohabitation
- **2002 :** élections présidentielles : Jospin battu au premier tour ; deuxième tour entre Chirac (élu) et Le Pen

LIRE

- J.-F. SIRINELLI, (dir.) *La France de 1914 à nos jours*, PUF, coll. Quadrige, 2004.
- J.-F. SIRINELLI, *Dictionnaire historique de la vie politique française au XXe s.*, PUF, coll. Quadrige, 2003.

BILAN DU CHAPITRE

I. Le temps de l'alternance : 1981-1986

➤ 1981 : la gauche gagne les présidentielles : c'est « l'alternance » ; François Mitterrand et son Premier ministre, Pierre Mauroy, entreprennent des réformes (nationalisations) ;

➤ les difficultés économiques, la « **rigueur** » ; Laurent Fabius, Premier ministre (1984) ; le passage au scrutin proportionnel permet l'élection de 35 députés du Front national mais n'empêche pas la victoire de la droite (1986).

II. Second septennat et cohabitations : 1986-2002

➤ 1986-1988 : cohabitation entre un Président de gauche et une majorité de droite (Jacques Chirac, Premier ministre) ;

➤ François Mitterrand réélu en 1988 ; des difficultés économiques (chômage) et politiques (**scandales politico-financiers**) ; la gauche est laminée aux législatives de 1993.

➤ Cohabitation entre Mitterrand et Balladur, Premier ministre de droite ;

➤ J. Chirac élu aux présidentielle de 1995, Alain Juppé Premier ministre. Réformes libérales mais forte opposition sociale ; Chirac dissout l'Assemblée en 1997.

➤ Victoire de la gauche aux législatives de 1997. Troisième cohabitation mais cas de figure inverse : Chirac, président de droite, et Jospin, premier ministre de gauche ;

➤ la cohabitation dure cinq années ; relations de plus en plus difficiles entre le Président et son Premier ministre ; ils s'affrontent aux présidentielles de 2002 ;

➤ surprise au soir du premier tour : Jospin est éliminé et Le Pen arrive en 2e position ; la gauche, absente du second tour, appele à voter Chirac qui est réélu avec 82 % des voix.

NE PAS CONFONDRE

Les présidents et les Premiers ministres de la Ve République

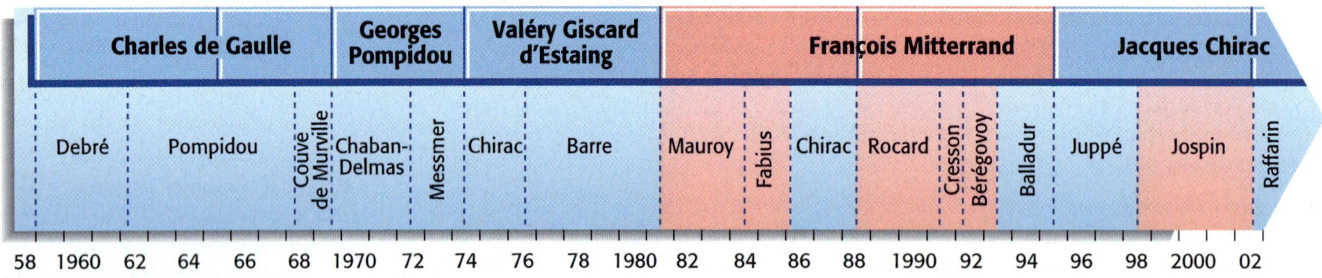

Majorité absolue et majorité relative

• Dans un scrutin unimonial, il faut, pour être élu au premier tour, avoir recueilli **la majorité absolue** des suffrages exprimés (au moins la moitié plus un).

• Seuls peuvent participer au second tour des législatives, les candidats qui ont obtenu un certain pourcentage des suffrages exprimés (12,5 % en 1976). Le second tour se déroule à la **majorité relative**, le candidat élu est celui qui a le plus de voix. S'il y a plus de deux candidats (élections « triangulaire » ou « quadrangulaire »), le député peut être élu avec moins de 50 % de suffrages exprimés.

BIOGRAPHIES

François Mitterrand (1916-1996), président de la République de 1981 à 1995.
(Voir biographie complète p. 396)

Jacques Chirac (né en 1932), président de la République depuis 1995.
(Voir biographie complète p. 393)

Lionel Jospin (né en 1937), Premier ministre de 1997 à 2002.
(Voir biographie complète p. 395)

Jean-Marie Le Pen (né en 1928), dirigeant du Front National.
(Voir biographie complète p. 396)

Explication d'un document (14/16)

Sujet : L'évolution des prélèvements obligatoires de 1973 à 2002

Questions

1. Présenter le document.
2. Présenter l'évolution générale de la courbe en fonction de l'évolution économique et sociale.
3. Présenter l'évolution de la courbe en fonction des grands changements politiques.
4. Expliquer l'évolution de la courbe.

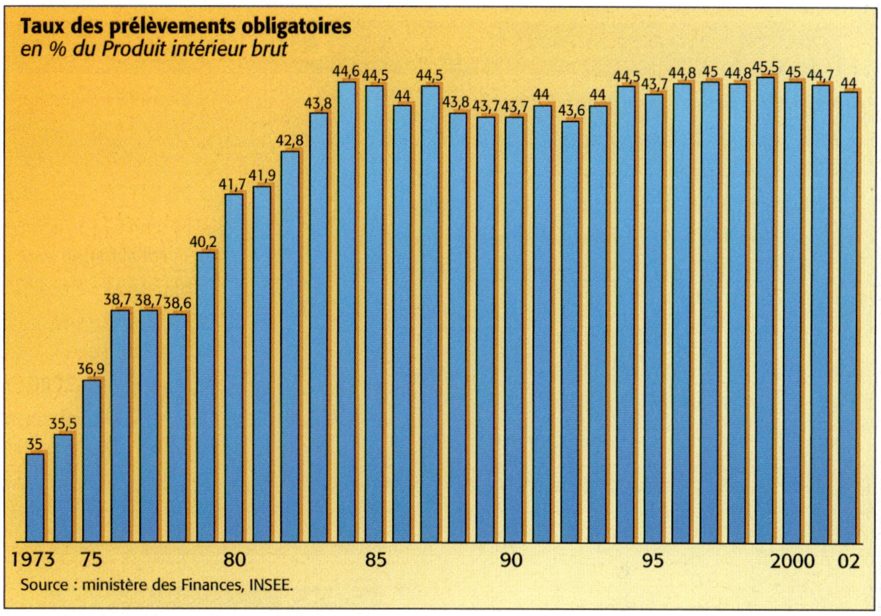

CHRONOLOGIE

- **1973 :** 1er choc pétrolier
- **1974 :** Valéry Giscard d'Estaing, président
- **1976 :** 1 million de chômeurs en France
- **1979 :** 2e choc pétrolier
- **1981 :** Mitterrand président
- **1984 :** 2 millions de chômeurs en France
- **1986 :** victoire de la droite aux législatives
- **1988 :** F. Mitterrand réélu.
- **1993 :** victoire de la droite aux législatives
- **1994 :** 3 millions de chômeurs en France
- **1995 :** J. Chirac président.
- **1997 :** victoire de la gauche aux législatives
- **2002 :** J. Chirac réélu

DOCUMENT D'ACCOMPAGNEMENT

Caricature de Loup, *Libération* du 11 septembre 1991.

URSSAAF : organisme qui collecte les cotisations sociales.
UNEDIC : organisme qui collecte les cotisations d'assurance-chomâge.

Méthode

➤ 1. Aide générale

• Les prélèvements obligatoires d'un pays représentent l'ensemble des impôts et des cotisations sociales.

• L'impôt est un prélèvement obligatoire perçu par l'État ou par les collectivités locales. Il permet l'entretien des équipements collectifs et le fonctionnement des services publics.

• Les diverses cotisations sociales, Sécurité sociale, assurances chômage, cotisation sociale généralisée (CSG), permettent de financer la protection sociale (indemnités pour maladie et accident, assurance maladie, indemnités de chômage, allocations diverses, etc.).

➤ 2. Comment répondre aux questions

A. Question 3

• L'augmentation du nombre de chômeurs a deux conséquences :
– le nombre des salariés qui cotisent diminue ;
– le volume des indemnités versées aux chômeurs augmente.

B. Question 4

• Rappel : comment commenter une courbe ?
1. Présenter la tendance générale (hausse, baisse, variations).
2. Diviser la courbe en sections et commenter chacune d'elles.
3. Tenter de fournir une explication aux ruptures intervenant dans la courbe générale entre les différentes sections.

Composition (9/10)

Sujet : Comment ont évolué les institutions de la Vᵉ République depuis 1958 ?

CHRONOLOGIE

- **Mai 1958 :** effondrement de la IVᵉ République.
- **28 septembre 1958 :** référendum sur la nouvelle Constitution (79 % de « oui »).
- **Avril 1961 :** échec du putsch des généraux à Alger.
- **28 octobre 1962 :** référendum sur l'élection du président de la République au suffrage universel (61,7 % de « oui »).
- **Décembre 1965 :** premières élections présidentielles au suffrage universel.
- **Mai-juin 1968 :** crise étudiante, sociale et politique.
- **28 avril 1969 :** départ du général de Gaulle.
- **Juin 1969 :** élection du gaulliste G. Pompidou.
- **Mai 1974 :** élection du républicain indépendant V. Giscard d'Estaing.
- **Mai 1981 :** élection du socialiste F. Mitterrand.
- **Mars 1986 :** victoire de la droite aux élections législatives, cohabitation avec un président de gauche.
- **Mai 1988 :** réélection de F. Mitterrand.
- **Mars 1993 :** victoire de la droite aux élections législatives, cohabitation avec un président de gauche.
- **Mai 1995 :** élection du gaulliste J. Chirac.
- **Juin 1997 :** victoire de la gauche aux élections législatives, cohabitation avec un président de droite.
- **Septembre 2000 :** référendum sur le quinquennat (73 % de « oui »).
- **Avril 2002 :** premier tour de l'élection présidentielle, marqué par une très forte abstention et la présence en deuxième position d'un candidat d'extrême droite.

Méthode

1. Analyser le sujet

1. Le thème : les institutions politiques

2. L'époque : de 1958 à 2002 (précisée indirectement par la chronologie

Comment ont évolué les institutions de la Vᵉ République depuis 1958 ?

Notion d'évolution introduite par la question. Mettre l'accent sur ce qui change et ce qui est nouveau

3. La zone géographique : le pays où s'applique la Vᵉ République, c'est-à-dire la France

2. L'introduction et la problématique

- « depuis 1958 » indique : la Vᵉ République depuis ses origines.
- La chronologie souligne que le sujet concerne les institutions de la Vᵉ République, leur mise en place, leur fonctionnement. La IVᵉ République s'effondre en mai 1958.
- Se demander :
  – comment les nouvelles institutions ont été mises en place ;
  – en quoi elles ont été modifiées par la suite ;
  – quelles crises ont éclaté (sans les décrire en détail) ;
  – comment le régime les a surmontées.
- Un plan chronologique s'impose pour traiter une telle évolution.

3. Exemple de composition partiellement rédigée

Introduction

Le régime politique français actuel est né en 1958 après l'échec de la IVᵉ République, qui n'a duré qu'une douzaine d'années. Les institutions de la Vᵉ République, au contraire, ont réussi à s'enraciner. Cette durée contraste avec la brièveté de la IVᵉ République. Et pourtant, la France a traversé des crises.

Quelles crises le régime a-t-il surmontées ? Comment les institutions de la Vᵉ République ont-elles pu fonctionner jusqu'à aujourd'hui ?

On étudiera successivement la mise en place des institutions, leur évolution dans les années 1960, leur consolidation à l'épreuve des alternances et des périodes de « cohabitation ».

DOCUMENT D'ACCOMPAGNEMENT **Le général de Gaulle en conférence de presse.**

I. la mise en place des institutions de la Ve République (1958-1962)

A. Le contexte historique
– Le retour au pouvoir du général de Gaulle (crise de mai 1958).
– Les circonstances dans lesquelles naissent de nouvelles institutions (guerre d'Algérie, fin de la décolonisation).

B. La Constitution de 1958
– La rédaction de la Constitution de 1958.
– L'appui massif des Français au référendum de 1958.
– La mise en place rapide des institutions.

C. Le régime à l'épreuve de la guerre d'Algérie
– Le putsch des généraux (avril 1961).
– De la guerre à la paix ; la fin de la guerre.
Transition : Le pouvoir exécutif est apparu solide face aux crises de la guerre d'Algérie. Les institutions sortent donc renforcées. Mais elles ne prennent leur véritable forme qu'au cours de l'année 1962.

II. Des institutions enracinées (1962-1969)

A. La bataille politique de l'automne 1962
– L'élection du président de la République au suffrage universel approuvée par le référendum de 1962.
– D'une certaine façon, c'est une refondation de la Ve République : désormais, le chef de l'État sera élu au suffrage universel.

B. L'enracinement (1962-1969)
…

C. Le régime survit au départ de son fondateur (1969)
…

Transition : Le régime a montré sa capacité à surmonter les difficultés et le départ de son fondateur. Dès lors, les institutions semblent acceptées. Mais le régime se trouve confronté à de nouvelles épreuves.

III. De 1969 à 2002 : des institutions consolidées ?

A. L'alternance de 1981 :
…

B. La « cohabitation » :
…

C. Les institutions à l'épreuve de la crise
– Les conséquences politiques de la crise :
• montée des votes protestataires ;
• diminution des voix se portant sur les partis de gouvernement ; difficulté de gouverner ;
• baisse rapide de la popularité des gouvernements ;
• aucun gouvernement sortant n'a été réélu depuis 1978 ;
• difficulté d'agir dans la durée. Si les institutions tiennent bon, durée brève des gouvernements : cinq en une douzaine d'années, de 1986 à 1997.
– De tels problèmes culminent avec l'élection présidentielle de 2002 :
• forte abstention ;
• progression du vote protestataire pour les extrêmes.

Conclusion

Les institutions de la Ve République sont devenues rapidement des institutions stables, à la différence de celles de la IVe République. Leur solidité en fera-t-elle un rempart contre la crise actuelle de la représentation politique ?

Étude d'un ensemble documentaire (14/16)

Sujet : Le poids du parti communiste français de 1945 à 2002

Questions

Première partie

1. En indiquant à chaque fois le contexte historique, présenter ce que dénonce le parti communiste. (doc. 2, 3 et 4)
2. En indiquant à chaque fois le contexte historique, présenter ce qui est dénoncé dans le communisme ? (doc. 5)
3. Comment le PCF évolue-t-il dans les années 1950 et 1960, dans les années 1980 et 1990 ? (doc. 1)
4. Quels documents sont des documents de propagande ? Justifier la réponse.

Deuxième partie : À l'aide des réponses aux questions et de vos connaissances, rédiger une réponse organisée décrivant l'évolution de l'influence du parti communiste français de 1945 à 2002.

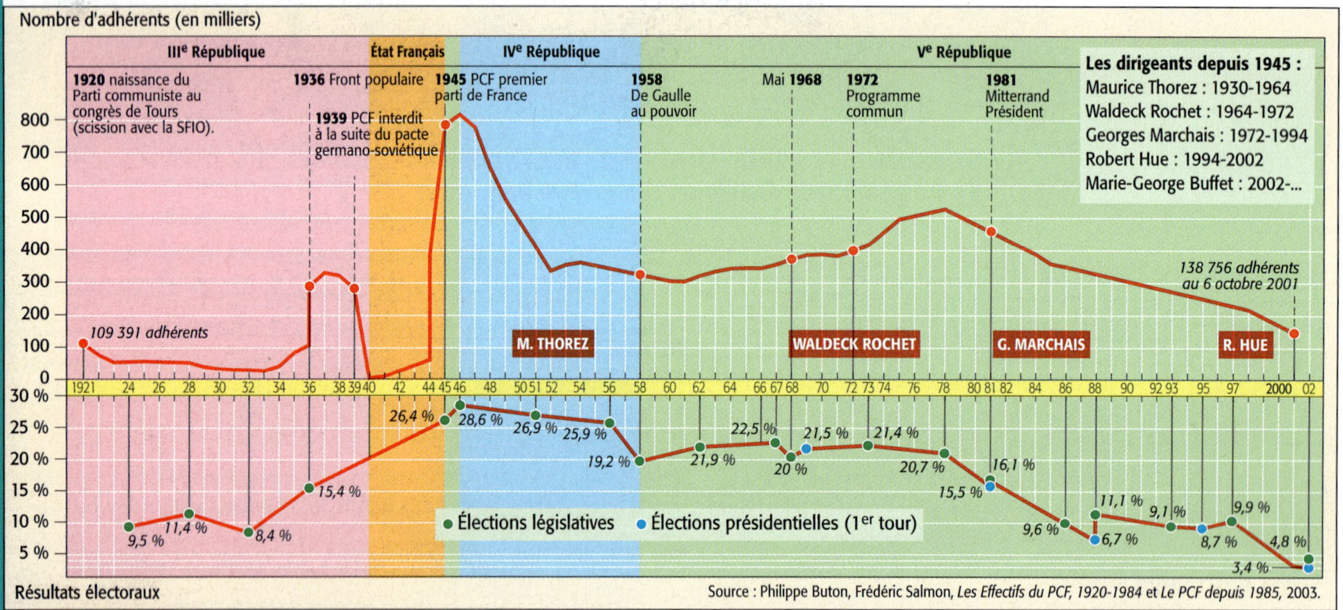

DOCUMENT 1 **Évolution du parti communiste français en nombre d'adhérents et en nombre de voix.**

DOCUMENT 2 Le PCF et le Programme commun

Nous voulons nous adresser à vous au nom de la cause qui nous anime : celle de l'union pour le changement démocratique. Depuis quinze années, c'est à cette cause que nous avons consacré tous nos efforts. Souvenez-vous. En 1962, nous vous lancions cet appel : « Marchons côte à côte et frappons ensemble. » En 1964, nous vous faisions la proposition de conclure entre nous un programme commun de gouvernement. Et nous avons lutté sans relâche pour aboutir, en 1972, à sa conclusion. En 1965, à notre initiative, nous avons fait, avec vous, de François Mitterrand le candidat unique de la gauche. En 1974, ce fut notre proposition et notre campagne pour un candidat commun de la gauche. Oui, nous avons tout fait depuis quinze ans pour ce seul objectif : renforcer notre union, la rendre plus forte, plus large.

Cela n'a pas été facile. Nous le prévoyions en nous engageant dans cette voie, car nos deux partis étaient très loin l'un de l'autre. Mais nous étions, et nous sommes plus profondément que jamais, persuadés que cette union constitue le seul moyen d'ouvrir une voie nouvelle dans l'intérêt du peuple et du pays.

Lettre du Comité central du PCF au Comité directeur du Parti socialiste, 23 septembre 1977.

DOCUMENT 3 L'abandon de la dictature du prolétariat

Comme vous le savez, nous préparons notre Congrès sur la base d'un projet de document intitulé *Ce que veulent les communistes pour la France.*

La « dictature du prolétariat » ne figure pas dans ce projet de document pour désigner le pouvoir politique de la France socialiste pour laquelle nous luttons. […]

Nous sommes en 1976. Nous vivons et nous luttons dans une France, dans un monde totalement différents de la situation d'il y a un demi, voire un quart de siècle. Nous en tenons le plus grand compte. Agir autrement, ce serait remplacer l'étude précise et vivante par la citation ou encore l'exemple érigés en dogme. […]

Très brièvement résumée, c'est la voie démocratique et révolutionnaire que nous proposons à notre peuple pour aller au socialisme tenant compte des conditions de notre époque en faveur des forces de progrès, de liberté, de paix. Eh bien, il est évident qu'on ne peut qualifier de « dictature du prolétariat » ce que nous proposons de la sorte aujourd'hui aux travailleurs, à notre peuple. C'est pourquoi elle ne figure pas dans notre projet de document.

L'Humanité, journal du parti communiste français, 20 janvier 1976.

a

b

DOCUMENT 4 **Affiches communistes.**

a. Affiche de l'Union des femmes françaises (organisation communiste), 1950. « Danièle » se rapporte à Danièle Casanova, dirigeante communiste morte en déportation à Auschwitz.

b. Affiche du PCF lors du référendum sur l'élection du président de la République au suffrage universel, 1962.

a

b

DOCUMENT 5 **Affiches anti-communistes.**

a. Affiche de la SFIO, lors des élections législatives de 1951.

b. Affiche des comités de défense de la république (gaullistes) lors des élections présidentielles de 1974.

CHAPITRE 18

Population et bouleversements de la France depuis 1945

séries ES-L-S

Portée par trente années de croissance économique forte et soutenue, la société française a connu, depuis la Libération, la mutation la plus rapide de son histoire. À partir du milieu des années 1970, le ralentissement de la croissance a provoqué des bouleversements qui ont amené la fin des « années faciles » (Jean Fourastié) des « Trente Glorieuses », sans que, pour autant, s'achève la mutation sociale engagée.

Quels bouleversements la croissance économique des « Trente Glorieuses » a-t-elle provoqués dans la société française ?
Quels ont été les effets de la crise économique sur la société française ?

1 Une France longtemps marquée par la ruralité...

Le premier modèle de « deux chevaux » au début des années 1950.

« Voiture pouvant transporter deux cultivateurs en sabots, cinquante kilos de pomme de terre ou un tonnelet, à une vitesse maximum de 60 km/h, pour une consommation de trois litres aux cent km » (Cahier des charges des premières 2 CV)

des structures économiques et sociales

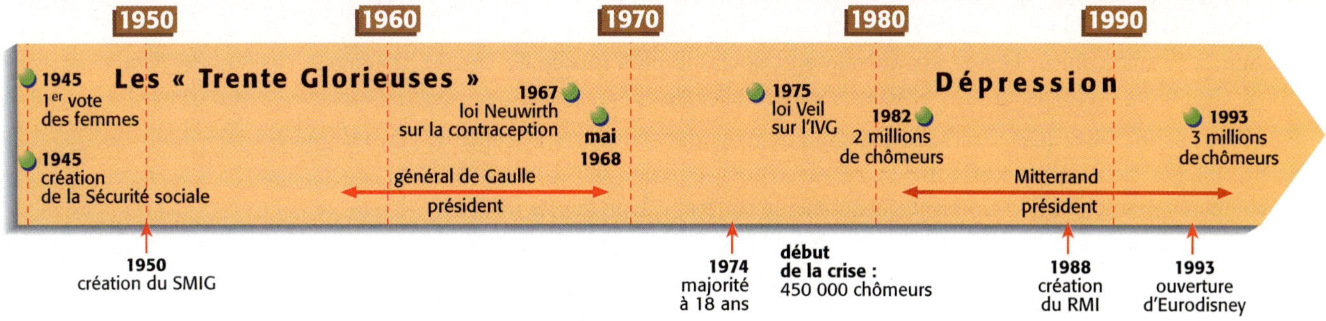

2 ... mais bientôt emportée par la mutation la plus rapide de son histoire.

Marianne au cœur des « Trente Glorieuses ».

Affiche d'Éric pour l'emprunt national d'équipement de 1966.

« La France actuelle est à des années-lumière de ce qu'elle était à la fin des années 1940 et au début des années 1950. »
Newsweek, février 1964.

1 Une France plus jeune et moins rurale

A. L'aiguillon de la croissance doc. 1 et 5

En février 1964, dans un article intitulé « Retour à la grandeur », le magazine américain *Newsweek* constate : « La France actuelle est à des années-lumière de ce qu'elle était à la fin des années 1940 et au début des années 1950. » De fait, à partir de la Libération, la France connaît l'**essor économique et social le plus rapide de son histoire**. Celui-ci se prolonge jusqu'au premier choc pétrolier de 1973.

En 1979, l'économiste Jean Fourastié baptise ces trois décennies les « Trente Glorieuses ». Les facteurs qui expliquent un tel essor et la mutation qui en découle sont multiples, notamment une croissance économique soutenue. Une fois les ruines de la guerre relevées, l'économie française connaît, en effet, une progression forte et régulière, avec un **taux de croissance moyen annuel de 5 % environ**. Ce taux passe même à 6,5 % entre 1969 et 1973.

B. Le levain du baby-boom doc. 4

Parallèlement, la démographie française connaît une forte augmentation. C'est en 1942 que la reprise de la fécondité s'amorce. Dès lors, jusqu'en 1964, cette fécondité est toujours supérieure à 2,5 enfants par femme, avec, de surcroît, la pointe du baby-boom dans les années qui suivent la Libération.

Les jeunes femmes issues de ce baby-boom arrivant à l'âge adulte à partir du milieu des années 1960, **la population continue d'augmenter**. La baisse de la natalité ne se manifeste que tardivement. Elles n'apparaît nettement qu'au milieu des années 1970. L'accroissement naturel annuel a donc longtemps été élevé (près de 8 ‰ par an pendant plus de deux décennies).

La population française augmente, de ce fait, d'un tiers entre 1946 et 1976, gagnant 13 millions d'habitants entre ces deux dates. **Cette augmentation de la population est une des causes majeures de la prospérité des « Trente Glorieuses ».**

C. Le recul de la ruralité doc. 2, 3, 6 et 7

En 1967, le sociologue Henri Mendras écrit un livre au titre volontairement provocateur, *La Fin des paysans*. Il rend compte d'une évolution extrêmement rapide : si, au recensement de 1946, la population rurale représentait encore 47 % de la population française totale, sa part n'est plus que de 34 % en 1968. Le phénomène est encore plus sensible pour la seule population active : **l'agriculture occupe encore 36 % des actifs en 1946 mais cette proportion tombe à 15 % en 1968.** À cette date, les paysans ne sont plus que deux millions, contre sept millions et demi en 1945.

La transformation du monde rural ne revêt pas seulement un aspect statistique, c'est aussi son mode de vie et son environnement technique qui se modifient profondément durant la même période. À tel point que l'on parle, sur le moment même, d'une « révolution des campagnes ». La mécanisation entraîne un changement des pratiques et une hausse des rendements agricoles. Le tracteur commence à devenir un élément fréquent du paysage agricole. Les moissonneuses-batteuses rendent la moisson moins pénible mais réduisent l'offre de travail : un seul homme conduit une moissonneuse-batteuse, faisant le travail de plusieurs dizaines de moissonneurs et d'ouvriers agricoles. **Un monde est alors en train de disparaître, celui des ouvriers agricoles et des petits paysans** peu insérés dans les circuits de la distribution moderne et vivant encore dans une situation d'autoconsommation.

D'autre part, dans la vie quotidienne, **l'habitat s'améliore progressivement dans les campagnes**, tout comme l'hygiène et l'encadrement médical. L'usage de l'automobile et du téléphone se répand. Avec l'essor de la télévision, le décalage social et culturel des campagnes se réduit encore dans les années 1960.

1 Les « Trente Glorieuses » selon Jean Fourastié

Si j'ai pu qualifier de « glorieuses » les trente années séparant les recensements de 1945 et de 1975, c'est parce que je les considérais quant à la promotion du niveau de vie et du genre de vie des Français ; je dois dire qu'elles ne me paraissent telles – et de loin – en aucun autre domaine, ni quant à la réflexion philosophique, ni quant à l'art, ni quant aux lettres, ni quant à la vie spirituelle, ni quant à la démographie, à la vitalité, à la vertu… Nous n'avons pas même reconstitué, à la faveur de notre prospérité économique, la personnalité de notre peuple et son consensus social ; une agression extérieure nous laisserait plus veules encore que celle de 1940.

Jean Fourastié, *Les Trente Glorieuses ou la révolution invisible de 1946 à 1975*, Fayard, 1979.

1. **Dans quel domaine l'auteur parle-t-il de trente années glorieuses ?**
2. **Quelles restrictions l'auteur apporte-t-il à l'expression « Trente Glorieuses » ?**
3. **Quel jugement porte-t-il sur la France dans la dernière phrase ?**

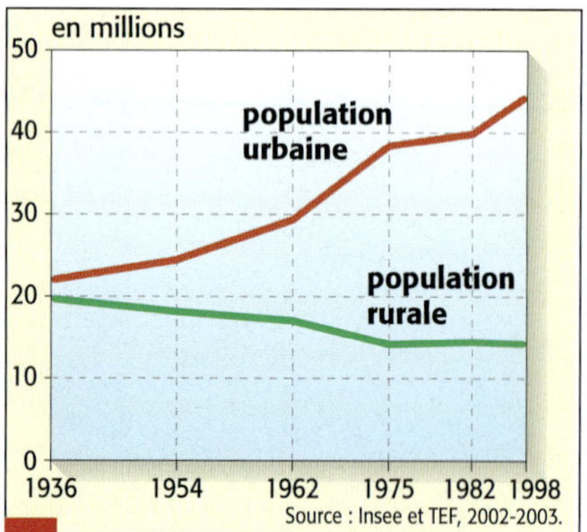

2 Population urbaine et population rurale.

3 La mécanisation des campagnes.

	tracteurs	moissonneuses-batteuses
1950	137 000	3 000
1960	680 000	48 000
1970	1 310 000	133 000
1977	1 400 000	145 000

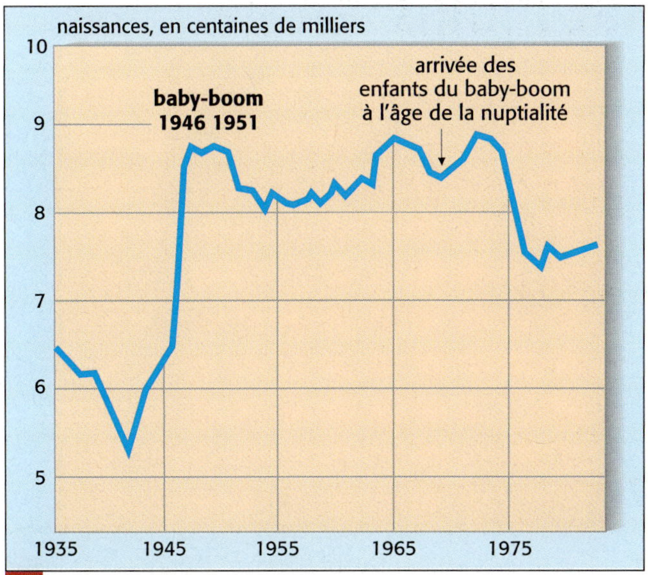

4 **La croissance démographique durant les « Trente Glorieuses ».**

6 La fin des paysans

La population active française comptera environ quatorze millions de travailleurs dans une vingtaine d'années. Si l'on admet que l'activité agricole occupera entre cinq et dix pour cent de cette population active, il y aura un million de travailleurs agricoles, soit une diminution des deux tiers environ, par rapport à aujourd'hui […]. L'évolution en cours va se poursuivre et il y aura de moins en moins d'agriculteurs à la campagne puisque la population agricole active diminue plus rapidement que la population rurale. […]

La révolution agricole du XIIIe siècle avait mis plus d'un siècle à diffuser ses progrès dans les campagnes françaises. Elle se faisait au rythme d'une société traditionnelle que l'industrie n'avait pas encore modifiée. Les caractères essentiels de la société villageoise demeuraient inchangés. Après un siècle d'exode rural continu, la révolution actuelle fait diminuer le nombre des agriculteurs au rythme affolant de 160 000 par an, tant par la mort d'agriculteurs sans successeurs que par le passage de jeunes agriculteurs à d'autres professions. Les exploitants qui demeurent s'agrandissent d'autant et peuvent faire face aux exigences nouvelles de l'économie et de la technique, mais la société villageoise en est totalement bouleversée.

L'équilibre est brisé, la lente agriculture s'ébranle et se met au pas de l'industrie à laquelle elle emprunte ses sources d'énergie et ses dernières découvertes. En moins de dix ans les rendements ont plus que doublé : l'agriculteur qui se satisfaisait de quinze quintaux de blé à l'hectare et de deux mille litres de lait par lactation obtient maintenant quarante quintaux et cinq mille litres. Les machines se multiplient. […]

Toute la production agricole est commandée par les goûts des consommateurs et l'évolution des marchés. Au même titre que les autres secteurs de production, l'agriculture doit se soumettre au rythme du changement technique et économique de la société industrielle.

H. Mendras, *La Fin des paysans*, Armand Colin, 1967.

1. **Expliquer « société villageoise ». Quelles différences y a-t-il entre cette expression et « population active agricole » ?**
2. **Quelles sont les grandes transformations survenues dans l'économie agricole française de 1945 à 1965 ?**
3. **Quelles en sont les conséquences humaines ?**

5 Les transformations de la France

Nos vieilles villes et nos anciens bourgs sont en proie aux chantiers qui travaillent à les rajeunir. Par exemple, Paris, blanchi tout en conservant ses lignes, débordant d'automobiles autour de ses monuments restaurés, se pénètre de trois autoroutes, s'entoure d'un boulevard périphérique et dresse d'innombrables immeubles neufs dans ses murs et ses environs.

La médaille a son revers. Notre développement industriel réduit inéluctablement l'importance relative de notre agriculture. Comment méconnaître que si, dans notre existence de peuple, la cité – et d'abord la capitale – ne cessa jamais d'être le siège et le décor de l'appareil officiel, le foyer des arts et des sciences, le rendez-vous principal du commerce, la meilleure place pour les ateliers, c'est la campagne qui demeurait la source de la vie, la mère de la population, la base des institutions, le recours de la patrie ? […]

Il est fini, en effet, le temps où l'agriculture française était celle de la subsistance, où le paysan, sans changer jamais rien à ce qu'il faisait pousser sur son lopin de terre, cultivait surtout de quoi se nourrir lui-même et nourrir sa famille, où les surplus suffisaient à l'alimentation des villes. La machine est passée par là, bouleversant l'antique équilibre, imposant le rendement, accumulant des excédents, créant partout des biens et, du coup, des désirs nouveaux, suscitant chez les paysans le besoin de gagner davantage, provoquant la pression massive des produits étrangers et exigeant de nous en contrepartie l'offre de la qualité. C'est donc le marché qui, désormais, dicte à l'agriculture ses lois qui sont la spécialisation, la sélection, la vente.

Charles de Gaulle, *Mémoires d'espoir. Le renouveau 1958-1962*, Plon, 1970.

1. **Quelle situation l'auteur décrit-il dans le 1er paragraphe ?**
2. **Quelles transformations l'auteur évoque-t-il ensuite ?**
3. **Quelle conclusion en tire-t-il ?**

7 Dans les années 1990…

La ruralité correspond à une aspiration profonde de notre peuple. Pas seulement parce qu'il y trouve ses racines. La ruralité n'est pas une nostalgie, elle n'est pas une valeur du passé inadaptée à notre époque. Elle est d'abord une éthique : l'homme ne vit pas sans la terre, il vit avec la terre et se nourrit de la terre. La culture humaine et la culture de la terre sont en réalité indissociables. Nous sommes tous des paysans au sens éthique du terme.

Jacques Chirac lors du 46e championnat du monde de labour, 16 septembre 1999.

Les *baby-boomers*

En 1945, le général de Gaulle, chef du gouvernement, avait appelé de ses vœux la naissance, dans les dix années à venir, de « 12 millions de beaux bébés ».
Ce souhait est révélateur de l'atmosphère de la Libération, durant laquelle, la reprise de la natalité est très forte : ainsi, en 1946, on enregistre 840 000 naissances, contre 612 000 en 1939.
Ce coup de jeune se prolonge durablement et les structures de la population française s'en trouvent singulièrement modifiées : en 1968, un tiers des Français ont moins de vingt ans et, surtout, les 16/24 ans – les *baby-boomers* – représentent alors à eux seuls plus de huit millions d'individus, soit 16,1 % de la population.
Ces *baby-boomers* ont été les adolescents de la France du cœur des Trente Glorieuses, en pleine mutation. De ce fait, jamais avant eux aucune génération n'a été contemporaine d'une métamorphose aussi rapide du pays.

1 Une famille française au début des années 1950.

2 Distribution de lait dans les écoles.

3 Les *baby-boomers*

Il était une fois une génération qui vint à la vie au moment où les tickets de rationnement n'avaient pas encore disparu de la France de l'après-guerre mais qui parvint à l'adolescence dans un pays en train de changer à vitesse accélérée : l'image, à tout prendre, n'est pas fausse, mais elle reste incomplète. Autant qu'une classe d'âge de la mutation sociologique, cette génération fut celle de la transition culturelle : elle sera la première, en effet, à baigner pleinement dès l'enfance dans l'image et le son, en restant cependant, à bien des égards, profondément marquée par la civilisation de l'imprimé.

Jean-François Sirinelli, *Les baby-boomers*, Fayard, 2003.

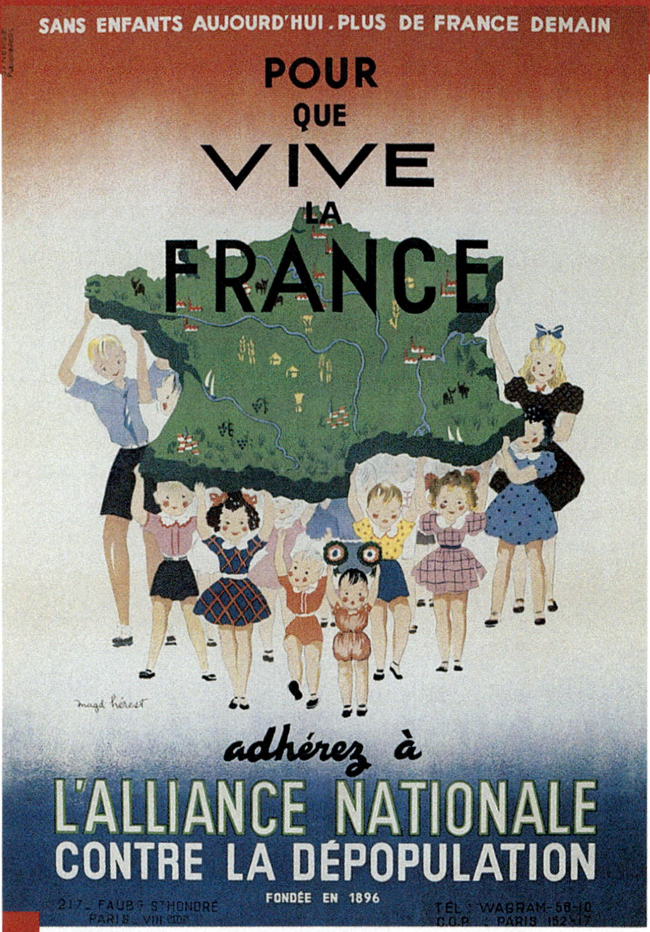

4 **Affiche de propagande nataliste en 1945.**

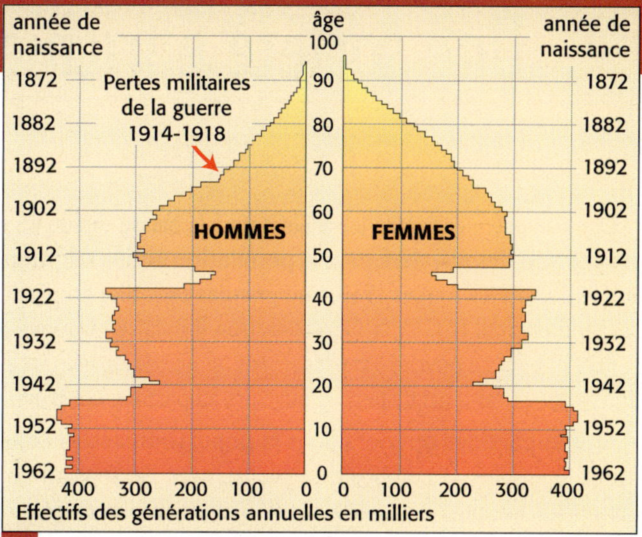

5 **Pyramide des âges en 1962.**

Jeunes *baby-boomers* à la plage dans les années 1960. **6**

7 La génération des moins de vingt ans en 1963

Les communications de masse (presse, radio, TV, cinéma) ont joué un grand rôle dans la cristallisation de cette nouvelle classe d'âge, en lui fournissant mythes, héros et modèles. Dans un premier stade, le cinéma fait émerger les nouveaux héros de l'adolescence, qui s'ordonnent autour de l'image exemplaire de James Dean. Dans un deuxième stade, c'est le rock qui joue le rôle de moteur. Mais tous les moyens de communication sont engagés dans le processus. Elvis Presley devient vedette de cinéma. […]

La classe d'âge s'est cristallisée sur :

– une panoplie commune, qui du reste évolue au fur et à mesure que les « croulants » avides de juvénilité se l'approprient ; ainsi ont été élaborés le blue-jeans, polos, blousons et vestes de cuir, et actuellement la mode est au tee-shirt imprimé, à la chemise brodée ; […]

– l'accession à des biens tels que l'électrophone, guitare de préférence électrique, radio à transistors, collection de 45-tours, photos ;

– un langage commun ponctué d'épithètes superlatives comme « terrible », « sensass », langage « copain » où le mot « copain » lui-même est maître-mot, mot de passe […] ;

– ses cérémonies de communion, depuis la surprise-partie jusqu'au spectacle de music-hall.

E. Morin, sociologue, *Le Monde*, 6 juillet 1963.

QUESTIONS

A. Présenter les documents (nature, date, auteur)

B. Dégager des informations des documents

1. Décrire la famille. Décrire tous les éléments du décor et du mobilier. Qui sont les *baby-boomers* sur cette photo ? Quel âge ont-ils aujourd'hui ? (doc. 1)

2. Cette mesure a été prise par le gouvernement de Pierre Mendès France. Quelle situation sociale cette photo révèle-t-elle ? (doc. 2)

3. Quels sont les arguments utilisés pour inciter les Français à faire des enfants ? (doc. 4)

4. Comment le baby-boom apparaît-il sur cette pyramide des âges ? (doc. 5)

5. Quelle nouvelle pratique culturelle est ici mise en évidence (doc. 6) ?

6. Quelle influence extérieure se manifeste dans les pratiques culturelles de cette jeunesse ? (doc. 7)

C. Mettre en relation les documents

7. Quelles sont les conséquences socioculturelles du baby-boom ? (doc. 6 et 7)

D. Synthèse

8. La génération du baby-boom : décrire ses caractéristiques à partir des documents de ce dossier.

2 Une société enrichie

A. La « nouvelle classe ouvrière » doc. 3

■ Dans un premier temps, parallèlement à la baisse rapide du nombre des paysans, **la proportion des ouvriers dans la population active augmente** : 30 % en 1946, 39 % en 1968. Dans les années 1960, trois grandes centrales syndicales, la Confédération générale du travail (CGT), la Confédération française et démocratique des travailleurs (CFDT) et Force ouvrière représentent le monde ouvrier et avancent des revendications visant à faire participer les ouvriers au partage des fruits de la croissance.

■ Mais **la part des ouvriers dans la population active connaît ensuite un tassement**. Bien plus sa composition évolue, avec l'extension en son sein de plusieurs catégories. Les ouvriers spécialisés (OS) sont de plus en plus nombreux, en raison de la **parcellisation du travail**. Les ouvriers qualifiés et les contremaîtres connaissent une modification profonde de leur genre de vie qui les rapproche progressivement des classes moyennes. On parle à leur sujet de « nouvelle classe ouvrière ».

B. L'essor des classes moyennes doc. 1 et 5

■ L'extension rapide des classes moyennes constitue, avec le recul du monde rural, la transformation la plus importante de la société après 1945. Les techniciens, les employés après les cadres voient leur part dans la population active croître de façon saisissante : le nombre des employés de bureau double entre 1954 et 1975. Le résultat en est **un essor spectaculaire du secteur tertiaire**, qui passe de 34 % des actifs en 1946 à 51 % en 1975. Le cadre devient une figure symbolique des Trente Glorieuses.

■ Salariés du tertiaire et « nouvelle classe ouvrière » constituent une vaste classe moyenne, dont le rapprochement est favorisé par deux facteurs :
– **l'extension du salariat** : en 1970, la mensualisation des ouvriers est généralisée ; à cette date, près de 80 % de la population active est salariée ;
– **l'enrichissement de la société française** : il favorise une uniformisation croissante des aspirations, des loisirs et de la consommation de cette classe moyenne.

C. La hausse du niveau de vie doc. 2, 4, 6, 7 et 8

■ Jusqu'au milieu des années 1950, le niveau de vie et la vie quotidienne des Français rappellent ceux de l'entre-deux-guerres. Les appareils ménagers sont quasiment inexistants et le confort reste limité. **La situation commence à s'améliorer au début des années 1950 : le nombre de logements construits double entre 1950 et 1954.** Mais, à cette date, les sans-logis restent nombreux et l'action menée en leur faveur par l'abbé Pierre, durant l'hiver rigoureux de 1954, fait apparaître les carences les plus criantes en ce domaine.

■ À partir du milieu des années 1950, une mutation s'opère en une quinzaine d'années, provoquée par l'enrichissement le plus rapide et le plus spectaculaire qu'aient connu les Français. **Le revenu par tête double de 1953 à 1968.** Et la hausse s'accélère encore au début des années 1970, avant l'augmentation du prix du pétrole en 1973.

■ La hausse du niveau de vie stimule la consommation des familles, qui sont de plus en plus nombreuses à pouvoir compter sur deux salaires grâce au **développement rapide du travail féminin**, autre grand bouleversement de la période. Les Français consacrent une part de plus en plus importante de leurs revenus à des dépenses autres que l'alimentation : en 1954, les dépenses alimentaires représentent 40 % des dépenses d'un ménage, en 1974, la proportion s'abaisse à 25 %.

■ **Toutefois, cet enrichissement n'est pas général** ; il laisse subsister des poches de pauvreté. Des personnes âgées ne disposent que d'une faible retraite ; la main d'œuvre immigrée, souvent utilisée dans les travaux les moins qualifiés, loge à la périphérie des villes dans des bidonvilles sans confort, ni même hygiène.

VOCABULAIRE

parcellisation du travail : division très poussée du travail : l'activité du travailleur ne concerne qu'une fraction infime du processus de production.

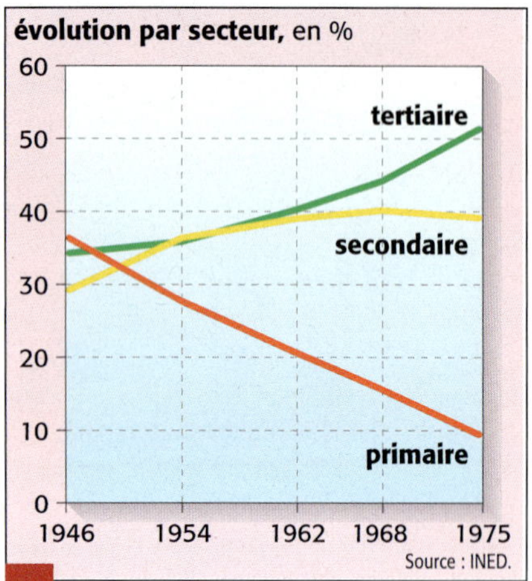

1 Évolution de la population active durant les « Trente Glorieuses ».

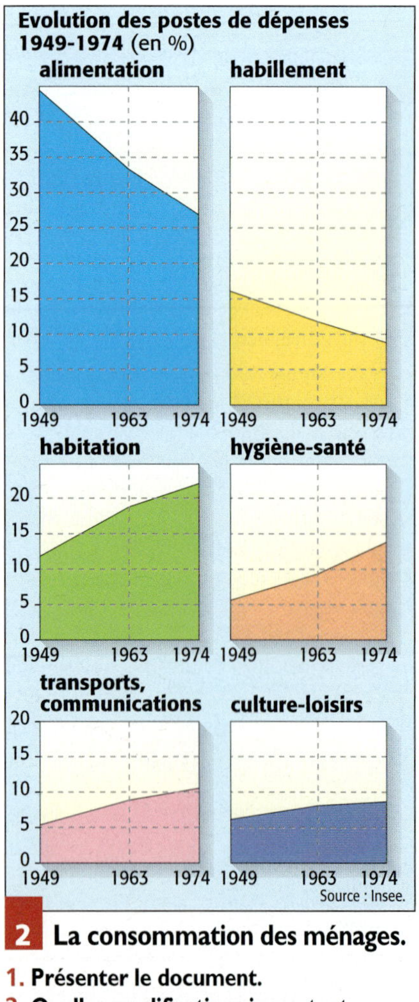

2 La consommation des ménages.

1. Présenter le document.
2. Quelles modifications importantes dans la consommation apparaissent dans ce document ?

3 La « nouvelle classe ouvrière »

La vie quotidienne de la classe ouvrière a cessé de constituer un comportement sociologique particulier. Tous s'accordent à démontrer que, progressivement, la classe ouvrière perd la plupart des caractéristiques extérieures qu'elle avait acquises dans son processus de formation historique.

Les quartiers ouvriers disparaissent peu à peu de la « banlieue rouge », cédant la place à des immeubles en copropriété où l'ajusteur côtoie le représentant de commerce, l'ingénieur et le cadre moyen de l'administration. Dans les centres de vacances de la Côte d'Azur, de Sicile et de Grèce, de jeunes métallos partagent les bungalows « tahitiens » de filles de directeurs. Ils achètent les mêmes disques et dansent les mêmes rythmes. Le brassage des couches sociales dans les nouveaux ensembles urbains, où voisinent ouvriers qualifiés, cadres techniques, salariés du secteur tertiaire et professions libérales, contribue largement à l'homogénéisation. La classe ouvrière a effectivement cessé de vivre à part. Son niveau de vie, ses aspirations au confort l'ont sortie du ghetto où elle fut confinée aux débuts de l'industrialisation. L'ouvrier cesse de se sentir tel lorsqu'il sort de l'usine.

Serge Mallet, *La Nouvelle Classe ouvrière*, Le Seuil, 1963.

4 L'abbé Pierre et les sans-abri en 1954.

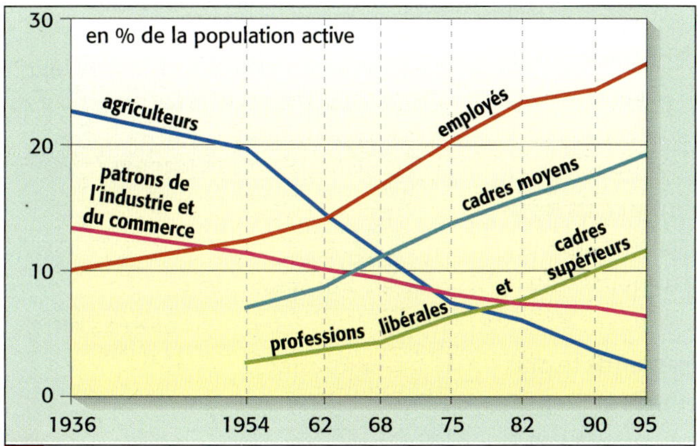

5 Les catégories socio-professionnelles en France.

1. Quelles catégories augmentent le plus ? Pour quelles raisons ?
2. Quelles catégories diminuent ? Pour quelles raisons ?

6 La France de 1946 et la France de 1975.

	1946	1975
• Population totale (millions)	40,5	52,6
• Population active (millions)	20,5	21,8
• Nombres d'adolescents de plus de 14 ans, poursuivant des études	650 000	4 000 000
• Nombres de logements construits au cours des 7 années précédant le recensement	450 000	4 000 000
• Nombre de voitures particulières en circulation	1 000 000	15 300 000
• Mortalité infantile (en ‰)	84,4	13,8
• Durée de la vie moyenne Hommes	61,9	69,1
• Durée de vie moyenne Femmes	67,4	77,0
• Niveau de vie de la nation (1938 = 100)	87	320
• Pouvoir d'achat du salaire horaire moyen des femmes de ménage (1939 = 100)	125	420

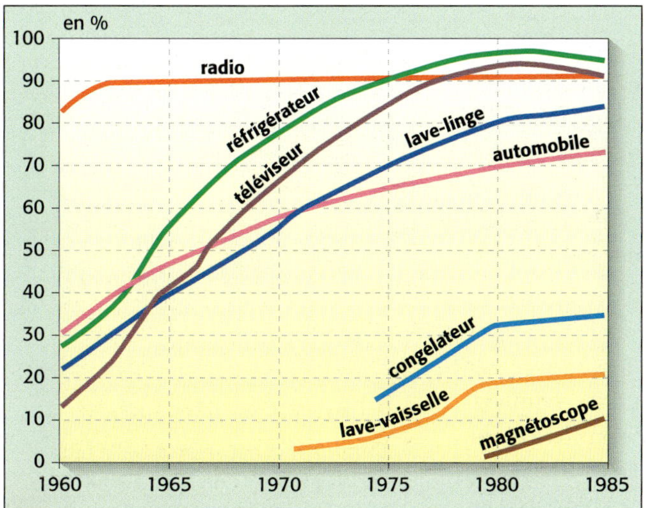

7 Équipement des ménages.

8 Le cadre, figure symbolique des « Trente Glorieuses »

Lors du recensement de 1954, les cadres moyens et supérieurs représentaient 8,8 % de la population active de la France ; en 1962, cette proportion passe à 11,8 %.

Le style de vie du cadre le distingue nettement des autres catégories sociales. Vivant d'un salaire parfois très élevé [...], il attache beaucoup plus d'importance au revenu qu'à la fortune, ce qui le différencie très nettement du bourgeois. Il aspire au confort matériel [...]. Ses dépenses alimentaires, bien qu'étant les plus élevées en valeur absolue, ne représentent qu'un quart de son budget annuel [...]. En revanche, les dépenses de transport, de vacances, de loisirs, de culture, tiennent une place importante dans son budget. Il ne semble pas qu'il soit porté à épargner. L'attachement aux biens matériels qui s'exprimait chez le bourgeois par le désir de conservation, se manifeste chez lui par le plaisir de la consommation.

Ce style de vie s'explique moins, sans doute, par le niveau des rémunérations, que par le sentiment de sécurité qui caractérise la vie du cadre [...]. Sa valeur technique est une garantie sérieuse (de sécurité d'emploi). C'est cette valeur technique qui lui donne, avec la sécurité, l'indépendance.

Georges Dupeux, *La Société française*, Armand Colin, 1965.

3 La fin des « années faciles »

A. Une crise à rebonds doc. 1, 3, 5 et 6

■ Les Trente Glorieuses ont été nourries par la croissance économique. Or, à partir de 1973, cette dernière cède la place à une longue dépression. La croissance, qui était en moyenne de 5 % l'an, passe, après 1974, à 2 %. **Le nombre des chômeurs augmente**, passant de 450 000 en 1974 à 2 millions en 1982 et à plus de 3 millions en 1993. Dans une société longtemps placée sous le signe du plein emploi, le choc est rude.

■ La perception de la crise par les contemporains n'est d'ailleurs pas immédiate. Les Français, habitués jusque-là à une croissance économique soutenue, mettent plusieurs années à comprendre que la crise n'est pas une simple parenthèse, qu'elle met en fait un terme aux « Trente Glorieuses » et que le monde est entré dans une longue période de stagnation : comme l'écrit Jean Fourastié en 1979, **le milieu des années 1970 marque bien la fin des « années faciles »**.

■ Les deux chocs pétroliers ne sont pas seuls en cause. La France ressent en effet, tout au long du dernier quart du XXe s., **les effets conjugués d'un phénomène beaucoup plus ample et complexe** : les mutations des vieilles sociétés industrielles et la mondialisation croissante de l'économie. La crise enclenchée au milieu des années 1970 a bien été, de ce fait, une crise à rebonds.

B. L'ébranlement de la société... doc. 2 et 4

■ L'onde de choc de la crise touche en profondeur toute la société française. En 2004, l'ensemble des chômeurs, des travailleurs occupant un emploi partiel ou précaire, et des personnes en stage de reconversion, dépasse sans doute les 5 millions.

■ La pauvreté touche des jeunes et des adultes sans emploi, sans ressources et parfois sans domicile fixe : **ces « nouveaux pauvres » sont totalement exclus de la société**. L'augmentation des dépenses d'éducation est sans effet apparent, à court terme, sur le chômage. La drogue touche des catégories de plus en plus jeunes de la population et entretient la délinquance.

■ C'est **dans les banlieues des villes que les effets de la crise sont ressentis le plus durement**. À cet égard, le cas des « grands ensembles » est révélateur. Dans un premier temps, ces constructions nouvelles avaient accueilli une population, grossie par le baby-boom et l'exode rural, qui y découvrit le confort moderne. Mais, avec le temps, les erreurs d'urbanisme et la hausse de leur niveau de vie ont fait partir les premiers habitants, remplacés par une population défavorisée. Les difficultés d'intégration, dans certains cas, des nouvelles générations d'immigrés, la dégradation des immeubles et le chômage font aujourd'hui de certaines banlieues des lieux d'exclusion.

C. ...qui n'empêche pas celle-ci de se transformer doc. 7

■ La crise n'empêche pourtant pas la société française de poursuivre sa mutation. La restructuration de l'économie a pour conséquence la diminution du nombre des ouvriers, longtemps majoritaires dans la société ; l'informatisation croissante des services modifie des emplois du secteur tertiaire. Avec les lois Aubry qui réduisent la semaine de travail à 35 heures, l'énergie et le temps consacrés aux loisirs ne cessent de croître. À bien des égards, **la France est devenue une société post-industrielle**.

■ La démographie a connu elle aussi des changements déterminants. La croissance de la population française s'est ralentie à partir des années 1970. Le nombre des mariages et des naissances a diminué, ainsi que la fécondité : chaque femme en âge de procréer ne met plus au monde que 1,7 enfant dans sa vie, en moyenne. **Le seuil de renouvellement des générations (2,1 enfants par femme, en moyenne) n'est plus assuré.** Cependant la population continue de progresser et atteint les 60 millions d'habitants en 1998. C'est pour partie l'immigration qui a alimenté cette croissance, alors que les effets du baby-boom se sont atténués.

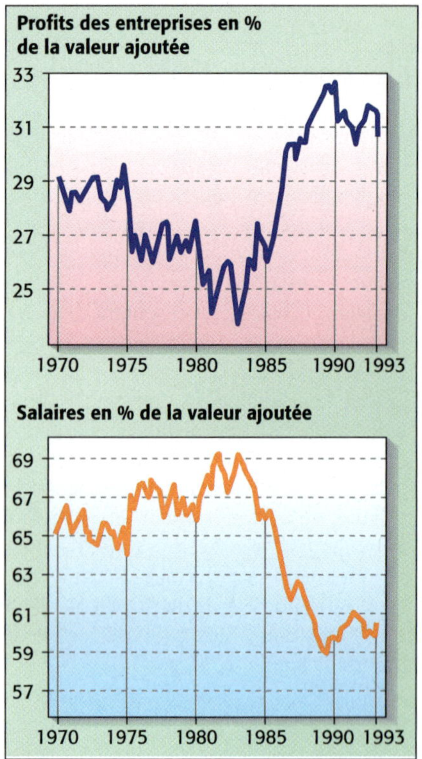

1 Les profits et les salaires.

1. Par quoi se traduit le début de la dépression (milieu des années 1970) ?
2. Durant quelle période les profits ont-ils été les plus élevés ?
3. Quand les salaires baissent-ils ?

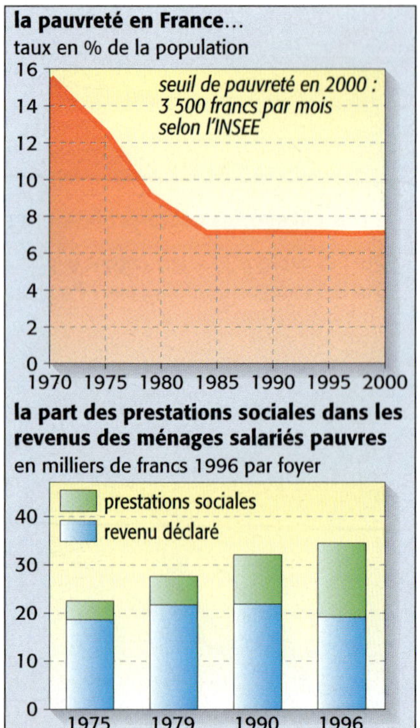

Source : *La Tribune*, 22 mars 2001.

2 Pauvreté et aides sociales.

1. Comment la pauvreté a-t-elle évolué de 1970 à 1985 ? de 1985 à 2000 ?
2. La hausse des aides sociales a-t-elle été efficace ?

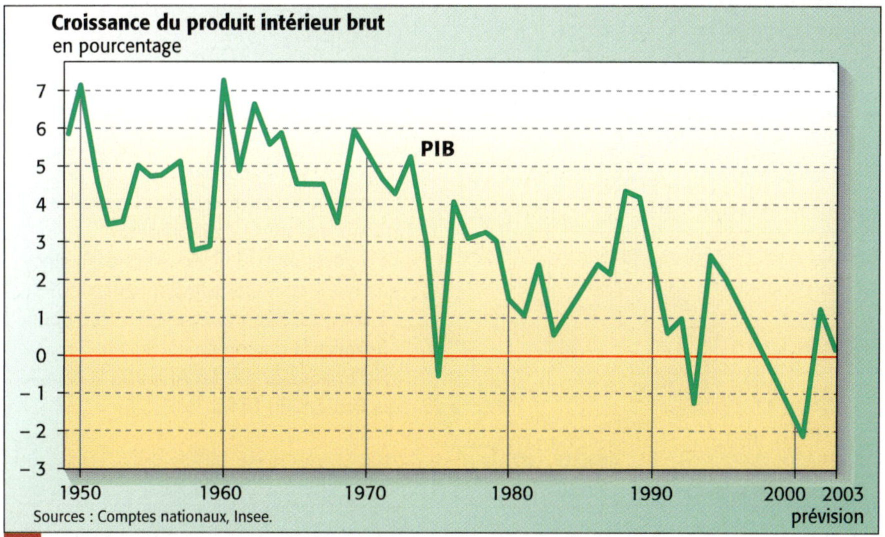

3 La croissance de l'économie française depuis 1949.

1. Comment évolue globalement la croissance depuis 1973 ?
2. Expliquer l'expression « crise à rebonds ».

4 Les Restos du cœur.

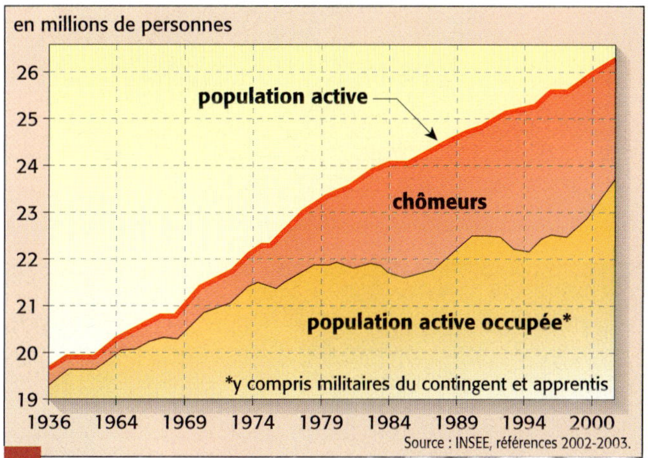

5 Population active et chômage en France.

6 Un des premiers films sur le chômage des cadres.

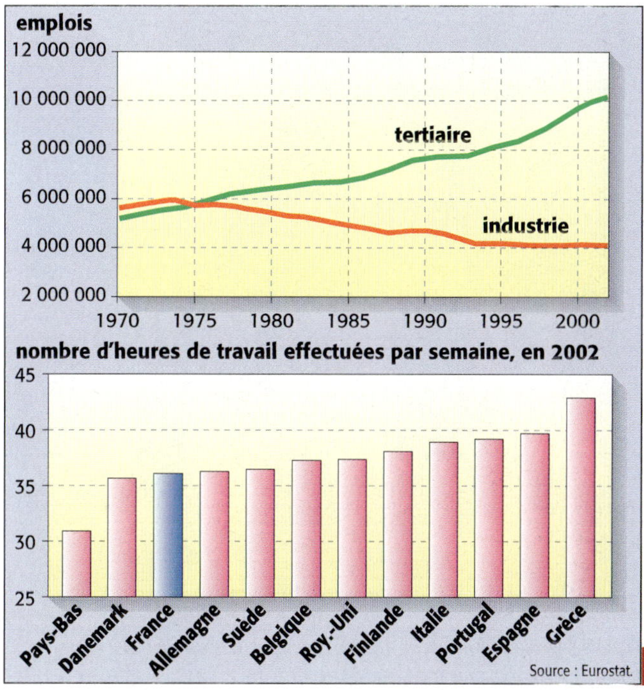

7 Restructurations et durée du travail en France.

Du franc à l'euro

En 1960, une nouvelle unité monétaire est créée : ce « nouveau franc » vaut 100 francs anciens et 180 mg d'or fin.
En 1972, les pays du Marché commun décident de faire fluctuer ensemble leurs monnaies sur le marché des changes : c'est le « serpent » monétaire. Le traité de Maastricht, malgré certaines réticences exprimées lors du référendum de septembre 1992, constitue une étape supplémentaire dans l'unification monétaire de l'Europe, par la mise en place d'une Union économique et monétaire, dont l'euro serait à la fois le symbole et la clé de voûte.
Au 1er janvier 2002, a lieu la mise en circulation simultanée, dans onze États européens, d'une monnaie commune, l'euro. L'État français abandonne ainsi l'une de ses vieilles fonctions régaliennes. Un mois et demi plus tard, le 17 février 2002, le franc n'a plus cours légal.

1 Le premier franc
Le mot « franc » s'inscrit pour la première fois sur une pièce de monnaie, le 5 décembre 1360. À l'avers de la pièce d'or : un chevalier armé, un guerrier franc à cheval. Cette monnaie est créée pour financer la rançon du roi Jean le Bon, fait prisonnier par les Anglais à la bataille de Poitiers en 1346.

2 De Gaulle annonce la dévaluation du franc et la création d'un nouveau franc

Nous sommes actuellement, vis-à-vis de l'extérieur, dans une situation économique diminuée. Empêchés d'importer et d'exporter suffisamment, endettés, privés de crédit, alors que nos produits, notre technique, nos capacités sont à la hauteur de toutes les concurrences, nous sommes loin d'atteindre au large niveau d'échanges qui développerait notre activité. Ce qu'il y a d'artificiel dans la valeur de notre monnaie provient, certes, du déséquilibre de nos affaires, mais n'en est pas moins une cause permanente de difficultés. C'est pourquoi tout en remédiant au désordre fondamental, nous devons placer notre franc sur une base telle qu'il soit inébranlable. Nous le faisons donc, regrettant d'en abaisser le taux, mais tirant les conséquences de négligences prolongées. Du même coup, notre monnaie devient convertible au-dehors en toutes monnaies étrangères, en même temps et au même titre que plusieurs de nos partenaires européens le font pour leur livre, leur mark, leur lire, leur florin, etc. Au surplus, le vieux franc français, si souvent mutilé à mesure de nos vicissitudes, nous voulons qu'il reprenne une substance conforme au respect qui lui est dû. Avant la fin de 1959 apparaîtra le franc nouveau valant cent francs d'aujourd'hui[1].

Allocution radiodiffusée et télédiffusée, 28 décembre 1958.

1. Le 1er janvier 1963, le nouveau franc est désormais appelé « franc » ; l'ancien franc devient le centime.

3 Antoine Pinay, ministre des Finances du général de Gaulle présente la création du nouveau franc (janvier 1960).

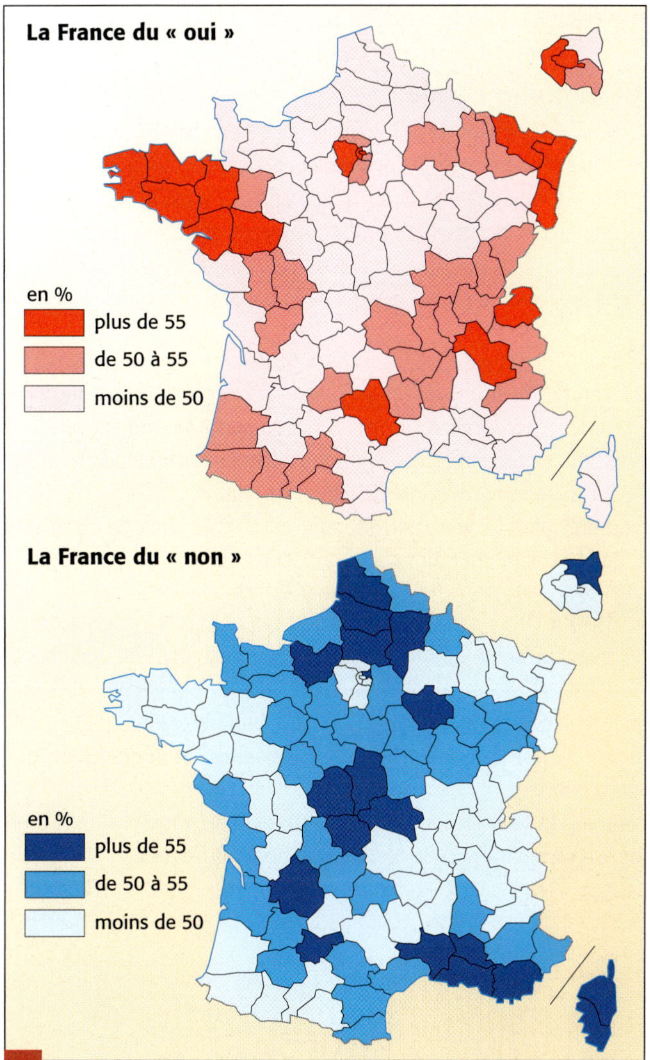

4 **La France du « oui » et la France du « non » au traité de Maastricht.**

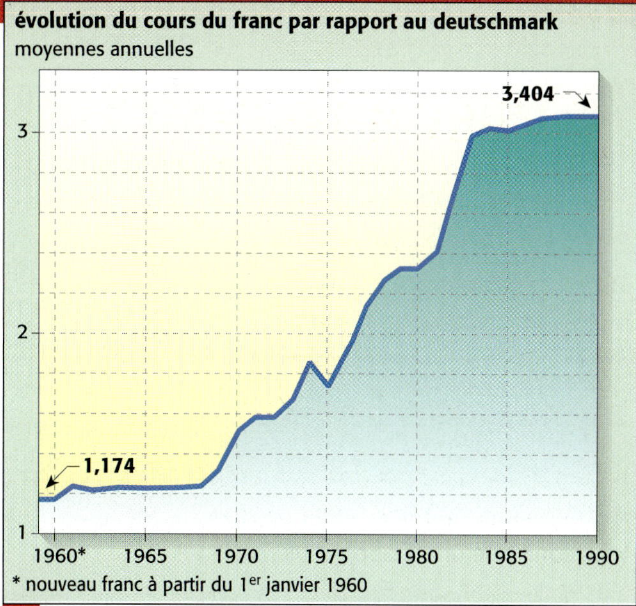

5 **Évolution du franc par rapport au deutsche Mark.**

6 **Les dévaluations du franc depuis 1944.**

2 novembre 1944 :	1 dollar = 49,6 F ; 1 F = 17,9 mg d'or.
26 décembre 1945 :	1 dollar = 119 F ; 1 F = 7,46 mg d'or.
26 janvier 1948 :	institution de taux de change multiples; la Banque de France achète l'or au taux de 1 F = 4,2 mg d'or.
20 septembre 1949 :	1 F = 2,5 mg d'or.
21 juin 1958 :	1 dollar = 420 F ; 1 F = 2 mg d'or.
Décembre 1958 :	1 dollar = 493 F ; 1 F = 1,8 mg d'or.
1er janvier 1960 :	institution du nouveau franc, 1 dollar = 4,93 F ; 1 F = 180 mg d'or.
11 août 1969 :	1 dollar = 5,55 F ; 1 F = 160 mg d'or.

LE FIGARO

L'adieu au franc

Le Monde

304 millions d'€uropéens

CONVERTISSEUR EUROS EN FORMAT DE POCHE

7 **Unes du *Figaro* le 31 décembre 2001 et du *Monde* le 1er janvier 2002.**

QUESTIONS

A. Présenter les documents (nature, date, auteur)

B. Dégager des informations des documents

1. Quelle est l'origine du mot « franc » ? (doc. 1)

2. Quelles raisons justifient, selon de Gaulle, la création d'un nouveau franc ? (doc. 2 et 6)

3. Quelle différence peut-on constater dans la mise en circulation du nouveau franc, en janvier 1960, et dans la mise en circulation de l'euro le 1er janvier 2002 ? (doc. 3)

4. Quel enseignement peut-on tirer de ces cartes ? (doc. 4)

5. À partir de quelle année le franc commence-t-il à perdre de la valeur par rapport au deutsche Mark ? À quels événements cela est-il lié ? (doc. 5)

6. Sur quels aspects du passage à l'euro ces deux journaux insistent-ils ? (doc. 7)

C. Mettre en relation les documents

7. Les souhaits exprimés par le général de Gaulle ont-ils été exaucés ? Pour quelle raison ? (doc. 2 et 5)

D. Synthèse

8. Quelles modifications essentielles pour la France le passage du franc à l'euro a-t-il provoquées ? En était-il de même lors du passage de l'ancien au nouveau franc ?

FICHE DE RÉVISION

DATES À RETENIR

- **1944-1974 :** « Trente Glorieuses »
- **1945 :** premier vote des femmes
- **1950 :** création du Salaire minimum interprofessionnel de croissance
- **1967 :** loi Neuwirth sur la contraception
- **1974 :** majorité à 18 ans
- **1975 :** loi Veil sur l'Interruption volontaire de grossesse
- **1993 :** 3 millions de chômeurs en France

BILAN DU CHAPITRE

I. Une France plus jeune et moins rurale

➤ Durant 30 années – les « Trente Glorieuses » –, la France connaît une très forte croissance qui engendre un essor économique et une mutation sociale sans précédent.

➤ Parallèlement, après la guerre, la natalité connaît une forte reprise – c'est le baby-boom – et la population française augmente d'un tiers au cours des trente années qui suivent la Libération.

➤ On observe durant cette même période un recul très net de la population rurale.

II. Une société enrichie

➤ Parallèlement à la baisse rapide du nombre des paysans, la proportion des ouvriers continue à croître avant de commencer à connaître un tassement à partir des années 1970.

➤ En fait, la transformation sociale la plus marquante de cette période est l'extension rapide des classes moyennes, et l'uniformisation croissante de leurs aspirations.

➤ Cette uniformisation est facilitée par la hausse considérable du niveau de vie des Français à cette époque : celui-ci double quasiment en quinze ans, de 1953 à 1968.

III. La fin des « années faciles »

➤ La croissance économique qui avait sous-tendu les « Trente Glorieuses » connaît, après le premier choc pétrolier de l'automne 1973, un ralentissement très net. Commencent alors une longue période de stagnation et une dégradation rapide du marché de l'emploi.

➤ La société française tout entière est touchée par la crise (chômage et dégradation des conditions de vie dans certaines banlieues).

➤ La crise n'empêche pourtant pas la société française de continuer à se transformer. À bien des égards, la France est progressivement devenue une société post-industrielle.

BIOGRAPHIE

L'abbé Pierre (né en 1912), fondateur de la communauté des chiffonniers d'Emmaüs.

(Voir biographie complète p. 398)

NE PAS CONFONDRE

▼ CGT, Force ouvrière, CFTC et CFDT

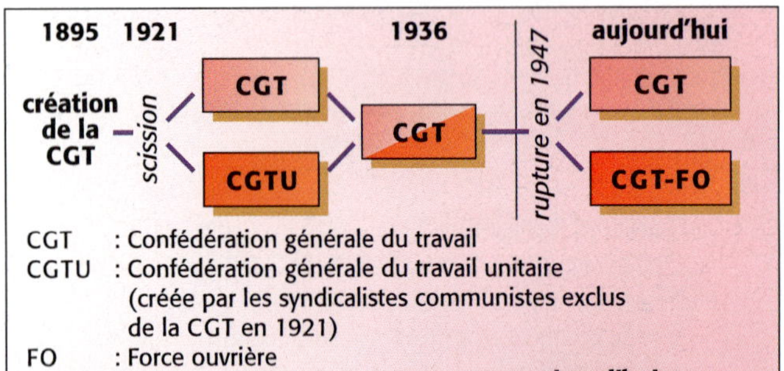

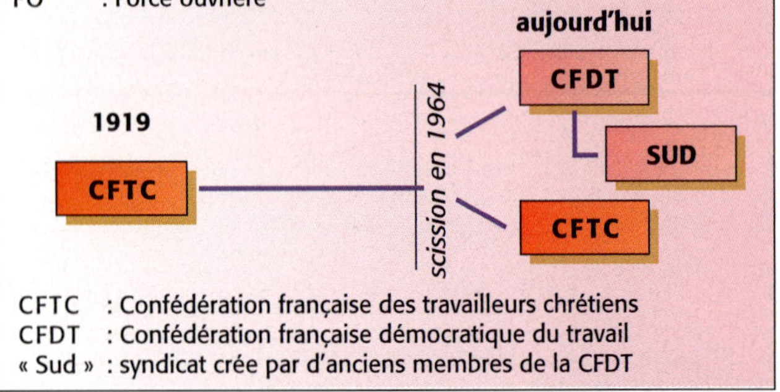

- La **CGT** (Confédération générale du travail) a été créée en 1895. Elle a pour objectif « l'émancipation des travailleurs par l'expropriation capitaliste ». La CGT est dirigée, avant 1914, par des anarcho-syndi-calistes, de 1921 à 1947, par des socialistes et depuis les débuts de la Guerre froide par les communistes.
- La **CGT-Force ouvrière** est née au début de la Guerre froide, d'une scission au sein de la CGT. Les communistes étant devenus majoritaires au sein de la CGT, les militants non communistes l'ont quittée et ont fondé, avec l'aide des syndicats américains, une autre confédération, la CGT-Force ouvrière, appelée en abrégé FO.
- La **CFTC** (Confédération française des travailleurs chrétiens) est née en 1919, de la réunion de plusieurs syndicats créés avant 1914 et qui rassemblaient des ouvriers chrétiens. En 1964, une majorité de syndicalistes de la CFTC souhaite changer le nom de la Confédération et enlever toute référence à la religion chrétienne. Cette majorité fonde la **CFDT** (Confédération française démocratique du travail) mais une minorité refuse cette modification et maintient la CFTC.

SMIG, SMIC et RMI

- **SMIG** : salaire minimum interprofessionnel garanti créé en 1950.
- **SMIC** : salaire minimum interprofessionnel de croissance. Instauré en 1970, il remplace le SMIG.
- **RMI** : revenu minimum d'insertion, créé en 1988.

Composition (10/10)

Sujet : Quelles transformations la société française a-t-elle connues dans la seconde moitié du XXe siècle ?

	1946	1954	1962	1968	1975	1982	1990
Population totale (millions)	40,2	43,7	46,4	49,9	52,6	54,2	56,6
Solde migratoire	+ 25 000	+ 50 800	+ 860 200	+ 102 300	+ 13 600	+ 60 900	+ 90 000
Taux de natalité (en ‰)	21,4	18,7	17,6	16,7	14,1	14,6	13,4
Taux de mortalité (en ‰)	13,5	12	11,4	11	10,6	10	9,3
Taux de mortalité infantile (en ‰)	77,8	40,8	25,7	20,4	13,8	9,5	7,5
Taux de nuptialité (en ‰)	12,8	7,3	6,7	7,1	7,4	5,7	5,1
Taux de reproduction nette (pour 100 femmes)	127,7	124,7	131,4	122,2	91,8	91,3	85,2
% des moins de 20 ans	29,5	31,1	33,1	33,8	32,1	29,9	26,5
Population active ayant un emploi (en millions)		18,8	19	19,9	20,9	21,4	22,1
Secteur primaire (en %)	37,9	26,1	18,5	14,6	11,3	8,4	6,1
Secteur secondaire (en %)	30,6	35,7	38,5	38,9	38,6	34,6	29,9
Secteur tertiaire (en %)	31,5	38,2	43	46,5	50,1	57	64
Cadres supérieurs, professions libérales (en %)			4	5	7,3	8,4	11
Ouvriers (en %)			37	38,7	38,3	31,7	28,3
Nombre d'étudiants		117 000	203 400	575 300	947 000	1 064 000	1 698 600
Ménages possédant une automobile (en %)		21	35,4	53,3	61,1	72,1	75,8
Ménages possédant un téléviseur (en %)		1	23,1	61,9	84,2	91	94,3

DOCUMENT D'ACCOMPAGNEMENT **Les Français de 1946 à 1990.**

Méthode

➤ 1. Analyser le sujet

1. *Le thème :* deux éléments :
– le mot « société » qui renvoie à des catégories socioprofessionnelles, mais aussi aux comportements (consommation, loisirs, croyances), au niveau de vie d'une manière générale ;
– le mot « transformation » : la société française n'est plus la même, entre la fin et le milieu du siècle.

Quelles transformations la société française a-t-elle connues dans la seconde moitié du XXe siècle ?

2. *La période concernée :* de la fin de la Seconde Guerre mondiale aux dernières années du siècle (le tableau va jusqu'en 1990). Se demander si les transformations sont continues.

3. *La zone géographique :* la France, la population vivant en France.

➤ 2. Bâtir un plan

• Un tel sujet peut être traité par un plan s'organisant autour de deux démarches, thématique ou chronologique.

• Au début de l'épreuve, commencer par réfléchir en même temps à ces deux aspects :
– les différents thèmes contenus dans le sujet (la population française, les différentes catégories sociales, le genre de vie des Français) ;
– le déroulement du demi-siècle. Faire appel à ses connaissances pour caractériser les deux grands périodes qui se partagent le demi-siècle, du point de vue de la société : les Trente glorieuses et la dépression de la fin du siècle.

• Il faudra ensuite choisir un plan, soit à dominante thématique, soit à dominante chronologique. Dans la construction du plan, il est nécessaire de hiérarchiser les faits. Par exemple, lors des événements de mai 1968, la société de consommation a été critiquée. Mais un véritable tournant survient en ce domaine, cinq ans plus tard, avec le premier choc pétrolier.

• Ne faut pas oublier de situer chronologiquement certains faits politiques. Par exemple, on notera l'impact de l'arrivée des rapatriés d'Algérie en 1962.

Étude d'un ensemble documentaire (15/16)

Sujet : Depuis 1945, la famille française a-t-elle beaucoup changé ?

Questions

Première partie

1. Sous quels aspects les différents documents envisagent-ils la famille ?
2. Quels sont les effets des Trente Glorieuses sur le cadre de vie familial ? (doc. 1, 3 et 4)
3. Quelles transformations le mariage a-t-il subies depuis 1945 ? (doc. 1, 2 et 4)
4. Quels sont les effets des mesures prises au sujet de la famille ? (doc. 2 et 3)
5. Quelles sont, d'après les documents, les formes traditionnelles de la solidarité familiale ? Comment expliquer leur déclin ?

Deuxième partie : Utiliser les réponses aux questions précédentes et vos connaissances pour rédiger une réponse organisée à la question posée par le sujet.

CHRONOLOGIE

- **1945 :** haut conseil consultatif de la population et de la famille ; création du quotient familial (le poids de l'impôt est diminué pour les familles en proportion du nombre d'enfants par couple)
- **1946 :** création des allocations prénatales
- **1948 :** création des allocations logement
- **1956 :** création du Planning familial
- **1966 :** loi sur la garantie de l'emploi en cas de maternité
- **1967 :** loi Neuwirth
- **1970 :** autorité parentale partagée entre le père et la mère
- **1972 :** loi assimilant les enfants naturels aux enfants légitimes
- **1975 :** loi Veil ; réforme du divorce
- **1975 :** année de la femme
- **1977 :** loi sur le congé parental
- **1981 :** augmentation des allocations parentales
- **1985 :** égalité des époux dans les régimes matrimoniaux
- **1994 :** loi sur la famille
- **1999 :** création du PACS

a

DOCUMENT 1 Familles françaises dans les années 1950.

a. **Une famille de mineurs du Pas-de-Calais en 1954.** Le grand-père, militant socialiste, syndiqué à Force ouvrière, a quatre fils qu'il n'a pas détournés de la mine.

b. **Une famille paysanne en 1958.**

b

DOCUMENT 2 **« La famille est un de piliers de notre société »**

La famille est un des piliers de notre société. Elle est plus qu'une simple juxtaposition de personnes parce qu'elle est le lieu symbolique où se construisent les rapports entre les sexes, entre les générations et entre l'autorité. [...] Il faut néanmoins reconnaître que les formes de la famille se sont historiquement diversifiées. Il y a de jeunes mariés, des couples âgés, des concubins avec ou sans enfants. Avec l'allongement de la vie, ce sont souvent les mêmes personnes qui vont se trouver successivement dans ces différentes situations. Il faut tenir compte juridiquement de l'évolution des faits si l'on ne souhaite pas que se creuse un fossé entre les aspirations de nos concitoyens et le droit. [...] L'identité de l'enfant se construit autour de son lien de filiation et de l'autorité parentale. Pour chaque enfant, il faut rechercher une relation équilibrée avec ses deux parents et le droit doit s'adapter aux évolutions de la famille.

Lettre d'Élisabeth Guigou, ministre socialiste du gouvernement Jospin, adressée au groupe de travail réfléchissant sur le droit de la famille, in F. Dekeuwer-Défossez, *Rénover le droit de la famille*, Paris, la Documentation française, 1999.

DOCUMENT 4 **Quelques indicateurs.**

	1950	1960	1970	1980	1990	2000
Naissances	862 000	809 000	830 000	800 400	762 400	774 800
Naissances hors mariage	60 000	50 000	64 000	91 000	229 000	330 000
Mariages	371 000	319 000	393 000	334 000	287 000	305 000
Divorces	32 000	30 200	38 900	81 200	105 800	116 800
La famille est-elle le lieu où on se sent bien et détendu ? oui en %	–	–	–	68	70	72

Source : Insee, Credoc.

DOCUMENT 3 **Familles françaises dans les années 1990.**

a. **Une famille de la région parisienne, dans les années 1990.**

b. **Une manifestation de familles contre la mise sous conditions de ressources des allocations familiales.**

Méthode

➤ 1. Aide générale

• Réfléchir à ce qu'est une famille : un petit groupe dont les membres sont en principe rattachés par les liens du sang mais aussi un cadre où se transmettent des valeurs.

• En réponse à la question posée il s'agit de mesurer les effets des transformations économiques et sociales qu'a connues la France dans une structure sociale particulière. Espace du privé, de l'affectif, la famille est un cadre de vie ; elle est aussi un groupe qui intéresse l'État et l'économie.

➤ 2. Pour répondre aux questions

A. Question 2

• Observer la composition et le cadre de vie des deux familles (doc. 1).

• Mesurer les changements qui apparaissent dans le doc. 3.

B. Question 4

• Utiliser aussi la chronologie ; songer à ce que recouvre l'expression d'État providence. On peut s'interroger sur les effets que peuvent avoir les changements politiques.

➤ 3. Réponse rédigée

Question 3

En 1945, le mariage est encore le fondement d'un modèle familial traditionnel qui fait du mari le chef de famille et privilégie les enfants légitimes. Le divorce existe. La puissance publique modifie profondément le mariage à partir de 1970 : elle établit l'égalité entre les époux (éducation des enfants, choix du domicile, disposition des biens) et attribue aux enfants naturels les mêmes droits qu'aux enfants légitimes. Elle facilite le divorce et met en place le PACS qu'on peut considérer comme un concurrent du mariage. Ces dispositions peuvent être mises en parallèle avec la libéralisation des mœurs revendiquée depuis la crise de mai 1968.

À la fin du XXe s., le mariage n'est plus qu'un fondement parmi d'autres de la vie familiale. Le nombre de mariages a reculé à partir des années 1970. Il apparaît de plus fragile (un divorce pour trois mariages en 2000), voire inutile (30 % des naissances se font hors mariage en 1990, 42 % en 2000) à la vie en famille.

CHAPITRE

19 Modes de vie, pratiques culturelles et croyances

séries

ES-L-S

Ce ne sont pas seulement la société et l'économie française qui ont changé durant les Trente Glorieuses. Les modes de vie des Français ainsi que leurs pratiques culturelles ont aussi connu une véritable métamorphose. Bien plus, en dépit de l'ébranlement entraîné par la stagnation économique à partir du milieu des années 1970, cette métamorphose s'est poursuivie : c'est bien à une sorte de « Seconde Révolution française » que l'on a assisté, et la France du début du XXIe s. n'a plus grand-chose de commun avec la France de l'après-guerre.

La crise économique a-t-elle interrompu la mutation des modes de vie ? Qu'appelle-t-on culture de masse, et comment se diffuse-t-elle ?

1 Un média chasse l'autre...

Intérieur dans les années 1950.

« Pour les uns, la « culture de masse » s'inscrit négativement en regard des modèles traditionnels d'une « culture populaire » que l'on espérait fonder sur l'éducation, la promotion intellectuelle et la moralisation des travailleurs...
D'autres considèrent que cette vive critique relève de la partialité. »

Alain Corbin, *L'Avènement des loisirs, 1850-1960*, Aubier, 1995.

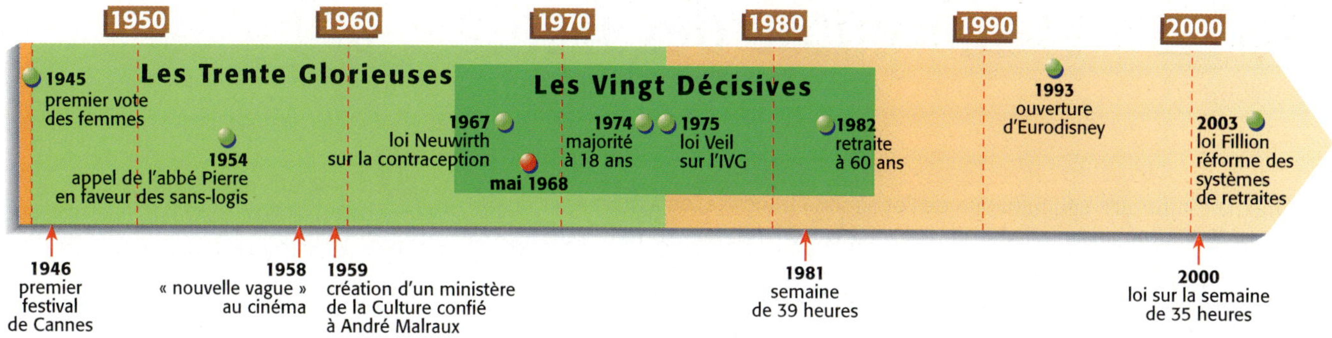

2 … le tag chassera-t-il le classicisme ?

Tagage de la station de métro Louvre en 1992.

« Si la station Louvre a retrouvé son classicisme, on ne compte plus les agressions visuelles du tag dans les grandes villes et leurs banlieues. La frontière entre violence graphique et petite délinquance est devenue poreuse. »

Jean-Pierre Rioux, dans Jean-François Sirinelli et Jean-Pierre Rioux, *Le Temps des masses*, Seuil, 1998.

1 La métamorphose des Trente Glorieuses

A. L'avènement de la société de consommation doc. 1 et 3

■ En même temps qu'à une mutation de l'économie française, on assiste à partir des années 1950 à un bouleversement accéléré de la vie quotidienne des Français. Les Trente Glorieuse sont donc aussi une phase durant laquelle les modes de vie connaissent une véritable métamorphose.

■ La hausse globale du revenu entraîne une **standardisation croissante des modes de vie** au sein de classes moyennes toujours plus étoffées : même équipement électroménager, loisirs semblables, voitures de puissance voisine, familles de taille comparable, etc. La consommation est facilitée et stimulée par le recours au crédit.

■ Comme aux États-Unis à partir des années 1920, et donc avec un décalage de deux ou trois décennies, l'**amélioration de l'habitat et la modernisation du mode de vie** caractérisent ces années d'expansion. L'électroménager est l'un des symboles des Trente Glorieuses et, dans ce domaine, l'accélération est foudroyante à partir du milieu des années 1950. En 1954, 7 % des ménages possèdent un réfrigérateur ; ils sont 50 % en 1964 et 91 % en 1975.

B. Les progrès de l'habitat doc. 4 et 6

■ Dans le domaine de l'habitat, **l'après-guerre avait été difficile, en raison des destructions et des priorités économiques du relèvement national** qui concernaient d'abord l'industrie lourde et l'énergie. En 1946, par exemple, on dénombre à Paris une salle de bains ou une douche pour cinq logements. Dans les grandes villes de province, plus des deux tiers des immeubles ont des W.-C. collectifs.

■ Par la suite, l'habitat connaît une amélioration rapide, à la ville aussi bien qu'à la campagne afin de répondre aux effets du baby-boom et de l'exode rural. Un vaste programme de construction est lancé dans les années 1955-1975 à la périphérie des villes. **Les « tours » et les « barres » des banlieues datent, pour l'essentiel, de cette époque.** Ces banlieues englobent progressivement les communes de la périphérie urbaine, devenues lieux de résidence des salariés travaillant en ville.

■ Ces « grands ensembles » sont donc perçus, dans un premier temps, comme un progrès de l'hygiène et du confort. Ce n'est que dans un second temps, à partir des années 1980-1990, qu'y apparaissent parfois de graves problèmes et de lourdes nuisances.

C. Vers une « civilisation des loisirs » ? doc. 2, 5 et 7

■ **L'automobile entre progressivement dans la vie quotidienne des Français.** Plusieurs modèles connaissent un grand succès avec le redémarrage de l'économie. La petite 4 CV Renault, présentée en octobre 1946 au Salon de l'automobile, est produite à 1 100 000 exemplaires entre 1947 et 1961. Elle est achetée par toutes les catégories sociales. En 1955, par exemple, 38 % de ses acheteurs sont des ouvriers. La 2 CV Citroën, lancée en 1948, symbolise aussi la fin des privations, tandis que se profile la société de consommation. D'objet de luxe, l'automobile devient peu à peu un bien largement répandu en même temps qu'un instrument de loisir.

■ En effet, la hausse du niveau de vie entraîne la société française vers ce que certains sociologues appelleront bientôt la « civilisation des loisirs ». Ainsi, **les départs en vacances des Français se généralisent**, même si les débuts du processus sont encore lents : en 1956, 2 Français sur 7 seulement partent en vacances ; en moyenne, ils ne s'éloignent pas de plus de 250 kilomètres de chez eux. Vingt-cinq ans plus tard, en 1981, plus de la moitié des Français part en vacances, dont 17 % à l'étranger.

■ La standardisation des loisirs devient une donnée essentielle de la société française. Elle est encore amplifiée par l'uniformisation culturelle croissante : au cœur des Trente Glorieuse s'épanouit une culture de masse.

1 Le crédit et la banque

En 1983, la France est l'un des pays les plus « bancarisés » du monde. Cette révolution de l'argent et des mentalités a commencé en 1963 avec l'ouverture des vannes du crédit à la consommation. Les emprunts des Français n'étaient en 1962 que de 24 milliards (en francs constants 1982), ils sont en 1982 de 66 milliards de francs. Du coup, les banques descendent dans la rue et dans chaque village s'ouvre au moins deux succursales de grandes banques qui se font rageusement concurrence. En 1966, un ménage sur six a un compte en banque. En 1983, trois ménages sur sept possèdent de deux à trois comptes par famille.

Le Nouvel Observateur, « Avoir 20 ans », numéro hors-série, novembre 1984.

1. **D'après ce texte, quelle révolution les français ont-ils connue entre les années 1960 et 1980 ?**
2. **Quelles sont, pour la consommation, les conséquences d'un crédit plus facile ?**

2 *Route Nationale 7*

C'était pourtant simple
De toutes les routes de France d'Europe
Celle que j'préfère est celle qui conduit
En auto ou en auto-stop
Vers les rivages du Midi
Nationale 7
Il faut la prendre qu'on aille à Rome
à Sète
Que l'on soit deux trois quatre cinq six
ou sept
C'est une route qui fait recette
Route des vacances
Qui traverse la Bourgogne et
la Provence
Qui fait d'Paris un p'tit faubourg
d'Valence
Et la banlieue d'Saint-Paul-de-Vence
Le ciel d'été
Remplit nos cœurs d'sa lucidité
Chasse les aigreurs et les acidités
Qui font l'malheur des grand's cités
Toutes excitées.
On chante, on fête
Les oliviers sont bleus ma p'tit' Lisette
L'amour joyeux est là qui fait risette
On est heureux Nationale 7

Paroles et musique de Charles Trenet, 1955.
© Éditions Raoul Breton, 1955.

3 Caricature de Reiser, 1979.
La vie des bêtes, éd. du Square.

4 Une ZUP (zone à urbaniser en priorité). Progrès de l'urbanisation, recul des bidonvilles, Nanterre, 1966.

La 4 CV et le début de la civilisation des loisirs. 5

6 Sarcelles, début des années 1960

On arrive à Sarcelles par un pont, et tout à coup, un peu d'en haut, on voit tout. Oh là là ! Et je croyais que j'habitais dans des blocs ! Ça oui, c'était des blocs, ça c'était de la Cité, de la vraie Cité de l'avenir ! Sur des kilomètres et des kilomètres des maisons, des maisons, des maisons. Pareilles, alignées, blanches. Encore des maisons… […]

Les boutiques étaient toutes mises ensemble, au milieu de chaque rectangle de maisons, de façon que chaque bonne femme ait le même nombre de pas à faire pour aller prendre ses nouilles […]. Un peu à part étaient posés des beaux chalets entièrement vitrés, on voyait tout l'intérieur en passant. L'un était une bibliothèque avec des tables et des chaises modernes de toute beauté ; on s'asseyait là et tout le monde pouvait vous voir en train de lire, un autre en bois imitant la campagne était marqué : « Maison des jeunes et de la culture », les jeunes étaient dedans, on pouvait les voir rire et s'amuser au grand jour.

Ici, on ne pouvait pas faire le mal, un gosse qui aurait fait l'école buissonnière, on l'aurait repéré immédiatement, seul dehors de cet âge à la mauvaise heure… Ça c'est de l'architecture.

Ils avaient tout fait pour qu'on soit bien, ils s'étaient demandé : qu'est-ce qu'il faut mettre pour qu'ils soient bien ? et ils l'avaient mis. Ils avaient même mis de la diversité : quatre grandes tours, pour varier le paysage, ils avaient fait des petites collines, des accidents de terrain, pour que ce ne soit pas monotone ; il n'y avait pas deux chalets pareils ; ils avaient pensé à tout, pour ainsi dire on voyait leurs pensées, là, posées, avec la bonne volonté, le désir de bien faire, les efforts, le soin, l'application, l'intelligence jusque dans les plus petits détails. Ils devaient être rudement fiers ceux qui avaient fait ça.

Christiane Rochefort, *Les Petits Enfants du siècle*, Paris, Grasset, 1961.

Village de vacances, années 1990. 7

Les Françaises depuis la Libération

L'inégalité dans les rapports entre hommes et femmes s'est traduite, dès la Révolution française, par une exclusion politique des femmes. La Constitution de 1793 instaurait un suffrage universel masculin qui ne fut remis en cause, ni par la IIe République, ni par la IIIe République. Il faut attendre 1944 pour que les Françaises obtiennent le droit de vote.
Sur le plan juridique comme dans le monde du travail, c'est dans la seconde moitié du XXe s. que sont affirmés et mis en œuvre des droits nouveaux pour les femmes.
Dès lors, ce n'est plus seulement en termes d'égalité juridique, mais aussi d'égalité des chances que se pose la question des rapports hommes-femmes. Le problème de la parité politique, par exemple, est une question largement débattue, y compris parmi les femmes.
Au début du XXIe siècle pointe une interrogation : bien des conquêtes féminines des dernières décennies ne risquent-elles pas d'être remises en cause par l'émergence et les revendications d'autres cultures ne reposant pas sur un principe d'égalité homme-femme ?

1 Le premier vote féminin.
Illustration de presse, novembre 1946, par Mourgue.
Les femmes sont désormais admises dans l'isoloir (élections municipales, avril-mai 1945).

2 Femmes au travail dans une filature en 1951.

3 Affiche du Planning familial.
Le mouvement du planning familial est créé à la fin des années 1950.

4 La loi Neuwirth (1967)

ART. 2. – La fabrication et l'importation des contraceptifs sont autorisées dans les conditions fixées par un règlement d'administration publique.

ART. 3. – La vente des produits, médicaments et objets contraceptifs est subordonnée à une autorisation de mise sur le marché, délivré par le ministère des Affaires sociales. Elle est exclusivement effectuée en pharmacie. [...] La vente ou la fourniture des contraceptifs aux mineurs ne peut être effectuée que sur ordonnance médicale constatant le consentement écrit d'un des parents ou du représentant légal.

ART. 5. – Toute propagande antinataliste est interdite. Toute propagande et toute publicité commerciale directe ou indirecte concernant les médicaments, produits ou objets de nature à prévenir la grossesse ou les méthodes contraceptives sont interdites, sauf dans les publications réservées aux médecins et aux pharmaciens [...].

6 Proposition de loi autorisant l'interruption volontaire de grossesse

Si j'interviens aujourd'hui à cette tribune, ministre de la Santé, femme et non-parlementaire, pour proposer une profonde modification de la législation sur l'avortement, croyez bien que c'est avec un profond sentiment d'humilité devant la difficulté du problème, comme devant l'ampleur des résonances qu'il suscite au plus intime des Français et des Françaises, et en pleine conscience de la gravité des responsabilités que nous allons assumer ensemble. Mais c'est aussi avec la plus grande conviction que je défendrai un projet[1] longuement réfléchi et délibéré par l'ensemble du gouvernement, un projet qui selon les termes mêmes du Président de la République, a pour objet de « mettre fin à une situation de désordre et d'injustice et d'apporter une solution mesurée et humaine à un des problèmes les plus difficiles de notre temps ».

Discours de Simone Weil à l'Assemblée nationale, 26 novembre 1974.
Simone Veil (UDF), ministre de la Santé de 1974 à 1979
(gouvernement de Jacques Chirac puis de Raymond Barre).

1. Loi Veil autorisant l'interruption volontaire de grossesse (IVG) votée en 1975.

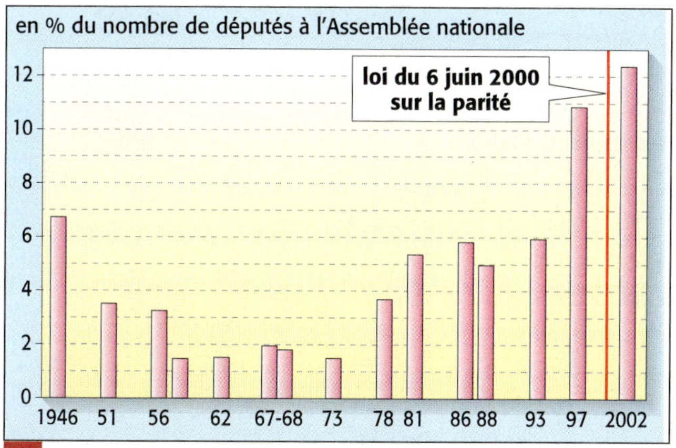

8 Femmes députés depuis 1946.

5 Lois, innovations et articles du Code civil relatifs à la situation des femmes.

- **1944 :** droit de vote accordé aux femmes par le Gouvernement provisoire du général de Gaulle.
- **Avril 1945 :** les femmes votent pour la première fois.
- **1946 :** la Constitution pose le principe de l'égalité des hommes et des femmes dans tous les domaines.
- **1965 :** (loi du 13 juillet) art. 223 du Code civil : « La femme a le droit d'exercer une profession sans le consentement de son mari. »
- **1967 :** loi Neuwirth (UNR) sur la contraception.
- **1975 :** loi Veil (UDF) sur l'interruption volontaire de grossesse (IVG).
- **1983 :** loi sur l'égalité professionnelle entre hommes et femmes.
- **1991 :** première femme Premier ministre.
- **2000 :** loi sur la parité hommes-femmes.

7 Une jeune fille brûlée vive dans un « quartier difficile »

Début octobre 2002, Sohanne, 17 ans, est brûlée vive à Vitry-sur-Seine (Val-de-Marne), par un garçon avec qui elle s'était querellée. Fait divers aussi tragique qu'isolé ou manifestation extrême d'une dégradation de la condition féminine en banlieue ? Un réseau d'associations implantées dans les quartiers difficiles constate une dégradation « flagrante et rapide » depuis le milieu des années 1990, de la situation des femmes et notamment des jeunes filles en banlieue. Comment expliquer cette dégradation unanimement constatée ? Certains pointent le poids de la culture patriarcale dans les familles issues de l'immigration. D'autres, la montée d'un islam fondamentaliste. Ou encore, une politique de la ville très orientée au bénéfice des garçons (équipement sportif et culturels). Mais c'est surtout le processus de ghettoïsation des cités qui est dénoncé. « L'une des manifestations du ghetto, c'est le retour en force des formes d'organisation sociale traditionnelles fondées sur le machisme et le patriarcat », analyse H. Orain.

P. Kremer et M. Latonche, *Le Monde*, 25 octobre 2002.

QUESTIONS

A. Présenter les documents (nature, date, auteur)

B. Dégager des informations des documents

1. Quel grand principe de la Déclaration des droits 1789 est enfin appliqué sans restriction ? (doc. 1)
2. Quel aspect de la condition féminine apparaît ici ? (doc. 3)
3. Qu'est-ce qui est autorisé par la loi Neuwirth. Qu'est-ce qui est interdit ? (doc. 4)
4. Quels changements dans les mœurs la loi présentée par Simone Veil souligne-t-elle ? À quelle situation la loi mettra-t-elle fin ? (doc. 6)
5. Quelle limite l'évolution de la condition féminine rencontre-t-elle ? (doc. 8)

C. Mettre en relation les documents

6. Quels documents mettent en évidence les difficultés de faire progresser l'égalité hommes-femmes ?
7. Quels changements dans la vie familiale l'évolution de la condition féminine a-t-elle apportés ?

D. Synthèse

8. Rédiger un paragraphe présentant les principaux progrès de la condition féminine de la Libération à nos jours.

2 Le temps de la culture de masse

A. Une uniformisation culturelle croissante doc. 1

■ La culture de masse n'apparaît pas brutalement après la Libération. **Déjà dans l'entre-deux-guerres, le journal, la radio et le cinéma** avaient favorisé une large diffusion des pratiques culturelles de masse. Ce phénomène s'accélère après la guerre. Les causes en sont multiples : hausse du niveau de vie, développement du temps consacré aux loisirs, uniformisation du mode de vie des classes moyennes, progrès des techniques de communication, en particulier de la télévision.

■ Tous ces facteurs sont à replacer dans un contexte marqué par « l'explosion scolaire » qui touche l'enseignement. Non seulement le nombre d'élèves augmente à cause de l'arrivée des générations du baby-boom au collège puis au lycée, mais **l'enseignement secondaire se démocratise** : le nombre de bacheliers passe de 30 000 reçus en 1950, soit 5 % d'une classe d'âge, à 130 000, en 1967 (15 % d'une classe d'âge). Les étudiants, qui étaient 140 000 en 1950, sont 570 000 en 1967.

B. Le maintien de l'imprimé doc. 6

■ Au cours des années de prospérité apparaissent ou se multiplient de nouveaux moyens de communication, souvent fondés sur l'image et le son. Cela étant, l'imprimé – le livre aussi bien que la presse périodique – reste un support culturel essentiel.

■ Grâce au ***Livre de poche*, créé en 1953**, le prix des livres devient plus accessible. Parallèlement, la presse périodique reste, comme dans l'entre-deux-guerres, un moyen de diffusion essentiel de la culture de masse. Outre la presse quotidienne, nationale et régionale, plusieurs types de journaux jouent un rôle de plus en plus important :
– **les magazines féminins** façonnent les sensibilités, dans le domaine du comportement amoureux – les « romans-photos » connaissent alors une grande vogue –, comme dans celui de la mode : des journaux comme *Marie-Claire, Marie-France* et surtout *Elle*, créé en 1945, contribuent ainsi à une uniformisation croissante des goûts ;
– **les magazines de reportages** et de photographies accèdent, à travers la réussite de *Paris-Match*, fondé en 1949, à une grande diffusion, à l'instar de *Life* aux États-Unis ;
– **les hebdomadaires politiques** se multiplient, avec notamment *France Observateur*, fondé en 1950, et *L'Express*, lancé en 1953.

■ Dans les années 1960, ce sont les magazines de télévision qui obtiennent les plus gros tirages. L'image et le son commencent à supplanter l'imprimé.

C. L'irrésistible ascension de l'image et du son doc. 2, 4, 5 et 7

■ Principale distraction des Français dans les années 1930, le cinéma le reste encore au début des Trente Glorieuses et son industrie prospère. Au début des années 1950, 380 millions de billets sont vendus chaque année et 130 films sont produits. Après 1945, **l'audience de la radio s'accroît encore**. Avec 10 millions de récepteurs recensés en 1954, l'immense majorité des foyers français possède un poste de radio. Parallèlement à la radio, sous monopole d'État, existent des postes privés « périphériques », dont l'antenne est située à l'extérieur du territoire français : ainsi *Radio-Luxembourg*, créée en 1931, et *Europe n° 1* en 1955.

■ L'importance du son prend toute son ampleur au début des années 1960 quand l'arrivée à l'adolescence de la génération du baby-boom, jointe à l'amélioration du niveau de vie des ménages, augmente le marché potentiel du disque et de la radio. **Sur *Europe n° 1*, l'émission *Salut les copains*** – et le journal mensuel du même nom – devient un véritable phénomène de société, accompagnant l'apparition de la vague « yéyé » **La télévision s'installe plus tardivement en France** : en 1958, il n'y a encore que 920 000 récepteurs et moins de 10 % des ménages en sont équipés. Puis les choses s'accélèrent brusquement : en 1970, 70 % des ménages possèdent un téléviseur.

1 Statistiques de lecture et d'écoute (en %).

	1973	1981	1988	1997
Presse quotidienne				
– tous les jours ou presque	55	46	43	36
– jamais ou pratiquement jamais	23	29	21	27
Radio				
– tous les jours ou presque	72	72	66	69
– durée moyenne hebdomadaire	17 h	16 h	18 h	15 h
Télévision				
– tous les jours ou presque	65	69	73	73
– durée moyenne hebdomadaire	16 h	16 h	20 h	21 h

Source : *Histoire des médias en France de la Grande Guerre à nos jours*, Flammarion, 2003.

2 Le nombre de récepteurs de télévision en France.

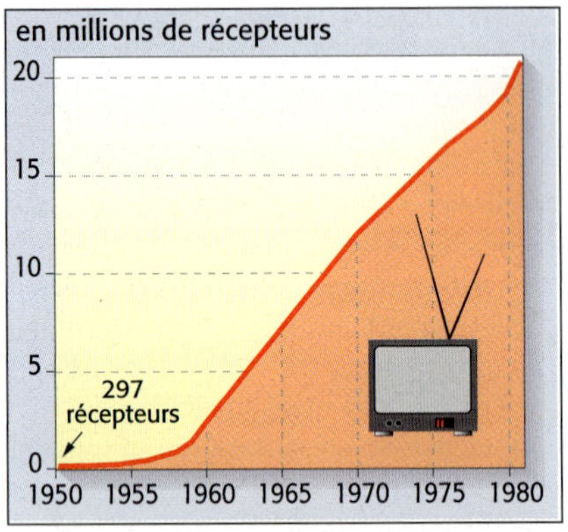

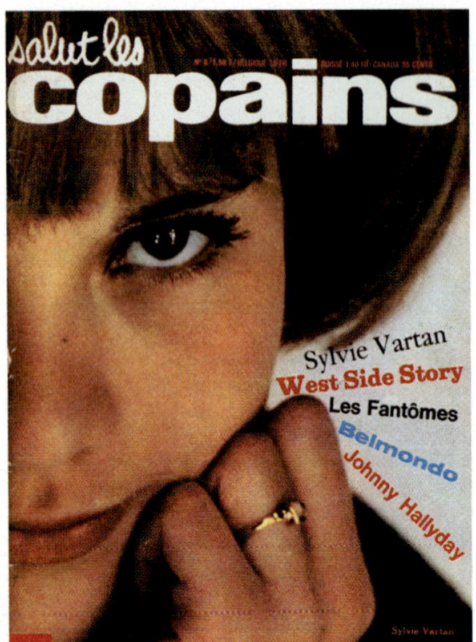

3 Numéro 8 de *SLC*.

4 **1949 : annonce de l'une des premières émissions de télévision.**

6 **Première émission en couleurs de la télévision française.** Dimanche 1er octobre 1967, Comédie ballet de Jean-Christophe Averty, *Le Croupier amoureux*.

5 **22 Juin 1963, Johnny, Sylvie, Richard... à la Nation**

Ce soir-là, Daniel Filipacchi, animateur de l'émission « Salut les Copains » à *Europe n° 1* invite les jeunes, par la voie des ondes, à venir applaudir leurs « idoles » place de la Nation, juste avant le départ de la caravane du Tour de France. On en attendait vingt mille, ils sont au moins huit fois plus à se presser autour du podium. [...] Quand les « idoles » arrivent enfin – Johnny Hallyday, Sylvie Vartan, Richard Anthony et quelques moindres, il faut faire appel aux voitures de la police pour les amener sains et saufs jusqu'à l'estrade. [...]

La portée de l'événement fut sur le vif différemment appréciée. *Les Nouvelles littéraires* y allaient d'un commentaire dédaigneux, sous la plume de François Nourissier : « Voici que se lève, immense, bien nourrie, ignorante en histoire, opulente, réaliste, la cohorte dépolitisée et dédramatisée des Français de moins de vingt ans. [...] Je souhaite simplement qu'un jour, vers 1983, Sylvie, Françoise, Johnny, Dick, etc., « fassent le poids » dans la mémoire des garçons et des filles d'aujourd'hui... ». *Le Monde* qui, sur le coup, n'avait guère pris au sérieux cette soirée trop fiévreuse, décida, le recul aidant, de faire appel à l'expert. Les 6 et 7 juillet, Edgar Morin prenait la mesure du « phénomène », en reliant le surgissement de la « nouvelle classe d'âge » à une nouvelle culture, produit de la révolution des communications de masse : radio à transistors, disque, télévision.

M. Winock, « 1963-1973 : les folles années des jeunes », *L'Histoire*, n° 61, 1983.

7 **L'enterrement de Jean-Paul Sartre, 19 avril 1980.**
Mort de Sartre, mort des grands écrivains ?

Une pratique culturelle, le cinéma

Au début des années 1950, le cinéma est le premier spectacle de France ; la télévision n'est pas encore une concurrente de poids. Les vingt-cinq ans qui suivent s'accompagnent d'un lent déclin. Tandis que l'audience de la télévision s'accroît, pour bien des salles de cinéma le temps est venu de « la dernière séance ». Au début des années 1990, ce reflux est consommé et les films sont désormais vus à la télévision beaucoup plus que dans les salles. Le cinéma français conserve, cependant, une réelle importance, même si la concurrence des films américains est encore plus forte que par le passé. D'autre part, certains films ont été et demeurent le reflet de leur époque et on peut parfois y saisir les tensions et les mutations de la société française.

1 Le temps du cinéma de masse. Le public populaire se presse au spectacle du Cinémascope au Grand Rex, à Paris, en 1953.

2 Statistiques sur le cinéma. Le grand chassé-croisé.

	CINÉMA			TÉLÉVISION
	Salles	Fauteuils (en millions)	Spectateurs (en millions)	Audience par individu et par jour (en minutes)
1964	5 592	2,7	276	57
1970	4 381	2,1	183	115
1980	4 540	1,4	174	131
1982	4 669	1,3	202	135
1990	4 518	1	122	221

Source : « C'était hier », *L'Express*, 2 avril 1992.

3 La disparition des cinémas de quartier. Cinéma abandonné dans la région de Lens.

4 Affiche du film *Et Dieu créa la femme*, Roger Vadim (1956). À l'époque, le film choqua – il fut interdit au moins de 16 ans – car il paraissait s'émanciper des normes de la France des années 1950. Brigitte Bardot, brusquement propulsée grande vedette, devint « BB ».

5 **Affiche du film *À bout de souffle*, Jean-Luc Godard (1959).**

7 **Affiche du film *La Haine*, Matthieu Kassovitz (1995).**
Le cinéma, reflet fidèle ou miroir déformant ? Les problèmes des banlieues vus à travers un film qui obtint un grand succès.

6 Deux opinions sur le cinéma de la « Nouvelle Vague ».

a. En 1958 et 1959, les copains des *Cahiers* et moi, passés à la réalisation, avons été promus, comme une marque de savonnette. Nous étions la Nouvelle Vague. L'expression était de Françoise Giroud, rédactrice en chef de *L'Express*, et l'une des plumes les plus acérées de l'opposition au gaullisme, qui a fait cadeau d'un slogan très « vendeur » à ses adversaires politiques du moment. Car, ne nous y trompons pas, si la grande presse a tant parlé de nous, c'est qu'on voulait imposer l'équation : de Gaulle égale renouveau. Dans le cinéma comme ailleurs. Le Général arrive, la République change, la France renaît. Regardez cette floraison de talents. Les intellectuels s'épanouissent à l'ombre de la croix de Lorraine. Place aux jeunes !

Claude Chabrol, *Et pourtant je tourne*, Robert Laffont, 1976.

b. J'ai pensé maintes fois à de Gaulle au cours de la projection télévisée d'*À bout de souffle*, le chef-d'œuvre initial de Godard qui m'a encore saisi. D'abord on nous rappela qu'il avait été tourné en 1958, l'année où le Général revint au pouvoir. Puis, au bout d'un quart d'heure, je me suis avisé que de Gaulle, au lieu de voir Jean Gabin qui votait pour lui, aurait bien fait de voir cette œuvre de Godard qui ne votait pas du tout : il aurait vu, il aurait compris. Quoi ? Presque tout. En tout cas, ce qui l'attendait, notamment en 1968 ; quelle était, où tendait, où allait la jeunesse. Il aurait su en quoi il devait désespérer de nos profondeurs ; en quoi, aussi, espérer. [...]
Quelle est la différence entre ce Belmondo et le Gabin de *Quai des Brumes* ou du *Jour se lève*, aux scénarios analogues ? Quelque chose a disparu : le muscle, le sang, la colère, le rouge de l'homme. *À bout de souffle* est d'une fatalité plus blanchâtre et insidieuse.

Maurice Clavel, *Le Nouvel Observateur*, 24 janvier 1977.

QUESTIONS

A. Présenter les documents (nature, date, auteur)

B. Dégager des informations des documents

1. Comment évolue le nombre de salles ? Comment évolue le nombre de fauteuils ? (doc. 2)
2. Quelle conclusion en tirer sur le véritable changement qui concerne le cinéma ?
3. Qu'est-ce qui a pu choquer une partie de l'opinion lors de la sortie du film ? (doc. 4)
4. À quand remontent les débuts de la « Nouvelle Vague » au cinéma ? Quel lien a été établi avec la situation politique du moment ? (doc. 6 a)
5. Dater le texte par rapport au film dont parle Maurice Clavel. (doc. 6 b)

C. Mettre en relation les documents

6. Quelle transformation la comparaison des doc. 1 et 3 met-elle en évidence ?
7. Y a-t-il un déclin du cinéma comme pratique culturelle de masse ? (doc. 1, 2 et 3)

D. Synthèse

8. Le cinéma offre-t-il une reflet fidèle ou une image déformante de la société ?

3 Une mutation qui s'est poursuivie

A. Les croyances et les valeurs

doc. 3 et 7

La mutation des modes de vie et des croyances, qui s'était amorcée dès les années 1950 et s'était accélérée au cœur des années 1960, s'est poursuivie malgré l'apparition de la crise. Durant une vingtaine d'années jusqu'au milieu des années 1980, la France a davantage changé qu'en plusieurs siècles.

Ainsi, durant ces deux décennies, **la pratique religieuse enregistre une forte baisse**. Cela se traduit par le recul des pratiques cultuelles comme l'assistance à la messe le dimanche. On communie moins et on se confesse encore moins. Malgré le concile Vatican II (1962-1965), l'Église catholique est en crise : avant les années 1960, 85 % des Français disaient appartenir au catholicisme, contre 62 % en 2003. Et l'on a enregistré, parallèlement, une chute des vocations : à partir de ces années 1960, de moins en moins de jeunes hommes sont ordonnés prêtres.

Ce sont surtout les valeurs collectives qui évoluent. Longtemps avaient prévalu dans la société française des valeurs comme l'épargne : on économisait pour se protéger d'un avenir incertain. Dans la France enrichie des Trente Glorieuses, ces comportements apparaissent comme trop astreignants. **Le désir de consommer est stimulé par la publicité** dont les images vantent les bienfaits de la société de consommation. La figure, longtemps positive, du rentier a laissé la place à celle du consommateur attentif à la publicité et utilisateur du crédit.

B. Une société devenue « permissive » ?

doc. 4, 5 et 6

Parallèlement, une **modification du comportement collectif et des mœurs** intervient. Elle concerne des domaines essentiels de la vie sociale : la conception d'enfants, le mariage, la sexualité. Plusieurs lois enregistrent cette évolution : en 1967, la loi Neuwirth facilite la contraception et en 1975, la loi Veil autorise l'interruption volontaire de grossesse. Dès lors, le débat est permanent entre ceux qui dénoncent les effets, à leurs yeux néfastes, d'une société devenue « permissive » et ceux qui considèrent qu'il s'agit là d'une adaptation normale, du comportement collectif et de la loi, à l'évolution de la société.

Ces transformations ont parfois commencé avant 1945, en particulier la diminution des pratiques religieuses, mais **ce changement dans les comportements s'accélère vers le milieu des années 1960, avant 1968**. Le mouvement de mai 68 est donc plutôt le révélateur d'une mutation déjà commencée. Il en est en même temps l'accélérateur car il creuse davantage le fossé entre une société française déjà transformée par les Trente Glorieuses et un système de valeurs encore largement hérité de la France d'avant 1945.

C. « Les Vingt Décisives »

doc. 1 et 2

Commençant au temps des Trente Glorieuses mais survivant à leur disparition, il y a bien « Vingt années Décisives » dans notre histoire nationale. D'autant que, dans le même temps, de grands débats nationaux ont perdu de leur intensité :

– avec la « rigueur » annoncée en 1983, la gauche s'est placé dans la **logique de l'économie de marché** et non plus dans celle de la « rupture avec la capitalisme » ;

– **le dénouement du conflit de l'école privée en 1984** semble avoir enterré la séculaire « question » scolaire.

Entre-temps, l'évolution de la société a engendré d'autres débats, tournant peu ou prou autour du **rôle des valeurs de la République** et de la place de l'État-nation, notions qui avaient été au cœur de l'histoire française, et d'autres problèmes : lien social souvent distendu, violences répétées contre les biens et les personnes. Bien plus, le principe de la laïcité, fruit d'un compromis séculaire entre l'État et les Églises, se retrouve au cœur de débats, comme la question du port du voile islamique à l'école.

1 « Les Vingt Décisives »

À bien y regarder, il y eut, en une vingtaine d'années, changement du comportement collectif et des mœurs dans des domaines qui touchent aux temps forts et aux valeurs d'une société : la naissance, la mort, le mariage, le plaisir. Les seuils, en ces domaines, se sont déplacés, les valeurs sous-jacentes se sont modifiées, la norme et la transgression, au bout du compte, ont plus changé, peut-être, au cours de ces deux décennies qu'en plusieurs siècles.

En ce milieu des années 60 a bien commencé ce qu'Henri Mendras a désigné comme la « Seconde Révolution française », qui se déploie selon lui entre 1965 et 1984. Les Trente Glorieuses ont bien enfanté Vingt Décisives, emboîtées en elles puis les prolongeant malgré le changement de configuration économique. Jusqu'au substrat idéologique qui, entre-temps, aura été modifié en profondeur : les grandes idéologies globalisantes qui avaient marqué plusieurs générations intellectuelles sont frappées tour à tour de plein fouet, au fil des années 70, par l'« effet Soljenitsyne », la désaffection qui touche le modèle chinois, le drame des *boat people* vietnamiens et bientôt, la révélation de l'« utopie meurtrière » au Cambodge. [...] Une dizaine d'années avant la chute du mur de Berlin et l'implosion des régimes communistes à l'Est, une partie de la culture politique française de gauche se retrouvait orpheline de ses espérances déçues.

J.-F. Sirinelli, *La France d'un siècle à l'autre, 1914-2000*, t. I, coll. « Pluriel », Hachette, 2002.

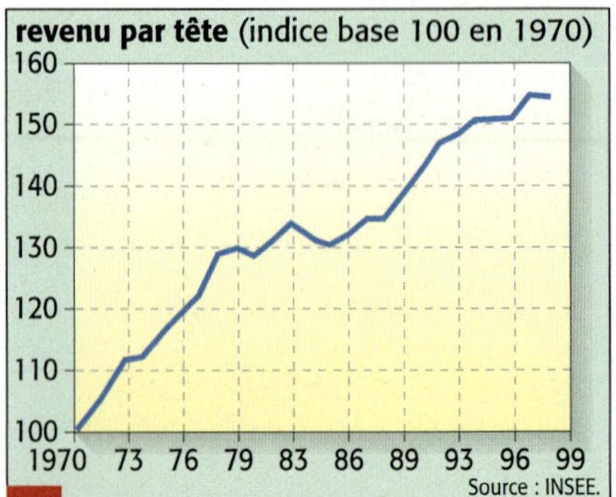

2 Évolution du revenu par tête.

1. Quand le revenu des Français a-t-il stagné ?
2. Quand le revenu des Français a-t-il augmenté ?

3 **Mai 68, photographie d'Henri Cartier-Bresson.**

4 **Caricature de Willem parue dans *Libération*, 1990.**

1. **Décrire la scène et les personnages ; à quelle génération appartiennent les parents ?**
2. **Montrer que les valeurs traditionnelles sont inversées.**

5 **Une nouvelle forme d'action : l'éco-terrorisme,**
L'Observateur du Valenciennois, 20 octobre 2000.

Des salariés versent du colorant dans un égout ; « la prochaine fois ce sera de l'acide » disent-ils, si des primes de 50 000 à 100 000 F ne leur sont pas versées. À Givet, en juillet 2000, des salariés menacés de licenciement avaient obtenu chacun une prime de 80 000 F après avoir jeté de l'acide sulfurique dans une rivière. « On est dans un État où il faut menacer de tout casser pour avoir ce qu'on veut. J'en reviens pas moi-même », disait l'un des délégués des salariés.

6 **Un pays bloqué.** Un rond-point à l'entrée de Fontainebleau, lors d'un mouvement de grève de routiers (juillet 1992).

7 **Une France qui disparaît ?**

Le fait religieux en France

« Qu'est-ce qu'être catholique aujourd'hui ? », interrogeait l'historien René Rémond en 1996. Il ajoutait : « Voilà bien une question de notre époque, que l'on n'aurait pas même songé à poser jadis. » De fait, l'empreinte culturelle du catholicisme en France fut pendant des siècles essentielle : l'art, les valeurs, les comportements collectifs, plus largement la civilisation et la société françaises, sont, à bien des égards, le fruit de cette empreinte. Or, on observe aujourd'hui deux phénomènes concomitants : la place du catholicisme, comme pratique religieuse et aussi comme influence, tend à se réduire et, parallèlement, du fait de l'immigration, la part de l'islam augmente et passe de 1 % de la population vers 1950 à 6 % aujourd'hui.

1 Le catéchisme dans les années 1950.

2 Être catholique jadis et aujourd'hui

Être catholique, c'était d'abord adhérer à tout ce que le magistère définissait comme vérité de foi, qui trouvait sa formule dans le Credo de Nicée (325) proclamé solennellement à chaque messe. C'était aussi observer scrupuleusement les commandements dits de l'Église, qui réglaient minutieusement la discipline des sacrements et fixaient des fréquences impératives : assistance chaque dimanche à la messe, confession de ses péchés, communion pascale, le maigre du vendredi, l'abstinence et le jeûne en temps de pénitence. [...]

L'appartenance à la catholicité comportait aussi une dimension dans l'ordre du comportement moral : une attention toute spéciale à la fidélité dans le mariage, l'indissolubilité de l'union conjugale, la condamnation des rapports sexuels hors mariage, la proscription de tous les moyens propres à entraver la conception, une plus grande vigilance à l'égard du péché de la chair. [...]

Pour le plus grand nombre – ces 80 % de Français qui, à toutes les enquêtes sur leur position à l'égard du fait religieux, répondent depuis trente ans qu'ils sont catholiques bien que la plupart d'entre eux ne mettent jamais les pieds dans une église – l'auto-identification au catholicisme a une signification principalement culturelle : elle exprime leur fidélité à un ensemble de croyances, de souvenirs, de coutumes, où le religieux n'occupe qu'une place modeste.

Fidélité, teintée souvent de nostalgie, aux souvenirs d'enfance – catéchisme, première communion – auxquels on reste parfois d'autant plus attaché sentimentalement qu'on a perdu le contact avec l'Église vivante.

Pour d'autres, [...] la référence au catholicisme a un contenu plus précis et plus spécifiquement religieux : une attestation de foi, un choix de conscience. [...]

Être catholique, c'est encore accepter l'héritage d'une histoire qui a enraciné la foi dans un peuple et tissé autour du noyau proprement religieux l'enveloppe d'une culture et d'une morale.

René Rémond, « Qu'est-ce qu'un catholique ? », *L'Histoire*, n° 199, mai 1996.

3 La Grande mosquée de Lyon, inaugurée en 1994.

La composition du Conseil français du culte musulman institué en 2003 :

- Fédération des musulmans de France (FNMF) *(proche des autorités marocaines)* .... 16 élus
- Union des organisations islamiques de France (UOIF) *(proche des Frères musulmans)* .... 13 élus
- Mosquée de Paris *(proche des autorités algériennes)* .... 6 élus
- Listes indépendantes .... 2 élus
- Listes Saint-Denis de la Réunion .... 2 élus

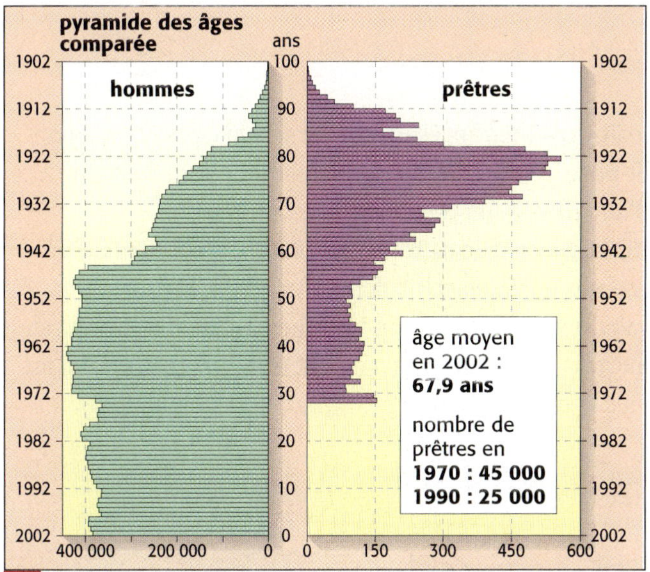

4 Pyramide des âges des prêtres en 2002 et âge moyen.
45 000 prêtres en France en 1970, 25 000 au début des années 1990.

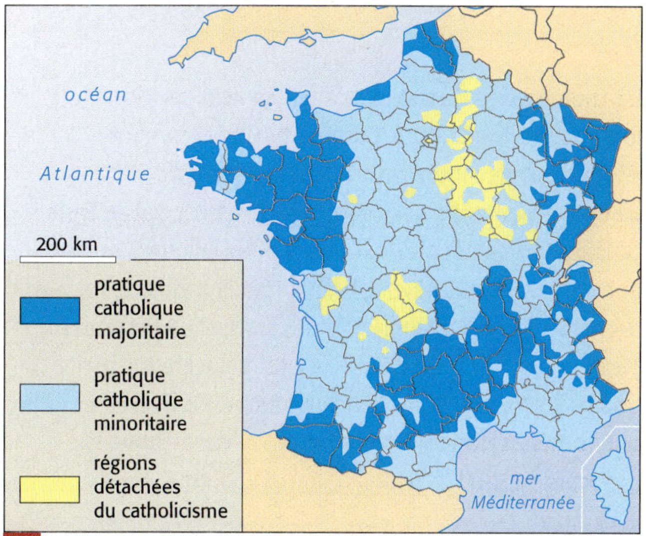

5 La France catholique en 1972.

6 Bouleversements des pratiques religieuses

Il nous faut d'abord constater la rupture de la transmission des connaissances religieuses et morales de la jeunesse. On se plaint souvent qu'elle ignore l'histoire, qu'elle ne respecte pas l'ordre public, qu'elle n'ait pas de sens civique… Il y a un peu plus d'un demi-siècle, le catéchisme donné par l'Église à plus de 80 % des enfants de France, constituait la base de la morale commune qu'enseignaient les instituteurs laïcs et les curés. L'Église assurait ainsi, avec les autres religions, un service public de transmission des valeurs morales. Mais, à partir du moment où ce « service public de la moralité » a été rendu pratiquement impossible par la modification des rythmes scolaires, c'est la nation entière qui en pâtit ; c'est la mémoire des générations qui en souffre. Les jeunes ne savent même plus reconnaître les signes de leur histoire : les églises, les peintures, tout cet art inspiré des Écritures saintes. […]
De plus, les changements de la pratique religieuse correspondent aux bouleversements de toute la vie quotidienne des Français : la recette du pot-au-feu est remplacé par les surgelés, les facteurs ruraux se font rares, tout comme les écoles primaires, les épiceries et les curés dans les villages désertés ; le nombre des mariages civils s'effondre… C'est un ancien mode de vie qui s'écroule, et avec lui les pratiques religieuses qui y étaient liées. La France, vieux pays chrétien, était d'abord un vieux pays rural. Elle est devenue, en peu d'années, majoritairement urbaine. Dans les villes, la vie chrétienne surgit avec vigueur sous des formes nouvelles.
Il n'est plus rare de devenir chrétien à l'âge adulte. On voit des jeunes hommes abandonner leur vie professionnelle, avantages financiers, indépendance pour se consacrer à Dieu ; ils seront les prêtres de demain, moins nombreux certes, mais accordés à la ville, dont le mode de vie leur est familier.

Interview de Mgr Lustiger, cardinal-archevêque de Paris, *Journal du dimanche*, 23 avril 2000.

7 Les croyances en France en 2003.

À la question :
« De quelle religion êtes-vous ? »
la réponse était : catholique : 62 %, sans religion : 27 %, musulman : 6 %, juif : 1 %, autre : 2 %.

Évolution de la pratique religieuse (en %)	1974	1983	1994	2003
Régulière (une fois par mois)	21	14	14	12
Occasionnelle (grandes fêtes)	18	17	15	15
Aucune (sauf mariages et enterrements)	47,5	52	38	35

QUESTIONS

A. Présenter les documents (nature, date, auteur)

B. Dégager des informations des documents

1. Quelle analyse de la situation religieuse de la France René Rémond propose-t-il ? (doc. 2)
2. Quelle est l'association de musulmans la mieux représentée en France ? Que sont les Frères musulmans ? (doc. 3)
3. Expliquer l'expression « La France, vieux pays chrétien » ? (doc. 6)
4. Quelles pratiques religieuses ont été modifiées depuis le milieu du XXe s. ? Quelles en sont les conséquences ? (doc. 6)
5. Comment évoluent les pratiques religieuses depuis 1974 ? (doc. 7)

C. Mettre en relation les documents

6. Quelles difficultés touchent l'Église catholique ? (doc. 1, 4 et 6)

D. Synthèse

7. Quelles nuances faut-il apporter à l'expression « France, vieux pays chrétien » ?

Le consensus républicain

Le thème de la République a fait sa réapparition dans le débat politique, tout comme plus récemment la question de l'intégration et celle la laïcité.
La convergence de ces réapparitions n'est pas le fruit du hasard. Par l'École, en effet, la République a permis, depuis plus d'un siècle, tout à la fois la mobilité sociale des Français et l'assimilation des nouveaux arrivants (voir programme de Première). Le principe de laïcité a, depuis 1905, apaisé les tensions entre les Églises et l'État mais également préservé l'exercice privé de la religion et posé ainsi les jalons de la tolérance dans le cadre d'un **consensus** républicain.
L'École, la langue, la tolérance, autant d'éléments d'un creuset qui façonnait l'identité française autour de valeurs communes et de principes partagés. Ce creuset existe-t-il toujours, et comment être Français, si tel n'est plus le cas ?

VOCABULAIRE

consensus : accord entre différentes personnes. Ce qui est accepté par tous.

1 « Le communautarime ne saurait être le choix de la France »

La laïcité est inscrite dans nos traditions. Elle est au cœur de notre identité républicaine. Il ne s'agit aujourd'hui ni de la refonder ni d'en modifier les frontières. C'est dans la fidélité au principe de laïcité [...] que j'appelle toutes les Françaises et tous les Français à se rassembler.
Uni autour d'un héritage singulier qui fait sa force et sa fierté, le peuple français est riche de sa diversité. Diversité des croyances, dans cette vieille terre de chrétienté où s'est aussi enracinée une tradition juive qui remonte à près de deux mille ans. Terre de catholicisme qui a su dépasser les déchirements de guerre de religion et reconnaître finalement toute leur place aux protestants à la veille de la Révolution. Terre d'ouverture enfin pour les Français de tradition musulmane qui font partie intégrante de la nation. Au moment où s'affaissent les grandes idéologies, l'obscurantisme et le fanatisme gagnent du terrain. Le danger, c'est la libération des forces centrifuges, l'exaltation des particularismes qui séparent. Le danger, c'est de vouloir faire primer les règles particulières sur la loi commune. [...]
Le communautarisme ne saurait être le choix de la France. Il serait contraire à notre histoire, à nos traditions, à notre culture.

Discours du chef de l'État, le 17 décembre 2003

2 « La ruine d'un langage commun minimal »

On ne prendra qu'un seul exemple : la ruine progressive d'un langage commun minimal. Cet exemple, c'est celui qui « saute à l'oreille », pourrait-on dire, de quiconque écoute à la radio le moindre reportage sur les banlieues. Une évidence assez extraordinaire y capte l'attention : tous ces jeunes relégués dans les cités, parlent une langue spécifique qui n'est déjà plus celle des profs. [...]
On dira que [...] cette langue, quoique rudimentaire, a d'ailleurs son charme ou son mystère, et même parfois via le rap, ses lettres de noblesse, etc. Je ne suis pas sûr que ces objections soient recevables. L'émergence de ce langage propre, en effet, va sans doute bien au-delà, cette fois, de l'accent « beur » ou des mille et une fantaisies de l'argot des cités. Pas si sûr... À l'oreille, on entend bien qu'il s'agissait dorénavant d'une langue véritable et « dure », forgée dans l'exclusion ou le repli communautaire, une forteresse de mots habitée comme un refuge identitaire. Et cette langue, de toute évidence, dérive irrémédiablement en s'éloignant du français ordinaire. [...]
Peut-on évoquer et défendre une laïcité vivante quand on ne possède plus les mots pour l'offrir en partage ? La réponse est non, bien sûr. [...]
Rien n'est plus emblématique d'une lente dislocation à l'œuvre, dans les tréfonds laïques et démocratiques, que cette apparition d'une langue appauvrie et barricadée, cette prévalence d'un patois énigmatique et dissident, au cœur même de la cité. Quand les mots eux-mêmes se dissolvent ou se décomposent, quand advient la désaffiliation de la parole elle-même, c'est que rôde en effet un péril majeur...

Jean-Claude Guillebaud, *Le Nouvel Observateur*, 17 décembre 2003.

3 « Mes ancêtres n'étaient pas des Gaulois »

Évidemment, mes ancêtres n'étaient pas des Gaulois. Et pourtant, je peux reconnaître ces Gaulois pour tels et les adopter en quelque sorte, si je suis de ce pays, qui lui aussi m'adopte. Sans pour autant renier ni oublier mes origines personnelles, je puis affirmer que les Gaulois sont mes ancêtres parce que je suis citoyen français, autrement dit membre de la nation française, et qu'indépendamment des apports romain, germain, breton, normand ou même arabe, les ancêtres de cette nation sont les Gaulois.

Et même si l'on objecte que cette affirmation est historiquement sujette à caution, que les Celtes eux-mêmes envahirent d'autres peuples installés avant eux sur les territoires qui composent aujourd'hui la France, qu'en un mot, il s'agit d'un mythe, peu importe : c'est sur des mythes comme celui-ci que se construisent les identités nationales et c'est en se les appropriant qu'on communie avec un pays.

Rachid Kaci, Kabyle, fils d'un militant du FLN, fondateur du mouvement « France plus », in *La république des lâches*, édition des Syrtes, 2003.

4 Deux opinions sur l'École

a. Les intellectuels qui, voyaient naguère dans les mouvements sociaux communautaires et identitaires des manifestations de la modernité mettent désormais en garde contre les dérives qui font de ces mouvements des forces de régression. Que peut-on attendre de jeunes gens formés à la non-école du « *touche pas à mon choix* », « *touche pas à mon identité* », « *touche pas à ma religion* », sinon la soumission la plus complète au déterminisme de leurs appartenances ? [...]
La sacralisation des valeurs de responsabilité personnelle, d'égalité de droit par les philosophes des Lumières et par leurs héritiers républicains est un projet pour plusieurs siècles. Le principe d'autorité n'a pas été englouti dans le mouvement des mœurs et la recomposition des familles. Le prix des échecs du système éducatif se paye en termes de paix civile et de croissance. Tels sont les messages qu'on est fondé à attendre du grand débat sur l'école [...].
À une condition toutefois : que le pouvoir sache se montrer, face aux nouveaux adversaires de la laïcité, aussi intraitable que les premiers républicains le furent en leur temps. [...]

Alain-Gérard Slama, *Le Figaro*, 5 janvier 2004.

b. L'École est neutre parce qu'elle doit se garder toujours prête à accueillir les élèves sous ces deux formes contradictoires qu'elle est seule à pouvoir rendre complémentaires : soit comme les membres de groupes auxquels ils sont fiers d'appartenir, soit comme des individus fiers de ne plus appartenir à leur groupe d'origine. Il est vrai qu'accepter le premier sans le second, c'est tomber dans le communautarisme et abandonner l'idée de République ; mais il est vrai aussi qu'accepter le second sans le premier, c'est créer l'utopie d'une universalité vide. [...] Le travail de la République laïque, c'est de détricoter et de retricoter des identités multiples, ce n'est pas d'imposer un habit. Entre le voile et le code vestimentaire, faut-il vraiment choisir ? Si l'on décide de s'attaquer pour de bon au sexisme, n'est-ce pas toute la politique des corps qui demande à être dévoilée ? [...]
Non, décidément, si je vois bien ce que la droite extrême peut tirer de cette loi cache-misère, je ne vois pas comment un républicain, de gauche ou de droite, peut choisir de la voter.

Bruno Latour, *Le Monde*, 18 janvier 2004.

5 Colère du chef de l'État alors qu'on siffle *La Marseillaise*.
Lors du match Bastia-Lorient, au stade de France, le 11 mai 2002, des supporters corses sifflent l'hymne national. Courroucé, le chef de l'État s'en prend ici au président de la Fédération française de football. « Mais on siffle ! » dit-il, avant de quitter le stade.

6 La République, une et indivisible.
« La France est une République indivisible, laïque, démocratique et sociale ».
Article 2 du préambule de la Constitution de 1958.

QUESTIONS

A. Présenter les documents (nature, date, auteur)

B. Dégager des informations des documents

1. Expliquer « s'affaissent les grandes idéologies », « l'obscurantisme et le fanatisme gagnent du terrain ». (doc. 1)
2. Quelles sont les conséquences désastreuses, selon l'auteur, de l'appauvrissement du langage ? (doc. 2)
3. Qu'y a-t-il d'apparemment paradoxal dans ce qu'écrit Rachid Kaci ? Comment la contradiction apparente est-elle surmontée ? (doc. 3)
4. D'après Alain-Gérard Slama, quel rôle doivent encore jouer les philosophes des Lumières ? (doc. 4)
5. Quel rapport existe-t-il, d'après Bruno Latour, entre neutralité de l'École et communautarisme ? (doc. 4)

C. Mettre en relation les documents

6. D'après les documents de ce dossier expliquer à quoi fait allusion le chef de l'État lorsqu'il dit « le communautarisme... serait contraire à notre histoire ».
7. Sur quoi s'opposent les documents 1 et 4b. ?

D. Synthèse

8. D'après les documents de cette page, quels dangers menacent le consensus républicain ?

FICHE DE RÉVISION

DATES À RETENIR

- **1944 :** droit de vote des femmes.
- **1954 :** appel de l'abbé Pierre en faveur des sans-logis.
- **1967 :** loi Neuwirth sur la contraception.
- **1974 :** majorité électorale à 18 ans.
- **1975 :** loi Veil sur l'interruption volontaire de grossesse (IVG).

LIRE

- M. BERNARD, *La Grande Mutation. La France de mai 1958 à mai 1981*, Le Livre de poche, 2003.
- P. GOETSCHEL et E. LOYER, *Histoire culturelle et intellectuelle de la France de la Belle Époque à nos jours*, Armand Colin, nouvelle édition, 2002.
- J.-P. RIOUX et J.-F. SIRINELLI (dir), *La France d'un siècle à l'autre, dictionnaire critique*, Le Livre de poche, Pluriel, 2002.
- J.-P. RIOUX et J.-F. SIRINELLI, *Histoire culturelle de la France*, t. IV. *Le temps des masses*, Seuil, 1998.

Roman :

- G. PEREC, *Les choses*, 1965.

VOIR

- J. TATI, *Mon oncle*, 1958.
- J. TATI, *Playtime*, 1967.
- C. CHABROL, *Le beau Serge*, 1958.
- J.-L. GODARD, *À bout de souffle*, 1959.
- F. TRUFFAUT, *Les 400 coups*, 1959.
- G. PIRES, *Elle court, elle court la banlieue*, 1972.

***Elle court, elle court, la banlieue*, (1972).**

BILAN DU CHAPITRE

I. La métamorphose des Trente Glorieuses

➤ Durant les années 1945-1947 :
- la société française se modifie rapidement ;
- la vie quotidienne des Français change grâce à la hausse du niveau de vie (plus forte consommation des ménages) ; la consommation de masse apparaît.

➤ L'amélioration de la vie quotidienne et la modification du mode de vie sont sensibles aussi dans les progrès spectaculaires de l'habitat.

➤ Les loisirs occupent désormais une place beaucoup plus importante qu'auparavant, ils sont communs à un nombre toujours plus grand de Français.

II. Le temps de la culture de masse

➤ Standardisation croissante des loisirs amplifiée par le développement de la culture de masse.

➤ Dans une société marquée par l'élévation du niveau scolaire de la population, l'imprimé (le journal et le livre) occupe encore une place majeure.

➤ Progressivement, l'image et le son deviennent les supports principaux des pratiques culturelles des Français : la radio et le cinéma, d'abord, puis, à partir des années 1960, la télévision, qui connaît alors un essor irrésistible.

III. Une mutation qui s'est poursuivie

➤ Après 1975, la métamorphose des modes de vie et des pratiques culturelles se poursuit malgré la fin des Trente Glorieuses.

➤ Les comportements collectifs et les valeurs connaissent des évolutions considérables, dans des domaines divers :
- la sexualité, la famille ;
- les rapports d'autorité et de hiérarchie.

➤ Au bout du compte, cette mutation a été telle qu'un sociologue a utilisé, à propos de la période 1965-1985, l'expression « Seconde Révolution française ». Il y a bien là vingt années décisives de l'histoire française, apparues au cœur des Trente Glorieuses mais ayant survécu à leur disparition.

NE PAS CONFONDRE

Pratiques cultuelles et pratiques culturelles

- Les **pratiques cultuelles** se rapportent à la religion (au culte) : fréquentation des offices, observance des sacrements, des rites et des interdits, etc.
- Les **pratiques culturelles** sont les habitudes liées à certaines formes de culture (aller au cinéma, regarder la télévision, lire un journal ou des livres, sortir, aller au théâtre, à l'Opéra, acheter et écouter des disques).

Culture de masse et cultures populaires

- La **culture de masse** est apparue progressivement aux États-Unis, puis en Europe occidentale dans les années 1950. Elle se caractérise par la diffusion et la consommation en très grand nombre d'objets culturels identiques, à des prix accessibles (disques, films, revues) ou de certains spectacles (concerts de musique ou de chanteurs de variétés, rock, pop, etc.).
- **Cultures populaires :** différentes cultures qui s'étaient développées dans les catégories populaires. Bien des sociologues considèrent que la culture de masse a largement dissous les cultures populaires. D'abord fondée sur l'imprimé, cette culture de masse relève davantage, désormais, de l'image et du son, de la télévision et de la radio.

Explication d'un document (15/16)

Sujet : Discours de Lucien Neuwirth sur la contraception

« Il est établi que le pouvoir d'achat des familles de plusieurs enfants augmente moins vite que celui des familles sans enfant. Il est établi qu'il est très difficile aux familles de condition modeste d'accéder à de grands appartements, plus spécialement dans les HLM qui en comptent trop peu.
La contraception diffère les naissances plus qu'elle ne les empêche. [...] Ce n'est pas par le seul moyen d'une législation répressive que nous augmenterons le rythme des naissances. C'est, au contraire, en offrant à chacun la possibilité d'avoir des enfants quand il le désire, mais aussi la certitude de pouvoir les élever dignement. [...]
La crainte, en ce qui concerne la contraception, vient aussi du fait que beaucoup de parents redoutent un relâchement des mœurs ; ils redoutent en particulier que la peur de la grossesse qui maintenait bon gré mal gré certaines jeunes filles dans la voie de la vertu ayant disparu, celles-ci se laissent aller à des expériences répréhensibles et que le mariage ne devienne qu'une expérience après d'autres expériences.
C'est une des raisons pour lesquelles le texte qui vous a été présenté pose des verrous qui demeurent encore une exigence sans négliger ce facteur, indispensable à nos yeux qu'est l'éducation familiale et la responsabilité directe des parents. [...]
Il est impossible de continuer à contraindre des malheureuses à l'avortement, à la mutilation, au désespoir ou à la névrose alors que la science, sous le contrôle des médecins, met à notre portée les possibilités, non seulement d'éviter des drames mais aussi d'assurer l'équilibre et le bonheur de millions de couples. Cette situation ne peut se prolonger dans notre France de 1967, dans cette nation qui a donné la liberté au monde et dont la tolérance est la règle d'or. [...]
Il est parfaitement admissible que, par conviction morale ou religieuse, on se refuse à utiliser certains moyens contraceptifs. C'est un principe fondamental de la liberté individuelle. Mais en vertu même de ce principe, cette possibilité d'utilisation ne doit pas être interdite par la loi pour tous ceux qui la souhaitent. »

Discours de Lucien Neuwirth, député gaulliste, Assemblée nationale, 1er juillet 1967, Journal officiel du 2 juillet 1967.

La loi Neuwirth sera votée le 19 décembre 1967.

Questions

1. Présenter le document (nature, auteur, contexte, destinataire, sujet).
2. Quels arguments Lucien Neuwirth avance-t-il en faveur de la contraception ?
3. Comment réfute-t-il ceux de ses adversaires ?
4. En quoi ce discours est-il à la fois audacieux et prudent ?
5. Cette proposition de loi est-elle adaptée à l'évolution de la société française ?

Méthode

➤ 1. Aide générale

- Les relations entre la loi et les phénomènes de société sont complexes : la loi organise-t-elle, accompagne-t-elle, suit-elle l'évolution des sociétés ?
- Le document invite à réfléchir à cette question à propos d'un sujet sensible, où l'intervention de l'État peut être considérée comme indésirable.

➤ 2. Comment répondre aux questions

A. Question 1

- À quelle phase de l'élaboration de la loi en est-on ? Que veut faire L. Neuwirth ? L'identité de l'orateur importe moins que son appartenance politique.
- Le contexte est celui de la vie politique (qui est président de la République ? Évoquer le rapport de forces entre droite et gauche à l'Assemblée) mais aussi celui de l'évolution de la démographie, des connaissances médicales et des discussions sur ce sujet. Par delà les députés auxquels s'adresse Neuwirth, qui est concerné ?

B. Question 4

- Il s'agit de repérer ce qui est en rupture avec l'attitude traditionnelle (par exemple, la distinction entre vie sexuelle et procréation) et ce qui révèle son poids persistant (par exemple, l'inquiétude pour la moralité des jeunes filles).

➤ 3. Exemple de réponse rédigée

Question 3

Lucien Neuwirth distingue nettement la contraception de la limitation des naissances. La contraception espace les naissances. Il veut réfuter les arguments des « natalistes » qui voient dans des naissances nombreuses, désirées ou non, une composante de la puissance française et de son dynamisme. Il souligne les précautions mises en place par la loi pour écarter l'accusation de laxisme, d'encouragement au dérèglement des mœurs que pourraient lui adresser les partisans d'une morale traditionnelle. En faisant du choix ou du refus de la contraception une question de liberté individuelle, il répond à ceux qui veulent lui opposer, au nom de cette même liberté, des convictions morales ou religieuses.

Étude d'un ensemble documentaire (16/16)

Sujet : Quel rôle la télévision joue-t-elle dans la vie politique, des années 1960 à la fin des années 1980 ?

Questions

Première partie

1. Quel usage de la télévision par le pouvoir est mis en évidence ? (doc. 2, 3 et 5)
2. Quel rapport de Gaulle semble-t-il entretenir avec la télévision ? (doc. 1)
3. Montrer que les années 1970 constituent un tournant dans les rapports entre la télévision et la vie politique française.
4. Quels documents sont critiques à l'égard de l'usage de la télévision par les politiques ?

Deuxième partie : À l'aide de vos réponses et de vos connaissances, rédiger une réponse organisée à la question posée par le sujet.

Chronologie

- **1954 :** 1 % des ménages français possède un téléviseur.
- **1960 :** 13 % des ménages français possèdent un téléviseur.
- **1965 :** lors des élections présidentielles, de Gaulle renonce à son temps de parole à la télévision.
- **1968 :** 62 % des ménages français possèdent un téléviseur.
- **1974 :** premier débat télévisé en direct entre les deux candidats avant le second tour d'une élection présidentielle ; première estimation des résultats d'une élection dès 20 heures.
- **1981 :** fin du monopole d'émission de la radio d'État.
- **1982 :** 91 % des ménages français possèdent un téléviseur.
- **2002 :** les sondages d'opinion sont autorisés jusqu'au dernier jour de la campagne.

Document 1 De Gaulle et la télévision.

a

– Vous m'avez compris.

a. Dessin de Jacques Faizant paru le 5 octobre 1962, avant le référendum sur l'élection du président de la République au suffrage universel.

b

b. Le logo de l'Office de radiodiffusion télévision française (ORTF) détourné par les grévistes de l'ORTF en mai 1968.
Affiche de l'atelier des Beaux-Arts, (détail).

Document 2 L'irruption de la télévision dans la vie politique française

Plus que jamais sans doute, c'est à la télévision que se fait aujourd'hui la politique de la France.
Elle y est faite par les journalistes d'abord. Ils tendent presque tous, et de plus en plus, à devenir des éditorialistes et non plus des informateurs. Ils jugent un événement, apprécient une situation et prononcent leur verdict bien plus qu'ils ne relatent des faits, n'exposent les positions en présence, n'expliquent le pourquoi et le comment. […]
Les hommes politiques ne viennent qu'au second rang dans les séquences qui les concernent, et leur emploi est soigneusement codifié : ils doivent être des acteurs et incarner des personnages en situation. Il y a le gentil et le méchant, la rondeur et le tragédien, celui qui fait rire et celui qui fait peur. À celui-ci le parler populaire, à celui-là un accent pittoresque, à cet autre le ton distingué.
Metteurs en scène, ou plutôt en ondes, de la pièce dont ils sont à la fois les auteurs et les protagonistes, ils se préoccupent à l'avance de leur coiffure, de la couleur de leur chemise, de leur maquillage. Ils préparent leurs effets, répètent leurs effets, répètent leurs mimiques, éprouvent leurs formules avant de prendre place sous les projecteurs. […]
L'idéal est d'intervenir en direct pour mieux accaparer l'écran, dramatiser l'épisode et donner tout l'éclat possible à la performance. Peu importe ce qu'on dit : tout est dans la façon de le dire et dans l'instant où on le dit. Il ne s'agit pas de convaincre, mais de créer l'événement et de capter, de retenir l'attention.

Pierre Viansson-Ponté, *Le Monde*, 20 novembre 1977.

DOCUMENT 3 Débats télévisés.

a. 1974 : « Vous êtes un homme du passé » (Giscard d'Estaing à Mitterrand durant le débat télévisé).

a

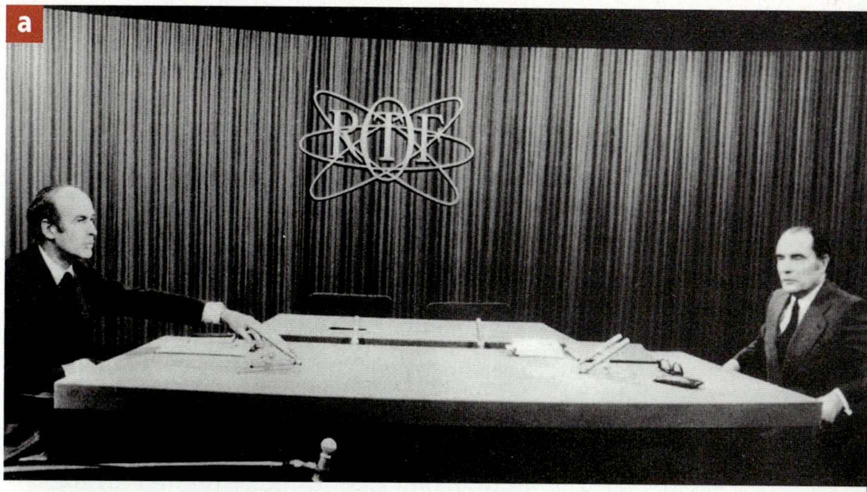

b. 1981 : « Je ne suis pas votre élève » (Mitterrand à Giscard d'Estaing durant le débat télévisé).

b

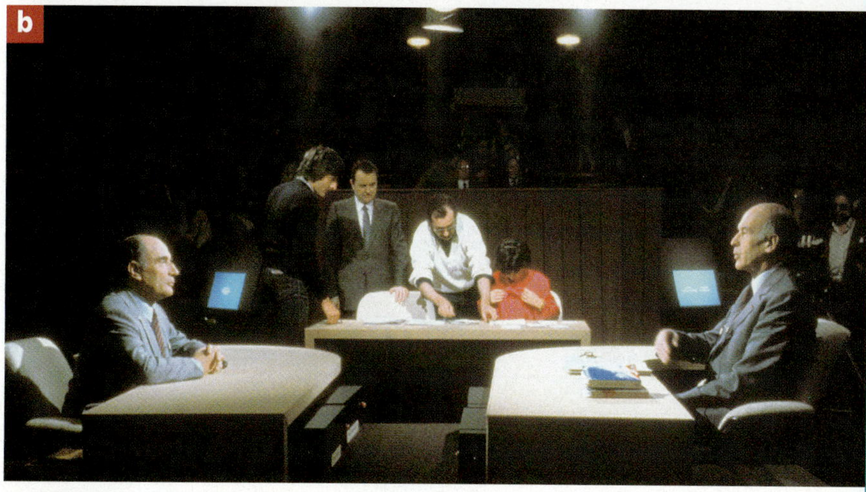

DOCUMENT 4 Le « bebette show ».

Marionnettes apparues à la télévision française (sur TF1) au début des années 1980.

DOCUMENT 5 La télévision et l'élection présidentielle

En 1965, les Français regardent Mitterrand et Lecanuet critiquer le général avec la gourmandise de gamins longtemps privés de dessert. La première élection présidentielle au suffrage universel brise le monologue gaulliste à l'ORTF. « Quoi qu'il advienne, après ces semaines [...] rien ne sera plus tout à fait comme avant », avertit Pierre Viansson-Ponté dans *Le Monde*, le 3 décembre 1965, à la veille du premier tour. [...]

Grâce à la télé, les hommes politiques peuvent s'adresser à tous les Français en même temps. Quelle aubaine ! Mais ce vaste public, ils ne le voient pas, ne l'entendent pas. Les sondages remplacent les hourras et les sifflets. Et les projecteurs, la chaleur des bains de foule. Depuis, les candidats oscillent entre l'ivresse et le trac, entraînés dans un apprentissage perpétuel. La télé, ça se travaille, découvre Mitterrand à ses dépens en 1974, au cours de son face-à-face avec Giscard. Mais la télé ne fait pas l'élection, constate VGE, le grand stratège de l'image, en 1981.

Mener campagne à la télé est un exercice périlleux. Instauré en 1974, le débat entre les deux tours est le point de convergence de toutes les passions, de tous les regards. [...]

Dans le débat de 1981, par exemple, les plans de coupe sont supprimés. L'image d'un Mitterrand fouillant dans ses papiers, pendant que Giscard lui pose des colles, a fait trop de mal en 1974. [...] L'histoire des présidentielles et celle du petit écran s'écrivent en même temps. C'est peut-être pour cette raison qu'en France la télévision et le pouvoir politique ont tant de mal à prendre leurs distances.

Télérama, n° 2359, 29 mars 1995.

CHAPITRE 20 La France dans le monde

séries
ES-L-S

En 1945, la France possédait le deuxième empire colonial du monde. En moins de vingt ans, la décolonisation conduit à un repli sur l'Hexagone. Dans le même temps s'amorce la construction européenne, dans laquelle la France s'engage progressivement. Désormais, son destin est associé à celui de l'Union européenne. Demeurée une puissance importante, la France mesure pourtant les limites de son influence dans le monde, tant économique que culturelle.

Avec 1 % de la population du globe, la France est-t-elle encore une puissance au rayonnement mondial ?

1 De l'Empire colonial...

La célébration de l'empire colonial dans l'entre-deux-guerres.

L'Union française « est formée, d'une part, de la République française qui comprend la France métropolitaine, les départements et territoires d'outre-mer, d'autre part, des territoires et États associés » (article 60 de la Constitution de la IVe République, 1946).

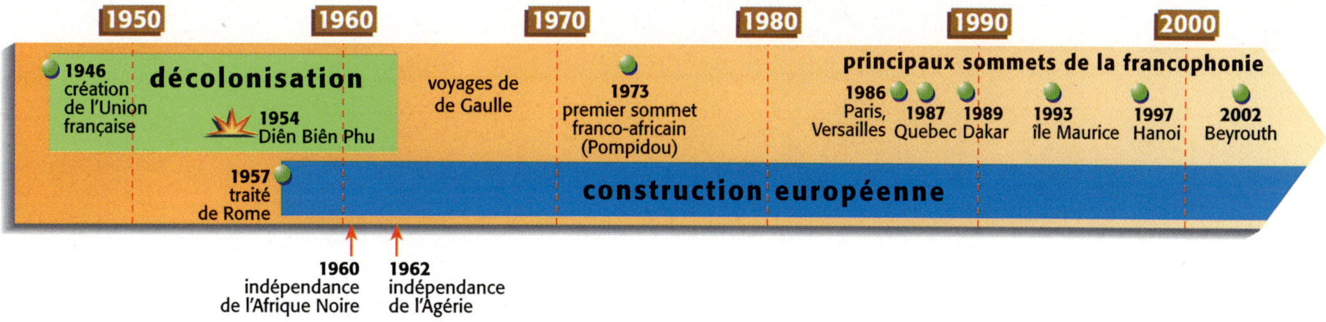

2 …à l'action humanitaire.

Alphabétisation au Cambodge : un militaire français apprend la langue française à des enfants et à des adolescents cambodgiens.

« La francophonie est une des grandes chances de la France ». François Mitterrand, 1981.

« La France peut et doit affirmer sa vocation de puissance mondiale ». Alain Juppé, Premier ministre, mai 1995.

L'empire colonial français en 1945

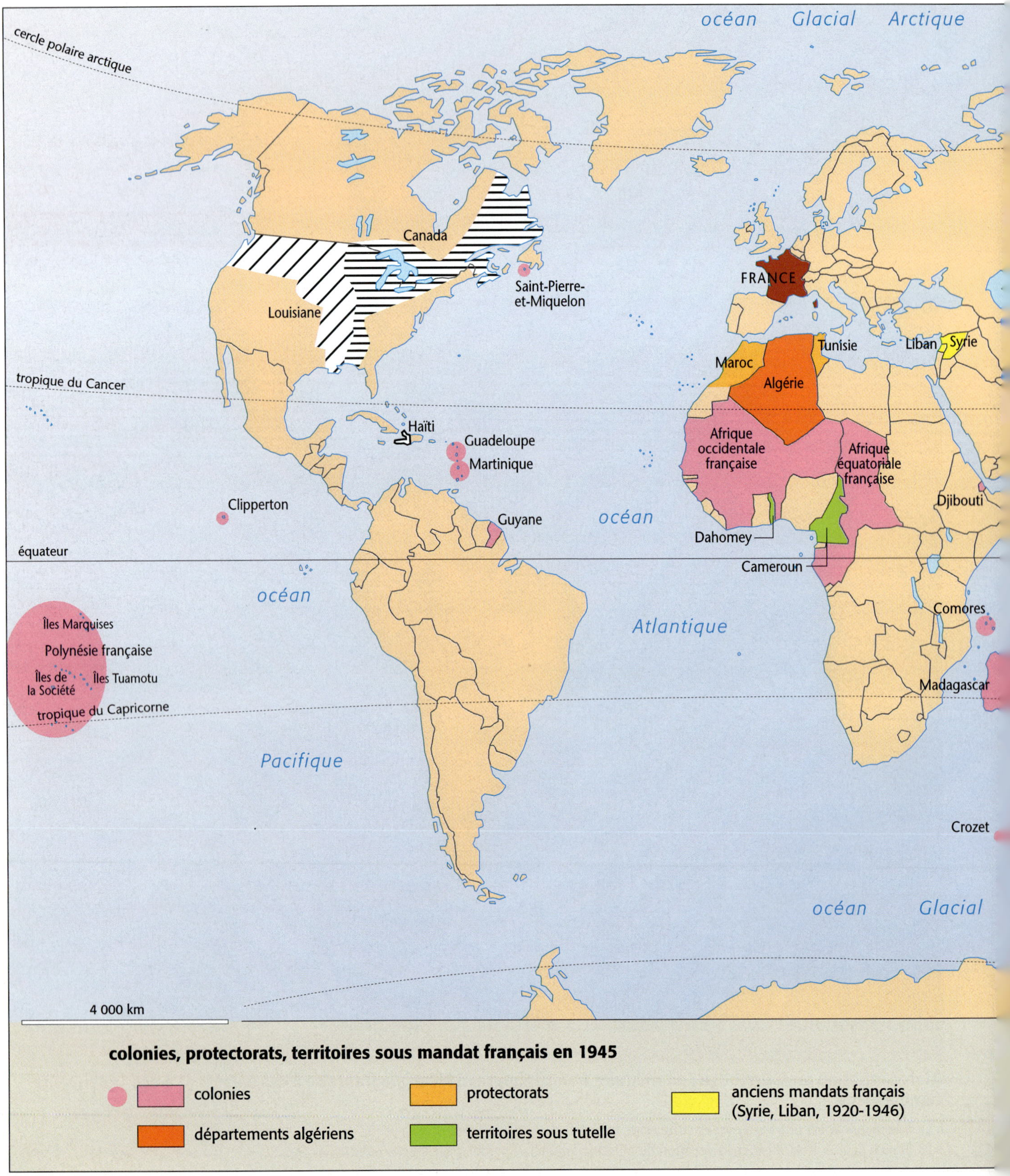

La France, dont l'empire a été déchiré durant la Seconde Guerre mondiale entre fidélité à Vichy et ralliement au général de Gaulle, redevient une grande puissance coloniale en 1945. Si le rétablissement de l'autorité française s'effectue parfois dans la douleur et dans le sang (insurrection et massacres de Sétif en Algérie en mai 1945), la transformation en 1946 de l'empire colonial en une « Union française » semble jeter les nouvelles bases d'une entente entre la métropole et ses anciennes colonies.

C'est compter sans le mouvement de décolonisation qui débute avec la guerre d'Indochine, en décembre 1946.

1 **L'Empire colonial français en 1945.**

2 **Affiche française de 1947.**

QUESTIONS

1. Rappeler le contexte international en 1945. (doc. 1)
2. À l'aide de la carte, montrer que, dans ce contexte, la France est encore une grande puissance mondiale. (doc. 1)
3. Quels étaient les principaux territoires du premier Empire colonial français (sous l'Ancien Régime) ? (doc. 1)
4. Quels atouts l'Empire peut-il donner à la France sur les plans économique, stratégique et diplomatique ? (doc. 1)
5. Dans le domaine des communications, quel rôle joue la tour Eiffel en 1947 ? (doc. 2)

1 La puissance économique française

A. De l'Empire à l'Europe

■ En 1935, 26 % des importations françaises provenaient de son empire colonial, tandis que 32 % des exportations françaises s'y dirigeaient. C'est dire à quel point, pour la France, le processus de la décolonisation, entre 1945 et 1962, n'a pas été seulement une question politique mais aussi un problème économique.

■ Certes, le débat est ouvert entre les historiens pour savoir si l'Empire a été économiquement rentable pour la France ou s'il a constitué, au contraire, un poids et un frein. Un fait demeure toutefois : **avant 1939, les échanges étaient intenses entre la France et ses colonies**, et la disparition de ces dernières a contraint le pays à d'importantes reconversions.

B. La France et la construction européenne doc. 1, 2, 4 et 5

■ En même temps que la France perdait ses colonies, dans les années 1950 et au début des années 1960, s'enclenchait le mouvement de construction européenne. La France a joué alors un rôle important dans la signature en 1957 du traité du Rome qui donna naissance à la Communauté économique européenne. Au terme d'un demi-siècle de processus, et par-delà les débats politiques que suscite encore la construction européenne, les conséquences pour l'économie française sont considérables :
– la France mène désormais toutes ses activités économiques au sein d'une Union européenne, où les hommes, les produits et les capitaux circulent librement ;
– elle en est, derrière l'Allemagne réunifiée, la deuxième puissance industrielle ;
– **62 % du commerce extérieur français se font avec l'Union européenne**, dont 18 % avec la seule Allemagne ;
– l'agriculture française est la première en Europe. Son activité est conditionnée par les modalités de la Politique agricole commune. Pour cette raison, l'« Europe verte » reste, chez les paysans français, un sujet de discussion sur les effets jugés positifs ou nocifs de la réglementation européenne en matière agricole ;
– dans des secteurs industriels de pointe, alliant recherche et investissements, la coopération européenne a permis la **réalisation de grands projets où l'Union européenne concurrence avec succès les États-Unis**. Tel est le cas, dans l'aéronautique, des programmes Airbus, et, dans le domaine astronautique, du programme Ariane.

C. Une puissance économique de premier plan doc. 3 et 6

■ Que ce soit dans le cadre européen, à l'intérieur duquel s'effectue une large part de ses échanges ou dans le cadre mondial, la France reste dans le peloton de tête des puissances économiques. **Avec 1 % de la population, elle représente 5 % du PNB mondial** et se situe au quatrième rang des puissances économiques, derrière les États-Unis, le Japon et l'Allemagne. La fonction commerciale, notamment, est nécessaire à son économie : la France exporte plus du cinquième de son produit intérieur brut. Une grande partie de ces exportations est constituée de produits manufacturés. Si l'agriculture française domine, en effet, celle des autres pays de l'Union européenne et demeure le premier poste excédentaire de la balance commerciale française, les produits de l'industrie française s'exportent également : automobiles, avions, armements, machines de bureau, électronique, produits de l'industrie chimique.

■ Les exportations se heurtent à une concurrence mondiale de plus en plus forte. Néanmoins la renommée de l'économie française reste grande dans certains domaines : **aéronautique** civile et militaire (parfois dans le cadre d'une coopération européenne) ; **industries de luxe** (parfums, haute couture) qui contribuent au rayonnement français et aident aussi indirectement à consolider un autre secteur d'activité : **le tourisme** (76,5 millions de touristes étrangers en 2001) qui représente 8 % du PIB.

1 La France et l'Europe selon Jean Monnet

Il faut donc abandonner les formes passées et entrer dans une voie de transformation, à la fois par la création de conditions économiques de base communes et par l'instauration d'autorités nouvelles acceptées par les souverainetés nationales. L'Europe n'a jamais existé. Ce n'est pas l'addition de souverainetés réunies dans des conseils qui crée une entité. Il faut véritablement créer l'Europe, qu'elle se manifeste à elle-même et à l'opinion américaine et qu'elle ait confiance en son propre avenir. [...]
Dans cette conjoncture, la France est désignée par le destin. Si elle prend l'initiative qui éliminera la crainte, fera renaître l'espoir dans l'avenir, rendra possible la création d'une force de paix, elle aura libéré l'Europe.

Mémorandum du 3 mai 1950.

1. **Présenter le document et son auteur.**
2. **Quelle vision du rôle de la France l'auteur a-t-il ?**

2 Les partenaires commerciaux de la France en 2001.

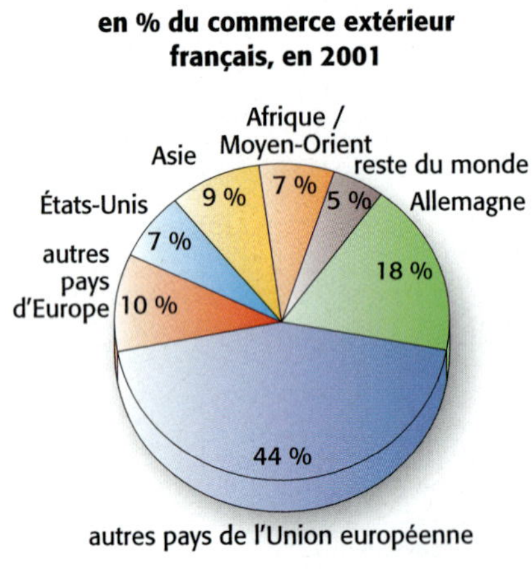

3 Les PNB mondiaux en 2000.

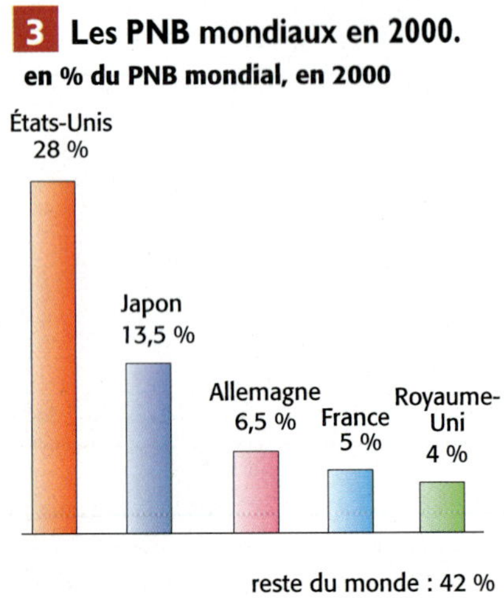

4 **Le futur Airbus A 380.**

L'Airbus, avion civil, est fabriqué par la France en coopération avec le Royaume-Uni, l'Allemagne et l'Espagne.

Buvard d'écolier des années 1950. **5**

1. **Décrire la carte (noms de villes, territoires concernés, personnages).**
2. **Quelles sont les frontières maintenues ? Quelles sont les frontières qui ont disparu ? Quel est le message délivré ici ?**
3. **Quels éléments soulignent le passage de la France à une « Europe des six » ?**

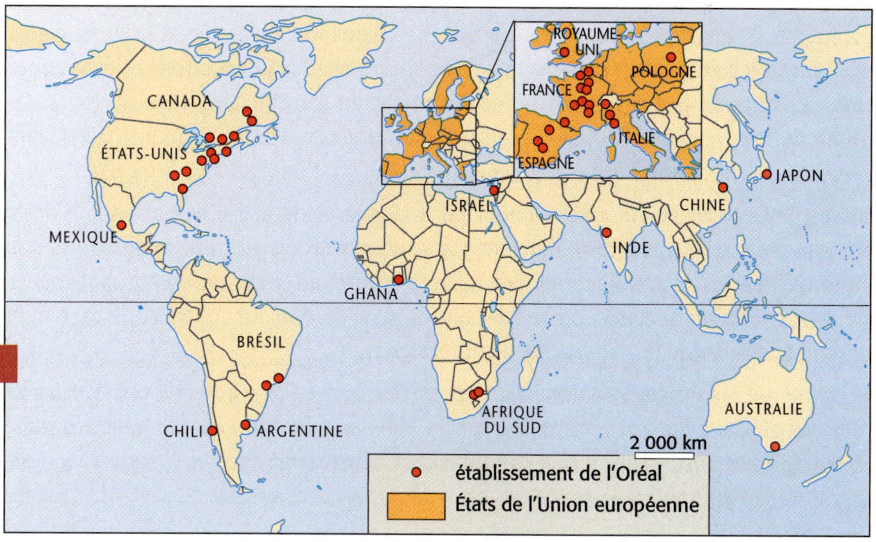

Implantations de L'Oréal, premier groupe français de cosmétiques, en 2001. **6**

1. **Dans quelles parties du monde le groupe L'Oréal est-il le mieux implanté ?**
2. **Comment expliquer cette répartition ?**

2 La présence française dans le monde

A. Les attributs de la puissance

doc. 4 et 7

■ La France est l'une des premières puissances du globe. Elle est **l'un des cinq membres permanents du Conseil de sécurité de l'ONU**, l'un des huit membres du G8, l'un des membres prédominants de l'Union européenne et une puissance nucléaire. La France, en effet, s'est dotée depuis longtemps d'une **force de dissuasion nucléaire** (bombe A en 1960 et bombe H en 1968) fondée sur plusieurs types de vecteurs : les Mirages IV dès les années 1960, puis les missiles installés en Provence sur le plateau d'Albion, et surtout les sous-marins nucléaires, devenus le fer de lance de cette force.

■ Au temps de la guerre froide, cette dissuasion nucléaire reposait sur la notion de représailles massives, censées dissuader l'adversaire potentiel d'attaquer le territoire national. La disparition de l'URSS a changé les données de la stratégie française. La loi de programmation militaire, qui portait sur la période 1995-2000, avait pour objectif de moderniser l'armée française. Elle entendait assurer **à la fois le maintien de la force nucléaire et celui des forces conventionnelles d'intervention rapide** (aviation, marine et infanterie). Ces dernières sont intervenues dans le cadre d'opérations internationales, par exemple en l'ex-Yougoslavie ou au Rwanda.

B. La francophonie

doc. 1 et 2

■ Plus encore que par sa puissance militaire ou diplomatique, c'est par **la diffusion et l'usage de sa langue** que la France rayonne dans le monde. Plus de quarante États sont directement concernés par cet usage, fruit de l'histoire, qu'il s'agisse de la colonisation (Afrique noire, Afrique du Nord, péninsule indochinoise), d'un passé commun (Québec) ou de liens culturels traditionnellement forts (Roumanie, Bulgarie).

■ La francophonie se double d'un **rayonnement de la culture française**, qui dépasse amplement l'aire linguistique francophone. Là encore, le poids de l'histoire reste fort, la littérature française ayant toujours connu un large écho dans le monde. De grands auteurs français sont devenus universels (ainsi Victor Hugo ou Voltaire), de grands intellectuels ont connu une audience internationale (Jean-Paul Sartre, Albert Camus). Mais cette diffusion de la culture et ce prestige de la langue se sont de plus en plus heurtés, au XXe s., à la **concurrence de la langue anglaise**. À la suprématie des médias anglo-saxons s'ajoute le poids de l'économie, de la science et de la technologie américaines. L'anglais est de plus en plus la langue des affaires et de la science.

C. Une crise d'identité ?

doc. 3, 5, 6 et 8

■ Dans les domaines culturels comme le cinéma et la télévision, la place de l'anglais est devenue également prédominante. À tel point que, dans les négociations sur le commerce international, on voit apparaître une demande européenne pour **que soit préservée « l'exception culturelle »** : c'est-à-dire que les productions relevant de la culture ne soient pas régies par les seules règles du marché. Une telle notion a entraîné, dans les années 1990, de vifs débats en France dont l'ampleur même révèle que le rayonnement culturel est considéré comme une part de l'identité française.

■ Ces discussions sur le rayonnement de la langue et de la culture françaises aussi bien que sur la construction européenne touchent donc aux **interrogations sur l'identité française**. Les uns voient dans l'accélération de l'intégration européenne un danger de dilution de cette identité, les autres y perçoivent, au contraire, le gage d'un rebond économique et d'un regain de puissance.

■ De même, la France, traditionnellement terre d'accueil et d'asile, s'interroge, à travers des débats qui divisent la nation, sur les flux d'immigration qu'elle peut accueillir et sur **le fonctionnement des mécanismes d'intégration** qui, jusqu'ici, avaient permis l'absorption dans le creuset français de populations venues du reste du monde.

VOCABULAIRE

G8 : groupe des huit grands pays industriels (États-Unis, Japon, Allemagne, France, Royaume-Uni, Italie, Canada, Russie).

1 Une définition de la francophonie

La langue est un lien remarquable de parenté qui dépasse en force les liens de l'idéologie [...] ; pour vous comme pour nous, la langue française constitue l'appoint à notre patrimoine culturel, enrichit notre français, exprime notre action, contribue à forger notre destin intellectuel et à faire de nous des hommes à part entière, appartenant à des communautés de nations libres.

Habib Bourguiba, président de la République tunisienne, décembre 1965.

2 Les langues les plus parlées dans le monde en 1992.

chinois	1 109
anglais	451
hindi(Inde)	377
espagnol	360
russe	291
arabe	207
bengali	190
portugais	178
malais-indonésien	148
japonais	126
français	122

3 Origine géographique des étrangers en France en 2000.

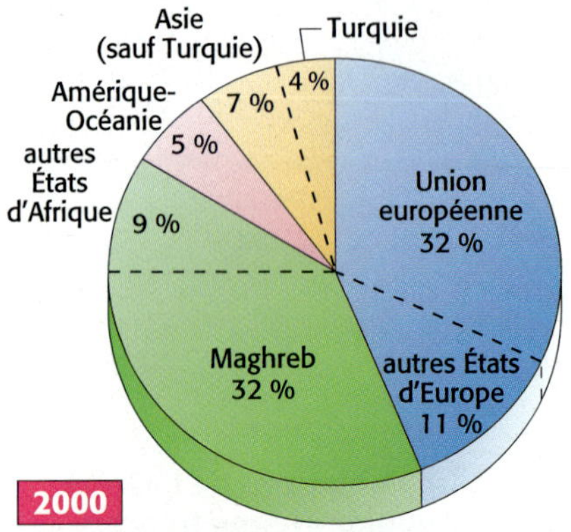

1. De quel continent sont majoritairement originaires les étrangers vivant en France ?
2. Quelle place occupe l'Europe ?

4 Le premier sous-marin nucléaire français lanceur d'engins (SNLE), le *Redoutable*. Mis en service le 29 mars 1967, il témoigne à la fois des progrès technologiques français et du souci de maintenir le « rang » et l'indépendance du pays.

5 *Amélie Poulain* à Washington.
Caricature de Plantu, 1er janvier 2002.

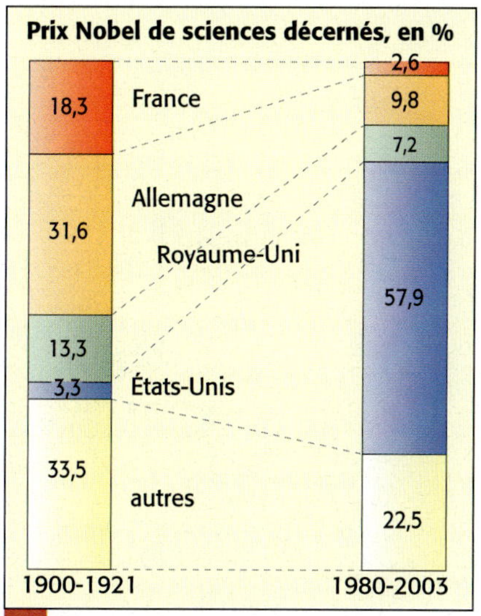

6 Le poids de la France dans la communauté scientifique mondiale.

7 Discours de De Gaulle à Phnom Penh, le 1er septembre 1966

Au lendemain des accords de Genève de 1954, le Cambodge choisissait, avec courage et lucidité, la politique de la neutralité. Tandis que Votre pays parvenait à sauvegarder son corps et son âme parce qu'il restait maître chez lui, on vit l'autorité politique et militaire des États-Unis s'installer à son tour au Vietnam du Sud et, du même coup, la guerre s'y ranimer sous la forme d'une résistance nationale. Après quoi, des illusions relatives à l'emploi de la force conduisirent au renforcement continuel du Corps expéditionnaire et à une escalade de plus en plus étendue en Asie [...].
La position de la France est prise. Elle l'est par la condamnation qu'elle porte sur les actuels événements. [...] Eh bien ! La France considère que les combats qui ravagent l'Indochine n'apportent, par eux-mêmes et eux non plus, aucune issue. Suivant elle, s'il est invraisemblable que l'appareil guerrier américain vienne à être anéanti sur place, il n'y a, d'autre part, aucune chance pour que les peuples de l'Asie se soumettent à la loi de l'étranger venu de l'autre rive du Pacifique, quelles que puissent être ses intentions et si puissantes que soient ses armes. Bref, pour longue et dure que doive être l'épreuve, la France tient pour certain qu'elle n'aura pas de solution militaire.

1. Rappeler le contexte historique.
2. Que condamne précisément le général de Gaulle ?

8 Une diplomatie toujours influente ?

a. La France « à contre-courant du monde » ?

Dans le monde structuré de la guerre froide [...], la France s'était reconstruite tout en se taillant un statut international sur mesure autour du concept de l'indépendance nationale, qui entendait, au moins en façade, se tenir à égale distance des deux blocs [...].
Aujourd'hui, la France évolue à contre-courant du monde. La géopolitique du chaos impose de la part des démocraties à la fois une réponse commune aux nouveaux risques et un principe de coordination, afin de freiner l'emballement des tensions et de la balkanisation[1] de la planète. Or la diplomatie française [...] s'est installée dans une attitude systématiquement critique [à l'égard des Américains] qui élude les propositions concrètes au profit de mots d'ordre théoriques exaltant le monde multipolaire ou le multilatéralisme. [...]
L'écart se creuse entre la rhétorique de la puissance et les moyens de son exercice. La France sait ce qu'elle ne veut pas – l'hégémonie des États-Unis sur les démocraties ou le leadership du Royaume-Uni en Europe –, mais ne sait pas ce qu'elle veut. Elle connaît un incontestable déclin au sein d'une Europe elle-même décadente.

Nicolas Baverez, *La France qui tombe*, Perrin, 2003.

1. Multiplication du nombre des petits États.

b. La France s'est modernisée grâce à l'Europe

La France a pris des positions qui sont contestables, dont je ne dis pas qu'elles sont toujours les plus efficaces, mais on ne peut pas dire que, sur le plan international, la France de 2003 ait moins d'influence que la France de 1983 ou de 1973. [...] Quant à l'Europe, je dirai une seule chose : depuis 1958, si la France s'est modernisée, si elle s'est transformée, c'est d'abord à cause de l'Europe. Et donc, oui, c'est grâce à l'Europe qu'elle continuera à se moderniser. Et c'est dans l'Europe que la France continuera de compter.

Alain Duhamel, *Le Point*, 10 octobre 2003.

La France dans le monde aujourd'hui

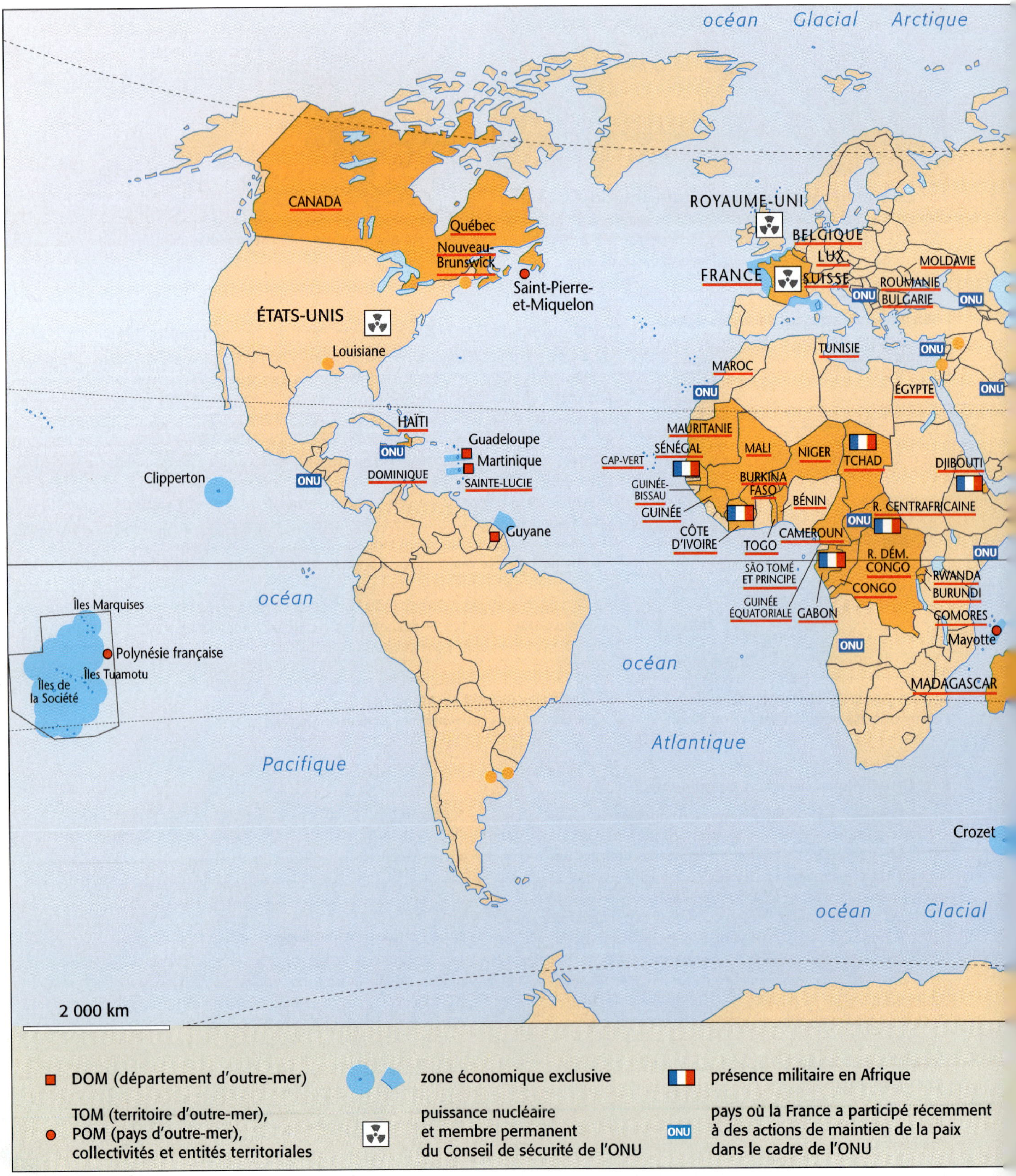

Au début du XXIe s., la France est présente sur quatre des cinq continents ; comme en témoignent les départements et les territoires d'outre-mer, héritage des anciens empires coloniaux français. La France joue encore un rôle politique éminent dans le monde ; son influence culturelle, notamment en Afrique, s'exprime par la francophonie tandis que sa place dans l'Union européenne et dans le G8 lui assure un poids économique incontestable.

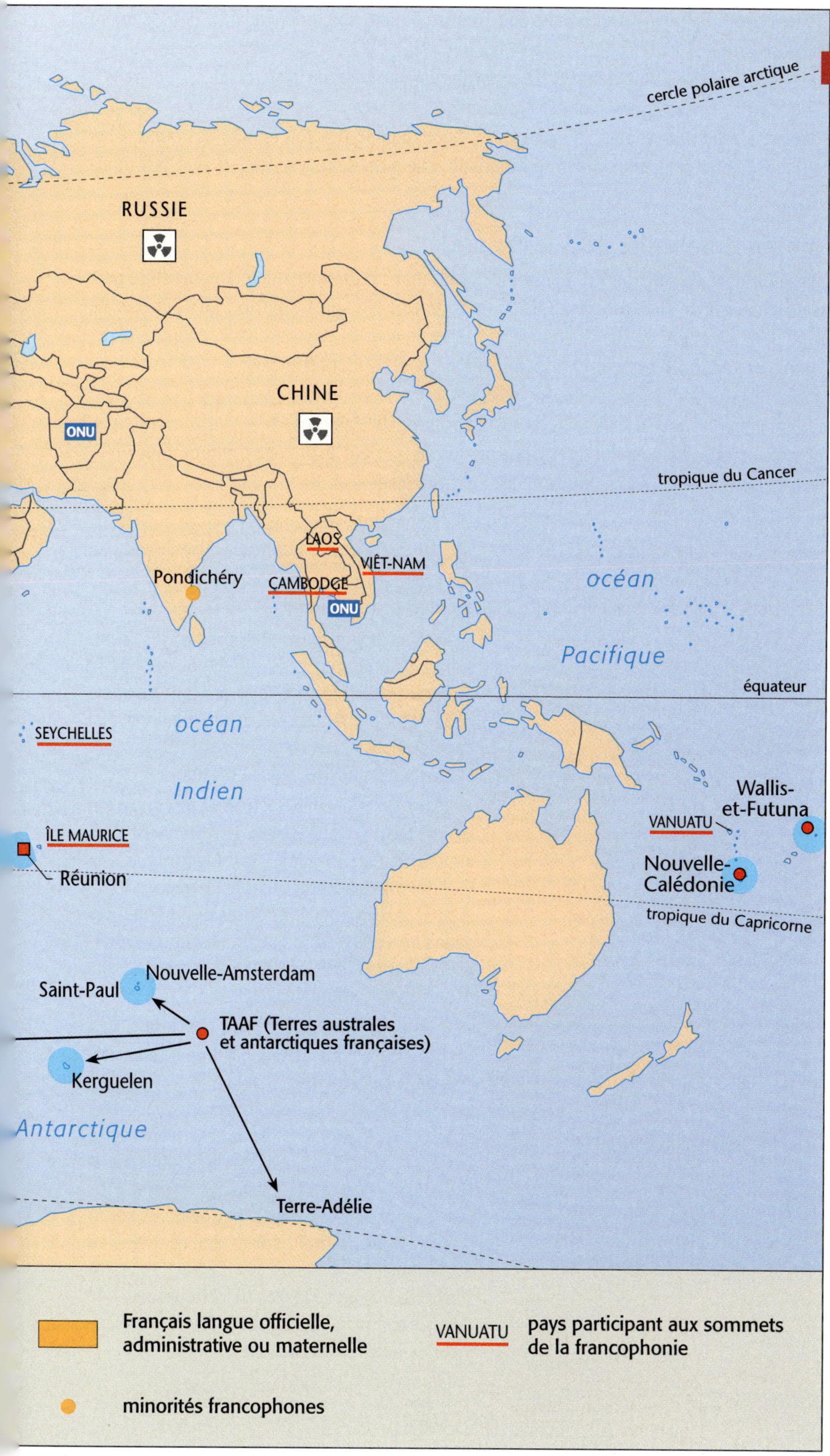

1 La présence française dans le monde en 2004.

2 Affiche en faveur de la francophonie (1965).

QUESTIONS

1. Quels sont les différents statuts administratifs des territoires de la France d'outre-mer ? Chercher en quoi ils diffèrent sur le plan administratif. (doc. 1)
2. Dans quel continent n'y a-t-il pas de territoire français ? (doc. 1)
3. Quels sont les éléments qui permettent à la France de jouer un rôle politique éminent dans le monde ? (doc. 1)
4. Dans quel continent non européen l'influence française est-elle la plus importante ? (doc. 1)
5. Comment expliquer la localisation des pays francophones ? (doc. 1 et 2)

FICHE DE RÉVISION

DATES À RETENIR

- **1946 :** création de l'Union française qui remplace l'empire colonial
- **de 1946 à 1962 :** guerres coloniales et décolonisation ; échec de l'Union française
- **1954 :** défaite française à Diên Biên Phu
- **1957 :** traité de Rome, début de la construction européenne
- **années 1960 :** voyages de Charles de Gaulle
- **depuis les années 1980 :** sommets de la francophonie

LIRE

- P. Moreau-Defarges, *La France dans le monde au XXe siècle*, coll. Les Fondamentaux, Hachette supérieur, 1994.

BILAN DU CHAPITRE

I. La puissance économique française

➤ En 1945, la France est la deuxième puissance coloniale du monde ; échanges intenses entre la France et ses colonies.

➤ De 1946 à 1962 : la plus grande partie de l'Empire obtient son indépendance dans le cadre de la décolonisation.

➤ Dès la fin des années 1950, début de la construction européenne ; ses conséquences économiques sont déterminantes.

➤ Par-delà ces bouleversements, la France est restée dans le peloton de tête des puissances économiques : avec 1 % de la population mondiale, elle représente encore 5 % du PNB mondial.

II. La présence française dans le monde

➤ Le pays conserve des attributs d'une grande puissance : puissance nucléaire, membre permanent du Conseil de sécurité de l'ONU, membre du G8, participation aux actions de l'ONU.

➤ La langue et la culture françaises contribuent au rayonnement français.

➤ Pourtant, des questions essentielles se posent.

– Le rayonnement culturel n'est-il pas en recul (progrès de l'anglais) ?

– La puissance française ne connaît-elle pas un déclin (perte d'influence diplomatique) ?

Ces interrogations touchent à la question de l'identité française.

NE PAS CONFONDRE

Département d'outre-mer (DOM) et territoire d'outre-mer (TOM)

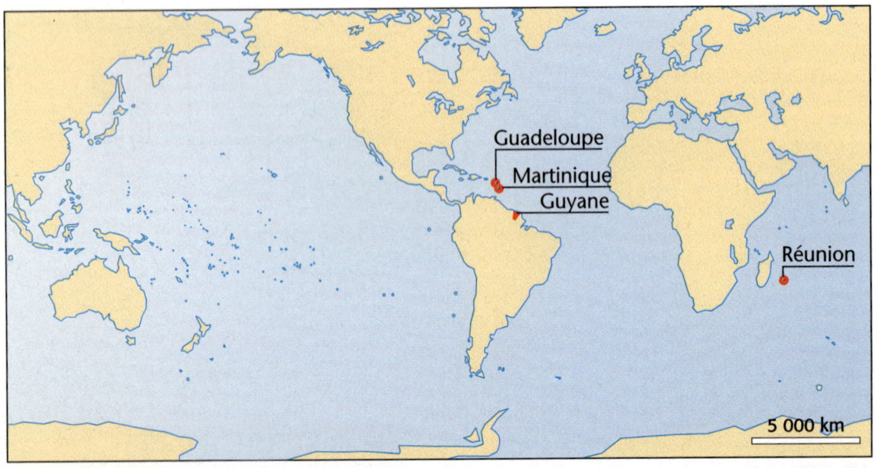

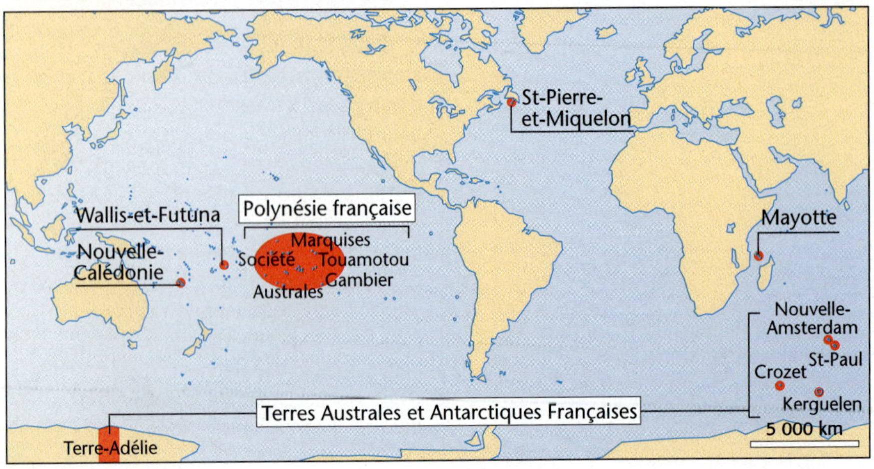

Les départements d'outre-mer et les territoires d'outre-mer, créés en 1946, font partie intégrante de la France mais, par leur position géographique (Amérique, océan Indien, océan Pacifique), ils constituent un relais efficace de l'influence française dans le monde.

• La loi du 19 mars 1946 a transformé en **départements d'outre-mer** quatre très anciennes colonnies, la Martinique, la Guadeloupe, la Réunion et le Guyane.
Ces départements sont dotés des mêmes organes que ceux des départements métropolitains. Depuis 1982, ils forment des régions monodépartementales.

• La Constitution d'octobre 1946 avait transformé toutes les autres colonies en **territoires d'outre-mer**.
Le mouvement de décolonisation n'a laissé subister que quelques territoires dispersés à la surface du globe : la Nouvelle Calédonie, la Polynésie française, Wallis et Futuna, les Terres australes et antarctiques. Les territoires d'outre-mer sont représentés au Parlement.
Mayotte, Saint Pierre et Miquelon, l'île Clipperton possède un autre statut (collectivités ou entités territoriales).

Explication d'un document (16/16)

Sujet : L'identité française et l'Europe

Je ne cherche pas à savoir à partir de quel moment précis il y a eu une France. Pour moi, il y en a toujours eu une. [...] Dans la longue durée, je cherche l'identité profonde de la France et je considère que le temps présent est fait à 90 % de passé et qu'il y a une petite surface où les gens s'agitent, s'imaginant être libres et responsables. Or c'est par rapport aux eaux profondes que la France s'explique pour moi et à tous les moments de son destin. [...].

– Aujourd'hui, la France reste l'un des pays les plus puissants ?

BRAUDEL : Un des plus à l'abri ! Ce n'est pas de sa faute. Elle est du bon côté. La France a l'avantage de n'être pas éloignée du centre mondial des affaires [...].

– Comment voyez-vous la France de l'après-guerre, et notamment la France des années 1973-1982, années de crise économique ?

BRAUDEL : En 1945 la France était misérable. De 1945 à 1973, passent les « années glorieuses », la renaissance du corps, du bien-être. Mais ce n'est pas la France qui en est responsable. C'est le fait d'avoir institué le Marché commun, d'avoir vécu une période longue, extraordinaire de montée économique à travers le monde entier. De 1945 à 1974, c'est la partie montante d'un cycle de Kondratiev. Maintenant, nous en sommes à sa dégringolade. La seule chose que je reproche à la France de 1945 à 1982, c'est d'avoir été incapable de construire l'Europe. La politique de grandeur pour la France, c'était de faire l'Europe.

– Et maintenant ?

BRAUDEL : Il est trop tard, trop tard. De Gaulle, qui a fait beaucoup de choses, et notamment permis un retour à la compréhension avec l'Allemagne, a voulu que l'Europe fût un conglomérat de patries, alors que l'Europe n'est concevable que si elle est un seul ensemble, si l'on ne se contente pas d'organiser la vie des capitaux à travers l'Europe, si l'on entreprend de faire une Europe des peuples. Mais cela, c'est raté. Au moins pour l'instant. Il faut ajouter que l'Europe ne s'arrête pas à l'Allemagne de l'Est. Elle comprend aussi la Pologne, la Hongrie, la Roumanie, les Pays Baltes, la Finlande et la Russie. L'opposition entre les historiens allemands et moi tient souvent à ce qu'ils font des efforts désespérés pour dire que la Russie ne fait pas partie de l'Europe. Mais quand je suis à Moscou et que je visite, par exemple le musée du Kremlin, je n'ai pas besoin qu'on m'aide pour comprendre l'imagerie des miracles de la Bible. Bien sûr, il y a des différences, on n'est pas tout à fait chez soi. Mais c'est l'Europe.

Interview de Fernand Braudel, historien (1902-1985), *Libération* du 14 décembre 1982.

Questions

1. Présenter le document.
2. Quel est l'apport du passé à l'identité de la France ? Quelle conséquence peut-on en tirer ?
3. Quelle place la France occupe-t-elle depuis 1945 ? Pour quelles raisons ? À quoi F. Braudel attribue-t-il sa prospérité ?
4. Quel jugement porte-t-il sur la politique européenne de la France ? Qu'y a-t-il de prémonitoire à la fin du texte ?

Méthode

➤ 1. Aide générale

• Au soir de sa vie, le grand historien F. Braudel évoque l'idée qu'il se fait de la France.

• On pourra rapprocher cette analyse de celle du général de Gaulle (« Toute ma vie, je me suis fait une certaine idée de la France [...] »).

➤ 2. Comment répondre aux questions

Question 2

• Des extraits du texte permettent de répondre : « dans la longue durée, je cherche l'identité profonde de la France » et « le temps présent est fait à 90 % de passé ».

– Pour Braudel « la longue durée » signifie la succession des siècles et même des millénaires, le passé de la France remonte donc bien au delà du XIXe s. et de 1789.

– Le poids du passé dans le temps présent est souligné par l'expression « les eaux profondes ». Par la phrase « ils s'imaginent être libres et responsables », Braudel souligne que nous sommes conditionnés par le passé du pays dans lequel nous vivons.

Question 3

• Distinguer les raisons qui tiennent à la situation économique mondiale de celles qui relèvent de la volonté politique (par exemple : « De Gaulle... a voulu que l'Europe fût un conglomérat de patries »). Que souligne le mot « conglomérat » ?

Question 4

• Deuxième partie de la question : on se rappellera la date du texte (1982) ; le mur de Berlin est encore debout et Braudel réaffirme que l'Europe « comprend aussi la Pologne, la Hongrie, la Roumanie, les Pays Baltes, la Finlande et la Russie » ;

➤ 3. Exemple de réponse rédigée

Question 2, deuxième partie

Pour comprendre ce qu'est la France, il faut se pencher sur son passé. La France d'aujourd'hui doit tenir compte de sa culture, de ses croyances, de ses guerres. Et pour comprendre l'identité de la France d'aujourd'hui il est indispensable de connaître ce passé lointain. C'est dans un passé de plusieurs siècles, voire de millénaires, que s'inscrit l'identité de la France.

PRÉPA BAC

A

accords SALT (*Strategic Armements Limitation Talks* : « Négociations sur la limitation des armements stratégiques ») **:** accords signés en 1972 par l'URSS et les États-Unis, visant à limiter la quantité des armements nucléaires. Ils sont suivis en 1979 par les accords SALT 2.

acculturation : processus par lequel un groupe humain assimile tout ou partie des valeurs culturelles d'un autre groupe humain.

Al Qaïda (« la base » en arabe) : mouvement islamiste dirigé par Ben Laden, dont la création est annoncée en 1993 par un communiqué du « Front islamique pour le djihad contre les juifs et les croisés ».

ALÉNA (accord de libre-échange nord-américain) **:** accord créant un marché commun entre les États-Unis, le Canada et le Mexique.

Alliance atlantique : alliance défensive signée en 1949 entre les États-Unis, le Canada et les pays d'Europe occidentale, pour contenir l'expansion communiste.

amendement : ajout à une Constitution, à un texte de loi.

amnistie (du grec *amnêstia* : pardon, oubli) **:** annulation de certaines condamnations.

antimondialistes : dans les années 1990, personnes opposées à la mondialisation capitaliste ; au début du XXIe s., ils se font progressivement appeler « altermondialistes » (du latin *alter* : autre) et réclament une autre mondialisation que celle imposée par le capitalisme libéral.

apartheid : régime de ségrégation raciale conçu en Afrique du Sud par la minorité blanche au début du XXe s. et appliqué à partir de l'arrivée au pouvoir en 1948 des blancs d'origine hollandaise, les afrikaners. Ce régime repose sur des lois refusant le droit de vote aux Noirs, les cantonnant dans certains quartiers et leur interdisant de fréquenter certains lieux publics. L'apartheid prend fin en 1991.

Assemblée constituante : assemblée élue pour rédiger une Constitution.

assimilation : le fait pour une population d'adopter le mode de vie d'une autre population. Dans les colonies, c'est adopter le mode de vie européen.

atlantiste : qui est favorable à une alliance politique entre les États des deux rives de l'Atlantique Nord, États-Unis, Canada et Europe occidentale, face au danger soviétique.

autodétermination : le fait, pour une communauté, de choisir librement son statut politique.

Autorité palestinienne : les accords d'Oslo et de Washington (1993) prévoient la création d'une « Autorité palestinienne » qui gérera les territoires de Cisjordanie et de Gaza.

Axe : l'alliance de l'Allemagne, de l'Italie et de leurs alliés (notamment le Japon).

ayatollah : dans l'islam chiite, un ayatollah est un membre du clergé d'un rang très élevé, reconnu comme tel par les autres membres du clergé en raison de ses connaissances théologiques.

B

ballottage : à l'issue d'un premier tour de scrutin, situation politique dans laquelle aucun des candidats n'a obtenu la majorité absolue des voix (la moitié des voix plus une). Un deuxième tour est alors nécessaire et le vainqueur est désigné à la majorité relative (celui qui obtient le plus de voix).

banque centrale : banque chargée d'émettre la monnaie de son pays (ex. la Banque de France).

beatnik : de l'américain *beat* = battement, par extension : musique rythmée (rock and roll) ; nom donné aux jeunes qui aiment la musique rythmée et qui manifestent, par leurs comportements et leurs vêtements, une volonté de rupture avec la société, de vie en marge.

bipolarisation : situation d'un pays dans lequel la vie politique voit s'affronter deux grands partis ou deux grandes coalitions (en général, de droite et de gauche).

boat people : Viêt-namiens et Cambodgiens fuyant le régime communiste à partir de 1975 et n'hésitant pas à s'embarquer sur des navires de fortune en mer de Chine, au risque de périr dans un naufrage ou d'être massacrés par des pirates.

Bombe A : la première bombe atomique – expérimentale – a explosé le 16 juillet 1945 au Nouveau-Mexique (États-Unis). Le principe de la bombe atomique ou « bombe A » repose sur une réaction en chaîne par fission de noyaux lourds d'uranium 239. La bombe de Hiroshima avait une puissance de 14 kilotonnes (1 kt = 1 000 tonnes de TNT).

Bombe H : la bombe thermonucléaire ou bombe H repose sur le principe d'une réaction de fusion de noyaux légers d'hydrogène, de lithium ou de tritium. La puissance des bombes H s'exprime en mégatonnes (1 mt = 1 million de tonnes de TNT).

C

CAEM (Conseil d'assistance économique mutuelle), encore appelé Comecom **:** il comprend en 1950 l'URSS, la Pologne, la Hongrie, la Roumanie, la Tchécoslovaquie, la Bulgarie. S'y ajoutent, la Yougoslavie en 1964, la Mongolie extérieure en 1962, Cuba en 1972, le Viêt-nam en 1978. Il est dissous en juin 1991.

CD-Rom (*Compact disc Read Only Memory*, Rom est la mémoire morte fixée une fois pour toutes) : le CD-Rom permet de stocker en grande quantité des textes, des images, des sons combinés dans un hypertexte et lisibles par ordinateur.

CEI (Communauté des États indépendants) **:** créée en 1991 sur les ruines de l'ex-URSS, elle rassemble 11 États : les anciennes républiques de l'URSS, sauf l'Estonie, la Lettonie, la Lituanie et l'Azerbaïdjan (jusqu'en 1993).

censure : sous la Ve République, une motion de censure est un texte voté par une majorité de députés qui veulent censurer, c'est-à-dire renverser le gouvernement.

chiites : chiite vient de *chii'at Ali*, qui signifie « la descendance d'Ali ». Le chiisme est l'une des branches de l'islam. Les chiites affirment que le rôle dirigeant de la communauté des croyants (l'*oumma*) doit revenir à un imam choisi dans la descendance d'Ali, gendre de Mahomet, assassiné par un autre musulman en 661. En 874, le dernier imam descendant d'Ali ayant « disparu », les chiites attendent le retour de l'imam caché, parfois appelé le Mahdi, le « bien guidé ».

colonie : territoire entièrement placé sous la souveraineté d'un autre État.

colonie d'exploitation : colonie destinée à fournir à la métropole des produits tropicaux.

Commonwealth : ensemble des États et des territoires issus de l'empire britannique reconnaissant entre eux une certaine solidarité. Les États membres du Commonwealth sont indépendants ou liés par un serment d'allégeance à la couronne britannique. Aujourd'hui, le Commonwealth comprend 50 États.

comptoir : établissement commercial éloigné dans un territoire étranger.

condominium (du latin *cum,* « avec », et *dominare,* « dominer ») **:** accord entre deux partenaires pour dominer ensemble et exclure des décisions importantes les autres puissances.

consensus : accord entre différentes personnes. Ce qui est accepté par tous.

contingent : ensemble des jeunes gens appelés sous les drapeaux pour accomplir leur service militaire.

contras : contre-guérilla financée par les États-Unis pour lutter contre un régime qu'ils considèrent comme hostile.

crime contre l'humanité : notion juridique définie au procès de Nuremberg : l'assassinat, l'extermination, la déportation ou tout acte inhumain commis pour des motifs politiques, raciaux ou religieux à l'encontre de toute une population.

crise : dégradation brutale et courte (quelques mois à deux ou trois années) de la situation économique ; elle se manifeste par le chômage, des faillites, une baisse de la croissance.

croissance : augmentation de la production d'une année sur l'autre ; elle se mesure à partir de la variation du produit national brut (PNB) ou du produit intérieur brut (PIB).

culture sur brûlis : culture sur une terre préalablement débarrassée de ses broussailles par un incendie maîtrisé : les cendres servent d'engrais mais ensuite il faut attendre plusieurs années pour cultiver à nouveau cette terre.

D

« dégradation des termes de l'échange » : le prix des produits agricoles ou miniers vendus par les pays du tiers monde n'augmenterait que lentement, alors que celui des produits industriels qu'ils achètent s'accroîtrait rapidement. Cette théorie est aujourd'hui largement contestée.

délocaliser : transférer une production dans un autre pays afin d'en abaisser le coût de revient, par exemple en raison d'une main-d'œuvre meilleur marché.

dépression : période longue pouvant aller jusqu'à plusieurs dizaines d'années de difficultés économiques et sociales ; elle est caractérisée par une croissance ralentie ou négative.

dominion : ancienne colonie britannique à laquelle la métropole concède l'autonomie interne, et ensuite l'indépendance. Ce statut est concédé d'abord à des colonies de peuplement blanc : Canada (1867), Australie (1900), Nouvelle-Zélande (1907), Afrique du Sud (1910).

droit d'ingérence : droit pour l'ONU ou une grande puissance, d'intervenir dans les affaires intérieures d'un État, lorsque la communauté internationale juge que les droits de l'homme ou la situation humanitaire de la population sont mis en péril.

droit de veto : quand on recourt au droit de veto, au contraire, le refus d'un seul pays suffit à interdire une décision : ce système ménage, beaucoup plus que la majorité qualifiée, l'autorité des États. Mais il risque d'aboutir à une paralysie de l'Europe.

droite évangélique : conservateurs américains attachés aux valeurs familiales, patriotiques et religieuses et en partie influencés par une conception traditionnelle du protestantisme.

E

épuration (1) : à la Libération, action visant à punir tous ceux qui ont collaboré avec l'occupant. On distingue une épuration « sauvage » (exécutions et règlements de compte : 7 500 à 10 000 morts en France) et une épuration légale (jugements : 120 000 condamnations en France).

épuration (2) : à la Libération, actions visant à écarter de la vie politique et sociale les personnes accusées de collaboration avec l'ennemi.

État-nation : État indépendant qui rassemble des personnes se reconnaissant toutes comme appartenant à une seule nation.

ethnie : groupe humain dont les membres partagent les mêmes caractères, qui peuvent être d'ordre anatomique (couleur de la peau, taille), mais qui sont le plus souvent d'ordre culturel (langue, croyances, coutumes).

F

Fatah (ou Fath) : mouvement palestinien, créé en 1959 par un jeune ingénieur palestinien, Yasser Arafat, luttant pour la libération de la Palestine.

fédéraliste : partisan d'un État fédéral, association étroite d'États qui abandonnent au pouvoir fédéral certaines attributions.

fracture numérique : cassure qui sépare ceux qui disposent et maîtrisent les technologies de l'information (dont Internet) et ceux qui n'y ont pas accès.

Frères musulmans : organisation islamiste créée en Égypte 1928 par Hasan al-Bannah, elle a pour vocation de « promouvoir le bien, interdire le mal » et de créer un État islamique dans lequel l'islam serait à la fois « la législation et l'enseignement, la loi et le tribunal ».

Frontière : dans l'histoire des États-Unis, le mot *frontier* (« frontière ») désigne le front pionnier qui, au XIXe s., a traversé le pays d'est en ouest, jusqu'à l'occupation et la mise en valeur de l'ensemble du territoire.

G

G8 : groupe des huit grands pays industriels (États-Unis, Japon, Allemagne, France, Royaume-Uni, Italie, Canada, Russie).

GATT (*General agreement on Tariffs and Trade*) **:** accord général sur les droits de douane et les échanges internationaux signé en 1947 par 80 États pour favoriser le libre-échange en abaissant les tarifs douaniers.

gauchisme : pour Lénine, c'est une « déviation » du communisme caractérisé par la volonté de faire la révolution alors que les conditions ne sont pas réunies. À partir de mai 1968, le mot gauchisme désigne les groupes d'extrême gauche : anarchistes, maoïstes, trotskistes.

glasnost (« transparence ») : tentative menée par Mikhaïl Gorbatchev pour promouvoir la liberté d'expression et favoriser l'accès à l'information.

Goulag (*Glavnoïe Oupravlenie Laguereï* : « Direction principale des camps ») **:** l'ensemble des camps administrés depuis le début des années 1930 et jusqu'à la fin des années 1950 par le ministère soviétique de l'Intérieur. Entre 1934 et 1953, de quinze à vingt millions de personnes – détenus de droit commun et politiques – sont incarcérés dans les camps du Goulag.

« guerre des étoiles » : nom donné au projet américain « initiative de défense stratégique » annoncé en 1983 par le président des États-Unis Ronald Reagan.

guerre froide : tension internationale prolongée entre l'Ouest et l'Est. Elle ne va pas jusqu'au conflit armé en raison de la crainte d'une guerre nucléaire. Le terme s'applique surtout à la période 1947-1962, mais elle dure en fait jusque 1991.

H

harkis : soldats musulmans d'Algérie qui ont combattu dans l'armée française ou dans des unités auxiliaires.

Haute Cour de justice : cour composée de trois magistrats et de vingt-quatre jurés.

hippie : personne qui refuse les valeurs sociales et culturelles de la société de consommation.

I

idéologie : ensemble cohérent d'idées ou de croyances visant à expliquer le monde ou la société et formant une doctrine politique ou religieuse.

impérialisme : domination d'un État sur d'autres États. L'impérialisme peut être économique, financier ou culturel. Il ne remet pas nécessairement en cause l'indépendance politique des pays dominés ; ces derniers peuvent conserver leur gouvernement.

implantations juives : villages créés en Cisjordanie (Judée-Samarie) par des Israéliens qui considèrent cette région comme une partie de la terre d'Israël.

imprescriptible : qu'on ne peut pas effacer.

inflation : augmentation rapide de la masse monétaire par rapport à la quantité de biens disponibles, ce qui entraîne l'affaiblissement de la valeur d'une monnaie.

instabilité ministérielle : changements fréquents de gouvernements.

installation : œuvre de l'art contemporain formée d'éléments disparates qui entretiennent un rapport esthétique avec le lieu où ils sont exposés (objets posés à même le sol, accrochés aux murs, etc.).

Intifada (« soulèvement » en arabe) **:** « guerre des pierres » déclenchée à partir de 1987 par des adolescents palestiniens dans les territoires occupés par Israël.

investiture : système de nomination du chef de gouvernement sous la IVe République. Le candidat à la présidence du Conseil demande à l'Assemblée nationale de lui accorder la confiance. Si une majorité de députés la lui accorde, il est « investi ».

islamiste : partisan de l'application de l'Islam comme fondement de toute vie politique et sociale. Il combat pour l'instauration d'un État islamique par la propagande et au besoin, par la force, se réclame de l'*umma* (la communauté des croyants) et ne reconnaît pas l'État-nation.

isolationnisme : politique étrangère des États-Unis caractérisée par la volonté de ne pas intervenir dans les tensions et conflits en Europe.

Istiqlal : parti rassemblant au Maroc, sous l'autorité du sultan, les principales forces luttant pour l'indépendance du pays (Istiqlal signifie indépendance).

K

Kamikaze (« vent divin » en japonais. Nom donné aux typhons qui dispersèrent la flotte mongole venue envahir le Japon en 1281) **:** pilotes-suicides japonais qui, durant la Seconde Guerre mondiale s'écrasaient avec leur avion bourré d'explosifs sur les navires américains. Par extension, personne qui commet un attentat-suicide.

keynésianisme : théorie économique forgée par l'économiste John Maynard Keynes, selon laquelle la consommation des ménages constitue le moteur de la machine économique. L'État doit donc adopter une politique de relance et soutenir l'économie en créant des emplois de fonctionnaires, en aidant financièrement les entreprises en difficulté et en pratiquant le déficit budgétaire.

KGB (*Komitet Gosudarstvennoi Bezopastnosti* : « Comité soviétique de la sûreté de l'État ») organisme de surveillance politique, de répression policière, d'espionnage et de contre-espionnage instauré en 1954. Il reprend les fonctions du MGB, fondé en 1946, successeur de la Tcheka, créée le 7 décembre 1917, du Guépéou (1922) et du NKVD (1934). Le KGB est dissous en 1991.

Khmer rouge : *Khmer* signifie « Cambodgien ». La langue khmère est la langue parlée au Cambodge depuis l'Antiquité. Les « Khmers rouges » sont la guérilla communiste qui lutta contre le régime cambodgien pro-américain avant 1975.

kolkhoze (« exploitation collective » en russe) **:** coopérative agricole en URSS.

L

libéral : aux États-Unis, être libéral signifie être favorable à une extension des libertés et des droits des personnes. Les libéraux sont politiquement situés à gauche.

ligne Oder-Neisse : ligne formée par l'Oder et son affluent la Neisse occidentale. C'est la frontière ouest de la Pologne depuis 1945.

M

maccarthisme : mouvement politique développé aux États-Unis au début des années 1950 par le sénateur McCarthy : tous ceux qui sont soupçonnés d'être favorables aux idées communistes ou simplement progressistes, sont soumis à des enquêtes policières et font l'objet de mesures de discriminations (la « chasse aux sorcières »). En 1954, le maccarthysme est condamné par le Sénat.

majorité qualifiée : quand il y a recours à la majorité qualifiée, il suffit qu'une majorité d'États représentant une majorité d'habitants de l'Europe (selon des taux préalablement décidés) ait voté en faveur d'une décision pour que cette dernière soit adoptée. Un pays ne peut donc pas s'opposer seul à une décision.

mandat : après 1919, un territoire confié par la SDN à des États qui l'administrent en son nom et doivent normalement le conduire à l'indépendance.

maoïste : membre de l'extrême gauche qui se référait, dans les années 1960-1970, au modèle chinois incarné par la pensée du « président Mao ». L'échec économique du maoïsme en Chine, la révélation des goulags chinois et cambodgien ont fait disparaître le courant maoïste du paysage politique français.

Marché commun : expression couramment utilisée pour désigner la CEE (Communauté économique européenne).

média : tout support de diffusion massive de l'information (presse, radio, télévision, cinéma, publicité, etc.)

***melting pot* :** creuset dans lequel tous les immigrants arrivés aux États-Unis se fondent, quelle que soit leur origine, pour former le peuple américain.

métropole : État européen possédant des colonies.

monétarisme : doctrine préconisée par l'École de Chicago et plus particulièrement par Milton Friedman pour qui l'inflation est la cause essentielle de la dépression. Pour juguler l'inflation, il faut freiner la création de monnaie et limiter les crédits en pratiquant des taux d'intérêt élevés.

multilatéralisme : prise de décisions menée par plusieurs États.

multimédia : combinaison, autour d'un ordinateur, de plusieurs systèmes d'information (logiciels et banques de données informatisées sur CD-Rom, vidéodisques ou reliées par câble ou satellites).

multinationales : entreprises qui possèdent des filiales dans plusieurs pays.

N

Nasdaq (*National Association of Securities Dealers Automated Quotation*) **:** marché d'actions entièrement automatisé et sans réelle localisation géographique.

nationalisation : appropriation par l'État de biens appartenant auparavant à des personnes ou à des sociétés privées (terres, usines, banques, etc.).

négationnistes : ceux qui, contre toute évidence, nient l'existence de chambres à gaz dans les camps d'extermination nazis et vont parfois jusqu'à nier l'existence même du génocide des juifs et des Tziganes.

Néo-Destour : mouvement fondé en Tunisie en 1934 par Habib Bourguiba pour obtenir l'indépendance du pays et pour y instaurer un régime laïc et moderne (*Destour* signifie Constitution).

néolibéralisme : des économistes libéraux tels Friedrich von Hayek et l'École de Vienne contestent la priorité donnée à la consommation et préconisent un retour au libéralisme économique des XVIIIe et XIXe s. L'État doit intervenir le moins possible, laisser jouer le mécanisme des prix et privatiser le plus possible. Certains, avec Arthur Laffer, pensent réduire le déficit budgétaire en diminuant les impôts.

nomenklatura : liste des fonctions administratives les plus importantes en URSS (Comité central, comités régionaux du Parti, etc.). Par extension, les privilégiés du régime figurant sur ces listes.

« non-alignés » : pays tentant d'échapper à l'« alignement » sur le bloc soviétique ou le bloc occidental.

norme : dans une économie planifiée, la norme correspond à la quantité de biens qu'un travailleur doit produire en un temps donné ; si on élève la norme, cela équivaut à une exigence de travail supplémentaire, à une accélération des cadences.

nouvel ordre économique international (NOEI) : revendication des pays du tiers-monde qui souhaitent établir des exceptions aux lois du marché international afin de mieux prendre en compte les intérêts des pays pauvres.

nouvelle économie : économie dominée par les nouvelles technologies de l'information comme Internet.

numérique : représentation de données d'informations au moyen de caractères, généralement des chiffres.

O

OMC : créée en 1995, l'Organisation mondiale du commerce regroupe 146 pays dans le but de mieux organiser les échanges économiques mondiaux.

OPEP (Organisation des pays exportateurs de pétrole) : créée en 1960 à Bagdad, elle compte 13 pays en 1973.

OTAN : Organisation du traité de l'Atlantique Nord (1949). L'OTAN rassemble les différents commandements militaires de l'Alliance atlantique.

OTASE (Organisation du traité de l'Asie du Sud-Est) : alliance militaire regroupant les États-Unis, le Royaume-Uni, l'Australie, la Nouvelle-Zélande, la Thaïlande, les Philippines, le Laos, le Sud Viêt-nam, ces deux derniers jusqu'en 1975.

P

pacte de Varsovie : alliance militaire rassemblant l'URSS et tous les États communistes d'Europe, à l'exception de la Yougoslavie.

Palestiniens : habitants de la Palestine ; après 1948, le terme désigne les réfugiés musulmans ou chrétiens, qui ont quitté Israël pour s'installer dans les pays arabes voisins.

panafricanisme : volonté d'union et de solidarité rassemblant tous les États africains.

panarabisme (du grec *pan*, « tout ») **:** volonté d'unifier tous les Arabes en un seul État.

parcellisation du travail : division très poussée du travail : l'activité du travailleur ne concerne qu'une fraction infime du processus de production.

parité fixe : principe monétaire selon lequel la valeur d'une monnaie doit rester constante par rapport à une autre.

parti Baas : mouvement nationaliste arabe (*Ba'th* signifie résurrection) né dans les années 1940 et influencé par les idées socialistes.

parti des « 75 000 fusillés » : qualificatif que s'est attribué le parti communiste français après la guerre. Le chiffre de 75 000 résistants communistes fusillés est mensonger et résulte d'une volonté de mystification politique. L'ensemble des fusillés, toutes appartenances politiques confondues, est de 25 000 pour toute la guerre.

partition : division de l'Inde anglaise en 1947 en deux États sur une base religieuse, un État majoritairement hindouiste, l'Union indienne et un État majoritairement musulman, le Pakistan, composé d'un Pakistan occidental, l'actuel Pakistan et d'un Pakistan oriental, l'actuel Bangladesh.

patriote : personne qui aime son pays et combat pour le défendre.

PCUS : parti communiste de l'Union soviétique.

perestroïka : restructuration ; réforme politique visant à réconcilier communisme et démocratie, à réorganiser l'économie afin d'accorder plus de liberté et un meilleur niveau de vie.

pieds-noirs : nom donné aux Européens installés en Afrique du Nord.

planification : organisation de l'économie en fonction d'un plan établi à l'avance et non en fonction du marché. Le plan fixe à l'avance (cinq ans s'il s'agit d'un plan quinquennal) les quantités qu'il faudra produire mais il précise rarement quelle doit être la qualité du produit.Le plan peut être impératif (en URSS) ou indicatif (en France).

politique d'intégration : multiplication des liens d'interdépendance entre les différents États de l'Union européenne.

prélèvements obligatoires : ensemble des impôts et des cotisations sociales (versées aux organismes de protection sociale).

productivité : rapport entre la quantité de biens ou de services produits et la quantité de travail nécessaire pour réaliser cette production. C'est donc la quantité de biens ou de services produite par un travailleur.

produit national brut (PNB) : le produit national brut est la valeur des biens et des services produits par les entreprises d'un pays, que celles-ci se trouvent dans ce pays ou à l'étranger. Le PNB exclut la valeur des biens et des services produits par les entreprises étrangères implantées dans un pays.

protectorat : territoire ou un État qui dépend d'une métropole, mais qui conserve son gouvernement, ce qui lui assure une certaine autonomie interne.

purification ethnique : déplacement de populations par la force, parfois accompagné de massacres afin de rendre un territoire homogène sur le plan de l'ethnie, de la langue, de la religion.

putsch : prise de pouvoir ou tentative de prise de pouvoir par la force.

R

réforme agraire : partage des grandes propriétés en petites propriétés ; les grands propriétaires sont expropriés.

régime totalitaire : système politique reposant sur la terreur, le culte du chef, la puissance absolue du parti unique et de l'État et la volonté de transformer l'homme et la société.

rigueur : politique appliquée par les socialistes à partir de juin 1982 pour tenter d'équilibrer les recettes et les dépenses de l'État : blocage des salaires, augmentation des impôts, lutte contre l'inflation, contrôle des changes.

S

sandinistes : révolutionnaires nicaraguayens de la fin des années 1970 qui se réclament d'Augusto Sandino, assassiné en 1934 par la famille rivale des Somoza (celle-ci reste au pouvoir au Nicaragua jusqu'en 1979).

scandale politico-financier : scandale financier impliquant un homme ou un parti politique qui détourne des fonds publics pour un usage privé.

Shah : nom traditionnel donné au souverain en Perse.

Shoah : « désastre » en hébreu. Mot qui s'applique au seul génocide du peuple juif par les nazis : la volonté délibérée de faire disparaître entièrement ce peuple et sa culture de façon à ce qu'il n'en reste aucune trace.

sioniste : de Sion, colline qui domine Jérusalem. Partisan du sionisme, mouvement fondé à Vienne à la fin du XIXe s par Theodor Herzl pour la création d'un État juif en Palestine.

société civile : personnes qui jouent un rôle de décideur dans la société sans pour autant jouer un rôle politique.

« Solution finale » : nom donné par les nazis à l'extermination des juifs, présentée comme la « solution finale » du prétendu « problème juif ».

souverainiste : personne attachée au principe de la souveraineté nationale et qui s'oppose à une Europe fédérale dans laquelle les nations risqueraient de disparaître.

stagflation : situation économique caractérisée à la fois par l'inflation et par la stagnation, voire le ralentissement, de la croissance économique, d'où le chômage. Mais cette notion est contestée aujourd'hui par certains historiens de l'économie.

***star-system* :** politique de producteurs de films consistant à réaliser des films en mettant en évidence la participation d'acteurs renommés – les stars – dont la vie privée est largement dévoilée par les medias.

supranational : la supranationalité implique que les décisions prises par l'autorité européenne l'emportent sur celles des États dépendant de cette dernière.

« sur-attentat » : action de faire exploser plusieurs bombes à quelques minutes d'intervalle, afin de tuer survivants et secouristes.

T

Taliban (mot d'origine arabe désignant des « étudiants en religion ») : nom donné à une guérilla qui instaure, de 1996 à 2001, en Afghanistan, un régime de terreur islamiste (interdiction pour les femmes de travailler et pour les filles d'aller en classe, instauration d'un « ministère de la Promotion de la vertu et de la Répression du vice »). Ce régime, qui accueille Ben Laden et ses hommes, s'effondre en quelques semaines lors de l'intervention américaine, fin 2001.

Tchétchènes : peuple non russe et de religion musulmane, vivant dans le nord du Caucase. Conquis par la Russie au milieu du XIXe s., il fut déporté par ordre de Staline en Asie centrale de 1941 à 1959, il est depuis revenu sur son territoire d'origine.

technocratique : se dit d'une organisation fondée sur le pouvoir des techniciens et sur l'importance accordée aux questions techniques au détriment des enjeux sociaux et humains.

« terres vierges » : terres du Kazakhstan (steppe), que Khrouchtchev a tenté, sans grand succès, de mettre en valeur.

territoires occupés : ensemble des territoires dont Israël a pris le contrôle après la guerre des Six Jours (1967) : Cisjordanie (Judée et Samarie), péninsule du Sinaï, hauteurs du Golan en Syrie et bande de Gaza.

traite : commerce des esclaves.

transition démographique : situation d'une population qui connaît à la fois la baisse de la natalité et la baisse de la mortalité. Il y a transition entre un « ancien régime démographique » (forte natalité et forte mortalité) et un « nouveau régime démographique » (faible natalité, faible mortalité).

triangulaire : élection dans laquelle s'affrontent trois candidats. Le maintien d'un troisième candidat dans l'un des deux camps peut perturber l'élection et faire élire un candidat adverse, minoritaire en valeur absolue.

tripartisme : à la Libération, coalition des trois partis qui dominent la vie politique française : communistes (PCF), socialistes de la SFIO (Section française de l'Internationale ouvrière) et démocrates-chrétiens (MRP).

troisième force : au début de la IVe République, coalition de partis politiques, à l'exception des communistes et des gaullistes.

trotskisme : courant politique marxiste créé par Léon Trotsky dans les années 1930, qui considère que Staline et les communistes liés à l'URSS (les « staliniens ») ont trahi l'idéal révolutionnaire de 1917.

U/V

Union française : nom donné en 1946 à l'ensemble formé de la République française, de ses anciennes colonies, appelées « territoires associés » et de ses anciens protectorats, appelés États associés. L'Union française disparaît en 1958.

valeurs : au sens moral et politique, ce à quoi on attache de l'importance (l'honneur, la fidélité, la vérité, la démocratie, la justice, l'égalité, les droits de l'homme, le respect de la vie…).

veto : droit de s'opposer, même seul, à une décision. Le droit de veto permet à un membre de la CEE de bloquer une décision qu'il juge contraire à ses intérêts.

Viêt-minh : abréviation de *Viêt-nam Dôc Lâp Dông Minh Hôi*, Ligue pour l'indépendance du Viêt-nam, fondée par Hô Chi Minh en 1941, regroupant des communistes (en grande majorité) et des nationalistes.

W

wahhabisme : mouvement politico-religieux né en Arabie au milieu du XVIIIe s., de la prédication de Ibn Abd El-Wahhab. Il prône le retour à l'islam primitif. Il interdit le culte des saints, le tabac, la musique, la proximité publique entre hommes et femmes, impose le port de la barbe « islamique » et proclame la guerre sainte contre les musulmans « tièdes » ou hérétiques (les chiites).

***Welfare state* :** système apparu aux États-Unis dans les années 1930, qui donne un rôle social important à l'État : il garantit à la population une protection contre la maladie, la vieillesse ou le chômage. Cette protection est financée par des cotisations sociales.

ADENAUER, Konrad (1876-1967)

Né à Cologne dans une famille catholique, il fait des études de droit et d'économie politique à Fribourg, Munich et Bonn. Devenu maire de Cologne en 1917, il devient l'un des membres influents du Zentrum, le parti du Centre catholique. Depuis toujours convaincu de la nécessité d'une entente européenne, il est persécuté par les nazis, destitué de ses fonctions et emprisonné. Au lendemain de la guerre, il se consacre à la fondation du parti chrétien-démocrate, la CDU, dont il devient président en 1949. Après la proclamation de la République fédérale (septembre 1949), il en devient le premier chancelier, poste qu'il occupe jusqu'en 1963.
Résolument européen, il soutient toutes les initiatives en faveur d'une union : Conseil de l'Europe, CECA, CED et traité de Rome. Il ancre l'Allemagne dans le camp occidental (entrée de la RFA dans l'OTAN en 1955) et mène une politique de réconciliation avec la France, d'abord avec R. Schuman puis avec le général de Gaulle (traité de l'Élysée en 1963).

ANNAN, Kofi (né en 1938)

Né au Ghana (alors colonie britannique), il fait des études d'économie, avant d'entrer à l'ONU comme fonctionnaire de l'Administration et du Budget en 1962. Il occupe différents postes pour l'ONU en Afrique, à Genève et à New York avant de devenir sous-secrétaire général à la gestion des ressources humaines et coordonnateur des questions de sécurité (1987-1990), contrôleur du Budget (1990-1992) puis secrétaire général aux opérations de maintien de la paix (1992-1996). Il a été représentant spécial de l'ONU en ex-Yougoslavie après les accords de paix de Dayton (1995-1996). Il est secrétaire général de l'ONU depuis le 1er janvier 1997, et réélu à ce poste le 1er janvier 2002 pour un mandat s'achevant le 31 décembre 2006.

ARAFAT, Yasser (né en 1929)

Né au Caire, Yasser Arafat est le chef historique du mouvement palestinien. Ingénieur de formation, il participe à la première guerre israélo-arabe et fonde, en 1958, le Fatah, mouvement de libération de la Palestine, organisation qui rejoint l'OLP. Arafat fait triompher la stratégie de la lutte armée et de l'indépendance à l'égard des pays arabes. Depuis 1993, il défend la voie de la négociation et de la paix avec Israël, en vue de la création d'un état palestinien. De 1996 à 2003, il est le président élu de l'autorité palestinienne.

BARBIE, Klaus (1913-1991)

Recherché depuis 1945, le capitaine SS Klaus Barbie était responsable du Sipo-SD (service de contre-espionnage de la SS dont dépend la Gestapo) et orchestra la lutte contre les résistants et les juifs dans la région de Lyon entre 1942 à 1944. Ainsi, il fit arrêter et torturer Jean Moulin le chef de la Résistance. Il ordonna la rafle de 44 enfants juifs réfugiés dans une maison à Izieu, à 80 km de Lyon. Tous furent déportés et exterminés dans le camp d'Auschwitz.
Il est d'abord jugé et condamné par contumace pour crimes de guerre entre 1952 et 1954. Protégé par les services secrets américains, il vit en Bolivie où Beate Klarsfeld le repère en 1971. En 1972, les autorités françaises demandent son extradition qui ne survient qu'en 1983. Il est inculpé de crimes contre l'humanité. Le procès s'ouvre en 1987 à Lyon. Moyennant une extension de la définition des « crimes contre l'humanité », Barbie doit répondre de ses actes contre les juifs mais aussi contre la Résistance. Condamné à la réclusion à perpétuité, Klaus Barbie meurt en prison en 1991.

BEN LADEN, Oussama (né en 1957)

Né à Riad (Arabie Saoudite), il est le dix-septième des cinquante-quatre enfants d'un richissime entrepreneur de travaux publics. Après avoir obtenu un diplôme de management international, il part pour l'Afghanistan en 1980 avec la ferme intention de participer à la guerre contre les Soviétiques. Dix ans plus tard, il revient en Arabie saoudite pour y faire fructifier ses affaires, et place sa fortune dans une soixantaine d'entreprises, y compris en Europe et en Amérique. La guerre du Golfe en 1991 fait de lui l'adversaire fanatique des États-Unis et de l'Occident. Réfugié d'abord au Soudan, il revient en Afghanistan en 1996 et organise dès lors guérillas et attentats contre l'Amérique et ses partisans. Il revendique la responsabilité des attentats du 11 septembre 2001 et soutient les Talibans.

BOUSQUET, René (1909-1993)

Secrétaire général à la Police d'avril 1942 à décembre 1943 dans le gouvernement Laval, il signe les accords Oberg-Bousquet de l'été 1942 qui mettent les forces de police et de gendarmerie à la disposition des Allemands et leur livrent les juifs étrangers de la zone libre ainsi que des opposants au fascisme (républicains espagnols). Chargé de la répression en zone Nord, Bousquet organise la déportation des juifs et, en particulier, la rafle du Vel' d'hiv'.

BRANDT, Karl Herbert Frahm dit Willy (1913-1992)

Membre du SPD (parti socialiste) en 1930, Willy Brandt quitte l'Allemagne lors de l'arrivée d'Hitler au pouvoir. Il anime la résistance anti-nazie depuis la Norvège, puis depuis la Suède où il s'est réfugié en 1940. De retour en Allemagne en 1945, il est élu député socialiste de Berlin-Ouest (1949-1957), puis devient maire de la ville (1957-1966). Président du SPD à partir de 1964, ministre des Affaires étrangères en 1966, il devient chancelier de la RFA en 1969. Décidé à renouer le dialogue avec l'Est, il engage la RFA dans la voie de l'Ostpolitik, dont la manifestation la plus spectaculaire est sa visite à Varsovie en 1970, au cours de laquelle il s'agenouille devant le monument aux morts du ghetto de Varsovie. Il reçoit le prix Nobel de la paix en 1971 et œuvre au rapprochement entre les deux Allemagne. Il doit démissionner en 1974, lorsqu'on découvre que son conseiller Günther Guillaume est un membre des services secrets de la RDA.

▸ BUSH, George Herbert Walker (né en 1924)
Président des États-Unis du 20 janvier 1989 au 20 janvier 1993, il succède à Ronald Reagan, dont il a été, huit années durant, le vice-président. Auparavant, George H. W. Bush a été ambassadeur auprès de l'ONU (1971-1972), chef du bureau de liaison à Pékin (1974-1975), directeur de la CIA (1975-1977). Bon connaisseur des questions internationales, il prend la tête de la coalition des nations qui font la guerre à l'Irak en 1991. Faute d'avoir accordé une attention suffisante à la situation économique de son pays, il est battu aux élections présidentielles de novembre 1992.

▸ BUSH, George Walker (né en 1946)
Fils de George H. W. Bush, il entre tardivement en politique. Il est élu gouverneur du Texas en 1994, puis réélu en 1998. Républicain comme son père, il gagne difficilement les élections présidentielles de novembre 2000 face à Al Gore, son adversaire démocrate. Après les attentats du 11 septembre 2001, George W. Bush déclare la guerre au terrorisme, ce qui le conduit à combattre les Talibans en Afghanistan et Saddam Hussein en Irak.

▸ CASTRO, Fidel (né en 1927)
Fidel Castro est né à Cuba dans une riche famille de planteurs. Étudiant, il s'associe à des actions terroristes contre le régime du dictateur Batista. Capturé en 1953, condamné puis amnistié, il part à Mexico, où il fait la connaissance d'Ernesto (« Che ») Guevara. En 1956, ils créent un maquis à Cuba, dans la Sierra Maestra, et mènent une guérilla. Ils s'emparent de La Havane le 1er janvier 1959 et renversent la dictature de Batista. La politique de nationalisation et de réforme agraire pratiquée par Castro au pouvoir lui vaut l'hostilité des États-Unis. Ils se rapproche alors de l'URSS et fait de Cuba un État socialiste. Après la crise des fusées de 1962, il devient le propagandiste du marxisme au sein du tiers-monde et envoie ses troupes combattre en Afrique aux côtés des guérillas communistes (Mozambique, Angola). Le régime castriste a survécu à l'effondrement du communisme en 1991.

▸ CHIRAC, Jacques (né en 1932)
Ancien élève de l'ENA, Jacques Chirac appartient à la deuxième génération des gaullistes. Il devient député de la Corrèze en 1967 puis connaît une ascension politique sous la présidence de Georges Pompidou. En 1974, il soutient la candidature de Valéry Giscard d'Estaing et, après la victoire de ce dernier, devient Premier ministre. En désaccord avec le président, il démissionne de ses fonctions en août 1976 puis fonde, en décembre 1976, le RPR.
Maire de Paris en 1977, il est candidat du RPR à l'élection présidentielle de 1981. Après la victoire de François Mitterrand, il se consacre au renforcement du RPR, qui remporte aux côtés de l'UDF, les élections législatives de mars 1986. Fort de cette victoire, il est à nouveau nommé Premier ministre : c'est la première « cohabitation ». Jacques Chirac, à nouveau candidat à la présidence en 1988, est battu par François Mitterrand. En 1993, il joue, à la tête du RPR, un rôle essentiel dans la victoire de la droite aux élections législatives. En 1995, il est élu président de la République.
En avril 1997, il dissout l'Assemblée nationale mais la majorité de droite qui le soutenait est battue. Commence alors une « cohabitation » de cinq années avec un Premier ministre socialiste, Lionel Jospin. Les deux hommes se retrouvent en lice à l'élection présidentielle de 2002. Mais c'est face à Jean-Marie Le Pen que Jacques Chirac se retrouve au second tour : il obtient alors 82 % des suffrages exprimés.

▸ CHURCHILL, Winston, Sir (1874-1965)
Homme politique britannique conservateur puis libéral. Plusieurs fois ministre de 1906 à 1929, il est réélu aux Communes en 1924 mais, cette fois-ci, comme député conservateur. Dans les années 1930, il multiplie ses avertissements face à la montée de la puissance hitlérienne.
Nommé Premier ministre le 10 mai 1940, il se révèle un chef de guerre fermement décidé à continuer le combat jusqu'à la victoire finale. Churchill se rapproche des États-Unis et négocie avec Staline, sans jamais se départir de sa méfiance envers les communistes. Battu aux élections en 1945, il dénonce la menace communiste dans son discours de Fulton, le 5 mars 1946, et invente l'expression « rideau de fer ». À nouveau Premier ministre de 1951 à 1954, il se retire ensuite de la vie politique.

▸ CLINTON, William Jefferson, dit Bill (né en 1946)
Ancien élève de Georgetown University, d'Oxford et de Yale, il est de 1978 à 1992 (avec une interruption de deux ans), gouverneur de l'État d'Arkansas. Élu président des États-Unis en 1992, réélu en 1996, il gouverne les États-Unis de l'après-guerre froide. La défense des valeurs démocratiques en Afrique, sur le continent américain, en Europe, la recherche de marchés pour les industriels et les commerçants américains, des relations pacifiques avec la Chine et la Russie forment l'ossature de sa politique étrangère. Ses projets de réformes dans le domaine de la politique intérieure se heurtent à l'opposition d'un Congrès majoritairement républicain. Ses écarts de conduite ont failli déboucher sur sa destitution en 1998.

▸ CRISTO Javatcheff, dit Cristo (né en 1935)
Ce peintre américain d'origine bulgare travaille d'abord aux côtés des surréalistes. S'inscrivant dans le courant du *Land Art*, il réalise à partir de 1964 de monumentales installations qui modifient la perception que nous avons d'un site, d'un paysage ou d'un monument. Il entoure par exemple des îles de Floride de tissus rose en corolles (Surrounded Islands, Floride, 1983). Il « empaquette » le Pont-Neuf à Paris en 1985, le Reichstag à Berlin en 1995. Toutes ces installations sont volontairement éphémères, il n'en reste que des photos ou des films.

GANDHI Mohandas (1869-1948)

Né aux Indes dans une famille de marchands, Gandhi devient avocat après des études de droit à Londres. En Afrique du Sud, il défend les minorités indiennes. Rentré en Inde, surnommé le Mahatma (la « grande âme »), il milite contre la présence britannique et l'injustice sociale, ce qui lui vaut d'être emprisonné à plusieurs reprises.

Recourant à des méthodes originales, fondées sur la non-violence, il lance avec le parti du Congrès une campagne de boycott des produits anglais. Il encourage l'artisanat indien afin de réduire la misère des campagnes. Après la Seconde Guerre mondiale, Gandhi conduit son pays à l'indépendance. Mais il ne peut éviter sa partition en deux États, l'Union indienne et le Pakistan. Il est assassiné par un fanatique hindou le 30 janvier 1948.

GAULLE, Charles de (1890-1970)

Né à Lille, officier de carrière, plusieurs fois blessé pendant la Première Guerre mondiale, de Gaulle défend des théories stratégiques nouvelles sur l'utilisation de l'arme blindée. Mais ses idées ne sont pas appliquées en France. En juin 1940, refusant la défaite, il part pour Londres d'où il lance, le 18 juin, son célèbre appel. De 1940 à 1944, le général de Gaulle réussit à s'imposer comme chef de la France libre. Chef du Gouvernement provisoire de la République française en 1944, il réorganise la France avec l'aide des forces politiques issues de la Résistance. En désaccord avec la plupart des partis politiques qui fondent la IVe République, il démissionne le 20 janvier 1946.

En juin 1946 à Bayeux, il présente ses conceptions institutionnelles. Il crée le premier mouvement gaulliste en avril 1947, le Rassemblement du peuple français (RPF) qu'il dissout en 1953. Retiré à Colombey-les-Deux-Églises, il se tient à l'écart de la vie politique. C'est la « traversée du désert ».

De Gaulle revient au pouvoir à l'occasion de la crise de mai 1958 et devient président du Conseil le 1er juin. Il fait rédiger une nouvelle Constitution. Appuyé par la droite et une partie de la gauche, combattu par l'extrême droite, les communistes et les politiciens de gauche attachés à la IVe République, il fonde la Ve République en 1958. Il met fin à la guerre d'Algérie et suscite une opposition farouche de la part de l'extrême droite (l'OAS organise 17 attentats contre sa personne). De Gaulle fait introduire dans la Constitution l'élection du président de la République au suffrage universel en 1962. Président de la République de 1958 à 1969, il mène une politique étrangère ambitieuse, fondée sur l'indépendance nationale et la défense du « rang » de la France dans le monde. En décembre 1965, il est réélu président de la République mais les progrès de la gauche et les événements de mai 1968 l'affaiblissent. Malgré la victoire gaulliste en juin 1968, il ne réussit pas à retrouver la confiance d'une majorité de Français et démissionne à la suite de l'échec de son référendum du 27 avril 1969. Il meurt le 9 novembre 1970.

GISCARD D'ESTAING, Valéry (né en 1926)

Polytechnicien et énarque, député à 29 ans, Valéry Giscard d'Estaing est ministre des Finances à 35 ans. Au début de la Ve République, il appartient à la droite libérale mais soutient de Gaulle en 1962. Il adopte ensuite une attitude critique et se prononce pour le « non » au référendum de 1969. Son élection en 1974 apparaît autant comme une victoire sur la gauche que comme une revanche de la droite libérale sur le gaullisme. À nouveau candidat en 1981, il est battu par François Mitterrand.

GOMULKA, Wladyslaw (1905-1982)

Ce dirigeant communiste polonais est l'un des fondateurs du parti communiste polonais. Secrétaire général du parti communiste polonais de 1943 à 1948, il est limogé par Staline en 1948 pour « déviation droitière » et incarcéré de 1951 à 1955. Réhabilité, il revient au pouvoir en 1956 et s'y maintient jusqu'en décembre 1970.

GORBATCHEV, Mikhaïl (né en 1931)

Originaire du Caucase, Mikhaïl Gorbatchev devient permanent du PCUS au début des années 1960. Nommé Premier secrétaire du Parti pour la région de Stavropol en 1970, il entre au Comité central, puis, en 1979, au Bureau politique. Il est élu, le 11 mars 1985, secrétaire général du PCUS. Il se lance aussitôt dans une politique de réformes qu'il désigne du nom de perestroïka.

Élu président de l'URSS en 1990 par le nouveau Congrès des députés du peuple, il contribue à la détente avec les États-Unis, et bénéficie d'une bonne image en Occident. Mais son pouvoir s'affaiblit à cause de la volonté d'indépendance des différentes Républiques soviétiques. Malgré l'échec du putsch visant à l'écarter du pouvoir (19-21 août 1991), il est finalement contraint à la démission le 25 décembre 1991, alors que disparaît l'URSS.

GUEVARA, Ernesto « Che » (1928-1967)

Né en Argentine dans une famille bourgeoise, médecin, Guevara fait la connaissance de Fidel Castro au Mexique. En 1956, il participe avec lui à la création de la guérilla révolutionnaire à Cuba. Après la victoire de Castro, il devient ministre de l'Industrie à Cuba. Présentant la révolution cubaine comme un modèle de révolution contre l'impérialisme américain, il participe clandestinement à des guérillas en Afrique, puis en Bolivie en 1965. Il tente d'y créer une guérilla rurale mais c'est un échec. Le 9 octobre 1967, il est blessé dans une embuscade, capturé par les forces de répression boliviennes encadrées par des hommes de la CIA, et exécuté.

Le souvenir de son action révolutionnaire et de sa mort restent vivaces en Amérique latine parmi les populations les plus pauvres, qui voient en lui un « martyr de la révolution ». Son surnom, le « Che », vient de la prononciation de l'espagnol avec l'accent argentin.

HAVEL, Vaclav (né en 1936)
Écrivain et homme politique tchèque, c'est le fondateur et l'animateur de la Charte 77, le principal groupe de dissidents tchèques. En 1988, il crée le Forum civique. Il est élu en décembre 1989 président de la République, après la « révolution de velours » de novembre 1989.

HÔ CHI MINH (1890-1969)
Fils d'un petit fonctionnaire, Nguyen Ai Quôc vient, pendant sa jeunesse, travailler en France, où il adhère au parti communiste en 1920. Après un séjour en URSS, il rentre en Indochine. Il prend alors le surnom d'Hô Chi Minh (« Celui qui éclaire »), fonde le parti communiste indochinois en 1929, puis en 1941, le Viêt-minh pour combattre les Japonais. Inspiré par des convictions marxistes et un fort sentiment nationaliste, Hô Chi Minh proclame en 1945 l'indépendance du Viêt-nam et anime jusqu'en 1954 la lutte contre la France. Devenu à cette date président de la République démocratique du Viêt-nam du Nord, il s'oppose au Viêt-nam du Sud pro-occidental, et organise la résistance à l'intervention américaine.

HUSSEIN, Saddam (né vers 1937)
Saddam Hussein est né vers 1937 à Tikrit (Irak). À 19 ans, il adhère au parti baas et participe, trois ans plus tard, à l'un des coups d'État qui marquent l'histoire de son pays. Vice-président de l'Irak en 1969, il met sur pied une police secrète qui lui permet de s'emparer du pouvoir suprême en 1979. Dès lors, il établit une dictature féroce qui repose sur le nationalisme laïque. De 1980 à 1988, il conduit son pays dans une guerre désastreuse contre l'Iran. Il n'hésite pas à recourir aux armes chimiques contre ses compatriotes kurdes et contre les Iraniens. En 1990, il tente d'annexer le Koweït, ce qui déclenche la guerre du golfe en 1991. Il est renversé par l'offensive des armées américaines, le 9 avril 2003. Il fuit Bagdad malgré son engagement à lutter jusqu'au bout pour la défense de sa capitale. Il est capturé par les forces spéciales américaines le 14 décembre 2003.

JDANOV, Andreï Alexandrovitch (1896-1948)
Homme politique soviétique, membre du Comité central du Parti communiste en 1930, secrétaire du Parti pour la région de Leningrad en 1934, Jdanov est un des plus fidèles collaborateurs de Staline. Il fixe en 1934 les normes du réalisme soviétique lors du premier Congrès des écrivains d'URSS. Responsable de la propagande du Parti à partir de 1938, il oriente toute la politique culturelle soviétique et organise le culte de la personnalité qui entoure Staline. Il devient membre du Bureau politique du Parti en 1939. Pendant la guerre, il dirige la défense de Leningrad assiégée par les Allemands. En 1947, il représente l'URSS à la conférence des partis communistes au cours de laquelle est fondée le Kominform. Jdanov est l'auteur d'un rapport décrivant la situation internationale de 1947 (rapport Jdanov), texte qui marque traditionnellement, avec l'annonce du plan Marshall, les débuts de la guerre froide.

JOSPIN, Lionel (né en 1937)
Ancien élève de l'ENA, longtemps militant trotskiste au sein de l'Organisation Communiste Internationaliste, sans doute jusqu'au début des années 1980, Lionel Jospin succède en 1981 à François Mitterrand – dont il est alors très proche – à la tête du Parti socialiste qu'il dirige durant sept ans. En 1988, il devient ministre de l'Éducation nationale, fonction qu'il occupe jusqu'en 1992. En 1995, il est le candidat du Parti socialiste aux élections présidentielles. Son bon résultat au second tour (47 %) le replace au poste de premier secrétaire du PS. La victoire de la gauche aux élections législatives de 1997 le fait accéder au poste de Premier ministre. Candidat à l'élection présidentielle de 2002, il n'arrive qu'en troisième position, derrière le président sortant et le candidat du Front national, obtenant l'un des plus mauvais scores socialistes de la Ve République. Il annonce, le soir même du premier tour, son retrait de la vie politique.

KENNEDY, John Fitzgerald (1917-1963)
Issu d'une famille catholique très aisée d'origine irlandaise, John Kennedy est député démocrate puis sénateur du Massachusetts. Aux élections présidentielles de 1960, il l'emporte de justesse. Premier président catholique des États-Unis, il est, à quarante-trois ans, le symbole de l'Amérique démocrate. Il propose à ses compatriotes, dans un discours sur la « Nouvelle Frontière », de lutter contre les injustices. En octobre 1962, il affronte une grave crise, celle des fusées de Cuba, qui l'oppose à Khrouchtchev. Le 22 novembre 1963, il est assassiné à Dallas ; les circonstances de ce drame sont encore mal élucidées.

KHOMEINY, Rouhallah Moussavi (1900-1989)
Né à Qom (Iran), professeur de théologie, membre du haut clergé chiite (il est ayatollah), farouchement opposé aux mesures de modernisation, de laïcisation et d'occidentalisation prises par le Shah d'Iran, arrêté en 1963, Khomeiny part en exil en 1964. En 1978, il est accueilli en France. En 1989, la révolution menée par ses partisans renverse le Shah d'Iran. Il rentre triomphalement en Iran, y instaure une République islamique et appelle les musulmans du monde entier à provoquer d'autres révolutions islamiques. Il élimine sans pitié tous ses adversaires et instaure un ordre islamique rigoureux, imposant aux femmes le port du voile et du tchador – long vêtement noir couvrant tout le corps. En 1989, il lance une fatwa condamnant à mort l'écrivain indien Salman Rushdie sous le prétexte d'avoir, à ses yeux, offensé l'islam dans ses écrits. Un autre ayatollah lui succède à sa mort.

KHROUCHTCHEV, Nikita Sergueïevitch (1894-1971)
Nommé par Staline Premier secrétaire du Parti communiste d'Ukraine en 1938, puis dirigeant du Parti à Moscou, Khrouchtchev succède à Staline en 1953 au poste de Premier secrétaire du PCUS. Il élimine ses principaux rivaux et entreprend, à partir du XXe Congrès du PCUS, en

1956, une politique de déstalinisation, qui provoque l'opposition de la *nomenklatura*. Khrouchtchev noie dans le sang l'insurrection hongroise de 1956. Sa politique étrangère de « coexistence pacifique », l'échec de ses réformes économiques et son recul devant les Américains lors de la crise de Cuba en 1962 l'affaiblissent au sein de l'appareil dirigeant du Parti. En 1964, il est destitué de toutes ses fonctions par la *nomenklatura*, dont les privilèges sont menacés par les réformes en cours.

KING, Martin Luther (1929-1968)

Né dans le sud des États-Unis à Atlanta (Géorgie), pasteur à Montgomery (Alabama), Martin Luther King lance en 1955 le boycott d'une compagnie de bus qui pratique la ségrégation raciale. Durant toute sa vie, il lutte pacifiquement pour le rapprochement entre les communautés blanche et noire aux États-Unis et pour l'égalité civique entre Noirs et Blancs. Il reçoit le prix Nobel de la paix en 1964. Il meurt assassiné le 4 avril 1968.

LE PEN, Jean-Marie (né en 1928)

Licencié en droit, Jean-Marie Le Pen est élu député poujadiste en 1956, plus jeune parlementaire de France à cette date. Officier de renseignements en Algérie, il participe notamment à la « bataille d'Alger », en janvier-octobre 1957, au cours de laquelle l'armée reçoit du gouvernement des pouvoirs de police. Durant les vingt-cinq années qui suivent, ses tentatives pour développer un courant d'extrême droite électoralement fort sont d'abord un échec. Il n'obtient que 0,75 % des suffrages exprimés aux élections présidentielles de 1974 et est absent de l'élection présidentielle de 1981. Ce n'est qu'à partir des années 1980, avec l'arrivée de la gauche au pouvoir, qu'un tel courant se développe autour de lui et de son nom, au point d'arriver en deuxième position après le premier tour de l'élection présidentielle de 2002.

LICHTENSTEIN, Roy (1923-1997)

C'est l'une des figures majeures du *Pop Art*. En 1961, il a transposé dans ses toiles, avec une imitation de trame typographique, des images de bandes dessinées, des objets de la vie quotidienne, des œuvres d'art célèbres. Ses peintures se démarquent de l'image initiale en accentuant les traits. Il révèle aussi une sensibilité nouvelle, celle de l'image banale vulgarisée à des millions d'exemplaires et consommée à haute dose par l'homme de la rue.

MENDÈS FRANCE, Pierre (1907-1982)

Avocat à 20 ans, député radical en 1932, sous-secrétaire d'État dans le second gouvernement Blum en 1938, Pierre Mendès France rejoint Londres en 1942. À la Libération, il est ministre de l'Économie nationale mais, en désaccord avec le général de Gaulle (il souhaite une politique économique de rigueur et de lutte contre l'inflation), il démissionne en avril 1945. Progressivement, il acquiert l'image d'un homme politique courageux, compétent et rigoureux. Dès 1950, il avait prédit la faillite de la politique française en Indochine et en avait tiré le surnom de « Cassandre ». Après le désastre de Diên Biên Phu. Il devient président du Conseil le 18 juin 1954. Ne voulant pas être « prisonnier des voix communistes », il refuse de comptabiliser les suffrages des députés du PCF, lors de son investiture.
Ses sept mois à la tête du gouvernement favorisent le développement du « mendésisme ». Son opposition irréductible aux institutions de la Ve République contribue à le mettre progressivement en marge de la vie politique, sans que cesse jamais, jusqu'à sa mort en 1982, l'admiration qu'il a suscitée.

MITTERRAND, François (1916-1996)

Né à Jarnac (Charentes), au sein d'une famille catholique de la droite nationaliste, François Mitterand, après avoir été pétainiste dans un premier temps (il est l'un des 3 000 Français décorés de la francisque par le maréchal Pétain), rallie la Résistance en 1943. Élu député en 1946, dirigeant de l'Union démocratique et socialiste de la Résistance, petit parti centriste à la charnière de nombreuses coalitions gouvernementales, il est onze fois ministre sous la IVe République. Il est en particulier ministre de l'Intérieur en 1954-1955 et ministre de la Justice en 1956-1957. À cette date, âgé de 41 ans, il apparaît comme un homme politique à l'avenir assuré. La chute de la IVe République en 1958 semble mettre une fin prématurée à cette ascension.
En 1958, il s'oppose au retour au pouvoir de De Gaulle. En 1962, il prend nettement position contre l'élection du président de la République au suffrage universel et, en 1964, publie *Le Coup d'État permanent*, féroce pamphlet contre la Ve République et son fondateur. Il se présente néanmoins aux élections présidentielles de 1965 et réussit à s'imposer comme candidat unique de la gauche. Mais sa stratégie de rapprochement des forces de gauche semble s'écrouler en mai 1968. On lui reproche, à gauche, d'avoir joué un jeu personnel dicté par ses seules ambitions en annonçant, le 29 mai 1968, son éventuelle candidature à l'élection présidentielle si de Gaulle s'en allait.
Après l'échec socialiste de Defferre aux présidentielles de 1969 (5 % des voix), il regagne de l'influence à gauche et réussit à s'imposer comme l'artisan de la renaissance du Parti socialiste. Au congrès d'Épinay, en juin 1971, dans la même journée, il adhère au Parti socialiste et en devient le Premier secrétaire. Désormais installé à la tête du PS, il mène avec les communistes et les radicaux une politique d'Union de la gauche qui aboutit, en juin 1972, au Programme commun de gouvernement. La gauche progresse mais les élections législatives de 1978 sont un échec. François Mitterrand en sort affaibli et concurrencé par Michel Rocard qui dénonce son « archaïsme ». Ayant réussi à écarter Rocard, il est cependant désigné par le PS comme candidat. Le 10 mai 1981, à sa troisième tentative, il est élu président de la République, but ultime de son ambition. Il le reste durant quatorze ans.

MOLLET, Guy (1905-1975)

Secrétaire général de la SFIO de 1946 à 1969, député-maire d'Arras à partir de la Libération, Guy Mollet dirige le plus long gouvernement de la IVe République (16 mois, du 2 février 1956 au 21 mai 1957). Il décide l'envoi des appelés du contingent en Algérie et ordonne l'expédition de Suez. Sur le plan social, il accorde une troisième semaine de congés payés aux salariés.

▸ MONNET, Jean (1888-1979)

Issu d'une famille de négociants en alcools de Cognac, il se fait connaître comme secrétaire général adjoint à la SDN de 1919 à 1923. Au début de la Seconde Guerre mondiale, il est nommé président du Comité de coordination économique franco-britannique à Londres. Chargé de mission par les Britanniques à Alger en 1943, il est ensuite envoyé par de Gaulle en mission aux États-Unis.
À la Libération, il préside le comité qui élabore le premier plan de modernisation et d'équipement, dit plan Monnet (1947-1953). Ce plan, ainsi que le plan Marshall, permettent la remise en marche de l'économie française. Inspirateur du plan Schuman de mai 1950, il est le premier président de la Haute Autorité de la CECA de 1952 à 1955. Il partage avec R. Schuman le titre de « père de l'Europe » et fonde en 1956 un Comité d'action pour les États-Unis d'Europe.

▸ MOULIN, Jean (1899-1943)

Ancien préfet d'Eure-et-Loir, Jean Moulin rejoint la France libre à Londres. Fondateur du Conseil national de la Résistance en mai 1943, artisan de l'unification des mouvements de Résistance en France, il est arrêté par la Gestapo le 21 juin 1943, à Caluire. Torturé par Klaus Barbie – responsable à Lyon du SD (service de contre-espionnage de la SS dont dépend la Gestapo) –, il meurt sans avoir parlé le 8 juillet 1943, lors de son transfert en Allemagne. Ses cendres reposent au Panthéon.

▸ NAGY, Imre (1892-1958)

Dirigeant communiste hongrois, Imre Nagy succède au stalinien Rakosi en 1953, et mène une politique assez libérale en 1953-1955. À la suite du mouvement révolutionnaire d'octobre 1956, il fait entrer au gouvernement des personnalités non-communistes et proclame la neutralité de la Hongrie. Il est arrêté et jugé en secret par les Soviétiques puis exécuté en 1958.

▸ NASSER, Gamal Abdel (1918-1970)

Officier issu d'une famille de paysans pauvres égyptiens, Nasser a milité dans les mouvements nationalistes de militaires luttant contre la présence britannique en Égypte. Il participe, en juillet 1952, au coup d'État qui renverse le roi Farouk et porte au pouvoir le général Neguib. En mars 1954, Nasser écarte Neguib et prend lui-même la tête du pays. La nationalisation du canal de Suez en 1956 lui vaut un grand prestige au sein du monde arabe. Mais ses tentatives de créer une République arabe unie avec la Syrie (1958-1961) n'aboutissent pas, et il est gravement affaibli par la défaite subie en 1967 par l'Égypte et les pays arabes face à Israël lors de la guerre des Six-Jours.

▸ NEHRU, Jawâharlâl (1899-1964)

Avocat issu de la caste des brahmanes, élevé à l'occidentale, Nehru s'engage dès 1916 aux côtés de Gandhi dans la lutte contre le colonialisme britannique, ce qui lui vaut d'être emprisonné plusieurs années. Partisan d'une réforme agraire et d'une industrialisation planifiée, Nehru apparaît plus progressiste et plus moderniste que son maître à penser. Secrétaire général du parti du Congrès depuis 1929, il négocie l'indépendance de son pays, mais il ne peut éviter la partition de la péninsule indienne. Premier ministre indien de 1947 à sa mort, il met en œuvre un socialisme modéré. Il joue un rôle de premier plan à la conférence de Bandoung. Avec le Yougoslave Tito et l'égyptien Nasser, il est l'un des chefs de file des pays non-alignés.

▸ NIXON, Richard (1913-1994)

Avocat originaire de Californie, Richard Nixon est élu député républicain en 1946. Membre de la Commission des activités anti-américaines, ils se fait remarquer par son zèle anticommuniste. Il est élu sénateur en 1950, puis vice-président d'Eisenhower en 1952. Aux élections présidentielles de 1960, il est battu par le candidat démocrate John Kennedy, mais est élu en 1968. Richard Nixon mène une politique étrangère réaliste : reconnaissance de la République populaire de Chine, signature avec l'URSS du traité SALT 1, désengagement au Vietnam. Il est réélu en 1972, mais le scandale du Watergate le contraint à démissionner le 8 août 1974.

▸ N'KRUMAH, Kwane (1909-1972)

Né dans la Côte-de-l'Or (l'actuel Ghana), Kwane N'Krumah est d'abord instituteur en Côte-d'Ivoire, puis étudiant aux États-Unis. Après avoir séjourné en Angleterre, il rentre dans son pays en 1947. À la tête du parti de la Convention du Peuple qu'il a fondé en 1949, il milite pour l'indépendance du Ghana, en manifestant face aux Britanniques un grand pragmatisme. Premier ministre dans le cadre de l'autonomie interne en 1951, il prend la direction du pays dès la proclamation de l'indépendance, en 1957. Mais ce champion du panafricanisme ne parvient pas à obtenir que le continent noir constitue un grand ensemble politique unifié. Au Ghana, il concentre tous les pouvoirs et mène une politique socialisante. Il est renversé par un coup d'État militaire en 1966.

▸ PAPON, Maurice (né en 1910)

Dès le milieu des années 1930, Maurice Papon, haut fonctionnaire, occupe des responsabilités dans différents cabinets ministériels. Fin 1940, il est nommé directeur de cabinet du secrétariat général pour l'administration du ministère de l'Intérieur, puis secrétaire général de la préfecture de la Gironde, de juin 1942 à la Libération. À la Libération, sous la IVe puis la Ve République, Maurice

Papon poursuit sa carrière administrative, malgré les dénonciations des résistants de Gironde. Préfet de police de Paris entre 1958 et 1967, il organise la répression de la manifestation du 17 octobre 1961 et de celle anti-OAS de Charonne du 8 février 1962.
Député de 1968 à 1983, il devient ministre du Budget de 1978 à 1981 dans le gouvernement de Raymond Barre. Les premières plaintes sont déposées au début des années 1980. En 1996, il est accusé de complicité d'assassinat et crimes contre l'humanité par la chambre d'accusation de la cour d'appel de Bordeaux. En avril 1998, il est condamné à dix ans de prison pour complicité de crimes contre l'humanité. Il est acquitté de la présomption de complicité d'assassinat. En septembre 2002, sa peine d'emprisonnement est suspendue pour raisons de santé.

Abbé PIERRE, Henri Grouès, dit (né en 1912)
Ce fils de soyeux lyonnais fait ses études au Collège des jésuites de Lyon puis entre au couvent des Capucins avant d'être ordonné prêtre en 1938. Médaillé de la Résistance, il est aumônier de la marine en 1944 puis député gaulliste de Meurthe-et-Moselle de 1945 à 1951. En 1949, il fonde la communauté des chiffonniers d'Emmaüs qui recueille des dons permettant d'accueillir et d'héberger les plus démunis. En 1954, il attire, avec succès, l'attention des pouvoirs publics sur le sort des sans-abri. Depuis, sa notoriété est restée grande en France et, dans les sondages d'opinion, il est régulièrement cité comme étant le plus populaire des Français.

PINAY, Antoine (1891-1994)
Antoine Pinay est d'abord un notable provincial : maire de Saint-Chamond, petite ville de la Loire, dès 1929, député en 1936 et 1946. Secrétaire d'État en 1948, ministre en 1950, il appartient au Centre national des indépendants. Inconnu du grand public, il devient président du Conseil en même temps que ministre des Finances (mars-décembre 1952). Il en tire une grande popularité et apparaît comme un homme politique proche du Français moyen, soucieux avant tout de saine gestion et d'équilibre financier. De juin 1958 à janvier 1960, il est ministre des Finances du général de Gaulle. Sous la Ve République, il est plusieurs fois consulté par des ministres qui se réclament de son expérience et de son bon sens supposé.

POMPIDOU, Georges (1911-1974)
Fils d'instituteurs, Georges Pompidou doit son ascension sociale à ses diplômes. Agrégé de grammaire, professeur jusqu'en 1944, il entre alors au cabinet du général de Gaulle. Après un passage à la banque Rothschild, il devient en 1958 chef de cabinet du général de Gaulle, qui le nomme Premier ministre, en avril 1962. Après les élections de novembre 1962 gagnées par les gaullistes, il demeure, jusqu'en juillet 1968, Premier ministre. Il est élu président de la République en 1969. Son septennat est interrompu par sa mort en avril 1974.

REAGAN Ronald (né en 1911)
Comédien d'origine modeste, Ronald Reagan lutte, après la guerre, contre l'influence communiste à Hollywood. Gouverneur républicain de Californie de 1967 à 1975, il est élu président des États-Unis en 1980. Soucieux de restaurer l'image des États-Unis, il relance les dépenses militaires. Sur le plan intérieur, Ronald Reagan s'efforce de diminuer le rôle de l'État dans l'économie et supprime de nombreux programmes d'aide fédérale. Réélu en 1984, il signe en 1987 avec l'URSS de Mikhail Gorbatchev le premier traité de réduction des armements stratégiques.
Ronald Reagan est parfois considéré comme le principal artisan de l'effondrement du communisme, sa politique de réarmement ayant entraîné l'URSS dans d'importantes dépenses militaires que le pays ne pouvait plus supporter. Son bilan économique est plus contrasté : sous sa présidence, le chômage a diminué aux États-Unis, mais la pauvreté a augmenté et le déficit budgétaire n'a que faiblement diminué.

ROOSEVELT, Franklin Delano (1882-1945)
Membre du parti démocrate, sénateur en 1910. Victime de la polyomiélite en 1921, il surmonte courageusement cette épreuve. Gouverneur de l'État de New-York en 1929, il est élu président des États-Unis en 1932. Il lance la politique du New Deal, qui a pour ambition de sortir les États-Unis de la dépression des années 1930. Il est réélu triomphalement en 1936, puis de nouveau en 1940 et 1944.
Après Pearl Harbor, il déclare la guerre au Japon et à l'Allemagne. Il dirige l'effort de guerre des États-Unis durant la Seconde Guerre mondiale, rencontre à plusieurs reprises les dirigeants alliés, Churchill (avec lequel il signe la charte de l'Atlantique en 1941) et Staline (conférences de Téhéran en nov.-déc. 1943 et de Yalta, en février 1945). Il décide la fabrication de la bombe atomique et prépare une Organisation des Nations unies destinée à arbitrer les conflits après la guerre. Il meurt le 12 avril 1945, à la veille de la victoire des Alliés.

SAKHAROV, Andreï (1921-1989)
Physicien de génie, inventeur de la bombe à hydrogène soviétique, Andreï Sakharov a connu tous les privilèges de la nomenklatura. En 1968, il s'engage publiquement pour la défense des droits de l'homme. Désormais, avec son épouse Elena Bonner, ils sont de tous les combats de la dissidence. En 1975, il reçoit le prix Nobel de la paix. Au début de 1980, il dénonce publiquement l'intervention soviétique en Afghanistan. Il est envoyé en exil intérieur à Gorki. Il n'est autorisé à revenir à Moscou qu'en 1986. En 1989, il est élu député du Soviet suprême. Il meurt peu de temps après, en décembre 1989.

SCHUMAN, Robert (1886-1963)
Véritable européen, Robert Schuman naît au Luxembourg, d'un père français et d'une mère luxembourgeoise. Il étudie le droit en Allemagne, puis ouvre un cabinet

d'avocat à Metz en 1912. Après la Première guerre mondiale, il commence une carrière politique comme député de la Moselle (1919-1940 et après 1945). Dirigeant du Mouvement républicain populaire (MRP) après 1945, ministre des Affaires étrangères (1948-1953),il est l'un des principaux artisans du rapprochement franco-allemand. Sa déclaration du 9 mai 1950 annonçant la création de la CECA est entrée dans l'histoire sous le nom de « plan Schuman ».
Il consacre désormais sa vie à la propagation de l'idée européenne, telle qu'il la décrit dans son ouvrage *Pour l'Europe*. En 1955, il est président du Mouvement européen et, de 1958 à 1960, président de l'Assemblée parlementaire européenne.

SOLJENITSYNE, Alexandre (né en 1918)

Après des études de mathématiques puis de lettres, Alexandre Soljenitsyne devient enseignant. En 1941, il fait son service militaire comme simple soldat dans l'Armée rouge. En 1945, il est arrêté pour avoir critiqué Staline dans une lettre à un ami et est condamné à huit ans de camp et à un exil « à perpétuité ». Il est libéré en 1956. En 1962, il parvient à publier, dans la revue *Novyi Mir, Une journée d'Ivan Denissovitch*. Pour la première fois un récit littéraire évoque les détenus du Goulag. En 1973, il fait paraître à l'étranger *L'Archipel du Goulag*. Pour cette raison, il est arrêté et expulsé d'URSS en février 1974.
Il s'installe aux États-Unis où il continue son œuvre. Au moment de la perestroïka, ses écrits sont enfin publiés en URSS. Il rentre en Russie en 1994.

STALINE, Joseph Vissarionovitch Djougachvili, dit (1879-1953)

Né en Géorgie dans une famille modeste, Staline entre au séminaire, qu'il quitte pour devenir un militant révolutionnaire. Commissaire aux nationalités puis secrétaire général du parti communiste en 1922, il reste seul maître de l'URSS à partir de 1928 et élimine tous ses adversaires.
La victoire de l'URSS aux côtés des Alliés contre l'Allemagne nazie renforce son prestige international. Dénonçant « l'impérialisme américain », Staline impose, après 1945, le régime communiste dans les pays d'Europe centrale et orientale. Vers la fin de sa vie, il est l'objet d'un véritable « culte de la personnalité » de la part des communistes du monde entier. Après sa mort (5 mars 1953), son successeur, Nikita Khrouchtchev, dénonce ses crimes.
Staline fut à l'origine du concept d'« ennemi du peuple » qui rendit possible l'utilisation de la répression la plus cruelle contre quiconque n'était pas d'accord avec lui.

TITO, dit Josip BROZ (1892-1980)

Un des fondateurs du Parti communiste yougoslave dont il devient le secrétaire général en 1937, Tito organise la résistance à l'occupant, dès l'occupation de son pays par les nazis en 1941. Soutenu par Churchill, il combat à la fois les Allemands, leurs alliés croates et les résistants royalistes, qu'il réussit à éliminer. Après la guerre, il dirige la Yougoslavie communiste mais adopte une politique d'indépendance à l'égard de l'URSS. Dans les années 1960, il joue un rôle actif, dans la tentative de regrouper les pays non engagés hors des blocs est et ouest.

TRUMAN, Harry S. (1884-1972)

D'origine modeste, Harry S. Truman est élu sénateur démocrate du Missouri en 1934. Choisi comme colistier par Roosevelt lors des élections présidentielles de 1944, il devient président des États-Unis à la mort de ce dernier en avril 1945, sans avoir été jusque-là associé aux affaires. Il hâte la fin de la guerre en Asie en décidant l'emploi de la bombe atomique contre le Japon. En 1947, il décide la politique du « containment », afin de limiter l'expansion du communisme. Il est réélu président en 1948. En juin 1950, il envoie en Corée du Sud les troupes américaines sous le couvert de l'ONU et conclut la paix avec le Japon en 1951. Ayant effectué deux mandats présidentiels, il ne se représente pas en 1952. Lui succède alors le candidat républicain, le général Eisenhower, ancien commandant en chef des troupes alliées en Europe de 1942 à 1945.

WAHROL, Andy (1928-1987)

Ce peintre américain, chef de file du *pop art*, a créé, grâce au procédé impersonnel de la sérigraphie, des œuvres fondées sur la répétition d'une même image standardisée, avec la permutation des coloris : séries inspirées de la mythologie contemporaine (Marilyn, 1962, Mao, 1973) ou de la réalité la plus crue. Il a été également l'un des plus célèbres représentants du cinéma *underground* (*Chelsea Girls*, 1966).

WALESA, Lech (né en 1943)

Issu d'un milieu modeste, orphelin de père à 2 ans, Lech Walesa fait des études d'électricien dans un collège technique. À 24 ans, il est embauché aux chantiers navals Lénine de Gdansk. En décembre 1970, il participe au comité de grève, est arrêté et assiste impuissant à l'échec du mouvement. Il signe une « déclaration de loyauté » au régime pour être relâché en 1971. Élu délégué syndical de son atelier, il mesure son impuissance à agir dans une structure – les syndicats officiels – asservie au parti communiste. Il est licencié en 1976 pour « excès d'autonomie dans l'action syndicale ». En 1978, il rejoint les rangs du Comité de défense des ouvriers (KOR) fondé par des intellectuels (Kuron, Michnik). Catholique pratiquant, excellent orateur, incarnant parfaitement l'identité ouvrière polonaise, il prend la tête du mouvement de grève qui éclate le 14 août 1980 dans les chantiers navals de Gdansk, avant de devenir le leader charismatique du mouvement *Solidarnosc*. En 1983, il reçoit le prix Nobel de la paix.
En juin 1989, Solidarnosc remporte les élections (premières élections libres depuis 1945) et en 1990, Lech Walesa est élu président de la République. Il est battu aux élections présidentielles de 1995.

Crédits photographiques

1 **p. 14 :** Keystone ; 2 **p. 15 :** Photo12.com/Oasis ; 2 **p. 19 :** Photo12.com/Oasis ; 3 **p. 19 :** Keystone ; 2 **p. 21 :** AKG ; 5 **p. 21 :** Galerie Ciné Images ; 3 **p. 23 :** Photo12.com/Keystone Pressedienst ; dr. **p. 26 :** © Hachette ; gche **p. 26 :** Keystone ; mil. dr. **p. 26 :** Edimédia ; mil. gche **p. 26 :** Keystone ; 3 **p. 28 :** Lapi-Viollet ; 1 **p. 30 :** AFP/STF ; 2 **p. 31 :** D. Lefranc/Gamma NY ; 3 **p. 33 :** DITE-NASA ; 6 **p. 33 :** SEB/ADAGP, Paris, 2004 ; 7 **p. 35 :** Plantu ; 4 **p. 37 :** W. Leuschner/Picture-Alliance/DPA ; 1 **p. 38 :** Misyuk/Courrier International ; 6 **p. 39 :** Hegen/Sipa ; 2 **p. 40 :** AFP ; 5 **p. 41 :** Renaudeau/Hoa-Qui ; 4 **p. 45 :** Franquin/Dupuis, 1962 ; 1 **p. 46 :** L. Psihoyos/Cosmos ; 2 **p. 47 :** Fournier/Rapho ; 2 **p. 49 :** M. Lemoine/Sipa ; 2 **p. 50 :** Konk/Editions ouvrières ; 4 **p. 51 :** Magazine *Elle*; 5 **p. 51 :** Jobard/Sipa ; 3 **p. 52 :** Boccon-Gibod/Sipa ; 5 **p. 53 :** S. Gladieu/Editing ; 1 **p. 54 :** I. Stuart/Gamma ; 1 **p. 54 :** Marillon-Stevens/Gamma ; 1 **p. 54** : A. Marchi/Gamma ; 3 **p. 55 :** MAC Marseille/ADAGP, Paris, 2004 ; 4 **p. 55 :** The Andy Warhol Found./Art Resource/Scala, Florence/ADAGP, Paris, 2004 ; 2 **p. 56 :** AKG ; 3 **p. 56 :** E. Perrotin/Biennale de Lyon 1997 ; 4 **p. 57 :** Antoni Muntadas/ADAGP, Paris, 2004 ; 5 **p. 57 :** B. Adilon/Biennale de Lyon 1995 ; 3 **p. 59 :** S. Brunel ; dr. **p. 60 :** Bettmann/Corbis ; gche **p. 60 :** Farabola/Leemage ; milieu **p. 60 :** O. White/Corbis ; **p. 61 :** John Schults/Reuters ; 2 **p. 62 :** J. Koudelka/Magnum ; doc. **p. 63 :** M. Riboud ; 1 **p. 64 :** R. Hamilton Smith/Corbis ; 5 **p. 67 :** Hulton Archive/Getty Images ; 6 **p. 67 :** DITE/USIS ; 4 **p. 69 :** Roger-Viollet ; 3 **p. 71 :** Bettmann/Corbis ; 4 **p. 71 :** DITE/USIS ; 5 **p. 71 :** The Art Archive/National Archives Washington DC ; 4 **p. 73 :** Keystone ; 6 **p. 73 :** H. Cartier Bresson/Magnum ; 2 **p. 75 :** E.T. Archives © ADGP ; 3 **p. 75 :** Cat's ; 5 **p. 75 :** D. R. ; 1 **p. 76 :** M. Shaw/Photo Researchers Inc./Keystone ; 2 **p. 76 :** A. Zapruder/Colorific/Cosmos; 4 **p. 76 :** Bettmann/Corbis ; 6 **p. 77 :** Keystone ; 1 **p. 78 :** Bettmann/Corbis ; 5 **p. 79 :** Hulton Archive/Getty Images ; dr. **p. 80 :** Sipa Press ; gche **p. 80 :** Magnum/E.Haas ; mil. dr. **p. 80 :** Magnum/E. Erwitt ; mil. gche **p. 80 :** Magnum/W. Miller ; **p. 81 :** Bettmann/Corbis ; 4 **p. 83 :** DITE/USIS ; 5 **p. 83 :** B. Barbey/Magnum ; 1 **p. 84 :** A. Noguès/Corbis Sygma ; 2 **p. 85 :** Ria Novosti ; 1 **p. 86 :** BDIC ; 4 **p. 87 :** David King Collection ; 6 **p. 87 :** BDIC/Succession Picasso, 2004 ; 7 **p. 87 :** BDIC ; 4 **p. 89 :** Dr. Coll. Tomasz Kizny ; 5 **p. 89 :** David King Collection ; 7 **p. 89 :** CIRIP ; 1 **p. 90 :** BDIC ; 2 **p. 90 :** B. Ray/Black Star/Rapho ; 5 **p. 91 :** David King Collection ; 6 **p. 91 :** E. Lessing/Magnum ; 3 **p. 93 :** Keystone ; 4 **p. 93 :** BDIC ; 6 **p. 93 :** Kharbine Tapabor/Grob ; 6 **p. 95 :** H. Cartier-Bresson/Magnum ; 2 **p. 96 :** *Paris Match*/Gamma ; 4 **p. 97 :** F. Hibon/Sygma ; 6 **p. 97 :** Sichov/Sipa Press ; 1 **p. 98 :** BDIC ; 5 **p. 99 :** Sygma/Vauthey ; 6a **p. 99 :** A. Hernandez/Sipa ; 6b **p. 99 :** G. Bodrov ; 6c **p. 99 :** S. Ahmet/Sipa ; bas **p. 100 :** Nobel Found./Corbis Sygma ; haut **p. 100 :** © Hachette ; milieu **p. 100 :** A. Noguès/Sygma ; mil. bas **p. 100 :** G. De Keerle/Corbis ; mil. ht **p. 100 :** Keystone ; **p. 102 :** BDIC ; **p. 103 :** U. Shone/Gamma ; 1 **p. 104 :** Musée Royal de l'Armée, Bruxelles ; 2 **p. 105 :** Archives départementales de la Somme ; 5 **p. 109 :** DITE/USIS ; 6 **p. 109 :** Bettmann/Corbis ; 1 **p. 110 :** Goldman/Rapho ; 4 **p. 111 :** Rue des Archives ; 6 **p. 111 :** Pinn-Tallandier ; 1 **p. 112 :** Keystone ; 4 **p. 117 :** AFP ; gche **p. 118 :** Edimédia ; mil. dr. **p. 118 :** Sipa ; mil. gche **p. 118 :** Edimédia ; **p. 119 :** DR, *Manière de voir, Monde diplomatique* ; **p. 121 :** Magnum/ F. Mayer ; 1 **p. 122 :** DITE/IPS ; 1 **p. 124 :** RMN/Arnaudet ; 2 **p. 125 :** J. C. Labbe/Gamma ; 2 **p. 129 :** Costa/Leemage ; 6 **p. 129 :** Kharbine-Tapabor ; 2 **p. 131 :** Roger-Viollet ; 3 **p. 131 :** Arch. Photo. Spiritains, Paris ; 5 **p. 131 :** Costa/Leemage ; 1 **p. 132 :** Harlingue/Roger-Viollet ; 3 **p. 133 :** Selva/Leemage ; 1 **p. 134 :** Selva/Leemage ; 2 **p. 134 :** CIRIP ; 4 **p. 135 :** Imperial War Museum, London ; 2 **p. 137 :** F. Mayer/Magnum ; 2 **p. 138 :** L'Illustration ; 3 **p. 138 :** Keystone ; 2 **p. 140 :** AFP ; 6 **p. 141 :** AFP ; bas **p. 142 :** Bettmann/Corbis ; haut **p. 142 :** Harlingue-Viollet ; milieu **p. 142 :** Roger-Viollet ; **p. 143 :** Harlingue/Roger Viollet ; 2 **p. 144 :** Archives Charmet/Bridgeman ; 5 **p. 145 :** Photo12.com-Oasis ; 5 **p. 147 :** Bettmann/Corbis ; 1 **p. 148 :** A. Woolfitt/Corbis ; 1 vignette **p. 148 :** Rue des Archives ; 2 **p. 149 :** Lazzaro/MP/Leemage ; 2 **p. 150 :** Roger-Viollet ; 3 **p. 153 :** R. Nickelsberg/Gamma ; 4 **p. 155 :** Keystone ; 6 **p. 157 :** Bettmann/Corbis ; 1 **p. 158 :** Corbis Sygma ; 1 **p. 160 :** Cagnoni/Magnum ; 3 **p. 160 :** Keystone ; 6 **p. 161 :** Keystone ; bas **p. 162 :** R. Depardon/Magnum ; haut **p. 162 :** Roger-Viollet ; mil. bas **p. 162 :** R. Burri/Magnum ; mil. ht **p. 162 :** Viollet ; 1 **p. 164 :** Farabola/Leemage ; 2 **p. 164 :** FIA/Rue des Archives/ADAGP, Paris, 2004 ; 1 **p. 166 :** Trippett/Sipa ; 2 **p. 167 :** Reza/Sipa ; 3 **p. 169 :** Mena/Corbis Sygma ; 4 **p. 169 :** M. Bar Am/Magnum ; 1 **p. 170 :** Halstead/Gamma ; 3 **p. 171 :** D. Rubinger/Corbis ; 5 **p. 171 :** Al Akbar/Gamma ; 6 **p. 171 :** H. Chip/Gamma ; 7 **p. 171 :** AFP ; 2 **p. 173 :** Bosco-Lavigne/Gamma ; 3 **p. 173 :** F. De Mulder/Roger-Viollet ; 4 **p. 173 :** La Penna/Sipa ; 5 **p. 173 :** N. Wheeler/Sipa ; 1 **p. 174 :** M. Silverstone/Magnum ; 2 **p. 174 :** A. Dejean/Sygma ; 5 **p. 175 :** Abbas/Magnum ; 1 **p. 176 :** Rue des Archives ; 4 **p. 177 :** CIRIP ; 7 **p. 177 :** Ria Novosti ; 1 **p. 178 :** Roland/Retro/Sipa ; 4 **p. 178 :** A. Taieb/Corbis Sygma ; 5 **p. 179 :** M. Freeman/Corbis ; 7 **p. 179 :** J.-M. Lambin. ; bas **p. 180 :** A. Noguès/Sygma ; haut **p. 180 :** B. Barbey/Magnum ; mil. bas **p. 180 :** Sipa Press ; mil. ht **p. 180 :** Kalari/Sygma ; 1 **p. 184 :** Bossu/Sygma ; 2 **p. 185 :** R. Clark/AP/Sipa ; 1 **p. 186 :** Ria Novosti ; 1 **p. 188 :** N. Quidu/Gamma ; 5 **p. 189 :** Garten/UN/DPI/Sipa ; 2 **p. 191 :** P. Robert/Corbis Sygma ; 3 **p. 191 :** S. Francklin/Magnum ; 2 **p. 192 :** Villard/Sipa Press ; 3 **p. 193 :** L. Rebours/AP/Sipa ; 4 **p. 193 :** Khan/AFP ; 1 **p. 194 :** Corbis Sygma ; 2 **p. 194 :** AL/Sipa ; 3 **p. 194 :** D. Alangkara/AP/Sipa ; 4 **p. 195 :** Plantu ; 5 **p. 195 :** Zohra/Cosmos ; 6 **p. 195 :** Facelly/Sipa ; 1 **p. 196 :** Rex Features/Sipa ; 2 **p. 196 :** Magazine *Time* ; 3 **p. 196 :** AP/Sipa ; 4 **p. 197 :** S. Meiselas/Magnum ; 5 **p. 197 :** D. Milis/AP/Sipa ; 6 **p. 197 :** Behrakis/Reuters ; 2 **p. 198 :** Gamma/U. Shone ; 3 **p. 198 :** P. Rossignol/Reuters ; 5 **p. 199 :** B. Marquez/AP/Sipa ; 2e bas **p. 202 :** C. Leroy/Gamma ; 2e haut **p. 202 :** P. Blakely/Corbis Saba ; bas **p. 202 :** N. Quidu/Gamma ; haut **p. 202 :** UPI/Gamma ; mil. bas **p. 202 :** AL/Sipa ; mil. ht **p. 202 :** J. Wilson/Gamma ; **p. 203 :** Sahib/AFP ; **p. 204 :** Ph. Jones Griffiths/Magnum ; 1 **p. 208 :** Bridgeman/Archives Charmet ; 4 **p. 209 :** L'Illustration ; 5 **p. 209 :** L'Illustration ; 1 **p. 210 :** Bildarchiv Preußischer Kulturbesitz ; 5 **p. 211 :** Staatsarchiv Bremen ; 7 **p. 211 :** Rue des Archives ; 1 **p. 212** : CIRIP ; 2b **p. 212 :** CIRIP/ADAGP, Paris, 2004 ; 4 **p. 213 :** La Documentation Française/T. Mey ; 3 **p. 215 :** Plantu ; 5 **p. 215 :** CIRIP ; 2 **p. 216 :** Plantu ; 3 **p. 216 :** Keystone ; 5 **p. 217 :** Plantu ; bas **p. 218 :** AKG Photo ; haut **p. 218 :** Harlingue Viollet ; milieu **p. 218 :** Keystone ; **p. 219 :** CIRIP ; 5 **p. 221 :** D. Brauchli/Reuter ; 1 **p. 222 :** AKG ; 2 **p. 223 :** Witt/Sipa ; 1 **p. 224 :** L'Illustration ; 4 **p. 225 :** Archives Charmet/Bridgeman ; **6 p. 225 :** Bildarchiv Preußischer Kulturbesitz ; 1 **p. 226 :** P. Almasy/Corbis ; 4 **p. 227 :** P. Almasy/Corbis ; 1 **p. 228 :** F. Suba/Stern /Picture Press/Studio X ; 3 **p. 229 :** AKG ; 5 **p. 229 :** AKG ; 7 **p. 229 :** F. Cevallos/Corbis Sygma ; 1 **p. 230 :** Selders/Sipa ; 2 **p. 230 :** Gamma/Bulka/Secretan ; haut **p. 230 :** BDIC ; 3 **p. 231 :** M. Philippot/Corbis Sygma ; 5 **p. 231 :** BDIC ; 3 **p. 233 :** Orban/Corbis Sygma ; 4 **p. 233 :** Verlag CW Niemeyer ; 5 **p. 233 :** Y. Forestier/Corbis Sygma ; bas **p. 234 :** Sygma/M. Philippot ; haut **p. 234 :** Keystone ; mil. bas **p. 234 :** F. Reglain/Gamma ; mil. ht **p. 234 :** Keystone ; **p. 235 :** Keystone ; 4 **p. 237 :** Bilderdienst Süddeutscher Verlag ; 1 **p. 238 :** D. Krull/BDG Dresden ; 1 **p. 240 :** A. Noguès/Corbis Sygma ; 5 **p. 241 :** M. Vidal/Reuters ; 5 **p. 243 :** P. Kujundzi/Reuters ; 1 **p. 244 :** ©Hachette ; 5 **p. 245 :** Duclos-Mérillon-Turpin/Gamma ; 1 **p. 250 :** CIRIP ; 4 **p. 250 :** ; 1 **p. 252 :** AFP ; 2 **p. 253 :** Torregano/Sipa ; 3 **p. 254 :** ADAGP, Paris, 2004 ; 4 **p. 255 :** R. Capa/Magnum ; 1 **p. 256 :** CIRIP ; 2 **p. 256 :** ECPAD France ; 4 **p. 256 :** D. R. ; 6a **p. 257 :** Roger-Viollet ; 6b **p. 257 :** Roger-Viollet ; 2a **p. 259 :** J. Quideau/L'Express/Editing ; 3b **p. 259 :** Plantu ; 2 **p. 262 :** Roger-Viollet ; 3 **p. 262 :** Cat's ; 4 **p. 262 :** Cat's ; 5 **p. 263 :** Cat's ; 6 **p. 263 :** Cat's ; dr. **p. 264 :** Keystone ; gche **p. 264 :** J. Andanson/Corbis ; mil. dr. **p. 264 :** J. Quideau/*L'Express*/Editing ; mil. gche **p. 264 :** Torregano/Sipa ; **p. 265 :** Magnum ; 1 **p. 266 :** CIRIP ; 2 **p. 267 :** Kharbine-Tapabor/ADAGP, Paris, 2004 ; 3 **p. 269 :** AFP ; 5 **p. 269 :** CIRIP ; 4 **p. 271 :** FFDJF/coll. S. Klarsfeld ; 5 **p. 271 :** Cat's ; 6 **p. 271 :** CIRIP ; 2 **p. 272 :** Coll. Dixmier/Kharbine-Tapabor ; 4 **p. 273 :** CIRIP ; 6 **p. 273 :** Keystone ; 7 **p. 273 :** AFP ; 3 **p. 274 :** J.-L. Charmet ; 5 **p. 275 :** *Paris Match*/Camus ; 1 **p. 276 :** A. Gesgon/CIRIP ; 3 **p. 277 :** Camus/*Paris Match* ; 7 **p. 277 :** Keystone ; 5 **p. 279 :** Keystone ; 6 **p. 279 :** ADAGP, Paris, 2004 ; 1 **p. 280 :** CIRIP ; 2 **p. 280 :** CIRIP ; 6 **p. 281 :** Keystone ; 2 **p. 282 :** Roger-Viollet ; 3 **p. 283 :** Rue des Archives ; 4 **p. 283 :** Keystone ; 7 **p. 283 :** Keystone ; 1 **p. 284 :** Bail/Keystone ; 4 **p. 285 :** CIRIP ; 6 **p. 285 :** Marc Garanger ; 7 **p. 285 :** Keystone ; dr. **p. 286 :** Viollet ; gche **p. 286 :** Keystone ; mil. dr. **p. 286 :** *Paris-Match*, © de Pottier ; mil. gche **p. 286 :** Viollet ; **p. 287 :** Roger-Viollet ; **p. 289 :** Marc Garanger ; 1 **p. 290 :** La Documentation Française/J.-M. Marcel ; 2 **p. 291 :** Corbis Sygma ; 1 **p. 292 :** CIRIP ; 3 **p. 293 :** CIRIP ; 2 **p. 294 :** CIRIP ; 3 **p. 295 :** CIRIP ; 4 **p. 295 :** AFP ; 6 **p. 295 :** Keystone ; 1 **p. 296 :** *Libération* ; 3 **p. 297 :** CIRIP/ADAGP, Paris, 2004 ; 4 **p. 297 :** CIRIP ; 5 **p. 297 :** CIRIP ; 3 **p. 298 :** Associated Press ; 5 **p. 299 :** Keystone ; 3 **p. 301 :** B. Barbey/Magnum ; 4 **p. 301 :** Gamma ; 5 **p. 301 :** J. P. Bonnotte/Gamma ; 1 **p. 302 :** Bidermanas/*L'Express*/Editing ; 4 **p. 303 :** Keystone ; 6 **p. 303 :** Camus/*Paris Match* ; 2 **p. 304 :** A. Noguès/Corbis Sygma ; 4 **p. 305 :** M. P. Guéna/CFD ; 5 **p. 305 :** Dejean/Corbis Sygma ; 8 **p. 305 :** AFP ; 4 **p. 307 :** B. Barbey/Magnum ; 5 **p. 307 :** L. Freed/Magnum ; bas **p. 308 :** Corbis Sygma ; haut **p. 308 :** H. Bureau/Sygma ; **p. 309 :** J. Niepce/Rapho ; **p. 310 :** Jacques Faizant, CIIA, Cartoon Company ; 1 **p. 312 :** Gesgon/CIRIP ; 4 **p. 313 :** Keystone ; 1 **p. 314 :** Setboun/Sipa ; 2 **p. 315 :** Ludovic REA ; 1 **p. 316 :** Keystone ; 2 **p. 316 :** Rue des Archives ; 3 **p. 316 :** J. C. Francolon/Gamma ; 7 **p. 317 :** D. Aubert/Corbis Sygma ; 1 **p. 318 :** CIRIP ; 2 **p. 318 :** A. Noguès/Corbis Sygma ; 5 **p. 319 :** CIRIP ; 6 **p. 319 :** AFP ; 7 **p. 319 :** Vionjard/Gamma ; 7 **p. 321 :** Plantu ; 3 **p. 322 :** Myr Muratet/Editing ; 4 **p. 323 :** Loup ; 5 **p. 323 :** Pagano/Sipa ; 7 **p. 323 :** Gamma ; 3 **p. 324 :** Loup ; 5 **p. 325 :** F. Bouchon/*Le Figaro* ; 6 **p. 325 :** Cabu/Albin Michel ; 5 **p. 327 :** Merillon-Stevens/Gamma ; 6 **p. 327 :** Bisson/Forestier/Langevin/Corbis Sygma ; 1 **p. 328 :** CIRIP ; 3 **p. 328 :** Keystone ; 6 **p. 329 :** M. Archambault/*Le Figaro* ; 4 **p. 330 :** Chappatte, « Le Temps » - www.globecartoon.com ; 2a et b **p. 330 :** *Libération* ; 6 **p. 331 :** Corbis Sygma ; dr. **p. 332 :** J.-P. Rey/Gamma ; gche **p. 332 :** Sygma ; mil. dr. **p. 332 :** M. Lipchitz/Associated Press ; mil. gche **p. 332 :** C. Vioujard/Gamma ; **p. 333 :** Loup ; **p. 335 :** Keystone ; 4a **p. 337 :** CIRIP/ADAGP, Paris, 2004 ; 4b **p. 337 :** BDIC ; 5a **p. 337 :** CIRIP ; 5b **p. 337 :** BDIC ; 1 **p. 338 :** *Paris Match* ; 2 **p. 339 :** Lauros-Giraudon/Bridgeman ; 7 **p. 341 :** Daniau/AFP ; 1 **p. 342 :** J. P. Charbonnier/Agence top ; 2 **p. 342 :** Cohen/Rue des Archives ; 4 **p. 343 :** A. Gesgon/CIRIP ; 6 **p. 343 :** J. Niepce/Rapho ; 4 **p. 345 :** M. Zalewski/Rapho ; 4 **p. 347 :** H. Julien/Corbis Sygma ; 6 **p. 347 :** Cat's ; 1 **p. 348 :** Photo12.com ; Kharbine-Tapabor ; 3 **p. 348 :** Keystone/Sygma ; 7 **p. 349 :** *Le Figaro* ; *Le Monde* ; **p. 350 :** X. Rossi/Gamma ; 1a **p. 352 :** JP Charbonnier/Top/Rapho ; 1b **p. 352 :** Edouard Boubat/Top/Rapho ; 3a **p. 353 :** G. Guerin/Rapho ; 3b **p. 353 :** J. Guez/AFP ; 1 **p. 354 :** J. Niepce/Rapho ; 2 **p. 355 :** Haley/Sipa ; 3 **p. 357 :** Reiser ; 4 **p. 357 :** Doisneau/Rapho ; 5 **p. 357 :** Roger-Viollet ; 7 **p. 357 :** Donnezau/Rapho ; 1 **p. 358 :** Kharbine-Tapabor ; 2 **p. 358 :** Benelux Press/SDP ; 3 **p. 358 :** Archives Charmet/Bridgeman ; 3 **p. 360 :** Kharbine-Tapabor ; 4 **p. 361 :** M. Riboud/Magnum ; 6 **p. 361 :** INA ; 7 **p. 361 :** Erwitt/Magnum ; 1 **p. 362 :** Lapi/Roger-Viollet ; 3 **p. 362 :** *L'Express*/Editing ; 4 **p. 362 :** Cat's ; 5 **p. 363 :** Cat's ; 7 **p. 363 :** Cat's ; 3 **p. 365 :** H. Cartier-Bresson/Magnum ; 4 **p. 365 :** Willem ; 5 **p. 365 :** *Observateur du Valenciennois* ; 6 **p. 365 :** Leimdorfer/REA ; 7 **p. 365 :** Erwitt/Magnum ; 1 **p. 366 :** E. Boubat/Top/Rapho ; 3 **p. 366 :** M. Carbonare ; 5 **p. 369 :** D. Meyer/AFP ; 6 **p. 369 :** Leemage ; **p. 370 :** Prod. ; 1a **p. 372 :** Jacques Faizant, CIIA, Cartoon Company ; 4 **p. 373 :** H. Raguet/Corbis Sygma ; 3a **p. 373 :** Rue des Archives ; 3b **p. 373 :** Rue des Archives ; 1 **p. 374 :** J.-L. Charmet ; 2 **p. 375 :** G. Noel ; 2 **p. 377 :** CIRIP/P.Roger ; 4 **p. 379 :** A. Denantes/Gamma ; 5 **p. 379 :** CIRIP ; 4 **p. 381 :** A. Noguès/Sygma ; 5 **p. 381 :** Plantu ; 2 **p. 383 :** CIRIP ; **p. 385 :** L. Monier/Gamma.

Cartographie : Hachette Éducation, Latitude-Cartagène, Hugues Piolet
Conception couverture : Pierre-Antoine Rambaud (Parbleu !)
Conception maquette intérieure : Graphic Data (Brigitte Mougin)
Édition : Antoine Auger, Marguerite Babinet
Gravure : Lithonova, Turin, Italie
Mise en pages : Graphic Data (Brigitte Mougin)
Préparation de copie : Les Quatre Coins Édition, Paris
Recherche iconographique : ÆDELSA (Claudio Galleri), Lyon
Relecture pédagogique : Mme Dominique Boutonnet, professeur au lycée Romain-Rolland (Argenteuil), et Mme Florence Chaix, professeur au lycée Fustel-de-Coulanges (Strasbourg)

Achevé d'imprimer en Italie en août 2004
Dépôt légal : 50268 - 08/2004 - Collection n° 25
Edition 02 - 13/5351/5

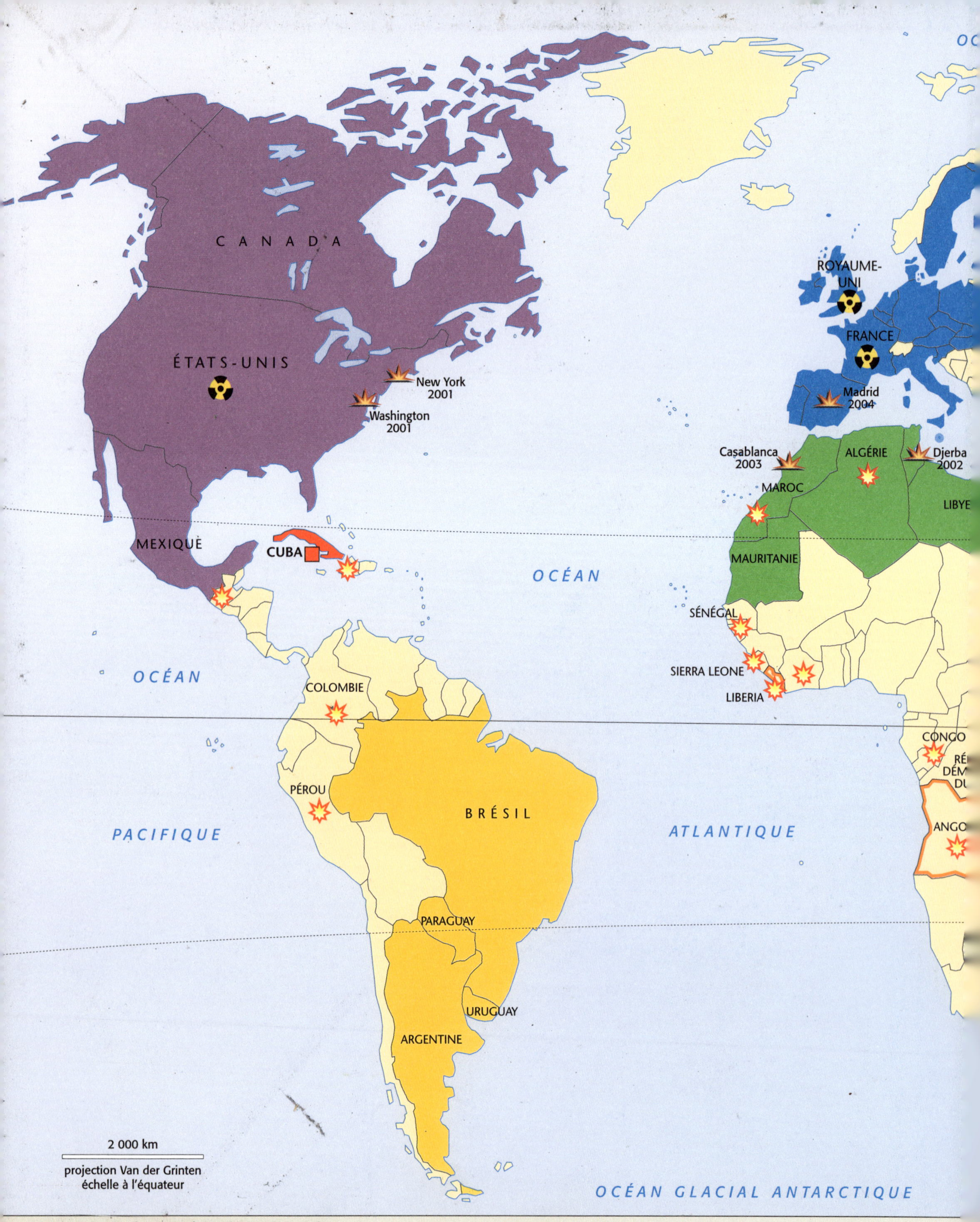

Les principales organisations régionales

- ALENA (Association de libre échange Nord-américain)
- MERCOSUR (marché commun du sud de l'Amérique latine)
- UE (Union européenne) en 2004
- ASEAN (Association de nations de l'Asie du Sud-Est)
- État socialiste (parti communiste au pouvoir)
- Ligue des États arabes
- État islamiste